GUIZHOU STATISTICAL YEARBOOK

# 贵州统计年鉴

# 2014

贵州省统计局　国家统计局贵州调查总队　编

Compiled by Guizhou Provincial Bureau of Statistics　NBS Survey Office in Guizhou

GUIZHOU STATISTICAL YEARBOOK

**图书在版编目（CIP）数据**

贵州统计年鉴．2014 ：汉英对照 / 贵州省统计局，国家统计局贵州调查总队编．-- 北京 ：中国统计出版社，2014.9

ISBN 978-7-5037-7294-8

Ⅰ．①贵… Ⅱ．①贵… ②国… Ⅲ．①统计资料－贵州省－2014－年鉴－汉、英 Ⅳ．① C832.73-54

中国版本图书馆 CIP 数据核字 (2014) 第 213181 号

**贵州统计年鉴 -2014**

作　　者 / 贵州省统计局　国家统计局贵州调查总队
英文翻译 / 贵州统计应用研究院
责任编辑 / 佘竞雄
出版发行 / 中国统计出版社
地　　址 / 北京市丰台区西三环南路甲 6 号　邮政编码 /100073
电　　话 / 邮购（010）63376909　书店（010）68783171
网　　址 / http://csp.stats.gov.cn
印　　刷 / 贵州新华印务有限责任公司
印　　数 / 1600 册
经　　销 / 新华书店
开　　本 / 890mm×1240mm　1/16
字　　数 / 1558 千字
印　　张 / 35.5
版　　别 / 2014 年 9 月第 1 版
版　　次 / 2014 年 9 月第 1 次印刷
定　　价 /330.00 元

**本书附同版本 CD-ROM 一张，光盘内容以书面文字为准。**
**如有印装错误，本社发行部负责调换。**

# 编 者 说 明

一、《贵州统计年鉴-2014》系统收录了2013 年贵州省国民经济和社会发展等各方面的统计数据，改革开放以来特别是2008 年以来的主要统计数据，以及2013 年全国、各省（区、市）主要统计数据，是反映贵州省情的重要工具书。

二、本年鉴包括29 个部分：综合；国民经济核算；人口；就业人员和职工工资；固定资产投资；对外经济贸易；能源；财政税收；价格指数；人民生活；城市概况；资源和环境；农业；工业；建筑业；运输和邮电；批发和零售业；住宿、餐饮业和旅游业；金融业；教育和科技；文化、体育和卫生；社会服务及其他；民营经济；民族自治地方；经济强县；扶贫与开发；市（州）、县（市、区、特区）资料；全国各省（区、市）资料；历年资料。为便于读者使用统计数据，在每部分之后附有主要统计指标解释。

三、本年鉴中，凡由有关部门（单位）提供的数据都在表式的注释中说明了数据来源；部分统计指标的范围以及口径变化在表下均有注释，使用时请读者注意。

四、本年鉴中部分数据合计数或相对数由于计算单位或取舍不同而产生的计算误差，均未作机械调整。

五、本年鉴表中的符号使用说明："…"表示数据不足最小计量单位；"空格"表示该统计指标数据不详或无数据；"#"表示该指标的其中项。

本年鉴在编辑、出版、发行过程中，得到了有关部门（单位）的大力支持和帮助，在此谨致衷心感谢！

# Editor's Notes

I. Guizhou Statistical Yearbook 2014 is an annual statistical publication, which reflects comprehensively the economic and social development of Guizhou Province. It covers data for 2013, key statistical data for the years since Reform and Opening-up especially the year 2008, and Main Statistics of Province (autonomous regions, municipalities)as well as the whole country. It is a useful reference book to thoroughly know Guizhou.

II. The Yearbook contains 29 chapters: General Survey; National Accounts; Population; Employment and Wages; Investment in Fixed Assets; Foreign Trade and Economic Cooperation; Energy; Government Finance and Taxation; Price Indices; People's Living Conditions; General Survey of Cities; Resources and Environment; Agriculture; Industry; Construction; Transport, Postal and Telecommunication Services; Wholesale and Retail Trades; Hotel, Catering Services and Tourism; Financial Intermediation; Education, Science and Technology; Culture, Sports and Public Health; Social Services and Others; Private Economy; Minority Nationality Autonomous Areas; Economically Strong Counties; Anti-poverty and Development; Main Statistics of Prefectures and Counties; Main Statistics of Provinces(autonomous regions, municipalities)in the Whole Country; Historical Statistics. Explanatory Notes on Main Statistical Indicators is attached to the end of each chapter to help the readers to use the statistical data in this book.

III. Notes are taken under the data tables in which the data are provided by relative departments other than statistical divisions, or the statistical coverage has been changed. Please pay attention when you use it.

IV. Statistical discrepancies due to rounding are not adjusted in the yearbook.

V. Notations used in the yearbook: "…"indicates that the figure is not large enough to be measured with the smallest unit in the table; "blank space" indicates that data are unknown or are not available; "#"indicates a major breakdown of the total.

Thanks for enthusiastic of many relational departments and individuals to the editing, publication and distribution of the Yearbook!

# 《贵州统计年鉴－2014》编辑委员会

李尚宽（省安全监管局局长）
傅迎春（省旅游局局长）
沈　健（省粮食局局长）
叶　韬（省扶贫办主任）
薛建英（省国税局局长）
赵广忠（省气象局局长）
李德明（省通信管理局局长）
王　平（人民银行贵阳中心支行行长）
张卫民（贵阳海关关长）
刘文新（贵阳市市长）
周　荣（六盘水市市长）
王秉清（遵义市市长）
曾永涛（安顺市市长）
陈昌旭（毕节市市长）
夏庆丰（铜仁市市长）
杨永英（黔西南州州长）
廖　飞（黔东南州州长）
向红琼（黔南州州长）

# Editorial Board

# 《贵州统计年鉴－2014》编辑人员

**主　　　编：** 任湘生　钟赛梅

**副　主　编：** 冯育毅　张北平　杨大昆　何友才　肖云慧　王文忠　董安娜　王宪筑
张贵平　刘带春　毛　敏　唐晓川　杨天禄　廖金昌　刘文华　王　渝

**编辑部主任：** 彭　龙　刘　杰

**编辑部副主任：** 王练练

**分 科 主 编：** （按姓氏笔画为序）
王朝晖　邓　曼　白文英　刘　晴　张小芳　张学进　李诗刚　李鹤群
沈先发　肖　瑶　邵　蔚　邹陆华　陈应芳　周　蓉　胡　刚　隆筑丰
龚　勇　廖建伟

**编 辑 人 员：** （按姓氏笔画为序）
万朝晖　弋文军　冯　璐　刘光淋　刘　强　孙　珊　孙　瑜　吴道琨
张仁舰　张铃铃　张　梅　李国玉　李明德　杜天柱　肖高萍　周　莲
周惠云　胡国阳　赵世玲　戚得玉　游涛英　董建巍

**英 文 翻 译：** 刘丽萍　韩爱华

**校　　　对：** 蒙梅菊　林　波　甯环雄

# Editorial Staff of Guizhou Statistical Yearbook 2014

# 目录

# CONTENTS

## 一 综合
## General Survey



## 二 国民经济核算
## National Accounts

## 三 人 口
## Population



## 四 就业人员和职工工资
## Employment and Wages

## 五 固定资产投资
## Investment in Fixed Assets



## 六 对外经济贸易
## Foreign Trade and Economic Cooperation

## 七 能 源
## Energy



## 八 财政税收
## Government Finance and Taxation

## 九 价格指数
## Price Indices

## 十 人民生活
People´s Living Conditions



## 十一 城市概况
General Survey of Cities

## 十二 资源和环境
## Resoures and Environment

## 十三 农 业
## Agriculture



## 十四 工 业
## Industry

## 十五 建筑业
## Construction



## 十六 运输和邮电
## Transport, Postal and Telecommunication Services



## 十七 批发和零售业
## Wholesale and Retail Trades

## 十九 金融业
## Financial Intermediation



## 二十 教育和科技
## Education, Science and Technology

## 二十一 文化、体育和卫生
## Culture, Sports and Public Health

## 二十二 社会服务及其他
## Social Services and Others

## 二十三 民营经济
## Private Econtomy

## 二十四 民族自治地方
## Minority Nationality Autonomous Areas



## 二十五 经济强县
## Economically Strong Counties



## 二十六 扶贫与开发
## Anti-poverty and Development



## 二十七 市(州)、县(市、区、特区)资料
## Main Statistics of City(Prefecture) and County(City, District,Special Region)

## 二十八 全国各省(区、市)资料

## Main Statistics of Provinces (autonomous, municipalities) in the Whole Country



## 二十九 历年资料

## Historical Statstics

# 1 One 综合 General Survey

# 1-1 行政区划(2013)

## Divisions of Administrative Areas

单位:个 (unit)

| 市(州)名称 | City (Autonomous Prefecture) | 地级单位 Units at Prefectural Level | #市 Cities | 县级单位 Units at County Level | 县 Counties | 自治县 Autonomous Counties | 县级市 Cities at County Level | 市辖区 Districts under the Jurisdiction of City |
|---|---|---|---|---|---|---|---|---|
| **全省合计** | **Total** | **9** | **6** | **88** | **56** | **11** | **7** | **13** |
| 贵阳市 | Guiyang | 1 | 1 | 10 | 3 |  | 1 | 6 |
| 六盘水市 | Liupanshui | 1 | 1 | 4 | 2 |  |  | 1 |
| 遵义市 | Zunyi | 1 | 1 | 14 | 8 | 2 | 2 | 2 |
| 安顺市 | Anshun | 1 | 1 | 6 | 2 | 3 |  | 1 |
| 毕节市 | Bijie | 1 | 1 | 8 | 6 | 1 |  | 1 |
| 铜仁市 | Tongren | 1 | 1 | 10 | 4 | 4 |  | 2 |
| 黔西南布依族苗族自治州 | Qianxinan | 1 |  | 8 | 7 |  | 1 |  |
| 黔东南苗族侗族自治州 | Qiandongnan | 1 |  | 16 | 15 |  | 1 |  |
| 黔南布依族苗族自治州 | Qiannan | 1 |  | 12 | 9 | 1 | 2 |  |

注：资料来源于省民政厅(下表同)。
Note:Date in the table are obtained from the department of civil affairs(the same applies to the next table).

## 1-1 续表 continued

| 市(州)名称 | City (Autonomous Prefecture) | 特区 Special District | 镇 Town | 街道办事处 Street Communities | 乡 Township | #民族乡 Ethnic Community Township | 城市社区居民委员会 Neighbourhood Committees | 村民委员会 Village Committees |
|---|---|---|---|---|---|---|---|---|
| **全省合计** | **Total** | **1** | **782** | **119** | **606** | **215** | **1956** | **16859** |
| 贵阳市 | Guiyang |  | 45 |  | 32 | 18 | 510 | 949 |
| 六盘水市 | Liupanshui | 1 | 44 | 10 | 49 | 41 | 141 | 1027 |
| 遵义市 | Zunyi |  | 117 | 20 | 48 | 8 | 328 | 1684 |
| 安顺市 | Anshun |  | 45 | 11 | 32 | 10 | 145 | 1054 |
| 毕节市 | Bijie |  | 104 | 30 | 124 | 72 | 208 | 3451 |
| 铜仁市 | Tongren |  | 81 | 14 | 78 | 39 | 184 | 2771 |
| 黔西南布依族苗族自治州 | Qianxinan |  | 78 | 18 | 43 | 3 | 126 | 1083 |
| 黔东南苗族侗族自治州 | Qiandongnan |  | 108 | 7 | 90 | 15 | 168 | 3037 |
| 黔南布依族苗族自治州 | Qiannan |  | 100 | 9 | 110 | 9 | 146 | 1533 |

# 1–2 各市(州)、县(市、区、特区)名称(2013)
# Name of Each City(State,Prefecture) and County(City,District,Special Region)

| 市(州)名称<br>City(Autonomous Prefecture) | 县(市、区、特区)名称<br>County(City,District,Special Region) |
|---|---|
| 贵阳市<br>Guiyang | 南明区 云岩区 花溪区 乌当区 白云区 观山湖区 清镇市 开阳县 息烽县 修文县<br>Nanming Yunyan Huaxi Wudang Baiyun guanshanhu Qingzhen Kaiyang Xifeng Xiuwen |
| 六盘水市<br>Liupanshui | 钟山区 六枝特区 盘县 水城县<br>Zhongshan Liuzhi Panxian Shuicheng |
| 遵义市<br>Zunyi | 红花岗区 汇川区 赤水市 仁怀市 遵义县 桐梓县 绥阳县 正安县<br>Honghuagang Huichuan Chishui Renhuai Zunyi Tongzi Suiyang Zhengan<br>凤冈县 湄潭县 余庆县 习水县 道真仡佬族苗族自治县 务川仡佬族苗族自治县<br>Fenggang Meitan Yuqing Xishui Daozhen Wuchuan |
| 安顺市<br>Anshun | 西秀区 平坝县 普定县 关岭布依族苗族自治县 镇宁布依族苗族自治县<br>Xixiu Pingba Puding Guanling Zhenning<br>紫云苗族布依族自治县<br>Ziyun |
| 毕节市<br>Bijie | 七星关区 大方县 黔西县 金沙县 织金县 纳雍县 赫章县 威宁彝族回族苗族自治县<br>Qixingguan Dafang Qianxi Jinsha Zhijin Nayong Hezhang Weining |
| 铜仁市<br>Tongren | 碧江区 万山区 江口县 石阡县 思南县 德江县 沿河土家族自治县 松桃苗族自治县<br>Bijiang Wanshan Jiangkou Shiqian Sinan Dejiang Yanhe Songtao<br>玉屏侗族自治县 印江土家族苗族自治县<br>Yuping Yinjiang |
| 黔西南布依族苗族自治州<br>Qianxinan | 兴义市 兴仁县 普安县 晴隆县 安龙县 望谟县 贞丰县 册亨县<br>Xingyi Xingren Puan Qinglong Anlong Wangmo Zhenfeng Ceheng |
| 黔东南苗族侗族自治州<br>Qiandongnan | 凯里市 黄平县 施秉县 三穗县 镇远县 岑巩县 天柱县 锦屏县<br>Kaili Huangping Shibing Sansui Zhenyuan Cengong Tianzhu Jinping<br>剑河县 台江县 黎平县 榕江县 从江县 雷山县 麻江县 丹寨县<br>Jianhe Taijiang Liping Rongjiang Congjiang Leishan Majiang Danzhai |
| 黔南布依族苗族自治州<br>Qiannan | 都匀市 福泉市 荔波县 贵定县 瓮安县 平塘县 罗甸县 长顺县 龙里县 惠水县<br>Duyun Fuquan Libo Guiding Wengan Pingtang Luodian Changshun Longli Huishui<br>独山县 三都水族自治县<br>Dushan Sandu |

# 1-3 社会经济主要指标

| 指 标 | Item | 总量指标 | | |
|---|---|---|---|---|
| | | 1978 | 2000 | 2005 |
| **人口与就业** | **Population and Employment** | | | |
| **人口** | **Population** | | | |
| 年末常住人口(万人) | Total Population at the Year-end (10000 persons) | 2686.40 | 3755.72 | 3730 |
| #城镇人口 | Urban Population | 323.97 | 896.49 | 1002.25 |
| 乡村人口 | Rural Population | 2362.43 | 2859.23 | 2727.75 |
| #男性人口 | Male | 1364.82 | 1968.00 | 1920.55 |
| 女性人口 | Female | 1321.58 | 1787.72 | 1809.45 |
| 年平均人口(万人) | Annual Average Population(10000 persons) | 2663.27 | 3732.89 | 3718 |
| **就业** | **Employment** | | | |
| 就业人员(万人) | Year-end Employees (10000 persons) | 1053.67 | 1866.28 | 2220.00 |
| #非私营单位职工人数 | Staff and Workers | 171.19 | 193.96 | 202.02 |
| 城镇登记失业人数 (万人) | Urban Registeration Unemployment (10000 persons) | | 10.23 | 12.13 |
| **宏观经济** | **Macro Economy** | | | |
| **国民经济核算** | **National Accounting** | | | |
| 地区生产总值(亿元) | Gross Domestic Product (100 million yuan) | 46.62 | 1029.92 | 2005.42 |
| 第一产业 | Primary Industry | 19.42 | 271.20 | 368.94 |
| 第二产业 | Secondary Industry | 18.73 | 391.20 | 821.16 |
| 工 业 | Industry | 15.24 | 328.73 | 707.35 |
| 建筑业 | Construction | 3.49 | 62.47 | 113.81 |
| 第三产业 | Tertiary Industry | 8.47 | 367.52 | 815.32 |
| 人均地区生产总值(元) | Per capita GDP(yuan) | 175 | 2759 | 5394 |
| **固定资产投资** | **Investment in Fixed Assets** | | | |
| 全社会固定资产投资(亿元) | Total Investment in Fixed Assets in the Whole Province (100 million yuan) | 10.93 | 402.50 | 1018.25 |
| **消费** | **Consumption** | | | |
| 社会消费品零售总额(亿元) | Total Retail Sales of Consumer Goods(100 million yuan) | 21.23 | 355.58 | 615.75 |
| **对外贸易** | **Foreign Trade** | | | |
| 进出口总额 (亿美元) | Total Value of Imports and Exports(USD 100 million) | 0.16 | 6.60 | 14.04 |
| #出口额 | Total Exports | 0.03 | 4.21 | 8.59 |
| **利用外资** | **Utilization of Foreign Capital** | | | |
| 签订合同项目(个) | Projects of Agreements and Contracts(unit) | | 59 | 61 |
| 实际利用外资金额(万美元) | Foreign Capital Actually Absorbed(USD 10000) | ※148 | 19545 | 19568 |
| **财政** | **Government Finance** | | | |
| 财政总收入(亿元) | Total Financial Revenue(100 million yuan) | 14.20 | 153.04 | 366.16 |
| #公共财政收入(亿元) | Local Financial Revenue (100 million yuan) | 6.26 | 85.23 | 182.50 |
| 公共财政支出(亿元) | Financial Expenditure (100 million yuan) | 12.30 | 201.57 | 520.73 |
| **价格指数(上年=100)** | **Price Indices(preceding year=100)** | | | |
| 居民消费价格总指数 | Consumer Price Index | 100.3 | 99.5 | 101.0 |
| 商品零售价格总指数 | Retail Price Index | 100.3 | 97.3 | 101.3 |
| 农业生产资料价格总指数 | General Price Index of Means of Agricultural Production | △102.1 | 100.6 | 110.2 |
| 工业生产者出厂价格指数 | Ex-Factory Price Index of Industrial Producer | | 100.4 | 107.2 |
| 工业生产者购进价格指数 | Purchasing Price Index of Industrial Producer | | 102.9 | 107.4 |

# Major Social and Economic Indicators

| Aggregate Indicators | | | | | | 速度指标（%） Indices and Growth Rates (%) | | | | | | |
|---|---|---|---|---|---|---|---|---|---|---|---|---|
| | | | | | | 指数（2013为以下各年） Index (2013as Percentage of the Following Years) | | | | 平均增长速度 Average Annual Growth Rate | | |
| 2008 | 2009 | 2010 | 2011 | 2012 | 2013 | 1978 | 2000 | 2008 | 2012 | 1979–2013 | 2001–2013 | 2009–2013 |
| 3596 | 3537 | 3479 | 3469 | 3484 | 3502 | 130.4 | 93.3 | 97.4 | 100.5 | 0.8 | -0.5 | -0.5 |
| 1046.79 | 1057.21 | 1176.25 | 1212.76 | 1268.52 | 1324.89 | 409.0 | 147.8 | 126.6 | 104.4 | 4.1 | 3.1 | 4.8 |
| 2549.21 | 2479.79 | 2302.75 | 2256.24 | 2215.48 | 2177.33 | 92.2 | 76.2 | 85.4 | 98.3 | -0.2 | -2.1 | -3.1 |
| 1868.73 | 1827.56 | 1797.43 | 1801.21 | 1818.61 | 1822.50 | 133.5 | 92.6 | 97.5 | 100.2 | 0.8 | -0.6 | -0.5 |
| 1727.27 | 1709.44 | 1681.57 | 1667.79 | 1665.39 | 1679.72 | 127.1 | 94.0 | 97.2 | 100.9 | 0.7 | -0.5 | -0.6 |
| 3614 | 3567 | 3508 | 3474 | 3477 | 3493 | 131.2 | 93.6 | 96.7 | 100.5 | 0.8 | -0.5 | -0.7 |
| | | | | | | | | | | | | |
| 1867.20 | 1841.92 | 1770.90 | 1792.80 | 1825.82 | 1864.21 | 176.9 | 99.9 | 99.8 | 102.1 | 1.6 | … | … |
| 199.76 | 206.44 | 210.67 | 225.91 | 249.67 | 273.27 | 159.6 | 140.9 | 136.8 | 109.5 | 1.3 | 2.7 | 6.5 |
| 12.56 | 12.34 | 12.18 | 12.51 | 12.56 | 13.66 | | 133.5 | 108.8 | 108.8 | | 2.2 | 1.7 |
| | | | | | | | | | | | | |
| 3561.56 | 3912.68 | 4602.16 | 5701.84 | 6852.20 | 8006.79 | 2896.1 | 436.4 | 184.7 | 112.5 | 10.1 | 12.0 | 13.1 |
| 539.19 | 550.27 | 625.03 | 726.22 | 891.91 | 1029.05 | 509.3 | 175.5 | 127.0 | 105.8 | 4.8 | 4.4 | 4.9 |
| 1370.03 | 1476.62 | 1800.06 | 2194.33 | 2677.54 | 3243.70 | 4878.4 | 511.7 | 205.4 | 114.1 | 11.7 | 13.4 | 15.5 |
| 1195.3 | 1252.67 | 1516.87 | 1829.20 | 2217.06 | 2686.52 | 5230.4 | 497.4 | 196.4 | 113.1 | 12.0 | 13.1 | 14.5 |
| 174.73 | 223.95 | 283.19 | 365.13 | 460.48 | 557.18 | 3144.2 | 598.8 | 266.6 | 119.2 | 10.4 | 14.8 | 21.7 |
| 1652.34 | 1885.79 | 2177.07 | 2781.29 | 3282.75 | 3734.04 | 6103.8 | 546.3 | 186.4 | 112.6 | 12.5 | 14.0 | 13.3 |
| 9855 | 10971 | 13119 | 16413 | 19710 | 22922 | 2250.3 | 467.1 | 190.9 | 111.9 | 9.3 | 12.6 | 13.8 |
| | | | | | | | | | | | | |
| 1864.45 | 2450.99 | 3186.28 | 4234.44 | 5717.80 | 7373.60 | | | | | | | |
| | | | | | | | | | | | | |
| 1075.24 | 1247.25 | 1482.68 | 1751.62 | 2075.84 | 2366.24 | 11145.7 | 665.5 | 220.1 | 114.0 | 14.4 | 15.7 | 17.1 |
| | | | | | | | | | | | | |
| 33.70 | 23.07 | 31.47 | 48.88 | 66.32 | 82.90 | 50395.7 | 1256.0 | 246.0 | 125.0 | 19.5 | 21.5 | 19.7 |
| 19.01 | 13.59 | 19.20 | 29.85 | 49.52 | 68.86 | 241613.3 | 1637.2 | 362.3 | 139.0 | 24.9 | 24.0 | 29.4 |
| | | | | | | | | | | | | |
| 50 | 39 | 42 | 70 | 53 | 149 | | 252.5 | 298.0 | 281.1 | | 7.4 | 24.4 |
| 17379 | 18027 | 34026 | 71674 | 109805 | 157415 | | 805.4 | 905.8 | 143.4 | | 17.4 | 55.4 |
| | | | | | | | | | | | | |
| 674.58 | 779.59 | 969.57 | 1329.99 | 1644.48 | 1918 | 13507.0 | 1253.3 | 284.3 | 116.7 | 15.0 | 21.5 | 23.2 |
| 349.55 | 416.48 | 533.73 | 773.08 | 1014.05 | 1206.41 | 19271.8 | 1415.5 | 345.1 | 119.0 | 16.2 | 22.6 | 28.1 |
| 1055.39 | 1372.27 | 1631.48 | 2249.40 | 2755.68 | 3082.66 | 25062.3 | 1529.3 | 292.1 | 111.9 | 17.1 | 23.3 | 23.9 |
| | | | | | | | | | | | | |
| 107.6 | 98.7 | 102.9 | 105.1 | 102.7 | 102.5 | | | | | | | |
| 107.2 | 97.6 | 103.0 | 105.5 | 102.0 | 101.5 | | | | | | | |
| 113.4 | 96.2 | 101.1 | 111.1 | 100.7 | 99.0 | | | | | | | |
| 112.4 | 95.1 | 104.7 | 105.4 | 101.0 | 97.4 | | | | | | | |
| 112.5 | 93.5 | 109.8 | 115.0 | 102.3 | 96.4 | | | | | | | |

1-3 续表1

| 指标 | Item | 总量指标 1978 | 2000 | 2005 |
|---|---|---|---|---|
| **能源生产与消费** | **Total Production and Consumption of Energy** | | | |
| 一次能源生产总量（万吨标准煤） | Total Production of Primary Energy(10000 tons of SCE) | 1204.51 | 3288.83 | 7957.07 |
| 能源消费总量(万吨标准煤) | Total Energy Consumption(10000 tons of SCE) | 674.50 | 4278.60 | 5641.25 |
| **产业** | **Industry** | | | |
| **农业** | **Agriculture** | | | |
| 主要农产品产量(万吨) | Output of Major Farm Products(10000 tons) | | | |
| 粮食 | Grain | 643.36 | 1161.30 | 1152.06 |
| 油料 | Oil-bearing Crops | 9.89 | 74.34 | 84.89 |
| #油菜籽 | Rapeseed | 7.34 | 66.20 | 76.51 |
| 烤烟 | Flue-cured Tobacco | 8.11 | 31.09 | 34.45 |
| 肉类总产量 | Meat | 12.80 | 124.06 | 187.01 |
| 水产品 | Aquatic Products | 0.37 | 6.24 | 9.46 |
| **工业** | **Industry** | | | |
| 规模以上工业企业 | Industrial Enterprises above Designated Size | | | |
| 增加值（亿元） | Added Value(100 million yuan) | | 216.99 | 585.85 |
| #轻工业 | Light Industry | | 82.16 | 177.19 |
| 重工业 | Heavy Industry | | 134.83 | 408.66 |
| 主营业务收入(亿元) | Revenue from Principal Business(100 million yuan) | | 593.80 | 1577.16 |
| 利税总额(亿元) | Total Profits(100 million yuan) | | 87.44 | 232.49 |
| 主要工业产品产量 | Output of Major Industrial Products | | | |
| 发电量(亿千瓦小时) | Electricity(100 million kwh) | 41.43 | 404.70 | 786.78 |
| 铝(万吨) | Aluminum(10000 tons) | 2.32 | 27.19 | 41.99 |
| 成品钢材(万吨) | Rolled Steel(10000 tons) | 4.95 | 150.93 | 214.85 |
| 水泥(万吨) | Cement(10000 tons) | 130.93 | 783.88 | 1557.97 |
| 磷矿石(万吨) | Phosphorite(10000 tons) | 169.02 | 588.70 | 878.79 |
| 茅台酒(吨) | Mao-Tai Chiew(ton) | 1067 | 5397 | 8885 |
| 卷烟(万箱) | Cigarettes(10000 cases) | 31.60 | 187.40 | 208.21 |
| **建筑业** | **Construction** | | | |
| 建筑业总产值(亿元) | Gross Output Value of Construction(100 million yuan) | 4.40 | 109.06 | 271.23 |
| 房屋建筑施工面积(万平方米) | Floor Space of Buildings under Construction(10000 sq.m) | 313 | 1792 | 3153 |
| 房屋建筑竣工面积(万平方米) | Floor Space of Buildings Completed(10000 sq.m) | 164 | 824 | 1150 |
| **交通运输业** | **Transportation** | | | |
| 运输线路长度(公里) | Length of Transportation Routes(km) | | | |
| 铁路营业里程 | Length of Railways | 1365 | 1641 | 1986 |
| 公路线路里程 | Length of Highways in Operation | 25954 | 34643 | 46893 |
| 客运量(万人) | Passenger Traffic(10000 persons) | 3294 | 53032 | 64450 |
| 旅客周转量(亿人公里) | Passenger-Kilometers(100 million passenger-km) | 25.50 | 238.36 | 312.40 |
| 货运量(万吨) | Freight Traffic(10000 tons) | 3467 | 15615 | 21771 |
| 货物周转量(亿吨公里) | Freight Ton-Kilometers(100 million ton-km) | 79.60 | 404.07 | 646.55 |

continued

| Aggregate Indicators | | | | | | 速度指标（%） Indices and Growth Rates (%) | | | | | | |
|---|---|---|---|---|---|---|---|---|---|---|---|---|
| | | | | | | 指数（2013为以下各年） Index (2013as Percentage of the Following Years) | | | | 平均增长速度 Average Annual Growth Rate | | |
| 2008 | 2009 | 2010 | 2011 | 2012 | 2013 | 1978 | 2000 | 2008 | 2012 | 1979–2013 | 2001–2013 | 2009–2013 |
| 9262.34 | 11070.09 | 13100.00 | 12739.97 | 14932.17 | 15616.58 | 1296.5 | 474.8 | 168.6 | 104.6 | 7.6 | 12.7 | 11.0 |
| 7083.99 | 7566.33 | 8175.43 | 9067.85 | 9878.38 | 10675.93 | 1582.8 | 249.5 | 150.7 | 108.1 | 8.2 | 7.3 | 8.5 |
| | | | | | | | | | | | | |
| 1158.00 | 1168.27 | 1112.30 | 876.90 | 1079.50 | 1029.99 | 160.1 | 88.7 | 88.9 | 95.4 | 1.4 | -0.9 | -2.3 |
| 68.39 | 78.68 | 60.34 | 78.85 | 87.38 | 91.53 | 925.5 | 123.1 | 133.8 | 104.7 | 6.6 | 1.6 | 6.0 |
| 60.38 | 70.40 | 51.62 | 71.81 | 78.18 | 81.78 | 1114.2 | 123.5 | 135.4 | 104.6 | 7.1 | 1.6 | 6.3 |
| 37.71 | 36.92 | 37.02 | 32.50 | 37.31 | 41.79 | 515.3 | 134.4 | 110.8 | 112.0 | 4.8 | 2.3 | 2.1 |
| 161.46 | 169.60 | 179.09 | 179.97 | 190.27 | 199.74 | 1560.5 | 161.0 | 123.7 | 105.0 | 8.2 | 3.7 | 4.3 |
| 7.80 | 8.03 | 8.79 | 10.88 | 13.47 | 16.70 | 4513.4 | 267.6 | 214.1 | 124.0 | 11.5 | 7.9 | 16.4 |
| | | | | | | | | | | | | |
| 1051.26 | 1170.29 | 1227.17 | 1723.58 | 2055.46 | 2531.92 | | 664.3 | 204.6 | 113.6 | | 15.7 | 15.4 |
| 302.25 | 352.38 | 413.99 | 563.48 | 773.04 | 969.29 | | 626.1 | 210.3 | 112.7 | | 15.2 | 16.0 |
| 749.01 | 817.91 | 813.18 | 1160.10 | 1282.42 | 1562.63 | | 671.2 | 201.8 | 114.1 | | 15.8 | 15.1 |
| 2922.35 | 3234.59 | 3926.01 | 5022.11 | 5966.52 | 7357.43 | | 1239.0 | 251.8 | 123.3 | | 21.4 | 20.3 |
| 453.53 | 470.6 | 671.39 | 901.37 | 1172.15 | 1268.68 | | 1450.9 | 279.7 | 108.2 | | 22.8 | 22.8 |
| | | | | | | | | | | | | |
| 1192.08 | 1363.09 | 1358.69 | 1344.14 | 1548.44 | 1620.08 | 3910.4 | 400.3 | 135.9 | 104.6 | 11.0 | 11.3 | 6.3 |
| 58.15 | 80.27 | 88.79 | 90.36 | 104.35 | 112.28 | 4839.8 | 413.0 | 193.1 | 107.6 | 11.7 | 11.5 | 14.1 |
| 337.52 | 337.62 | 391.04 | 462.36 | 560.22 | 573.28 | 11581.4 | 379.8 | 169.9 | 102.3 | 14.5 | 10.8 | 11.2 |
| 2048.94 | 2664.78 | 3694.84 | 5000.19 | 6100.45 | 8352.95 | 6379.7 | 1065.6 | 407.7 | 136.9 | 12.6 | 20.0 | 32.5 |
| 1317.18 | 1360.66 | 1579.21 | 2052.82 | 2281.95 | 2905.44 | 1719.0 | 493.5 | 220.6 | 127.3 | 8.5 | 13.1 | 17.1 |
| 11308 | 12161 | 12911 | 13815 | 14272 | 15729 | | | 139.1 | 110.2 | | | 6.8 |
| 226.74 | 232.24 | 239.24 | 245.23 | 249.35 | 254.29 | 804.7 | 135.7 | 112.1 | 102.0 | 6.1 | 2.4 | 2.3 |
| | | | | | | | | | | | | |
| 393.88 | 523.91 | 622.96 | 824.72 | 1039.95 | 1365.00 | 31022.7 | 1251.6 | 346.6 | 131.3 | 17.8 | 21.5 | 28.2 |
| 4230 | 4953 | 5756 | 6779 | 8254 | 12174 | 3894.3 | 679.2 | 287.8 | 147.5 | 11.0 | 15.9 | 23.5 |
| 1216 | 1244 | 1350 | 1530 | 1863 | 2450 | 1494.4 | 297.3 | 201.5 | 131.5 | 8.0 | 8.7 | 15.0 |
| | | | | | | | | | | | | |
| 1962 | 1983 | 2002 | 2070 | 2058 | 2093 | 153.3 | 127.5 | 106.7 | 101.7 | 1.2 | 1.9 | 1.3 |
| 125365 | 142561 | 151644 | 157820 | 164542 | 172564 | 664.9 | 498.1 | 137.6 | 104.9 | 5.6 | 13.1 | 6.6 |
| 80056 | 84981 | 97793 | 120554 | 142809 | 83435 | | | | | | | |
| 407.59 | 430.56 | 514.41 | 631.74 | 718.22 | 593.62 | | | | | | | |
| 33576 | 34844 | 40310 | 44890 | 52765 | 72700 | | | | | | | |
| 809.93 | 897.38 | 1012.20 | 1060.69 | 1177.78 | 1292.11 | | | | | | | |

1-3 续表2

| 指 标 | Item | 总量指标 | | |
|---|---|---|---|---|
| | | 1978 | 2000 | 2005 |
| **邮电通信业** | **Post and Telecommunication** | | | |
| 邮路总长度(公里) | Number of Postal Routes(km) | | 63538 | 64926 |
| 函件(万件) | Number of Letters(10000 pcs) | 3880 | 6943 | 5728 |
| 交换机容量(万门) | Capacity of Telephone Exchanges(10000 lines) | 8.95 | 260.46 | 1369.55 |
| 年末固定电话用户(万户) | Number of Telephones Subscribers at the Year-end(10000 subscribers) | 3.80 | 153.70 | 466.49 |
| 移动电话用户(万户) | Number of Mobile Telephones Subscribers(10000 subscribers) | | 79.70 | 509.42 |
| 互联网宽带接入端口(万个) | Number of Subscribers of Internet Service(10000 subscribers) | | | 51.21 |
| **旅游业** | **Tourism** | | | |
| 旅游总人数(万人次) | Total Number of Visitors(10000 persons) | | 1998.39 | 3127.08 |
| #入境旅游人数 | Number of International Tourists Inbound | | 18.39 | 27.62 |
| 旅游总收入(亿元) | Total Tourism Income(100 million yuan) | | 62.94 | 251.14 |
| #国际旅游外汇收入(万美元) | International Earnings from Tourism (USD 10000) | | 6092 | 10141 |
| **金融业** | **Financial Intermediatio** | | | |
| 全部金融机构人民币存款余额(亿元) | Total Savings Deposit Balancen(100 million yuan) | 18.05 | 1106.64 | 2777.54 |
| #储蓄存款 | Savings Deposit | 1.84 | 539.49 | 1350.90 |
| 全部金融机构人民币贷款余额(亿元) | Total Loan Balance (100 million yuan) | 21.62 | 1064.82 | 2303.93 |
| **教育、文化** | **Education and Culture** | | | |
| **教育** | **Education** | | | |
| 专任教师数 | Full-time Teachers | | | |
| 普通高等学校(万人) | Regular Institutions of Higher Education (10000 persons) | 0.28 | 0.72 | 1.44 |
| 普通中学(万人) | Regular Secondary Schools (10000 persons) | 5.42 | 8.12 | 12.27 |
| 小学(万人) | Primary Schools(10000 persons) | 15.59 | 17.48 | 18.37 |
| 在校学生数 | Students Enrollmen | | | |
| 普通高等学校(万人) | Regular Institutions of Higher Education (10000 persons) | 1.33 | 7.55 | 20.68 |
| 普通中学(万人) | Regular Secondary Schools(10000 persons) | 137.17 | 157.20 | 254.96 |
| 小学(万人) | Primary Schools(10000 persons) | 423.60 | 500.21 | 473.76 |
| 学龄儿童入学率(%) | Enrollment Rate of School-age Children (%) | 89.5 | 98.5 | 98.3 |
| **文化** | **Culture** | | | |
| 图书总印数(万册) | Number of Books Printed Copies (10000 copies) | 5842 | 10289 | 9993 |
| 杂志总印数(万册) | Number of Magazines Printed Copies(10000 copies) | 69 | 994 | 1349 |
| 报纸总印数(万份) | Number of Newspapers Printed Copies(10000 copies) | 11930 | 28799 | 35172 |
| **家庭生活** | **Family and People's Living Conditions** | | | |
| **家庭** | **Household** | | | |
| 城镇居民平均每户常住家庭人口(人) | Average Persons Per Urban Household(person) | 5.41 | 3.11 | 3.06 |
| 农村居民平均每户常住人口(人) | Average Persons Per Rural Household(person) | 5.80 | 4.52 | 4.40 |
| **婚姻** | **Marital** | | | |
| 准予登记结婚(万对) | Marriage Registration Permitted(10000 households) | △7.02 | 28.02 | 21.13 |
| 离婚人数(万人) | Divorce(10000 persons) | △0.38 | 1.54 | 8.21 |
| **居住** | **Residence** | | | |
| 城镇人均住宅建筑面积(平方米) | Per Capita Building Space in Urban Areas(sq.m) | 5.45 | 17.60 | 26.40 |
| 农村居民人均住房面积(平方米) | Per Capita Living Space in Rural Areas(sq.m) | | 19.75 | 23.50 |
| **生活** | **Per Capita Standard of Living** | | | |
| 城镇居民人均可支配收入(元) | Per Capita Annual Disposable Income of Urban Households(yuan) | 261 | 5121 | 8147 |
| 农村居民人均纯收入(元) | Per Capita Annual Net Income of Rural Residents(yuan) | 109 | 1374 | 1877 |

continued

| Aggregate Indicators | | | | | | 速度指标 (%) Indices and Growth Rates (%) | | | | | | |
|---|---|---|---|---|---|---|---|---|---|---|---|---|
| | | | | | | 指数（2013为以下各年） Index (2013as Percentage of the Following Years) | | | | 平均增长速度 Average Annual Growth Rate | | |
| 2008 | 2009 | 2010 | 2011 | 2012 | 2013 | 1978 | 2000 | 2008 | 2012 | 1979–2013 | 2001–2013 | 2009–2013 |
| 65236 | 61854 | 96174 | 99155 | 136429 | 154810 | | 243.6 | 237.3 | 113.5 | | 7.1 | 18.9 |
| 6566 | 6768 | 5939 | 5041 | 6036 | 5192 | 133.8 | 74.8 | 79.1 | 86.0 | 0.8 | -2.2 | -4.6 |
| 2858.70 | 3182.88 | 3673.01 | 4838.00 | 5026.53 | 5870.04 | 65587.0 | 2253.7 | 205.3 | 116.8 | 20.4 | 27.1 | 15.5 |
| 499.61 | 451.13 | 432.61 | 403.96 | 380.00 | 362.99 | 9552.4 | 236.2 | 72.7 | 95.5 | 13.9 | 6.8 | -6.2 |
| 1185.84 | 1583.28 | 1964.40 | 2175.22 | 2515.00 | 2871.75 | | 3603.2 | 242.2 | 114.2 | | 31.7 | 19.4 |
| 119.89 | 163.63 | 231.69 | 437.87 | 435.79 | 575.95 | | | 480.4 | 132.2 | | | 36.9 |
| 8190.23 | 10439.95 | 12913.02 | 17019.36 | 21401.18 | 26761.28 | | 1339.1 | 326.7 | 125.0 | | 22.1 | 26.7 |
| 39.54 | 39.95 | 50.01 | 58.51 | 70.50 | 77.70 | | 422.5 | 196.5 | 110.2 | | 11.7 | 14.5 |
| 653.13 | 805.23 | 1061.23 | 1429.48 | 1860.16 | 2370.65 | | 3766.5 | 363.0 | 127.4 | | 32.2 | 29.4 |
| 11697 | 11044 | 12958 | 13507 | 16894 | 20143 | | 330.6 | 172.2 | 119.2 | | 9.6 | 11.5 |
| 4736.93 | 5898.26 | 7363.92 | 8742.79 | 10540.06 | 13265.01 | 73490.4 | 1198.7 | 280.0 | 125.9 | 20.8 | 21.1 | 22.9 |
| 2237.05 | 2676.09 | 3244.99 | 3934.48 | 4806.09 | 5919.05 | 321687.5 | 1097.2 | 264.6 | 123.2 | 26.0 | 20.2 | 21.5 |
| 3569.27 | 4656.50 | 5747.53 | 6841.92 | 8274.78 | 10104.30 | 46735.9 | 948.9 | 283.1 | 122.1 | 19.2 | 18.9 | 23.1 |
| 1.80 | 1.96 | 2.04 | 2.19 | 2.28 | 2.54 | 922.6 | 350.8 | 140.8 | 111.4 | 6.6 | 10.1 | 7.1 |
| 13.63 | 14.00 | 14.31 | 14.74 | 15.63 | 16.23 | 299.3 | 200.0 | 119.1 | 103.8 | 3.2 | 5.5 | 3.6 |
| 20.00 | 19.92 | 19.79 | 19.71 | 19.80 | 19.30 | 123.8 | 110.4 | 96.5 | 97.5 | 0.6 | 0.8 | -0.7 |
| 26.75 | 29.91 | 32.33 | 34.41 | 38.38 | 41.90 | 3150.4 | 555.0 | 156.6 | 109.2 | 10.4 | 14.1 | 9.4 |
| 263.26 | 270.64 | 276.75 | 282.71 | 287.38 | 296.01 | 215.8 | 188.3 | 112.4 | 103.0 | 2.2 | 5.0 | 2.4 |
| 469.79 | 456.87 | 433.50 | 408.74 | 380.08 | 355.53 | 83.9 | 71.1 | 75.7 | 93.5 | -0.5 | -2.6 | -5.4 |
| 97.2 | 98.4 | 97.9 | 98.6 | 99.3 | 99.3 | 111.0 | 100.9 | 102.2 | 100.0 | 0.3 | 0.1 | 0.4 |
| 10457 | 9263 | 8069 | 8492 | 7304 | 6279 | 107.5 | 61.0 | 60.0 | 86.0 | 0.2 | -3.7 | -9.7 |
| 1420 | 1358 | 1300 | 1413 | 1485 | 1575 | 2282.6 | 158.5 | 110.9 | 106.1 | 9.3 | 3.6 | 2.1 |
| 35110 | 36286 | 37004 | 44931 | 41704 | 38954 | 326.5 | 135.3 | 110.9 | 93.4 | 3.4 | 2.4 | 2.1 |
| 3.07 | 3.04 | 3.03 | 2.98 | 3.01 | 3.01 | 55.6 | 96.8 | 98.0 | 100.0 | -1.7 | -0.3 | -0.4 |
| 4.40 | 4.38 | 4.34 | 4.32 | 4.31 | 4.68 | 80.7 | 103.5 | 106.4 | 108.6 | -0.6 | 0.3 | 1.2 |
| 26.32 | 30.79 | 37.51 | 37.34 | 41.78 | 42.98 | | 153.4 | 163.3 | 102.9 | | 3.3 | 10.3 |
| 10.24 | 11.59 | 12.79 | 14.44 | 16.25 | 17.15 | | 1111.9 | 167.4 | 105.6 | | 20.4 | 10.9 |
| 26.95 | 27.57 | 27.42 | 27.83 | 27.86 | 34.84 | 639.3 | 198.0 | 129.3 | 125.1 | 5.4 | 5.4 | 5.3 |
| 25.27 | 26.43 | 27.26 | 29.63 | 29.75 | 27.08 | | 137.1 | 107.2 | 91.0 | | 2.5 | 1.4 |
| 11759 | 12863 | 14143 | 16495 | 18701 | 20667 | 1159.9 | 290.7 | 155.9 | 107.4 | 7.3 | 8.6 | 9.3 |
| 2797 | 3005 | 3472 | 4145 | 4753 | 5434 | 877.2 | 282.3 | 175.7 | 112.4 | 6.4 | 8.3 | 11.9 |

1-3 续表3

| 指 标 | Item | 总量指标 1978 | 2000 | 2005 |
|---|---|---|---|---|
| **社会保险** | **Social Insurance** | | | |
| 社会保险基金收入(亿元) | Revenue of Social Insurance Fund (100 million yuan) | | 22.87 | 57.34 |
| 社会保险基金支出(亿元) | Expenses of Social Insurance Fund (100 million yuan) | | 23.41 | 53.78 |
| **卫生** | **Health Care** | | | |
| 医院、卫生院(个) | Number of Hospitals and Health Centers(unit) | 4510 | 1878 | 1843 |
| 执业(助理)医师(万人) | Number of Licensed (Assistant) Doctors (10000 persons) | 2.12 | 4.57 | 3.55 |
| 医院、卫生院床位数(万张) | Number of Beds(10000 beds) | 3.75 | 5.51 | 5.84 |
| **城市市政建设** | **City Construction** | | | |
| 供水总量(万立方米) | Volume of Tap Water Supply(10000 cu.m) | 5389 | 45693 | 63705 |
| 城市排水管道长度(公里) | Length of Sewer Pipelines(km) | 214 | 1665 | 4313 |
| 人工煤气供应量(万立方米) | Volume of Coal Gas Supply(10000 cu.m) | | | 19209 |
| 出租汽车(辆) | Taxi(unit) | ☆33 | 7352 | 12386 |
| 年末公共交通运营数(辆) | Number of Public Vehicles under Operation at Year-end (Buses and Trolley Buses, etc.)(unit) | ●326 | ●4144 | 5814 |
| 年末实有道路长度(公里) | Length of Paved Roads at Year-end(km) | 184 | 1679 | 3518 |
| 城市园林绿地面积(公顷) | Area of Parks and Green Land (hectare) | 1037 | 9939 | 31161 |
| **环境** | **Environment** | | | |
| 环保资金投入(亿元) | Environment Protection Investment(100 million yuan) | ☆0.17 | 10.98 | 33.26 |
| 环境污染事故(起) | Accident of Environment Pollution(unit) | | | 28 |
| **火灾、交通事故** | **Basic Statistics on Fires and Traffic Accidents** | | | |
| 火灾发生数(起) | Number of Fires(case) | 2501 | 1608 | 2299 |
| 直接财产损失(万元) | Losses Converted into Cash(10000 yuan) | 1734.21 | 2814.70 | 1078.50 |
| 交通事故发生数(起) | Number of Traffic Accidents(case) | 3104 | 2593 | 3315 |
| 损失折款(万元) | Losses Converted into Cash(10000 yuan) | 236.07 | 1899.62 | 2507.06 |

注：1.年末总人口及分项指标1978、2000年为常住一年口径，2006—2009年数据已根据第六次人口普查数据进行修订。2.规模以上工业统计口径2000—2010年为年主营业务收入500万元及以上的工业企业，2011年起为年主营业务收入2000万元及以上工业企业(以下相关表同)。茅台酒产量从2001年起计量单位为千升，2005年起按包装量统计。3.全社会固定资产投资统计口径2008—2010年为计划总投资50万元及以上固定资产项目投资、房地产开发投资及农村农户投资，2011年起为计划总投资500万元及以上固定资产项目投资、房地产开发投资及农村农户投资(以下相关表同)。4.由于交通运输部对公路、水运运输量统计方案进行调整，2013年相关数据统计口径发生变化，相同指标数据与以往年份不可比(下表同)。5.本表速度指标中，地区生产总值、工业增加值和城乡居民收入及分项指标均按可比价格计算。6.工业生产者出厂价格指数2010年及以前为全部工业品出厂价格指数，工业生产者购进价格指数2010年及以前为全部原材料、燃料、动力价格指数，统计口径不变。7.储蓄存款2010年及以前为城乡居民储蓄存款(以下相关表同)。8."△"为1979年数据；"☆"为1981年数据；"※"为1985年数据；"●"为"标台"。

continued

| Aggregate Indicators | | | | | | 速度指标 (%) Indices and Growth Rates (%) | | | | | | |
|---|---|---|---|---|---|---|---|---|---|---|---|---|
| | | | | | | 指数（2013为以下各年）Index (2013as Percentage of the Following Years) | | | | 平均增长速度 Average Annual Growth Rate | | |
| 2008 | 2009 | 2010 | 2011 | 2012 | 2013 | 1978 | 2000 | 2008 | 2012 | 1979–2013 | 2001–2013 | 2009–2013 |
| 140.50 | 171.40 | 201.56 | 256.94 | 310.85 | 351.06 | | 1535.2 | 249.9 | 112.9 | | 23.4 | 20.1 |
| 98.24 | 122.73 | 151.41 | 181.74 | 229.08 | 279.25 | | 1192.7 | 284.3 | 121.9 | | 21.0 | 23.2 |
| 1934 | 1982 | 2005 | 2071 | 2210 | 2429 | 53.9 | 129.3 | 125.6 | 109.9 | -1.8 | 2.0 | 4.7 |
| 3.88 | 4.02 | 4.22 | 4.40 | 4.77 | 5.59 | 263.2 | 122.3 | 143.9 | 117.0 | 2.8 | 1.6 | 7.6 |
| 7.81 | 9.12 | 9.75 | 10.80 | 12.97 | 15.58 | 415.2 | 282.6 | 199.5 | 120.2 | 4.2 | 8.3 | 14.8 |
| 64871 | 61971 | 63572 | 67766 | 71168 | 74730 | 1386.7 | 163.5 | 115.2 | 105.0 | 7.8 | 3.9 | 2.9 |
| 4796 | 5047 | 5507 | 5977 | 6148 | 8146 | 3806.4 | 489.2 | 169.8 | 132.5 | 11.0 | 13.0 | 11.2 |
| 26613 | 26886 | 26963 | 30515 | 34167 | 23788 | | | 89.4 | 69.6 | | | -2.2 |
| 13768 | 14700 | 15087 | 17196 | 20600 | 22946 | | 312.1 | 166.7 | 111.4 | | 9.1 | 10.8 |
| 5140 | 4864 | 4984 | 5364 | 5429 | 6484 | | | 126.1 | 119.4 | | | 4.8 |
| 3836 | 3933 | 4081 | 4487 | 4875 | 5787 | 3145.2 | 344.7 | 150.9 | 118.7 | 10.4 | 10.0 | 8.6 |
| 41841 | 43781 | 45500 | 48024 | 51081 | 67029 | 6463.7 | 674.4 | 160.2 | 131.2 | 12.6 | 15.8 | 9.9 |
| 50.74 | 69.78 | 89.52 | 106.70 | 97.35 | 138.81 | | 1264.2 | 273.6 | 142.6 | | 21.6 | 22.3 |
| 10 | 4 | 4 | 7 | 4 | 9 | | | 90.0 | 225.0 | | | -2.1 |
| 800 | 869 | 1630 | 1170 | 959 | 2913 | 116.5 | 181.2 | 364.1 | 303.8 | 0.4 | 4.7 | 29.5 |
| 3436.52 | 3435.55 | 4416.80 | 6625.40 | 5147.20 | 11178.00 | 644.6 | 397.1 | 325.3 | 217.2 | 5.5 | 11.2 | 26.6 |
| 2219 | 1816 | 1764 | 1566 | 1361 | 1241 | 40.0 | 47.9 | 55.9 | 91.2 | -2.6 | -5.5 | -11.0 |
| 1480.23 | 1214.5 | 1208.00 | 1611.39 | 1698.58 | 1477.91 | 626.0 | 77.8 | 99.8 | 87.0 | 5.4 | -1.9 | … |

Note:1.As to total population at the year-end and subitems in this table,the year 1978 and 2000 refer to permanent population in one year scope, additionly the year 2006 to 2009 had been amendmented on the base of the result of the Sixth National Population Census. 2.The scale above ind ustrial enterprises statistics was the industrial of main business income of 5 million yuan and above in 2000 to 2010. And from 2011, it is the industrial of main business income of 20 million yuan and above(The relative tables in this chapter are the same). 3.From 2008 to 2010, data in the table referred to those projects that planned to invest 5000,000 yuan at least in investment in fixed assets, real estate development and rural household investment.From 2011,the statistical coverage has referred to those projects that planned to invest 50000,000 yuan at least in investment in fixed assets, real estate development and rural household investment(The relative tables in the chapter are the same). 4.Because the statistics schemes of highway, waterway transport volume are adjusted by the Ministry of Transport of the People's Republic of China ,the correlation data statistics caliber changes for 2013 , the same indicators can not compare with previous years (the same applies to the next table). 5.As to growth rates,GDP, value-added of industry, per capita annual disposable income of urban households and per capita annual net income of rural residents and their sub items were calculated at constant price.The average annual growth rate of total inve stment in fixed assets in the whole province and its sub items were calculated by accumulation method . 6.The year 2010 and before , Ex-Factory price index of industrial product refere to the ex-factory price index of the whole industrial products and purchasing price index of industrial producer refer to the price index of the whole raw materials,fuels and power.The statistics caliber isn't changed. 7.The year 2010 and before,savings deposit refer to resident savings deposit of urban and rural(The relative tables in this chapter are the same). 8.Data with "△" refer to the year 1979,with "☆" refer to the year 1981,with "※" refer to the year 1985,and with "●" refer to standard unit.

# 1-4 社会经济主要指标结构

# Composition Indicators on National Economic and Social Development

单位：% (%)

| 指 标 | Item | 2008 | 2009 | 2010 | 2011 | 2012 | 2013 |
|---|---|---|---|---|---|---|---|
| **人口与就业** | **Population and Employment** | | | | | | |
| **人口** | **Population** | | | | | | |
| 城镇、乡村结构 | Grouped by Urban and Rural Area | | | | | | |
| 城 镇 | Urban Population | 29.1 | 29.9 | 33.8 | 35.0 | 36.4 | 37.8 |
| 乡 村 | Rural Population | 70.9 | 70.1 | 66.2 | 65.0 | 63.6 | 62.2 |
| 性别结构 | Grouped by Sex | | | | | | |
| 男 | Male | 52.0 | 51.7 | 51.7 | 51.9 | 52.2 | 52.0 |
| 女 | Female | 48.0 | 48.3 | 48.3 | 48.1 | 47.8 | 48.0 |
| **就业** | **Employment** | | | | | | |
| 产业结构 | Grouped by Three Industries | | | | | | |
| 第一产业 | Primary Industry | 72.3 | 70.5 | 68.3 | 66.6 | 65.1 | 63.3 |
| 第二产业 | Secondary Industry | 9.7 | 10.7 | 11.5 | 12.0 | 13.0 | 14.2 |
| 第三产业 | Tertiary Industry | 18.0 | 18.7 | 20.2 | 21.3 | 21.8 | 22.5 |
| **宏观经济** | **Macro Economy** | | | | | | |
| **国民经济核算** | **National Accounting** | | | | | | |
| 地区生产总值产业结构 | In GDP | | | | | | |
| 第一产业 | Primary Industry | 15.1 | 14.1 | 13.6 | 12.7 | 13.0 | 12.9 |
| 第二产业 | Secondary Industry | 38.5 | 37.7 | 39.1 | 38.5 | 39.1 | 40.5 |
| 第三产业 | Tertiary Industry | 46.4 | 48.2 | 47.3 | 48.8 | 47.9 | 46.6 |
| **投资** | **Investment in Fixed Assets** | | | | | | |
| 全社会固定资产投资结构 | Structure of Total Investment in Fixed Assets in the Whole Province | | | | | | |
| #中央 | Central | 16.5 | 14.2 | 10.2 | 8.2 | 6.8 | 6.7 |
| 地方 | Local | 83.5 | 85.8 | 89.8 | 91.8 | 93.2 | 93.3 |
| #国有经济 | State-owned Economic Unit | 48.8 | 51.0 | 50.4 | 47.0 | 44.3 | 44.5 |
| 非国有经济 | Non-State-owned Economic Unit | 51.2 | 49.0 | 49.6 | 53.0 | 55.7 | 55.5 |
| 资金来源结构 | Grouped by Source of Funds | | | | | | |
| 国家预算内资金 | State Budgetary Appropriation | 6.4 | 8.9 | 8.7 | 10.7 | 8.6 | 6.8 |
| 国内贷款 | Domestic Loans | 22.2 | 22.3 | 20.8 | 16.1 | 15.3 | 11.9 |
| 利用外资 | Foreign Investment | 0.7 | 0.3 | 0.3 | 0.3 | 0.2 | 0.2 |
| 自筹资金 | Self-raising Funds | 50.7 | 44.6 | 45.5 | 49.6 | 52.5 | 55.8 |
| 其他资金 | Others | 20.1 | 23.9 | 24.8 | 23.4 | 23.4 | 25.4 |
| **对外贸易** | **Foreign Trade** | | | | | | |
| 出 口 | Total Exports | 56.4 | 58.9 | 61.0 | 61.1 | 74.7 | 83.1 |
| 进 口 | Total Imports | 43.6 | 41.1 | 39.0 | 38.9 | 25.3 | 16.9 |
| **财政** | **Government Finance and Tax** | | | | | | |
| 公共财政收入结构 | Structure of Local Financial Revenue | | | | | | |
| 省 级 | Provincial Level | 25.6 | 22.6 | 20.3 | 21.4 | 17.7 | 17.5 |
| 地 级 | Prefectural Level | 20.2 | 21.3 | 23.3 | 21.9 | 20.2 | 20.6 |
| 县 级 | County level | 39.8 | 43.3 | 44.0 | 45.7 | 51.2 | 52.2 |
| 乡 级 | Township Level | 14.4 | 12.8 | 12.4 | 11.0 | 10.9 | 9.8 |

# 1-4 续表1 continued

单位：% (%)

| 指　　标 | Item | 2008 | 2009 | 2010 | 2011 | 2012 | 2013 |
|---|---|---|---|---|---|---|---|
| **能源** | **Energy** | | | | | | |
| 一次能源生产总量结构 | Structure of Total Energy Production | | | | | | |
| 原　煤 | Coal | 86.7 | 88.3 | 89.9 | 91.4 | 88.8 | 90.4 |
| 水　电 | Hydro-power | 13.3 | 11.7 | 10.1 | 8.6 | 11.2 | 9.6 |
| 能源终端消费总量结构 | Structure of Total Energy Consumption | | | | | | |
| #原　煤 | Coal | 45.4 | 47.6 | 48.0 | 48.8 | 48.0 | 46.6 |
| 天然气 | Natural Gas | 1.0 | 0.8 | 0.8 | 0.6 | 0.7 | 1.1 |
| 电　力 | Electricity | 32.0 | 32.4 | 33.3 | 33.2 | 33.1 | 33.2 |
| **产　业** | **Industry** | | | | | | |
| **农业** | **Agriculture** | | | | | | |
| 农林牧渔业增加值结构 | Structure of Value-added of FFAFS | | | | | | |
| 农　业 | Farming | 57.1 | 60.1 | 61.7 | 59.3 | 62.9 | 62.6 |
| 林　业 | Forestry | 4.3 | 4.6 | 4.5 | 4.4 | 4.2 | 4.6 |
| 畜牧业 | Animal Husbandry | 33.9 | 30.5 | 28.7 | 30.7 | 27.5 | 27.2 |
| 渔　业 | Fishery | 1.3 | 1.3 | 1.4 | 1.8 | 2.0 | 2.3 |
| 农林牧渔服务业 | FFAF Seryices | 3.4 | 3.6 | 3.7 | 3.8 | 3.4 | 3.2 |
| **工业** | **Industry** | | | | | | |
| 规模以上工业增加值 | In the Industrial Enterprises above Designated Size | | | | | | |
| #轻工业 | Light Industry | 28.8 | 30.1 | 33.7 | 32.7 | 37.6 | 38.3 |
| 重工业 | Heavy Industry | 71.2 | 69.9 | 66.3 | 67.3 | 62.4 | 61.7 |
| #大型企业 | Large Industry | 40.9 | 37.0 | 38.0 | 37.2 | 44.0 | 43.8 |
| 中型企业 | Medium-sized Industry | 26.5 | 28.4 | 24.6 | 23.9 | 26.2 | 29.9 |
| 小型企业 | Small Industry | 32.7 | 34.6 | 37.4 | 36.6 | 29.2 | 26.0 |
| **建筑业** | **Construction** | | | | | | |
| 建筑业总产值结构 | Structure of Gross Output Value of Construction | | | | | | |
| 国有经济 | State-owned | 77.0 | 77.9 | 79.6 | 79.9 | 82.7 | 80.8 |
| 非国有经济 | Non-state-owned | 23.0 | 22.1 | 20.4 | 20.1 | 17.3 | 19.2 |
| **交通运输业** | **Transportation** | | | | | | |
| 货运量结构 | Structure of Freight Traffic | | | | | | |
| 铁　路 | Railways | 19.9 | 20.1 | 19.8 | 16.1 | 12.6 | 8.9 |
| 公　路 | Highways | 77.9 | 77.6 | 77.9 | 81.7 | 85.3 | 89.5 |
| 水　运 | Waterways | 2.2 | 2.3 | 2.3 | 2.2 | 2.1 | 1.6 |
| 客运量结构 | Structure of Passenger Traffic | | | | | | |
| 铁　路 | Railways | 4.0 | 3.8 | 3.5 | 3.3 | 2.7 | 5.2 |
| 公　路 | Highways | 94.1 | 94.2 | 94.5 | 94.9 | 95.6 | 92.7 |
| 水　运 | Waterways | 1.9 | 2.0 | 2.0 | 1.8 | 1.7 | 2.1 |
| **旅游业** | **Tourism** | | | | | | |
| 来黔涉外旅游人数结构 | Structure of Tourists Visiting Guizhou | | | | | | |
| 外 国 人 | Foreigners | 46.1 | 40.8 | 37.2 | 40.4 | 43.1 | 41.1 |
| 港澳同胞 | Compatriots from Hong Kong and Macao | 27.3 | 27.1 | 27.3 | 28.9 | 29.6 | 29.5 |
| 台湾同胞 | Compatriots from Taiwan | 26.6 | 32.1 | 35.5 | 30.7 | 27.3 | 29.3 |
| **金融业** | **Financial Intermediation** | | | | | | |
| 金融机构人民币存款结构 | Structure of Total Savings Deposit Balance | | | | | | |
| #财政存款 | Treasury Deposit | 4.7 | 5.1 | 4.9 | 5.1 | 3.9 | 3.2 |
| 储蓄存款 | Savings Deposit | 47.2 | 45.4 | 44.1 | 45.0 | 45.6 | 44.6 |

1-4 续表2 continued

单位：% (%)

| 指 标 | Item | 2008 | 2009 | 2010 | 2011 | 2012 | 2013 |
|---|---|---|---|---|---|---|---|
| 金融机构人民币贷款结构 | Structure of Total Loan Balance | | | | | | |
| #短期贷款 | Short-Term Loan | 25.0 | 23.4 | 17.7 | 18.9 | 21.1 | 22.2 |
| 中长期贷款 | Middle-Term & Long-Term Loan | 72.5 | 73.7 | 79.7 | 79.5 | 77.4 | 76.8 |
| **教育** | **Education** | | | | | | |
| **教育(学历教育口径)** | **Education** | | | | | | |
| 在校学生结构 | Structure of Students Enrollment | | | | | | |
| #高等教育阶段 | Higher Education | 3.5 | 3.9 | 4.4 | 4.7 | 5.4 | 6.0 |
| 高中阶段 | Senior Secondary Schools | 7.4 | 7.7 | 8.4 | 9.5 | 11.0 | 12.4 |
| 初中阶段 | Junior Secondary Schools | 27.2 | 28.1 | 28.9 | 29.5 | 29.8 | 30.3 |
| 小学阶段 | Primary Schools | 61.8 | 60.3 | 58.4 | 56.3 | 53.8 | 51.3 |
| 专任教师结构 | Structure of Full-time Teachers | | | | | | |
| #高等教育阶段 | Higher Education | 5.1 | 5.5 | 5.6 | 6.0 | 6.0 | 6.7 |
| 高中阶段 | Senior Secondary Schools | 8.5 | 8.8 | 9.2 | 9.9 | 11.0 | 12.3 |
| 初中阶段 | Junior Secondary Schools | 29.9 | 30.3 | 30.5 | 30.3 | 30.4 | 30.3 |
| 小学阶段 | Primary Schools | 56.5 | 55.5 | 54.8 | 53.8 | 52.5 | 50.7 |
| **生活、环境保护** | **People's Living Conditions and Environment** | | | | | | |
| **人民生活** | **People's Living Conditions** | | | | | | |
| 城市居民消费结构 | Consumption Structure of Urban Residents | | | | | | |
| #食品类 | Food | 43.1 | 41.5 | 39.9 | 40.2 | 39.7 | 35.9 |
| 衣着类 | Clothing | 10.2 | 11.2 | 11.0 | 10.7 | 11.1 | 10.2 |
| 居 住 | Residence | 10.0 | 8.3 | 8.9 | 9.7 | 8.1 | 10.9 |
| 家庭设备用品及服务 | Household Facilities,Articles and Services | 6.3 | 6.5 | 6.7 | 7.6 | 6.8 | 7.9 |
| 医疗保健 | Medicines and Medical Services | 5.6 | 5.9 | 5.4 | 5.1 | 5.2 | 4.6 |
| 交通和通信 | Transport and Communications | 10.4 | 10.9 | 12.6 | 12.3 | 15.0 | 13.6 |
| 教育文化娱乐服务 | Education, Cultural and Recreation Services | 11.2 | 12.7 | 12.5 | 11.7 | 11.1 | 14.2 |
| 农村居民消费结构 | Consumption Structure of Rural Residents | | | | | | |
| #食品类 | Food | 51.7 | 45.2 | 46.3 | 47.6 | 44.6 | 43.0 |
| 衣着类 | Clothing | 5.2 | 5.2 | 4.8 | 5.4 | 5.8 | 5.4 |
| 居 住 | Residence | 19.7 | 24.3 | 21.8 | 18.5 | 19.4 | 20.7 |
| 家庭设备、用品及服务 | Household Facilities,Articles and Services | 4.4 | 4.8 | 4.8 | 5.6 | 5.4 | 5.7 |
| 医疗保健 | Medicines and Medical Services | 4.5 | 5.5 | 6.2 | 7.1 | 7.2 | 6.4 |
| 交通和通信 | Transport and Communications | 7.4 | 7.2 | 8.1 | 8.8 | 9.5 | 10.3 |
| 文教、娱乐、用品及服务 | Recreation,Education and Cultural Articles and Services | 5.6 | 6.3 | 6.5 | 5.3 | 5.8 | 6.4 |
| **卫生** | **Health Care** | | | | | | |
| 卫生机构床位结构 | Structure of Beds of Health Care Institutions | | | | | | |
| #医院、卫生院 | Hospitals and Health Centers | 94.0 | 93.5 | 92.6 | 91.9 | 95.0 | 95.4 |
| 卫生技术人员结构 | Structure of Medical Technical Personnels | | | | | | |
| #执业(助理)医师 | Licensed(Assistant) Doctors | 43.5 | 42.2 | 41.1 | 39.2 | 37.9 | 35.7 |
| **环境** | **Environment** | | | | | | |
| 环境保护投入资金结构 | Structure of Environment Protection Investment | | | | | | |
| #老工业污染源治理资金 | Old Industry Pollute Fountain Treatment | 20.1 | 12.8 | 7.6 | 13.2 | 12.8 | 14.1 |
| 城市环境基础设施建设 | Urban Environment Infrastructure Investment | 30.4 | 38.2 | 32.3 | 35.6 | 36.7 | 43.5 |

# 1-5 社会经济主要指标比例、效益
# Major Indicators on Proportions and Efficiency in Economic Social Development

| 指 标 | Item | 2008 | 2009 | 2010 | 2011 | 2012 | 2013 |
|---|---|---|---|---|---|---|---|
| **人口与就业** | **Population and Employment** | | | | | | |
| 城镇人口比重 | Proportion of Urban Population | 29.1 | 29.9 | 33.8 | 35.0 | 36.4 | 37.8 |
| 人口出生率(‰) | Birth Rate(‰) | 13.49 | 13.65 | 13.96 | 13.31 | 13.27 | 13.05 |
| 人口死亡率(‰) | Death Rate(‰) | 6.77 | 6.69 | 6.55 | 6.93 | 6.96 | 7.15 |
| 人口自然增长率(‰) | Natural Growth Rate(‰) | 6.72 | 6.96 | 7.41 | 6.38 | 6.31 | 5.9 |
| 城镇登记失业率(%) | Registered Unemployment Rate in Urban Areas(%) | 3.98 | 3.81 | 3.63 | 3.63 | 3.29 | 3.26 |
| **国民经济核算** | **National Accounting** | | | | | | |
| 县域经济增加值占GDP比重 | Add Value in County Economy Share of GDP | 64.7 | 65.9 | 66.4 | 65.9 | 66.3 | 67.0 |
| 民营经济增加值占GDP比重 | Add Value in Non-public-owned Economic Share of GDP | 32.4 | 33.1 | 35.0 | 36.9 | 40.3 | 43.0 |
| 人均地区生产总值(元) | Per Capita Gross Domestic Product(yuan) | 9855 | 10971 | 13119 | 16413 | 19710 | 22922 |
| **固定资产投资** | **Investment in Fixed Assets** | | | | | | |
| 全社会固定资产投资相当于地区生产总值比例(%) | Proportion of Investmetn in Fixed Assets to GDP(%) | 52.3 | 62.6 | 69.2 | 74.3 | 83.4 | 92.1 |
| 全社会房屋建筑面积竣工率(%) | Rate of Total Floor Space of Buildings Completed in the Whole Province (%) | 34.2 | 38.9 | 36.8 | 21.4 | 18.9 | 26.4 |
| **消费** | **Consumption** | | | | | | |
| 社会消费品零售总额相当于地区生产总值比例(%) | Proportion of Retail Sales of Consumer Goods to GDP(%) | 30.2 | 31.9 | 32.2 | 30.7 | 29.6 | 29.6 |
| 人均社会消费品零售额(元) | Per Capita Ratail Sales of Consumer Goods(yuan) | 2975 | 3497 | 4227 | 5042 | 5832 | 6774 |
| **对外贸易** | **Foreign Trade** | | | | | | |
| 进出口总额相当于地区生产总值比例(%) | Proportion of Total Value of Imports and Exports as Percentage to GDP(%) | 6.6 | 4.0 | 4.6 | 5.6 | 6.1 | 6.4 |
| **财政** | **Government Finance** | | | | | | |
| 财政总收入相当于地区生产总值比例(%) | Proportion of Total Financial Revenues to GDP(%) | 18.9 | 19.9 | 21.1 | 23.3 | 24.0 | 24.0 |
| 公共财政支出相当于地区生产总值比例(%) | Proportion of General Budget Expenditure to GDP (%) | 29.6 | 35.1 | 35.5 | 39.5 | 40.2 | 38.5 |
| **能源** | **Energy** | | | | | | |
| 能源生产弹性系数 | Elasticity Ratio of Energy Production | 0.82 | 1.71 | 1.43 | | 1.26 | 0.37 |
| 电力生产弹性系数 | Elasticity Ratio of Electricity Production | 1.27 | 1.39 | 0.03 | | 1.27 | 0.33 |
| 能源消费弹性系数 | Elasticity Ratio of Energy Consumption | 0.37 | 0.60 | 0.63 | 0.73 | 0.65 | 0.65 |
| 电力消费弹性系数 | Elasticity Ratio of Electricity Consumption | 0.13 | 0.92 | 0.89 | 0.87 | 0.80 | 0.61 |
| 每万元地区生产总值能耗(吨标准煤/万元)(可比价) | Energy Consumption Per Unit of GDP (ton of SCE/10000 yuan) (equivalent value) | 2.4495 | 2.3480 | 2.2480 | 1.7140 | 1.6444 | 1.5801 |
| **农业** | **Agriculture** | | | | | | |
| 每亩播种面积农产品产量 | Output of Farm Crops Per Mu of Sowning Area | | | | | | |
| 粮 食(公斤) | Grain(kg) | 264 | 261 | 244 | 191 | 236 | 220 |
| 油 料(公斤) | Oil-bearing Crops(kg) | 100 | 102 | 76 | 98 | 106 | 109 |

注：县域经济增加值占GDP比重，是除贵阳市南明区、云岩区、花溪区、乌当区、白云区、观山湖区，六盘水市钟山区，遵义市红花岗区、汇川区，安顺市西秀区、毕节市七星关区，铜仁市碧江区、万山区等13个区之外的75个县(市、特区)经济总量占88个县(市、区、特区)GDP合计数的比重。

Note:The add value in county economy share of GDP is the proportion of 75 counties economy besides the 13 districts such as Nanming,Yunyan, Huaxi,Wudang,Baiyun,Guan shanhu,Zhongshan,Honghuagang,Huichuan,Xixiu,Qixingguan,Bijiang,Wanshan,etc to total GDP of 88 counties.

1-5 续表1 continued

| 指 标 | Item | 2008 | 2009 | 2010 | 2011 | 2012 | 2013 |
|---|---|---|---|---|---|---|---|
| **工业(规模以上)** | **Industry(above Designated Size)** | | | | | | |
| 总资产贡献率(%) | Ratio of Total Assets to Industrial Output Value(%) | 12.96 | 10.69 | 12.84 | 14.13 | 15.97 | 19.11 |
| 资本保值增值率(%) | Capital Maintenance and Appreciation Rate (%) | 124.99 | 106.87 | 125.32 | 118.66 | 121.72 | 117.66 |
| 流动资产周转次数(次/年) | Number of Times of Turnover of Circulating Fund (times/year) | 1.92 | 1.88 | 1.75 | 1.95 | 1.89 | 1.72 |
| 成本费用利润率(%) | Ratio of Profits to Industrial Cost(%) | 6.42 | 6.56 | 9.04 | 9.98 | 11.89 | 14.53 |
| **建筑业** | **Construction** | | | | | | |
| 建筑业劳动生产率(元/人)(按增加值计算) | Overall Labour Productivity in Construction(yuan/person) (account by value-added) | 28116 | 70294 | 89177 | 98494 | 141459 | 155658 |
| 技术装备率(元/人) | Value of Machinery Per Laborer (yuan/person) | 8248 | 7398 | 8232 | 9982 | 8148 | |
| 产值利税率(%) | Ratio of Per-tax Profits to Gross Output Value(%) | 5.8 | 5.1 | 5.9 | 5.9 | 5.5 | |
| **交通运输业** | **Transportation** | | | | | | |
| 铁路网密度(公里/万平方公里) | Railway Density(km/10000 sq.km) | 111.37 | 112.57 | 113.64 | 117.50 | 116.82 | 118.83 |
| 公路网密度(公里/万平方公里) | Highway Density(km/10000 sq.km) | 7116.38 | 8092.52 | 8608.12 | 8958.70 | 9340.26 | 9797.13 |
| **邮电通信业** | **Postal and Telecommunication Services** | | | | | | |
| 电话普及率(包括移动电话)(部/百人) | Popularization Rate of Telephone (set/100 persons ) | 46.87 | 57.52 | 68.90 | 74.35 | 83.27 | 93.25 |
| 移动电话普及率(部/百人) | Popularization Rate of Mobile Telephone (set/100 persons ) | 32.97 | 44.76 | 56.46 | 62.71 | 72.34 | 82.78 |
| **旅游业** | **Tourism** | | | | | | |
| 每一来黔境外旅游者消费支出(美元/人天) | Daily Expenditure of Per Tourists Visiting Guizhou(USD/preson and day) | 169.30 | 169.12 | 171.76 | 168.68 | 167.13 | 181.05 |
| **金融** | **Finance** | | | | | | |
| 金融机构人民币存款余额相当于地区生产总值比例(%) | Deposit of Financial Institutions as Percentage of GDP(%) | 133.0 | 150.7 | 160.0 | 153.3 | 153.8 | 165.7 |
| 金融机构人民币贷款余额相当于地区生产总值比例(%) | Loans of Financial Institutions as Percentage of GDP(%) | 100.2 | 119.0 | 124.9 | 120.0 | 120.8 | 126.2 |

1-5 续表2 continued

| 指 标 | Item | 2008 | 2009 | 2010 | 2011 | 2012 | 2013 |
|---|---|---|---|---|---|---|---|
| **教育** | **Education** | | | | | | |
| 学龄儿童入学率(%) | Enrollment Rate of School-age Children(%) | 97.2 | 98.4 | 97.9 | 98.6 | 99.3 | 99.3 |
| 初中阶段毛入学率(%) | Enrollment Rate of Primary School Graduates Entering into Junior Secondary Schools(%) | 95.9 | 98.2 | 97.6 | 94.2 | 97.4 | 101.1 |
| 高中阶段毛入学率(%) | Enrollment Rate of Junior secondary School Graduates Entering into Senior secondary Schools(%) | 47.9 | 53.4 | 55.0 | 58.9 | 62.2 | 68.0 |
| 高等教育毛入学率(%) | Enrollment Rate of Senior secondary School Graduates Entering into Institution of Higher Learning(%) | 11.8 | 18.4 | 20.0 | 23.2 | 25.5 | 27.4 |
| 教师负担学生系数(学生/教师) | Student-Teacher Ratio (student/teacher) | | | | | | |
| 普通高校 | Regular Institution of Higher Education | 14.83 | 15.23 | 15.89 | 15.74 | 16.83 | 16.53 |
| 普通高中 | Regular Senior Secondary Schools | 18.56 | 18.51 | 18.75 | 19.02 | 18.59 | 18.25 |
| 普通初中 | Regular Junior Secondary Schools | 19.56 | 19.58 | 19.52 | 19.23 | 18.31 | 18.23 |
| 小 学 | Primary Schools | 23.49 | 22.94 | 21.90 | 20.74 | 19.20 | 18.43 |
| **城乡收入比例** | **Urban-rural income ratio** | | | | | | |
| 城市与农村居民收入比例(以农民人均纯收入＝1) | Ratio of Annual Income of Urban Residents to Rural(rural resident=1) | 4.20 | 4.28 | 4.07 | 3.98 | 3.93 | 3.80 |
| **卫生** | **Health Care** | | | | | | |
| 每万人拥有执业(助理)医师数(人) | Number of Licensed(Assistant) Doctors Per 10000 Persons(person) | 10.7 | 11.3 | 12.0 | 10.4 | 11.2 | 13.0 |
| 每万人拥有床位数(张) | Number of Beds in Hospitals and Health Centers Per 10000 Persons(bed) | 23.0 | 27.3 | 30.0 | 27.7 | 32.1 | 38.1 |
| **城市建设** | **City Construction** | | | | | | |
| 人均公园绿地面积(平方米) | Per Capita Area of Parks and Green Land (sq.m) | 4.44 | 4.65 | 5.33 | 5.50 | 6.68 | 7.98 |
| 用水普及率(%) | Percentage of Population with Access to Tap Water(%) | 83.2 | 85.4 | 86.5 | 86.9 | 87.6 | 88.5 |
| 燃气普及率(%) | Percentage of Households with Access to Tap Gas(%) | 54.1 | 54.2 | 54.5 | 55.0 | 55.2 | 58.7 |
| **环境、灾害** | **Environment and Disaster** | | | | | | |
| 环保投入相当于地区生产总值比例(%) | Environment Protection Investment as Percentage to GDP(%) | 1.4 | 1.8 | 1.9 | 1.9 | 1.4 | 1.7 |
| 亿元地区生产总值生产安全事故死亡人数(人/亿元) | Deaths of Industrial Accidents per Unit of GDP(person/100 million yuan) | 0.73 | 0.56 | 0.42 | 0.29 | 0.19 | 0.14 |
| 平均每起火灾损失(万元) | Average Loss of Per Fire(10000 yuan) | 4.30 | 3.95 | 2.71 | 5.66 | 5.37 | 3.84 |
| 平均每起交通事故损失(万元) | Average Loss of Per Traffic Accident (10000 yuan) | 0.67 | 0.67 | 0.68 | 1.03 | 1.25 | 1.19 |

# 1-6 贵州社会经济主要指标占全国比重
# Proportion of Guizhou's Main Economic and Social Indicators to the Whole Country

| 指标 | Item | 全国 China | | 贵州 Guizhou | | 贵州占全国比重(%) Proportion of Guizhou to China(%) | |
|---|---|---|---|---|---|---|---|
| | | 2008 | 2013 | 2008 | 2013 | 2008 | 2013 |
| **土地面积(万平方公里)** | **Area of Territory(10000 sq.km)** | **960** | **960** | **17.62** | **17.62** | **1.8** | **1.8** |
| **人口** | **Population** | | | | | | |
| 年末总人口(万人) | Total Population at the Year-end (10000 persons) | 132802 | 136072 | 3596 | 3502 | 2.7 | 2.6 |
| **就业** | **Employment** | | | | | | |
| 就业人员(万人) | Employees(10000 persons) | 75564 | 76977 | 1867.2 | 1864.21 | 2.5 | 2.4 |
| 非私营单位职工平均工资(元) | Average Wage of Staff and Workers(yuan) | 28898 | 51474 | 24602 | 49087 | 85.1 | 95.4 |
| **国民经济核算** | **National Accounting** | | | | | | |
| 地区生产总值(亿元) | Gross Domestic Product(100 million yuan) | 314045.4 | 568845.2 | 3561.56 | 8006.79 | 1.1 | 1.4 |
| 第一产业 | Primary Industry | 33702.0 | 56957 | 539.19 | 1029.05 | 1.6 | 1.8 |
| 第二产业 | Secondary Industry | 149003.4 | 249684.4 | 1370.03 | 3243.70 | 0.9 | 1.3 |
| 第三产业 | Tertiary Industry | 131340 | 262204 | 1652.34 | 3734.04 | 1.3 | 1.4 |
| 人均地区生产总值(元) | Per Capita Gross Domestic Product(yuan) | 23708 | 41908 | 9855 | 22922 | 41.6 | 54.7 |
| **固定资产投资** | **Investment in Fixed Assets** | | | | | | |
| 全社会固定资产投资(亿元) | Total Investment in Fixed Assets (100 million yuan) | 172828.4 | 447074.4 | 1864.45 | 7373.60 | 1.1 | 1.6 |
| **消费** | **Consumption** | | | | | | |
| 社会消费品零售总额(亿元) | Total Retail Sales of Consumer Goods (100 million yuan) | 114830 | 237810 | 1075.24 | 2366.24 | 0.9 | 1.0 |
| **对外贸易** | **Foreign Trade** | | | | | | |
| 进出口总额(亿美元) | Total Value of Imports and Exports (USD 100 million) | 25633 | 41597 | 33.70 | 82.90 | 0.1 | 0.2 |
| #出口 | Total Exports | 14307 | 22094 | 19.01 | 68.86 | 0.1 | 0.3 |
| **财政** | **Government Finance** | | | | | | |
| 公共财政收入(亿元) | Local Financial Revenue(100 million yuan) | 28650 | 68969 | 349.55 | 1206.41 | 1.2 | 1.7 |
| 公共财政支出(亿元) | Financial Expenditure (100 million yuan) | 49248 | 119273 | 1055.39 | 3082.66 | 2.1 | 2.6 |
| **能源** | **Energy** | | | | | | |
| 一次能源生产总量(万吨标准煤) | Total Production of Primary Energy(10000 tons of SCE) | 260552 | 340000 | 9262.34 | 15616.58 | 3.6 | 4.6 |
| 能源终端消费总量(万吨标准煤) | Consumption of Energy (10000 tons of SCE) | 291448 | 375000 | 6486.30 | 9821.13 | 2.2 | 2.6 |
| **农业** | **Agriculture** | | | | | | |
| 粮食产量(万吨) | Output of Grain(10000 tons) | 52871 | 60194 | 1158 | 1030 | 2.2 | 1.7 |
| 油料产量(万吨) | Output of Oil-bearing Crops (10000 tons) | 2953 | 3517 | 68.39 | 91.53 | 2.3 | 2.6 |
| **工业** | **Industry** | | | | | | |
| 发电量(亿千瓦小时) | Output of Electricity (100 million kwh) | 34958 | 53976 | 1192 | 1620 | 3.4 | 3.0 |
| 卷 烟(亿支) | Output of Cigarettes(100 million pieces) | 22199 | 25604 | 1135 | 1271 | 5.1 | 5.0 |

1-6 续表 continued

| 指 标 | Item | 全 国 China 2008 | 2013 | 贵 州 Guizhou 2008 | 2013 | 贵州占全国比重(%) Proportion of Guizhou to China(%) 2008 | 2013 |
|---|---|---|---|---|---|---|---|
| **交通运输业** | **Transportation** | | | | | | |
| 铁路营业里程(万公里) | Length of Railways(10000 km) | 7.97 | 10.31 | 0.20 | 0.21 | 2.5 | 2.0 |
| 公路里程(万公里) | Length of Highways(10000 km) | 373.02 | 435.62 | 12.54 | 17.26 | 3.4 | 4.0 |
| 旅客周转量(亿人公里) | Passenger-Kilometers(100 million passenger-km) | 23197 | 27572 | 407.59 | 593.62 | 1.8 | 2.2 |
| 货物周转量(亿吨公里) | Freight Ton-Kilometers(100 million ton-km) | 110300 | 168165 | 809.93 | 1292.11 | 0.7 | 0.8 |
| **邮电通信业** | **Post and Telecommunication** | | | | | | |
| 电信业务总量(亿元) | Business Revenue of Telecommunications (100 million yuan) | 22248 | 13954 | 361.37 | 278.15 | 1.6 | 2.0 |
| 邮政业务总量(亿元) | Business Volume of Post (100 million yuan) | 1402 | 2725 | 10.42 | 22.64 | 0.7 | 0.8 |
| **旅游业** | **Tourism** | | | | | | |
| 国际旅游外汇收入(亿美元) | International Earnings from Tourism (USD 100 million) | 408 | 517 | 1.17 | 2.01 | 0.3 | 0.4 |
| 国内旅游收入(亿元) | Domestic Earnings from Tourism (100 million yuan) | 8749 | 26276 | 643.82 | 2358.18 | 7.4 | 9.0 |
| **金融业** | **Finance** | | | | | | |
| 金融机构人民币存款余额(亿元) | Total Savings Deposit Balance(100 million yuan) | 466203 | 1043847 | 4736.93 | 13265.01 | 1.0 | 1.3 |
| 金融机构人民币贷款余额(亿元) | Total Loan Balance(100 million yuan) | 303395 | 718961 | 3569.27 | 10104.30 | 1.2 | 1.4 |
| **教育** | **Education** | | | | | | |
| 普通高等学校(所) | Regular Institutions of Higher Education(unit) | 2263 | 2491 | 37 | 52 | 1.6 | 2.1 |
| 普通高等学校专任教师(万人) | Full-time Teachers of Regular Institutions of Higher Education(10000 persons) | 123.7 | 149.7 | 2 | 2.54 | 1.5 | 1.7 |
| 普通高校在校大学生(万人) | Students Enrollment of Regular Institutions of Higher Education(10000 persons) | 2021.0 | 2468.1 | 26.75 | 41.90 | 1.3 | 1.7 |
| **文化** | **Culture** | | | | | | |
| 图书总印数(亿册) | Number of Books Printed Copies (100 million copies) | 70.6 | 83.0 | 1.05 | 0.63 | 1.5 | 0.8 |
| 期刊总印数(亿册) | Number of Magazines Printed Copies (100 million copies) | 31.0 | 34.0 | 0.14 | 0.16 | 0.5 | 0.5 |
| 报纸总印数(亿份) | Number of Newspapers Printed Copies (100million copies) | 442.9 | 478.0 | 3.51 | 3.90 | 0.8 | 0.8 |
| **卫生** | **Health Care** | | | | | | |
| 医院(个) | Number of Hospitals(unit) | 19712 | 24709 | 475 | 991 | 2.4 | 4.0 |
| 执业(助理)医师(万人) | Number of Licensed(Assistant) Doctors (10000 persons) | 220.2 | 279.5 | 3.88 | 5.59 | 1.8 | 2.0 |
| 医院床位(万张) | Number of Beds in Hospitals(10000 beds) | 288.3 | 457.9 | 5.69 | 11.89 | 2.0 | 2.6 |
| **人民生活** | **People's Livelihood** | | | | | | |
| 城镇居民人均可支配收入(元) | Per Capita Annual Disposable Income of Urban Households(yuan) | 15781 | 26955 | 11759 | 20667 | 74.5 | 76.7 |
| 农村居民人均纯收入(元) | Annual Per Capita Net Income of Rural Residents(yuan) | 4761 | 8896 | 2797 | 5434 | 58.8 | 61.1 |

# 主要统计指标解释

**行政区划** 指国家对行政区域的划分。根据有关法规规定，我国的行政区域划分如下：(1)全国分为省、自治区、直辖市；(2)省、自治区分为自治州、县、自治县、市；(3)自治州分为县、自治县、市；(4)县、自治县分为乡、民族乡、镇；(5)直辖市和较大的市分为区、县；(6)国家在必要时设立的特别行政区。

**国民经济行业分类** 自2012年定期报表开始使用新的《国民经济行业分类》（GB/T4754-2011）。该分类是由国家统计局组织修订，经国家质检总局和国家标准化委员会批准，于2011年4月29日发布实施。这次修订是在2002年分类标准的基础上，参照联合国《国际标准产业分类》修订第四版（ISIC/Rev.4）进行的。修订后的《国民经济行业分类》（GB/T4754-2011）共有门类20个，大类96个，中类432个，小类1094个。

**企业（单位）登记注册类型** 是以在工商行政管理机关登记注册的各类企业为划分对象，以工商行政管理部门对企业登记注册的类型为依据，将企业登记注册类型分为内资企业、港澳台商投资企业和外商投资企业三大类。内资企业包括国有企业、集体企业、股份合作企业、联营企业、有限责任公司、股份有限公司、私营公司和其他企业；港澳台商投资企业和外商投资企业分别包括合资经营企业、合作经营企业、独资经营企业和股份有限公司。对不在工商行政管理部门进行登记注册的行政机关、事业单位和社会团体，主要按其经费来源和管理方式进行划分。

**国有企业** 指企业全部资产归国家所有，并按《中华人民共和国企业法人登记管理条例》规定登记注册的非公司制的经济组织。不包括有限责任公司中的国有独资公司。

**集体企业** 指企业资产归集体所有，并按《中华人民共和国企业法人登记管理条例》规定登记注册的经济组织。

**股份合作企业** 指以合作制为基础，由企业职工共同出资入股，吸收一定比例的社会资产投资组建，实行自主经营，自负盈亏，共同劳动，民主管理，按劳分配与按股分红相结合的一种集体经济组织。

**联营企业** 指两个及两个以上相同或不同所有制性质的企业法人或事业单位法人，按自愿、平等、互利的原则，共同投资组成的经济组织。联营企业包括国有联营企业、集体联营企业、国有与集体联营企业和其他联营企业。

**有限责任公司** 指根据《中华人民共和国公司登记管理条例》规定登记注册，由两个以上、五十个以下的股东共同出资，每个股东以其所认缴的出资额对公司承担有限责任，公司以其全部资产对其债务承担责任的经济组织。有限责任公司包括国有独资公司以及其他有限责任公司。

**股份有限公司** 指根据《中华人民共和国公司登记管理条例》规定登记注册，其全部注册资本由等额股份构成并通过发行股票筹集资本，股东以其认购的股份对公司承担有限责任，公司以其全部资产对其债务承担责任的经济组织。

**私营企业** 指由自然人投资设立或由自然人控股，以雇佣劳动为基础的营利性经济组织。包括按照《公司法》、《合伙企业法》、《私营企业暂行条例》规定登记注册的私营有限责任公司、私营股份有限公司、私营合伙企业和私营独资企业。

**其他内资企业** 指上述企业之外的其他内资经济组织。

**与港澳台商合资经营企业** 指港澳台地区投资者与内地企业依照《中华人民共和国中外合资经营企业法》及有关法律的规定，按合同规定的比例投资设立、分享利润和分担风险的企业。

**与港澳台商合作经营企业** 指港澳台地区投资者与内地企业依照《中华人民共和国中外合作经营企业法》及有关法律的规定，依照合作合同的约定进行投资或提供条件设立、分配利润和分担风险的企业。

**港澳台商独资经营企业** 指依照《中华人民共和国外资企业法》及有关法律的规定，在内地由港澳台地区投资者全额投资设立的企业。

**港澳台商投资股份有限公司** 指根据国家有关规定，经原外经贸部依法批准设立，其中港、澳、台商的股本占公司注册资本的比例达25%以上的股份有限公司。凡其中港、澳、台商的股本占公司注册资本的比例小于25%的，属于内资企业中的股份有限公司。

**中外合资经营企业** 指外国企业或外国人与中国内地企业依照《中华人民共和国中外合资经营企业法》及有关法律的规定，按合同规定的比例投资设立、分享利润和分担风险的企业。

**中外合作经营企业** 指外国企业或外国人与中国内地企业依照《中华人民共和国中外合作经营企业法》及有关法律的规定，依照合作合同的约定进行投资或提供条件设立、分配利润和分担风险的企业。

**外资企业** 指依照《中华人民共和国外资企业法》及有关法律的规定，在中国内地由外国投资者全额投资设立的企业。

**外商投资股份有限公司** 指根据国家有关规定，经原外经贸部依法批准设立，其中外资的股本占公司注册资本的比例达25%以上的股份有限公司。凡其中外资股本占公司注册资本的比例小于25%的，属于内资企业中的股份有限公司。

**行政机关、事业单位和社会团体**　参照企业登记注册类型，主要按其经费来源和管理方式划分。具体规定如下：

(1) 行政机关：包括国家机关和政党机关，原则上均列为“国有”。但有特殊规定的，如供销社等，则列为“集体”

(2) 事业单位：包括经国家机构编制部门和有关业务主管部门批准成立的各类事业单位，不包括实行企业化管理的事业单位。事业单位的划分办法如下：

①由国家财政预算拨款或列入财政预算外资金管理以及经费主要来源于国有主管部门或国有上级单位的事业单位，列为“国有”。

②经费主要来源于集体单位的事业单位，列为“集体”。

③公民个人（或个人合伙）开办的事业单位，列为“私营”。

④上述以外的其他事业单位，如果其经费来源不明确，按管理方式进行归类。

(3) 社会团体：包括经民政部门批准成立以及未纳入社会团体管理条例范围的工会、妇联等各类社会团体。社会团体的划分办法如下：

①未纳入民政部社会团体管理条例范围的工会、妇联、共青团、青联、工商联、科协、侨联等社会团体，国家拨款设立的基金会或基金管理组织以及经费主要来源于国有业务主管部门或国有上级单位的社会团体，列为“国有”。

②经费主要来源于集体单位的社会团体，列为“集体”。

③公民个人（或个人合伙）开办的社会团体，划为“私营”。

④上述以外的其他社会团体，如果其经费来源不明确，改按管理方式进行归类。

# Explanatory Notes on Main Statistical Indicators

**Divisions of Administrative Areas** refer to the division of administrative areas by the state. The relative laws stipulate that: 1) The whole country is divided into provinces, autonomous regions and municipalities directly under the central government; 2) Provinces and autonomous regions are divided into autonomous prefectures, counties, autonomous counties and cities; 3) Autonomous prefectures are divided into counties, autonomous counties and cities; 4) Counties and autonomous counties are divided into townships, ethnic townships and towns; 5) Municipalities directly under the central government and large cities are divided into districts and counties, 6) The state shall, when necessary, establish special administrative regions.

**Industrial Classification of the National Economy** The new Industrial Classification of the National Economy (GB/T 4754-2011) is introduced starting from the compilation of 2012 annual statistics. The revision, based on the 2002 classification, was organized by the National Bureau of Statistics taking into consideration of the International Standards of the Industrial Classification of All Economic Activities (ISIC/Rev.4) of the United Nations. The new Classification was promulgated by the National Administration of Quality Supervision, Inspection and Quarantine and State Committee for Standardization on April 29, 2011. The revised version of the Industrial Classification of the National Economy (GB/T 4754-2011) is composed of 20 major sections, 96 divisions, 432 major groups and 1094 classes.

**Registration Status of Enterprises** Enterprises are classified into 3 categories, namely domestic-funded enterprises, enterprises with investment from Hong Kong, Macao and Taiwan, and enterprises with foreign investment, in the light of the registration status of an enterprise in industrial and commercial administration agencies. Domestic-funded enterprises include state-owned enterprises, collective-owned enterprises, cooperative enterprises, joint ownership enterprises, limited liability corporations, share-holding corporations Ltd., private enterprises and other enterprises. Included in the enterprises with investment from Hong Kong, Macao and Taiwan and enterprises with foreign investment are joint-venture enterprises, cooperative enterprises, sole investment enterprises and share-holding corporations Ltd. For government agencies, institutions and social organizations which are not registered in industrial and commercial administration agencies, they are classified mainly by their sources of funding and manner of management.

**State-owned Enterprises** refer to non-corporation economic units where the entire assets are owned by the state and which have been registered in accordance with the Regulation of the Peoples Republic of China on the Management of Registration of Corporate Enterprises. Excluded from this category are sole state-funded corporations in the limited liability corporations.

**Collective-owned Enterprises** refer to economic units where the assets are owned collectively and which have been registered in accordance with the Regulation of the Peoples Republic of China on the Management of Registration of Corporate Enterprises.

**Cooperative Enterprises** refer to a form of collective economic units (enterprises) where capitals come mainly from employees as their shares, with certain proportion of capital from the outside, where production is organized on the basis of independent operation, independent accounting for profits and losses, joint work, democratic management, and a distribution system that integrates remuneration according to work with dividend according to capital share.

**Joint Ownership Enterprises** refer to economic units established by two or more corporate enterprises or corporate institutions of the same or different ownership, through joint investment on the basis of equality, voluntary participation and mutual benefits. They include state joint ownership enterprises, collective joint ownership enterprises, joint state-collective enterprises, and other joint ownership enterprises.

**Limited Liability Corporations** refer to economic units established with investment from 2-50 investors and registered in accordance with the Regulation of the Peoples Republic of China on the Management of Registration of

Corporations, each investor bearing limited liability to the corporation depending on its share of investment, and the corporation bearing liability to its debt to the maximum of its total assets. Limited liability corporations include exclusive state-funded limited liability corporations and other limited liability corporations.

**Share-holding Corporations Ltd.** refer to economic units registered in accordance with the Regulation of the Peoples Republic of China on the Management of Registration of Corporations, with total registered capitals divided into equal shares and raised through issuing stocks. Each investor bears limited liability to the corporation depending on the holding of shares, and the corporation bears liability to its debt to the maximum of its total assets.

**Private Enterprises** refer to profit-making economic units invested and established by natural persons, or controlled by natural persons using employed labour. Included in this category are private limited liability corporations, private share-holding corporations Ltd., private partnership enterprises and private-funded enterprises registered in accordance with the Corporation Law, Partnership Enterprises Law and Interim Regulations on Private Enterprises.

**Other Domestic-funded Enterprises** refer to domestic-funded economic units other than those mentioned above.

**Joint-venture Enterprises with Funds from Hong Kong, Macao and Taiwan** refer to enterprises jointly established by investors from Hong Kong, Macao and Taiwan with enterprises in the mainland of China in accordance with the Law of the Peoples Republic of China on Sino-foreign Joint Venture Enterprises and other relevant laws, where the sharing of investment, profits and risks is stipulated in the contract.

**Cooperative Enterprises with Funds from Hong Kong Macao and Taiwan** established by investors from Hong Kong, Macao and Taiwan with enterprises in the mainland of China in accordance with the Law of the Peoples Republic of China on Sino-foreign Cooperative Enterprises and other relevant laws, where the investment or provision of facilities, and the sharing of profits and risks is stipulated in the cooperative contract.

**Enterprises with Sole (exclusive) Investment from Hong Kong, Macau and Taiwan** refer to enterprises established in the mainland of China with exclusive investment from investors from Hong Kong, Macao and Taiwan in accordance with the Law of the Peoples Republic of China on Foreign-Funded Enterprises and other relevant laws.

**Share-holding Corporations Ltd. with Investment from Hong Kong, Macao and Taiwan** refer to share-holding corporations Ltd. established with the approval former Ministry of Foreign Trade and Economic Relations in line with relevant state regulations, where the share of investment from Hong Kong, Macao or Taiwan businessmen exceeds 25% of the total registered capital of the corporation. In case the share of investment from Hong Kong, Macao or Taiwan is less than 25% of the total registered capital, the enterprise is to be classified as domestic-funded share-holding corporation Ltd.

**Joint-venture Enterprises with Foreign Investment** refer to enterprises jointly established by foreign enterprises or foreigners with enterprises in the mainland of China in accordance with the Law of the Peoples Republic of China on Sino-foreign Joint Venture Enterprises and other relevant laws, where the share of investment, profits and risks is stipulated under contract.

**Cooperative Enterprises with Foreign Investment** refer to enterprises jointly established by foreign enterprises or foreigners with enterprises in the mainland of China in accordance with the Law of the Peoples Republic of China on Sino-foreign Cooperative Enterprises and other relevant laws, where the investment or provision of facilities, and the share of profits and risks is stipulated in the cooperative contract.

**Enterprises with Sole (exclusive) Foreign Investment** refer to enterprises established in the mainland of China with exclusive investment from foreign investors in accordance with the Law of the Peoples Republic of China on Foreign-Funded Enterprises and other relevant laws.

**Share-holding Corporations Ltd. with Foreign Investment** refer to share-holding corporations Ltd. established with the approval former Ministry of Foreign Trade and Economic Relations in line with relevant state regulations, where the share of investment from foreign investors exceeds 25% of the total registered capital of the corporation. In case the share of foreign investment is less than 25% of the total registered capital, the enterprise is to be classified as domestic-funded share-holding corporation Ltd.

**Government Agencies, Institutions and Social Organizations** are classified into following categories by source of funds and way of management taking reference of the registration status of enterprises:

(1) Government agencies: include state and party agencies, classified in principle as "state-owned". There are exceptions, such as supply and marketing cooperatives which are classified as "collective".

(2) Institutions: include institutions of various types established with the approval by organization and staffing departments of the government, but exclude institutions where enterprise management system is introduced. Institutions are further classified as follows:

(a) Institutions whose main budget is listed in the government budget appropriations or extra-budget funds, or allocated from the budget of their competent government agencies. Such institutions are classified as "state-owned".

(b) Institutions whose budget mainly comes from collective units. Such institutions are classified as "collective".

(c) Social organizations established by individual or a group of citizens, which are classified as "private".

(d) Institutions other than those mentioned above whose source of budget is not clear. Such institutions are classified by the way of management.

(3) Social organizations: include social organizations established with the approval from the Ministry of Civil Affairs, and organizations that are not covered by social organization management regulations such as trade unions, women's federations etc. Social organizations are further classified as follows:

(a) Social organizations that are not covered by social organization management regulations of the Ministry of Civil Affairs such as trade unions, women's federations, communist youth leagues, youth associations, industrial and commerce associations, scientists associations, overseas Chinese associations, etc., foundations and fund management organizations established with funds from the state, and social organizations whose funds mainly come from the budget of their competent government agencies. Such institutions are classified as "state-owned".

(b) Social organizations whose budget mainly comes from collective units. Such institutions are classified as "collective".

(c) Social organizations established by individual or a group of citizens, which are classified as "private".

(d) Social organizations other than those mentioned above whose source of budget is not clear. Such organizations are classified by the way of management.

# 2 Two

# 国民经济核算

National Accounts

# 2-1 地区生产总值
## Gross Domestic product

单位：亿元 (100 million yuan)

| 指　标 | Item | 2008 | 2009 | 2010 | 2011 | 2012 | 2013 | 2013年比2012年增长(%) Increase Rate in 2013 over 2012(%) |
|---|---|---|---|---|---|---|---|---|
| **地区生产总值** | **Gross Domestic product** | **3561.56** | **3912.68** | **4602.16** | **5701.84** | **6852.20** | **8006.79** | **12.5** |
| 第一产业 | Primary Industry | 539.19 | 550.27 | 625.03 | 726.22 | 891.91 | 1029.05 | 5.8 |
| 第二产业 | Secondary Industry | 1370.03 | 1476.62 | 1800.06 | 2194.33 | 2677.54 | 3243.70 | 14.1 |
| 工　业 | Industry | 1195.30 | 1252.67 | 1516.87 | 1829.20 | 2217.06 | 2686.52 | 13.1 |
| 建筑业 | Construction | 174.73 | 223.95 | 283.19 | 365.13 | 460.48 | 557.18 | 19.2 |
| 第三产业 | Tertiary Industry | 1652.34 | 1885.79 | 2177.07 | 2781.29 | 3282.75 | 3734.04 | 12.6 |
| 交通运输、仓储和邮政业 | Transport, Storage and Post | 370.65 | 399.77 | 480.32 | 590.91 | 687.45 | 775.09 | 12.4 |
| 批发和零售业 | Wholesale and Retail Trade | 248.83 | 293.53 | 367.52 | 448.77 | 514.49 | 582.05 | 11.5 |
| 住宿和餐饮业 | Hotel and Catering Services | 130.41 | 153.41 | 180.73 | 224.40 | 266.58 | 294.86 | 6.5 |
| 金融业 | Financial Intermediation | 151.55 | 194.44 | 231.51 | 297.27 | 365.87 | 433.53 | 16.5 |
| 房地产业 | Real Estate | 104.81 | 136.15 | 139.64 | 160.30 | 176.75 | 202.94 | 12.5 |
| 其他服务业 | Other Services | 646.09 | 708.49 | 777.35 | 1059.64 | 1271.61 | 1445.57 | 13.4 |
| 营利性服务业 | For-profit Services | 213.55 | 250.39 | 283.45 | 398.09 | 467.57 | 530.55 | 13.3 |
| 非营利性服务业 | Non-profit Services | 432.54 | 458.10 | 493.90 | 661.55 | 804.04 | 915.02 | 13.4 |
| **人均地区生产总值(元)** | **Per Capita Gross Domestic Product(yuan)** | **9855** | **10971** | **13119** | **16413** | **19710** | **22922** | **11.9** |

注：2013年数据为初步核算数；人均地区生产总值及增速按人口普查修订后常住半年人口计算(以下相关表同)。

Note: Data in the table are preliminary auounting numbers in 2013; per capital GDP and its growth rate were caculated based on permanent population in half a year scope which had been adjusted on the basis of the National Population Census(the related tables in the chapter are the same).

# 2−2 地区生产总值构成

# Compostion of Gross Domestic product

单位：%　　(%)

| 指　　标 | Item | 2008 | 2009 | 2010 | 2011 | 2012 | 2013 |
|---|---|---|---|---|---|---|---|
| **地区生产总值** | **Gross Domestic product** | **100.0** | **100.0** | **100.0** | **100.0** | **100.0** | **100.0** |
| 第一产业 | Primary Industry | 15.1 | 14.1 | 13.6 | 12.7 | 13.0 | 12.9 |
| 第二产业 | Secondary Industry | 38.5 | 37.7 | 39.1 | 38.5 | 39.1 | 40.5 |
| 工　业 | Industry | 33.6 | 32.0 | 33.0 | 32.1 | 32.4 | 33.6 |
| 建筑业 | Construction | 4.9 | 5.7 | 6.1 | 6.4 | 6.7 | 6.9 |
| 第三产业 | Tertiary Industry | 46.4 | 48.2 | 47.3 | 48.8 | 47.9 | 46.6 |
| 交通运输、仓储和邮政业 | Transport Storage and Post | 10.4 | 10.2 | 10.4 | 10.4 | 10.0 | 9.7 |
| 批发和零售业 | Wholesale and Retail Trade | 7.0 | 7.5 | 8.0 | 7.9 | 7.5 | 7.3 |
| 住宿和餐饮业 | Hotel and Catering Services | 3.7 | 3.9 | 3.9 | 3.9 | 3.9 | 3.7 |
| 金融业 | Financial Intermediation | 4.3 | 5.0 | 5.0 | 5.2 | 5.3 | 5.4 |
| 房地产业 | Real Estate | 2.9 | 3.5 | 3.0 | 2.8 | 2.6 | 2.5 |
| 其他服务业 | Other services | 18.1 | 18.1 | 17.0 | 18.6 | 18.6 | 18.0 |
| 营利性服务业 | For-profit Services | 6.0 | 6.4 | 6.2 | 7.0 | 6.8 | 6.6 |
| 非营利性服务业 | Non-profit Services | 12.1 | 11.7 | 10.8 | 11.6 | 11.8 | 11.4 |

# 2-3 地区生产总值(按支出法计算)

# Gross Domestic product（Accounted by Expenditure）

| 指 标 | Item | 2008 | 2009 | 2010 | 2011 | 2012 | 2013 | 2013年比2012年增长(%) Increase Rate in 2013 over 2012(%) |
|---|---|---|---|---|---|---|---|---|
| **地区生产总值(亿元)** | **Gross Domestic Product** | **3561.56** | **3912.68** | **4602.16** | **5701.84** | **6852.20** | **8006.79** | **12.5** |
| 最终消费 | Final Consumption Expenditure | 2354.11 | 2603.31 | 2931.13 | 3438.71 | 3950.64 | 4535.82 | 12.9 |
| 居民消费 | Household Consumption | 1763.74 | 1945.99 | 2181.37 | 2566.78 | 2910.93 | 3332.70 | 13.3 |
| 农村居民 | Rural Households | 623.42 | 689.41 | 770.06 | 908.51 | 994.67 | 1182.14 | 16.6 |
| 城镇居民 | Urban Households | 1140.32 | 1256.58 | 1411.31 | 1658.27 | 1916.26 | 2150.56 | 11.5 |
| 政府消费 | Government Consumption | 590.37 | 657.32 | 749.76 | 871.93 | 1039.71 | 1203.12 | 11.9 |
| 资本形成总额 | Gross Capital Formation | 1782.31 | 2100.53 | 2575.27 | 3229.30 | 4164.37 | 5261.41 | 20.5 |
| 固定资本形成总额 | Gross Fixed Capital Formation | 1691.89 | 2046.84 | 2510.39 | 3147.46 | 4067.26 | 5141.75 | 20.4 |
| 库存增加 | Changes in Inventories | 90.42 | 53.69 | 64.88 | 81.84 | 97.11 | 119.66 | 23.7 |
| 货物和服务净出口 | Net Outflow of Goods and Services | -574.86 | -791.16 | -904.24 | -966.17 | -1262.81 | -1790.44 | |
| **构成(%)** | **Composition(%)** | | | | | | | |
| 以最终消费为100 | Final Consumption Expenditure=100 | | | | | | | |
| 居民消费 | Household Consumption | 74.9 | 74.8 | 74.4 | 74.6 | 73.7 | 73.5 | |
| 政府消费 | Government Consumption | 25.1 | 25.2 | 25.6 | 25.4 | 26.3 | 26.5 | |
| 以居民消费为100 | Household Consumption=100 | | | | | | | |
| 农村居民 | Rural Households | 35.3 | 35.4 | 35.3 | 35.4 | 34.2 | 35.5 | |
| 城镇居民 | Urban Households | 64.7 | 64.6 | 64.7 | 64.6 | 65.8 | 64.5 | |
| **最终消费率(%)** | **Final Consumption Rate(%)** | **66.1** | **66.5** | **63.7** | **60.3** | **57.7** | **56.6** | |
| **资本形成率(%)** | **Capital Formation Rate(%)** | **50.0** | **53.7** | **56.0** | **56.6** | **60.8** | **65.7** | |
| **城乡居民人均消费水平比(农村居民=1)** | **Urban/Rural Consumption Ratio (rural households=1)** | **4.55** | **4.36** | **3.92** | **3.49** | **3.47** | **3.08** | |

注：表中居民消费按常住半年人口计算，城乡居民人均消费水平比根据第六次人口普查数据进行修订，2008-2010年居民消费数据根据新农合数据进行修订。

Note:The Data of Household Consumption in the table are calculated based on permanent population in half a year scope.Urban/Rural Consumption ratio is adjusted according to the result of the sixth National population census.The year 2008 to 2010,the data of household consumption were adjusted according to the data of New cooperatrie Medical.

# 2-4 三次产业对地区生产总值增长的拉动
## Contribution of the Three Strata of Industry to GDP Growth

单位：百分点 (percentage points)

| 指 标 | Item | 2008 | 2009 | 2010 | 2011 | 2012 | 2013 |
|---|---|---|---|---|---|---|---|
| **地区生产总值** | **Gross Domestic Product** | **11.3** | **11.4** | **12.8** | **15.0** | **13.6** | **12.5** |
| 第一产业 | Primary Industry | 1.0 | 0.6 | 0.6 | 0.2 | 1.1 | 0.7 |
| 第二产业 | Secondary Industry | 3.3 | 4.8 | 6.6 | 7.0 | 6.7 | 5.8 |
| #工 业 | Industry | 3.1 | 3.5 | 5.3 | 5.9 | 5.3 | 4.5 |
| 第三产业 | Tertiary Industry | 7.0 | 6.0 | 5.6 | 7.8 | 5.8 | 6.0 |

# 2-5 三次产业贡献率
## Share of the Contributions of the Three Strata of Industry to the Increase of the GDP

单位：% (%)

| 指 标 | Item | 2008 | 2009 | 2010 | 2011 | 2012 | 2013 |
|---|---|---|---|---|---|---|---|
| **地区生产总值** | **Gross Domestic Product** | **100.0** | **100.0** | **100.0** | **100.0** | **100.0** | **100.0** |
| 第一产业 | Primary Industry | 9.2 | 5.5 | 5.0 | 1.1 | 7.6 | 5.3 |
| 第二产业 | Secondary Industry | 29.2 | 41.8 | 51.1 | 46.8 | 49.6 | 46.8 |
| #工 业 | Industry | 27.0 | 30.8 | 41.6 | 39.2 | 38.7 | 36.2 |
| 第三产业 | Tertiary Industry | 61.6 | 52.7 | 43.9 | 52.1 | 42.8 | 47.9 |

# 主要统计指标解释

**国内生产总值（GDP）** 指一个国家所有常住单位在一定时期内生产的全部最终产品和服务的价值总和。国内生产总值有三种表现形态，即价值形态、收入形态和产品形态。从价值形态看，它是所有常住单位在一定时期内生产的全部产品和服务价值减去同期投入的全部产品和服务价值的差额，即所有常住单位的增加值之和；从收入形态看，它是所有常住单位在一定时期内的生产活动所形成的原始收入之和；从产品形态看，它是所有常住单位在一定时期内最终使用的产品和服务减去进口的产品和服务的价值总和。在实际核算中，国内生产总值有三种计算方法，即生产法、收入法和支出法。三种方法分别从不同的方面反映国内生产总值及其构成。

对于一个地区来说，称为地区生产总值。

**三次产业** 三次产业的划分是世界上较为常用的产业结构分类，但各国的划分不尽一致。我国的三次产业划分是：

第一产业是指农业、林业、畜牧业、渔业。

第二产业是指采矿业（不含开采辅助活动），制造业（不含金属制品、机械和设备修理业），电力、热力、燃气及水的生产和供应业，建筑业。

第三产业是指除第一、二产业以外的其他行业。

**劳动者报酬** 指劳动者因从事生产活动所获得的全部报酬。包括劳动者获得的各种形式的工资、奖金和津贴，既包括货币形式的，也包括实物形式的，还包括劳动者所享受的公费医疗和医药卫生费、上下班交通补贴、单位支付的社会保险费、住房公积金等。

**生产税净额** 指生产税减生产补贴后的余额。生产税指政府对生产单位从事生产、销售和经营活动以及因从事生产活动使用某些生产要素（如固定资产、土地、劳动力）所征收的各种税、附加费和规费。生产补贴与生产税相反，指政府对生产单位的单方面转移支出，因此视为负生产税，包括政策亏损补贴、价格补贴等。

**固定资产折旧** 指一定时期内为弥补固定资产损耗按照规定的固定资产折旧率提取的固定资产折旧，或按国民经济核算统一规定的折旧率虚拟计算的固定资产折旧。它反映了固定资产在当期生产中的转移价值。各类企业和企业化管理的事业单位的固定资产折旧是指实际计提的折旧费；不计提折旧的政府机关、非企业化管理的事业单位和居民住房的固定资产折旧是按照统一规定的折旧率和固定资产原值计算的虚拟折旧。原则上，固定资产折旧应按固定资产当期的重置价值计算，但是目前我国尚不具备对全社会固定资产进行重估价的基础，所以暂时只能采用上述办法。

**营业盈余** 指常住单位创造的增加值扣除劳动者报酬、生产税净额和固定资产折旧后的余额。

**支出法国内（地区）生产总值** 是从最终使用的角度反映一个国家（或地区）一定时期内生产活动最终成果的一种方法，包括最终消费支出、资本形成总额及货物和服务净出口三部分。计算公式为：

支出法国内（地区）生产总值＝最终消费支出＋资本形成总额＋货物和服务净出口

**最终消费支出** 指常住单位为满足物质、文化和精神生活的需要，从本国经济领土和国外购买的货物和服务的价值。它不包括非常住单位在本国经济领土内的消费支出。最终消费支出分为居民消费支出和政府消费支出。

**居民消费支出** 指常住住户在一定时期内对于货物和服务的全部最终消费支出。居民消费支出除了直接以货币形式购买的货物和服务的消费支出外，还包括以其他方式获得的货物和服务的消费支出，即所谓的虚拟消费支出。居民虚拟消费支出包括如下几种类型：单位以实物报酬及实物转移的形式提供给居民的货物和服务；住户生产并由本住户消费了的货物和服务，其中的服务仅指住户的自有住房服务和付酬的家庭雇员提供的家庭和个人服务；金融机构提供的金融中介服务，保险结构提供的保险服务。

**政府消费支出** 指政府部门为全社会提供的公共服务的消费支出和免费或以较低的价格向居民住户提供的货物和服务的支出，主要包括行政管理、卫生文教、国防支出等。

**资本形成总额** 指常住单位在一定时期内新形成的固定资产和增加的库存存货的价值，包括固定资本形成总额和存货增加两部分。

**固定资本形成总额** 指生产者在一定时期内获得的固定资产减处置的固定资产的价值总额。固定资产是通过生产活动生产出来的，且其使用年限在一年以上、单位价值在规定标准以上的资产，不包括自然资产。可分为有形固定资本形成总额和无形固定资本形成总额。有形固定资本形成总额主要包括住宅、非住宅建筑物、机器设备的购置价值、土地改良支出、大牲畜和新增经济林价值。无形固定资本形成总额包括矿藏的勘探、计算机软件等获得减处置。

**存货增加** 指常住单位在一定时期内存货实物量变动的市场价值，即期末价值减期初价值的差额，再扣除当期由于价格变动而产生的持有收益。存货增加可以是正值，也可以是负值，正值表示存货比基期上升，负值表示存货比基期下降。存货包括生产单位购进的原材料、燃料和储备物资等存货，以及生产单位生产的产成品、在制品和半成品等存货。

**货物和服务净出口** 指货物和服务出口减货物和服务进口的差额。出口包括常住单位向非常住单位出售或无偿转让的各种货物和服务的价值；进口包括常住单位从非常住单位购买或无偿得到的各种货物和服务的价值。由于服务活动的提供与使用同时发生，一般把常住单位从非常住单位得到的服务作为进口，非常住单位从常住单位得到的服务作为出口。货物的出口和进口价值都按离岸价格计算，服务业出口和进口价值按交易发生时的市场价格计算。

# Explanatory Notes on Main Statistical Indicators

**Gross Domestic Product (GDP)** refers to the final products and services produced by all resident units in a country (or a region) during a certain period of time. Gross domestic product is expressed in three different perspectives, namely value, income, and products respectively. GDP in its value perspective refers to the total value of all goods and services produced by all resident units during a certain period of time, minus the total value of input of goods and services of the nature of non-fixed assets; in other words, it is the sum of the value-added of all resident units. GDP from the perspective of income includes the primary income created by all resident units and distributed to resident and non-resident units. GDP from the perspective of products refers to the value of all goods and services for final demand by all resident units plus the net exports of goods and services during a given period of time. In the practice of national accounting, gross domestic product is calculated from three approaches, namely production approach, income approach and expenditure approach, which reflect gross domestic product and its composition from different angles.

For a region, it is called as Gross Regional Product.

**Three Strata of Industry** Classification of economic activities into three strata of industry is a common practice in the world, although the grouping varies to some extent from country to country. In China economic activities are categorized into the following three strata of industry:

Primary industry refers to agriculture, forestry, animal husbandry and fishery.

Secondary industry refers to mining and quarrying(excluding mining support activities), manufacturing(excluding metal products, machinery and equipment repair industry), production and supply of electricity, heat, gas and water, and construction.

Tertiary industry refers to all other economic activities not included in the primary or secondary industries.

**Compensation of Employees** refers to the total payment of various forms to employees for the productive activities they are engaged in. It includes wages, bonuses and allowances, which the employees earn in cash or in kind. It also includes the free medical services provided to the employees and the medicine expenses, transport subsidies and social insurance, and housing fund paid by the employers.

**Net Taxes on Production** refers to taxes on production less subsidies on production. The taxes on production refers to the various taxes, extra charges and fees levied on the production units on their production, sale and business activities as well as on the use of some factors of production, such as fixed assets, land and labour in the production activities they are engaged in. In contrast to taxes on production, subsidies on production refer to the unilateral government transfer to the production units and are therefore regarded as negative taxes on production. They include subsidies on the loss due to implementation of government policies, price subsidies, etc.

**Depreciation of Fixed Assets** refers to the depreciation of fixed assets in a given period, drawn in accordance with the stipulated depreciation rate for the purpose of compensating the wear-and-tear loss of the fixed assets or the depreciation of fixed assets imputed in accordance with the stipulated unified depreciation rate in the national economic accounting system. It reflects the value of transfer of the fixed assets in the production of the current period. The depreciation of fixed assets in various enterprises and institutions managed as enterprises refers to the depreciation expenses actually drawn. In government agencies and institutions not managed as enterprises which do not draw the depreciation expenses, as well as for the houses of residents, the depreciation of fixed assets is the imputed depreciation, which is calculated in accordance with the stipulated unified depreciation rate. In principle, the depreciation of fixed assets should be calculated on the basis of the re-purchased value of the fixed assets. However, currently the conditions in China do not facilitate the revaluation of all the fixed assets. Therefore, only the above-mentioned methods can be adopted at present.

**Operating Surplus** refers to the balance of the value added created by the resident units after deducting the labourers remuneration, net taxes on production and the depreciation of fixed assets.

**GDP by Expenditure Approach** refers to the method of measuring the final results of production activities of a country (region) during a given period from the perspective of final uses. It includes final consumption expenditure, gross capital formation and net export of goods and services. The formula for computation is:

GDP by expenditure approach = final consumption expenditure + gross capital formation + net export of goods and services

**Final Consumption Expenditure** refers to the total expenditure of resident units for purchases of goods and services from both the domestic economic territory and abroad to meet the needs of material, cultural and spiritual life. It does not include the expenditure of non-resident units on consumption in the economic territory of the country. The final consumption expenditure is broken down into household consumption expenditure and government consumption expenditure.

**Household Consumption Expenditure** refers to the total expenditure of resident households on the final consumption of goods and services. In addition to the consumption of goods and services bought by the households directly with money, the household consumption expenditure also includes expenditure on goods and services obtained by the households in other ways, i.e. the so-called imputed consumption expenditure, which includes the following: (a) the goods and services provided to households by employers in the form of payment in kind and transfer in kind; (b) goods and services produced and consumed by the households themselves, in which the services refer to the owner-occupied housing and services offered by payed family employees; (c) financial intermediate services provided by financial institution;(d) insurance services provided by the insurance structure.

**Government Consumption Expenditure** refers to the consumption expenditure spent for the provision of public services provided by the government to the whole country and the net expenditure on the goods and services provided by the government to households free of charge or at reduced prices, including administration, health and educational, education, expenditure on national defense, etc.

**Gross Capital Formation** refers to the newly formed fixed assets and increased the net value of inventory during a given period, thus including gross fixed capital formation and changes in inventories.

**Gross Fixed Capital Formation** refers to the value of acquisitions less those disposals of fixed assets during a given period. Fixed assets are the assets produced through production activities with unit value above a specified amount and which could be used for over one year. Natural assets are not included. Gross fixed capital formation can be categorized into total tangible fixed capital formation and total intangible fixed capital formation. Total tangible fixed capital formation includes the value of the construction projects and installation projects completed and the equipment, apparatus and instruments purchased (less those disposed) as well as the value of land improved, the value of draught animals, breeding stock and animals for milk, for wool and for recreational purposes and the newly increased forest with economic value. Total intangible fixed capital formation includes the prospecting of minerals and the acquisition of computer software minus the disposal of them.

**Changes in Inventories** refers to the market value of the change in the physical volume of inventory of resident units during a given period, i.e. the difference between the values at the beginning and at the end of the period minus the gains due to the change in prices. The changes in inventories can have a positive or a negative value. A positive value indicates an increase in inventory while a negative value indicates a decrease in inventory. The inventory includes raw materials, fuels and reserve materials purchased by the production units as well as the inventory of finished products, semi-finished products and work-in-progress.

**Net Export of Goods and Services** refers to the exports of goods and services subtracting the imports of goods and services. Exports include the value of various goods and services sold or gratuitously transferred by resident units to non-resident units. Imports include the value of various goods and services purchased or gratuitously acquired resident units from non-resident units. Because the provision of services and the use of them happen simultaneously, the acquisition of services by resident units from abroad is usually treated as import while the acquisition of services by non-resident units in this country is usually treated as export. The exports and imports of goods are calculated at FOB.

dent units from non-resident units. Because the provision of services and the use of them happen simultaneously, the acquisition of services by resident units from abroad is usually treated as import while the acquisition of services by non-resident units in this country is usually treated as export. The exports and imports of goods are calculated at FOB.

# 3 Three

# 人 口

# Population

# 3-1 全省历次人口普查主要指标
# Main Indicators on National Population Census in 1953,1964,1982,1990,2000 and 2010

单位：万人 (10000 persons)

| 指 标 | Item | 第一次 (1953年) The First | 第二次 (1964年) The Second | 第三次 (1982年) The Third | 第四次 (1990年) The Forth | 第五次 (2000年) The Fifth | 第六次 (2010年) The Sixth |
|---|---|---|---|---|---|---|---|
| **总人口** | **Total Population** | **1503.73** | **1714.05** | **2855.29** | **3239.11** | **3524.77** | **3474.65** |
| **按城镇、乡村分** | **Grouped by Residence** | | | | | | |
| 城镇人口 | Urban population | 109.91 | 203.55 | 540.22 | 623.17 | 844.51 | 1174.78 |
| 乡村人口 | Rural population | 1393.82 | 1510.51 | 2315.07 | 2615.94 | 2680.25 | 2299.87 |
| 城镇人口比重（%） | The proportion of urban population(%) | 7.31 | 11.88 | 18.92 | 19.24 | 23.96 | 33.81 |
| **按男女分** | **Grouped by Male and Female** | | | | | | |
| 男 | Male | 759.80 | 868.48 | 1464.08 | 1676.88 | 1846.45 | 1795.15 |
| 女 | Female | 743.93 | 845.57 | 1391.21 | 1562.22 | 1678.32 | 1679.50 |
| 性别比(以女性为100) | Sex Ratio(female=100) | 102.13 | 102.71 | 105.24 | 107.34 | 110.02 | 106.89 |
| 人口年平均增长率（%） | The growth rate of Annual Average Population(%) | | 1.32 | 2.89 | 1.59 | 0.82 | -0.14 |
| 家庭总户数（万户） | Total Number of Household (10000 households) | 340.15 | 390.96 | 565.93 | 721.04 | 923.94 | 1038.96 |
| 户均规模（人/户） | Average Family Size(person/household) | 4.42 | 4.38 | 4.93 | 4.41 | 3.74 | 3.24 |
| **人口自然变动（‰）** | **Natural Change of Population(‰)** | | | | | | |
| 出生率 | Birth Rate | 38.43 | 52.62 | 24.81 | 23.09 | 20.59 | 13.96 |
| 死亡率 | Death Rate | 17.61 | 20.66 | 7.60 | 7.90 | 7.53 | 6.55 |
| 自然增长率 | Natural Growth Rate | 20.82 | 31.96 | 17.21 | 15.19 | 13.06 | 7.41 |
| **年龄结构（%）** | **Age Composition (%)** | | | | | | |
| 0-14岁 | Aged 0-14 | 37.88 | 38.82 | 40.88 | 32.68 | 30.17 | 25.22 |
| 15-64岁 | Aged 15-64 | 58.52 | 58.42 | 54.45 | 62.71 | 63.87 | 66.21 |
| 65岁及以上 | Aged 65 and Over | 3.59 | 2.76 | 4.66 | 4.61 | 5.97 | 8.57 |
| **民族** | **Population by Ethnicity** | | | | | | |
| 汉族 | Han | 1109.84 | 1312.89 | 2112.95 | 2114.88 | 2191.17 | 2219.85 |
| 占总人口比重（%） | Percentage to Total Population(%) | 73.81 | 76.61 | 74.00 | 65.29 | 62.16 | 63.89 |
| 年均增长率（%） | Annual average growth rate(%) | | 0.37 | -0.35 | -1.24 | -0.49 | 0.27 |
| 少数民族 | Ethnic Minorities(10 000 persons) | 393.89 | 401.16 | 742.35 | 1124.23 | 1333.60 | 1254.80 |
| 占总人口比重（%） | Percentage to Total Population(%) | 26.19 | 23.39 | 26.00 | 34.71 | 37.84 | 36.11 |
| 年均增长率（%） | Annual average growth rate(%) | | -1.12 | 1.06 | 2.93 | 0.87 | -0.46 |
| **受教育程度** | **Education Attainments** | | | | | | |
| 小 学 | Primary School | | 352.71 | 822.65 | 1210.75 | 1535.30 | 1368.07 |
| 初 中 | Junior Secondary School | | 53.80 | 325.86 | 475.78 | 727.48 | 1035.07 |
| 高 中 | Senior Secondary School | | 13.38 | 84.72 | 127.50 | 199.67 | 253.02 |
| 大专以上 | Junior College and Above | | 3.96 | 11.09 | 25.06 | 67.49 | 183.88 |
| 文盲人口 | Illiterate Population | | | 1202.24 | 969.11 | 598.58 | 303.85 |
| 文盲率（%） | Illiterate Rate(%) | | | 42.11 | 29.92 | 16.98 | 8.74 |
| **每十万人口拥有的各种受教育程度人口（人）** | **Population with Various Education Attainments Per 100000 Persons (person)** | | | | | | |
| 大专及以上 | Junior College and Above | | | | 774 | 1915 | 5292 |
| 高中/中专 | Senior Secondary School and Technical Secondary School | | | | 3973 | 5665 | 7282 |
| 初 中 | Junior Secondary School | | | | 14688 | 20639 | 29789 |
| 小 学 | Primary School | | | | 37379 | 43557 | 39373 |

注：表中数据来源于历次人口普查公报。
Note:Data in this table come from the communique of the six national population censuses.

# 3-2 第六次人口普查全省世居民族人口数

## Population of all ethnic groups on the Sixth National Population Census

单位：万人 (10000 persons)

| 指 标 | Item | 第六次人口普查(2010年) |
|---|---|---|
| 总人口 | Total Population | 3474.86 |
| 男 | Male | 1790.55 |
| 女 | Female | 1684.31 |
| 汉族 | Han | 2234.42 |
| 男 | Male | 1151.79 |
| 女 | Female | 1082.63 |
| 蒙古族 | Mongolian | 4.16 |
| 男 | Male | 2.32 |
| 女 | Female | 1.84 |
| 回族 | Hui | 18.48 |
| 男 | Male | 9.50 |
| 女 | Female | 8.98 |
| 苗族 | Miao | 396.84 |
| 男 | Male | 204.09 |
| 女 | Female | 192.75 |
| 彝族 | Yi | 83.45 |
| 男 | Male | 42.96 |
| 女 | Female | 40.49 |
| 壮族 | Zhuang | 5.26 |
| 男 | Male | 2.65 |
| 女 | Female | 2.61 |
| 布依族 | Bouyei | 251.06 |
| 男 | Male | 127.11 |
| 女 | Female | 123.95 |
| 满族 | Manchu | 2.31 |
| 男 | Male | 1.19 |
| 女 | Female | 1.12 |
| 侗族 | Dong | 143.19 |
| 男 | Male | 75.02 |
| 女 | Female | 68.17 |
| 瑶族 | Yao | 4.09 |
| 男 | Male | 2.14 |
| 女 | Female | 1.95 |
| 白族 | Bai | 17.95 |
| 男 | Male | 9.59 |
| 女 | Female | 8.36 |
| 土家族 | Tujia | 143.70 |
| 男 | Male | 73.65 |
| 女 | Female | 70.05 |
| 畲族 | She | 3.66 |
| 男 | Male | 1.91 |
| 女 | Female | 1.75 |
| 水族 | Shui | 34.87 |
| 男 | Male | 18.03 |
| 女 | Female | 16.84 |
| 仫佬族 | Mulam | 2.50 |
| 男 | Male | 1.33 |
| 女 | Female | 1.17 |
| 羌族 | Qiang | 0.16 |
| 男 | Male | 0.09 |
| 女 | Female | 0.07 |
| 毛南族 | Maonan | 2.73 |
| 男 | Male | 1.42 |
| 女 | Female | 1.31 |
| 仡佬族 | Gelao | 49.52 |
| 男 | Male | 25.89 |
| 女 | Female | 23.62 |
| 未定族称人们共同体 | Undetermined called People Community | 61.28 |
| 男 | Male | 32.01 |
| 女 | Female | 29.27 |

注：表中数据来源于第六次人口普查机器汇总数。
Note:Data in this table are obtained from the Sixth Population Census.

# 3-3　年末常住人口(半年口径)

## Permanent Resident Population (at least half a year)

单位：万人　　(10000 persons)

| 指　标 | Item | 2008 | 2009 | 2010 | 2011 | 2012 | 2013 |
|---|---|---|---|---|---|---|---|
| **年末总人口** | **Total Population at the Year-end** | **3596** | **3537** | **3479** | **3469** | **3484** | **3502.22** |
| 按城镇、乡村分 | Grouped by Residence | | | | | | |
| 城　镇 | Urban | 1046.79 | 1057.21 | 1176.25 | 1212.76 | 1268.52 | 1324.89 |
| 乡　村 | Rural | 2549.21 | 2479.79 | 2302.75 | 2256.24 | 2215.48 | 2177.33 |
| 按性别分 | Grouped by Sex | | | | | | |
| 男 | Male | 1868.73 | 1827.56 | 1797.43 | 1801.21 | 1818.61 | 1822.50 |
| 女 | Female | 1727.27 | 1709.44 | 1681.57 | 1667.79 | 1665.39 | 1679.72 |
| 性别比(以女性为100) | Sex Ratio(female=100) | 108.19 | 106.91 | 106.89 | 108.00 | 109.20 | 108.50 |
| 年平均人口 | Annual Average Population | 3614 | 3567 | 3508 | 3474 | 3477 | 3493 |
| 家庭年末总户数(万户) | Total Number of Household (10000 households) | 1053.61 | 1046.28 | 1038.96 | 1066.13 | 1103.77 | 1125.07 |
| 家庭户规模(人/户) | Average Family Size(person/household) | 3.31 | 3.28 | 3.24 | 3.16 | 3.10 | 3.11 |
| **人口自然变动** | **Natural Change of Population** | | | | | | |
| 出生人数 | Number of Birth | 48.75 | 48.68 | 48.52 | 46.24 | 46.13 | 45.58 |
| 出生率(‰) | Birth Rate(‰) | 13.49 | 13.65 | 13.96 | 13.31 | 13.27 | 13.05 |
| 死亡人数 | Number of Death | 24.47 | 23.86 | 22.76 | 24.07 | 24.20 | 24.97 |
| 死亡率(‰) | Death Rate(‰) | 6.77 | 6.69 | 6.55 | 6.93 | 6.96 | 7.15 |
| 自然增长人数 | Natural Increase of Population | 24.28 | 24.82 | 25.76 | 22.17 | 21.93 | 20.61 |
| 自然增长率(‰) | Natural Growth Rate(‰) | 6.72 | 6.96 | 7.41 | 6.38 | 6.31 | 5.90 |

# 3-4 户籍人口

# Household Registered Population

单位：万人 (10000 persons)

| 指　标 | Item | 2008 | 2009 | 2010 | 2011 | 2012 | 2013 |
|---|---|---|---|---|---|---|---|
| **年末总人口** | **Total Population at the Year-end** | **4036.75** | **4090.78** | **4189.00** | **4238.44** | **4249.48** | **4286.15** |
| 农　业 | Agriculture | 3385.66 | 3429.36 | 3512.92 | 3551.18 | 3557.14 | 3584.17 |
| 非农业 | Non-agriculture | 651.09 | 661.43 | 676.07 | 687.26 | 692.34 | 701.98 |
| **构成(以年末总人口=100)(%)** | **Composition (total population at the year-end=100)(%)** | | | | | | |
| 农　业 | Agriculture | 83.9 | 83.8 | 83.9 | 83.8 | 83.7 | 83.6 |
| 非农业 | Non-agriculture | 16.1 | 16.2 | 16.1 | 16.2 | 16.3 | 16.4 |

注：资料来源于省公安厅。

Note:Data in the table above are obtained from the Public Security Department of Guizhou Province.

# 3-5 计划生育

# Family Planning

单位：万人 (10000 persons)

| 指　标 | Item | 2008 | 2009 | 2010 | 2011 | 2012 | 2013 |
|---|---|---|---|---|---|---|---|
| 生育政策符合率(%) | Family Planning Rates(%) | 94.1 | 92.5 | 92.8 | 93.9 | 94.7 | 95.0 |
| 采取节育措施人数 | Number of Contraception Users | 596.74 | 621.67 | 563.07 | 572.94 | 611.10 | 622.72 |
| 避孕率(含复合使用药具)(%) | Contraception Rates(Including Using contraceptives)(%) | 90.3 | 89.6 | 88.2 | 88.1 | 89.0 | 89.0 |

注：资料来源于省卫生计生委。

Note:Data in the table are provided from the Health and Family Planning of Guizhou Provincial.

# 主要统计指标解释

**人口数**　指一定时点、一定地区范围内的有生命的个人的总和。年度统计的年末人口数指每年 12 月 31 日 24 时的人口数。

**城镇人口和乡村人口**　城镇人口是指居住在城镇范围内的全部常住人口，乡村人口是除上述人口以外的全部人口。

**出生率（又称粗出生率）**　指在一定时期内（通常为一年）一定地区的出生人数与同期内平均人数（或期中人数）之比，用千分率表示。本资料中的出生率指年出生率，其计算公式为：

$$出生率=\frac{年出生人数}{年平均人数}\times 1000‰$$

公式中：出生人数指活产婴儿，即胎儿脱离母体时（不管怀孕月数），有过呼吸或其他生命现象。年平均人数指年初、年底人口数的平均数，也可用年中人口数代替。

**死亡率（又称粗死亡率）**　指在一定时期内（通常为一年）一定地区的死亡人数与同期内平均人数（或期中人数）之比，用千分率表示。本资料中的死亡率指年死亡率，其计算公式为：

$$死亡率=\frac{年死亡人数}{年平均人数}\times 1000‰$$

**人口自然增长率**　指在一定时期内（通常为一年）人口自然增加数（出生人数减死亡人数）与该时期内平均人数（或期中人数）之比，用千分率表示。计算公式为：

$$人口自然增长率=\frac{本年出生人数-本年死亡人数}{年平均人数}\times 1000‰$$

$$=人口出生率-人口死亡率$$

# Explanatory Notes on Main Statistical Indicators

**Total Population** refers to the total number of people alive at a certain point of time within a given area. The annual statistics on total population is taken at midnight, the 3lst of December.

**Urban Population and Rural Population** Urban population refers to all people residing in cities and towns, while rural population refers to population other than urban population.

**Birth Rate (or Crude Birth Rate)** refers to the ratio of the number of births to the average population (or mid-period population) during a certain period of time (usually a year), expressed in ‰. Birth rate in the chapter refers to annual birth rate. The following formula is used:

Birth Rate=Number of Births/Annual Average Population×1000‰

Number of births in the formula refers to live births, i.e. when a baby has breathed or showed any vital phenomena regardless of the length of pregnancy.

Annual average population is the average of the number of population at the beginning of the year and that at the end of the year. Sometimes it is substituted by the mid-year population.

**Death Rate (or Crude Death Rate)** refers to the ratio of the number of deaths to the average population (or mid-period population) during a certain period of time (usually a year), expressed in ‰. Death rate in the chapter refers to annual death rate. The following formula is used:

Death Rate= Number of Death/Annual Average Population×1000‰

**Natural Growth Rate of Population** refers to the ratio of natural increase in population (number of births minus number of deaths) in a certain period of time (usually a year) to the average population (or mid-period population) of the same period, expressed in ‰. The following formula is applied:

Natural Growth Rate of Population=Number of Births-Number of Deaths/Annual Average Population×1000‰

Natural Growth Rate of Population = Birth Rate-Death Rate

# 就业人员和职工工资

4

Four

Employment and Wages

# 4-1 就业人员及劳动报酬

## Number of Employed Personnels and Wages

| 指 标 | Item | 2008 | 2009 | 2010 | 2011 | 2012 | 2013 | 2013年比2012年增长(%) Increase Rate in 2013over 2012(%) |
|---|---|---|---|---|---|---|---|---|
| **就业人员(万人)** | **Number of Employed Persons (10000 persons)** | **1867.20** | **1841.92** | **1770.90** | **1792.80** | **1825.82** | **1864.21** | **2.1** |
| **按产业分** | **Grouped by Three Strata of Industry** | | | | | | | |
| 第一产业 | Primary Industry | 1350.32 | 1299.29 | 1209.55 | 1194.39 | 1189.04 | 1179.76 | -0.8 |
| 第二产业 | Secondary Industry | 180.73 | 197.60 | 203.52 | 215.86 | 238.10 | 264.32 | 11.0 |
| 第三产业 | Tertiary Industry | 336.15 | 345.03 | 357.82 | 382.55 | 398.68 | 420.13 | 5.4 |
| **按城乡分** | **Grouped by Urban and Rural** | | | | | | | |
| 城镇 | Urban Area | 501.33 | 512.95 | 525.76 | 554.14 | 596.06 | 639.67 | 7.3 |
| 乡村 | Rural Area | 1365.87 | 1328.96 | 1245.14 | 1238.66 | 1229.76 | 1224.54 | -0.4 |
| **非私营单位在岗职工人数(万人)** | **Total Number of Staff and Workers (10000 persons)** | **199.76** | **206.44** | **210.67** | **225.91** | **249.67** | **273.27** | **9.5** |
| 国有单位 | State-owned Unit | 140.97 | 141.79 | 146.81 | 158.26 | 161.19 | 152.41 | -5.4 |
| 集体单位 | Collective-owned Unit | 7.42 | 6.69 | 6.41 | 7.17 | 6.16 | 5.49 | -10.9 |
| 其他单位 | Others | 51.37 | 57.96 | 57.45 | 60.47 | 82.32 | 115.37 | 40.1 |
| **非私营单位在岗职工工资总额(亿元)** | **Total Wages of Staff and Wokers (100 million yuan)** | **509.54** | **572.67** | **649.55** | **830.11** | **1050.68** | **1322.82** | **25.9** |
| 国有单位 | State-owned Unit | 377.51 | 416.87 | 470.49 | 606.80 | 729.04 | 780.07 | 7.0 |
| 集体单位 | Collective-owned Unit | 15.21 | 14.65 | 15.72 | 22.12 | 24.29 | 27.27 | 12.3 |
| 其他单位 | Others | 116.82 | 141.15 | 163.34 | 201.19 | 297.36 | 515.48 | 73.4 |
| **非私营单位在岗职工平均工资(元)** | **Average Wage of Staff and Workers(yuan)** | **24602** | **28245** | **31458** | **37331** | **42733** | **49087** | **14.9** |
| 国有单位 | State-owned Unit | 25874 | 29956 | 32718 | 38914 | 45825 | 52327 | 14.2 |
| 集体单位 | Collective-owned Unit | 20914 | 22167 | 24703 | 31601 | 40420 | 50545 | 25.0 |
| 其他单位 | Others | 21659 | 24772 | 29006 | 33851 | 36816 | 44819 | 21.7 |

注：1.2008—2009年就业人员总数及分产业、分城乡就业数据根据第六次人口普查结果修订。2.在岗职工包含劳务派遣人员(以下相关表同)。

Note:1.From 2008 to 2009, total number of employed persons and data of employment by three strata of industry and urban and rural have been adjusted according to the result of the Six National population census.2.The working staff and workers include labor dispatching personnel (the related tables in the chapter are the same ).

# 4-2 非私营单位就业人员年末人数(2013)

## Number of Employed Persons in Non-private Units at Year-end

单位：人 (person)

| 指　标 | Item | 就业人员 Number of Employed | 国有单位 State-owned Unit | 集体单位 Collective-owned Unit | 其他单位 Unit of Other Type of Ownership |
|---|---|---|---|---|---|
| **总　计** | **Total** | **2967145** | **1661467** | **61517** | **1244161** |
| **按企事业、机关分组** | **By Enterprises,Institutions and Agencies** | | | | |
| 企　业 | Enterprises | 1765179 | 463541 | 60129 | 1241509 |
| 事　业 | Institutions | 818617 | 814577 | 1388 | 2652 |
| 机　关 | Agencies | 383349 | 383349 | | |
| **按产业分** | **By Three Strata of Industry** | | | | |
| 第一产业 | Primary Industry | 15898 | 12063 | 169 | 3666 |
| 第二产业 | Secondary Industry | 1177283 | 318769 | 32035 | 826479 |
| 第三产业 | Tertiary Industry | 1773964 | 1330635 | 29313 | 414016 |
| **按国民经济行业分组** | **By Sector** | | | | |
| 农、林、牧、渔业 | Agriculture,Forestry,Animal Husbandry and Fishing | 15898 | 12063 | 169 | 8 |
| 采矿业 | Mining | 184182 | 23759 | 1894 | 158529 |
| 制造业 | Manufacturing | 463607 | 79234 | 6883 | 377490 |
| 电力、热力、燃气及水生产和供应业 | Production and Supply of Electricity,Heat , Gas and Water | 134952 | 109846 | 508 | 24598 |
| 建筑业 | Construction | 394542 | 105930 | 22750 | 265862 |
| 批发和零售业 | Wholesale and Retail Trade | 139528 | 32852 | 4674 | 102002 |
| 批发业 | Wholesale | 71964 | 29267 | 2630 | 40067 |
| 零售业 | Retail | 67564 | 3585 | 2044 | 61935 |
| 交通运输、仓储和邮政业 | Transportation,Storage and Post | 113449 | 61479 | 1565 | 50405 |
| 住宿和餐饮业 | Hotels and Catering Services | 41181 | 6033 | 798 | 34350 |
| 信息传输、软件和信息技术服务业 | Information Transmission, Software and Information Technology | 33507 | 3060 | 37 | 30410 |
| 金融业 | Financial Intermediation | 80420 | 20893 | 11409 | 48118 |
| 房地产业 | Real Estate | 68690 | 4630 | 1331 | 62729 |
| 租赁和商务服务业 | Leasing and Commerce Services | 46203 | 8973 | 5784 | 31446 |
| 租赁业 | Leasing Services | 1800 | 759 | 60 | 981 |
| 商务服务业 | Commerce Services | 44403 | 8214 | 5724 | 30465 |
| 科学研究、技术服务业 | Scientific Research,Technic Services and Geological Prospecting | 65250 | 50185 | 311 | 14754 |
| 水利、环境和公共设施管理业 | Water Conservancy,Environment and Public Facilities Services | 46239 | 40036 | 862 | 5341 |
| 居民服务、修理和其他服务业 | Services to Households,Repair and Other Services | 12986 | 3131 | 492 | 9363 |
| 教　育 | Education | 475598 | 462218 | 691 | 12689 |
| 卫生和社会工作 | Health and Social Service | 167463 | 158118 | 1329 | 8016 |
| 卫　生 | Health | 164010 | 155001 | 1203 | 7806 |
| 社会工作 | Social Service | 3453 | 3117 | 126 | 210 |
| 文化、体育和娱乐业 | Culture,Sports and Entertainment | 19172 | 15363 | 22 | 3787 |
| #新闻和出版业 | News Publishing Company | 4652 | 4350 | | 302 |
| 广播、电视、电影和影视录音制作业 | Broadcasting,Television,Film and Video Trade | 5255 | 4240 | 12 | 1003 |
| 体　育 | Sports | 1292 | 821 | | 471 |
| 公共管理、社会保障和社会组织 | Public Administration Social Security and Social Organization | 464278 | 463664 | 8 | 606 |

# 4-3 非私营单位女性就业人员年末人数(2013)

## Number of Employed Female in Non-private Units at the Year-end

单位：人 (person)

| 行业 | Sector | 女性就业人员数 Number of Female Employed | 国有单位 State-owned Unit | 集体单位 Collective-owned Unit | 其他单位 Unit of Other Type of Ownership |
|---|---|---|---|---|---|
| **总计** | **Total** | **963723** | **603942** | **17004** | **342777** |
| 农、林、牧、渔业 | Farming,Forestry,Animal Husbandry and Fishing | 4451 | 3143 | 18 | 1290 |
| 采矿业 | Mining and Quarrying | 22251 | 3287 | 132 | 18832 |
| 制造业 | Manufacturing | 146999 | 25573 | 2531 | 118895 |
| 电力、热力、燃气及水生产和供应业 | Production and Supply of Electricity,Heat, Gas and Water | 32523 | 26698 | 99 | 5726 |
| 建筑业 | Construction | 43749 | 16246 | 3038 | 24465 |
| 批发和零售业 | Wholesale and Retail Trade | 58111 | 9153 | 1742 | 47216 |
| 批发业 | Wholesale | 23696 | 7796 | 978 | 14922 |
| 零售业 | Retail | 34415 | 1357 | 764 | 32294 |
| 交通运输、仓储和邮政业 | Transportation,Storage and Post | 30703 | 18073 | 614 | 12016 |
| 住宿和餐饮业 | Hotels and Catering Services | 24520 | 3927 | 502 | 20091 |
| 信息传输、软件和信息技术服务业 | Information Transmit,Computer Services and Software Trade | 13905 | 1046 | 12 | 12847 |
| 金融业 | Financial Intermediation | 38890 | 9134 | 4740 | 25016 |
| 房地产业 | Real Estate | 25418 | 1858 | 617 | 22943 |
| 租赁和商务服务业 | Leasing and Commerce Services | 14330 | 3213 | 835 | 10282 |
| 租赁业 | Leasing Services | 620 | 285 | 27 | 308 |
| 商务服务业 | Commerce Services | 13710 | 2928 | 808 | 9974 |
| 科学研究、技术服务业 | Scientific Research,Technic Services and Geological Prospecting | 18054 | 14868 | 88 | 3098 |
| 水利、环境和公共设施管理业 | Water Conservancy,Environment and Public Facilities Services | 22704 | 20026 | 454 | 2224 |
| 居民服务、修理和其他服务业 | Services to Households and Other Services | 5507 | 1279 | 183 | 4045 |
| 教育 | Education | 212585 | 205665 | 435 | 6485 |
| 卫生和社会工作 | Health Care and Social Work | 102003 | 95771 | 951 | 5281 |
| 卫生 | Health Care | 100446 | 94426 | 855 | 5165 |
| 社会工作 | Social Work | 1557 | 1345 | 96 | 116 |
| 文化、体育和娱乐业 | Culture,Sports and Entertainment | 8288 | 6526 | 10 | 1752 |
| #新闻和出版业 | News Publishing Company | 2091 | 2016 |  | 75 |
| 广播、电视、电影和影视录音制作业 | Broadcasting,Television,Film and Video Trade | 1930 | 1517 | 5 | 408 |
| 体育 | Sports | 504 | 306 |  | 198 |
| 公共管理、社会保障和社会组织 | Public Administration Social Security and Social Organization | 138732 | 138456 | 3 | 273 |

# 4-4 非私营单位各行业在岗职工年末人数(2013)

## Working Staff and Workers in Non-private units at the Year-end by Sector

单位：人 (person)

| 行　业 | Sector | 职工人数 Number of Staff and Workers | 国有单位 State-owned Unit | 集体单位 Collective-owned Unit | 其他单位 Unit of Other Type of Ownership |
|---|---|---|---|---|---|
| **总　计** | **Total** | **2732672** | **1524095** | **54875** | **1153702** |
| **按企事业、机关分组** | **By Enterprises,Institutions and Agencies** | | | | |
| 企　业 | Enterprises | 1628889 | 424066 | 53513 | 1151310 |
| 事　业 | Institutions | 756933 | 753179 | 1362 | 2392 |
| 机　关 | Agencies | 346850 | 346850 | | |
| **按产业分** | **By Three Strata of Industry** | | | | |
| 第一产业 | Primary Industry | 13641 | 9976 | 142 | 3523 |
| 第二产业 | Secondary Industry | 1071857 | 287773 | 26718 | 757366 |
| 第三产业 | Tertiary Industry | 1647174 | 1226346 | 28015 | 392813 |
| **按国民经济行业分组** | **By Sector** | | | | |
| 农、林、牧、渔业 | Farming,Forestry,Animal Husbandry and Fishing | 13641 | 9976 | 142 | 3523 |
| 采矿业 | Mining and Quarrying | 179083 | 22957 | 1886 | 154240 |
| 制造业 | Manufacturing | 446144 | 73936 | 6468 | 365740 |
| 电力、热力、燃气及水生产和供应业 | Production and Supply of Electricity,Heat, Gas and Water | 122978 | 98124 | 496 | 24358 |
| 建筑业 | Construction | 323652 | 92756 | 17868 | 213028 |
| 批发和零售业 | Wholesale and Retail Trade | 133719 | 29875 | 3970 | 99874 |
| 批发业 | Wholesale | 67842 | 26649 | 2054 | 39139 |
| 零售业 | Retail | 65877 | 3226 | 1916 | 60735 |
| 交通运输、仓储和邮政业 | Transportation,Storage and Post | 108280 | 59059 | 1456 | 47765 |
| 住宿和餐饮业 | Hotels and Catering Services | 39979 | 5848 | 794 | 33337 |
| 信息传输、软件和信息技术服务业 | Information Transmit,Computer Services and Software Trade | 32363 | 2933 | 35 | 29395 |
| 金融业 | Financial Intermediation | 73317 | 20194 | 11159 | 41964 |
| 房地产业 | Real Estate | 65671 | 4329 | 1228 | 60114 |
| 租赁和商务服务业 | Leasing and Commerce Services | 44633 | 8605 | 5715 | 30313 |
| 租赁业 | Leasing Services | 1780 | 742 | 57 | 981 |
| 商务服务业 | Commerce Services | 42853 | 7863 | 5658 | 29332 |
| 科学研究、技术服务业 | Scientific Research,Technic Services and Geological Prospecting | 60294 | 48207 | 298 | 11789 |
| 水利、环境和公共设施管理业 | Water Conservancy,Environment and Public Facilities Services | 37969 | 31816 | 862 | 5291 |
| 居民服务、修理和其他服务业 | Services to Households and Other Services | 11622 | 2026 | 492 | 9104 |
| 教　育 | Education | 448205 | 435441 | 678 | 12086 |
| 卫生和社会工作 | Health Care and Social Work | 152325 | 143453 | 1298 | 7574 |
| 卫　生 | Health Care | 148967 | 140425 | 1174 | 7368 |
| 社会工作 | Social Work | 3358 | 3028 | 124 | 206 |
| 文化、体育和娱乐业 | Culture,Sports and Entertainment | 18433 | 14786 | 22 | 3625 |
| #新闻和出版业 | News Publishing Company | 4618 | 4316 | | 302 |
| 广播、电视、电影和影视录音制作业 | Broadcasting,Television,Film and Video Trade | 5001 | 3989 | 12 | 1000 |
| 体　育 | Sports | 1273 | 802 | | 471 |
| 公共管理、社会保障和社会组织 | Public Administration Social Security and Social Organization | 420364 | 419774 | 8 | 582 |

# 4-5 非私营单位在岗职工工资总额(2013)

## Total Wages Bill of Working Staff and Workers in Non-private units

单位：亿元 (100 million yuan)

| 指 标 | Item | 工资总额 Total Wage Bill | 国有单位 State-owned Unit | 集体单位 Collective-owned Unit | 其他单位 Unit of Other Type of Ownership |
|---|---|---|---|---|---|
| **总 计** | **Total** | **1322.82** | **780.07** | **27.27** | **515.48** |
| **按企事业、机关分** | **By Enterprises,Institutions and Agencies** | | | | |
| 企 业 | Enterprises | 789.86 | 248.70 | 26.42 | 514.74 |
| 事 业 | Institutions | 364.24 | 362.65 | 0.85 | 0.73 |
| 机 关 | Agencies | 168.72 | 168.72 | | |
| **按产业分** | **By Three Strata of Industry** | | | | |
| 第一产业 | Primary Industry | 5.09 | 4.22 | 0.02 | 0.85 |
| 第二产业 | Secondary Industry | 496.72 | 159.64 | 7.66 | 329.42 |
| 第三产业 | Tertiary Industry | 821.01 | 616.22 | 19.59 | 185.20 |
| **按国民经济行业分** | **By Sector** | | | | |
| 农、林、牧、渔业 | Farming,Forestry,Animal Husbandry and Fishing | 5.09 | 4.22 | 0.02 | 0.85 |
| 采矿业 | Mining and Quarrying | 82.27 | 10.59 | 0.74 | 70.94 |
| 制造业 | Manufacturing | 195.27 | 42.83 | 1.68 | 150.75 |
| 电力、热力、燃气及水生产和供应业 | Production and Supply of Electricity,Heat, Gas and Water | 83.61 | 68.51 | 0.13 | 14.97 |
| 建筑业 | Construction | 135.58 | 37.70 | 5.12 | 92.76 |
| 批发和零售业 | Wholesale and Retail Trade | 60.82 | 25.74 | 0.95 | 34.13 |
| 批发业 | Wholesale | 39.26 | 24.55 | 0.52 | 14.20 |
| 零售业 | Retail | 21.55 | 1.19 | 0.43 | 19.93 |
| 交通运输、仓储和邮政业 | Transportation,Storage and Post | 56.93 | 34.89 | 0.51 | 21.52 |
| 住宿和餐饮业 | Hotels and Catering Services | 11.66 | 2.03 | 0.21 | 9.42 |
| 信息传输、软件和信息技术服务业 | Information Transmit,Computer Services and Software Trade | 20.88 | 1.33 | 0.01 | 19.54 |
| 金融业 | Financial Intermediation | 78.42 | 16.05 | 14.89 | 47.47 |
| 房地产业 | Real Estate | 26.36 | 1.49 | 0.38 | 24.49 |
| 租赁和商务服务业 | Leasing and Commerce Services | 15.98 | 3.03 | 1.62 | 11.33 |
| 租赁业 | Leasing Services | 0.59 | 0.28 | 0.01 | 0.29 |
| 商务服务业 | Commerce Services | 15.39 | 2.75 | 1.61 | 11.04 |
| 科学研究、技术服务业 | Scientific Research,Technic Services and Geological Prospecting | 28.92 | 23.91 | 0.06 | 4.94 |
| 水利、环境和公共设施管理业 | Water Conservancy,Environment and Public Facilities Services | 11.43 | 9.43 | 0.18 | 1.82 |
| 居民服务、修理和其他服务业 | Services to Households and Other Services | 3.54 | 0.83 | 0.12 | 2.59 |
| 教 育 | Education | 216.05 | 212.05 | 0.24 | 3.76 |
| 卫生和社会工作 | Health Care and Social Work | 82.38 | 79.17 | 0.41 | 2.79 |
| 卫 生 | Health Care | 81.05 | 77.93 | 0.38 | 2.75 |
| 社会工作 | Social Work | 1.33 | 1.25 | 0.03 | 0.04 |
| 文化、体育和娱乐业 | Culture,Sports and Entertainment | 7.99 | 6.76 | 0.01 | 1.22 |
| #新闻和出版业 | News Publishing Company | 2.17 | 2.07 | | 0.10 |
| 广播、电视、电影和影视录音制作业 | Broadcasting,Television,Film and Video Trade | 2.27 | 1.78 | … | 0.48 |
| 体 育 | Sports | 0.47 | 0.30 | | 0.17 |
| 公共管理、社会保障和社会组织 | Public Administration Social Security and Social Organization | 199.66 | 199.49 | … | 0.17 |

# 4-6 非私营单位各行业在岗职工平均工资(2013)

## Average Wages of Working Staff and Workers in Non-private units by Sector

单位：元 (yuan)

| 指 标 | Item | 平均工资 Average Wage | 国有单位 State-owned Unit | 集体单位 Collective-owned Unit | 其他单位 Unit of Other Type of Ownership |
|---|---|---|---|---|---|
| **总 计** | **Total** | **49087** | **52327** | **50545** | **44819** |
| **按企事业、机关分** | **By Enterprises,Institutions and Agencies** | | | | |
| 企 业 | Enterprises | 49085 | 60848 | 50168 | 44846 |
| 事 业 | Institutions | 48950 | 48977 | 65878 | 31264 |
| 机 关 | Agencies | 49394 | 49394 | | |
| **按产业分** | **By Three Industries** | | | | |
| 第一产业 | Primary Industry | 37530 | 42416 | 14704 | 24504 |
| 第二产业 | Secondary Industry | 46895 | 58458 | 29191 | 43351 |
| 第三产业 | Tertiary Industry | 50615 | 51022 | 71065 | 47886 |
| **按国民经济行业分** | **By Sector** | | | | |
| 农、林、牧、渔业 | Farming,Forestry,Animal Husbandry and Fishing | 37530 | 42416 | 14704 | 24504 |
| 采矿业 | Mining and Quarrying | 45474 | 45691 | 39407 | 45514 |
| 制造业 | Manufacturing | 43967 | 61242 | 25583 | 41008 |
| 电力、热力、燃气及水生产和供应业 | Production and Supply of Electricity,Heat, Gas and Water | 68028 | 69692 | 25022 | 62140 |
| 建筑业 | Construction | 43554 | 46172 | 29573 | 43686 |
| 批发和零售业 | Wholesale and Retail Trade | 45783 | 86096 | 23932 | 34481 |
| 批发业 | Wholesale | 58117 | 92063 | 25537 | 36531 |
| 零售业 | Retail | 33017 | 36891 | 22252 | 33155 |
| 交通运输、仓储和邮政业 | Transportation,Storage and Post | 53456 | 59529 | 35675 | 46345 |
| 住宿和餐饮业 | Hotels and Catering Services | 29898 | 34713 | 26340 | 29112 |
| 信息传输、软件和信息技术服务业 | Information Transmit,Computer Services and Software Trade | 64923 | 45753 | 20886 | 66889 |
| 金融业 | Financial Intermediation | 109224 | 80267 | 139652 | 115419 |
| 房地产业 | Real Estate | 40125 | 33567 | 30282 | 40815 |
| 租赁和商务服务业 | Leasing and Commerce Services | 36163 | 35705 | 27454 | 38018 |
| 租赁业 | Leasing Services | 33325 | 38187 | 23764 | 30124 |
| 商务服务业 | Commerce Services | 36281 | 35466 | 27489 | 38283 |
| 科学研究、技术服务业 | Scientific Research,Technic Services and Geological Prospecting | 48296 | 49729 | 21503 | 42994 |
| 水利、环境和公共设施管理业 | Water Conservancy,Environment and Public Facilities Services | 30301 | 29611 | 20435 | 36411 |
| 居民服务、修理和其他服务业 | Services to Households and Other Services | 30185 | 40323 | 24955 | 28201 |
| 教 育 | Education | 49025 | 49520 | 36136 | 31800 |
| 卫生和社会工作 | Health Care and Social Work | 55782 | 56898 | 34914 | 38000 |
| 卫 生 | Health Care | 56116 | 57202 | 35750 | 38425 |
| 社会工作 | Social Work | 40898 | 42690 | 27839 | 22641 |
| 文化、体育和娱乐业 | Culture,Sports and Entertainment | 44185 | 46085 | 26818 | 36077 |
| #新闻和出版业 | News Publishing Company | 46932 | 47840 | | 33813 |
| 广播、电视、电影和影视录音制作业 | Broadcasting,Television,Film and Video Trade | 46124 | 45400 | 25000 | 49272 |
| 体 育 | Sports | 37303 | 38214 | | 35766 |
| 公共管理、社会保障和社会组织 | Public Administration Social Security and Social Organization | 48214 | 48243 | 17375 | 28496 |

# 4-7 非私营单位各行业从业人员平均工资(2013)

## Average Wages of Working Staff and Workers in Non-private units by Sector

单位：元 (yuan)

| 指　标 | Item | 平均工资 Average Wage | 国有单位 State-owned Unit | 集体单位 Collective-owned Unit | 其他单位 Unit of Other Type of Ownership |
|---|---|---|---|---|---|
| **总　计** | **Total** | **47364** | **49734** | **47941** | **44229** |
| **按企事业、机关分** | **By Enterprises,Institutions and Agencies** | | | | |
| 企　业 | Enterprises | 47893 | 57926 | 47573 | 44260 |
| 事　业 | Institutions | 46723 | 46750 | 64140 | 29361 |
| 机　关 | Agencies | 46277 | 46277 | | |
| **按产业分** | **By Three Industries** | | | | |
| 第一产业 | Primary Industry | 33590 | 36757 | 12559 | 24044 |
| 第二产业 | Secondary Industry | 45960 | 55583 | 28855 | 43058 |
| 第三产业 | Tertiary Industry | 48427 | 48490 | 68713 | 46789 |
| **按国民经济行业分** | **By Sector** | | | | |
| 农、林、牧、渔业 | Farming,Forestry,Animal Husbandry and Fishing | 33590 | 36757 | 12559 | 24044 |
| 采矿业 | Mining and Quarrying | 45307 | 45786 | 39388 | 45304 |
| 制造业 | Manufacturing | 43368 | 57899 | 24845 | 40821 |
| 电力、热力、燃气及水生产和供应业 | Production and Supply of Electricity,Heat, Gas and Water | 64270 | 64941 | 25201 | 62024 |
| 建筑业 | Construction | 42874 | 45199 | 29322 | 43154 |
| 批发和零售业 | Wholesale and Retail Trade | 44488 | 78296 | 22237 | 34274 |
| 批发业 | Wholesale | 55338 | 83434 | 22782 | 36298 |
| 零售业 | Retail | 32723 | 35197 | 21551 | 32956 |
| 交通运输、仓储和邮政业 | Transportation,Storage and Post | 52524 | 58574 | 35485 | 45550 |
| 住宿和餐饮业 | Hotels and Catering Services | 29760 | 34298 | 26259 | 29020 |
| 信息传输、软件和信息技术服务业 | Information Transmit,Computer Services and Software Trade | 64260 | 45499 | 20919 | 66212 |
| 金融业 | Financial Intermediation | 102294 | 78500 | 137274 | 104650 |
| 房地产业 | Real Estate | 39683 | 32409 | 29248 | 40460 |
| 租赁和商务服务业 | Leasing and Commerce Services | 35696 | 35058 | 27388 | 37486 |
| 租赁业 | Leasing Services | 33200 | 37828 | 23603 | 30124 |
| 商务服务业 | Commerce Services | 35798 | 34800 | 27425 | 37723 |
| 科学研究、技术服务业 | Scientific Research,Technic Services and Geological Prospecting | 45749 | 48579 | 21386 | 36447 |
| 水利、环境和公共设施管理业 | Water Conservancy,Environment and Public Facilities Services | 27832 | 26928 | 20063 | 36350 |
| 居民服务、修理和其他服务业 | Services to Households and Other Services | 28437 | 30338 | 24955 | 27988 |
| 教　育 | Education | 47235 | 47693 | 35721 | 31117 |
| 卫生和社会工作 | Health Care and Social Work | 53103 | 54053 | 34698 | 37257 |
| 卫　生 | Health Care | 53370 | 54291 | 35542 | 37649 |
| 社会工作 | Social Work | 40373 | 42114 | 27548 | 22571 |
| 文化、体育和娱乐业 | Culture,Sports and Entertainment | 43316 | 45170 | 26818 | 35462 |
| #新闻和出版业 | News Publishing Company | 46708 | 47593 | | 33813 |
| 广播、电视、电影和影视录音制作业 | Broadcasting,Television,Film and Video Trade | 45136 | 44241 | 25000 | 49159 |
| 体　育 | Sports | 37012 | 37734 | | 35766 |
| 公共管理、社会保障和社会组织 | Public Administration Social Security and Social Organization | 45227 | 45249 | 17375 | 29021 |

# 4−8 城乡私营企业户数和就业人员(2013)
# Number of Private Enterprises and Employed Persons in Urban and Rural Areas by Sector

| 指　　标 | Item | 私营企业户数(户) Number of Private Enterprises (Household) | 城镇 Urban Areas | 乡村 Rural Areas | 就业人员(人) Number of Employees (Person) | 城镇 Urban Areas | 乡村 Rural Areas |
|---|---|---|---|---|---|---|---|
| **总　　计** | **Total** | **195469** | **100444** | **95025** | **1616547** | **844991** | **771556** |
| 农、林、牧、渔业 | Farming,Forestry,Animal Husbandry and Fishing | 24504 | 4288 | 20216 | 173933 | 34230 | 139703 |
| 采掘业 | Mining and Quarrying | 6189 | 2533 | 3656 | 66156 | 27660 | 38496 |
| 制造业 | Manufacturing | 23204 | 8286 | 14918 | 260367 | 101642 | 158725 |
| 电力、燃气及水的生产和供应业 | Production and Supply of Electricity,Gas and Water | 1200 | 489 | 711 | 16499 | 6132 | 10367 |
| 建筑业 | Construction | 8996 | 6016 | 2980 | 77927 | 56310 | 21617 |
| 批发和零售业 | Wholesale and Retail Trade | 56257 | 30189 | 26068 | 508374 | 309721 | 198653 |
| 交通运输、仓储和邮政业 | Transportation,Storage and Post | 4262 | 2080 | 2182 | 38705 | 18658 | 20047 |
| 住宿和餐饮业 | Hotels and Catering Services | 16528 | 13695 | 2833 | 59430 | 24157 | 35273 |
| 信息传输、计算机服务和软件业 | Information Transmit,Computer Services and Software Trade | 5005 | 3001 | 2004 | 36801 | 25960 | 10841 |
| 房地产业 | Real Estate | 8360 | 5229 | 3131 | 78935 | 52903 | 26032 |
| 租赁和商务服务业 | Leasing and Commerce Services | 21590 | 13964 | 7626 | 143249 | 101590 | 41659 |
| 居民服务和其他服务业 | Services to Households and Other Services | 8635 | 4441 | 4194 | 63069 | 32205 | 30864 |
| 卫生、社会保障和社会福利业 | Health Care,Social Security and Social Welfare | 598 | 284 | 314 | 8961 | 4158 | 4803 |
| 文化、体育和娱乐业 | Culture,Sports and Entertainment | 1517 | 831 | 686 | 12385 | 6754 | 5631 |
| 其他行业 | Others | 8624 | 5118 | 3506 | 71756 | 42911 | 28845 |

注：资料来源于省工商局(下表同)。

Note:Data in the table are obtained from Guizhou Provincial Industrial and Commercial Bureau(the same applies to the next table).

# 4-9 城乡个体工商户数和就业人员(2013)

# Number of Household and Self-Employed Individuals in Urban and Rural Areas

| 指标 | Item | 个体工商户数(户) Number of individual industrial and commercial households(Household) | 城镇 Urban Areas | 乡村 Rural Areas | 就业人员(人) Number of Employed (Person) | 城镇 Urban Areas | 乡村 Rural Areas |
|---|---|---|---|---|---|---|---|
| **总计** | **Total** | **1060604** | **519136** | **541468** | **1851567** | **856152** | **995415** |
| 农、林、牧、渔业 | Farming,Forestry,Animal Husbandry and Fishing | 17130 | 3980 | 13150 | 42642 | 8181 | 34461 |
| 采掘业 | Mining and Quarrying | 3765 | 945 | 2820 | 19349 | 8056 | 11293 |
| 制造业 | Manufacturing | 53061 | 24963 | 28098 | 116745 | 49829 | 66916 |
| 电力、燃气及水的生产和供应业 | Production and Supply of Electricity,Gas and Water | 467 | 181 | 286 | 1189 | 368 | 821 |
| 建筑业 | Construction | 3542 | 1347 | 2195 | 14849 | 2175 | 12674 |
| 交通运输、仓储和邮政业 | Transportation,Storage and Post | 698079 | 339274 | 358805 | 1073569 | 490378 | 583191 |
| 信息传输、计算机服务和软件业 | Information Transmit,Computer Services and Software Trade | 24380 | 11256 | 13124 | 46734 | 16958 | 29776 |
| 批发和零售业 | Wholesale and Retail Trade | 129885 | 72142 | 57743 | 278030 | 151892 | 126138 |
| 住宿和餐饮业 | Hotels and Catering Services | 7881 | 4015 | 3866 | 15695 | 7434 | 8261 |
| 房地产业 | Real Estate | 124 | 89 | 35 | 319 | 237 | 82 |
| 租赁和商务服务业 | Leasing and Commerce Services | 13657 | 6397 | 7260 | 30898 | 11564 | 19334 |
| 居民服务和其他服务业 | Services to Households and Other Services | 83284 | 42323 | 40961 | 163477 | 83315 | 80162 |
| 卫生、社会保障和社会福利业 | Health Care,Social Security and Social Welfare | 3657 | 2104 | 1553 | 10777 | 7324 | 3453 |
| 文化、体育和娱乐业 | Culture,Sports and Entertainment | 4492 | 2792 | 1700 | 13339 | 9237 | 4102 |
| 其他行业 | Others | 17200 | 7328 | 9872 | 23955 | 9204 | 14751 |

## 4−10 城镇新就业人数和失业人数

## Number of Newly Employed Persons and Unemployed Persons in Urban Areas

单位：万人 (10000 persons)

| 指 标 | Item | 2008 | 2009 | 2010 | 2011 | 2012 | 2013 | 2013年比2012年增长(%) Increase Rate in 2013 over 2012(%) |
|---|---|---|---|---|---|---|---|---|
| 新就业人数总计 | Total Incremental Employed Personnels | 21.1 | 21.10 | 27.71 | 35.94 | 50.63 | 63.39 | 25.2 |
| 城镇登记失业人数 | Number of Registered Unemployed Persons in Urban Areas | 12.56 | 12.34 | 12.18 | 12.51 | 12.56 | 13.66 | 8.8 |
| 城镇登记失业率(%) | Registered Unemployment Rate in Urban Areas(%) | 3.98 | 3.81 | 3.63 | 3.63 | 3.29 | 3.26 | -0.03(百分点) |

注：资料来源于省人力资源社会保障厅(以下相关表同)。
Note: Data in the table are obtained from Guizhou Department of Human Resources and Social Security(the related tables in the chapter are the same ).

## 4−11 下岗失业人员享受再就业优惠政策情况

## Statistics of Re-employment Preferential Policies for Laid-off Workers

单位：人 (person)

| 指 标 | Item | 2012 | 2013 | 2013年比2012年增 长(%) Increase Rate in 2013 over 2012(%) |
|---|---|---|---|---|
| 下岗失业人员实现再就业 | Laid-off Workers | 132516 | 141833 | 7.0 |
| #就业困难对象实现就业 | Residents Experiencing Employment Difficulty | 63812 | 70397 | 10.3 |
| 消除零就业家庭(户) | Number of Househoulds rased Zero-employment Families(househould) | 767 | 256 | -66.6 |
| 促进零就业家庭成员就业 | Promoting Zero-employment Families Employed | 906 | 318 | -64.9 |
| 从事公益性岗位人数 | Number of Persons Engaged in Public-service Jobs | 82636 | 89620 | 8.5 |
| 享受职业培训补贴人数 | Number of Persons Receiving Professional Training Subsidies | 168433 | 149368 | -11.3 |
| 享受职业介绍补贴人数 | Number of Persons Receiving Job Services Subsidies | 4839 | 4084 | -15.6 |
| 享受技能鉴定补贴人数 | Number of Persons Receiving Skill Identification Subsidies | 52403 | 39108 | -25.4 |
| 享受社会保险补贴人数 | Number of Persons Receiving Social Insurance Subsidies | 117017 | 84683 | -27.6 |
| 使用就业再就业资金(万元) | Using Employment and Re-employment Fund(10000 yuan) | 212801 | 214296 | 0.7 |
| #社会保险补贴 | Social Insurance Subsidies | 63969 | 55450 | -13.3 |
| 岗位补贴 | Post Subsidies | 94311 | 84805 | -10.1 |
| 职业培训补贴 | Professional Training | 35623 | 35622 | … |
| 职业介绍补贴 | Job Services | 202 | 257 | 27.2 |
| 扶持公共就业服务 | Supporting Public Employment Service | 1602 | 1122 | -30.0 |

## 4−12 职业技能鉴定

## Occupation Skill Appraisal

单位:人 (person)

| 指标名称 | Item | 2008 | 2009 | 2010 | 2011 | 2012 | 2013 |
|---|---|---|---|---|---|---|---|
| 参加职业技能鉴定 | Number of Persons Joining in Occupation Skill Appraisal | 87352 | 77735 | 82135 | 114691 | 135948 | 132382 |
| 获取证书人数 | Number of Persons With Qualification Certificates | 79352 | 69781 | 73717 | 105141 | 125959 | 123983 |
| #高级技工 | Advanced Mechanic | 6274 | 6205 | 5989 | 11322 | 13454 | 11463 |
| #技 师 | Technician | 1272 | 487 | 372 | 615 | 364 | 837 |
| #高级技师 | Advanced Technician | 230 | 161 | 163 | 138 | 115 | 375 |

# 4-13 劳动力市场需求人员、求职人员及构成

## Persons Required by Labor Market, Job Seckers and Ies Composition

单位：人 (person)

| 行业分组 | by Sector | 2012 绝对数 Level | 2012 构成(%) Composition | 2013 绝对数 Level | 2013 构成(%) Composition | 2013年比2012年增长(%) Increase Rate in 2013 over 2012(%) |
|---|---|---|---|---|---|---|
| **劳动力市场需求人员合计** | **Number of Persons Required by Labor Market** | **255570** | **100.0** | **271138** | **100.0** | **6.1** |
| 农林牧渔业 | Agriculture,Forestry,Animal Husbandry and Fishing | 4093 | 1.6 | 4043 | 1.5 | -1.2 |
| 采矿业 | Mining | 4488 | 1.8 | 3909 | 1.4 | -12.9 |
| 制造业 | Manufacturing | 38190 | 14.9 | 49289 | 18.2 | 29.1 |
| 电力煤气和水的生产和供应业 | Production and Supply of Electricity, Gas and Water | 2819 | 1.1 | 4286 | 1.6 | 52.0 |
| 建筑业 | Construction | 7908 | 3.1 | 10820 | 4.0 | 36.8 |
| 交通运输、仓储和邮政业 | Transportation,Storage and Post | 9574 | 3.7 | 9020 | 3.3 | -5.8 |
| 信息传输、计算机服务和软件业 | Information Transmission, Software and Information Technology | 14443 | 5.7 | 8439 | 3.1 | -41.6 |
| 批发和零售业 | Wholesale and Retail Trade | 59433 | 23.3 | 62979 | 23.2 | 6.0 |
| 住宿和餐饮业 | Hotels and Catering Services | 40682 | 15.9 | 47007 | 17.3 | 15.5 |
| 金融业 | Financial Intermediation | 1879 | 0.7 | 3056 | 1.1 | 62.6 |
| 房地产业 | Real Estate | 4668 | 1.8 | 4308 | 1.6 | -7.7 |
| 租赁和商务服务业 | Leasing and Business Services | 8241 | 3.2 | 9507 | 3.5 | 15.4 |
| 科学研究、技术服务和地质勘查业 | Scientific Research,Technic Services and Geological Prospecting | 354 | 0.1 | 437 | 0.2 | 23.4 |
| 水利、环境和公共设施管理业 | Water Conservancy,Environment and Public Facilities Services | 678 | 0.3 | 232 | 0.1 | -65.8 |
| 居民服务和其他服务业 | Services to Households and Other Services | 34584 | 13.5 | 35040 | 12.9 | 1.3 |
| 教 育 | Education | 3010 | 1.2 | 2122 | 0.8 | -29.5 |
| 卫生、社会保障和社会福利业 | Health Care,Social Securities and Social Welfare | 2446 | 1.0 | 1503 | 0.6 | -38.6 |
| 文化、体育和娱乐业 | Culture,Sports and Entertainment | 16003 | 6.3 | 13959 | 5.1 | -12.8 |
| 公共管理与社会组织 | Public Administration and Social Organization | 2077 | 0.8 | 1182 | 0.4 | -43.1 |
| **劳动力市场求职人员合计** | **Number of Person Applying for A Job** | **197453** | **100.0** | **211708** | **100.0** | **7.2** |
| 新成长的失业青年 | New grown Unemployed Youngth | 35389 | 17.9 | 32042 | 15.1 | -9.5 |
| #应届高校毕业生 | Graduating Students from higer School | 19937 | 10.1 | 15429 | 7.3 | -22.6 |
| 就业转失业人员 | Working Staff Transmiting into Unemployed | 57909 | 29.3 | 52229 | 24.7 | -9.8 |
| 其他失业人员 | Other Unempolyed | 27014 | 13.7 | 14185 | 6.7 | -47.5 |
| 在业人员 | Working Staff | 6891 | 3.5 | 16079 | 7.6 | 133.3 |
| 下岗职工 | Laid-off Workers | 9284 | 4.7 | 6392 | 3.0 | -31.2 |
| 退休人员 | Retired | 680 | 0.3 | 315 | 0.1 | -53.7 |
| 在学人员 | Enrollment | 5881 | 3.0 | 7960 | 3.8 | 35.4 |
| 本市农村人员 | Persons of Domesitc Country | 33778 | 17.1 | 47644 | 22.5 | 41.1 |
| 外埠人员 | Outside | 20627 | 10.4 | 34862 | 16.5 | 69.0 |

# 主要统计指标解释

**经济活动人口** 指在16周岁及以上，有劳动能力，参加或要求参加社会经济活动的人口。包括就业人员和失业人员。

**就业人员** 指在16周岁及以上，从事一定社会劳动并取得劳动报酬或经营收入的人员。这一指标反映了一定时期内全部劳动力资源的实际利用情况，是研究我国基本国情国力的重要指标。

**单位就业人员** 指在各级国家机关、政党机关、社会团体及企业、事业单位中工作，取得工资或其他形式的劳动报酬的全部人员。包括在岗职工、再就业的离退休人员、民办教师以及在各单位中工作的外方人员和港澳台方人员、兼职人员、借用的外单位人员和第二职业者。不包括离开本单位仍保留劳动关系的职工。各单位的就业人员反映了各单位实际参加生产或工作的全部劳动力。

**城镇私营和个体就业人员** 城镇私营就业人员指在工商管理部门注册登记，其经营地址设在县城关镇(含县城关镇)以上的私营企业就业人员，包括私营企业投资者和雇工。城镇个体就业人员指在工商管理部门注册登记，并持有城镇户口或在城镇长期居住，经批准从事个体工商经营的就业人员，包括个体经营者和在个体工商户劳动的家庭帮工和雇工。

**国有单位** 指资产归国家所有的经济组织。包括按《中华人民共和国企业法人登记管理条例》规定登记注册的非公司制的经济组织，以及中央、地方各级国家机关、事业单位和社会团体。

**集体单位** 指生产资料归集体所有，并按《中华人民共和国企业法人登记管理条例》规定登记注册的经济组织。

**其他单位** 包括股份合作单位、联营单位、有限责任公司、股份有限公司、港澳台商投资单位以及外商投资单位等其他登记注册类型单位。

**在岗职工** 指在本单位工作并由单位支付工资的人员，以及有工作岗位，但由于学习、病伤产假等原因暂未工作，仍由单位支付工资的人员。

**工资总额** 指各单位在一定时期内直接支付给本单位全部就业人员的劳动报酬总额。工资总额的计算原则应以直接支付给就业人员的全部劳动报酬为根据。各单位支付给就业人员的劳动报酬以及其他根据有关规定支付的工资，不论是计入成本的还是不计入成本的，不论是按国家规定列入计征奖金税项目的，还是未列入计征奖金税项目的，不论是以货币形式支付的还是以实物形式支付的，均包括在工资总额内。

**平均工资** 指企业、事业、机关单位的就业人员在一定时期内平均每人所得的货币工资额。它表明一定时期职工工资收入的高低程度，是反映就业人员工资水平的主要指标。计算公式为：

$$\text{平均工资}=\frac{\text{报告期实际支付的全部就业人员工资总额}}{\text{报告期全部就业人员平均人数}}$$

**平均工资指数** 指报告期就业人员平均工资与基期就业人员平均工资的比率，是反映不同时期就业人员货币工资水平变动情况的相对数。计算公式为：

$$\text{平均工资指数}=\frac{\text{报告期就业人员平均工资}}{\text{基期就业人员平均工资}}\times 100\%$$

**平均实际工资指数** 就业人员平均实际工资指指扣除物价变动因素后的就业人员平均工资。就业人员平均实际工资指数是反映实际工资变动情况的相对数，表明就业人员实际工资水平提高或降低的程度。计算公式为：

$$\text{平均实际工资指数}=\frac{\text{报告期就业人员平均工资指数}}{\text{报告期城镇居民消费价格指数}}\times 100\%$$

**城镇登记失业人员** 指有非农业户口，在一定的劳动年龄内(16周岁至退休年龄)，有劳动能力，无业而要求就业，并在当地劳动保障部门进行失业登记的人员。

**城镇登记失业率** 城镇登记失业人员与城镇单位就业人员(扣除使用的农村劳动力、聘用的离退休人员、港澳台及外方人员)、城镇单位中的不在岗职工、城镇私营业主、个体户主、城镇私营企业和个体就业人员、城镇登记失业人员之和的比。计算公式为：

$$\text{城镇登记失业率}=\frac{\text{城镇登记失业人数}}{\begin{array}{l}\text{(城镇单位就业人员}-\text{使用的农村劳动力}-\text{聘用的离退休人员}-\text{聘用的港澳}\\ \text{台及外方人员)}+\text{不在岗职工}+\text{城镇私营业主}+\text{城镇个体户主}+\text{城镇私营企}\\ \text{业及个体就业人员}+\text{城镇登记失业人数}\end{array}}\times 100\%$$

# Explanatory Notes on Main Statistical Indicators

**Economically Active Population** refers to the population aged 16 and over who are capable of working, are participating in or willing to participate in economic activities, including employed persons and unemployed persons.

**Employed Persons** refer to persons aged 16 and over who are engaged in gainful employment and thus receive remuneration payment or earn business income. This indicator reflects the actual utilization of total labour force during a certain period of time and is often used for the research on China's economic situation and national power.

**Persons Employed in Various Units** refer to all the persons who are working in government agencies of various levels, political and party organizations, social organizations, enterprises and institutions, and receiving wages or other forms of payment. They include fully-employed staff and workers, re-employed retirees, teachers in the schools run by the local people, foreigners and Chinese compatriots from Hong Kong, Macao, and Taiwan who are working in various units, part-time employees, employees of other units working temporarily at current posts, and employees who are holding the second job, but do not include persons who have left their working units while keeping their labour contract (employment relation) unchanged. This indicator reflects the total number of laborers actually engaged in production or other operations in various units.

**Persons Employed in Private Enterprises and Self-Employed Individuals in Urban Areas Persons employed in private enterprises** refer to the persons employed in the private enterprises which have been registered at the departments of industrial and commercial administration for which the business operation are situated at a county town (i.e. a town where the county government is located), or at urban areas with administrative hierarchy higher than a county town. The self-employed individuals in urban areas refer to persons who hold the certificates of residence in urban areas or have resided in the urban areas for a long time and have been registered at the departments of industrial and commercial administration and approved to be engaged in individual industrial or commercial business, including self-employed persons as well as helpers and hired labourers who work in individual households.

**State-owned Units** refer to economic units whose assets are owned by the state, including non-corporation units registered according to Regulation of the People's Republic of China on the Registration of Enterprises and Corporations, state organs, institutions and social organizations at the central-level and local levels.

**Collective-owned Units** refer to economic units registered according to Regulation of the People's Republic of China on the Registration of Enterprises and Corporations where the means of production are collectively owned.

**Units of Other Types of Ownership** refer to units registered with other types of ownership, including cooperative units, joint ownership units, limited liability corporations, share holding corporations, units funded by entrepreneurs from Hong Kong, Macao, and Taiwan, and foreign- funded units.

**Employed Staff and Workers** refer to persons who work in working untits and receive wages from their working units, including persons who have their work posts but are temporarily absent from work for reasons of study or on sick, injury or maternal leave and still receive wages from their working units.

**Total Wage Bill** refers to the total remuneration payment to employed persons in various units during a certain period of time. The calculation of total wage bill is based on the total remuneration payment to employed persons . Therefore, all the wages and salaries and other payments to employed persons are included in the total wage bill regardless of sources, reckoning the cost of production or not, category, listing as items of premium taxation or not, and forms of paying in cash or in kind.

**Average Wage** refers to the average wage in money terms per person during a certain period of time for employed persons in enterprises, institutions, and government agencies, which reflects the general level of wage income during a certain period of time and it is calculated as follows:

$$\text{Average Wage}=\frac{\text{Total Wage Bill of Employed Persons at Reference Time}}{\text{Average Number of Persons Employed at Reference Time}}$$

**Average Wage Indices** refers to the ratio of average wage of employed persons the reference period to that at the base period, which reflects the change of wage of employed persons at the different period. It is calculated as follows:

$$\text{Average Wage Indices}=\frac{\text{Average Wage of Employed Persons at Reference Time}}{\text{Average Wage of Persons Employed at Base Period}}\times 100\%$$

**Average Real Wage Indices** average real wage of employed persons refers to the average wage of employed persons after removing the effects of the price changes and average real wage indices of employed persons refers to the change of real wage, which reflects the relative increasing or decreasing level of real wage of employed persons ,which is calculated as follows:

$$\text{Average Real Wage Indices}=\frac{\text{Average Wage Indices of Employed Persons at the Reference Time}}{\text{Urban Consumer Price Indices at Reference Time}}\times 100\%$$

**Registered Unemployed Persons in Urban Areas** refer to the persons with non-agricultural household registration at certain working ages (16 years old to retirement age), who are capable of working, unemployed and willing to work, and have been registered at the local employment service agencies to apply for a job.

**Registered Unemployment Rate in Urban Areas** refers to the ratio of the number of the registered unemployed persons to the sum of the number of persons employed in various units (minus the employed rural labour force, re-employed retirees, and Hong Kong, Macao, Taiwan or foreign employees), laid-off staff and workers in urban units, owners of private enterprises in urban areas, owners of self-employed individuals in urban areas, employees of private enterprises in urban areas, employee of self-employed individuals in urban areas, and the registered unemployed persons in urban areas. The formula is as follows:

$$\text{Registered unemployment rate in urban areas}=\frac{\text{unmber of registered urban unemployed persons}}{\begin{array}{c}\text{number of persons employed in urban units-employed}\\ \text{rural labour forcere-empioyed retirees-Hong Kong,Macao}\\ \text{Taiwan or foreign employees +laid-off staff and workers}\\ \text{of urban private enterprises+owners of urban self-employed}\\ \text{individuals +employees of urban self-employed individuals}\\ \text{+registered unemployed persons in urban areas}\end{array}}\times 100\%$$

# 5 Five

# 固定资产投资

# Investment in Fixed Assets

# 5-1 全社会固定资产投资
# Total Investment in Fixed Assets in the whole Province

单位：亿元 (100 million yuan)

| 指　标 | Item | 2008 | 2009 | 2010 | 2011 | 2012 | 2013 | 2013年比2012年增长(%) Increase Rate in 2013 over 2012(%) |
|---|---|---|---|---|---|---|---|---|
| **全社会固定资产投资** | **Total Investment in Fixed Assets in theWhole Province** | **1864.45** | **2450.99** | **3186.28** | **4234.44** | **5717.80** | **7373.60** | **29.0** |
| #房地产开发 | Real Estate Development | 311.26 | 371.25 | 556.69 | 873.48 | 1467.60 | 1942.54 | 32.4 |
| 按隶属关系分 | Grouped by Jurisdiction of Management | | | | | | | |
| 中　央 | Central | 308.09 | 348.79 | 324.62 | 343.59 | 389.96 | 492.80 | 26.4 |
| 地　方 | Local | 1556.36 | 2102.20 | 2861.66 | 3890.85 | 5327.85 | 6880.80 | 29.1 |
| 按经济类型分 | Grouped by Registration Status | | | | | | | |
| 国有经济 | State-owned Units | 910.69 | 1250.42 | 1605.82 | 1989.06 | 2530.97 | 3284.11 | 29.8 |
| 集体经济 | Collective-owned Units | 25.23 | 29.70 | 29.01 | 42.61 | 42.55 | 27.33 | -35.8 |
| 个体经济 | Self-employed Units | 108.74 | 144.07 | 172.91 | 879.44 | 1141.36 | 1706.29 | 49.5 |
| 联营经济 | Joint Ownership Units | 3.68 | 0.42 | 2.16 | 3.69 | 6.71 | 2.80 | -58.2 |
| 股份制经济 | Share Holding Units | 466.73 | 523.58 | 774.14 | 174.15 | 205.34 | 2062.31 | 904.3 |
| 外商投资经济 | Foreign Funded Units | 31.31 | 54.21 | 35.85 | 29.78 | 29.45 | 28.83 | -2.1 |
| 港澳台商投资经济 | Units with Funds from Hong Kong,Macao and Taiwan | 18.78 | 19.70 | 34.18 | 72.49 | 117.60 | 77.70 | -33.9 |
| 其他经济 | Others | 299.29 | 428.89 | 532.21 | 1043.22 | 1643.81 | 184.23 | -88.8 |
| 按构成分 | Grouped by Structure | | | | | | | |
| 建筑安装工程 | Construction and Installation | 1118.74 | 1607.26 | 2010.16 | 3047.70 | 4150.18 | 5707.82 | 37.5 |
| 设备工具器具购置 | Purchase of Equipment and Instruments | 381.20 | 431.77 | 494.07 | 520.42 | 531.71 | 581.84 | 9.4 |
| 其他费用 | Others | 364.51 | 411.96 | 682.04 | 666.32 | 1035.91 | 1083.94 | 4.6 |
| 按三次产业分 | Grouped by Three Strata of Industry | | | | | | | |
| 第一产业 | Primary Industry | 50.87 | 73.42 | 80.71 | 126.48 | 150.58 | 185.69 | 23.3 |
| 第二产业 | Secondary Industry | 794.79 | 911.72 | 1087.87 | 1357.21 | 1636.25 | 1953.90 | 19.4 |
| 工　业 | Industry | 787.60 | 905.01 | 1074.55 | 1333.06 | 1614.00 | 1950.36 | 20.8 |
| 建筑业 | Construction | 7.19 | 6.70 | 13.32 | 24.15 | 22.26 | 12.36 | -44.5 |
| 第三产业 | Tertiary Industry | 1018.79 | 1465.85 | 2017.70 | 2750.75 | 3930.97 | 5234.01 | 33.1 |
| **资金来源合计** | **Total Sources of Funds** | **2157.38** | **3192.06** | **4108.87** | **5150.89** | **6219.71** | **8199.43** | **31.8** |
| 国家预算内资金 | State Budget | 138.06 | 283.38 | 355.96 | 548.98 | 537.04 | 559.21 | 4.1 |
| 国内贷款 | Domestic Loans | 479.25 | 710.79 | 852.62 | 827.08 | 950.02 | 975.43 | 2.7 |
| 利用外资 | Foreign Investment | 14.33 | 10.89 | 10.71 | 14.72 | 11.49 | 14.19 | 23.5 |
| 自筹资金 | Self-raising Funds | 1092.78 | 1424.18 | 1869.01 | 2555.43 | 3263.76 | 4571.70 | 40.1 |
| 其他资金 | Others | 432.96 | 762.82 | 1020.58 | 1204.69 | 1457.41 | 2078.89 | 42.6 |
| **房屋建筑面积(万平方米)** | **Floor Space of Buildings(10000 sq.m)** | | | | | | | |
| 施工面积 | Floor Space under Construction | 9383 | 12176 | 14456 | 13959 | 18510 | 27642 | 49.3 |
| #住　宅 | Residential Buildings | 6791 | 8535 | 10123 | 8875 | 11045 | 16775 | 51.9 |
| 竣工面积 | Floor Space Completed | 3207 | 4734 | 5325 | 2988 | 3496 | 7299 | 108.8 |
| #住　宅 | Residential Buildings | 2500 | 3782 | 4054 | 1671 | 1880 | 5032 | 167.7 |

注：固定资产投资统计口径2008—2010年为计划总投资50万元及以上固定资产项目投资，房地产开发项目投资及农村农户投资；2011年起为计划总投资500万元及以上固定资产项目投资，房地产开发项目投资及农村农户投资(以下相关表同)。

Note: From 2008 to 2010, data in the table referred to those projects that planned to invest 500000 yuan at least in investment in fixed assets, real estate development and rural household investment. From 2011,the statistical coverage has referred to those projects that planned to invest 5000000 yuan at least in investment in fixed assets, real estate development and rural household investment(The relative tables in the chapter are the same).

# 5-2 全社会工业投资
## Industry Investment in the Whole Province

单位：亿元 (100 million yuan)

| 指　标 | Item | 2009 | 2010 | 2011 | 2012 | 2013 | 2013年比2012年增长(%) Increase Rate in 2013 over 2012(%) |
|---|---|---|---|---|---|---|---|
| **工业投资** | **Industry Investment** | **905.01** | **1074.55** | **1333.06** | **1614.00** | **1950.07** | **20.8** |
| **按隶属关系分** | **Grouped by Jurisdiction of Management** | | | | | | |
| 中　央 | Central Investment | 205.47 | 152.19 | 141.13 | 115.55 | 157.01 | 35.9 |
| 地　方 | Local Investment | 699.54 | 922.36 | 1191.93 | 1498.45 | 1793.06 | 19.7 |
| **按国民经济行业分** | **By Sector** | | | | | | |
| 采矿业 | Mining | 272.87 | 374.61 | 404.25 | 408.35 | 400.25 | -2.0 |
| #煤炭开采和洗选业 | Mining and Washing of Coal | 252.26 | 337.39 | 347.88 | 308.38 | 273.49 | -11.3 |
| 黑色金属矿采选 | Mining and Processing of Ferrous Metal Ores | 1.04 | 1.68 | 4.25 | 12.44 | 8.02 | -35.5 |
| 有色金属矿采选 | Mining and Processing of Non-Ferrous Metal Ores | 7.12 | 9.92 | 17.84 | 26.64 | 35.14 | 31.9 |
| 制造业 | Manufacturing | 354.98 | 428.33 | 687.42 | 951.83 | 1218.19 | 28.0 |
| #化学原料及化学制品制造 | Manufacture of Raw Chemical Materials and Chemical Products | 72.07 | 65.09 | 64.58 | 75.76 | 114.38 | 51.0 |
| 黑色金属冶炼及压延加工 | Smelting and Pressing of Ferrous Metals | 20.32 | 32.89 | 60.27 | 85.21 | 49.23 | -42.2 |
| 有色金属冶炼及压延加工 | Smelting and Pressing of Non-ferrous Metals | 38.02 | 49.90 | 58.49 | 55.41 | 60.30 | 8.8 |
| 电力、燃气及水的生产和供应业 | Production and Supply of Electricity, Gas and Water | 277.15 | 271.61 | 241.39 | 253.81 | 331.64 | 30.7 |
| #电力、热力的生产和供应业 | Production and Supply of Electric Power and Heat Power | 252.19 | 254.12 | 215.20 | 219.16 | 271.31 | 23.8 |

注：行业划分2009—2010年按国民经济行业分类(GB/T 4754—2002)，2011年起按国民经济行业分类(GB/T 4754—2011)（以下相关表同）。

Note:From 2009 to 2010, industry was divided by industrial classification (GB / T 4754-2002). Since 2011,it has been divided by Sector Classification (GB / T 4754-2011)(The relative tables in the chapter are the same).

# 5-3 按行业、隶属关系和注册类型分固定资产投资(2013)

单位：亿元

| 指标 | Item | 固定资产投资 Investment in Fixed Assets |
|---|---|---|
| **固定资产投资** | **Investment in Fixed Assets** | **7102.78** |
| 农、林、牧、渔业 | Agriculture, Forestry, Animal Husbandry and Fishery | 168.37 |
| #农　业 | Farming | 90.49 |
| 畜牧业 | Animal Husbandry | 38.53 |
| 农、林、牧、渔服务业 | Services in Support of Agriculture | 22.98 |
| 采矿业 | Mining | 400.25 |
| #煤炭开采和洗选业 | Mining and Washing of Coal | 273.49 |
| 制造业 | Manufacturing | 1218.19 |
| #饮料制造业 | Manufacture of Beverages | 16.71 |
| 烟草制品业 | Manufacture of Tobacco | 3.95 |
| 造纸及纸制品业 | Manufacture of Paper and Paper Products | 8.04 |
| 石油加工、炼焦及核燃料加工业 | Processing of Petroleum, Coking, Processing of Nuclear Fuel | 30.44 |
| 化学原料及化学制品制造业 | Manufacture of Raw Chemical Materials and Chemical Products | 114.38 |
| 医药制造业 | Manufacture of Medicines | 55.78 |
| 非金属矿物制品业 | Manufacture of Non-metallic Mineral Products | 230.69 |
| 黑色金属冶炼及压延加工业 | Smelting and Pressing of Ferrous Metals | 49.23 |
| 有色金属冶炼及压延加工业 | Smelting and Pressing of Non-ferrous Metals | 60.30 |
| 电力、燃气及水的生产和供应业 | Production and Supply of Electricity, Gas and Water | 331.64 |
| #电力、热力的生产和供应业 | Production and Supply of Electric Power and Heat Power | 271.31 |
| 建筑业 | Construction | 12.36 |
| 交通运输、仓储和邮政业 | Transport, Storage and Post | 1291.52 |
| #铁路运输业 | Railway Transport | 324.05 |
| 道路运输业 | Road Transport | 920.42 |
| 仓储业 | Storage | 26.99 |
| 信息传输、计算机服务和软件业 | Information Transmission, Computer Services and Software | 20.74 |
| #电信和其他信息传输服务业 | Telecommunications and Other Information Transmission Services | 16.46 |
| 批发和零售业 | Wholesale and Retail Trades | 67.54 |
| 住宿和餐饮业 | Hotels and Catering Services | 66.83 |
| 金融业 | Financial Intermediation | 4.52 |
| 房地产业 | Real Estate | 2249.76 |
| 租赁和商务服务业 | Leasing and Business Services | 25.06 |
| 租赁业 | Leasing | 0.78 |
| 商务服务业 | Business Services | 24.28 |
| 科学研究、技术服务和地质勘查业 | Scientific Research, Technical Service and Geologic Prospecting | 14.80 |
| #研究与试验发展 | Research and Experimental Development | 5.07 |
| 水利、环境和公共设施管理业 | Management of Water Conservancy, Environment and Public Facilities | 947.92 |
| #水利管理业 | Management of Water Conservancy | 70.79 |
| 居民服务和其他服务业 | Services to Households and Other Services | 17.93 |
| 教　育 | Education | 101.15 |
| 卫生、社会保障和社会福利业 | Health, Social Security and Social Welfare | 37.43 |
| #卫　生 | Health | 31.77 |
| 文化、体育和娱乐业 | Culture, Sports and Entertainment | 46.93 |
| #文化艺术业 | Cultural and Art Activities | 20.92 |
| 公共管理和社会组织 | Public Management and Social Organization | 79.82 |

注：本表统计口径为计划总投资500万元及以上的固定资产项目投资，房地产开发项目投资。

# Investment in Fixed Assets by Sector, Jurisdiction of Management and Registration Status

(100 million yuan)

| 按隶属关系分 Grouped by Jurisdiction of Management | | 按注册类型分 Grouped by Registration Status | | | |
|---|---|---|---|---|---|
| 中央 Central Investment | 地方 Local Investment | 内资企业 Domestic Funds | 港、澳、台商投资企业 Hong Kong, Macao and Taiwan | 外商投资企业 Foreign Funded | 个体经营 Self-employed Individual |
| **492.80** | **6609.98** | **6945.76** | **77.70** | **28.83** | **50.48** |
| 0.60 | 167.77 | 158.17 | 0.91 | 1.36 | 7.93 |
| 0.36 | 90.13 | 86.15 | 0.66 | 0.07 | 3.61 |
| | 38.53 | 33.72 | 0.25 | 1.06 | 3.50 |
| 0.13 | 22.85 | 22.80 | 0.01 | 0.16 | 0.02 |
| 2.27 | 397.98 | 380.40 | 9.67 | 4.51 | 5.66 |
| 1.39 | 272.10 | 262.80 | 9.67 | 0.17 | 0.84 |
| 27.09 | 1191.09 | 1182.40 | 12.91 | 15.15 | 7.72 |
| | 16.71 | 16.53 | | 0.18 | |
| 0.44 | 3.51 | 3.95 | | | |
| | 8.04 | 8.04 | | | |
| | 30.44 | 30.01 | 0.43 | | |
| 7.01 | 107.37 | 113.10 | | 1.18 | 0.10 |
| | 55.78 | 54.40 | 0.32 | 1.06 | |
| 1.40 | 229.29 | 218.75 | 0.60 | 6.56 | 4.78 |
| | 49.23 | 45.49 | | 3.68 | 0.07 |
| 3.13 | 57.17 | 60.25 | | 0.03 | 0.02 |
| 127.65 | 203.99 | 328.92 | 1.47 | | 1.25 |
| 126.19 | 145.12 | 270.01 | 0.63 | | 0.67 |
| 0.13 | 12.23 | 11.93 | | | 0.43 |
| 313.68 | 977.84 | 1290.84 | 0.37 | | 0.31 |
| 302.49 | 21.56 | 324.05 | | | |
| 8.55 | 911.87 | 920.33 | 0.00 | | 0.09 |
| 0.87 | 26.11 | 26.40 | 0.36 | | 0.22 |
| 6.95 | 13.79 | 18.00 | 0.03 | 2.71 | |
| 6.95 | 9.51 | 13.72 | 0.03 | 2.71 | |
| 0.28 | 67.26 | 66.17 | | 0.02 | 1.36 |
| 0.81 | 66.03 | 55.99 | 0.33 | 0.09 | 10.42 |
| 0.04 | 4.48 | 4.48 | | | 0.05 |
| 3.04 | 2246.72 | 2185.51 | 49.07 | 3.42 | 11.76 |
| 0.02 | 25.04 | 24.75 | | | 0.32 |
| | 0.78 | 0.72 | | | 0.06 |
| 0.02 | 24.26 | 24.02 | | | 0.26 |
| 1.62 | 13.18 | 14.76 | | | 0.04 |
| 1.39 | 3.68 | 5.07 | | | |
| 6.69 | 941.23 | 943.38 | 2.77 | 1.21 | 0.56 |
| 1.07 | 69.72 | 70.79 | | | |
| | 17.93 | 16.99 | 0.16 | | 0.78 |
| 0.82 | 100.34 | 100.02 | | 0.27 | 0.87 |
| 0.31 | 37.12 | 36.78 | | | 0.65 |
| 0.31 | 31.46 | 31.13 | | | 0.63 |
| 0.29 | 46.64 | 46.47 | | 0.08 | 0.38 |
| 0.01 | 20.91 | 20.92 | | | |
| 0.52 | 79.31 | 79.81 | | | 0.01 |

Note: this table statistics plans a total investment of 5 Million yuan and above the fixed assets investment projects, investment in real estate development project.

# 5-4 按行业分500万元以上固定资产投资施工项目(2013)
## Number of Construction Projects over 5 Million Yuan under Construction by Sector

| 行业 | Sector | 本年施工项目(个) Number of Projects under Construction This Year (unit) | #本年新开工 Number of Projects Started This Year | 本年投产项目(个) Number of Projects Put into Use (unit) | 项目建成投产率(%) Percentage of Projects Completed and Putinto Use(%) |
|---|---|---|---|---|---|
| **总计** | **Total** | **8872** | **6763** | **6103** | **68.8** |
| 农、林、牧、渔业 | Agriculture, Forestry, Animal Husbandry and Fishery | 722 | 611 | 565 | 78.3 |
| #农、林、牧、渔服务业 | Service in Support of Agriculture | 112 | 91 | 91 | 81.3 |
| 采矿业 | Mining | 791 | 602 | 611 | 77.2 |
| #煤炭开采和洗选业 | Mining and Washing of Coal | 468 | 323 | 357 | 76.3 |
| 制造业 | Manufacturing | 1628 | 1194 | 1111 | 68.2 |
| #饮料制造业 | Manufacture of Beverages | 37 | 28 | 30 | 81.1 |
| 烟草制品业 | Manufacture of Tobacco | 18 | 15 | 17 | 94.4 |
| 造纸及纸制品业 | Manufacture of Paper and Paper Products | 18 | 13 | 14 | 77.8 |
| 石油加工、炼焦及核燃料加工业 | Processing of Petroleum, Coking and Processing of Nuclear Fuel | 14 | 4 | 6 | 42.9 |
| 化学原料及化学制品制造业 | Manufacture of Raw Chemical Materials and Chemical Products | 100 | 68 | 65 | 65.0 |
| 医药制造业 | Manufacture of Medicines | 59 | 44 | 36 | 61.0 |
| 非金属矿物制品业 | Manufacture of Non-metallic Mineral Products | 402 | 329 | 296 | 73.6 |
| 黑色金属冶炼及压延加工业 | Smelting and Pressing of Ferrous Metals | 52 | 34 | 34 | 65.4 |
| 有色金属冶炼及压延加工业 | Smelting and Pressing of Non-ferrous Metals | 32 | 21 | 21 | 65.6 |
| 电力、燃气及水的生产和供应业 | Production and Supply of Electricity,Gas and Water | 436 | 299 | 258 | 59.2 |
| #电力、热力的生产和供应业 | Production and Supply of Electric Power and Heat Power | 255 | 158 | 135 | 52.9 |
| 建筑业 | Construction | 92 | 88 | 77 | 83.7 |
| 交通运输、仓储和邮政业 | Transport, Storage and Post | 1328 | 993 | 810 | 61.0 |
| #铁路运输业 | Railway Transport | 24 | 12 | 7 | 29.2 |
| 道路运输业 | Road Transport | 1244 | 943 | 775 | 62.3 |
| 仓储业 | Storage | 38 | 24 | 20 | 52.6 |

5-4 续表 continued

| 行 业 | Sector | 本年施工项目(个) Number of Projects under Construction This Year (unit) | #本年新开工 Number of Projects Started This Year | 本年投产项目(个) Number of Projects Put into Use (unit) | 项目建成投产率(%) Percentage of Projects Completed and Put into Use(%) |
|---|---|---|---|---|---|
| 信息传输、计算机服务和软件业 | Information Transmission, Computer Services and Software | 100 | 87 | 83 | 83.0 |
| #电信和其他信息传输服务业 | Telecommunications and Other Information Transmission Services | 86 | 74 | 73 | 84.9 |
| 批发和零售业 | Wholesale and Retail Trades | 174 | 129 | 110 | 63.2 |
| 住宿和餐饮业 | Hotels and Catering Services | 210 | 183 | 161 | 76.7 |
| 金 融 业 | Financial Intermediation | 18 | 14 | 14 | 77.8 |
| 房地产业 | Real Estate | 717 | 531 | 511 | 71.3 |
| 租赁和商务服务业 | Leasing and Business Services | 49 | 40 | 38 | 77.6 |
| 租 赁 业 | Leasing | 2 | 2 | 2 | 100.0 |
| 商务服务业 | Business Services | 48 | 38 | 37 | 77.1 |
| 科学研究、技术服务和地质勘查业 | Scientific Research, Technical Service and Geologic Prospecting | 40 | 27 | 31 | 77.5 |
| #研究与试验发展 | Research and Experimental Development | 3 | 2 | 1 | 33.3 |
| 水利、环境和公共设施管理业 | Management of Water Conservancy, Environment and Public Facilities | 1615 | 1267 | 1101 | 68.2 |
| #水利管理业 | Management of Water Conservancy | 274 | 217 | 202 | 73.7 |
| 居民服务和其他服务业 | Services to Households and Other Services | 71 | 56 | 47 | 66.2 |
| 教 育 | Education | 320 | 225 | 217 | 67.8 |
| 卫生、社会保障和社会福利业 | Health, Social Security and Social Welfare | 152 | 116 | 104 | 68.4 |
| #卫 生 | Health | 113 | 86 | 76 | 67.3 |
| 文化、体育和娱乐业 | Culture, Sports and Entertainment | 86 | 70 | 53 | 61.6 |
| #文化艺术业 | Cultural and Art Activities | 41 | 33 | 24 | 58.5 |
| 公共管理和社会组织 | Public Management and Social Organization | 323 | 230 | 200 | 61.9 |

# 5-5 房地产开发企业基本情况(2013)

单位：亿元

| 指 标 | Item | 总 计 Total |
|---|---|---|
| **企业个数(个)** | **Number of Enterprises(unit)** | **2300** |
| **年末从业人员总计(人)** | **Number of Employed Persons at the Year-end (person)** | **47127** |
| **本年完成投资** | **Investment Completed This Year** | **1942.54** |
| 按工程用途分 | By Use of Project | |
| #商品住宅 | Residential Buildings | 1224.23 |
| 办公楼 | Office Building | 132.03 |
| 商业营业用房 | House for Business Used | 344.90 |
| 其 他 | Others | 241.39 |
| 按构成分 | By Type of Construction | |
| 建筑工程 | Construction | 1419.65 |
| 安装工程 | Installation | 81.78 |
| 设备工器具购置 | Purchase of Equitment and Instruments | 23.56 |
| 其他费用 | Others | 417.55 |
| **本年资金来源合计** | **Total Source of Funds This Year** | **2500.55** |
| #国内贷款 | Domestic Loans | 226.82 |
| 利用外资 | Foreign Investment | |
| 自筹资金 | Self-raising Fund | 877.20 |
| 其他资金来源 | Others | 1041.70 |
| #个人按揭贷款 | Personal Housing Mortgage Loans | 341.40 |
| 土地购置费 | Land Acquisition Costs | 177.10 |
| 待开发土地面积(万平方米) | Land Space to Be Developed (10000 sq.m) | 1385.96 |
| 本年购置土地面积(万平方米) | Land Space Purchased This Year(10000 sq.m) | 1209.52 |
| 施工房屋面积(万平方米) | Floor Space Under Construction(10000 sq.m) | 17356.96 |
| 竣工房屋面积(万平方米) | Floor Space of Completed(10000 sq.m) | 1764.78 |
| 房屋建筑面积竣工率(%) | Rate of Floor Space Completed(%) | 10.2 |
| **本年新开工房屋面积(万平方米)** | **Floor Space Started This Year(10000 sq.m)** | **5628.24** |
| 住 宅 | Residential Buildings | 3974.16 |
| 办公楼 | Office Building | 171.33 |
| 商业营业用房 | House for Business Used | 806.39 |
| 其 他 | Others | 676.36 |

注：表中数据为初步统计数（以下相关表同）。

# Basic Conditions of Real Estate Development Enterprises

(100 million yuan)

| 内资企业 Domestic Funded | #国有企业 State-owned Enterprises | #私营有限责任公司 Private Limited Liability Company | #私营股份有限公司 Private Share-holding Corporations Limited | 港澳台商投资企业 Enterprises with Funds from HongKong, Macao and TaiWan | 外商投资企业 Foreign Funded Enterprises |
|---|---|---|---|---|---|
| **2260** | **73** | **801** | **104** | **31** | **9** |
| **45970** | **1814** | **14792** | **1802** | **1014** | **143** |
| **1890.16** | **75.47** | **431.35** | **50.12** | **49.02** | **3.36** |
| 1188.49 | 45.83 | 268.05 | 28.63 | 34.05 | 1.69 |
| 126.88 | 3.59 | 16.35 | 1.48 | 3.67 | 1.47 |
| 339.78 | 9.44 | 86.10 | 6.71 | 4.91 | 0.21 |
| 235.01 | 16.60 | 60.85 | 13.30 | 6.38 | |
| 1371.35 | 58.38 | 345.78 | 40.60 | 45.07 | 3.24 |
| 81.48 | 3.72 | 22.92 | 2.17 | 0.29 | |
| 23.50 | 1.22 | 6.26 | 0.26 | 0.06 | |
| 413.83 | 12.15 | 56.39 | 7.10 | 3.60 | 0.13 |
| **2448.01** | **130.51** | **545.40** | **66.46** | **47.39** | **5.15** |
| 218.12 | 17.80 | 54.74 | 4.49 | 8.10 | 0.60 |
| 867.82 | 34.38 | 242.65 | 31.35 | 9.38 | |
| 1017.61 | 38.79 | 179.39 | 20.10 | 20.40 | 3.70 |
| 334.11 | 3.25 | 75.97 | 7.28 | 6.13 | 1.16 |
| 175.90 | 2.49 | 27.98 | 3.02 | 1.20 | |
| 1264.06 | 11.54 | 315.39 | 29.34 | 121.30 | 0.60 |
| 1209.52 | 2.96 | 233.33 | 32.40 | | |
| 17087.69 | 625.74 | 4642.15 | 651.86 | 174.14 | 95.14 |
| 1756.31 | 79.53 | 515.55 | 56.00 | | 8.46 |
| 10.3 | 12.7 | 11.1 | 8.6 | | 8.9 |
| **5602.44** | **201.97** | **1435.34** | **167.59** | **10.26** | **15.54** |
| 3949.96 | 128.78 | 980.66 | 102.77 | 8.67 | 15.54 |
| 171.33 | 7.38 | 12.43 | 4.66 | | |
| 805.11 | 23.42 | 239.54 | 34.59 | 1.28 | |
| 676.04 | 42.39 | 202.71 | 25.57 | 0.31 | |

Note: The data in the table are preliminary statistics (the same applies to the next table).

# 5-6 房地产开发投资主要指标

# Main Indicator on Real Estate Development

| 指 标 | Item | 2008 | 2009 | 2010 | 2011 | 2012 | 2013 | 2013年比2012年增长(%) Increase Rate in 2013 over 2012(%) |
|---|---|---|---|---|---|---|---|---|
| **本年土地购置面积(万平方米)** | **Land Space Purchased This Year (10000 sq.m)** | **590** | **373** | **1027** | **883** | **708** | **1210** | **71.0** |
| **本年完成投资额(亿元)** | **Investment Completed This Year (100 million yuan)** | **311.26** | **371.25** | **556.69** | **873.48** | **1467.60** | **1942.54** | **32.4** |
| #住 宅 | Residential Buildings | 195.49 | 249.46 | 328.63 | 576.44 | 930.31 | 1224.23 | 31.6 |
| **资金来源合计(亿元)** | **Source of Funds(100 million yuan)** | **520.31** | **773.47** | **1135.61** | **1533.83** | **1696.00** | **2500.55** | **47.4** |
| #国内贷款 | Domestic Loans | 79.98 | 133.11 | 160.10 | 172.78 | 230.61 | 226.82 | -1.6 |
| 利用外资 | Foreign Investment | 1.20 | 0.26 | 0.72 | 4.47 | 4.29 | | |
| 自筹资金 | Self-raising Funds | 160.40 | 168.24 | 268.68 | 526.09 | 518.44 | 877.20 | 69.2 |
| **房屋建筑面积(万平方米)** | **Floor Space of Buildings(10000 sq.m)** | | | | | | | |
| 施工面积 | Floor Space under Construction | 5229 | 6101 | 7906 | 10261 | 13245 | 17357 | 31.0 |
| #本年新开工面积 | Floor Space Started This Year | 1594 | 1755 | 2871 | 2885 | 3788 | 5628 | 48.6 |
| #住 宅 | Residential Buildings | 4210 | 4715 | 5971 | 7689 | 9654 | 12316 | 27.6 |
| 竣工面积 | Floor Space Completed | 721 | 1224 | 1048 | 1455 | 1417 | 1765 | 24.6 |
| #住 宅 | Residential Buildings | 589 | 1041 | 826 | 1102 | 1120 | 1352 | 20.7 |

# 5-7 商品房屋销售面积(2013)
## Floor Space of Commercialized Buildings

单位：万平方米 (10000 sq.m)

| 指 标 | Item | 商品房屋销售面积 Floor Space of Commercialized Buildings Sold | #住 宅 Residential Buildings |
|---|---|---|---|
| **总计** | **Total** | **2972.32** | **2646.98** |
| #现房 | Existing House | 333.43 | 273.43 |
| 期房 | Forward House | 2638.88 | 2373.55 |
| #内资企业 | Domestic Funded Enterprises | 2923.18 | 2602.49 |
| #国有企业 | State-owned Enterprises | 100.33 | 93.34 |
| 集体企业 | Collective-owned Enterprises | 1.21 | 1.11 |
| 其他有限责任公司 | Other Limited Liability Corporations | 1839.05 | 1634.24 |
| 股份有限公司 | Share-holding Corporations Ltd. | 65.20 | 55.85 |
| 私营独资企业 | Private-funded Enterprises | 33.57 | 29.44 |
| 私营有限责任公司 | Private Limited Liability Corporations | 745.50 | 666.48 |
| 私营股份有限公司 | Private Share-holding Corporations Ltd. | 78.46 | 69.23 |
| 港澳台商投资企业 | Enterprises with Funds from Hong Kong,Macao and Taiwan | 40.40 | 37.02 |
| #与港澳台商合资经营企业 | Joint-venture Enterprises | 18.81 | 18.36 |
| 港澳台商独资经营企业 | Enterprises with Sole Fund | 21.59 | 18.66 |
| 外商投资企业 | Foreign Funded Enterprises | 8.74 | 7.46 |
| #中外合资经营企业 | Joint-venture Enterprises | | |
| 外资企业 | Enterprises with Sole Fund | 1.22 | 0.01 |

# 5-8 商品房屋销售额(2013)
## Total Sale of Commercialized Buildings

单位：亿元 (100 million yuan)

| 指 标 | Item | 商品房屋销售额 Total Sale of Commercialized Buildings Sold | #住 宅 Residential Buildings |
|---|---|---|---|
| 总计 | Total | 1276.69 | 988.77 |
| #现房 | Existing House | 129.43 | 86.89 |
| 期房 | Forward House | 1147.27 | 901.88 |
| #内资企业 | Domestic Funded Enterprises | 1244.48 | 961.48 |
| #国有企业 | State-owned Enterprises | 39.07 | 34.88 |
| 集体企业 | Collective-owned Enterprises | 0.41 | 0.31 |
| 其他有限责任公司 | Other Limited Liability Corporations | 808.57 | 635.67 |
| 股份有限公司 | Share-holding Corporations Ltd. | 29.11 | 19.33 |
| 私营独资企业 | Private-funded Enterprises | 10.32 | 7.40 |
| 私营有限责任公司 | Private Limited Liability Corporations | 304.28 | 226.08 |
| 私营股份有限公司 | Private Share-holding Corporations Ltd. | 31.74 | 22.64 |
| 港澳台商投资企业 | Enterprises with Funds from Hong Kong,Macao and Taiwan | 27.91 | 24.06 |
| #与港澳台商合资经营企业 | Joint-venture Enterprises | 13.80 | 13.26 |
| 港澳台商独资经营企业 | Enterprises with Sole Fund | 14.11 | 10.81 |
| 外商投资企业 | Foreign Funded Enterprises | 4.30 | 3.23 |
| #中外合资经营企业 | Joint-venture Enterprises | | |
| 外资企业 | Enterprises with Sole Fund | 1.04 | … |

# 主要统计指标解释

**全社会固定资产投资** 是以货币形式表现的在一定时期内全社会建造和购置固定资产的工作量以及与此有关的费用的总称。该指标是反映固定资产投资规模、结构和发展速度的综合性指标，又是观察工程进度和考核投资效果的重要依据。全社会固定资产投资包括固定资产项目投资、房地产开发投资和农户投资。全社会固定资产投资按登记注册类型可分为国有、集体、个体、联营、股份制、外商、港澳台商、其他等。

**房地产开发投资** 指各种登记注册类型的房地产开发公司、商品房建设公司及其他房地产开发法人单位和附属于其他法人单位实际从事房地产开发或经营活动的单位统一开发的包括统代建、拆迁还建的住宅、厂房、仓库、饭店、宾馆、度假村、写字楼、办公楼等房屋建筑物和配套的服务设施，土地开发工程（如道路、给水、排水、供电、供热、通讯、平整场地等基础设施工程）的投资；不包括单纯的土地交易活动。

**固定资产投资的资金来源** 根据固定资产投资的资金来源不同，分为国家预算资金、国内贷款、债券、利用外资、自筹资金和其他资金。

**(1) 国家预算资金** 自 2011 年起，按照全国人大和国务院的要求，各级财政的所有资金，包括税收和非税收入，均必须纳入预算管理，我国已不存在预算外资金的概念，因此各级政府用于固定资产投资的财政资金均为预算资金。由于已经没有预算外资金，因此名称改为国家预算资金，包括中央预算资金和地方预算资金，旧的国家预算内资金的内容和现中央预算资金的内容基本一致。

国家预算包括一般预算、政府性基金预算、国有资本经营预算和社保基金预算。各类预算中用于固定资产投资的资金全部作为国家预算资金填报，其中一般预算中用于固定资产投资的部分包括基建投资、车购税、灾后恢复重建基金和其他财政投资。各级政府债券也应归入国家预算资金。

根据《2011 年政府收支分类科目》确定的收支范围，目前纳入政府性基金预算的资金主要包括：农网还贷资金、山西省煤炭可持续发展基金、铁路建设基金、民航基础设施建设基金、民航机场管理建设费、海南省高等级公路车辆通行附加费、转让政府还贷道路收费权、港口建设费、散装水泥专项资金、新型墙体材料专项基金、旅游发展基金、文化事业建设费、地方教育附加、江苏省地方教育基金、国家电影事业发展专项资金、新菜地开发建设基金、新增建设用地土地有偿使用费、育林基金、森林植被恢复费、中央水利建设基金、地方水利建设基金、南水北调工程基金、残疾人就业保障金、政府住房基金、城市公用事业附加、国有土地使用权出让金、国有土地收益基金、农业土地开发资金、大中型水库移民后期扶持基金、大中型水库库区基金、三峡水库库区基金、中央特别国债经营基金、中央特别国债经营基金财务收支、彩票公益金、城市基础设施配套费、小型水库移民扶助基金、国家重大水利工程建设基金、车辆通行费、船舶港务费、体育部门收费、司法部门的涉外涉港澳台公证书工本费、贸促会收费、长江口航道维护费、电力改革预留资产变现资金、铁路资产变现资金、其他政府性基金。

**(2) 国内贷款** 指报告期固定资产投资项目单位向银行及非银行金融机构借入用于固定资产投资的各种国内借款，包括银行利用自有资金及吸收存款发放的贷款、上级主管部门拨入的国内贷款、国家专项贷款（包括煤代油贷款、劳改煤矿专项贷款等），地方财政专项资金安排的贷款、国内储备贷款、周转贷款等。

**(3) 利用外资** 指报告期收到的境外（包括外国及港澳台地区）资金（包括设备、材料、技术在内）。包括对外借款（外国政府贷款、国际金融组织贷款、出口信贷、外国银行商业贷款、对外发行债券和股票）、外商直接投资、外商其他投资（包括利用外商投资收益在国内进行固定资产再投资活动的资金）。不包括我国自有外汇资金（国家外汇、地方外汇、留成外汇、调济外汇和国内银行自有资金发放的外汇贷款等）。各类外资按报告期末的外汇牌价（中间价）折成人民币计算。

**(4) 自筹资金** 指固定资产投资单位在报告期收到的，由各企事业单位筹集用于固定资产投资的资金，包括各类企事业单位的自有资金和从其他单位筹集的用于固定资产投资的资金，但不包括各类财政性资金、从各类金融机构借入资金和国外资金。与原有的自筹资金概念相比，最大的变化是地方财政资金全部归为国家预算资金，自筹资金中不再含有财政资金。

**(5) 其他资金来源** 指在报告期收到的除以上各种资金之外的用于固定资产投资的资金。包括社会集资、个人资金、无偿捐赠的资金及其他单位拨入的资金等。

**固定资产投资按国民经济行业分** 根据建设项目建成投产后的主要产品或主要用途及社会经济活动性质来确定国民经济行业。一般情况下，一个建设项目或一个企业、事业单位只能属于一种国民经济行业。

**固定资产投资按隶属关系分** 是按建设单位或企业、事业、行政单位的主管上级机关确定的。

**(1) 中央** 是由中共中央、人大常委会和国务院各部、委、局、总公司以及直属机构直接领导的建设项目和企业、事业、行政单位。这些单位的固定资产投资计划由国务院各部门直接编制和下达，统一组织或委托下级实施。

**(2) 地方** 是由省（自治区、直辖市）、地区（州、盟、省辖市）、县（旗、县级市）三级政府及业务主管部门直接领导和管理的建设项目、企业、事业、行政单位。地方项目还包括不隶属以上各级政府及主管部门的建设项目和企业、事业单位，如外商投资企业和无主管部门的企业等。

**固定资产投资按建设性质分** 根据整个建设项目情况来确定。建设项目的性质一般分为新建、扩建、改建和技术改造、迁建、恢复。房地产开发单位不划分建设性质。

**(1) 新建** 指从无到有"平地起家"开始建设的项目。现有企业、事业、行政单位投资的项目一般不属于新建。但如有的单位原有基础很小，经过建设后新增的固定资产价值超过该企业、事业、行政单位原有固定资产价值（原值）三倍以上的，也应作为新建。

**(2) 扩建** 指在厂内或其他地点，为扩大原有产品的生产能力（或效益）或增加新的产品生产能力，而增建的生产车间（或主要工程）、分厂、独立的生产线的企业、事业单位。行政、事业单位在原单位增建业务性用房（如学校增建教学用房、医院增建门诊部、病房等）也作为扩建。

现有企业、事业单位为扩大原有主要产品生产能力或增加新的产品生产能力，增建一个或几个主要生产车间（或主要工程）、分厂，同时进行一些更新改造工程的，也应作为扩建。

**(3) 改建和技术改造** 指现有企业、事业单位对原有设施进行技术改造或更新（包括相应配套的辅助性生产、生活福利设施）的建设项目。改建项目包括现有企业、事业单位为适应市场变化的需要，而改变企业的主要产品种类（如军工企业转民用产品等）的建设项目，原有产品生产作业线由于各工序（车间）之间能力不平衡，为填平补齐充分发挥原有生产能力而增建不增加本企业主要产品设计能力的车间的建设项目。技术改造是指企业、事业单位在现有基础上，用先进的技术代替落后的技术，用先进的工艺和装备代替落后的工艺和装备，以改变企业落后的技术经济面貌，实现以内涵为主的扩大再生产，达到提高产品质量、促进产品更新换代、节约能源、降低消耗、扩大生产规模、全面提高社会经效益的目的。技术改造具体包括以下内容：机器设备和工具的更新改造；生产工艺改革、节约能源和原材料的改造；厂房建筑和公共设施的改造；保护环境进行的"三废"治理改造；劳动条件和生产环境的改造等。

**固定资产投资按构成分** 固定资产投资活动按其工作内容和实现方式分为建筑安装工程，设备、工具、器具购置，其他费用三个部分。

(1) 建筑安装工程（建筑安装工作量）：指各种房屋、建筑物的建造工程和各种设备、装置的安装工程。包括各种房屋建造工程；各种用途设备基础和各种工业窑炉的砌筑工程及金属结构工程；为施工而进行的各种准备工作和临时工程以及完工后的清理工作等；铁路、道路的铺设，矿井的开凿及石油管道的架设等；水利工程；防空地下建筑等特殊工程；列入房屋工程预算内的暖气、卫生、通风、照明、煤气等设备的价值及装设油饰工程；列入建筑工程预算内的各种管道（蒸汽、压缩空气、石油、给排水等管道）、电力、电讯、电缆、导线等的敷设工程；以及各种机械设备的安装工程；为测定安装工程质量，对设备进行的试运工作；房地产开发单位进行的商品房屋开发建设工程、土地开发工程。

在安装工程中，不包括被安装设备本身的价值。

(2) 设备、工具、器具购置：指建设单位或企、事业单位购置或自制的，达到固定资产标准的设备、工具、器具的价值。新建单位及扩建单位的新建车间，按照设计或计划要求购置或自制的全部设备、工具、器具，不论是否达到固定资产标准均计入"设备、工具、器具购置"中。

(3) 其他费用：指在固定资产建造和购置过程中发生的，除建筑安装工程和设备、工器具购置投资完成额以外的应当分摊计入固定资产投资的费用，不指经营中财务上的其他费用。

施工项目个数、本年投产项目个数和本年新开工项目个数：每一个建设项目只计算为一个项目个数。

**施工项目个数** 指本年正式进行过建筑或安装施工活动的建设项目个数。包括本年新开工项目，以前年度开工跨入本年继续施工项目，本年全部建成投产项目、以前年度全部停缓建在本年恢复施工的项目，本年进行过施工又在本年内全部停缓建的项目。

**本年投产项目个数** 指报告期内按设计文件规定建成主体工程和相应配套的辅助设施，形成生产能力或工程效益，经过验收合格，并且已正式投入生产或交付使用的建设项目。建成投产项目个数是反映报告期建设成果和考核投资效果的重要依据。

全部建成投入生产或交付使用的工业项目是指设计文件规定形成生产能力的主体工程及其相应配套的辅助设施全部建成，经负荷试运转，证明具备生产设计规定合格产品的条件，并经过验收鉴定合格或达到竣工验收标准，与生产性工程配套的生活福利设施可以满足近期正常生产的需要，正式移交生产的建设项目；非工业项目是指设计文件规定的主体工程和相应配套工程全部建成，能够发挥设计规定的工程效益，经验收鉴定合格或达到竣工验收标准，正式移交使用的建设项目。

凡对环境有污染的建设项目，要按照有关部门规定，在“三废”治理工程按设计规定建成，并经环保部门验收鉴定合格，交付使用后，整个项目才能作为全投项目。达不到要求的则不能作为全投项目统计。

**本年新开工项目个数**　指报告期内新开工的建设项目。包括新开工的新建项目、扩建项目、改建项目、单纯建造生活设施项目、迁建项目和恢复项目。新开工项目的确定以总体设计或计划文件中所规定的永久性工程正式开工为准。本年新开工项目个数是反映全年新开工的固定资产投资规模的指标。

**新增生产能力（或工程效益）**　指通过固定资产投资活动而增加的设计能力（或工程效益），该指标是以实物形态表现的反映固定资产投资成果的指标，也是考核投资经济效果的重要依据之一。

新增生产能力（或工程效益）一般有以下几种表现形式：

(1) 用产品数量表示，以工程在单位时间内（一般是一年）所能生产的产品数量（即年产量）表示。如原煤开采用万吨/年表示，化学农药用吨/年表示，拖拉机制造用台/年表示等。某些化工产品由于含量差别较大，按其设计含量计算折合量表示，如硫酸、纯碱、烧碱等。

(2) 用单位时间内所能处理的原料数量表示，以工程每天（或小时）所能处理原料的数量表示。如机制糖工程用日处理原料吨表示，食用植物油用日处理原料吨表示，城市污水处理能力用万吨/日表示等。

(3) 用新增加的主要设备的数量或容量表示，如新增棉布织机、丝织机等台数，毛纺锭等锭数，发电厂新增发电机组容量用千瓦表示等。

(4) 用建筑物容积、容量、面积、长度表示，是非工业项目或工程新增效益的一种表现形式。如铁路投产里程、新建公路、水库容量、粮食仓库、学校学生席位、医院病床、有效灌溉面积等。

根据工程的特点，有时需要用两种或两种以上的复合计量单位表示新增生产能力（或工程效益），如新增内燃机生产能力同时用年产台数、千瓦数表示等。

为了规范新增生产能力（或工程效益）的名称和计算单位，国家统计局制订了《新增生产能力（或工程效益）目录及代码》。各固定资产投资单位在统计新增生产能力（或工程效益）时，必须按目录中规定的名称、计量单位和代码填报。

**房屋施工面积**　指报告期内施工的全部房屋建筑面积。包括本期新开工的面积、上期跨入本期继续施工的房屋面积、上期停缓建在本期恢复施工的房屋面积、本期竣工的房屋面积以及本期施工后又停缓建的房屋面积。多层建筑应填各层建筑面积之和。

**房屋竣工面积**　指报告期内房屋建筑按照设计要求已全部完工，达到住人和使用条件，经验收鉴定合格或达到竣工验收标准，可正式移交使用的各栋房屋建筑面积的总和。

竣工面积以房屋单位工程（栋）为核算对象，在整栋房屋符合竣工条件后按其全部建筑面积一次性计算，而不是按各栋施工房屋中已完成的部分或层次分割计算。

计算本年房屋竣工面积，要求严格执行房屋竣工验收标准。民用建筑一般应按设计要求在土建工程和房屋本身附属的水、电、卫（包括设计中有的煤气、暖气）工程已经完工，通风、电梯等设备已经安装完毕，做到水通、灯亮，经验收鉴定合格，并正式交付给使用单位后，才能计算竣工面积。工业及科研等生产性房屋建筑一般应按设计要求在土建工程（包括水、暖、电、卫、通风）及属于房屋组成部分的生活间、操作间等已经完成（不包括安装设备的基础工程），可以进行工艺设备和管线安装时，方可计算本年房屋竣工面积。

**房屋建筑面积竣工率**　指一定时期内房屋竣工面积占同期房屋施工面积的比率。

**新增固定资产**　已经完成建造和购置过程，并已交付生产或使用单位的固定资产的价值，包括已经建成投入生产或交付使用的工程投资和达到固定资产标准的设备、工具、器具的投资及有关应摊入的费用。

属于增加固定资产价值的其他建设费用，应随同交付使用的工程一并计入新增固定资产。

**项目建成投产率**　指一定时期内全部建成投产项目个数与同期施工项目个数的比率。该指标是从建设单位建设速度的角度反映投资效果的指标。

**商品房销售面积**　指报告期内出售商品房屋的合同总面积（即双方签署的正式买卖合同中所确定的建筑面积）。由现房销售建筑面积和期房销售建筑面积两部分组成。

**商品房销售额**　指报告期内出售商品房屋的合同总价款（即双方签署的正式买卖合同中所确定的合同总价）。该指标与商品房销售面积同口径，由现房销售额和期房销售额两部分组成。

# Explanatory Notes on Main Statistical Indicators

**Total Investment in Fixed Assets in the Whole Country** refers to the volume of activities in construction and purchases of fixed assets of the whole province and related fees, expressed in monetary terms during the reference period. It is a comprehensive indicator which shows the size, structure and growth of the investment in fixed assets, providing a basis for observing the progress of construction projects and evaluating results of investment. Total investment in fixed assets in the whole province includes investment in fixed assets , investment in real estate development and rural household investment. Total investment in fixed assets in the whole country includes, by type of ownership, the investment by State-owned units, collective-owned units, individuals, joint ownership units, share-holding units, as well as investments by entrepreneurs from foreign countries and from Hong Kong, Macao and Taiwan, and others.

**Investment in Real Estate Development** refers to investment by real estate development companies, commercialized buildings construction companies and other real estate development units of various types of ownership in the construction of buildings, such as residential buildings, factory buildings, warehouses, hotels, guesthouses, holiday villages, office buildings, and the complementary service facilities and land development projects, such as roads, water supply, water drainage, power supply, heating supply, telecommunications, land leveling and other infrastructural projects. It does not include activities in pure land transactions.

**Sources of Funds for Investment in Fixed Assets** are categorized as funds from the State budget, domestic loans, bonds, foreign investment, self-raised funds, and others, depending on the sources of investment.

(1) Fund from the State budget: From 2011, in accordance with the requirements of the NPC and the State Council, all levels of financial funds included tax and non-tax revenue that both of them must be included in the budget management. And our country has no concept of extra-budgetary funds. So the financial funds of all levels of government that is using for investment in fixed assets are budget funds. Because they have no extra-budgetary funds, the name was changed to state budget funds, including the central budget and local budget funds. The original contents of the state budget funds and the central budget funds are basically the same.

State budget includes the general budget, the government fund budget, the state capital budget and the social security fund budget. All kinds of budget funds for investment in fixed assets are as fill for state budget funds. Among them, the section of general budget which is for investment in fixed assets are including infrastructure investment portion, vehicle purchase, post-disaster restoration and reconstruction funds and other financial investments. All levels of government bonds should also be included in state budget funds.

According to "2011 Government revenue and expenditure classification of subjects" to determine the scope of revenue and expenditure, the current government funds into the capital budget include: rural loan funds, coal Sustainable Development Funds in Shanxi province, railway construction funds, CAAC Infrastructure Development funds, aviation airport management and construction fees, highway vehicle traffic surcharge in Hainan province, transfer government loan road pricing right,port construction fees, bulk cement special funds, new wall materials special funds, tourism development funds, culture construction fees, additional local education, local education funds in Jiangsu province, National Film career development funds, new vegetable field development and construction funds, new construction land use fees, silviculture funds, Forest vegetation restoration fees, central water conservancy construction funds, local water conservancy construction funds, North Water Transfer Project funds, disabled employment security funds, government housing funds, additional city utilities, State-owned land use right transfer fee, State-owned Land Income funds, agricultural land development funds, medium-sized reservoir resettlement support funds, medium-sized reservoir funds, Three Gorges Reservoir funds, central special treasury management funds, central special treasury fund financial revenue and expenditure operations, lottery, urban infrastructure fee, small reservoir resettlement support funds, major national water conservancy construction funds, vehicle tolls, harbor dues, sports department charges, the judiciary involving Hong Kong, Macao and Taiwan foreign notary fees, CCPIT charges, Yangtze Estuary Waterway maintenance fees, electricity reform realization of assets set aside funds, railway assets realized capital, other government funds.

(2) Domestic loans refer to loans of various forms borrowed by investing units from banks and non-bank financial institutions during the reference period for the purpose of investment in fixed assets, including loans issued by banks from their self-owned funds and deposit, loans appropriated by higher authorities, special loans by government(Including coal oil loans, special loans by correctional mine and so on), loans arranged by local government from special funds, domestic reserve loan, and working loan.

(3) Foreign investment refers to foreign funds received abroad (including foreign and Hong Kong, Macao and Taiwan regions) funds (covering equipment, materials and technology)during the reference period, including foreign borrowings (loans from foreign governments and international financial institutions, export credit, commercial loans from foreign banks, issue of bonds and stocks overseas), foreign direct investment and other foreign investments (including funds from foreign direct investment income that are reinvested in fixed assets domestically). Excluded from this category is capital in foreign exchanges owned by China (foreign exchanges owned by the central and local governments, foreign exchanges retained by enterprises, foreign exchanges by enterprises through the regulating mechanism, loans in foreign exchanges issued by the Bank of China with its own fund, etc.). In calculating the utilization of foreign capital, foreign currencies are converted into Chinese Renminbi applying the exchange rate (central parity rate) at the end of the reference period.

(4) Self-raised funds refer to funds for investment in fixed assets received during the reference period by investing units, including investment in fixed assets using own funds of various enterprises and institutions or funds raised from other units other than financial funds, funds borrowed from financial institutions and overseas funds.Compared with the original concept of self-raised funds, the biggest change is the local fiscal funds are classified as the state budget funds, funds no longer contain self raised funds .

(5) Others refer to funds for investment in fixed assets received from sources other than those listed above, including capital raised through issuing bonds by enterprises or financial institutions, funds raised from individuals and through donations, and funds transferred from other units.

**Investment in Fixed Assets by Sector** refer to the classification of construction projects by sector is determined by the major products or the purpose of the projects when they are put into production or use, and by the nature of their social economic activities. In general, one project or one enterprise or institution can only be classified into one sector.

Investment in Fixed Assets by Jurisdiction of Management refers to the classification of investment by the competent authorities under which investment is made by construction units, enterprises, institutions or administrative units.

(1) Central investment refers to the investment in projects or by enterprises, institutions or administrative units which are under the direct leadership and management of the State Council and of the national commissions, ministries, agencies and State-owned large corporations. Various ministries and departments of the State Council prepare and implement plans for investment in fixed assets by those departments, and arrange and ensure the supply of materials and key equipment required for the projects.

(2) Local investment refers to the investment in projects or by enterprises, institutions or administrative units which are under the direct leadership and management of departments under the provincial, prefecture and county governments. Also included are projects by foreign-invested enterprises and enterprises without competent managing authorities.

**Investment in Fixed Assets by Type of Construction** Construction projects in general can be classified, by the type of construction, into new construction, expansion, reconstruction and technical transformation, moving and restoration. However, construction real Estate development unit is not divided nature.

(1)New construction in general refers to scratch "flat started" Start construction projects . The existing projects invested by enterprises, institutions, administrative unit investment projects are generally not part of New. But in case the size of the existing unit is quite small, and the value of newly added fixed assets is more than three times of the the original value, the expansion will be considered as new construction.

(2) Expansion refers to construction of new major production workshop, branch factory or independent production line within a factory or in other locations, for the purpose of increasing the production capacity (or improving efficiency) or adding new production capacity by enterprises and institutions . Newly constructed accommodation for the operation of institutions and administrative organizations (such as newly constructed buildings for teaching in schools, buildings for clinics or wards in hospitals, etc.) are also classified as expansion.

Also included in expansion are investments by existing enterprises or institutions in building major production line(s) or branch factory(ies) along with some work on innovation, for the purpose of expanding the production capacity of original products or producing new products.

(3) Reconstruction and technical transformation refers to construction projects by existing enterprises or institutions in innovation or technical transformation of the old facilities (including auxiliary production equipment and welfare facilities). Also considered as reconstruction is the construction of new workshops by the existing enterprises or institutions to change the variety of products to meet the market demand (such as the production of civil products by defence industries), or to bring the designed production capacity into full play through a more balanced production process on production lines. Technical transformation refers to replacement of old technology or equipment by new technology or equipment, in order to expand the reproduction through improvement of technology contents in production, to improve product quality, to promote new products, to save energy, to reduce consumption, to expand the production scale and to improve overall social-economic efficiency. Contents of technical transformation include: updating of machinery, equipment and tools; reforming production process by using energy or materials saving technology; improvement of working conditions and environment, etc.

**Investment in Fixed Assets by Structure** By their contents and the mode of implementation, investment activities are classified into 3 categories, i.e. construction and installation, purchase of equipment and instrument, and other expenses.

(1) Construction and installation (work volume of construction and installation) refers to the construction of houses and buildings and the installation of various kinds of equipment and instruments. They include construction of houses; equipment foundations, industrial kilns and stoves, and metal structure work; preparation works and temporary works for project construction, and clearing up works post project construction; pavement of railways and roads, drilling of mines and putting up of oil pipes; construction of water conservancy; construction of underground air-raid shelters and construction of other special projects; value of equipment for heating, sanitation, ventilation, lighting, gas, painting, etc. that are covered by the budget of housing projects; laying out of various pipelines (for steam, compressed air, petroleum, tap water and sewage) and wiring and cabling for electric power and for communications; installation of various machinery and equipment; testing operation for pre-testing the quality of installation projects, and land and other development work conducted by real estate developers for commercialized housing. The value of equipment installed is itself not included in the value of installation projects.

(2) Purchase of equipment and instruments refers to the total value of equipment, tools, and instruments purchased or self-produced which come up to the cut-off point for fixed assets by the construction units or investing enterprises or institutions. Equipment, tools and instruments purchased or self-produced for new workshops by newly established or expanded units are categorized as "purchase of equipment and instruments" no matter whether they come up to the cut-off point for fixed assets.

(3) Other expenses refer to expenses arising during the construction or purchase of fixed assets other than those mentioned above.

Number of Projects under Construction, projects put into use and new projects: Every construction project is only counted as a number of projects.

**Number of Projects under Construction** refer to number of all projects with actual construction or installation activities in current year, including newly started projects, projects started previously and extended into the current year, projects completed and put into operation in current year, projects suspended previously and resumed in current year, and projects started this year but suspended or postponed in current year.

**Number of Projects Put into Use** refer to projects have completed the main construction and correspondent auxiliary facilities in accordance with the design documents, resulting in forming production capacity (efficiency) and have been checked and accepted after relevant tests, and have been formally delivered for use. Number of projects put into use is an important basis that reflects the results of the report and assessment phase of construction investment results.

All of the industrial projects which completed and put into production or delivery referred to the design document form a production capacity of the main project and its corresponding supporting ancillary facilities completed. After commissioning overloaded, prove that it has the conditions for production design which provide qualified products, And go through acceptance of accreditation or reach completion and acceptance criteria, and supporting productive projects and welfare facilities to meet the needs of normal production recently, formally handed over the production of construction projects; Non-industrial project is the main project design by documents and the corresponding ancillary works are completed, and be able to play the design requirements of the project benefits, go through acceptance of accreditation or reach completion and acceptance criteria, formally handed over to use for construction projects.

All of the construction projects which pollute the environment, in accordance with relevant regulations, in the "three wastes" treatment works built according to the design requirements, and accredited by the environmental protection department, after delivery and use, the entire project can be used as a all of investment projects. Below standard of projects can not be used as all of investment projects to count.

**Number of new projects this year** refers to newly started construction projects during the reporting period. It includes a newly started new projects and expansion projects, renovation projects, simple living facilities construction projects, relocation projects and restoration projects. New projects in order to determine the overall design or plan to file the required permanent project started prevail. The number of new projects this year is a reflection of newly started investment in fixed assets indicators.

**Newly Increased Production Capacity (or Project Efficiency)** refers to the increase in design capacity (or project efficiency) through investment in fixed assets. The indicator is not only reflects investment in fixed assets of achievement based on the performance of the physical form, but also is one of the important basis of the assessment of economic efficiency of investment .

Newly increased production capacity (project efficiency) are usually expressed in one of the following forms:

(1)Expressed with the number of products, it can be represented in engineering in unit time (usually one year) can produce a number of products (ie, annual). Such as coal expressed as 10,000 tons / year, chemical pesticides expressed as ton/ year, tractor manufacturing expressed as unit / year and so on. Because contents of some chemical products differ significantly, equivalent to the amount calculated in accordance with the design content expressed, such as sulfuric acid, soda ash, caustic soda and so on.

(2) Represented by the number of raw materials which can be handled in a unit of time, and using engineering which every day (or hour) can handle the amount of raw materials to represent. Such as Mechanisms Glycotechnology daily processing of raw materials tons, edible vegetable oil daily processing of raw materials tons, urban sewage treatment capacity using tons / day to represent and so on.

(3) Represented by the amount or volume of major equipment increased. Such as number of new cotton loom and silk, wool spindles and capacity of power generators is using kilowatts to represent.

(4) Represented by the volume of buildings, capacity, area, and length. It is a form of non-industrial projects or project benefit. Such as railway operation mileage, new highways, reservoirs capacity, grain warehouses, schools seats, hospital beds, the effective irrigation area, etc.

According to the characteristics of engineering, sometimes it is necessary to use two or more composite unit to measure new production capacity (or project efficiency). Such as new production capacity of the internal combustion engine can be represented using number of units with annual production and KW simultaneously. In order to standardize the name and calculation of unit of new production capacity (or project efficiency), National Bureau developed "new production capacity (or project efficiency) catalogs and code." When investment in fixed assets units counted new production capacity (or project efficiency), it must fill in accordance with the provisions of the directory name, measurement units and code.

**Floor Space under Construction** refers to the total floor space of all the buildings in the reference period, including floor space of newly started buildings during the reference period, floor space of construction extended form the previous period to the reference period, floor space of construction suspended or postponed in the previous period and resumed in the reference period, floor space of construction completed in the reference period, and floor space of construction started and then suspended or postponed in the reference period.

**Floor Space Completed** refers to the floor space of all buildings completed in the reference period, which have been appraised and accepted or come up to the designed standards and have been put into use.

The accounting object of the completion of the area is unit of housing project (building), the entire houses meet the completed conditions, in accordance with all construction area to disposable calculated, rather than divisional calculated in accordance with the construction of the building house which finished part or hierarchical.

In calculating the size of houses completed this year is demanded strictly enforced housing completion and acceptance criteria. Civil construction should generally be in accordance with the design requirements of civil works and the house itself attached water, electricity, health (including the design of some gas, heating) project has been completed, Ventilation, elevators and other equipment has been installed, to water and lights, through acceptance accreditation, and formally delivered to the use of the unit, in order to calculate the completion of the area. Industry and research and other production of housing construction general design requirements should be in the civil works (including water, heating, electricity, health, ventilation) and are an integral part of life, housing, the operating room, etc which have been completed (not including the installation of foundation engineering equipment), process equipment and piping can be installed, then we can calculate the area of housing construction this year.

**Housing construction area completion rate** refers to the rate of total gross floor area of completed housing area accounted for housing construction area during the reference period.

**Newly Increased Fixed Assets** refer to the value of fixed assets that has completed the construction and purchase, and has been delivered to the production or owner units, including investment in projects that have been completed and put into operation in current year and the investment in equipment, tools and appliance that meet the standard of fixed assets and fees that should be apportioned.

Other construction costs that belong to Increase the value of fixed assets should be accompanied by delivery of the works included in new fixed assets.

**Rate of Construction Projects Completed and Put into Use** refers to the ratio of the number of construction projects completed and put into use in a certain period of time to the number of projects under construction in the same period. This reflects the investment efficiency from the perspective of the speed of projects construction.

**Area of Commercialized Housing Sold** refers to total contracted area of commercialized housing (i.e. area of floor space as designated in the formal contracts signed by both sides) during the reference time. It constitutes floor space of completed housing and floor space of future housing.

**Value of Commercialized Housing Sold** refers to the total contracted value (i.e. value of sales/purchase for selling/purchase of commercialized housing as designated in the contract signed by both sides) during the reference time. This indicator has the same coverage as the area of commercialized housing sold, which constitutes floor space of completed housing and floor space of housing yet to be completed.

6

Six

# 对外经济贸易

Foreign Trade and Economic Cooperation

# 6-1 进出口总额
# Total Value of Imports and Exports

| 指 标 | Item | 2008 | 2009 | 2010 | 2011 | 2012 | 2013 | 2013年比2012年增长(%) Increase Rate in 2013 over 2012(%) |
|---|---|---|---|---|---|---|---|---|
| **进出口总额(万元)** | **Total Value of Imports and Exports(RMB 10000 yuan)** | **2350249** | **1576427** | **2132280** | **3172193** | **4189987** | **5136541** | **22.6** |
| 出口总额 | Total Exports | 1324260 | 928258 | 1299881 | 1936946 | 3129409 | 4265712 | 36.3 |
| 进口总额 | Total Imports | 1025989 | 648169 | 832399 | 1235246 | 1060578 | 870829 | -17.9 |
| 进出口差额 | Balance | 298271 | 280089 | 467482 | 701700 | 2068831 | 3394883 | 64.1 |
| **进出口总额(万美元)** | **Total Value of Imports and Exports(USD 10000)** | **337037** | **230732** | **314680** | **488758** | **663156** | **829009** | **25.0** |
| 出口总额 | Total Exports | 190084 | 135856 | 192018 | 298509 | 495223 | 688598 | 39.1 |
| 进口总额 | Total Imports | 146953 | 94876 | 122662 | 190249 | 167933 | 140411 | -16.4 |
| 进出口差额 | Balance | 43131 | 40980 | 69356 | 108260 | 327290 | 548187 | 67.5 |

注：资料来源于贵阳海关(以下相关表同)。
Note:Data in the table are obtained from Guiyang Customhouse(the same applies to the relative tables below) .

# 6-2 按地区分的出口商品总额
# Total Value of Exports by Region

单位：万美元 (USD 10000)

| 地区名 | Country (Territory) | 2008 | 2009 | 2010 | 2011 | 2012 | 2013 |
|---|---|---|---|---|---|---|---|
| **总 计** | **Total** | **190084** | **135856** | **192018** | **298509** | **495223** | **688598** |
| 亚 洲 | Asia | 111949 | 88831 | 120024 | 186317 | 299176 | 373558 |
| 非 洲 | Africa | 5594 | 5514 | 5307 | 8296 | 33260 | 45552 |
| 欧 洲 | Europe | 23111 | 13711 | 18937 | 23746 | 57520 | 110395 |
| 拉丁美洲 | Latin America | 10551 | 3859 | 8998 | 29284 | 23704 | 30960 |
| 北 美 洲 | North America | 23009 | 13331 | 22826 | 35270 | 61443 | 107210 |
| 大 洋 洲 | Oceania | 15870 | 10610 | 15926 | 15596 | 20120 | 20923 |

# 6-3 按地区分的进口商品总额
# Total Value of Imports by Region

单位：万美元 (USD 10000)

| 地区名 | Country (Territory) | 2008 | 2009 | 2010 | 2011 | 2012 | 2013 |
|---|---|---|---|---|---|---|---|
| **总 计** | **Total** | **146953** | **94876** | **122662** | **190249** | **167933** | **140411** |
| 亚 洲 | Asia | 69268 | 32219 | 64064 | 79069 | 54464 | 46860 |
| 非 洲 | Africa | 8083 | 9538 | 8595 | 22188 | 16509 | 20491 |
| 欧 洲 | Europe | 13333 | 14004 | 7770 | 9946 | 8317 | 16465 |
| 拉丁美洲 | Latin America | 3203 | 12271 | 14950 | 22722 | 23920 | 7005 |
| 北 美 洲 | North America | 41685 | 9304 | 11670 | 18644 | 25409 | 16705 |
| 大 洋 洲 | Oceania | 11381 | 17540 | 15613 | 37680 | 39314 | 32885 |

# 6-4 海关出口商品分类

单位：万美元

| 指　　标 | Item | 2008 |
|---|---|---|
| **总　　计** | **Total** | **190084** |
| 活动物；动物产品 | Live Animals;Animal Products | 47 |
| 植物产品 | Vegetable Products | 384 |
| 动、植物油、脂及其分解产品；精制的食用油脂；动、植物蜡 | Animal or Vegetable Fats and Oils and their Cleavage Products; Prepared Edible Fats; Animal or Vegetable Waxes | 342 |
| 食品；饮料、酒及醋；烟草及烟草代用品的制品 | Prepared Foodstuffs; Beverages, Spirits And Vinegar; Tobacco and Manufactured Tobacco Substitutes | 9797 |
| 矿产品 | Mineral Products | 31326 |
| 化学工业及其相关工业的产品 | Products of The Chemical or Industries Allied | 74712 |
| 塑料及其产品；橡胶及其产品 | Plastics and Articles Thereof Rubber and Articles Thereof | 12457 |
| 生皮、皮革、毛皮及其制品；鞍具及挽具；旅行用品、手提包及类似物品；动物肠线(蚕胶丝除外)制品 | Raw Hides and Skins, Leather, Fur Skins and Articles Thereof; Saddlery and Harness; Travel Goods, Handbags and Similar Containers; Articles of Animal Gut (Other Than Silk-Worm Gut) | 92 |
| 木及木制品；木炭；软木及软木制品；稻草、秸秆、针茅或其他编结材料制品；篮筐及柳条编织品 | Wood and Articles of Wood; Wood Charcoal; Cork and Articles of Cork;Manufactures of Straw, of Esparto or of Other Plaiting Materials; Basket Ware and Wickerwork | 165 |
| 木浆及其他纤维状纤维素浆；回收(废碎)纸或纸板；纸、纸板及其制品 | Pulp of Wood or of Other Fibrous Cellulosic Material; Waste and Scrap of Paper or Paperboard; Paper and Paperboard and Articles Thereof | 14 |
| 纺织原料及纺织制品 | Textiles and Textile Articles Silk | 1401 |
| 鞋、帽、伞、杖、鞭及其零件；已加工的羽毛及其制品；人造花；人发制品 | Footwear, Headgear, Umbrellas, Sun Umbrellas, Walking-Sticks, Seat-Sticks, Whips, Riding-Crops and Parts Thereof; Prepared Feathers and Articles Made Therewith; Artificial Flowers; Articles of Human Hair | 24 |
| 石料、石膏、水泥、石棉、云母及类似材料的制品；陶瓷产品；玻璃及其制品 | Gypsum, Cement, Asbestos,Mica or Similar Materials;Ceramic Products;Glass and Glassware | 890 |
| 珠宝、贵金属及制品 | Jewelry, Precious Metal and Rolled Precious Metal | 2 |
| 贱金属及其制品 | Base Metals and Related Products | 28242 |
| 机器、机械器具、电气设备机器零件、录音机及放声机、电视图象、声音的录制和重放设备及其零件、附件 | Machinery,Electric Equipment and Accessories,Recorders, Videorecorderand Accessories | 25643 |
| 车辆、航空器、船舶及有关运输设备 | Vehicles, Aircraft,Ship and Related Transportation Equipment | 3460 |
| 光学、照相、电影、计量、检验、医疗或外科用仪器及设备、精密仪器及设备，钟表，乐器及其零附件 | Optical,Photographic,Film,Measuring, Checking, PrecisionMedical or Surgical Instruments and Equipment; Clocks, Musical and Related Parts and Accessories | 370 |
| 杂项制品 | Miscellaneous Products | 716 |
| 艺术品、收藏品及古物 | Art,Collection and Antique | |

# Classification of Expert Commodities

(USD 10000)

| 2009 | 2010 | 2011 | 2012 | 2013 | 2013年比2012年增长(%) Increase Rate in 2013 over 2012(% ) |
|---|---|---|---|---|---|
| **135856** | **192018** | **298509** | **495223** | **688598** | **39.0** |
| 101 | 97 | 116 | 120 | 109 | -9.2 |
| 448 | 457 | 721 | 1620 | 1786 | 10.2 |
| 215 | 413 | 335 | 295 | 321 | 8.8 |
| 13560 | 17476 | 20772 | 26934 | 23871 | -11.4 |
| 8133 | 12790 | 11185 | 13313 | 14074 | 5.7 |
| 53762 | 100049 | 171897 | 129288 | 81290 | -37.1 |
| 12324 | 19117 | 28879 | 53324 | 77174 | 44.7 |
| 46 | 44 | 419 | 17137 | 31400 | 83.2 |
| 96 | 52 | 3 | 206 | 607 | 194.7 |
| 15 | 107 | 144 | 5403 | 15830 | 193.0 |
| 739 | 994 | 1635 | 45892 | 67867 | 47.9 |
| 39 | 128 | 164 | 17649 | 30953 | 75.4 |
| 1211 | 2201 | 5906 | 24899 | 62294 | 150.2 |
| 3 | 4 | 5 | 44 | 1238 | 2713.6 |
| 6678 | 6415 | 10858 | 38193 | 67344 | 76.3 |
| 34252 | 28060 | 37541 | 50648 | 72093 | 42.3 |
| 2664 | 2137 | 2451 | 8196 | 10997 | 34.2 |
| 801 | 333 | 577 | 4872 | 8997 | 84.7 |
| 769 | 1144 | 4796 | 56868 | 119590 | 110.3 |
|  |  | 105 | 322 | 763 | 137.0 |

# 6-5 海关进口商品分类

## Classification of Import Commodities

单位：万美元 (USD 10000)

| 指　标 | Item | 2008 | 2009 | 2010 | 2011 | 2012 | 2013 | 2013年比2012年增长(%) Increase Rate in 2013 over 2012(% ) |
|---|---|---|---|---|---|---|---|---|
| **总　计** | **Total** | **146953** | **94876** | **122662** | **190249** | **167933** | **140411** | **-16.4** |
| 活动物；动物产品 | Live Animals;Animal Products | | | | 0.36 | 282 | 140 | -50.4 |
| 植物产品 | Vegetable Products | 4 | 27 | 30 | 21 | 96 | 365 | 280.2 |
| 动、植物油、脂及分解品；精制的食用油脂；动、植物蜡 | Animal or Vegetable Fats and Oils and their Cleavage Products; Prepared Edible Fats; Animal or Vegetable Waxes | 0.95 | | | 0.01 | 1 | | -100.0 |
| 食品；饮料、酒及醋；烟草及烟草代用品的制品 | Prepared Foodstuffs; Beverages, Spirits And Vinegar;Tobacco and Manufactured Tobacco Substitutes | 31 | 25 | 13 | 18 | 54 | 38 | -29.6 |
| 矿产品 | Mineral Products | 108189 | 53620 | 73337 | 135384 | 118523 | 94334 | -20.4 |
| 化学工业及其相关工业的产品 | Products of The Chemical or Industries Allied | 2736 | 1763 | 1712 | 1471 | 1713 | 1682 | -1.8 |
| 塑料及其产品；橡胶及其产品 | Plastics and Articles Thereof Rubber and Articles Thereof | 16005 | 11900 | 25366 | 28578 | 22983 | 17508 | -23.8 |
| 生皮、皮革、毛皮及其制品；旅行用品、手提包及类似品；动物肠线制品 | Raw Hides and Skins, Leather, Fur Skins and Articles Thereof; Saddlery and Harness; Travel Goods, Handbags and Similar Containers; Articles of Animal Gut (Other Than Silk-Worm Gut) | | | | 4 | 9 | 26 | 188.9 |
| 木及木制品；木炭；软木及软木制品；稻草、秸秆、针茅或其他编结材料制品；篮筐及柳条编结品 | Wood and Articles of Wood; Wood Charcoal; Cork and Articles of Cork; Manufactures of Straw, of Esparto or of Other Plaiting Materials; Basket Ware and Wickerwork | | | | 15 | 5 | | -100.0 |
| 木浆及其他纤维状纤维素浆；回收(废碎）纸或纸板；纸、纸板及其制品 | Pulp of Wood or of Other Fibrous Cellulosic Material; Waste and Scrap of Paper or Paperboard; Paper and Paperboard and Articles Thereof | 376 | 387 | 382 | 849 | 412 | 402 | -2.4 |
| 纺织原料及纺织制品 | Textiles and Textile Articles Silk | 68 | 10 | 19 | 65 | 328 | 761 | 132.0 |
| 鞋、帽、伞、杖、鞭及其零件；已加工的羽毛及其制品；人造花；人发制品 | Footwear, Headgear, Umbrellas, Sun Umbrellas, Walking-Sticks, Seat-Sticks, Whips, Riding-Crops and Parts Thereof; Prepared Feathers and Articles Made Therewith; Artificial Flowers; Articles of Human Hair | | | | 8 | | 33 | |

6-5 续表 continued

单位：万美元 (USD 10000)

| 指 标 | Item | 2008 | 2009 | 2010 | 2011 | 2012 | 2013 | 2013年比2012年增长(%) Increase Rate in 2013 over 2012(%) |
|---|---|---|---|---|---|---|---|---|
| 石料、石膏、水泥、石棉、云母及类似材料的制品；陶瓷产品；玻璃及其制品 | Articles of Stone, Plaster, Cement, Asbestos, Mica or Similar Materials; Ceramic Products; Glass and Glassware | 27 | 63 | 210 | 62 | 50 | 33 | -34.0 |
| 天然或养殖珍珠、宝石或半宝石、贵金属、包贵金属及其制品；仿首饰；硬币 | Natural or Cultured Pearls,Precious or Semi-Precious Stones,Precious Metals,Metals Clad With Precious Metal and Stones, Precious Metals,Metals Clad With Precious Metal and Articles Thereof;Imitation Jewellery;Coin | | | | 2 | 38 | 20 | -47.4 |
| 贱金属及其制品 | Base Metals and Articles of Base Metal | 2706 | 7649 | 6079 | 7308 | 2870 | 2748 | -4.3 |
| 机电、音像设备及其零件机及放声机、电视图象、声音的录制和重放设备及其零件、附件 | Machinery, Electric Equipment and Accessories,Recorders,Videorecorder and Accessories | 9552 | 15654 | 10629 | 10552 | 15409 | 16938 | 9.9 |
| 车辆、航空器、船舶及有关运输设备 | Vehicles, Aircraft, Vessels And Associated Transport Equipment | 5691 | 603 | 2311 | 1769 | 642 | 947 | 47.5 |
| 光学、照相、电影、计量、检验、医疗或外科用仪器及设备、精密仪品及设备， 钟表，乐器及其零附件 | Optical, Photographic, Cinematographic, Measuring, Checking, Precision Medical or Surgical Instruments and Apparatus; Parts and Accessories There of Clocks and Watches and Parts Thereof Musical Instruments; Parts and Accessories of Such Articles | 1503 | 3162 | 2550 | 3904 | 4496 | 4393 | -2.3 |
| 杂项制品 | Miscellaneous Manufactured Articles | 65 | 13 | 24 | 239 | 22 | 41 | 86.4 |
| 艺术品、收藏品及古物 | Works of Art, Collectors' Pieces and Antiques | | | | | | | |

# 6–6 利用外资
# Foreign Capital Absorbed

| 指　　标 | Item | 2008 | 2009 | 2010 | 2011 | 2012 | 2013 |
|---|---|---|---|---|---|---|---|
| **项目数(个)** | **Number of Signed Contracts(unit)** | **50** | **39** | **42** | **70** | **53** | **149** |
| #直接利用外资 | Direct Foreign Investment | 40 | 37 | 37 | 66 | 53 | 75 |
| 合资企业 | Joint Venture | 13 | 19 | 4 | 26 | 22 | 20 |
| 合作经营企业 | Cooperative Venture | 11 | 2 | 7 | 6 |  | 4 |
| 独资企业 | Sole-foreign Enterprise | 16 | 16 | 26 | 34 | 31 | 51 |
| **签订合同金额(万美元)** | **Contracted Foreign Capital(USD 10000)** | **59402** | **37397** | **45024** | **170785** | **57383** | **118021** |
| #直接利用外资 | Direct Foreign Investment | 59402 | 16397 | 45024 | 170785 | 57383 | 118021 |
| 合资企业 | Joint Venture | 4355 | 9738 | 8591 | 73566 | 37868 | 22423 |
| 合作经营企业 | Cooperative Venture | 6269 | 2380 | 5486 | 9922 | 240 | 6163 |
| 独资企业 | Sole-foreign Enterprise | 48778 | 4279 | 30947 | 87297 | 19275 | 89435 |
| **实际利用外资额(万美元)** | **Foreign Capital Actually Absorbed(USD 10000 )** | **17379** | **18027** | **34026** | **71674** | **109805** | **157415** |
| #直接利用外资 | Direct Foreign Investment | 14904 | 13364 | 29546 | 51541 | 49116 | 57673 |
| 合资企业 | Joint Venture | 4401 | 5230 | 8885 | 23856 | 17845 | 14979 |
| 合作经营企业 | Cooperative Venture | 3783 | 228 | 73 | 657 | 320 |  |
| 独资企业 | Sole-Foreign Enterprise | 6720 | 7906 | 20588 | 27028 | 30951 | 42694 |
| **外商投资企业基本情况** | **Registered Foreign-funded Enterprise** |  |  |  |  |  |  |
| 年末实有外商投资法人企业(户) | Number of Foreign-funded Enterprises at the year-end(unit) | 601 | 622 | 603 | 644 | 686 | 740 |
| #本年登记户数(户) | Number of Registered Enterprises at the year-end(unit) | 30 | 32 | 31 | 46 | 46 | 77 |
| 投资总额(万美元) | Total Investment(USD 10000) | 321526 | 356542 | 413189 | 568345 | 766967 | 969886 |
| 注册资本(万美元) | Registered Capital(USD 10000) | 193101 | 213730 | 250964 | 321179 | 419657 | 523496 |
| #外　方 | Capital from Foreign Partners | 141801 | 158456 | 186005 | 255181 | 329321 | 423032 |

注：1.资料来源于省发改委、省商务厅。2.2011年起实际利用外资统计口径变化，除直接利用外资外，还包括外商投资企业投注差外债实际到位资金和外商投资企业境内投资实际到位资金两部分(以下相关表同)。

Note:1.Data in the table are obtained from the Provincial Development and Reform Commission,the Provincial Department of Commerce. 2.From 2011, the statistical of actual utilization of foreign capital had changed, which in addition to the direct use of foreign capital,but also including FIEs bets poor external debt actual funds and foreign-invested enterprises in the territory of actual funds invested in two parts(the same applies to the relative tables below).

# 6-7 外商直接投资按行业分项目个数
## Number of Projects for Contracted Foreign Direct Investment by Sector

单位：个 (unit)

| 行业 | Sector | 2008 | 2009 | 2010 | 2011 | 2012 | 2013 |
|---|---|---|---|---|---|---|---|
| **总计** | **Total** | **40** | **37** | **37** | **66** | **53** | **75** |
| 农、林、牧、渔业 | Agriculture,Forestry,Animal Husbandry and Fishing | 3 | 5 | 6 | 6 | 11 | 9 |
| 采矿业 | Mining | 3 |  | 2 | 2 | 3 | 1 |
| 制造业 | Manufacturing | 19 | 11 | 8 | 16 | 20 | 28 |
| 电力、燃气及水的生产和供应业 | Production and Supply of Electricity, Gas and Water | 3 | 2 | 1 | 7 | 3 | 8 |
| 建筑业 | Construction | 1 |  | 1 | 2 | 1 | 1 |
| 交通运输、仓储和邮政业 | Transport, Storage and Post |  | 1 | 3 |  | 1 | 1 |
| 信息传输、计算机服务和软件业 | Information Transmission, Software and Information Technology |  |  | 1 | 1 |  | 1 |
| 批发和零售业 | Wholesale and Retail Trade | 2 | 8 | 7 | 7 | 3 | 9 |
| 住宿和餐饮业 | Hotel and Catering Services |  | 1 | 2 |  | 2 |  |
| 金融业 | Financial Intermediation |  |  | 1 | 2 |  |  |
| 房地产业 | Real Estate | 2 | 1 |  | 5 | 1 | 3 |
| 租赁和商务服务业 | Leasing and Business Services | 5 | 7 | 3 | 10 | 6 | 8 |
| 科学研究、技术服务和地质勘查业 | Scientific Research,Technic Services and Geological Prospecting |  |  | 1 | 3 |  | 1 |
| 水利、环境和公共设施管理业 | Management of Water Conservancy, Environment and Public Facilities | 1 |  | 1 | 3 | 1 | 3 |
| 居民服务和其他服务业 | Services to Households and Other Services |  | 1 |  | 1 |  | 2 |
| 文化、体育和娱乐业 | Culture, Sports and Entertainment | 1 |  |  | 1 |  |  |
| 公共管理和社会组织 | Public Management and Social Organizations |  |  |  |  | 1 |  |

# 6-8 按行业分外商直接投资协议金额
## Agreement Value of Foreign Direct Investment by Sector

单位：万美元 (USD 10000)

| 行业 | Sector | 2008 | 2009 | 2010 | 2011 | 2012 | 2013 |
|---|---|---|---|---|---|---|---|
| **总计** | **Total** | **59402** | **16397** | **45024** | **170785** | **57383** | **118021** |
| 农、林、牧、渔业 | Agriculture,Forestry,Animal Husbandry and Fishing | 2973 | 3042 | 12736 | 8666 | 5783 | 11277 |
| 采矿业 | Mining | 1233 | 491 | 1235 | 1875 | 3677 | -530 |
| 制造业 | Manufacturing | 27419 | 5948 | 16014 | 55293 | 23779 | 67099 |
| 电力、燃气及水的生产和供应业 | Production and Supply of Electricity, Gas and Water | 6120 | 2210 | 500 | 15492 | 3068 | 15072 |
| 建筑业 | Construction | 3220 |  | 20 | 12083 | 142 | -1952 |
| 交通运输、仓储及邮电通讯业 | Transport, Storage and Post |  | 368 | 3857 |  | 8053 | 350 |
| 信息传输、计算机服务和软件业 | Information Transmission, Software and Information Technology |  | -50 | 100 | 500 |  | -68 |
| 批发和零售业 | Wholesale and Retail Trade | 1389 | -616 | 1808 | 6512 | -1160 | 1576 |
| 住宿和餐饮业 | Hotel and Catering Services | -96 | 15 | 1720 | -8 | 155 |  |
| 金融业 | Financial Intermediation |  |  | 1000 | 5142 | 510 |  |
| 房地产业 | Real Estate | 12019 | 587 | 697 | 24520 | 483 | 7510 |
| 租赁和商务服务业 | Leasing and Business Services | 3212 | 3593 | 2103 | 27913 | 12314 | 3517 |
| 科学研究、技术服务和地质勘查业 | Scientific Research,Technic Services and Geological Prospecting |  | 799 | 1951 | 7118 |  | 500 |
| 水利、环境和公共设施管理业 | Management of Water Conservancy, Environment and Public Facilities | 410 |  | 500 | 3993 | 64 | 13183 |
| 居民服务和其他服务业 | Services to Households and Other Services |  | 10 |  | 304 |  | 487 |
| 文化、体育和娱乐业 | Culture, Sports and Entertainment | 1503 |  | 783 | 1382 |  |  |
| 公共管理和社会组织 | Public Management and Social Organizations |  |  |  |  | 515 |  |

# 6-9 按行业分外商实际直接投资额
## Actually Used Amount of Foreign Direct Investment by Sector

单位：万美元 (USD 10000)

| 指　标 | Item | 2008 | 2009 | 2010 | 2011 | 2012 | 2013 |
|---|---|---|---|---|---|---|---|
| **总　计** | **Total** | **14904** | **13364** | **29546** | **51541** | **49116** | **57673** |
| 农、林、牧、渔业 | Agriculture,Forestry,Animal Husbandry and Fishing | | | 4300 | 8200 | 755 | 2009 |
| 采矿业 | Mining | 469 | 372 | 905 | 737 | 450 | 4 |
| 制造业 | Manufacturing | 7641 | 11370 | 14318 | 20078 | 5179 | 24528 |
| 电力、燃气及水的生产和供应业 | Production and Supply of Electricity, Gas and Water | 750 | | | 7330 | 8188 | 10173 |
| 建筑业 | Construction | | | | 21 | 5328 | 9 |
| 交通运输、仓储和邮政业 | Transport, Storage and Post | | | | 3006 | | |
| 信息传输、计算机服务和软件业 | Information Transmission, Software and Information Technology | | | | | 500 | 32 |
| 批发和零售业 | Wholesale & Retail Trade and Catering Services | 1275 | 472 | 368 | 1172 | 2526 | 1342 |
| 住宿和餐饮业 | Quarter and Catering Services | | | 15 | | 103 | 50 |
| 金融业 | Financial Intermediation | | | 1000 | | | |
| 房地产业 | Real Estate | 1339 | 617 | 3125 | 2272 | 22484 | 4218 |
| 租赁和商务服务业 | Leasing and Business Services | 76 | 10 | 3385 | 6327 | 548 | 7554 |
| 科学研究、技术服务和地质勘查业 | Scientific Research,Technic Services and Geological Prospecting | | 523 | 2120 | 1985 | 2991 | |
| 水利、环境和公共设施管理业 | Management of Water Conservancy, Environment and Public Facilities | 3354 | | | | 64 | 7485 |
| 居民服务和其他服务业 | Services to Households and Other Services | | | 10 | 313 | | 163 |
| 教育 | Education | | | | | | 16 |
| 文化、体育和娱乐业 | Culture,Sports and Entertainment | | | | 100 | | 90 |

# 6-10 对外经济合作
## Economic Cooperation with Foreign Countries or Territories

| 指　标 | Item | 2008 | 2009 | 2010 | 2011 | 2012 | 2013 |
|---|---|---|---|---|---|---|---|
| **境外经济合作** | **Economic Cooperation with Foreigh Countries or Territories** | | | | | | |
| 签订合同项目(个) | Number of Contracts(unit) | 3 | 10 | 24 | 25 | 22 | 23 |
| #对外承包工程 | Contracted Projects | 3 | 10 | 24 | 25 | 22 | 23 |
| 签订合同金额(万美元) | Value of Contracts(USD 10000) | 20000 | 16461 | 32431 | 29649 | 21430 | 16897 |
| #对外承包工程 | Contracted Projects | 20000 | 16461 | 32431 | 29649 | 21430 | 16897 |
| 实际营业额(万美元) | Actual Turnover(USD 10000) | 12425 | 13700 | 22003 | 30015 | 40007 | 45940 |
| #对外承包工程 | Contracted Projects | 12425 | 13700 | 22003 | 30015 | 40007 | 45940 |
| 年末在外人员(人) | Persons in Abroad(year-end)(person) | 897 | 1649 | 1789 | 1938 | 2442 | 1615 |
| #对外承包工程 | Contracted Projects | 897 | 1649 | 1789 | 1926 | 2442 | 1615 |
| **省外经济合作** | **Economic Cooperation with Other Provinces** | | | | | | |
| 引进省外项目(个) | Number of Contracted Projects(unit) | 2157 | | 2640 | 4637 | 2368 | 2325 |
| 引进省外资金(亿元) | Contracted Value(100 million yuan) | 510 | | 992 | 2580 | 3857 | 5017 |

注：表中数据不含铝镁设计院及国内国际标项目。

Note: Data in the table don't contain bidding projects of the Magnesium and Design Institute and the domestic and international.

# 主要统计指标解释

**进出口总额**　指实际进出我国国境并引起我国物质资源存量增加或者减少的货物金额。包括我国国境内法人和其他组织、个人进出口的一般贸易、易货贸易、加工贸易、补偿贸易、保税区和保税仓库进出境货物、国际援助物资或捐赠品。我国规定出口货物按离岸价格统计，进口货物按到岸价格统计。

**利用外资**　指我国各级政府、部门、企业和其他经济组织通过对外借款、吸收外商直接投资以及用其他方式筹措的境外现汇、设备、技术等。

**对外借款**　指通过对外正式签订借款协议，从境外筹措资金的方式，包括外国政府贷款、国际金融组织贷款、外国银行商业贷款、出口信贷以及对外发行债券等。1996 年及以前还包括对外发行股票。

**外商直接投资**　指外国企业和经济组织或个人（包括华侨、港澳台胞以及我国在境外注册的企业）按我国有关政策、法规，用现汇、实物、技术等在我国境内开办外商独资企业、与我国境内的企业或经济组织共同举办中外合资经营企业、合作经营企业或合作开发资源的投资（包括外商投资收益的再投资），以及经政府有关部门批准的项目投资总额内企业从境外借入的资金。

**外商其他投资**　指除对外借款和外商直接投资以外的各种利用外资的形式。包括企业在境内外股票市场公开发行的以外币计价的股票（目前主要是在香港证券市场发行的 H 股和在境内证券市场发行的 B 股）发行价总额，国际租赁进口设备的应付款，补偿贸易中外商提供的进口设备、技术、物料的价款，加工装配贸易中外商提供的进口设备、物料的价款。

**对外承包工程**　指各对外承包公司以招标议标承包方式承揽的下列业务：(1) 承包国外工程建设项目，(2) 承包我国对外经援项目，(3) 承包我国驻外机构的工程建设项目，(4) 承包我国境内利用外资进行建设的工程项目，(5) 与外国承包公司合营或联合承包工程项目时我国公司分包部分，(6) 对外承包兼营的房屋开发业务。对外承包工程的营业额是以货币表现的本期内完成的对外承包工程的工作量，包括以前年度签订的合同和本年度新签订的合同在报告期内完成的工作量。

**对外劳务合作**　指以收取工资的形式向业主或承包商提供技术和劳动服务的活动。我国对外承包公司在境外开办的合营企业，中国公司同时又提供劳务的，其劳务部分也纳入劳务合作统计。劳务合作营业额按报告期内向雇主提交的结算数（包括工资、加班费和奖金等）统计。

# Explanatory Notes on Main Statistical Indicators

**Total imports and exports** refer to the actual cause of out of our borders and the stock of material resources to increase or decrease the amount of goods, including my own country legal persons and other organizations, individuals, import and export of general trade, barter trade, processing trade, compensation trade, bonded and bonded warehouse entry and exit of goods, international aid or donations. China provides export goods at FOB, CIF value of imported goods according to statistics.

**Utilization of Foreign Capitals** refers to remittance, equipment and technology financed from abroad, by loans, foreign direct investment and other forms undertaken by the Chinese governments at all levels, by various departments, enterprises and other economic units.

**Foreign Borrowings** refer to funds borrowed from abroad through formal signing of borrowing agreements with foreign institutions, including loans of foreign governments, loans of international financial institutions, commercial loans of foreign banks, export credit, and funds raised by Chinese bonds (and shares before 1996) issued abroad.

**Foreign Direct Investment** refers to the investments inside China by foreign enterprises and economic organizations or individuals (including overseas Chinese, compatriots from Hong Kong, Macao and Taiwan, and Chinese enterprises registered abroad), following the relevant policies and laws of China, for the establishment of ventures exclusively with foreign own investment, Sino-foreign joint ventures and cooperative enterprises or for co-operative exploration of resources with enterprises or economic organizations in China. It includes the re- investment of the foreign entrepreneurs with the profits gained from the investment and the funds that enterprises borrow from abroad in the total investment of projects which are approved by the relevant department of the government.

**Other Foreign Investment** refers to all forms of utilization of foreign capitals other than foreign borrowings and foreign direct investment. It includes the total value of stock shares in foreign currencies issued by enterprises at domestic or foreign stock exchanges (now mainly consisting of H shares issued at Hong Kong Security Market and B shares issued at domestic security markets. ), rent payable for the imported equipment through international leasing arrangement, cost of imported equipment, technology and materials provided by foreign counterparts in compensation trade and processing and assembly trade.

**Overseas Contracted Project** refers to projects undertaken by Chinese contractors (project contracting companies) through bidding process. They include: (1) overseas civil engineering construction projects financed by foreign investors; (2) overseas projects financed by the Chinese government through its foreign aid programs; (3) construction projects of Chinese diplomatic missions, trade offices and other institutions stationed abroad; (4) construction projects in China financed by foreign investment; (5) sub-contracted projects to be taken by Chinese contractors through a joint umbrella project with foreign contractor(s); (6) housing development projects. The business income from international contracted projects is the work volume of contracted projects completed during the reference period, expressed in monetary terms, including completed work on projects signed in previous years.

**Overseas Labour Services** refer to the activities of providing technology and labour services to employers or contractors in the forms of receiving salaries and wages. Labour services providing by contractual joint ventures of Chinese international contracting corporations should be included in the statistics of service co-operation with foreign countries. The business income of labour service cooperation is the income in the form of wages and salaries, overtime pay, bonuses and other remuneration received from the employers during the reference period.

7

Seven

# 能源

Energy

# 7-1　能源生产、消费总量及构成

# Total Production and Consumption of Energy and Its Composition

单位：万吨标准煤　　(10000 tons of SCE)

| 指　标 | Item | 2008 | 2009 | 2010 | 2011 | 2012 | 2013 |
|---|---|---|---|---|---|---|---|
| **一、绝对数** | **Absolute Figure** | | | | | | |
| 一次能源生产总量 | Total Production of Primary Energy | 9262.34 | 11070.09 | 13100.00 | 12739.97 | 14932.17 | 15616.58 |
| 原　煤 | Coal | 8028.53 | 9779.48 | 11778.54 | 11642.93 | 13264.62 | 14115.13 |
| 水　电 | Hydro-power | 1233.81 | 1290.61 | 1321.46 | 1097.04 | 1667.56 | 1501.45 |
| 能源终端消费总量 | Final Consumption of Energy | 6486.30 | 6918.98 | 7373.10 | 8359.80 | 9156.04 | 9821.13 |
| #原　煤 | Coal | 2947.29 | 3295.82 | 3538.23 | 4079.55 | 4390.45 | 4574.05 |
| 天然气 | Natural Gas | 63.04 | 55.59 | 55.71 | 53.05 | 62.08 | 105.95 |
| 电　力 | Electricity | 2076.32 | 2241.06 | 2457.22 | 2777.89 | 3031.64 | 3256.92 |
| **二、构成(%)** | **Composition(%)** | | | | | | |
| 一次能源生产总量 | Total Production of Primary Energy | 100.0 | 100.0 | 100.0 | 100.0 | 100.0 | 100.0 |
| 原　煤 | Coal | 86.7 | 88.3 | 89.9 | 91.4 | 88.8 | 90.4 |
| 水　电 | Hydro-power | 13.3 | 11.7 | 10.1 | 8.6 | 11.2 | 9.6 |
| 能源终端消费总量 | Final Consumption of Energy | 100.0 | 100.0 | 100.0 | 100.0 | 100.0 | 100.0 |
| #原　煤 | Coal | 45.4 | 47.6 | 48.0 | 48.8 | 48.0 | 46.6 |
| 天然气 | Natural Gas | 1.0 | 0.8 | 0.8 | 0.6 | 0.7 | 1.1 |
| 电　力 | Electricity | 32.0 | 32.4 | 33.3 | 33.2 | 33.1 | 33.2 |

注：电力、热力按等价热值折算(以下各表同)。

Note:Electric power and heat are converted on the basic of equal caloric value(The same as in the following tables).

# 7–2 综合能源平衡表

# Overall Energy Balance Sheet

单位：万吨标准煤 (10000 tons of SCE)

| 指　　标 | Item | 2008 | 2009 | 2010 | 2011 | 2012 | 2013 |
|---|---|---|---|---|---|---|---|
| **可供消费的能源总量** | **Total Energy Available for Consumption** | **6903.39** | **7529.73** | **8237.33** | **9551.40** | **10082.26** | **10675.93** |
| 一次能源生产量 | Primary Energy Output | 9262.34 | 11070.09 | 13100.00 | 12739.97 | 14932.17 | 15616.58 |
| 省外调入 | Inflow from Other Provinces | 695.73 | 789.95 | 769.65 | 1040.78 | 1000.35 | 1399.59 |
| 调出省外(—) | Outflow from Guizhou Province(-) | 3292.89 | 4323.14 | 5827.75 | 4028.72 | 5729.88 | 6410.94 |
| 年初年末库存差额 | Stock Changes in the Year | 87.52 | -94.89 | 48.17 | -200.62 | -121.04 | 70.70 |
| **能源消费总量** | **Total Energy Consumption** | **7083.99** | **7566.33** | **8175.43** | **9067.85** | **9878.38** | **10675.93** |
| 在总量中： | Consumption by Sector | | | | | | |
| 农、林、牧、渔、水利业 | Farming,Forestry,Animal Husbandry, Fishery and Water Conservancy | 146.50 | 152.95 | 141.96 | 129.52 | 127.17 | 144.58 |
| 工　业 | Industry | 4613.69 | 4945.37 | 5289.48 | 5895.88 | 6431.08 | 6861.08 |
| 建筑业 | Construction | 63.54 | 75.65 | 82.51 | 76.13 | 85.00 | 107.12 |
| 交通运输、仓储和邮政业 | Transport,Storage and Post | 453.32 | 467.62 | 538.48 | 597.73 | 706.39 | 794.19 |
| 批发、零售业和住宿、餐饮业 | Wholesale and Retail Trades, Hotels and Catering Services | 415.31 | 488.22 | 513.29 | 554.60 | 662.18 | 740.00 |
| 其　他 | Others | 534.85 | 566.35 | 614.04 | 675.13 | 581.22 | 692.52 |
| 生活消费 | Household Consumption | 856.78 | 870.17 | 995.67 | 1138.87 | 1285.34 | 1336.46 |
| 在总量中： | Consumption by Usage | | | | | | |
| 终端消费 | End-use Consumption | 6486.30 | 6918.98 | 7373.10 | 8359.80 | 9156.04 | 9821.13 |
| #工　业 | Industry | 4016.00 | 4298.02 | 4487.15 | 5187.82 | 5708.78 | 6006.26 |
| 加工转换损失量 | Losses During the Process of Energy Conversion | 422.10 | 452.28 | 577.64 | 484.95 | 465.90 | 631.48 |
| #炼　焦 | Coking | 91.83 | 85.60 | 80.12 | 67.93 | 106.40 | 94.42 |
| 损失量 | Energy Losses | 175.59 | 195.07 | 224.69 | 223.10 | 256.44 | 223.34 |
| **平衡差额** | **Balance** | **-180.59** | **-36.60** | **61.90** | **483.55** | **203.88** | |

注：2008年发电损失量分摊到电力工业消费量中。
Note:The data of Power Generation Losses have been distributed to electricity industry consumption in 2008.

# 7-3 煤炭平衡表
# Coal Balance Sheet

单位：万吨 (10000 tons)

| 指 标 | Item | 2008 | 2009 | 2010 | 2011 | 2012 | 2013 |
|---|---|---|---|---|---|---|---|
| **可供量** | **Total Energy Available for Consumption** | **9513.90** | **10867.59** | **11230.30** | **12738.14** | **13568.87** | **14506.50** |
| 生产量 | Output | 11239.72 | 13691.00 | 15954.02 | 15601.02 | 18107.05 | 19117.78 |
| 调出省外(一) | Outflow from Guizhou Province(-) | 1844.95 | 2747.44 | 4993.21 | 2812.84 | 4221.14 | 5137.04 |
| 年初年末库存差额 | Stock Changes in the Year | 125.13 | -188.79 | 269.49 | -217.46 | -485.23 | 177.30 |
| **消费量** | **Total Energy Consumption** | **9732.18** | **10912.47** | **11177.47** | **12084.97** | **13327.63** | **14506.50** |
| 在消费量中： | Consumption by Sector | | | | | | |
| 农、林、牧、渔、水利业 | Farming,Forestry,Animal Husbandry, Fishery and Water Conservancy | 159.12 | 168.62 | 132.66 | 115.69 | 131.04 | 152.84 |
| 工 业 | Industry | 7976.40 | 9054.38 | 9415.02 | 10145.51 | 11057.47 | 12040.62 |
| 建筑业 | Construction | 20.08 | 25.49 | 24.67 | 20.26 | 20.00 | 17.69 |
| 交通运输、仓储和邮政业 | Transport,Storage and Post | 7.23 | 12.62 | 14.06 | 15.16 | 42.76 | 50.86 |
| 批发、零售业和住宿、餐饮业 | Wholesale and Retail Trades, Hotels and Catering Services | 425.81 | 507.10 | 463.13 | 510.90 | 695.00 | 786.55 |
| 其 他 | Others | 491.22 | 529.95 | 503.30 | 563.10 | 504.14 | 587.64 |
| 生活消费 | Household Consumption | 652.32 | 614.31 | 624.63 | 714.36 | 877.22 | 870.30 |
| 在消费量中： | Consumption by Usage | | | | | | |
| 终端消费 | End-use Consumption | 3707.66 | 4182.50 | 3976.62 | 4779.70 | 5808.55 | 6085.81 |
| #工 业 | Industry | 1951.88 | 2324.41 | 2214.17 | 2840.74 | 3538.39 | 3619.93 |
| 中间消费(用于加工转换) | Intermediate Consumption (Consumed in Conversion) | 5999.52 | 6704.97 | 7165.85 | 7265.27 | 7464.08 | 8420.69 |
| #发 电 | Power Generation | 4130.83 | 4936.90 | 4913.10 | 5557.29 | 5391.75 | 5777.11 |
| 炼 焦 | Coking | 1129.76 | 1078.70 | 1005.61 | 948.43 | 1034.10 | 1149.18 |
| 损失量 | Losses in Coal Washing and Dressing | 25.00 | 25.00 | 35.00 | 40.00 | 55.00 | |
| **平衡差额** | **Balance** | **-218.28** | **-44.88** | **52.83** | **653.17** | **241.24** | |

# 7-4 电力平衡表
# Electricity Balance Sheet

单位：亿千瓦小时 (100 million kwh)

| 指　标 | Item | 2008 | 2009 | 2010 | 2011 | 2012 | 2013 |
|---|---|---|---|---|---|---|---|
| **可供量** | **Total Energy Available for Consumption** | **679.18** | **750.30** | **835.52** | **944.13** | **1046.72** | **1126.18** |
| 生产量 | Output | 1191.69 | 1380.03 | 1385.64 | 1372.87 | 1610.89 | 1676.26 |
| 水　电 | Hydropower | 375.60 | 400.88 | 416.58 | 348.88 | 537.30 | 485.86 |
| 火　电 | Thermal Power | 816.09 | 979.15 | 969.06 | 1023.99 | 1073.59 | 1190.40 |
| 调出省外(—) | Outflow from Guizhou Province(-) | 515.84 | 630.63 | 550.40 | 428.74 | 564.17 | 550.08 |
| **消费量** | **Total Energy Consumption** | **679.18** | **750.30** | **835.52** | **944.13** | **1046.72** | **1126.18** |
| 在消费量中： | Consumption by Sector | | | | | | |
| 农、林、牧、渔、水利业 | Farming,Forestry,Animal Husbandry, Fishery and Water Conservancy | 4.22 | 4.48 | 4.22 | 3.89 | 3.95 | 4.51 |
| 工　业 | Industry | 531.64 | 578.46 | 639.64 | 715.53 | 782.96 | 849.96 |
| 建筑业 | Construction | 8.04 | 10.03 | 11.10 | 10.33 | 13.33 | 16.87 |
| 交通运输、仓储和邮政业 | Transport,Storage and Post | 18.02 | 20.50 | 22.71 | 25.94 | 26.26 | 21.99 |
| 批发、零售业和住宿、餐饮业 | Wholesale and Retail Trades, Hotels and Catering Services | 9.67 | 10.43 | 12.42 | 14.80 | 18.72 | 21.48 |
| 其　他 | Others | 18.80 | 20.25 | 23.26 | 25.58 | 31.53 | 36.65 |
| 生活消费 | Household Consumption | 88.79 | 106.15 | 122.17 | 145.06 | 169.98 | 174.72 |
| 在消费量中： | Consumption by Usage | | | | | | |
| 终端消费 | End-use Consumption | 632.08 | 696.10 | 774.62 | 883.42 | 976.82 | 1053.91 |
| #工　业 | Industry | 484.54 | 524.26 | 578.74 | 654.82 | 713.06 | 777.69 |
| 输配损失量 | Losses in Transmission | 47.10 | 54.20 | 60.90 | 60.71 | 69.90 | 72.27 |

# 7-5　分行业能源消费总量(2008-2011)

## Total Energy Consumption by Sector

单位：万吨标准煤　　(10000 tons of SCE)

| 行　业 | Sector | 2008 | 2009 | 2010 | 2011 |
|---|---|---|---|---|---|
| 工业 | Industry | 4613.69 | 4945.38 | 5289.48 | 5895.87 |
| 采掘业 | Mining | 483.17 | 645.89 | 751.50 | 685.36 |
| #煤炭采选业 | Mining and Washing of Coal | 430.61 | 546.11 | 682.81 | 606.00 |
| 黑色金属矿采选业 | Mining and Processing of Ferrous Metal Ores | 6.22 | 10.32 | 9.58 | 9.85 |
| 有色金属矿采选业 | Mining and Processing of Non-Ferrous Metal Ores | 15.40 | 14.90 | 14.08 | 16.91 |
| 非金属矿采选业 | Mining and Processing of Non-metal Ores | 21.70 | 22.50 | 22.03 | 27.37 |
| 制造业 | Manufacturing | 3584.32 | 3844.63 | 4028.50 | 4733.39 |
| 农副食品加工业 | Processing of Food from Agricultural Products | 11.84 | 14.31 | 12.76 | 14.23 |
| 食品制造业 | Manufacture of Foods | 7.35 | 8.95 | 9.41 | 13.13 |
| 饮料制造业 | Manufacture of Beverages | 46.70 | 54.51 | 50.43 | 73.72 |
| 烟草加工业 | Manufacture of Tobacco | 29.85 | 30.87 | 22.07 | 20.51 |
| 纺织业 | Manufacture of Textile | 4.18 | 3.06 | 2.60 | 2.73 |
| 服装及其他纤维制品制造业 | Manufacture of Garments and Other Fiber Products | 1.50 | 0.98 | 1.12 | 1.43 |
| 皮革、毛皮、羽绒及其制品业 | Manufacture of Leather, Fur, Feather and Related Products | | 0.13 | 0.16 | 0.21 |
| 木材加工及竹、藤、棕、草制品业 | Processing of Timber, Manufacture of Wood, Bamboo, Rattan, Palm and Straw Products | 6.50 | 6.49 | 6.43 | 7.50 |
| 家具制造业 | Manufacture of Furniture | 0.36 | 0.03 | 0.33 | 0.42 |
| 造纸及纸制品业 | Manufacture of Paper and Paper Products | 8.28 | 7.74 | 10.69 | 25.27 |
| 印刷业，记录媒介的复制 | Printing, Reproduction of Recording Media | 2.07 | 2.00 | 1.75 | 1.66 |
| 文教体育用品制造业 | Cultural,Educational and Sports Articles | 0.13 | 0.10 | 0.31 | 0.49 |
| 石油加工及炼焦业 | Processing of Petroleum, Coking | 122.42 | 91.07 | 127.21 | 207.44 |
| 化学原料及化学制品制造业 | Manufacture of Raw Chemical Materials and Chemical Products | 1055.77 | 1034.99 | 1000.00 | 1189.63 |
| 医药制造业 | Manufacture of Medicines | 16.45 | 16.24 | 13.94 | 18.56 |

注：表中数据按国民经济行业分类(GB/T4754-2002)分。

Note:Data in this table is classified by sector of the National Economy (GB/T4754-2002).

7–5 续表 continued

| 行 业 | Sector | 2008 | 2009 | 2010 | 2011 |
|---|---|---|---|---|---|
| 化学纤维制造业 | Manufacture of Chemical Fibres | 0.66 | 21.60 | 22.27 | 14.06 |
| 橡胶制品业 | Manufacture of Rubber | 49.41 | 50.02 | 51.82 | 54.92 |
| 塑料制品业 | Manufacture of Plastics | 4.15 | 6.77 | 9.87 | 9.17 |
| 非金属矿物制品业 | Manufacture of Non-metallic Mineral Products | 652.21 | 829.55 | 870.29 | 945.45 |
| 黑色金属冶炼及压延加工业 | Smelting and Pressing of Ferrous Metals | 835.45 | 851.89 | 955.29 | 1066.28 |
| 有色金属冶炼及压延加工业 | Smelting and Pressing of Non-ferrous Metals | 612.57 | 678.60 | 759.11 | 943.84 |
| 金属制品业 | Manufacture of Metal Products | 53.57 | 61.08 | 28.22 | 36.74 |
| 普通机械制造业 | Manufacture of Ordinary Machinery | 18.93 | 12.72 | 17.00 | 17.34 |
| 专用设备制造业 | Manufacture of Special Purpose Machinery | 3.93 | 8.10 | 7.72 | 7.71 |
| 交通运输设备制造业 | Manufacture of Transport Equipment | 20.37 | 19.70 | 16.74 | 17.54 |
| 电气机械及器材制造业 | Manufacture of Electrical Machinery and Equipment | 3.35 | 2.64 | 2.35 | 3.75 |
| 电子及通信设备制造业 | Manufacture of Electronic and Telecommunications Equipment | 2.57 | 1.77 | 1.69 | 2.64 |
| 仪器仪表及文化、办公用机械制造业 | Manufacture of Measuring Instruments and Machinery for Cultural Activity | 0.52 | 0.42 | 0.27 | 0.27 |
| 其他制造业 | Others | 13.22 | 28.31 | 26.65 | 36.74 |
| 电力、煤气及水的生产和供应业 | Electric Power, Gas and Water Production and Supply | 546.20 | 454.86 | 509.49 | 477.12 |
| 电力、蒸汽、热水的生产和供应业 | Production and Supply of Electric Power and Heat Power | 513.34 | 424.46 | 471.33 | 437.02 |
| 煤气生产和供应业 | Production and Supply of Gas | 21.76 | 19.32 | 26.14 | 26.59 |
| 自来水的生产和供应业 | Production and Supply of Water | 11.09 | 11.08 | 12.02 | 13.51 |
| 建筑业 | Construction | 63.54 | 75.65 | 82.51 | 76.13 |
| 交通运输、仓储和邮政业 | Transport,Storage and Post | 453.32 | 467.62 | 538.48 | 597.73 |
| 批发、零售业和住宿、餐饮业 | Wholesale and Retail Trades, Hotels and Catering Services | 415.31 | 488.22 | 513.29 | 554.60 |
| 其他行业 | Others | 534.85 | 566.35 | 614.04 | 675.13 |
| 生活消费 | Household Consumption | 856.78 | 870.17 | 995.67 | 1138.87 |

# 7-6　分行业能源消费总量(2012-2013)

## Total Energy Consumption by Sector

单位：万吨标准煤　　　(10000 tons of SCE)

| 指　标 | Item | 2012 | 2013 |
|---|---|---|---|
| **工业** | **Industrial** | **6431.08** | **6861.08** |
| 采矿业 | Mining | 565.37 | 999.67 |
| #煤炭开采和洗选业 | Mining and Washing of Coal | 536.75 | 908.21 |
| 黑色金属矿采选业 | Mining and Processing of Ferrous Metal Ores | 13.89 | 11.01 |
| 有色金属矿采选业 | Mining and Processing of Non-Ferrous Metal Ores | 5.85 | 16.19 |
| 非金属矿采选业 | Mining and Processing of Non-metal Ores | 8.88 | 35.04 |
| 制造业 | Manufacturing | 5209.02 | 5204.02 |
| #农副食品加工业 | Processing of Food from Agricultural Products | 18.13 | 21.19 |
| 食品制造业 | Manufacture of Foods | 10.48 | 16.38 |
| 酒、饮料和精制茶制造业 | Manufacture of Beverages | 66.06 | 68.31 |
| 烟草制品业 | Manufacture of Tobacco | 18.18 | 18.36 |
| 纺织业 | Manufacture of Textile | 0.95 | 1.69 |
| 纺织服装、服饰业 | Manufacture of Textile Wearing Apparel, Footware and Caps | 0.67 | 1.21 |
| 皮革、毛皮、羽毛及其制品和制鞋业 | Manufacture of Leather,Furs,Feather and Related Products | 1.45 | 0.95 |
| 木材加工和木、竹、藤、棕、草制品业 | Timber Processing,Manufacture of Wood, Bamboo, Rattan,Palm and Straw Products | 5.98 | 10.94 |
| 家具制造业 | Manufacture of Furniture | 0.26 | 2.15 |
| 造纸和纸制品业 | Manufacture of Paper and Paper Products | 29.23 | 30.75 |
| 印刷业和记录媒介复制业 | Printing,Reproduction of Recording Media | 0.70 | 3.78 |
| 文教、工美、体育和娱乐用品制造业 | Manufacture of Culture and ducation,Industrial, Sports,and Entertainment Products | 0.58 | 0.76 |

注：表中数据按国民经济行业分类(GB/T4754-2011)分。
Note:Data in this table is classified by sector of the National Economy (GB/T4754-2011).

## 7-6 续表 continued

单位：万吨标准煤 (10000 tons of SCE)

| 指　标 | Item | 2012 | 2013 |
|---|---|---|---|
| 石油加工、炼焦和核燃料加工业 | Processing of Petroleum,Coking,Processing of Nuclear Fuel | 335.63 | 115.56 |
| 化学原料和化学制品制造业 | Manufacture of Raw Chemical Materials and Chemical Products | 1349.97 | 1369.00 |
| 医药制造业 | Manufacture of Medicines | 15.88 | 19.71 |
| 化学纤维制造业 | Manufacture of Chemical fiber | 7.69 | 8.22 |
| 橡胶和塑料制品业 | Manufacture of Rubber and Plastics | 251.57 | 32.08 |
| 非金属矿物制品业 | Manufacture of Non-metallic Mineral Products | 1249.33 | 335.07 |
| 黑色金属冶炼和压延加工业 | Smelting and Pressing of Ferrous Metals | 1283.58 | 1219.45 |
| 有色金属冶炼和压延加工业 | Smelting and Pressing of Non-ferrous Metals | 500.51 | 1591.83 |
| 金属制品业 | Manufacture of Metal Products | 4.44 | 242.98 |
| 通用设备制造业 | Manufacture of General Purpose Machinery | 19.91 | 12.93 |
| 专用设备制造业 | Manufacture of Special Purpose Machinery | 5.18 | 9.36 |
| 汽车制造业 | Manufacture of Automotive | 11.87 | 9.25 |
| 铁路、船舶、航空航天和其他运输设备制造业 | Manufacture of Railroad, Marine, Aerospace and Other Transportation Equipment | 9.34 | 17.83 |
| 电气机械和器材制造业 | Manufacture of Electrical Machinery and Equipment | 3.74 | 3.00 |
| 计算机、通信和其他电子设备制造业 | Manufacture of Communication Equipment, Computers and Other Electronic Equipment | 0.90 | 2.18 |
| 仪器仪表制造业 | Manufacture of Measuring Instruments and Machinery | 0.96 | 0.88 |
| 其他制造业 | Others | 1.15 | 11.73 |
| 废弃资源综合利用业 | Recycling and Disposal of Waste | 4.72 | 11.04 |
| 金属制品、机械和设备修理业 | Manufacture of Metal products, Machinery and Equipment Repair |  | 15.45 |
| 电力、燃气及水的生产和供应业 | Electric Power, Gas and Water Production and Supply | 656.69 | 657.39 |
| 电力、热力生产和供应业 | Production and Supply of Electric Power and Heat Power | 630.71 | 606.89 |
| 燃气生产和供应业 | Production and Supply of Gas | 19.62 | 30.73 |
| 水的生产和供应业 | Production and Supply of Water | 6.35 | 19.77 |
| **建筑业** | **Construction** | **85.00** | **107.13** |
| 交通运输、仓储及邮电通信业 | Transportation,Storage,Postal & Telecommunications Services | 706.39 | 794.19 |
| 批发和零售贸易餐饮业 | Wholesale,Retail Trade and Catering Services | 662.18 | 740.00 |
| 其他行业 | Others | 581.22 | 692.52 |
| 生活消费 | Household Consumption | 1285.34 | 1336.46 |

## 7-7 能源生产消费弹性系数

## Elasticity Ratio of Energy Production and Consumption

| 指 标 | Item | 2008 | 2009 | 2010 | 2011 | 2012 | 2013 |
|---|---|---|---|---|---|---|---|
| 地区生产总值比上年增长(%) | Growth Rate of Gross Domestic Product (GDP) over Preceding Year | 11.3 | 11.4 | 12.8 | 15.0 | 13.6 | 12.5 |
| 能源生产比上年增长(%) | Growth Rate of Energy Production over Preceding Year | 9.2 | 19.5 | 18.3 | -2.8 | 17.2 | 4.6 |
| 能源消费总量比上年增长(%) | Growth Rate of Energy Consumption over Preceding Year | 4.2 | 6.8 | 8.1 | 10.9 | 8.9 | 8.1 |
| 电力生产比上年增长(%) | Growth Rate of Electricity Production over Preceding Year | 14.3 | 15.8 | 0.4 | -0.9 | 17.3 | 4.1 |
| 电力消费比上年增长(%) | Growth Rate of Electricity Consumption over Preceding Year | 1.5 | 10.5 | 11.4 | 13.0 | 10.9 | 7.6 |
| 能源生产弹性系数 | Elasticity Ratio of Energy Production | 0.82 | 1.71 | 1.43 | | 1.26 | 0.37 |
| 能源消费弹性系数 | Elasticity Ratio of Energy Consumption | 0.37 | 0.60 | 0.63 | 0.73 | 0.65 | 0.65 |
| 电力生产弹性系数 | Elasticity Ratio of Electricity Production | 1.27 | 1.39 | 0.03 | | 1.27 | 0.33 |
| 电力消费弹性系数 | Elasticity Ratio of Electricity Consumption | 0.13 | 0.92 | 0.89 | 0.87 | 0.80 | 0.61 |

注：地区生产总值增长速度按可比价格计算。

Note:The growth rates of GDP are calculated at comparable prices.

## 7-8 生活能源消费量

## Energy Consumption for Non-Production Purpose

| 能源品种 | Item | 2008 | 2009 | 2010 | 2011 | 2012 | 2013 |
|---|---|---|---|---|---|---|---|
| **生活能源消费量(万吨标准煤)** | **Energy Consumption for Non-Production Purpose (10000 tons of SCE)** | **856.78** | **870.17** | **995.67** | **1138.87** | **1285.34** | **1336.46** |
| 煤炭(万吨) | Coal (10000 tons) | 652.32 | 614.31 | 624.63 | 714.36 | 877.22 | 870.30 |
| 煤油(万吨) | Kerosene (10000 tons) | 0.05 | 0.05 | 0.04 | 0.04 | 0.05 | 0.06 |
| 液化石油气(万吨) | Liquefied Petroleum Gas (10000 tons) | 10.12 | 8.33 | 8.82 | 9.55 | 8.49 | 6.57 |
| 天然气(亿立方米) | Natural Gas(100 million cu.m) | 0.10 | 0.11 | 0.12 | 0.13 | 0.99 | 2.40 |
| 煤气(亿立方米) | Gas (100 million cu.m) | 0.94 | 1.09 | 1.14 | 1.28 | 1.43 | 3.75 |
| 电力(亿千瓦小时) | Electricity (100 million kwh) | 88.79 | 106.15 | 122.17 | 145.06 | 169.98 | 174.72 |

# 7–9 人均生活能源消费量

## Annual per Capita Energy Consumption of Households

| 指　　标 | Item | 2008 | 2009 | 2010 | 2011 | 2012 | 2013 |
|---|---|---|---|---|---|---|---|
| **平均每人生活消费能源（千克标准煤／人）** | **Annual Average Non-Productive Consumption Per Capita(kg of SCE/person)** | **226.80** | **229.27** | **287.26** | **327.83** | **369.73** | **382.59** |
| 煤炭(千克) | Coal(kg) | 172.68 | 161.85 | 180.21 | 205.63 | 252.33 | 249.14 |
| 电力(千瓦小时) | Electricity(kwh) | 235.04 | 279.67 | 352.48 | 417.56 | 488.94 | 500.18 |
| 液化石油气(千克) | Liquefied Petroleum Gas(kg) | 2.68 | 2.19 | 2.54 | 2.75 | 2.44 | 1.88 |
| 煤气(立方米) | Gas(cu.m) | 2.49 | 2.87 | 3.29 | 3.68 | 4.11 | 10.74 |

# 7–10　能源利用效率

## Using Efficiency of Energy

| 指标 | Item | 2008 | 2009 | 2010 | 2011 | 2012 | 2013 |
|---|---|---|---|---|---|---|---|
| **每万元地区生产总值能源消费量(吨标准煤／万元)(可比价)** | **Energy Consumption Per Unit of GDP (ton of SCE/10000 yuan) (at comparable prices)** | **2.4495** | **2.3480** | **2.2480** | **1.7140** | **1.6444** | **1.5801** |
| **每万元地区生产总值能耗上升或下降(%)** | **Energy Consumption Rise or Fall Per Unit of GDP(%)** | **-6.41** | **-4.12** | **-4.25** | **-3.51** | **-4.06** | **-3.91** |
| **每万元地区生产总值电力消费量（千瓦小时／万元）** | **Electricity Consumption Per Unit of GDP(kwh/10000 yuan )** | **2348.47** | **2328.02** | **2297.45** | **1784.56** | **1742.36** | **1666.57** |
| **每万元地区生产总值煤炭消费量(吨／万元)** | **Coal Consumption Per Unit of GDP (ton/10000 yuan)** | **3.37** | **3.39** | **3.07** | **2.28** | **2.22** | **2.15** |
| 能源消费总量(万吨标准煤) | Total Energy Consumption (10000 tons of SCE) | 7083.99 | 7566.33 | 8175.43 | 9067.85 | 9878.38 | 10675.93 |
| 每吨能源生产的地区生产总值(万元/吨) | GDP Produced by Per Unit of Energy (10000 yuan/ton) | 0.41 | 0.43 | 0.44 | 0.58 | 0.61 | 0.63 |
| 规模以上工业能源消费量(万吨标准煤) | Energy Consumption of Industry above Designated Size(10000 tons of SCE) | 3827.03 | 4231.41 | 4373.38 | 4803.14 | 5142.00 | 5759.90 |
| 规模以上工业万元增加值能耗上升或下降(%) | Million yuan added value Energy Consumption Rise or Fall of Industry above Designated Size(%) | -11.59 | -0.03 | -10.00 | -8.02 | -8.52 | -4.75 |

注：2011年起，地区生产总值按2010年可比价格计算，其余年份按2005年可比价格计算。

Note:From 2011,GDP are calculated at 2010 comparable prices and they in other years were calculated at 2005 comparable prices .

# 主要统计指标解释

**能源生产总量**　指一定时期内全省一次能源生产量的总和。一次能源生产量包括原煤、原油、天然气、水电、核能及其他动力能（如风能、地热能等）发电量，不包括低热值燃料生产量、生物质能、太阳能等的利用和由一次能源加工转换而成的二次能源产量。

**能源消费总量**　指一定时期内全省各行业和居民生活消费的各种能源的核算能源消费总量指标。能源消费总量分为终端能源消费量、能源加工转换损失量和损失量三部分。

(1) 终端能源消费量：指一定时期内全省各行业和居民生活消费的各种能源在扣除了用于加工转换二次能源消费量和损失量以后的数量。

(2) 能源加工转换损失量：指一定时期内全省投入加工转换的各种能源数量之和与产出各种能源产品之和的差额，是观察能源在加工转换过程中损失量变化的指标。

(3) 能源损失量：指一定时期内能源在输送、分配、储存过程中发生的损失和由客观原因造成的各种损失量，不包括各种气体能源放空、放散量。

**能源生产弹性系数**　是能源生产量的增长与国民经济增长速度之间的比值。计算公式为：

$$\text{能源生产弹性系数}=\frac{\text{能源生产总量年平均增长速度}}{\text{地区生产总值年平均增长速度}}$$

**电力生产弹性系数**　是电力生产量的增长与国民经济增长速度之间的比值。计算公式为：

$$\text{电力生产弹性系数}=\frac{\text{电力生产量年平均增长速度}}{\text{地区生产总值年平均增长速度}}$$

**能源消费弹性系数**　是能源消费增长速度与国民经济增长速度之间的比值。计算公式为：

$$\text{能源消费弹性系数}=\frac{\text{能源消费量年平均增长速度}}{\text{地区生产总值年平均增长速度}}$$

**电力消费弹性系数**　是电力消费增长速度与国民经济增长速度之间的比值。计算公式为：

$$\text{电力消费弹性系数}=\frac{\text{电力消费量年平均增长速度}}{\text{地区生产总值年平均增长速度}}$$

**能源加工转换效率**　指一定时期内能源经过加工、转换后，产出的各种能源产品的数量与投入加工转换的各种能源数量的比率。它是观察能源加工转换装置和生产工艺先进与落后、管理水平高低等的重要指标。计算公式为：

$$\text{能源加工转换效率}=\frac{\text{能源加工、转换产出量}}{\text{能源加工、转换投入量}}\times 100\%$$

**单位地区生产总值能耗**　指一定时期内，每生产一个计量单位的生产总值所消耗的能源。计算公式为：

$$\text{单位生产总值能耗}=\frac{\text{能源消费总量}}{\text{地区生产总值}}$$

**单位地区生产总值电耗**　指一定时期内，每生产一个计量单位的生产总值所消耗的电力。计算公式为：

$$\text{单位生产总值电耗}=\frac{\text{全社会用电量}}{\text{地区生产总值}}$$

**单位工业增加值能耗**　指一定时期内，每生产一计量个单位的工业增加值所消耗的能源。计算公式为：

$$\text{单位工业增加值能耗}=\frac{\text{工业能源消费量}}{\text{工业增加值}}$$

# Explanatory Notes on Main Statistical Indicators

**Total Energy Production** refers to the total production of primary energy by all energy producing enterprises in the country in a given period of time. The production of primary energy includes that of coal, crude oil, natural gas, hydro-power and electricity generated by nuclear energy and other means such as wind power and geothermal power. However, it excludes the production of fuels of low calorific value, bio-energy, solar energy and the secondary energy converted from the primary energy.

**Total Energy Consumption** refers to the total consumption of energy of various kinds by the production sectors and the households in our province in a given period of time. Total energy consumption can be divided into three parts: end-use energy consumption; loss during the process of energy conversion; and energy loss.

(1)End-use Energy Consumption: It refers to the total energy consumption by material production sectors, non material production sectors and households in the country(region)in a given period of time, but excludes the consumption in conversion of the primary energy into the secondary energy and the loss in the process of energy conversion.

(2)Loss During the Process of Energy Conversion: It refers to the total input of various kinds of energy for conversion, minus the total output of various kinds of energy in the country in a given period of time. It is an indicator to show the loss that occurs during the process of energy conversion.

(3)Energy Loss: It refers to the total of the loss of energy during the course of energy transport, distribution and storage and the loss caused by any objective reason in a given period of time. The loss of various kinds of gas due to gas discharges and stocktaking is excluded.

**Elasticity Ratio of Energy Production** is an indicator to show the relationship between the growth rate of energy production and the growth rate of the national economy. The formula is:

$$\text{Elasticity Ratio of Energy Production}=\frac{\text{Average Annual Growth Rate of Energy Production}}{\text{Average Annual Growth Rate of National(regional) Economy}}$$

**Elasticity Ratio of Electricity Production** is an indicator to show the relationship between the growth rate of electricity production and the growth rate of the national economy. Its formula is:

$$\text{Elasticity Ratio of Electricity Production}=\frac{\text{Average Annual Growth Rate of Electricity Production}}{\text{Average Annual Growth Rate of National(regional) Economy}}$$

**Elasticity Ratio of Energy Consumption** is an indicator to show the relationship between the growth rate of energy consumption and the growth rate of the national economy. The formula is:

$$\text{Elasticity Ratio of Energy Consumption}=\frac{\text{Average Annual Growth Rate of Energy Consumption}}{\text{Average Annual Growth Rate of National(regional) Economy}}$$

**Elasticity Ratio of Electricity Consumption** is an indicator to show the relationship between the growth rate of electricity consumption and the growth rate of the national economy. The formula is:

$$\text{Elasticity Ratio of Electricity Consumption}=\frac{\text{Average Annual Growth Rate of Electricity}}{\text{Average Annual Growth Rate of National(regional) Economy}}$$

**Efficiency of Energy Processing and Conversion** refers to the ratio of the total output of energy products of various kinds after processing and conversion to the total input of energy of various kinds for processing and conversion in the same reference period. It is an important indicator to show the current conditions of energy processing and conversion equipment, production technique and management. The formula is:

$$\text{Efficiency of Energy Processing \& Conversion}=\frac{\text{Output of Energy After Processing \& Conversion}}{\text{Input of Energy for Processing \& Conversion}}\times 100\%$$

**Energy Consumption per Unit of GDP** refers to the energy consumption per unit of Gross Domestic Product in a country or the Gross Regional Product in a region in the same reference period. The formula is:

$$\text{Energy Consumption per Unit of GDP} = \frac{\text{Total Energy Consumption}}{\text{Gross Domestic(regional) Product}}$$

**Electricity Consumption per Unit of GDP** refers to the electricity consumption per unit of Gross Domestic Product in a country or the Gross Regional Product in a region in the same reference period. The formula is:

$$\text{Electricity Consumption per Unit of GDP} = \frac{\text{Total Electricity Consumption}}{\text{Gross Domestic (regional)Product}}$$

**Energy Consumption per Unit of Industrial Value-added** refers to the energy consumption per unit of industrial value-added in a country or region in the same reference period. The formula is:

$$\text{Energy Consumption per Unit of Industrial Value-added} = \frac{\text{Total Energy Consumption}}{\text{Industrial Value-added}}$$

8

Eight

# 财政税收

# Government Finance and Taxation

# 8-1 财政收入
## Financial Revenue

单位：亿元 (100 million yuan)

| 指　标 | Item | 2008 | 2009 | 2010 | 2011 | 2012 | 2013 | 2013年比2012年增长(%) Increase Rate in 2013 over 2012(%) |
|---|---|---|---|---|---|---|---|---|
| **财政总收入** | **Total Government Revenue** | **674.58** | **779.59** | **969.57** | **1329.99** | **1644.48** | **1918** | **16.7** |
| #公共财政收入 | Public Financial Revenue | 349.55 | 416.48 | 533.73 | 773.08 | 1014.05 | 1206.41 | 19.0 |
| #增值税 | Value Added Tax | 55.14 | 57.47 | 66.00 | 76.41 | 85.74 | 96.06 | 12.0 |
| 营业税 | Business Tax | 80.33 | 104.31 | 136.73 | 181.73 | 241.53 | 300.78 | 24.5 |
| 企业所得税 | Company Income Tax | 35.70 | 42.34 | 51.14 | 70.69 | 86.53 | 103.15 | 19.2 |
| 个人所得税 | Individual Income Tax | 18.41 | 21.32 | 27.42 | 33.24 | 32.29 | 34.65 | 7.3 |
| 资源税 | Resource Tax | 5.33 | 8.49 | 11.01 | 11.95 | 12.72 | 15.33 | 20.5 |
| 城市维护建设税 | City Maintenance and Construction Tax | 22.07 | 24.45 | 29.18 | 37.82 | 45.79 | 53.71 | 17.3 |
| 房产税 | House Property Tax | 6.29 | 7.43 | 8.41 | 9.73 | 11.60 | 17.13 | 47.6 |
| 契　税 | Deed Tax | 7.85 | 8.69 | 13.98 | 23.91 | 33.00 | 41.42 | 25.5 |
| 土地增值税 | Land Appreciation Tax | 3.73 | 5.81 | 11.98 | 13.76 | 19.07 | 29.41 | 54.2 |
| 国有资本经营收入 | State-owned Assets Profit | 4.34 | 6.04 | 4.88 | 6.38 | 7.21 | 10.97 | 52.2 |
| 罚没收入 | Penalty Receipts | 12.67 | 14.23 | 16.66 | 23.50 | 25.14 | 31.15 | 23.9 |
| 行政事业性收费收入 | Charge of Administrative and Institutional Units | 19.76 | 19.08 | 30.06 | 45.98 | 65.71 | 76.71 | 16.7 |
| 专项收入 | Special Program Receipts | 40.65 | 46.56 | 59.07 | 85.91 | 84.85 | 73.84 | -13.0 |

注：资料来源于省财政厅(以下相关表同)。
Note:Data in the table are provided by the Provincial Department of Finance(The relative tables in this chapter are the same).

# 8-2 财政支出
## Financial Expenditure

单位：亿元 (100 million yuan)

| 指　标 | Item | 2008 | 2009 | 2010 | 2011 | 2012 | 2013 | 2013年比2012年增长(%) Increase Rate in 2013 over 2012(%) |
|---|---|---|---|---|---|---|---|---|
| **公共财政支出** | **Public Financial Expenditure** | **1055.39** | **1372.27** | **1631.48** | **2249.40** | **2755.68** | **3082.66** | **11.9** |
| #一般公共服务 | Expenditure for General Public Services | 184.21 | 196.78 | 212.69 | 307.21 | 430.16 | 488.78 | 13.6 |
| 国　防 | Expenditure for National Defense | 1.58 | 2.81 | 3.66 | 4.15 | 4.58 | 4.74 | 3.5 |
| 公共安全 | Expenditure for Public Security | 68.07 | 82.95 | 101.46 | 117.31 | 146.21 | 168.22 | 15.1 |
| 教　育 | Expenditure for Education | 229.77 | 256.72 | 292.06 | 376.86 | 500.51 | 560.67 | 12.0 |
| 科学技术 | Expenditure for Science and Technology | 12.99 | 14.27 | 16.66 | 21.68 | 28.98 | 34.27 | 18.2 |
| 文化体育与传媒 | Expenditure for Culture, Sport and Media | 17.84 | 23.62 | 23.98 | 35.31 | 49.85 | 48.68 | -2.4 |
| 社会保障和就业 | Expenditure for Social Safety Net and Employment Effort | 107.06 | 150.04 | 140.76 | 194.78 | 235.40 | 264.52 | 12.4 |
| 医疗卫生 | Expenditure for Medical and Health Care | 67.44 | 102.84 | 127.68 | 173.26 | 201.05 | 228.71 | 13.8 |
| 节能环保 | Expenditure for Environment Protection | 40.44 | 55.31 | 54.32 | 55.45 | 65.73 | 66.44 | 1.1 |
| 城乡社区事务 | Expenditure for Urban and Rural Community Affairs | 46.51 | 43.74 | 53.00 | 65.52 | 100.65 | 109.46 | 8.8 |
| 农林水事务 | Expenditure for Agriculture, Forestry and Water Conservancy | 121.71 | 204.13 | 246.76 | 278.47 | 361.87 | 400.31 | 10.6 |
| 交通运输 | Expenditure for Transportation | 49.39 | 120.80 | 109.61 | 305.16 | 288.56 | 299.79 | 3.9 |

注：节能环保2008-2011年为环境保护数据。
Note:Data of energy saving refer to the data of environmental protection in 2008 to 2011.

# 8-3 分级公共财政收入(2013)
## Public Financial Revenue by Level

单位：亿元 (100 million yuan)

| 指 标 | Item | 总 计 Provincial Total | 省 级 Province | 地 级 Prefecture | 县 级 County | 乡镇级 Villages and Towns |
|---|---|---|---|---|---|---|
| **公共财政收入** | **Public Financial Revenue** | **1206.41** | **210.99** | **248.07** | **629.41** | **117.94** |
| **税收收入** | **Tax revenue** | **839.67** | **161.22** | **183.24** | **384.73** | **110.47** |
| #增值税 | Value Added Tax | 96.06 | 19.21 | 27.36 | 39.84 | 9.65 |
| 营业税 | Business Tax | 300.78 | 76.72 | 66.56 | 122.87 | 34.63 |
| 企业所得税 | Company Income Tax | 103.15 | 51.87 | 17.36 | 27.72 | 6.20 |
| 个人所得税 | Individual Income Tax | 34.65 | 6.94 | 8.45 | 14.29 | 4.96 |
| 资源税 | Resource Tax | 15.33 | 3.07 | 3.19 | 5.55 | 3.53 |
| 城市维护建设税 | City Maintenance and Construction Tax | 53.71 | 0.18 | 22.14 | 26.78 | 4.61 |
| 房产税 | House Property Tax | 17.13 |  | 0.02 | 14.82 | 2.29 |
| 契 税 | Deed Tax | 41.42 |  | 9.93 | 27.11 | 4.37 |
| 土地增值税 | Land Appreciation Tax | 29.41 |  | 3.38 | 21.95 | 4.08 |
| **非税收入** | **Non-tax revenue** | **366.75** | **49.77** | **64.84** | **244.67** | **7.47** |
| #专项收入 | Special Program Receipts | 73.84 | 16.12 | 20.92 | 34.80 | 2.00 |
| 行政性收费收入 | Charge of Administrative and Institutional U | 76.71 | 15.50 | 12.66 | 45.60 | 2.95 |
| 罚没收入 | Penalty Receipts | 31.15 | 7.05 | 6.25 | 17.35 | 0.50 |
| 国有资本经营收入 | State-owned Assets Profit | 10.97 | 0.16 | 0.77 | 9.93 | 0.10 |

# 8-4 分级公共财政支出(2013)
## Public Financial Expenditure by Level

单位：亿元 (100 million yuan)

| 指 标 | Item | 总计 Total | 省 级 Province | 地 级 Prefecture | 县 级 County | 乡镇级 Villages and Towns |
|---|---|---|---|---|---|---|
| **公共财政支出** | **Public Financial Expenditure** | **3082.66** | **649.62** | **364.75** | **1865.79** | **202.49** |
| #一般公共服务 | Expenditure for General Public Services | 488.78 | 56.16 | 48.20 | 291.53 | 92.88 |
| 国 防 | Expenditure for National Defense | 4.74 | 0.63 | 2.31 | 1.76 | 0.04 |
| 公共安全 | Expenditure for Public Security | 168.22 | 44.05 | 31.79 | 91.38 | 1.00 |
| 教 育 | Expenditure for Education | 560.67 | 64.33 | 49.57 | 432.32 | 14.45 |
| 科学技术 | Expenditure for Science and Technology | 34.27 | 12.68 | 5.46 | 15.82 | 0.31 |
| 文化体育与传媒 | Expenditure for Culture, Sport and Media | 48.68 | 15.83 | 10.26 | 20.40 | 2.18 |
| 社会保障和就业 | Expenditure for Social Safety Net and Employment Effort | 264.52 | 51.53 | 45.68 | 157.09 | 10.22 |
| 医疗卫生 | Expenditure for Medical and Health Care | 228.71 | 13.31 | 27.14 | 185.45 | 2.81 |
| 节能环保 | Expenditure for Environment Protection | 66.44 | 2.81 | 10.48 | 50.79 | 2.36 |
| 城乡社区事务 | Expenditure for Urban and Rural Community Affairs | 109.46 | 0.65 | 18.58 | 78.60 | 11.62 |
| 农林水事务 | Expenditure for Agriculture, Forestry and Water Conservancy | 400.31 | 81.21 | 23.79 | 246.95 | 48.35 |
| 交通运输 | Expenditure for Transportation | 299.79 | 248.59 | 18.02 | 32.26 | 0.92 |

# 8-5 税收收入(按产业分)

# Tax Revenue(by Industry)

单位：亿元 (100million yuan)

| 项目 | Item | 2008 | 2009 | 2010 | 2011 | 2012 | 2013 |
|---|---|---|---|---|---|---|---|
| **税收收入合计** | **Total** | **577.62** | **673.83** | **831.97** | **1072.87** | **1308.63** | **1546.50** |
| 第一产业 | Primary Industry | 0.18 | 0.57 | 1.26 | 1.20 | 1.63 | 2.42 |
| 第二产业 | Secondary Industry | 349.16 | 383.55 | 448.88 | 574.26 | 684.06 | 776.41 |
| 采矿业 | Mining and Quarrying | 67.05 | 87.91 | 118.05 | 142.59 | 152.21 | 130.72 |
| 制造业 | Manufacturing | 194.37 | 197.47 | 226.09 | 293.84 | 330.55 | 380.35 |
| 电力、燃气及水的生产和供应业 | Production and Distribution of Electric Power,Gas and Water | 61.80 | 66.34 | 60.65 | 59.42 | 70.72 | 74.70 |
| 建筑业 | Construction | 25.94 | 31.82 | 44.09 | 78.41 | 130.58 | 190.63 |
| 第三产业 | Tertiary Industry | 228.28 | 289.72 | 381.83 | 497.40 | 622.92 | 767.67 |
| 交通运输、仓储及邮政业 | Transport,Storage and Post | 15.04 | 13.96 | 16.10 | 19.04 | 19.13 | 20.31 |
| 信息传输、计算机服务和软件业 | Information Transmission,Computer Services and Software | 8.23 | 11.83 | 12.14 | 14.19 | 17.64 | 18.66 |
| 批发和零售业 | Wholesale and Retail Trade | 95.46 | 107.79 | 131.90 | 170.04 | 205.71 | 250.46 |
| 住宿和餐饮业 | Hotel and Catering Services | 5.65 | 6.20 | 7.21 | 9.05 | 10.45 | 10.23 |
| 金融业 | Financial Intermediation | 22.51 | 28.40 | 39.12 | 55.61 | 77.11 | 90.97 |
| 房地产业 | Real Estates | 29.24 | 55.90 | 94.64 | 138.36 | 137.09 | 174.32 |
| 租赁和商务服务业 | Leasing and Business Services | 17.59 | 13.99 | 17.59 | 24.01 | 37.52 | 49.40 |
| 科学研究和技术服务业 | Scientific Reasearch and Technical Services | | | | | 9.68 | 10.90 |
| 居民服务和其他服务业 | Services to Households and Other Services | 8.76 | 8.12 | 10.49 | 20.08 | 38.24 | 52.64 |
| 教育 | Education | 0.74 | 0.89 | 1.14 | 1.45 | 1.54 | 2.34 |
| 卫生和社会工作 | Health and Social Work | 0.54 | 0.85 | 1.61 | 1.71 | 1.53 | 2.64 |
| 文化、体育和娱乐业 | Culture,Sports and Entertainment | 1.55 | 2.12 | 2.36 | 2.80 | 2.90 | 3.52 |
| 公共管理、社会保障和社会组织 | Public Management and Social Organization | 3.64 | 5.39 | 6.39 | 9.41 | 31.13 | 40.49 |
| 其他行业 | Others | 19.33 | 34.30 | 41.13 | 31.65 | 33.26 | 40.79 |

注：1.资料来源于省地税局、省国税局，2009年起地税包含耕地占用税、契税。（以下相关表同） 2.2008-2011年按国民经济行业分类(GB/T4754-2002)分，2012年起按国民经济行业分类(GB/T4754-2011)分。（以下相关表同）

Note:1.Data in the table are provided by Guizhou Provincial National Taxation Beaura and Local Taxation Beaura of Guizhou Province. 2.From 2008 to 2011,date in this table is classified by sector of the National Economy(GB/T4754-2002).And in 2012,date in this table is classified by sector of the National Economy (GB/T4754-2011).(The relative tables in this chapter are the same)

# 8-6 税收收入(按企业类型分)

# Taxation Revenue (by Business Entities)

单位：亿元 (100 million yuan)

| 项目 | Item | 2008 | 2009 | 2010 | 2011 | 2012 | 2013 |
|---|---|---|---|---|---|---|---|
| **总计** | **Total** | **577.62** | **673.83** | **831.97** | **1072.87** | **1308.63** | **1546.50** |
| 内资企业 | Domestic Enterprises | 511.52 | 598.93 | 745.52 | 966.07 | 1188.71 | 1405.02 |
| 国有企业 | State-owned Enterprises | 192.95 | 108.23 | 117.19 | 126.59 | 154.24 | 182.57 |
| 集体企业 | Collective-owned Enterprises | 8.59 | 10.19 | 12.57 | 15.17 | 19.31 | 18.40 |
| 股份合作企业 | Cooperative Enterprises | 4.41 | 4.95 | 7.67 | 11.52 | 14.61 | 12.26 |
| 联营企业 | Joint Ownership Enterprises | 0.72 | 0.95 | 0.78 | 0.87 | 0.88 | 0.78 |
| #国有控股 | State-owned and State-controlled Enterprises | 0.03 | 0.03 | 0.10 | 0.48 | 0.32 | 0.08 |
| 股份公司 | Share-holding Corporations Limited | 238.68 | 381.45 | 474.28 | 636.01 | 824.87 | 1006.37 |
| #国有控股 | State-owned and State-controlled Enterprises | 63.69 | 143.76 | 177.53 | 274.39 | 316.77 | 411.32 |
| 私营企业 | Private Enterprises | 55.02 | 65.50 | 87.90 | 100.32 | 111.52 | 106.01 |
| 其它企业 | Other Enterprises | 11.15 | 27.65 | 45.14 | 75.57 | 63.28 | 78.63 |
| 港澳台投资企业 | Enterprises with Funds from Hong Kong, Macao and Taiwan | 3.91 | 4.44 | 5.01 | 5.30 | 7.47 | 11.22 |
| #国有控股 | State-owned and State-controlled Enterprises | 0.24 | 0.18 | 0.12 | 0.46 | 0.26 | 0.28 |
| 外商投资企业 | Foreign Funded Enterprises | 12.07 | 18.24 | 21.03 | 24.70 | 19.42 | 20.75 |
| #国有控股 | State-owned and State-controlled Enterprises | 0.24 | 0.30 | 0.27 | 2.71 | 1.49 | 1.20 |
| 个体经营 | Individual Operators | 50.12 | 52.22 | 60.41 | 76.79 | 93.03 | 109.51 |
| 附：乡(镇)企业 | Township and Village Enterprises | 22.14 | 26.07 | 35.23 | 48.93 | 82.53 | 93.83 |

# 8-7 国税税收收入(按产业分)
# National Tax Revenue (by Industry)

单位：亿元 (100 million yuan)

| 项　　目 | Item | 2008 | 2009 | 2010 | 2011 | 2012 | 2013 |
|---|---|---|---|---|---|---|---|
| **税收收入合计** | **Total** | **353.45** | **385.38** | **458.13** | **568.60** | **647.79** | **729.65** |
| 第一产业 | Primary Industry | 0.15 | 0.51 | 1.16 | 1.03 | 1.35 | 2.01 |
| 第二产业 | Secondary Industry | 261.91 | 275.14 | 312.66 | 382.23 | 422.69 | 458.69 |
| 采矿业 | Mining and Quarrying | 42.64 | 51.31 | 70.37 | 82.10 | 85.08 | 70.83 |
| 制造业 | Manufacturing | 165.91 | 167.98 | 189.93 | 250.64 | 279.55 | 324.39 |
| 电力、燃气及水的生产和供应业 | Production and Distribution of Electric Power,Gas and Water | 52.41 | 54.63 | 50.66 | 47.18 | 54.28 | 59.70 |
| 建筑业 | Construction | 0.95 | 1.22 | 1.69 | 2.31 | 3.78 | 3.76 |
| 第三产业 | Tertiary Industry | 91.39 | 109.73 | 144.31 | 185.33 | 223.74 | 268.95 |
| 交通运输、仓储及邮政业 | Transport,Storage and Post | 0.70 | 1.45 | 2.48 | 3.05 | 2.33 | 6.84 |
| 信息传输、计算机服务和软件业 | Information Transmission,Computer Services and Software | 3.43 | 6.57 | 6.15 | 7.09 | 9.33 | 8.96 |
| 批发和零售业 | Wholesale and Retail Trade | 60.70 | 68.56 | 89.03 | 111.23 | 132.19 | 164.35 |
| 住宿和餐饮业 | Hotel and Catering Services | 0.07 | 0.08 | 0.12 | 0.17 | 0.23 | 0.18 |
| 金融业 | Financial Intermediation | 5.31 | 6.50 | 11.38 | 19.84 | 27.57 | 27.37 |
| 房地产业 | Real Estates | 3.09 | 7.26 | 10.73 | 13.99 | 15.30 | 12.23 |
| 租赁和商务服务业 | Leasing and Business Services | 0.43 | 1.16 | 1.87 | 2.25 | 1.29 | 2.96 |
| 科学研究和技术服务业 | Scientific Research and Technical Services | | | | | 2.62 | 3.00 |
| 居民服务和其他服务业 | Services to Households and Other Services | 0.55 | 0.72 | 0.78 | 0.89 | 1.54 | 1.83 |
| 教　育 | Education | 0.03 | 0.06 | 0.09 | 0.13 | 0.14 | 0.19 |
| 卫生、社会保险和社会福利业 | Health,Social Security and Social Welfare | 0.02 | 0.05 | 0.10 | 0.15 | 0.15 | 0.14 |
| 文化、体育和娱乐业 | Culture,Sports and Entertainment | 0.03 | 0.18 | 0.18 | 0.24 | 0.25 | 0.49 |
| 公共管理和社会组织 | Public Management and Social Organization | 1.65 | 1.58 | 2.14 | 3.91 | 4.44 | 4.51 |
| 其他行业 | Others | 15.39 | 15.55 | 19.24 | 22.38 | 26.36 | 35.90 |

注：资料来源于省国税局（以下相关表同）。

Note: Data in the table are provided by Guizhou Provincial National Taxation Beaura (the same applies to the next table).

# 8-8 地方系统税收收入(按产业分)
# Local Tax Revenue(by Industry)

单位：亿元 (100 million yuan)

| 项　　目 | Item | 2008 | 2009 | 2010 | 2011 | 2012 | 2013 |
|---|---|---|---|---|---|---|---|
| **税收收入合计** | **Total** | **224.17** | **288.45** | **373.83** | **504.27** | **660.84** | **816.85** |
| 第一产业 | Primary Industry | 0.03 | 0.05 | 0.10 | 0.17 | 0.28 | 0.41 |
| 第二产业 | Secondary Industry | 87.25 | 108.41 | 136.22 | 192.03 | 261.37 | 317.72 |
| 采矿业 | Mining and Quarrying | 24.41 | 36.61 | 47.68 | 60.49 | 67.13 | 59.89 |
| 制造业 | Manufacturing | 28.45 | 29.49 | 36.16 | 43.20 | 51.00 | 55.96 |
| 电力、燃气及水的生产和供应业 | Production and Distribution of Electric Power,Gas and Water | 9.39 | 11.71 | 9.99 | 12.24 | 16.44 | 15.00 |
| 建筑业 | Construction | 25.00 | 30.60 | 42.39 | 76.10 | 126.80 | 186.87 |
| 第三产业 | Tertiary Industry | 136.89 | 179.99 | 237.52 | 312.07 | 399.18 | 498.72 |
| 交通运输、仓储及邮政业 | Transport,Storage and Post | 14.34 | 12.50 | 13.62 | 15.99 | 16.80 | 13.47 |
| 信息传输、计算机服务 | Information Transmission,Computer | 4.81 | 5.26 | 5.99 | 7.10 | 8.31 | 9.70 |
| 批发和零售业 | Wholesale and Retail Trade | 34.76 | 39.23 | 42.87 | 58.81 | 73.53 | 86.11 |
| 住宿和餐饮业 | Hotel and Catering Services | 5.58 | 6.11 | 7.09 | 8.88 | 10.22 | 10.05 |
| 金融业 | Financial Intermediation | 17.20 | 21.91 | 27.73 | 35.77 | 49.54 | 63.60 |
| 房地产业 | Real Estates | 26.15 | 48.65 | 83.92 | 124.37 | 121.79 | 162.09 |
| 租赁和商务服务业 | Leasing and Business Services | 17.16 | 12.82 | 15.72 | 21.76 | 36.23 | 46.44 |
| 科学研究和技术服务业 | Scientific Research and Technical Services | | | | | 7.06 | 7.90 |
| 居民服务和其他服务业 | Services to Households and Other Services | 8.21 | 7.40 | 9.71 | 19.19 | 36.70 | 50.81 |
| 教　育 | Education | 0.71 | 0.83 | 1.05 | 1.32 | 1.40 | 2.15 |
| 卫生和社会工作 | Health and Social Work | 0.53 | 0.80 | 1.51 | 1.56 | 1.38 | 2.50 |
| 文化、体育和娱乐业 | Culture,Sports and Entertainment | 1.52 | 1.94 | 2.18 | 2.56 | 2.65 | 3.03 |
| 公共管理、社会保障和社会组织 | Public Management Social Security and | 1.99 | 3.80 | 4.25 | 5.50 | 26.69 | 35.98 |
| 其他行业 | Others | 3.94 | 18.75 | 21.89 | 9.27 | 6.90 | 4.89 |

注：资料来源于省地税局（以下相关表同）。

Note: Data in the table are provided by Local Taxation Beaura of Guizhou Province (the same applies to the next table).

# 8-9 国税税收收入(按企业类型分)

## National Taxation Revenue(by Business Entities)

单位：亿元 (100 million yuan)

| 项 目 | Item | 2008 | 2009 | 2010 | 2011 | 2012 | 2013 |
|---|---|---|---|---|---|---|---|
| **总 计** | **Total** | **353.45** | **385.38** | **458.13** | **568.60** | **647.79** | **729.65** |
| 内资企业 | Domestic Enterprises | 321.67 | 348.82 | 412.92 | 514.21 | 592.32 | 658.69 |
| 国有企业 | State-owned Enterprises | 141.34 | 51.97 | 59.33 | 62.20 | 72.89 | 86.14 |
| 集体企业 | Collective-owned Enterprises | 2.45 | 3.56 | 5.26 | 7.65 | 9.20 | 6.54 |
| 股份合作企业 | Cooperative Enterprises | 1.64 | 2.71 | 4.80 | 7.95 | 9.70 | 7.15 |
| 联营企业 | Joint Ownership Enterprises | 0.54 | 0.73 | 0.50 | 0.62 | 0.66 | 0.44 |
| #国有控股 | State-owned and State-controlled Enterprises | 0.03 | 0.03 | 0.08 | 0.47 | 0.31 | 0.07 |
| 股份公司 | Share-holding Corporations Limited | 138.23 | 248.46 | 289.50 | 376.54 | 436.34 | 500.17 |
| #国有控股 | State-owned and State-controlled Enterprises | 40.67 | 116.02 | 146.25 | 220.87 | 265.56 | 360.34 |
| 私营企业 | Private Enterprises | 36.02 | 39.68 | 50.92 | 55.19 | 59.54 | 52.99 |
| 其它企业 | Other Enterprises | 1.46 | 1.72 | 2.62 | 4.06 | 3.99 | 5.26 |
| 港澳台投资企业 | Enterprises with Funds from Hong Kong, Macao and Taiwan | 2.97 | 3.12 | 3.44 | 3.30 | 3.88 | 6.75 |
| #国有控股 | State-owned and State-controlled Enterprises | 0.22 | 0.16 | 0.10 | 0.08 | 0.15 | 0.07 |
| 外商投资企业 | Foreign Funded Enterprises | 8.33 | 13.74 | 15.67 | 17.83 | 12.50 | 13.27 |
| #国有控股 | State-owned and State-controlled Enterprises | 0.18 | 0.25 | 0.23 | 0.36 | 0.26 | 0.47 |
| 个体经营 | Individual Operators | 20.48 | 19.70 | 26.10 | 33.25 | 39.09 | 50.94 |
| 附：乡(镇)企业 | Township and Village Enterprises | 14.62 | 17.38 | 23.39 | 32.41 | 29.10 | 34.10 |

# 8-10 地方系统税收收入(按企业类型分)

## Local Taxation Revenue (by Business Entities)

单位：亿元 (100 million yuan)

| 项 目 | Item | 2008 | 2009 | 2010 | 2011 | 2012 | 2013 |
|---|---|---|---|---|---|---|---|
| **总 计** | **Total** | **224.17** | **288.45** | **373.83** | **504.27** | **660.84** | **816.85** |
| 内资企业 | Domestic Enterprises | 189.84 | 250.11 | 332.60 | 451.86 | 596.39 | 746.33 |
| 国有企业 | State-owned Enterprises | 51.60 | 56.26 | 57.86 | 64.39 | 81.35 | 96.43 |
| 集体企业 | Collective-owned Enterprises | 6.15 | 6.64 | 7.31 | 7.52 | 10.11 | 11.86 |
| 股份合作企业 | Cooperative Enterprises | 2.77 | 2.24 | 2.87 | 3.57 | 4.91 | 5.11 |
| 联营企业 | Joint Ownership Enterprises | 0.18 | 0.22 | 0.27 | 0.25 | 0.22 | 0.34 |
| #国有控股 | State-owned and State-controlled Enterprises | … | 0.01 | 0.02 | 0.01 | 0.01 | 0.01 |
| 股份公司 | Share-holding Corporations Limited | 100.46 | 132.99 | 184.78 | 259.47 | 388.53 | 506.20 |
| #国有控股 | State-owned and State-controlled Enterprises | 23.02 | 27.74 | 31.29 | 53.52 | 51.21 | 50.98 |
| 私营企业 | Private Enterprises | 19.00 | 25.83 | 36.98 | 45.13 | 51.98 | 53.02 |
| 其它企业 | Other Enterprises | 9.69 | 25.94 | 42.53 | 71.51 | 59.29 | 73.37 |
| 港澳台投资企业 | Enterprises with Funds from Hong Kong, Macao and Taiwan | 0.94 | 1.32 | 1.57 | 2.00 | 3.59 | 4.47 |
| #国有控股 | State-owned and State-controlled Enterprises | 0.02 | 0.02 | 0.02 | 0.38 | 0.11 | 0.21 |
| 外商投资企业 | Foreign Funded Enterprises | 3.74 | 4.49 | 5.36 | 6.87 | 6.92 | 7.48 |
| #国有控股 | State-owned and State-controlled Enterprises | 0.06 | 0.05 | 0.03 | 2.35 | 1.23 | 0.73 |
| 个体经营 | Individual Operators | 29.65 | 32.52 | 34.31 | 43.54 | 53.94 | 58.57 |
| 附：乡(镇)企业 | Township and Village Enterprises | 7.52 | 8.69 | 11.84 | 16.52 | 53.43 | 59.73 |

# 8-11 国家税收收入(分行业、分税种)（2013）

单位：亿元

| 项　　目 | Item | 合　计<br>Total |
|---|---|---|
| **合　　计** | **Total** | **729.65** |
| 第一产业 | Primary Industry | 2.01 |
| 第二产业 | Secondary Industry | 458.69 |
| 采矿业 | Mining and Quarrying | 70.83 |
| 制造业 | Manufacturing | 324.39 |
| 电力、燃气及水的生产和供应业 | Production and Distribution of Electric Power,Gas and Water | 59.70 |
| 建筑业 | Construction | 3.76 |
| 第三产业 | Tertiary Industry | 268.95 |
| 批发和零售业 | Wholesale and Retail Trade | 164.35 |
| 交通运输、仓储及邮政业 | Transport,Storage and Post | 6.84 |
| 住宿和餐饮业 | Wholesale and Retail Trade | 0.18 |
| 信息传输、软件和信息技术服务业 | Information Transmission,Computer Services and Software | 8.96 |
| 金融业 | Financial Intermediation | 27.37 |
| 房地产业 | Real Estates | 12.23 |
| 租赁和商务服务业 | Leasing and Business Services | 2.96 |
| 科学研究和技术服务业 | Scientific Research and Technical Services | 3.00 |
| 居民服务、修理和其他服务业 | Services to Households and Other Services | 1.83 |
| 教　育 | Education | 0.19 |
| 卫生和社会工作 | Health and Social Work | 0.14 |
| 文化、体育和娱乐业 | Culture,Sports and Entertainment | 0.49 |
| 公共管理、社会保障和社会组织 | Public Management Social Security and Social Organization | 4.51 |
| 其他行业 | Others | 35.90 |

# Taxation Revenue of the Central Government (By Industrial Sector and Taxation Category)

(100 million yuan)

| 国内增值税 Domestic Value-added Tax | #一般纳税人增值税 Value-added Tax from General Taxpayer | 国内消费税 Domestic Consumption Tax | 企业所得税 Corporate Income Tax | 个人所得税 Personal Income Tax | 车辆购置税 Vehicle Purchase Tax |
|---|---|---|---|---|---|
| **369.09** | **345.44** | **192.40** | **122.29** | **0.02** | **45.85** |
| 0.19 | 0.14 | | 0.02 | | 1.80 |
| 246.67 | 238.34 | 177.06 | 33.57 | | 1.39 |
| 69.07 | 67.09 | | 1.53 | | 0.23 |
| 122.38 | 120.75 | 177.06 | 24.35 | | 0.60 |
| 54.92 | 50.26 | | 4.67 | | 0.11 |
| 0.30 | 0.25 | | 3.02 | | 0.45 |
| 122.24 | 106.95 | 15.34 | 88.69 | 0.02 | 42.66 |
| 110.70 | 102.65 | 15.34 | 35.70 | | 2.61 |
| 2.84 | 1.03 | | 1.48 | | 2.51 |
| 0.01 | 0.01 | | 0.15 | | 0.02 |
| 0.86 | 0.63 | | 8.06 | | 0.04 |
| 0.14 | 0.13 | | 27.03 | | 0.20 |
| 0.08 | 0.06 | | 11.86 | | 0.29 |
| 1.27 | 0.62 | | 1.36 | | 0.33 |
| 1.08 | 0.77 | | 1.87 | | 0.05 |
| 0.89 | 0.48 | | 0.63 | | 0.32 |
| … | | | 0.05 | | 0.13 |
| 0.01 | 0.01 | | 0.05 | | 0.08 |
| 0.42 | 0.39 | | 0.04 | | 0.03 |
| 3.37 | | | 0.34 | | 0.80 |
| 0.56 | 0.17 | | 0.08 | 0.02 | 35.24 |

# 8−12 地方系统税收收入(分行业、分税种)(2013)

单位：亿元

| 项 目 | Item | 合计<br>Total | 营业税<br>Business Tax | 企业所得税<br>Enterprises Income Tax |
|---|---|---|---|---|
| **合 计** | **Total** | **816.85** | **297.63** | **127.77** |
| 第一产业 | Primary Industry | 0.41 | 0.13 | 0.04 |
| 第二产业 | Secondary Industry | 317.72 | 118.06 | 56.67 |
| 采矿业 | Mining and Quarrying | 59.89 | 2.22 | 14.53 |
| 制造业 | Manufacturing | 55.96 | 1.72 | 7.54 |
| 电力、燃气及水的生产和供应业 | Production and Distribution of Electric Power, Gas and Water | 15.00 | 0.89 | 2.86 |
| 建筑业 | Construction | 186.87 | 113.22 | 31.74 |
| 第三产业 | Tertiary Industry | 498.72 | 179.45 | 71.06 |
| 交通运输、仓储及邮政业 | Transport,Storage and Post | 13.47 | 7.61 | 1.17 |
| 信息传输、软件和信息技术服务业 | Information Transmission,Computer Services and Software | 9.70 | 7.33 | 0.18 |
| 批发和零售业 | Wholesale and Retail Trade | 86.11 | 2.83 | 43.34 |
| 住宿和餐饮业 | Hotel and Catering Services | 10.05 | 6.56 | 0.33 |
| 金融业 | Financial Intermediation | 63.60 | 39.01 | 0.83 |
| 房地产业 | Real Estates | 162.09 | 69.66 | 13.00 |
| 租赁和商务服务业 | Leasing and Business Services | 46.44 | 19.31 | 6.28 |
| 科学研究和技术服务业 | Scientific and Technical services | 7.90 | 3.89 | 1.38 |
| 居民服务、修理和其他服务业 | Resident Services, Repairs and other services | 50.81 | 16.38 | 3.12 |
| 教 育 | Education | 2.15 | 0.96 | 0.22 |
| 卫生和社会工作 | Health and Social Work | 2.50 | 0.12 | 0.10 |
| 文化、体育和娱乐业 | Culture,Sports and Entertainment | 3.03 | 1.30 | 0.22 |
| 公共管理、社会保障和社会组织 | Public Management，Social Security and Social Organization | 35.98 | 3.28 | 0.68 |
| 其他行业 | Others | 4.89 |  | 0.20 |

# Taxation Revenue of the Local Government (By Industrial Sector and Taxation Category)

(100 million yuan)

| 个人所得税 Personal Income Tax | 城市维护建设税 Tax on City Maintenance and Construction | 房产税 Tax on Real Estates | 印花税 Stamp Tax | 城镇土地使用税 Tax on the Use of Urban Land | 土地增值税 Value-added Tax on Land | 其他各税 Other Taxes |
|---|---|---|---|---|---|---|
| **86.59** | **53.53** | **17.13** | **8.40** | **16.18** | **29.41** | **180.21** |
| 0.05 | 0.02 | 0.01 | 0.02 | 0.01 | 0.01 | 0.11 |
| 41.93 | 33.17 | 5.06 | 3.35 | 6.63 | 1.22 | 51.63 |
| 25.37 | 4.07 | 0.35 | 0.42 | 1.08 | 0.05 | 11.79 |
| 8.43 | 20.62 | 2.95 | 1.23 | 4.25 | 0.32 | 8.92 |
| 2.79 | 2.85 | 0.95 | 0.48 | 0.90 | 0.01 | 3.27 |
| 5.34 | 5.64 | 0.81 | 1.22 | 0.40 | 0.85 | 27.66 |
| 44.62 | 20.33 | 12.06 | 5.03 | 9.54 | 28.17 | 128.46 |
| 2.52 | 0.59 | 0.49 | 0.18 | 0.27 | 0.05 | 0.59 |
| 0.81 | 0.48 | 0.51 | 0.06 | 0.19 | 0.00 | 0.13 |
| 5.27 | 7.70 | 1.64 | 1.54 | 1.36 | 0.09 | 22.33 |
| 2.00 | 0.42 | 0.50 | 0.01 | 0.16 | 0.00 | 0.06 |
| 11.37 | 2.56 | 1.42 | 0.48 | 0.30 | 0.06 | 7.57 |
| 4.25 | 4.90 | 3.07 | 1.30 | 5.49 | 24.94 | 35.48 |
| 3.73 | 1.38 | 2.45 | 0.99 | 0.67 | 1.08 | 10.55 |
| 1.50 | 0.33 | 0.16 | 0.05 | 0.10 | 0.01 | 0.48 |
| 7.37 | 1.30 | 1.27 | 0.29 | 0.53 | 0.86 | 19.69 |
| 0.57 | 0.06 | 0.11 | 0.01 | 0.05 | 0.00 | 0.17 |
| 2.16 | 0.01 | 0.03 | 0.01 | 0.01 | 0.03 | 0.03 |
| 1.03 | 0.10 | 0.12 | 0.01 | 0.04 | 0.00 | 0.22 |
| 1.99 | 0.39 | 0.26 | 0.07 | 0.04 | 1.05 | 28.22 |
| 0.05 | 0.11 | 0.02 | 0.02 | 0.34 | 0.00 | 2.93 |

# 主要统计指标解释

**公共财政收入** 指政府为履行职能，按国家法律法规规定收取的纳入预算内管理的各项税收及非税收入总和。1994 年我国实行分税制改革后，公共财政收入划分为中央固定收入、地方固定收入、中央与地方共享收入三部分。其中，地方公共财政收入（习惯上称地方财政收入）由地方固定收入和中央与地方共享收入地方分成部分组成，具体又可分为税收收入和非税收入两类。

**公共财政支出** 指地方政府为履行职能需要，通过预算内资金安排的用于维持政权运转及支持各项社会事业发展等方面的支出。主要包括：

(1) 一般公共服务：指政府提供基本公共管理与服务的支出，包括人大事务、政协事务、政府办公厅（室）及相关机构事务、发展与改革事务、统计信息事务、财政事务、税收事务、审计事务、海关事务、人力资源事务、纪检监察事务、人口与计划生育事务、商贸事务、知识产权事务、工商行政管理事务、国土资源事务、海洋管理事务、测绘事务、地震事务、气象事务、民族事务、宗教事务、港澳台侨事务、档案事务、共产党事务、民主党派事务及工商联事务、群众团体事务、彩票事务等。

(2) 国防：指政府用于国防方面的支出，包括用于现役部队、预备役部队、民兵、国防科研事业、专项工程、国防动员等方面的支出。

(3) 公共安全：指政府维护社会公共安全方面的支出，包括武装警察、公安、国家安全、检察、法院、司法行政、监狱、劳教、国家保密、缉私警察等。

(4) 教育：指政府教育事务支出，包括教育行政管理、学前教育、小学教育、初中教育、普通高中教育、普通高等教育、初等职业教育、中专教育、技校教育、职业高中教育、高等职业教育、广播电视教育、留学生教育、特殊教育、干部继续教育、教育机关服务等。

(5) 科学技术：指用于科学技术方面的支出，包括科学技术管理事务、基础研究、应用研究、技术研究与开发、科技条件与服务、社会科学、科学技术普及、科技交流与合作等。

(6) 文化教育与传媒：指政府在文化、文物、体育、广播影视、新闻出版等方面的支出。

(7) 社会保障和就业：指政府在社会保障与就业方面的支出，包括社会保障和就业管理事务、民政管理事务、财政对社会保险基金的补助、补充全国社会保障基金、行政事业单位离退休、企业改革补助、就业补助、抚恤、退役安置、社会福利、残疾人事业、城市居民最低生活保障、其他城镇社会救济、农村社会救济、自然灾害生活救助、红十字事务等。

(8) 医疗卫生：指政府医疗卫生方面的支出，包括医疗卫生管理事务支出、医疗服务支出、医疗保障支出、疾病预防控制支出、卫生监督支出、妇幼保健支出、农村卫生支出等。

(9) 城乡社区事务：指政府城乡社区事务支出，包括城乡社区管理事务支出、城乡社区规划与管理支出、城乡社区公共设施支出、城乡社区住宅支出、城乡社区环境卫生支出、建设市场管理与监督支出等。

(10) 农林水事务：指政府农林水事务支出，包括农业支出、林业支出、水利支出、扶贫支出、农业综合开发支出等。

(11) 交通运输：指政府交通运输和邮政业方面的支出，包括公路运输支出、水路运输支出、铁路运输支出、民用航空运输支出、邮政业支出等。

# Explanatory Notes on Main Statistical Indicators

**Public Revenue** refers to the sum of various tax and non-tax revenue which is charged into the budget management according to the national laws and regulations for the government to fulfill its functions. After the implementation of the tax reform in our country in 1994, public revenue divided into the central fixed income, local fixed-income, revenue sharing between central and local three parts. Among them, the local public revenue (customarily known as local revenues) consists of Local fixed income and revenue sharing between central and local areas into parts, Specifically, it can be divided into tax revenues and non-tax revenue categories.

**Public expenditure** refers to the spending which is used to operate and maintenance of the regime and support the development of society through budgetary funding arrangements, so as to fulfill local government's function. It includes the following main items:

(1) Expenditure for general public services: It refers to the spending on the basic public management and services which is provided by governments, including the expense on affairs of People's Congress, affairs of People's Political Consultative Conference, affairs of government general office and relative institutions, affairs of development and reform, affairs of statistics, affairs of finance, affairs of taxation, affairs of audit, affairs of customs, affairs of human resources and social security, affairs of discipline inspection and supervision, affairs of population and family planning, affairs of commerce and trade, affairs of intellectual property, affairs of administration for industry and commerce, affairs of land and resources, affairs of oceanic administration, affairs of surveying and mapping, affairs of earthquake, ethnic affairs, religious affairs, affairs of Hong Kong, Macao, Taiwan, and Overseas Chinese, affairs of archives administration, affairs of Chinese Communist Party, affairs of democratic parties and federation of industry and commerce, affairs of mass organization, and affairs of lottery, etc.

(2) Expenditure for national defence: It refers to the spending of government on national defence, including the expense on active force, reserve force, militia, scientific research on national defence, special projects, mobilization of national defence, etc.

(3) Expenditure for public security: It refers to the spending of government on maintaining social and public security, including the expense on armed police force, public security, state security, prosecution, courts, justice, prison, labour education and rehabilitation, protection of state secrecy, anti-smuggling police, etc.

(4) Expenditure for education: It refers to the spending of government on education, including the expense on the administration of education, pre-primary education, primary education, secondary education, high school education, regular higher education, primary vocational education, secondary vocational education, technical school education, vocational high school education and higher vocational education, radio and television education, student abroad education, special education, on the job training of cadres, education authorities services, etc.

(5) Expenditure for science and technology: It refers to the spending of government on science and technology (S&T), including the expense on the administration of S&T, basic research, applied research, research and development, conditions and services of S&T, popularization of social science, science and technology, exchanges and cooperation of S&T, etc.

(6) Expenditure for culture, sport and media: It refers to the spending of government on culture, cultural heritage, sports, radio, film, television, press and publication, etc.

(7) Expenditure for social safety net and employment effort: It refers to the spending of government on social safety net and employment, including the expense on administration of social safety net and employment, civil affairs, budgetary subsidy on the social insurance funds, subsidy on National Social Security Fund, retirees of administrative units and institutions, subsidy on enterprise reform, subsidy on employment effort, pension, placement of ex-serviceman, social

welfare, the handicapped undertakings, the system of cost of living allowances for urban residents, other urban social relief, rural social relief, living relief of natural disasters, affairs of Red Cross Society, etc.

(8) Expenditure for medical and health care: It refers to the spending of government on medical and health care, including the expense on administration of medical and health care, medical services, health care, disease prevention and control, health inspection and supervision, women and children's health, rural health care, etc.

(9) Expenditure for urban and rural community affairs: It refers to the spending of government on urban and rural community affairs, including the expense on administration of urban and rural community, planning and management of urban and rural community, public facilities of urban and rural community, housing of urban and rural community, sanitation of urban and rural community, management and supervision on the construction market, etc.

(10) Expenditure for agriculture, forestry and water conservancy: It refers to the spending of government on agriculture, forestry and water conservancy, including the expense on agriculture, forestry, water conservancy, poverty alleviation, comprehensive agricultural development, etc.

(11) Expenditure for transportation: It refers to the spending of government on transportation and postal services, including the expense on road transportation, waterway transportation, railway transportation, civil aviation transportation, and postal services.

9

Nine

# 价格指数

Price Indices

# 9-1 居民消费价格分类指数
## Consumer Price Indices by Category

(上年=100) (preceding year=100)

| 指　　标 | Item | 2008 | 2009 | 2010 | 2011 | 2012 | 2013 |
|---|---|---|---|---|---|---|---|
| **居民消费价格总指数** | **General Consumer Price Index** | **107.6** | **98.7** | **102.9** | **105.1** | **102.7** | **102.5** |
| # 非食品价格指数 | Non-Food Price Index | 102.5 | 98.9 | 100.5 | 101.2 | 101.6 | 101.7 |
| # 服务项目价格指数 | Services Price Index | 102.6 | 99.9 | 101.4 | 101.3 | 101.8 | 103.0 |
| 消费品价格指数 | Consumer Goods Price Index | 109.0 | 98.4 | 103.4 | 106.6 | 103.0 | 102.4 |
| # **食品** | **Food** | **117.3** | **98.5** | **107.7** | **113.5** | **104.7** | **104.1** |
| 粮食 | Grain | 107.6 | 103.0 | 120.5 | 116.8 | 104.5 | 103.3 |
| 淀粉及薯类 | Starches and Tubers | 104.9 | 120.1 | 110.7 | 108.9 | 107.2 | 107.5 |
| 干豆类及豆制品 | Beans and Bean Products | 137.4 | 102.1 | 109.7 | 107.9 | 100.6 | 102.9 |
| 油脂 | Oil or Fat | 128.3 | 78.4 | 100.4 | 116.5 | 104.4 | 100.2 |
| 肉禽及其制品 | Meat, Poultry and Processed Products | 124.7 | 91.0 | 104.9 | 124.5 | 101.3 | 103.8 |
| 食用畜肉及副产品 | Livestock for Slaughtering and Sideline Products | 129.8 | 84.9 | 102.5 | 129.9 | 100.1 | 103.7 |
| 禽 | Poultry | 108.0 | 97.8 | 114.7 | 113.4 | 100.1 | 102.9 |
| 肉禽加工制品 | Products of Processed Meat and Poultry | 120.3 | 100.3 | 101.9 | 109.5 | 112.3 | 105.8 |
| 蛋 | Eggs | 100.1 | 98.0 | 107.3 | 114.7 | 95.7 | 104.7 |
| 水产品 | Aquatic Products | 112.2 | 95.3 | 109.7 | 111.1 | 107.6 | 103.1 |
| 鱼 | Fish | 113.0 | 94.8 | 111.4 | 110.7 | 108.0 | 102.4 |
| 其他水产品 | Other Aquatic Products | 110.1 | 95.7 | 104.5 | 112.0 | 106.7 | 104.9 |
| 菜 | Vegetables | 108.1 | 114.7 | 116.6 | 108.7 | 109.0 | 101.6 |
| 鲜菜 | Fresh Vegetables | 107.7 | 119.0 | 114.3 | 108.3 | 110.8 | 101.3 |
| 调味品 | Flavoring | 108.9 | 103.7 | 105.3 | 107.3 | 102.7 | 103.3 |
| 糖 | Carbohydrate | 105.6 | 101.0 | 109.7 | 111.7 | 104.6 | 100.5 |
| 茶及饮料 | Tea and Beverages | 101.8 | 100.8 | 100.9 | 102.6 | 103.0 | 101.8 |
| 干鲜瓜果 | Dried and Fresh Melons and Fruits | 108.5 | 112.7 | 120.3 | 112.0 | 100.0 | 104.4 |
| 糕点饼干面包 | Cake, Biscuit and Bread | 112.8 | 101.2 | 102.3 | 110.5 | 105.6 | 102.0 |
| 奶及奶制品 | Milk and Its Products | 120.0 | 103.4 | 101.0 | 100.5 | 104.0 | 109.2 |

## 9-1 续表1 continued

(上年=100) (preceding year=100)

| 指标 | Item | 2008 | 2009 | 2010 | 2011 | 2012 | 2013 |
|---|---|---|---|---|---|---|---|
| 在外用膳食品 | Dining Out | 120.7 | 101.5 | 101.3 | 109.5 | 109.6 | 107.6 |
| 其他食品及食品加工服务 | Other Foods and Manufacturing Services | 106.7 | 95.4 | 100.8 | 103.5 | 106.6 | 101.5 |
| **烟酒及用品** | **Tobacco, Liquor and Articles** | **104.0** | **100.9** | **102.0** | **102.4** | **102.8** | **101.5** |
| 烟草 | Tobacco | 99.8 | 100.1 | 100.8 | 99.7 | 102.3 | 100.8 |
| 酒 | Liquor | 113.2 | 102.3 | 103.8 | 107.2 | 103.5 | 102.8 |
| 白酒 | Distilled Spirit | 117.5 | 103.5 | 106.5 | 110.0 | 104.5 | 102.9 |
| 啤酒 | Beer | 107.6 | 99.4 | 95.9 | 103.3 | 100.9 | 100.5 |
| **衣着** | **Clothing** | **97.8** | **95.6** | **97.4** | **100.3** | **103.8** | **102.3** |
| 服装 | Garments | 98.3 | 96.7 | 99.3 | 100.9 | 103.5 | 102.8 |
| 衣着材料 | Clothing Material | 100.3 | 101.9 | 103.1 | 113.2 | 107.1 | 101.1 |
| 鞋袜帽 | Footgear and Hats | 96.4 | 92.5 | 92.5 | 97.1 | 104.0 | 101.0 |
| **家庭设备用品及维修服务** | **Household Facilities, Articles and Services** | **103.5** | **99.6** | **99.3** | **100.2** | **101.1** | **101.1** |
| 耐用消费品 | Durable Consumer Goods | 102.8 | 98.4 | 98.6 | 98.7 | 99.1 | 100.9 |
| 家　具 | Furniture | 102.8 | 100.2 | 100.8 | 101.7 | 101.9 | 101.6 |
| 家庭设备 | Household Facilities | 102.3 | 98.0 | 97.6 | 97.3 | 97.7 | 100.5 |
| 室内装饰品 | Interior Decorations | 96.1 | 97.6 | 101.0 | 97.6 | 99.4 | 104.7 |
| 床上用品 | Bed Articles | 100.6 | 97.7 | 93.2 | 103.4 | 100.4 | 95.8 |
| 家庭日用杂品 | Daily Use Household Articles | 102.7 | 100.9 | 99.8 | 100.7 | 101.2 | 100.8 |
| 家庭服务及加工维修服务 | Household Services and Maintenance and Renovation | 127.1 | 103.0 | 109.7 | 103.2 | 111.5 | 107.4 |
| **医疗保健和个人用品** | **Health Care and Personal Articles** | **100.7** | **100.9** | **101.3** | **102.6** | **102.5** | **101.5** |
| 医疗保健 | Health Care | 99.2 | 100.1 | 100.9 | 103.5 | 102.3 | 101.0 |
| 医疗器具及用品 | Medical Instrument and Articles | 100.3 | 100.5 | 101.0 | 100.8 | 101.8 | 99.8 |
| 中药材及中成药 | Traditional Chinese Medicine | 104.4 | 102.4 | 103.8 | 115.1 | 108.2 | 103.0 |
| 西　药 | Western Medicine | 98.3 | 100.1 | 101.1 | 101.9 | 100.9 | 100.9 |
| 保健器具及用品 | Health Care Appliances and Articles | 100.2 | 99.8 | 99.5 | 99.6 | 99.7 | 100.3 |
| 医疗保健服务 | Health Care Services | 98.9 | 99.6 | 100.3 | 100.0 | 100.6 | 100.0 |

9-1 续表2 continued

(上年=100) (preceding year=100)

| 指 标 | Item | 2008 | 2009 | 2010 | 2011 | 2012 | 2013 |
|---|---|---|---|---|---|---|---|
| 个人用品及服务 | Personal Articles and Services | 102.4 | 102.0 | 101.8 | 101.3 | 102.8 | 102.2 |
| 化妆美容用品 | Cosmetics | 98.6 | 100.5 | 101.7 | 100.4 | 100.2 | 100.0 |
| 卫生用品 | Sanitation Articles | 98.4 | 100.7 | 101.9 | 101.3 | 104.5 | 103.7 |
| 个人饰品 | Personal Ornaments | 103.8 | 98.2 | 100.1 | 103.7 | 100.1 | 97.6 |
| 个人服务 | Personal Services | 107.1 | 108.1 | 103.5 | 99.9 | 105.6 | 106.4 |
| **交通和通讯** | **Transportation and Communication** | **100.7** | **98.2** | **100.8** | **100.1** | **99.6** | **99.6** |
| 交 通 | Transportation | 103.4 | 99.8 | 102.6 | 102.9 | 101.4 | 101.3 |
| 交通工具 | Transportation Facility | 99.9 | 99.6 | 99.8 | 100.7 | 100.0 | 99.9 |
| 车用燃料及零配件 | Fuels and Parts | 110.9 | 91.0 | 111.3 | 109.7 | 103.3 | 101.1 |
| 车辆使用及维修 | Fees for Vehicles Use and Maintenance | 102.6 | 103.3 | 102.5 | 108.2 | 103.1 | 107.3 |
| 市区公共交通 | Incity Traffic Fare | 102.9 | 100.4 | 101.5 | 99.3 | 101.5 | 100.4 |
| 城市间交通 | Intercity Traffic Fare | 106.4 | 103.0 | 102.7 | 104.9 | 100.8 | 101.6 |
| 通 信 | Communication | 98.3 | 96.7 | 99.1 | 97.2 | 97.8 | 97.7 |
| 通信工具 | Communication Facility | 89.2 | 91.3 | 92.6 | 84.0 | 85.4 | 91.2 |
| 通信服务 | Communication Service | 100.4 | 97.8 | 100.4 | 100.6 | 100.5 | 98.9 |
| **娱乐教育文化用品及服务** | **Recreation, Education and Culture Articles** | **101.6** | **100.2** | **100.4** | **99.9** | **101.2** | **101.8** |
| 文娱用耐用消费品及服务 | Durable Consumer Goods for Cultural and Recreational Use and Services | 94.6 | 94.0 | 96.9 | 96.0 | 96.8 | 94.6 |
| 教 育 | Education | 102.3 | 100.5 | 101.0 | 101.4 | 102.7 | 103.0 |
| 文化娱乐用品 | Cultural Articles | 108.2 | 102.8 | 100.3 | 99.7 | 101.5 | 102.9 |
| 文化娱乐 | Cultural and Recreational Articles | 99.5 | 98.2 | 99.1 | 99.7 | 100.3 | 99.5 |
| 书报杂志 | Newspapers and Magazines | 101.7 | 102.2 | 101.1 | 100.3 | 102.2 | 104.9 |
| 文娱费 | Expenditure on Culture and Recreation | 115.0 | 106.0 | 100.2 | 99.5 | 101.8 | 103.9 |
| 旅游 | Touring and Outing | 96.8 | 105.6 | 106.2 | 100.1 | 101.5 | 104.9 |
| **居住** | **Residence** | **107.5** | **98.4** | **102.4** | **102.8** | **101.4** | **103.0** |
| 建房及装修材料 | Building and Building Decoration Materials | 104.4 | 100.9 | 100.4 | 102.5 | 100.9 | 101.5 |
| 租 房 | Rent | 107.4 | 104.6 | 102.5 | 99.5 | 103.2 | 105.8 |
| 自有住房 | Private Housing | 99.6 | 85.6 | 100.6 | 102.3 | 100.9 | 105.1 |
| 水、电、燃料 | Water, Electricity and Fuels | 112.4 | 99.8 | 105.0 | 103.9 | 101.9 | 100.9 |

# 9-2 商品零售价格分类指数

## Retail Price Indices by Category

(上年=100) (preceding year=100)

| 指　标 | Item | 2008 | 2009 | 2010 | 2011 | 2012 | 2013 |
|---|---|---|---|---|---|---|---|
| **商品零售价格总指数** | **Retail Price Index** | **107.2** | **97.6** | **103.0** | **105.5** | **102.0** | **101.5** |
| 食品类 | Food | 117.8 | 98.3 | 108.2 | 113.9 | 104.6 | 104.2 |
| 粮食 | Grain | 108.8 | 103.7 | 120.4 | 117.1 | 104.8 | 103.7 |
| 油脂 | Oil or Fat | 123.7 | 77.0 | 98.9 | 116.5 | 104.3 | 100.8 |
| 肉禽及其制品 | Meat, Poultry and Processed Products | 125.9 | 89.9 | 104.9 | 123.6 | 101.8 | 104.1 |
| 蛋 | Eggs | 101.7 | 98.2 | 107.2 | 115.7 | 97.9 | 106.1 |
| 水产品 | Aquatic Products | 115.5 | 96.2 | 108.2 | 112.3 | 107.3 | 103.5 |
| 鲜菜 | Frash Vegetables | 108.1 | 118.1 | 114.4 | 109.5 | 110.6 | 101.1 |
| 干菜及菜制品 | Dried Vegetables and Its Products | 107.7 | 96.0 | 125.8 | 110.8 | 99.1 | 102.8 |
| 鲜果 | Fresh Fruits | 108.2 | 117.0 | 122.1 | 112.3 | 98.8 | 107.4 |
| 干(坚)果及瓜果制品 | Dried Fruits and Its Products | 118.0 | 101.4 | 120.8 | 113.4 | 101.3 | 100.8 |
| 在外用膳食品 | Outward Dinner Food | 119.0 | 101.5 | 101.3 | 109.3 | 109.9 | 107.3 |
| 饮料、烟酒 | Beverages,Tobacco and Liquor | 102.3 | 100.6 | 101.1 | 101.6 | 102.5 | 101.7 |
| 服装、鞋帽类 | Garments,Shoes and Hats | 98.6 | 96.1 | 98.3 | 100.4 | 103.5 | 102.9 |
| 纺织品类 | Textiles | 101.0 | 98.4 | 99.5 | 103.8 | 102.1 | 99.2 |
| 家用电器及音像器材 | Household Appliances, Music and Video Equipment | 98.1 | 95.7 | 97.9 | 96.3 | 97.2 | 97.3 |
| 文化办公用品 | Cultural and Office Appliances | 98.5 | 99.3 | 100.1 | 98.1 | 98.4 | 98.6 |
| 日用品 | Articles for Daily Use | 103.8 | 100.8 | 100.8 | 100.8 | 100.2 | 101.0 |
| 体育娱乐用品 | Sports and Recreation Articles | 99.8 | 97.3 | 99.2 | 100.3 | 101.4 | 99.6 |
| 交通、通信用品 | Transportation and Communication Appliances | 97.4 | 98.2 | 97.6 | 96.2 | 96.3 | 98.1 |
| 家具 | Furniture | 102.7 | 100.9 | 99.8 | 101.9 | 104.8 | 103.1 |
| 化妆品类 | Cosmetics | 98.3 | 98.6 | 99.7 | 100.6 | 101.9 | 102.2 |
| 金银珠宝类 | Gold,Silver and Jewelry | 113.3 | 89.7 | 108.9 | 111.7 | 101.5 | 95.1 |
| 中西药品及医疗保健用品类 | Traditional Chinese and Western Medicines & Health Care Articles | 102.4 | 101.0 | 102.6 | 106.2 | 104.2 | 102.1 |
| 书报杂志及电子出版物类 | Books, Newspapers, Magazines and Electronic Publications | 100.3 | 102.2 | 100.5 | 100.2 | 102.0 | 104.9 |
| 燃料类 | Fuels | 124.5 | 93.7 | 111.2 | 113.7 | 102.2 | 99.7 |
| 建筑材料及五金电料类 | Building Materials and Hardware | 112.7 | 96.6 | 102.5 | 102.7 | 99.0 | 99.3 |

# 9-3 工业生产者出厂价格分类指数

# Ex-Factory Price Indices of Industrial Products by Gategory

(上年=100) (preceding year=100)

| 指 标 | Item | 2008 | 2009 | 2010 | 2011 | 2012 | 2013 |
|---|---|---|---|---|---|---|---|
| **工业生产者出厂价格指数** | **Producer Price Indices for Industrial Products** | **112.4** | **95.1** | **104.7** | **105.4** | **101.0** | **97.4** |
| **按轻、重工业分** | **Grouped by Light or Heavy Industries** | | | | | | |
| 轻工业 | Light Industry | 107.5 | 99.7 | 100.5 | 102.9 | 103.6 | 102.4 |
| 重工业 | Heavy Industry | 114.4 | 93.3 | 106.2 | 106.0 | 100.4 | 96.3 |
| **按用途分** | **Grouped by Use** | | | | | | |
| 生产资料 | Means of Production | 114.2 | 93.8 | 105.5 | 106.2 | 100.3 | 96.1 |
| 采掘工业 | Mining & Quarrying Industry | 118.1 | 96.9 | 116.1 | 107.2 | 99.0 | 93.2 |
| 原材料工业 | Raw Materials Industry | 107.1 | 97.1 | 105.4 | 106.4 | 102.3 | 95.7 |
| 加工工业 | Processing Industry | 120.8 | 89.3 | 102.1 | 105.6 | 97.5 | 97.0 |
| 生活资料 | Consumer Goods | 105.4 | 100.6 | 100.9 | 102.8 | 103.5 | 102.4 |
| 食品类 | Food | 106.1 | 101.5 | 101.7 | 102.8 | 103.3 | 102.3 |
| 衣着类 | Clothing | 105.2 | 106.1 | 102.4 | 114.2 | 105.5 | 100.2 |
| 一般日用品 | Articles for Daily Use | 102.8 | 99.0 | 100.3 | 101.6 | 103.1 | 101.6 |
| 耐用消费品 | Durable Consumer Goods | 100.2 | 91.7 | 92.2 | 101.5 | 105.4 | 104.8 |
| **按工业大类行业分** | **Grouped by Sector** | | | | | | |
| #煤炭开采和洗选业 | Mining and Washing of Coal | 120.9 | 100.0 | 117.0 | 111.9 | 94.5 | 85.8 |
| 有色金属矿采选业 | Mining and Processing of Non-Ferrous Metal Ores | 106.4 | 86.8 | 105.6 | 104.5 | 98.1 | 96.2 |
| 非金属矿采选业 | Mining and Processing of Nonmetal Ores | 110.4 | 90.4 | 106.2 | 123.6 | 122.3 | 92.2 |
| 农副食品加工业 | Processing of Food from Agricultural Products | 126.0 | 95.0 | 102.5 | 111.9 | 110.5 | 107.0 |
| 食品制造业 | Processing of Foodstuff | 110.5 | 101.2 | 98.9 | 104.4 | 102.6 | 101.9 |
| 饮料制造业 | Manufacture of Beverages | 112.1 | 103.5 | 102.3 | 103.0 | 104.4 | 102.1 |
| 烟草制品业 | Manufacture of Tobacco | 100.4 | 101.0 | 100.6 | 99.7 | 101.7 | 100.9 |
| 纺织业 | Manufacture of Textile | 100.7 | 87.9 | 113.0 | 120.9 | 86.6 | 97.4 |
| 纺织服装、鞋、帽制造业 | Manufacture of Textile Wearing Apparel, Footware and Caps | 101.9 | 100.6 | 103.8 | 104.6 | 101.8 | 100.2 |
| 皮革、毛皮、羽毛（绒)及其制品业 | Manufacture of Leather, Fur, Feather and Related Products | 100.0 | 100.0 | 100.0 | 119.0 | 107.3 | 100.2 |

## 9-3 续表 Continued

(上年=100) (preceding year=100)

| 指 标 | Item | 2008 | 2009 | 2010 | 2011 | 2012 | 2013 |
|---|---|---|---|---|---|---|---|
| 木材加工及木、竹、藤、棕、草制品业 | Processing of Timber,Manufacture of Wood, Bamboo,Rattan,Palm and Straw Products | 102.7 | 98.1 | 100.9 | 103.2 | 108.9 | 106.5 |
| 家具制造业 | Manufacture of Furniture | 104.4 | 98.6 | 103.1 | 119.8 | 100.6 | 100.1 |
| 造纸及纸制品业 | Manufacture of Paper and Paper Products | 107.3 | 101.2 | 104.4 | 103.0 | 95.6 | 102.5 |
| 印刷业和记录媒介的复制 | Printing,Reproduction of Recording Media | 102.7 | 98.9 | 99.3 | 100.0 | 98.6 | 99.8 |
| 文教体育用品制造业 | Manufacture of Articles For Culture,Education and Sport Activities | 100.2 | 100.0 | 100.0 | 109.3 | 109.3 | 102.4 |
| 石油加工、炼焦及核燃料加工业 | Processing of Petroleum, Coking, Processing of Nuclear Fuel | 142.1 | 92.3 | 110.6 | 112.4 | 94.3 | 85.0 |
| 化学原料及化学制品制造业 | Manufacture of Raw Chemical Materials and Chemical Products | 138.8 | 83.3 | 105.8 | 114.1 | 104.8 | 93.3 |
| 医药制造业 | Manufacture of Medicines | 101.6 | 104.0 | 103.7 | 101.9 | 101.0 | 102.1 |
| 橡胶制品业 | Manufacture of Rubber | 106.0 | 100.2 | 102.0 | 114.0 | 95.6 | 95.6 |
| 非金属矿物制品业 | Manufacture of Non-metallic Mineral Products | 123.8 | 99.1 | 93.1 | 102.2 | 96.7 | 102.8 |
| 黑色金属冶炼及压延加工业 | Smelting and Pressing of Ferrous Metals | 124.9 | 81.2 | 104.2 | 105.5 | 90.8 | 93.7 |
| 有色金属冶炼及压延加工业 | Smelting and Pressing of Non-ferrous Metals | 95.8 | 81.3 | 111.9 | 108.4 | 98.2 | 92.5 |
| 金属制品业 | Manufacture of Metal Products | 114.9 | 91.8 | 102.6 | 101.4 | 96.7 | 96.6 |
| 通用设备制造业 | Manufacture of General Purpose Machinery | 104.3 | 99.4 | 100.9 | 100.0 | 99.1 | 100.0 |
| 专用设备制造业 | Manufacture of Special Purpose Machinery | 104.9 | 102.4 | 99.9 | 105.0 | 102.2 | 104.3 |
| 交通运输设备制造业 | Manufacture of Transport Equipment | 102.4 | 99.8 | 97.8 | 100.0 | 90.6 | 95.6 |
| 电气机械及器材制造业 | Manufacture of Electrical Machinery and Equipment | 103.1 | 94.3 | 99.2 | 99.6 | 98.6 | 103.5 |
| 通信设备、计算机及其他电子设备制造业 | Manufacture of Communication Equipment, Computers and Other Electronic Equipment | 92.1 | 85.4 | 99.0 | 99.3 | 102.5 | 103.0 |
| 仪器仪表及文化、办公用机械制造业 | Manufacture of Measuring Instruments and Machinery for Cultural Activity and Office Work | 97.0 | 96.9 | 98.8 | 101.5 | 99.2 | 99.1 |
| 电力、热力的生产和供应业 | Production and Supply of Electric Power and Heat Power | 104.3 | 104.5 | 102.1 | 101.6 | 106.9 | 100.7 |
| 燃气生产和供应业 | Production and Supply of Gas | 100.0 | 116.0 | 120.3 | 102.4 | 104.8 | 115.5 |
| 水的生产和供应业 | Production and Supply of Water | 104.6 | 103.3 | 107.1 | 104.3 | 103.2 | 105.4 |

注：1.工业生产者出厂价格指数2010年及以前为全部工业品出厂价格指数，统计口径不变。2.工业大类行业2011年及以前按国民经济行业分类(GB/T 4754—2002)分，2012年起按国民经济行业分类(GB/T 4754—2011)分。

Note:1.For the year 2010 and before,Ex-Factory Price Index of Industrial Producer referred to Total Ex-Factory Price Index of Industrial Products; statistical standards are unchanged. 2.For the year 2011 and before, industrial sectors are classified by Sector of the National Economy(GB/T4754-2002) and by Sector of the National Economy(GB/T4754-2011) in the year of 2012 .

# 9-4 工业生产者购进价格指数

# Purchasing Price Index of Industrial Producer

(上年=100)　　(preceding year =100)

| 指　标 | Item | 2008 | 2009 | 2010 | 2011 | 2012 | 2013 |
|---|---|---|---|---|---|---|---|
| **工业生产者购进价格指数** | **Purchasing Price Indices for Industrial Producers** | **112.5** | **93.5** | **109.8** | **115.0** | **102.3** | **96.4** |
| 燃料、动力类 | Fuel and Power | 115.6 | 101.2 | 110.1 | 121.6 | 107.2 | 96.3 |
| 黑色金属材料类 | Ferrous Metals | 123.9 | 86.9 | 104.0 | 109.9 | 93.2 | 93.8 |
| #钢　材 | Rolled-steel | 120.7 | 88.2 | 103.3 | 108.0 | 96.2 | 93.8 |
| 有色金属材料和电线类 | Nonferrous Metals | 95.4 | 85.6 | 122.5 | 112.4 | 98.4 | 97.9 |
| 化工原料类 | Raw Chemical Materials | 109.8 | 86.0 | 110.2 | 116.4 | 94.6 | 85.2 |
| 木材及纸浆类 | Timber and Paper Pulp | 112.9 | 98.5 | 105.2 | 107.8 | 100.9 | 101.3 |
| 建筑材料及非金属矿类 | Building Materials and Nonmetal Minerals Processing | 131.2 | 94.2 | 96.7 | 117.8 | 116.1 | 102.2 |
| 其他工业原材料及半成品类 | Other Industrial Raw Materials and Semi-products | 108.4 | 93.3 | 108.8 | 106.4 | 103.9 | 104.9 |
| 农副产品类 | Agricultural Products | 115.0 | 90.7 | 115.1 | 109.2 | 106.1 | 104.9 |
| 纺织原料类 | Textile Materials | 103.4 | 99.1 | 105.0 | 118.1 | 100.0 | 104.2 |

注：工业生产者购进价格指数2010年及以前为全部原材料、燃料、动力价格指数，统计口径不变。

Note:For the year 2010 and before,Purchasing Price Index of Industrial Producer referred to Total Indices of Purchasing Prices of Raw Materials,Fuels and Power, statistical standards are unchanged.

# 9-5 农业生产资料价格分类指数

# Price Indices of Means of Agricultural Production by Category

(上年=100)　　(preceding year =100)

| 指　标 | Item | 2008 | 2009 | 2010 | 2011 | 2012 | 2013 |
|---|---|---|---|---|---|---|---|
| **农业生产资料价格总指数** | **General Price Index of Means of Agricultural Production** | **113.4** | **96.2** | **101.1** | **111.1** | **100.7** | **99.0** |
| 小农具 | Small Farm Tools | 107.3 | 107.9 | 107.5 | 105.5 | 114.1 | 105.8 |
| 饲　料 | Forage | 108.5 | 100.6 | 109.4 | 104.1 | 97.8 | 100.7 |
| 产品畜 | Commodity Animals | 114.9 | 105.0 | 97.1 | 153.9 | 93.7 | 97.9 |
| 半机械化农具 | Semi-mechanized Farm Tools | 116.1 | 106.1 | 99.3 | 115.7 | 97.0 | 97.6 |
| 机械化农具 | Mechanized Farm Machinery | 110.6 | 98.8 | 98.9 | 106.0 | 99.5 | 99.3 |
| 化学肥料 | Chemical Fertilizer | 121.3 | 91.5 | 92.7 | 101.4 | 105.6 | 96.9 |
| 农药及农药器械 | Pesticide & Its Appliances | 100.3 | 100.8 | 99.1 | 100.6 | 106.4 | 101.3 |
| 化学农药 | Chemical Pesticide | 101.0 | 103.3 | 97.6 | 101.5 | 104.8 | 101.8 |
| 农药器械 | Appliances for Pesticide | 99.1 | 96.7 | 101.6 | 96.1 | 114.6 | 98.9 |
| 农机用油 | Oil for Farm Machinery | 106.5 | 95.4 | 107.5 | 103.8 | 100.8 | 99.1 |
| 其他农业生产资料 | Others Means of Agricultural Production | 103.7 | 100.6 | 99.9 | 107.8 | 97.9 | 101.5 |

# 9–6 固定资产投资和房地产销售价格指数

# Price Indices of Investment in Fixed Assets and Real Estate

(上年=100) (preceding year =100)

| 指　标 | Item | 2008 | 2009 | 2010 | 2011 | 2012 | 2013 |
|---|---|---|---|---|---|---|---|
| **固定资产投资价格指数** | **Price Indices of Investment in Fixed Assets** | **108.9** | **100.5** | **102.7** | **105.4** | **101.5** | **100.9** |
| 建筑安装工程 | Price Indices of Construction and Installation | 114.3 | 102.1 | 103.6 | 107.5 | 102.0 | 101.5 |
| 人工费 | Manpower | 115.6 | 115.1 | 114.0 | 111.0 | 108.4 | 111.8 |
| 材料费 | Materials | 116.3 | 98.4 | 101.2 | 109.3 | 99.7 | 97.9 |
| 钢　材 | Steel Products | 122.8 | 88.6 | 102.2 | 114.6 | 96.2 | 93.3 |
| 木　材 | Timber | 108.8 | 103.6 | 108.0 | 110.0 | 101.3 | 104.1 |
| 水　泥 | Cement | 117.3 | 106.8 | 97.5 | 102.1 | 99.1 | 96.0 |
| 电　料 | Electrical Materials | 109.5 | 98.7 | 103.2 | 106.4 | 102.8 | 101.2 |
| 化工材料 | Raw Chemical Materials | 112.5 | 109.8 | 106.8 | 108.6 | 107.3 | 99.9 |
| 地方建筑材料 | Local Building Materials | 110.9 | 106.2 | 100.8 | 106.7 | 101.9 | 103.5 |
| 其他材料 | Others | 105.0 | 105.6 | 103.4 | 102.7 | 102.9 | 106.2 |
| 机械使用费 | Costs for Using Machine | 104.2 | 103.0 | 102.7 | 101.8 | 102.7 | 101.7 |
| 设备、工器具购置 | Purchase of Equipment,Tools and Instruments | 100.6 | 97.5 | 100.1 | 101.0 | 99.1 | 99.2 |
| 其他费用 | Others | 101.1 | 99.3 | 102.5 | 102.6 | 101.5 | 100.1 |
| **新建住宅价格指数(贵阳市)** | **Price Indices of New Residential Housings(Guiyang)** | **106.6** | **103.6** | **108.2** | **104.4** | **101.2** | **104.5** |
| 新建商品住宅价格指数(贵阳市) | Price Indices of New Commodity Residential Housings(Guiyang) | 106.7 | 103.6 | 108.3 | 104.5 | 101.3 | 105.0 |

注：新建住宅价格指数2010年及以前为房屋销售价格指数，新建商品住宅价格指数2010年及以前为住宅销售价格指数，统计口径不一致。

Note:For the year 2010 and before,Price Indices of New Residential Housings referred to the Sales Price Indices of Real Estate;Price Indices of New Commodity Residential Housings referred to the Sales Price Indices of Residence Housings;statistical standards are inconsistent.

# 主要统计指标解释

**商品零售价格指数**　是反映城乡商品零售价格变动趋势和程度的相对数。零售物价的变动直接反映城乡居民的生活支出和国家的财政收入，影响居民购买力和市场供需平衡，影响消费与积累的比例关系。

**居民消费价格指数**　是反映一定时期内城乡居民所购买的生活消费品价格和服务项目价格变动趋势和程度的相对数。

**工业生产者价格指数**　工业生产者价格包括工业企业产品第一次出售时的出厂价格和企业作为中间投入的原材料、燃料、动力购进价格（下简称工业生产者购进价格）。工业生产者价格调查的目的在于及时、准确、科学地反映各工业行业产品价格水平及其变动趋势和幅度，为国民经济核算、计算工业发展速度、宏观经济分析和调控、理顺价格体系等提供科学、准确的依据。

**固定资产投资价格指数**　是反映固定资产投资额价格变动趋势和程度的相对数。固定资产投资额是由建筑安装工程投资完成额、设备、工器具购置投资完成额和其他费用投资完成额三部分组成的。编制固定资产投资价格指数应首先分别编制上述三部分投资的价格指数，然后采用加权算术平均法求出固定资产投资价格总指数。

**农业生产资料价格指数**　是反映一定时期内农业生产资料价格变动趋势和程度的相对数。农业生产资料价格指数分为小农具、饲料、产品畜、役畜、半机械化农具、机械化农具、化学肥料、农药及农具械、农机用油、其他农业生产资料十大类。

# Explanatory Notes on Main Statistical Indicators

**Retail Price Index** reflects the trend and degree of change in retail prices of commodities. The change and adjustment in retail prices directly affect the living expenditure of urban and rural residents, government revenue, purchasing power of residents and the equilibrium of market supply and demand, and the ratio of consumption to accumulation.

**Consumer Price Index** reflects the trend and degree of changes in prices of consumer goods and services purchased by urban and rural residents, and is a composite index derived from the urban consumer price index and the rural consumer price index.

**Industrial Producer Prices Index** including the first sale of industrial enterprises and enterprises as the prices of intermediate inputs of raw materials, fuel and power purchase price (hereinafter referred to as industrial producer price). Industrial producer prices survey was designed to timely, accurate and scientifically reflect various industrial products industry trends and changes in the price level and the magnitude of national accounts to calculate the speed of industrial development, macroeconomic analysis and control, rationalize the price system to provide scientific and accurate basis.

**Price Index of Investment in Fixed Assets** reflects the trend and degree of changes in prices of investment in fixed assets. The investment in fixed assets consists of three components, namely the investment in construction and installation, the investment in purchases of equipment and instrument, and the investment in other items. Price index of investment in fixed assets is calculated as the weighted arithmetic mean of the price indices of the three components of investment in fixed assets.

**Price Indices of Means of Agricultural Production** reflect the trend and degree of changes in prices of means of agricultural production during a given period. Price indices of means of agricultural production are composed of 10 categories including small farm tools, feeds, domestic animals for meat, draught domestic animals, semi-mechanized farm machinery, mechanized farm machinery, chemical fertilizers, pesticides and spraying machinery, fuels for farm machinery and other means of agricultural production.

# 10 Ten

# 人民生活

## People's Living Conditions

# 10-1 城乡人民生活水平

# People's Livelihood in Urban and Rural Areas

| 指　标 | Item | 2008 | 2009 | 2010 | 2011 | 2012 | 2013 |
|---|---|---|---|---|---|---|---|
| **就业** | **Employment** | | | | | | |
| 城镇居民家庭每户就业人口(人) | Average Number of Employed Persons per Urban Household(person) | 1.37 | 1.43 | 1.43 | 1.43 | 1.45 | 1.61 |
| 城镇居民家庭每个就业者赡养人口(人) | Number of Dependents per Employee of Urban Household(person) | 2.22 | 2.13 | 2.11 | 2.08 | 2.08 | 1.87 |
| 城镇平均每户就业面(%) | Proportion of Employment per Urban Household(%) | 0.45 | 0.47 | 0.47 | 0.48 | 0.48 | 0.53 |
| 城镇登记失业人数(万人) | Registered Urban Unemployment Persons (10000 persons) | 12.56 | 12.34 | 12.18 | 12.51 | 12.56 | 13.66 |
| 城镇登记失业率(%) | Registered Urban Unemployment Rate(%) | 3.98 | 3.81 | 3.63 | 3.63 | 3.29 | 3.26 |
| 农村平均每户整、半劳动力(人) | Average Number of Full/Semi Laborer Force per Rural Household(person) | 2.93 | 2.95 | 2.95 | 2.83 | 2.82 | 3.00 |
| 农村居民家庭每一劳动力赡养人口(人) | Number of Dependents per Laborer of Rural Household(person) | 1.51 | 1.48 | 1.47 | 1.52 | 1.53 | 1.56 |
| **收入与支出** | **Income and Expenditure** | | | | | | |
| 城镇居民人均可支配收入(元) | Annual Per Capita Disposable Income of Urban Households(yuan) | 11759 | 12863 | 14143 | 16495 | 18701 | 20667 |
| 城镇居民人均消费性支出(元) | Annual Per Capita Consumption Expenditure of Urban Householdss(yuan) | 8349 | 9048 | 10058 | 11353 | 12586 | 13703 |
| 在岗职工平均工资(元) | Average Wage of Staff and Workers in their Posts(yuan) | 24602 | 28245 | 31458 | 37331 | 42733 | 49087 |
| 农村居民人均纯收入(元) | Annual Per Capita Net Income of Rural Households (yuan) | 2797 | 3005 | 3472 | 4145 | 4753 | 5434 |
| 农村居民人均生活消费支出(元) | Annual Per Capita Living Expenditure of Rural Households (yuan) | 2166 | 2422 | 2852 | 3456 | 3902 | 4740 |
| **生活质量** | **Life Quality** | | | | | | |
| **居民家庭恩格尔系数(%)** | **Household's Engle Coefficient(%)** | | | | | | |
| 城　镇 | Urban | 43.1 | 41.5 | 39.9 | 40.2 | 39.7 | 35.9 |
| 农　村 | Rural | 51.7 | 45.2 | 46.3 | 47.7 | 44.6 | 43.0 |
| **居住条件** | **Residence Condition** | | | | | | |
| 城镇人均住宅建筑面积(平方米) | Per Capita Building Space in Urban Areas(sq.m) | 26.95 | 27.57 | 27.42 | 27.83 | 27.86 | 34.84 |
| 农村居民人均住房面积(平方米) | Per Capita Living Space in Rural Areas(sq.m) | 25.27 | 26.43 | 27.26 | 29.63 | 29.75 | 27.08 |
| **交通条件** | **Traffic Condition** | | | | | | |
| 城市人均拥有道路面积(平方米) | Per Capita Area of Paved Roads in City(sq.m) | 5.99 | 6.03 | 6.23 | 6.66 | 6.93 | 8.95 |
| 每百户城镇居民拥有家用汽车(辆) | Number of Family Vehicles Per 100 Urban Households(unit) | 3.29 | 4.85 | 5.96 | 10.48 | 13.17 | 15.84 |
| 每百户农村居民拥有家用摩托车(辆) | Number of Motorcycles Per 100 Rural Households(unit) | 19.60 | 26.80 | 30.76 | 35.98 | 39.02 | 41.37 |
| **通信条件** | **Communication Condition** | | | | | | |
| 每百户拥有移动电话(部) | Mobile Telephone Per 100 Households(set) | | | | | | |
| 城　镇 | Urban | 163.27 | 177.27 | 183.54 | 204.75 | 214.73 | 211.72 |
| 农　村 | Rural | 53.80 | 82.50 | 102.10 | 156.96 | 173.26 | 190.06 |
| 城市公用设施普及占有率 | City Public Utility Rate | | | | | | |
| 用水普及率(%) | Rate of Access to Tap Water(%) | 83.2 | 85.4 | 86.5 | 86.9 | 87.6 | 88.5 |
| 燃气普及率(%) | Rate of Access to Gas(%) | 54.1 | 54.2 | 54.5 | 55.0 | 55.2 | 58.7 |
| 人均公园绿地面积(平方米) | Per Capita Green Area(sq.m) | 4.44 | 4.65 | 5.33 | 5.50 | 6.68 | 7.98 |

注：2013年全国城乡一体化住户调查改革，调查范围、调查样本、调查对象以及调查方式均进行重大改革。贵州城镇住户调查范围由17个县（市、区）扩大到44个，调查样本全部更换；农村住户调查范围由32个县（市、区）扩大到44个，调查样本全部更换。因此2013年城乡住户有关数据请慎与往年比较（以下相关表同）。

Note: In 2013, National urban and rural household survey reform , survey , survey sample , survey and investigation methods were carried out major reforms. Guizhou urban household survey range from 17 counties(cities, districts)expanded to 44, the survey sample to replace them all. So in 2013 the relevant data of urban and rural residents,please carefully compare with previous years(The relative tables in the chapter are the same) .

## 10-1 续表 continued

| 指　标 | Item | 2008 | 2009 | 2010 | 2011 | 2012 | 2013 |
|---|---|---|---|---|---|---|---|
| **文化、教育和卫生** | **Culture, Education and Health Care** | | | | | | |
| **文化** | **Culture** | | | | | | |
| 广播节目综合人口覆盖率(%) | Radio Coverage Rate of the Population (%) | 86.1 | 86.6 | 87.5 | 88.0 | 88.5 | 90.0 |
| 电视节目综合人口覆盖率(%) | TV Coverage Rate of the Population(%) | 91.3 | 91.3 | 92.5 | 92.8 | 93.0 | 94.1 |
| 每百户彩色电视机拥有量(部/百户) | Number of Color TV per 100 Households(set) | | | | | | |
| 城镇 | Urban | 118.85 | 122.03 | 121.93 | 115.78 | 115.67 | 101.84 |
| 农村 | Rural | 74.60 | 88.10 | 91.07 | 93.93 | 95.94 | 96.53 |
| 每百户家用电脑拥有量(部/百户) | Number of Computers per 100 Households(set) | | | | | | |
| 城镇 | Urban | 43.37 | 52.47 | 56.79 | 63.89 | 71.22 | 55.72 |
| 农村 | Rural | 1.07 | 0.98 | 1.65 | 4.11 | 4.87 | 5.77 |
| 居民家庭文教娱乐支出比重(%) | Percentage of Household Expenditure on Education,Culture and Entertainment(%) | | | | | | |
| 城镇 | Urban | 11.2 | 12.7 | 12.5 | 11.7 | 11.1 | 14.2 |
| 农村 | Rural | 5.6 | 6.3 | 6.5 | 5.3 | 5.8 | 6.4 |
| **教育** | **Education** | | | | | | |
| 学龄儿童入学率(%) | Enrollment Rate of School-age Children(%) | 97.2 | 98.4 | 97.9 | 98.6 | 99.3 | 99.3 |
| 初中阶段毛入学率(%) | Enrollment Rate of Primary School Graduates Entering into Junior Secondary Schools(%) | 95.9 | 98.2 | 97.6 | 94.2 | 97.4 | 101.1 |
| 高中阶段毛入学率(%) | Enrollment Rate of Juniorsecondary School Graduates Entering into Senior secondary Schools(%) | 47.9 | 53.4 | 55.0 | 58.9 | 62.2 | 68.0 |
| 高等教育毛入学率(%) | Enrollment Rate of Senior secondary School Graduates Entering into Institution of Higher Education(%) | 11.8 | 18.4 | 20.0 | 23.2 | 25.5 | 27.4 |
| **卫生** | **Health Care** | | | | | | |
| 居民家庭医疗保健支出比重(%) | Percentage of Resident Expenditure on Health Care(%) | | | | | | |
| 城镇 | Urban | 5.6 | 5.9 | 5.4 | 5.1 | 5.2 | 4.6 |
| 农村 | Rural | 4.5 | 5.5 | 6.2 | 7.1 | 7.2 | 6.4 |
| **社会保障** | **Social Security** | | | | | | |
| 基本养老保险参保人数(万人) | Number of People Joining in Basic Pension Insurance(10 000 persons) | 215.89 | 235.61 | 257.31 | 282.06 | 309.38 | 337.29 |
| #参保职工 | Number of Employees | 156.57 | 172.14 | 190.29 | 210.71 | 231.67 | 248.91 |
| 城镇职工基本医疗保险参保人数(万人) | Number of Persons Joining in Urban Basic Medical Care System (10 000 persons) | 257.35 | 279.53 | 293.52 | 314.06 | 329.27 | 344.72 |
| 失业保险参保人数(万人) | Number of Employees Joining in Unemployment Insurance (10 000 persons) | 141.36 | 144.60 | 152.48 | 160.52 | 173.46 | 185.17 |
| 工伤保险参保人数(万人) | Number of Employees Joining in Injury Insurance (10 000 persons) | 129.02 | 143.35 | 162.18 | 193.96 | 238.19 | 260.39 |
| 生育保险参保人数(万人) | Number of Persons Joining in Maternity Insurance(10 000 persons) | 135.95 | 152.49 | 164.30 | 198.09 | 221.58 | 238.75 |
| 社会保险基金收入(亿元) | Revenue of Social Insurance Fund(100 million yuan) | 140.50 | 171.40 | 201.56 | 256.94 | 310.85 | 351.06 |

# 10-2 城镇居民家庭生活基本情况
## Basic Conditions of Urban Households Life

| 指　标 | Item | 2008 | 2009 | 2010 | 2011 | 2012 | 2013 |
|---|---|---|---|---|---|---|---|
| **调查户数(户)** | **Number of Households Surveyed(household)** | **1490** | **1670** | **1670** | **1720** | **1720** | **1129** |
| 平均每户常住家庭人口(人) | Average Household Size(person) | 3.07 | 3.04 | 3.03 | 2.98 | 3.01 | 3.01 |
| 平均每户就业人员(人) | Number of Employed Persons Per Household(person) | 1.37 | 1.43 | 1.43 | 1.43 | 1.45 | 1.61 |
| 平均每户就业面(%) | Proportion of Employment per Household(%) | 0.45 | 0.47 | 0.47 | 0.48 | 0.48 | 0.53 |
| 平均每户国有经济单位职工人数(人) | Number of Staff and Workers in State-owned Units (person) | 0.80 | 0.79 | 0.81 | 0.74 | 0.72 | 0.59 |
| 平均每个就业者赡养人口(人) | Number of Dependents per Employee(person) | 2.22 | 2.13 | 2.11 | 2.08 | 2.08 | 1.87 |
| **平均每人年可支配收入(元)** | **Per Capita Annual Disposable Income (yuan)** | **11758.76** | **12862.53** | **14142.74** | **16495.01** | **18700.51** | **20667.07** |
| **平均每人年总收入(元)** | **Per Capita Annual Income(yuan)** | **12185.62** | **13793.38** | **15138.80** | **17598.87** | **20042.88** | **21413.04** |
| 工资性收入 | Income of Wages and Salaries | 7811.16 | 9005.57 | 9627.99 | 10754.45 | 12309.17 | 13627.56 |
| 工资及补贴收入 | Income of Laborage and Allowance | 7503.85 | 8569.27 | 9190.47 | 10359.48 | 11951.96 | 12901.49 |
| 其他劳动收入 | Income of other Labor | 307.32 | 436.30 | 437.52 | 394.97 | 357.21 | 726.08 |
| 经营者净收入 | Net Business Income | 770.86 | 1135.05 | 1174.02 | 1614.67 | 1982.45 | 3244.92 |
| 财产性收入 | Income from Property | 110.90 | 134.34 | 213.83 | 356.41 | 355.70 | 576.25 |
| 转移性收入 | Income from Transfer | 3492.70 | 3518.42 | 4122.96 | 4873.34 | 5395.56 | 3964.30 |
| #养老金或离退休金 | Annuities or Pension | 3002.09 | 3026.06 | 3493.33 | 4229.54 | 4673.43 | 2798.38 |
| 出售财物收入(元) | Income of Selling Property and Goods(yuan) | 13.87 | 17.66 | 181.55 | 46.61 | 271.17 | 79.83 |
| **平均每人消费性支出（元）** | **Per Capita Annual Consumption Expenditure (yuan)** | **8349.21** | **9048.29** | **10058.29** | **11352.88** | **12585.70** | **13702.87** |
| 食　品 | Food | 3597.94 | 3755.61 | 4013.67 | 4565.85 | 4992.85 | 4915.02 |
| 衣　着 | Clothing | 851.50 | 1012.14 | 1102.41 | 1209.88 | 1399.00 | 1401.85 |
| 居　住 | Residence | 836.54 | 747.57 | 890.75 | 1102.99 | 1013.53 | 1496.49 |
| 家庭设备用品及服务 | Household Facilities, Articles and Services | 525.70 | 589.35 | 673.33 | 857.55 | 849.94 | 1083.77 |
| 医疗保健 | Health Care and Medical Services | 471.39 | 535.43 | 546.84 | 578.33 | 654.53 | 633.72 |
| 交通和通信 | Transport and Communication | 871.15 | 983.13 | 1270.49 | 1395.28 | 1891.03 | 1870.08 |
| 教育文化娱乐服务 | Education, Culture and Recreation Services | 934.73 | 1146.35 | 1254.56 | 1331.43 | 1396.00 | 1950.28 |
| 其他商品与服务 | Miscellaneous Goods and Services | 260.27 | 278.71 | 306.24 | 311.57 | 388.82 | 351.66 |
| **平均每人消费性支出构成(%)(人均消费性支出=100)** | **Composition of Per Capita Annual Consumption Expenditure (%)** | | | | | | |
| 食　品 | Food | 43.1 | 41.5 | 39.9 | 40.2 | 39.7 | 35.9 |
| 衣　着 | Clothing | 10.2 | 11.2 | 11.0 | 10.7 | 11.1 | 10.2 |
| 居　住 | Residence | 10.0 | 8.3 | 8.9 | 9.7 | 8.0 | 10.9 |
| 家庭设备用品及服务 | Household Facilities, Articles and Services | 6.3 | 6.5 | 6.7 | 7.6 | 6.8 | 7.9 |
| 医疗保健 | Health Care and Medical Services | 5.6 | 5.9 | 5.4 | 5.1 | 5.2 | 4.6 |
| 交通和通信 | Transport and Communication | 10.4 | 10.9 | 12.6 | 12.3 | 15.0 | 13.6 |
| 教育文化娱乐服务 | Education, Culture and Recreation Services | 11.2 | 12.7 | 12.5 | 11.7 | 11.1 | 14.2 |
| 其他商品与服务 | Miscellaneous Goods and Services | 3.1 | 3.1 | 3.0 | 2.7 | 3.1 | 2.6 |

# 10-3 城镇居民家庭人均现金收支

# Per Capita Annual Cash Income and Expenditure of Urban Households

单位：元 (yuan)

| 指 标 | Item | 2008 | 2009 | 2010 | 2011 | 2012 | 2013 |
|---|---|---|---|---|---|---|---|
| **家庭总收入** | **Total Households Income** | **12185.62** | **13793.38** | **15138.80** | **17598.87** | **20042.88** | **21413.04** |
| #可支配收入 | Disposable Income | 11758.76 | 12862.53 | 14142.74 | 16495.01 | 18700.51 | 20667.07 |
| #工资性收入 | Income of Wages and Salaries | 7811.16 | 9005.57 | 9627.99 | 10754.45 | 12309.17 | 13627.56 |
| 工资及补贴收入 | Income of Laborage and Allowance | 7503.85 | 8569.27 | 9190.47 | 10359.48 | 11951.96 | 12901.49 |
| 其他劳动收入 | Income of other Labor | 307.32 | 436.30 | 437.52 | 394.97 | 357.21 | 726.08 |
| 经营净收入 | Net Business Income | 770.86 | 1135.05 | 1174.02 | 1614.67 | 1982.45 | 3244.92 |
| 财产性收入 | Income from Property | 110.90 | 134.34 | 213.83 | 356.41 | 355.70 | 576.25 |
| #利息收入 | Interest Income | 1.71 | 6.81 | 10.22 | 19.03 | 31.84 | 17.10 |
| 股息与红利收入 | Dividends and Bonus Income | 6.91 | 4.70 | 4.29 | 12.63 | 11.76 | 120.20 |
| 转移性收入 | Income from Transfer | 3492.70 | 3518.42 | 4122.96 | 4873.34 | 5395.56 | 3964.30 |
| #养老金或离退休金 | Annuities or Pension | 3002.09 | 3026.06 | 3493.33 | 4229.54 | 4673.43 | 2798.38 |
| **出售财物收入** | **Income of Selling Property and Goods** | **13.87** | **17.66** | **181.55** | **46.61** | **271.17** | **79.83** |
| **家庭总支出** | **Total Households Expenditure** | **10236.67** | **12085.93** | **13479.37** | **15558.27** | **17312.83** | **17138.08** |
| 消费支出 | Consumption Expenditure | 8349.21 | 9048.29 | 10058.29 | 11352.88 | 12585.70 | 13702.87 |
| 财产性支出 | Property Expenditure | 4.45 | 55.23 | 52.40 | 88.39 | 87.07 | 49.01 |
| 转移性支出 | Transfer Expenditure | 1442.97 | 1857.66 | 1923.23 | 2364.36 | 2601.30 | 2423.39 |
| #交纳的个人收入税 | Individual Income Tax | 9.98 | 14.96 | 20.67 | 15.95 | 14.70 | 12.36 |
| 各种非储蓄性保险支出 | Various Nonsaving Insurance Expenditure | 18.80 | 30.22 | 32.84 | 39.87 | 38.43 | 76.52 |
| 其他转移性支出 | Others | 45.57 | 51.66 | 56.49 | 73.40 | 66.80 | 176.89 |
| 社会保障支出 | Social Seurity Expenditure | 357.08 | 820.86 | 859.17 | 996.60 | 1178.02 | 600.57 |
| 购房与建房支出 | Expenditure of Purchasing or Building House | 82.96 | 303.88 | 586.28 | 756.04 | 860.73 | 362.24 |

# 10−4 城镇居民家庭人均消费性支出

## Per Capita Annual Consumption Expenditure of Urban Household

单位：元 (yuan)

| 指标 | Item | 2008 | 2009 | 2010 | 2011 | 2012 | 2013 |
|---|---|---|---|---|---|---|---|
| **消费性支出** | **Consumption Expenditure** | **8349.21** | **9048.29** | **10058.29** | **11352.88** | **12585.70** | **13702.87** |
| **食　品** | **Food** | **3597.94** | **3755.61** | **4013.67** | **4565.85** | **4992.85** | **4915.02** |
| #粮　食 | Grain | 303.11 | 295.28 | 320.00 | 374.20 | 395.96 | 450.18 |
| 糖、烟、酒、饮料类 | Sugar, Cigarette,Liquor and Beverage | 432.85 | 470.42 | 494.98 | 508.79 | 592.09 | 710.69 |
| 在外饮食 | Dining Out | 642.09 | 741.81 | 818.58 | 918.02 | 1054.53 | 724.73 |
| **衣　着** | **Clothing** | **851.50** | **1012.14** | **1102.41** | **1209.88** | **1399.00** | **1401.85** |
| **居　住** | **Residence** | **836.54** | **747.57** | **890.75** | **1102.99** | **1013.53** | **1496.49** |
| #房　租 | Rent | 28.11 | 19.16 | 24.19 | 50.08 | 80.11 | 185.90 |
| 水　费 | Water | 83.12 | 91.99 | 98.60 | 94.38 | 101.47 | 132.89 |
| 电　费 | Electricity | 332.22 | 354.97 | 385.54 | 412.22 | 462.74 | 542.25 |
| 燃料费 | Fuels | 205.27 | 139.27 | 147.89 | 158.01 | 162.20 | 218.94 |
| **家庭设备用品及服务** | **Household Facilities,Articles and Services** | **525.70** | **589.35** | **673.33** | **857.55** | **849.94** | **1083.77** |
| #耐用消费品 | Durable Consumer Goods | 186.10 | 212.21 | 199.59 | 366.57 | 270.72 | 446.30 |
| **医疗保健** | **Health Care and Medical Services** | **471.39** | **535.43** | **546.84** | **578.33** | **654.53** | **633.72** |
| **交通和通信** | **Transport and Communications** | **871.15** | **983.13** | **1270.49** | **1395.28** | **1891.03** | **1870.08** |
| 交　通 | Transport | 400.19 | 436.24 | 606.34 | 698.37 | 1146.18 | 1005.78 |
| 通　信 | Communications | 470.96 | 546.89 | 664.15 | 696.91 | 744.85 | 864.30 |
| **教育文化娱乐服务** | **Education,Culture and Recreation Services** | **934.73** | **1146.35** | **1254.56** | **1331.43** | **1396.00** | **1950.28** |
| #文化娱乐用品 | Recreation Articles | 221.73 | 309.29 | 269.35 | 323.35 | 315.85 | 313.64 |
| 书报杂志 | Books,Newspaper and Magazines | 28.26 | 30.68 | 31.26 | 29.84 | 26.53 | 29.53 |
| 文化娱乐服务 | Recreation Services | 276.76 | 401.43 | 491.18 | 520.72 | 580.28 | 639.24 |
| **其他商品和服务** | **Miscellaneous Goods and Services** | **260.27** | **278.71** | **306.24** | **311.57** | **388.82** | **351.66** |
| **恩格尔系数(%)** | **Engel Coefficient(%)** | **43.1** | **41.5** | **39.9** | **40.2** | **39.7** | **35.9** |

# 10-5 城镇居民家庭人均购买主要商品数量

## Per Capita Annual Purchases of Major Commodities of Urban Househoulds

单位：公斤 (kg)

| 指　标 | Item | 2008 | 2009 | 2010 | 2011 | 2012 | 2013 |
|---|---|---|---|---|---|---|---|
| 粮　食 | Grain | 59.33 | 51.92 | 70.69 | 78.88 | 68.13 | 82.82 |
| 食用植物油 | Edible Vegetable Oil | 9.96 | 9.16 | 8.70 | 9.91 | 8.40 | 11.81 |
| 猪　肉 | Pork | 24.80 | 26.41 | 25.66 | 27.89 | 24.93 | 28.37 |
| 牛、羊肉 | Beef and Mutton | 1.72 | 1.71 | 1.88 | 2.15 | 1.82 | 2.27 |
| 禽　类 | Poultry | 7.24 | 7.66 | 8.64 | 9.41 | 8.61 | 7.36 |
| 蛋　类 | Eggs | 5.21 | 5.09 | 5.70 | 6.68 | 5.70 | 5.21 |
| 水产品类(元) | Aquatic Products(yuan) | 66.49 | 74.64 | 81.01 | 86.94 | 99.05 | 88.59 |
| 鲜　菜 | Fresh Vegetables | 102.58 | 98.69 | 93.57 | 106.12 | 92.88 | 92.95 |
| 糖类(元) | Sugar(yuan) | 39.74 | 42.55 | 43.48 | 53.33 | 61.01 | 43.03 |
| 烟草类(元) | Cigarettes(yuan) | 258.42 | 266.26 | 278.65 | 277.38 | 308.76 | 429.95 |
| 酒　类 | Liquor | 4.85 | 4.45 | 4.03 | 3.59 | 3.56 | 6.20 |
| 糕点类 | Cake | 2.65 | 3.20 | 3.08 | 3.34 | 2.90 | 3.23 |
| 干鲜瓜果类 | Dried and Fresh Melons and Fruits | 39.45 | 43.89 | 41.94 | 44.08 | 38.70 | 36.31 |
| 奶类及制品(元) | Milk and Its Products(yuan) | 118.35 | 133.15 | 154.78 | 157.23 | 169.88 | 160.14 |

# 10-6 每百户城镇居民家庭耐用消费品拥有量

## Number of Major Durable Consumer Goods Owned Per 100 Urban Households

单位：台 (set)

| 指　标 | Item | 2008 | 2009 | 2010 | 2011 | 2012 | 2013 |
|---|---|---|---|---|---|---|---|
| 摩托车(辆) | Motorcycle(unit) | 5.13 | 6.15 | 5.79 | 5.46 | 5.42 | 15.39 |
| 家用汽车(辆) | Automobile(unit) | 3.29 | 4.85 | 5.96 | 10.48 | 13.17 | 15.84 |
| 洗衣机 | Washing Machine | 96.73 | 99.03 | 99.23 | 99.15 | 99.87 | 95.50 |
| 电冰箱 | Refrigerator | 92.54 | 94.42 | 94.56 | 97.21 | 97.63 | 89.98 |
| 彩色电视机 | Color TV Set | 118.85 | 122.03 | 121.93 | 115.78 | 115.67 | 101.84 |
| 家用电脑 | Household Computer | 43.37 | 52.47 | 56.79 | 63.89 | 71.22 | 55.72 |
| 组合音响(套) | Hi-Fi Stereo Component System(unit) | 35.41 | 36.84 | 37.06 | 31.22 | 28.02 | 14.41 |
| 照相机(架) | Camera(unit) | 25.25 | 28.78 | 28.03 | 29.01 | 29.87 | 21.78 |
| 微波炉 | Microwave Oven | 43.77 | 45.28 | 45.71 | 45.76 | 47.59 | 40.73 |
| 空调器 | Air Conditioner | 16.25 | 17.49 | 17.00 | 20.46 | 21.71 | 18.70 |
| 淋浴热水器 | Water Heater for Shower | 69.36 | 72.24 | 72.42 | 75.11 | 78.51 | 77.36 |
| 健身器材(套) | Healthy Equipment(unit) | 2.86 | 4.47 | 4.20 | 3.30 | 4.06 | 2.22 |
| 移动电话(部) | Mobile Phone(unit) | 163.27 | 177.27 | 183.54 | 204.75 | 214.73 | 211.72 |

# 10—7　按收入等级分城镇居民家庭收入、消费情况(2013)

## Statistics of Income and Consumption of Urban Youse Houldsby Level of Income

| 指　标 | Item | 总平均 Average | 低收入户 (20%) Low Income Households | 中低收入户 (20%) Lower Middle Income Households | 中等收入户 (20%) Middle Income Households | 中高收入户 (20%) Upper Middle Income Households | 高收入户 (20%) High Income Households |
|---|---|---|---|---|---|---|---|
| **平均每人年总收入(元)** | **Per Capita Annual Total Income (yuan)** | **21413.04** | **8933.13** | **14889.21** | **20730.15** | **27399.67** | **43775.25** |
| **平均每人年可支配收入(元)** | **Per Capita Annual Disposable Income(yuan)** | **20667.07** | **8552.55** | **14362.96** | **19829.68** | **26322.92** | **42748.75** |
| **人均购买主要商品数量** | **Per Capita Purchases of Major Commodities** | | | | | | |
| 粮食(千克) | Grain(kg) | 82.82 | 72.00 | 82.08 | 85.30 | 83.05 | 96.93 |
| 食用植物油(千克) | Edible Vegetable Oil(kg) | 11.81 | 9.07 | 11.69 | 12.78 | 12.04 | 14.60 |
| 猪肉(千克) | Pork(kg) | 28.37 | 22.09 | 26.91 | 28.86 | 31.80 | 35.38 |
| 牛肉(千克) | Beef(kg) | 2.04 | 1.26 | 1.74 | 2.07 | 2.70 | 2.84 |
| 鸡(千克) | Chicken(kg) | 5.32 | 3.01 | 4.40 | 6.01 | 6.75 | 7.61 |
| 鸭(千克) | Duck(kg) | 1.11 | 0.71 | 0.95 | 1.29 | 1.22 | 1.57 |
| 鲜蛋(千克) | Eggs(kg) | 4.74 | 2.69 | 4.39 | 5.00 | 6.11 | 6.44 |
| 鱼(千克) | Fish(kg) | 3.31 | 2.06 | 2.86 | 3.72 | 3.74 | 4.84 |
| 鲜菜(千克) | Fresh Vegetables(kg) | 92.95 | 69.51 | 84.86 | 95.75 | 109.48 | 117.15 |
| 糖类(元) | Sugar(yuan) | 43.03 | 29.68 | 36.21 | 36.68 | 54.77 | 67.68 |
| 烟草类(元) | Cigarettes(yuan) | 429.95 | 226.37 | 324.04 | 449.38 | 548.92 | 728.20 |
| 白酒(千克) | Liquor(kg) | 3.53 | 1.97 | 3.69 | 2.86 | 4.04 | 5.95 |
| 鲜果(千克) | Fresh Fruit(kg) | 30.86 | 19.54 | 25.13 | 33.78 | 40.06 | 41.66 |
| 糕点(千克) | Cakes(kg) | 3.23 | 1.79 | 2.68 | 3.44 | 3.77 | 5.33 |
| 鲜乳品(千克) | Fresh Milk Products(kg) | 14.07 | 6.88 | 12.17 | 12.14 | 18.23 | 25.38 |
| **每百户耐用消费品拥有量** | **Ownership of Major Durable Consumer Goods Per 100 Urban Househoulds** | | | | | | |
| 摩托车(辆) | Motorcycle(unit) | 15.39 | 23.48 | 21.21 | 17.92 | 8.08 | 6.29 |
| 家用汽车(辆) | Automobile(unit) | 15.84 | 5.30 | 11.94 | 20.47 | 19.78 | 21.68 |
| 洗衣机(台) | Washing Machine(set) | 95.50 | 95.06 | 96.45 | 97.25 | 94.99 | 93.76 |
| 电冰箱(台) | Refrigerator(set) | 89.98 | 86.13 | 90.12 | 89.38 | 94.89 | 89.36 |
| 彩色电视机(台) | Color TV Set(set) | 101.84 | 100.19 | 102.89 | 101.77 | 100.01 | 104.30 |
| 家用电脑(台) | Household Computer(set) | 55.72 | 35.79 | 49.45 | 62.41 | 61.55 | 69.27 |
| 组合音响(套) | Hi-Fi Stereo Component System(unit | 14.41 | 10.06 | 15.22 | 17.07 | 15.80 | 13.84 |
| 照相机(架) | Camera(unit) | 21.78 | 6.73 | 14.68 | 22.41 | 29.89 | 35.12 |
| 微波炉(台) | Microwave Oven(set) | 40.73 | 25.23 | 32.45 | 41.74 | 47.02 | 57.14 |
| 空调器(台) | Air Conditioner(set) | 18.70 | 9.18 | 10.85 | 18.89 | 17.81 | 36.73 |
| 淋浴热水器(台) | Water Heater for Shower(set) | 77.36 | 57.69 | 72.45 | 79.72 | 88.56 | 88.27 |
| 健身器材(套) | Healthy Equipment(unit) | 2.22 | 0 | 0.82 | 3.69 | 2.77 | 3.82 |
| 固定电话(部) | Telephone(unit) | 39.20 | 26.39 | 37.02 | 43.43 | 46.17 | 42.90 |
| 移动电话(部) | Mobile Phone(unit) | 211.72 | 211.62 | 222.27 | 218.69 | 208.50 | 197.49 |

# 10-8 农村居民家庭生活基本情况
## Basic Conditions of Rural Households Life

| 指　标 | Item | 2008 | 2009 | 2010 | 2011 | 2012 | 2013 |
|---|---|---|---|---|---|---|---|
| **调查户数(户)** | **Households Surveyed(household)** | **2240** | **2240** | **2240** | **2240** | **2240** | **2014** |
| 平均每户常住人口(人) | Average Number of Persons Per Household (person) | 4.40 | 4.38 | 4.34 | 4.32 | 4.31 | 4.68 |
| 平均每户整、半劳动力(人) | Average Number of Laborers Per Household (person) | 2.93 | 2.95 | 2.95 | 2.83 | 2.82 | 3.00 |
| 平均每一劳动力赡养人口(人) | Average Number Persons Supported by a Laborer (person) | 1.51 | 1.48 | 1.47 | 1.52 | 1.53 | 1.56 |
| 平均每百个劳动力中(人) | In Per 100 Laborers (person) | | | | | | |
| 文盲或半文盲 | Illiterate or Semi-Illiterate | 13.06 | 12.93 | 12.32 | 10.29 | 10.35 | 10.50 |
| 小学程度 | Elementary School | 35.78 | 35.86 | 35.70 | 38.63 | 38.16 | 37.91 |
| 初中程度 | Junior High School | 43.29 | 42.59 | 42.56 | 43.23 | 42.92 | 42.87 |
| 高中程度 | Senior High School | 5.32 | 5.98 | 6.59 | 3.78 | 4.12 | 4.68 |
| 中专程度 | Technical Secondary School | 1.83 | 1.82 | 1.91 | 1.69 | 1.93 | 2.04 |
| 大专以上 | Junior College | 0.72 | 0.83 | 0.92 | 1.31 | 1.42 | 2.00 |
| 劳动力平均受教育年限(年) | Average Fixed Number of Year of Receiving Education of the Laborers(year) | 7.02 | 7.05 | 7.14 | 7.07 | 7.11 | 7. 28 |
| **平均每人年收入(元)** | **Per Capita Annual Income (yuan)** | | | | | | |
| 总收入 | Total Income | 3889.69 | 4050.40 | 4560.52 | 5659.58 | 6443.90 | 7232.23 |
| 工资性收入 | Income from Wages and Salaries | 1002.68 | 1074.32 | 1303.85 | 1713.52 | 1977.73 | 2572.61 |
| 家庭经营收入 | Income from Household Operations | 2541.26 | 2502.62 | 2674.22 | 3367.61 | 3809.21 | 3922.00 |
| 财产性收入 | Income from Properties | 63.92 | 81.90 | 117.19 | 59.50 | 71.54 | 78.37 |
| 转移性收入 | Income from Transfers | 281.83 | 391.57 | 465.26 | 518.96 | 585.42 | 659.25 |
| 现金收入 | Cash Income | 3013.00 | 3188.31 | 3448.33 | 4439.54 | 5078.31 | 5982.67 |
| 工资性收入 | Income from Wages and Salaries | 1002.52 | 1072.54 | 1303.65 | 1712.31 | 1976.43 | 2572.02 |
| 家庭经营收入 | Income from Household Operations | 1670.77 | 1652.25 | 1571.86 | 2169.90 | 2460.43 | 2690.25 |
| 财产性收入 | Income from Properties | 62.60 | 79.31 | 114.47 | 48.31 | 70.88 | 78.37 |
| 转移性收入 | Income from Transfers | 277.11 | 384.22 | 458.35 | 509.02 | 570.57 | 642.02 |
| **平均每人年纯收入(元)** | **Annual Average Net Income Per Capita(yuan)** | **2796.93** | **3005.41** | **3471.93** | **4145.35** | **4753.00** | **5434.00** |
| 工资性收入 | Payment for Labour | 1002.68 | 1074.32 | 1303.85 | 1713.52 | 1977.73 | 2572.61 |
| 家庭经营纯收入 | Income from Household Operations | 1512.47 | 1537.57 | 1706.33 | 1980.21 | 2249.21 | 2355.85 |
| 转移性收入 | Income from Transfers | 217.86 | 311.63 | 344.56 | 392.13 | 454.53 | 427.16 |
| 财产性收入 | Income from Properties | 63.92 | 81.90 | 117.19 | 59.50 | 71.54 | 78.37 |
| **平均每人年总支出(元)** | **Annual Average Expenditure Per Capita(yuan)** | **3590.51** | **3862.77** | **4350.25** | **5722.46** | **6370.25** | **6752.89** |
| #人均生活消费支出 | Living Expenditure | 2165.70 | 2421.95 | 2852.48 | 3455.76 | 3901.71 | 4740.18 |
| 人均年末使用房屋面积(平方米) | Average Per Capita Living Space at the Year-end(sq.m) | 25.27 | 26.43 | 27.26 | 29.63 | 29.75 | 27.08 |

# 10-9 农村居民家庭人均年纯收入

## Per Capita Annual Net Income of Rural Households

单位：元 (yuan)

| 指　标 | Item | 2008 | 2009 | 2010 | 2011 | 2012 | 2013 |
|---|---|---|---|---|---|---|---|
| **农民人均纯收入** | **Annual Net Income** | **2796.93** | **3005.41** | **3471.93** | **4145.35** | **4753.00** | **5434.00** |
| 工资性收入 | Income from Wage | 1002.68 | 1074.32 | 1303.85 | 1713.52 | 1977.73 | 2572.61 |
| 家庭经营收入 | Income from Household Operation | 1512.47 | 1537.57 | 1706.33 | 1980.21 | 2249.21 | 2355.85 |
| 第一产业 | Primary Industry | 1246.85 | 1233.79 | 1396.65 | 1500.94 | 1686.76 | 1820.40 |
| 农业收入 | Farming | 864.19 | 899.31 | 1081.82 | 1065.10 | 1275.43 | 1220.31 |
| 林业收入 | Forestry | 29.00 | 34.70 | 42.99 | 63.41 | 78.38 | 62.03 |
| 牧业收入 | Animal Husbandry | 349.84 | 296.58 | 268.61 | 368.01 | 328.76 | 524.21 |
| 渔业收入 | Fishery | 3.82 | 3.21 | 3.23 | 4.41 | 4.19 | 13.85 |
| 第二产业 | Secondary Industry | 51.33 | 60.20 | 49.97 | 58.49 | 72.71 | 95.53 |
| 工业收入 | Industry | 16.14 | 21.54 | 9.30 | 12.91 | 21.97 | 37.51 |
| 建筑业收入 | Construction | 35.19 | 38.65 | 40.66 | 45.57 | 50.74 | 58.02 |
| 第三产业 | Tertiary Industry | 214.27 | 243.58 | 259.72 | 420.78 | 489.74 | 439.92 |
| 交通运输邮电业收入 | Transport, Post and Telecommunication Services | 65.95 | 73.49 | 74.27 | 146.97 | 193.29 | 208.35 |
| 批发贸易餐饮业收入 | Wholesale and Retail Trade & Catering Services | 84.83 | 93.20 | 99.41 | 175.44 | 201.04 | 191.91 |
| 社会服务业收入 | Social Services | 24.28 | 32.52 | 29.92 | 39.27 | 43.93 | 27.07 |
| 其他家庭经营收入 | Others | 39.20 | 44.37 | 56.12 | 59.10 | 51.48 | 12.58 |
| 转移性收入 | Income from Transfer | 217.86 | 311.63 | 344.56 | 392.13 | 454.53 | 427.16 |
| 财产性收入 | Income from Property | 63.92 | 81.90 | 117.19 | 59.50 | 71.54 | 78.37 |

# 10-10 农村居民家庭人均年总支出
# Per Capita Annual Gross Expenditures of Rural Households

单位：元 (yuan)

| 指 标 | Item | 2008 | 2009 | 2010 | 2011 | 2012 | 2013 |
|---|---|---|---|---|---|---|---|
| **全年总支出** | **Gross Expenditure** | **3590.51** | **3862.77** | **4350.25** | **5722.46** | **6370.25** | **6752.89** |
| #生活消费支出 | Living Expenditure for Consumption | 2165.70 | 2421.95 | 2852.48 | 3455.76 | 3901.71 | 4740.18 |
| 食 品 | Food | 1119.64 | 1093.94 | 1319.43 | 1646.51 | 1740.58 | 2036.22 |
| 衣 着 | Clothing | 112.46 | 125.35 | 137.49 | 186.22 | 226.81 | 254.25 |
| 居 住 | Residence | 427.40 | 588.42 | 621.80 | 639.32 | 758.37 | 980.78 |
| 家庭设备、用品及服务 | Household Facilities,Articles and Services | 94.36 | 115.39 | 135.64 | 192.78 | 211.36 | 272.38 |
| 医疗保健 | Medicines and Medical Services | 96.38 | 133.15 | 178.07 | 246.28 | 282.51 | 302.30 |
| 交通和通信 | Transport and Telecommunications | 159.61 | 175.08 | 229.66 | 304.51 | 371.35 | 489.67 |
| 文教娱乐用品及服务 | Culture,Education and Recreation Articles and Services | 122.10 | 151.59 | 186.19 | 183.03 | 226.44 | 301.38 |
| 其他商品和服务 | Miscellaneous Goods and Services | 33.75 | 39.03 | 44.21 | 57.10 | 84.30 | 103.20 |
| 家庭经营费用支出 | Expenditure for Household Operation | 944.61 | 872.54 | 871.62 | 1218.87 | 1367.00 | 1353.40 |
| #种植业生产支出 | Farming Production Costs | 288.09 | 298.33 | 312.74 | 374.98 | 467.74 | 465.93 |
| 牧业生产支出 | Animal Husbandry Costs | 580.29 | 497.29 | 484.31 | 628.23 | 644.05 | 625.49 |
| 购置生产用固定资产支出 | Expenditure for Purchasing Productive Fixed Assets | 167.99 | 166.61 | 102.89 | 209.95 | 183.17 | 170.29 |
| 转移性支出 | Transfer Expenditures | 308.48 | 393.75 | 508.59 | 809.31 | 900.84 | 483.85 |
| #寄给和带给在外人口 | Posting or Taking to Outside City | 30.26 | 30.24 | 30.67 | 74.84 | 99.89 | 91.54 |
| 财产性支出 | Property Expenditures | 1.51 | 5.63 | 8.52 | 24.55 | 8.20 | 2.30 |
| **恩格尔系数(%)** | **Engel Coefficient(%)** | **51.7** | **45.2** | **46.3** | **47.7** | **44.6** | **43.0** |

# 10-11 农村居民家庭人均年现金收支

## Per Capita Annual Cash Income and Expenditure of Rural Households

单位：元 (yuan)

| 指 标 | Item | 2008 | 2009 | 2010 | 2011 | 2012 | 2013 |
|---|---|---|---|---|---|---|---|
| **现金收入合计** | **Total Annual Cash Income** | **3013.00** | **3188.31** | **3448.33** | **4439.54** | **5078.31** | **5982.67** |
| 工资性收入 | Income from Wage | 1002.52 | 1072.54 | 1303.65 | 1712.31 | 1976.43 | 2572.02 |
| 家庭经营现金收入 | Income from Household Business Operation | 1670.77 | 1652.25 | 1571.86 | 2169.90 | 2460.43 | 2690.25 |
| #出售产品收入 | Income from Selling Product | 1327.84 | 1263.26 | 1162.33 | 1440.86 | 1611.76 | 1810.94 |
| 建筑业收入 | Construction | 39.97 | 49.43 | 52.15 | 65.33 | 76.45 | 88.44 |
| 交通运输邮电业收入 | Transport, Post and Telecommunication Services | 105.95 | 116.47 | 118.38 | 271.86 | 317.64 | 303.49 |
| 批发和零售贸易餐饮业收入 | Wholesale and Retail Trade & Catering Services | 103.84 | 113.72 | 120.40 | 251.27 | 310.52 | 325.12 |
| 社会服务业收入 | Social Service | 25.80 | 34.60 | 31.66 | 45.10 | 49.65 | 39.29 |
| 其他家庭经营现金收入 | Others | 29.84 | 34.23 | 45.35 | 35.11 | 32.99 | 28.23 |
| 转移性现金收入 | Transfer Cash Income | 277.11 | 384.22 | 458.35 | 509.02 | 570.57 | 642.02 |
| #亲友赠送 | Income from Friends' and Relatives' Presents | 70.03 | 84.26 | 125.70 | 141.13 | 134.91 | 232.08 |
| 抚恤金 | Pension | 1.60 | 2.03 | 3.63 | 3.11 | 3.30 | 8.18 |
| 财产性现金收入 | Property Cash Income | 62.60 | 79.31 | 114.47 | 48.31 | 70.88 | 78.37 |
| #租金收入 | Rental Income | 36.42 | 34.47 | 26.45 | 18.26 | 22.67 | 37.28 |
| **非收入所得合计** | **Reward From Other Way** | **579.71** | **944.54** | **1046.65** | **1690.01** | **1663.71** | **1971.11** |
| #银行、信用社贷款 | Loans of Bank and Credit Union | 82.50 | 121.20 | 130.30 | 271.12 | 226.41 | 185.76 |
| 借入款 | Borrowed Money | 164.87 | 244.11 | 260.04 | 440.70 | 421.58 | 452.57 |
| 收回借出款 | Drawing Back Loan | 26.82 | 36.19 | 51.78 | 54.72 | 62.75 | 54.58 |
| 从银行、信用社取回存款 | Drawing Money from Banks and Credit Union | 60.91 | 114.19 | 165.05 | 200.05 | 241.46 | 412.48 |
| 收回投资款 | Disinvestment |  | 0.05 |  | 0.10 | 0.05 | 44.20 |
| **现金支出合计** | **Total Cash Expenditure** | **2701.82** | **3039.16** | **3339.45** | **4659.81** | **5390.31** | **5602.88** |
| #生产费用支出 | Expenditure for Operating Costs | 806.49 | 756.46 | 666.48 | 1153.38 | 1316.52 | 1229.57 |
| 生活消费支出 | Living Expenditure for Consumption | 1585.40 | 1888.12 | 2159.14 | 2670.71 | 3157.39 | 3888.31 |
| 转移性支出 | Transfer Expenditures | 307.00 | 387.31 | 503.26 | 809.03 | 900.15 | 482.61 |
| #寄给在外人口 | Posting to Outside City | 30.26 | 30.12 | 30.65 | 74.84 | 99.89 | 91.54 |
| **非消费性现金支出** | **Nonconsumptive Expenditure** | **345.89** | **462.73** | **599.03** | **668.28** | **613.96** | **1077.93** |
| #归还银行、信用社存款 | Deposits of Bank and Credit Union Recession | 35.07 | 45.87 | 64.56 | 90.04 | 109.85 | 60.40 |
| 借出款 | Loan | 12.90 | 12.06 | 18.14 | 25.86 | 17.88 | 15.78 |
| 归还借款 | Loan Recession | 78.16 | 108.81 | 99.02 | 150.47 | 159.16 | 158.60 |
| 存入银行、信用社 | Deposit | 152.16 | 186.84 | 286.23 | 187.3 | 129.65 | 244.57 |

# 10-12 农村居民家庭每人主要消费品消费量
# Per Capita Annual Consumption of Major Consumer Goods in Rural Households

单位：公斤 (kg)

| 指 标 | Item | 2008 | 2009 | 2010 | 2011 | 2012 | 2013 |
|---|---|---|---|---|---|---|---|
| 粮 食 | Grain | 186.38 | 173.17 | 164.63 | 162.62 | 149.10 | 151.57 |
| #大 米 | Rice | 143.02 | 136.32 | 130.26 | 135.55 | 121.17 | 120.53 |
| 食 油 | Edible Oil | 3.36 | 3.21 | 3.01 | 4.34 | 4.80 | 5.98 |
| 肉禽及其制品 | Meat,Poultry and Related Product | 27.63 | 28.46 | 27.77 | 25.73 | 23.67 | 28.54 |
| #猪 肉 | Pork | 25.01 | 25.93 | 25.21 | 23.04 | 20.98 | 24.58 |
| 家 禽 | Poultry | 2.25 | 2.04 | 1.98 | 2.10 | 2.05 | 2.43 |
| 蛋类及蛋制品 | Eggs and Their Products | 1.72 | 1.66 | 1.81 | 1.93 | 2.35 | 3.26 |
| 水产品 | Aquatic Products | 0.36 | 0.41 | 0.38 | 0.43 | 0.53 | 0.80 |
| #鱼 类 | Fish | 0.31 | 0.36 | 0.33 | 0.39 | 0.48 | 0.72 |
| 蔬 菜 | Vegetables | 133.36 | 126.10 | 116.74 | 110.42 | 97.43 | 95.49 |
| 瓜 果 | Melon and Fruits | 8.63 | 9.11 | 8.93 | 10.33 | 12.39 | 10.88 |
| 食 糖 | Sugar | 0.89 | 0.93 | 0.78 | 0.68 | 0.70 | 0.74 |
| 卷 烟(盒) | Cigarette(pack) | 22.91 | 23.69 | 22.44 | 25.34 | 25.83 | 24.26 |
| 酒 | Liquor | 6.69 | 6.71 | 6.83 | 7.52 | 7.75 | 8.82 |

# 10-13 每百户农村居民家庭年末耐用消费品拥有量
# Number of Durable Consumer Goods Owned By Per 100 Rural Households at the Year-end

单位：台 (set)

| 指 标 | Item | 2008 | 2009 | 2010 | 2011 | 2012 | 2013 |
|---|---|---|---|---|---|---|---|
| 彩色电视机 | Color TV Set | 74.6 | 88.1 | 91.1 | 93.9 | 95.9 | 96.5 |
| 电冰箱 | Refrigerator | 12.9 | 19.3 | 27.2 | 39.9 | 45.2 | 50.4 |
| 洗衣机 | Washing Machine | 36.4 | 48.7 | 55.2 | 62.5 | 69.8 | 69.6 |
| 热水器 | Water Heater for Shower | 3.4 | 4.3 | 6.2 | 9.7 | 12.0 | 13.8 |
| 摩托车(辆) | Motorcycle(unit) | 19.6 | 26.8 | 30.8 | 36.0 | 39.0 | 41.4 |
| 自行车(辆) | Bicycle(unit) | 7.7 | 6.3 | 7.1 | 5.3 | 5.4 | 3.6 |
| 电话机(部) | Telephone(unit) | 38.5 | 38.1 | 37.5 | 17.9 | 15.4 | 13.9 |
| 移动电话(部) | Mobile Telephone(unit) | 53.8 | 82.5 | 102.1 | 157.0 | 173.3 | 190.1 |

# 10-14 按收入五等份分农村居民家庭收入、消费情况（2013）
# Income and Consumption of Rural Househoulds by Income Quintile

| 项　目 | Item | 低收入户 (20%) Low Income Households | 中低收入户 (20%) Lower Middle Income Households | 中等收入户 (20%) Middle Income Households | 中高收入户 (20%) Upper Middle Income Households | 高收入户 (20%) High Income Households |
|---|---|---|---|---|---|---|
| **平均每人总收入(元)** | **Per Capita Annual Income(yuan)** | 3778.55 | 5103.11 | 6418.66 | 8356.93 | 14155.36 |
| #现金收入 | Cash Income | 2848.73 | 3902.35 | 5208.54 | 6868.11 | 12650.24 |
| **平均每人总支出(元)** | **Per Capita Annual Expenditures(yuan)** | 4983.70 | 5218.35 | 6086.89 | 7508.70 | 10957.65 |
| #现金支出 | Cash Expenditures | 4045.46 | 4132.10 | 4931.46 | 6227.83 | 9604.23 |
| **平均每人纯收入(元)** | **Per Capita Annual Net Income(yuan)** | 2257.33 | 3772.87 | 4896.99 | 6509.59 | 11125.17 |
| **平均每人主要消费品消费量(公斤)** | **Per Capita Consumption of Majar Consumor Goods(kg)** | | | | | |
| 粮　食 | Grain | 128.64 | 144.87 | 156.16 | 167.70 | 166.39 |
| #大　米 | Rice | 101.08 | 119.39 | 127.40 | 125.70 | 133.39 |
| 食　油 | Edible Oil | 4.71 | 5.12 | 6.45 | 6.37 | 7.74 |
| 肉禽及其制品 | Meat,Poultry and Related Product | 20.88 | 25.10 | 28.06 | 31.56 | 40.13 |
| #猪　肉 | Pork | 18.62 | 22.43 | 24.96 | 27.52 | 31.32 |
| 家　禽 | Poultry | 1.64 | 2.05 | 2.03 | 2.84 | 3.96 |
| 蛋类及蛋制品 | Eggs and Their Products | 2.82 | 2.93 | 3.08 | 3.61 | 4.05 |
| 水产品 | Aquatic Products | 0.52 | 0.63 | 0.80 | 0.89 | 1.27 |
| #鱼　类 | Fish | 0.48 | 0.55 | 0.69 | 0.82 | 1.20 |
| 蔬　菜 | Vegetables | 80.80 | 90.63 | 96.25 | 103.32 | 111.10 |
| 瓜　果 | Melon and Fruits | 8.03 | 8.98 | 10.85 | 11.76 | 16.08 |
| 食　糖 | Sugar | 0.91 | 0.75 | 0.57 | 0.81 | 0.62 |
| 卷　烟(盒) | Cigarette(pack) | 17.89 | 19.54 | 21.51 | 30.97 | 34.28 |
| 酒 | Liquor | 8.08 | 7.85 | 7.75 | 10.03 | 10.94 |
| **每百户耐用消费品拥有量** | **Number of Durable Consumer Goods Owned By Per 100 Rural Households** | | | | | |
| 彩色电视机(台) | Color TV Set(set) | 95.85 | 94.62 | 95.39 | 94.92 | 101.86 |
| 电冰箱(台) | Refrigerator(set) | 41.61 | 44.08 | 50.78 | 56.71 | 58.74 |
| 洗衣机(台) | Washing Machine(set) | 61.66 | 65.02 | 67.88 | 71.44 | 81.76 |
| 热水器(台) | Water Heater(set) | 9.23 | 8.55 | 12.18 | 13.41 | 25.75 |
| 摩托车(辆) | Motorcycles(set) | 32.54 | 39.04 | 34.65 | 44.09 | 56.49 |
| 自行车(辆) | Bicycle(unit) | 3.94 | 1.40 | 3.76 | 3.96 | 5.16 |
| 电话机(部) | Telephone(unit) | 12.98 | 13.39 | 13.36 | 18.48 | 11.27 |
| 移动电话(部) | Mobile Telephone(unit) | 176.12 | 177.39 | 189.19 | 191.21 | 216.33 |

# 10-15 农村居民家庭人均经营费用和生产性固定资产购置

# Per Capita Expenditure for Household Operations and Expenditure for Purchasing Productive Fixed Assets of Rural Households

单位：元 (yuan)

| 指　　标 | Item | 2008 | 2009 | 2010 | 2011 | 2012 | 2013 |
|---|---|---|---|---|---|---|---|
| **家庭经营费用支出** | **Expenditure for Household Operations** | **944.61** | **872.54** | **871.62** | **1218.87** | **1367.00** | **1353.40** |
| #农业生产支出 | Farming | 288.09 | 298.33 | 312.74 | 374.98 | 467.74 | 465.93 |
| 林业生产支出 | Forestry | 2.69 | 2.13 | 2.65 | 8.64 | 12.35 | 16.60 |
| 牧业生产支出 | Animal Husbandry | 580.29 | 497.29 | 484.31 | 628.23 | 644.05 | 625.49 |
| 渔业生产支出 | Fishery | 2.29 | 3.34 | 2.51 | 1.03 | 2.33 | 2.51 |
| 工业生产支出 | Industry | 12.47 | 6.18 | 4.50 | 26.90 | 21.43 | 22.26 |
| 建筑业支出 | Construction | 3.78 | 10.08 | 10.51 | 17.15 | 22.45 | 21.57 |
| 交通运输邮电业支出 | Transport, Post and Telecommunication | 27.11 | 26.48 | 26.82 | 86.41 | 85.12 | 57.69 |
| 批发和零售贸易、餐饮业支出 | Wholesale and Retail Trade & Catering Services | 17.67 | 18.70 | 18.40 | 63.42 | 96.43 | 106.60 |
| 社会服务业支出 | Social Services | 1.13 | 1.42 | 1.07 | 4.78 | 4.91 | 9.88 |
| 其他经营支出 | Others | 3.69 | 3.78 | 4.49 | 3.27 | 6.85 | 12.46 |
| **购置生产用固定资产支出** | **Expenditure for Purchasing Productive Fixed Assets** | **167.99** | **166.61** | **102.89** | **209.95** | **183.17** | **170.29** |
| #农林牧渔业机械 | Machinery of Farming, Forestry, Animal Husbandry and Fishery | 15.60 | 21.61 | 22.89 | 52.80 | 50.11 | 25.81 |
| 工业机械 | Industrial Machinery | 6.87 | 3.46 | 5.74 | 5.91 | 0.35 | 2.15 |
| 运输机械 | Transportation Machinery | 70.27 | 92.13 | 36.32 | 86.99 | 43.82 | 81.68 |
| 役畜、产品畜 | Draught Animals and Commodity Animals | 48.53 | 26.02 | 16.46 | 38.80 | 47.04 | 39.06 |

# 主要统计指标解释

## 一、城镇住户

**城镇家庭人口**　指居住在一起，经济上合在一起共同生活的家庭成员。凡计算为家庭人口的成员其全部收支都包括在本家庭中。

**城镇就业面**　指就业人口占家庭人口的百分比。

**城镇就业者负担人数**　指家庭人口与就业人口之比。

**城镇家庭总收入**　指家庭成员得到的工薪收入、经营净收入、财产性收入、转移性收入之和，不包括出售财物收入和借贷收入。

**城镇家庭可支配收入**　指家庭成员得到可用于最终消费支出和其它非义务性支出以及储蓄的总和，即居民家庭可以用来自由支配的收入。它是家庭总收入扣除交纳的所得税、个人交纳的社会保障支出以及记账补贴后的收入。计算公式为：

可支配收入＝家庭总收入－交纳所得税－个人交纳的社会保障支出－记帐补贴

**城镇家庭总支出**　指除借贷支出以外的全部家庭支出。包括消费性支出、购房建房支出、转移性支出、财产性支出、社会保障支出。

**城镇家庭消费性支出**　指家庭用于日常生活的支出，包括食品、衣着、家庭设备用品及服务、医疗保健、交通和通信、娱乐教育文化服务、居住、杂项商品和服务等八大类支出。

**城镇家庭服务性消费支出**　指家庭用于支付社会提供的各种非商品性服务费用。

**城镇家庭收入分组方法**　将所有调查户依户人均可支配收入由低到高排队，按10%，10%，20%，20%，20%，10%，10%的比例依次分成：最低收入户、低收入户、中等偏下收入户、中等收入户、中等偏上收入户、高收入户、最高收入户等七组。总体中最低5%的户为困难户。

**恩格尔系数**　指食物支出金额在生活消费总支出金额中所占的比例。计算公式为：

$$\text{恩格尔系数}=\frac{\text{食品支出金额}}{\text{生活消费总支出金额}}\times 100\%$$

## 二、农村住户

**农村住户**　指农村常住户。农村常住户指长期（一年以上）居住在乡镇（不包括城关镇）行政管理区域内的住户，以及长期居住在城关镇所辖行政村范围内的农村住户。户口不在本地而在本地居住一年及以上的住户也包括在本地农村常住户范围内；有本地户口，但举家外出谋生一年以上的住户，无论是否保留承包耕地都不包括在本地农村住户范围内。

**常住人口**　指全年经常在家或在家居住6个月以上，而且经济和生活与本户连成一体的人口。外出从业人员在外居住时间虽然在6个月以上，但收入主要带回家中，经济与本户连为一体，仍视为家庭常住人口；在家居住，生活和本户连成一体的国家职工、退休人员也为家庭常住人口。但是现役军人、中专及以上（走读生除外）的在校学生、以及常年在外（不包括探亲、看病等）且已有稳定的职业与居住场所的外出从业人员，不算家庭常住人口。家庭常住人口主要作为计算农村住户平均每人收入、消费和积累水平及分析家庭人口状况的依据。

**整、半劳动力**　整劳动力指男子18周岁到50周岁，女子18周岁到45周岁；半劳动力指男子16周岁到17周岁，51周岁到60周岁；女子16周岁到17周岁，46周岁到55周岁，同时具有劳动能力的人。虽然在劳动年龄之内，但已丧失劳动能力的人，不应算为劳动力；超过劳动年龄，但能经常参加劳动，计入半劳动力数内。常住人口中的职工，若这些职工为劳动力，就包括在本户的整半劳动力中。

**总收入**　指调查期内农村住户和住户成员从各种来源渠道得到的收入总和。按收入的性质划分为工资性收入、家庭经营收入、财产性收入和转移性收入。

**工资性收入**　指农村住户成员受雇于单位或个人，靠出卖劳动而获得的收入。

**家庭经营收入**　指农村住户以家庭为生产经营单位进行生产筹划和管理而获得的收入。农村住户家庭经营活动按行业划分为农业、林业、牧业、渔业、工业、建筑业、交通运输业邮电业、批发和零售贸易餐饮业、社会服务业、文教卫生业和其他家庭经营。

**财产性收入**　指金融资产或有形非生产性资产的所有者向其他机构单位提供资金或将有形非生产性资产供其支配，作为回报而从中获得的收入。

**转移性收入**　指农村住户和住户成员无须付出任何对应物而获得的货物、服务、资金或资产所有权等，不包括无偿提供的用于固定资本形成的资金。一般情况下，是指农村住户在二次分配中的所有收入。

**现金收入**　指农村住户和住户成员在调查期内得到以现金形态表现的收入。按来源分成工资性收入、家庭经营现金收入、财产性收入、转移性收入。

**纯收入**　指农村住户当年从各个来源得到的总收入相应地扣除所发生的费用后的收入总和。计算方法：

纯收入＝总收入－家庭经营费用支出－税费支出－生产性固定资产折旧－赠送农村外部亲友支出

纯收入主要用于再生产投入和当年生活消费支出，也可用于储蓄和各种非义务性支出。“农民人均纯收入”按人口平均的纯收入水平，反映的是一个地区或一个农户农村居民的平均收入水平。

**总支出**　指农村住户用于生产、生活和再分配的全部支出。家庭经营费用支出、购置生产性固定资产支出、生产性固定资产折旧、税费支出、生活消费支出、财产性支出和转移性支出。

# Explanatory Notes on Main Statistical Indicators

## I. Urban Households

**Population of Urban Households** refer to members of the household living and sharing economically together. All income and expenditure of the population of the household are included in the income and expenditure of the household.

**Proportion of Urban Employment** refer to the proportion of employed population to the population of urban households.

**Number of Dependents per Urban Employee** refers to the ratio between number of persons in urban households and the number of employed persons.

**Total Income of Urban Households** refers to the sum of wage and salary, net business income, income from properties, and income from transfers of members of the households, excluding income from selling of properties and income from borrowings.

**Disposable Income of Urban Households** refers to the actual income at the disposal of members of the households which can be used for final consumption, other non-compulsory expenditure and savings. This equals to total income minus income tax, personal contribution to social security and sample household subsidy for keeping diaries. Following formula is used:

Disposable income = total household income - income tax - personal contribution to social security - sample household subsidy for keeping diaries

**Total expenditure of Urban Households** refers to all expenditure of the households except expenditure on leading. It includes expenditure on consumption, on purchasing or building houses, on transfers, on properties and on social security.

**Consumption Expenditure of Urban Households** refers to total expenditure of the sample households for consumption in daily life, including expenditure on eight categories such as food, clothing, household appliances and services, health care and medical services, transport and communications, recreation, education and cultural services, housing, miscellaneous goods and services.

**Expenditure of Urban Households on Consumption of Services** refers to expenditure of households on services of various kinds provided by the society.

**Urban Households by Income Group** All households in the sample are grouped, by per capita disposable income of the household, into groups of lowest income, low income, lower middle income, middle income, upper middle income, high income and highest income, each group consisting of 10%, 10%, 20%, 20%, 20%, 10% and 10% of all households respectively. The lowest 5% of households are also referred to as poor households.

**Engel Coefficient** refers to the percentage of expenditure on food to the total consumption expenditure, using the following formula:

Engel Coefficient= expenditure on food / total consumption expenditure×100%

## II. Rural Households

**Rural Households** refer to resident households in rural areas. Resident households in rural areas are the households residing for more than one year in the areas under the jurisdiction of administration of township governments (excluding county towns), and in the areas under the jurisdiction of administration of villages in county towns. Migrated households residing in the current addresses for over one year with their household registration in other places are included in the resident households of their current addresses. For households with their household registration in one place but all members of the households moving away for living in another place for over one year, they will not be included in the rural households of the area where they are registered, irrespective of whether they still keep their contracted land.

**Resident Population** refers to population staying at home regularly or for over 6 months during a year and integrated with the household economically and in terms of living. Members of the household staying away from the household for over 6 months but keeping a close economic relation with the household by sending the majority of income to the household are regarded as resident population of the household. Government staff and workers or retirees living as close members of the household are also considered as resident population. However, servicemen, students of secondary technical schools or schools of higher education and persons with stable jobs and residence outside the household (excluding those visiting relatives or seeking medical service) are not included as resident population of the household. Resident population is used in calculating income, consumption, accumulation on per capita basis of rural households and in analyzing composition of rural households.

**Full/Semi Labour Force** Full labour force refers to persons capable of work, aged 18-50 for males and 18-45 for females. Semi labour force refers to persons capable of work, aged 16-17 and 51-60 for males and 16-17 and 46-55 for females. Persons at their working ages but not capable of work are not to be included as labour force. Persons not at working ages but participating regularly in work are included in semi labour force. For staff and workers who are usual residents, are included as full or semi labour force of the household if they are in the labour force.

**Total Income** refers to the sum of income earned from various sources by the rural households and their members during the reference period, and is classified as income from wages and salaries, income from household operations, income from properties and income from transfers.

**Income from Wages and Salaries** refers to income from labour earned by the members of rural households employed by other units or individuals.

**Income from Household Operations** refers to income by the rural households as units of production and operations. Operations by rural households are classified by economic activities as agriculture, forestry, animal husbandry, fishery, manufacturing, construction, transportation, post and telecommunications, wholesale, retail and catering, social service, culture, education, health, and other household operations.

**Income from Properties** refers to the income received as returns by owners of financial assets or tangible non-productive assets by providing capitals or tangible non-productive assets to other institutional units.

**Income from Transfers** refers to the receipt by rural households and their members of goods, services, capitals or rights of assets without giving or repaying accordingly, excluding capitals provided to them for the formation of fixed assets. In general, it refers to all income received by rural households through redistribution.

**Cash Income** refers to income received by rural households and their members in the form of cash during the reference period. It is classified, by source of income, into income from wages and salaries, cash income from household operations, income from properties and income from transfers.

**Net Income** refers to the total income of rural households from all sources minus all corresponding expenses. The formula for calculation is as follows:

Net income = total income - household operation expenses - taxes and fees - depreciation of fixed assets for production- gifts to non-rural relatives

Net income is mainly used as input for reproduction and as consumption expenditure of the year, and also used for savings and non-compulsory expenses of various forms. "Per capita net income of farmers" is the level of net income averaged by population which reflects the average income level of rural households in a given area.

**Total Expenditure** refers to total expenses of rural households on production, consumption and redistribution, including expenditure on household operations, on purchase of productive fixed assets, depreciation of productive fixed assets, taxes and fees, expenses on household consumption, expenses on properties and expenses on transfer

11

Eleven

# 城市概况

General Survey of Cities

# 11-1 城市公用事业

## City Public Utilities

| 项　目 | Item | 2008 | 2009 | 2010 | 2011 | 2012 | 2013 |
|---|---|---|---|---|---|---|---|
| **城市建设** | **City Areas and Floor Space of Buildings** | | | | | | |
| 城区面积(平方公里) | Urban Area(sq.km) | 4042.57 | 4057.98 | 4103.09 | 4108.16 | 4543.68 | 4708.90 |
| 建成区面积(平方公里) | Area of Built Districts(sq.km) | 821.60 | 883.56 | 972.99 | 986.50 | 1121.68 | 1315.86 |
| 城市建设用地面积(平方公里) | Area of Land Used for Urban Construction(sq.km) | 952.04 | 999.81 | 1002.15 | 1005.73 | 1026.84 | 1141.93 |
| 征用土地面积(平方公里) | Area of Land Put in Requisition for State Construction Projects(sq.km) | 13.97 | 16.97 | 26.03 | 36.20 | 57.19 | 95.74 |
| 城市人口密度(人/平方公里) | Population Density of City Districts (persons/sq.km) | 2379 | 2440 | 2481 | 2579 | 2410 | 2411 |
| **城市供水、燃气** | **Supply Water and Gas** | | | | | | |
| 年末供水综合生产能力(万立方米/日) | Production Capacity of Tap Water Supply at Year-end (10000 cu.m/day) | 357.05 | 348.56 | 352.11 | 364.56 | 376.94 | 364.28 |
| 全年供水管道长度(公里) | Annual Length of Water Pipelines(km) | 7719.80 | 8706.10 | 9376.00 | 11107.57 | 11629.67 | 12579.11 |
| 建成区城市供水管道密度(公里/平方公里) | Water Pipelines Pensity of Built Districts of city(km/sq.km) | 9.40 | 9.85 | 9.64 | 11.26 | 10.37 | 9.56 |
| 供水总量(万立方米) | Volume of Tap Water Supply (10000 cu.m) | 64871 | 61971 | 63572 | 67766 | 71168 | 74730 |
| #生活用水 | Water Consumption for Residential Use | 31560 | 32584 | 33064 | 36091 | 38367 | 39631 |
| 生产用水 | Water Consumption for Productive Use | 13850 | 10517 | 12109 | 11335 | 10728 | 10196 |
| 用水人口(万人) | Number of Residents with Access to Tap Water (10000 persons) | 800.32 | 845.78 | 880.83 | 920.40 | 959.30 | 1044.68 |
| 人均日生活用水(升) | Per Capita Daily Consumption of Tap Water for Residential Use (liter) | 127.72 | 124.32 | 116.88 | 127.82 | 128.92 | 131.39 |
| 用水普及率 (%) | Coverage Rate of Urban Population with Access to Tap Water (%) | 83.2 | 85.4 | 86.5 | 86.9 | 87.6 | 88.5 |
| 人工煤气生产能力(万立方米) | Production Capacity of Gaswork Gas (10 000 cu.m) | 191.80 | 191.80 | 191.80 | 187.00 | 187.00 | 102.00 |
| 管道长度(公里) | Length of Gas Pipelines (km) | 2925.10 | 3051.20 | 3207.50 | 3264.27 | 3597.19 | 4065.69 |
| 人工煤气 | Gaswork | 2693.90 | 2784.40 | 2829.70 | 2741.53 | 2902.89 | 2948.42 |
| 液化石油气 | Liquefied Petroleum Gas | 146.16 | 154.82 | 182.72 | 182.72 | 184.95 | 189.95 |
| 天然气 | Natural Gas | 85.05 | 111.93 | 195.07 | 340.02 | 509.35 | 927.32 |
| 全年供气总量 | Annual Volume of Gas Supply | | | | | | |
| 人工煤气(万立方米) | Gaswork (10 000 cu.m) | 26613 | 26886 | 26963 | 30515 | 34167 | 23788 |
| #家庭用量 | Consumption of Gaswork Gas for Residential Use | 10493 | 10921 | 11436 | 13118 | 14259 | 12177 |
| 天然气(万立方米) | Natural Gas Supply(10 000 cu.m) | 1378 | 2336 | 3546 | 5496 | 9879 | 16668 |
| #家庭用量 | Consumption of Natural Gas for Residential Use | 1017 | 1070 | 1160 | 674 | 1096 | 3118 |
| 液化石油气 (吨) | Liquefied Petroleum Gas(ton) | 86863 | 89770 | 94481 | 99396 | 101606 | 108144 |
| #家庭用量 | Consumption of Liquefied Gas for Residential Use | 79149 | 82645 | 86703 | 91742 | 93089 | 99340 |
| 用气人口(万人) | Population with Access to Gas (10 000 persons) | 520.28 | 536.53 | 554.35 | 582.54 | 603.88 | 666.26 |
| 人工煤气 | Gaswork | 156.15 | 161.33 | 166.76 | 207.69 | 176.05 | 126.60 |
| 液化石油气 | Liquefied Petroleum Gas | 355.35 | 364.88 | 375.94 | 350.98 | 372.81 | 402.53 |
| 天 然 气 | Natural Gas | 8.78 | 10.32 | 11.65 | 23.87 | 55.02 | 137.13 |
| 燃气普及率(%) | Coverage Rate of Urban Population with Access to Gas (%) | 54.1 | 54.2 | 54.5 | 55.0 | 55.2 | 58.7 |
| **城市市政设施** | **Municipal Infrastructure** | | | | | | |
| 年末实有道路长度(公里) | Length of Paved Roads at Year-end(km) | 3836 | 3933 | 4081 | 4487 | 4875 | 5787 |

## 11-1 续表 continued

| 项　目 | Item | 2008 | 2009 | 2010 | 2011 | 2012 | 2013 |
|---|---|---|---|---|---|---|---|
| 年末实有道路面积(万平方米) | Area of Paved Roads at Year-end(10 000sq.m) | 5759 | 5972 | 6342 | 7054 | 7585 | 10166 |
| 人均拥有道路面积(平方米) | Per Capita Area of Paved Roads(sq.m) | 5.99 | 6.03 | 6.23 | 6.66 | 6.93 | 8.95 |
| 城市排水管道长度(公里) | Length of City Sewage Pipes(km) | 4796 | 5047 | 5507 | 5977 | 6148 | 8146 |
| 城市污水日处理能力(万立方米) | Daily Disposal Capacity of City Sewage (10 000 cu.m) | 66.0 | 93.5 | 170.5 | 170.5 | 173.0 | 188.0 |
| 建城区城市排水管道密度(公里/平方公里) | Density of City Sewage Pipes(km/sq.km) | 5.84 | 5.71 | 5.66 | 6.06 | 5.48 | 6.19 |
| 城市桥梁(座) | Number of City Bridges (unit) | 715 | 727 | 735 | 776 | 783 | 901 |
| 城市道路照明灯(千盏) | Number of Street Lights (1 000 units) | 260 | 299 | 302 | 391 | 428 | 540 |
| **城市公共交通** | **Public Traffic** | | | | | | |
| 年末公共交通运营车辆数(辆) | Number of Public Vehicles under Operation at Year-end (Buses and Trolley Buses, etc.) (unit) | 5140 | 4864 | 4984 | 5364 | 5429 | 6484 |
| 运营线路网长度(公里) | Network Length (km) | 1527 | 3523 | 6056 | 6212 | 6518 | 7161 |
| 公共交通客运总量(万人次) | Passengers Transported by Public Vehicles (10 000person-times) | 103383 | 109586 | 120220 | 130976 | 143499 | 153381 |
| 出租汽车(辆) | Number of Taxi(unit) | 13768 | 14700 | 15087 | 17196 | 20600 | 22946 |
| **城市绿化和园林** | **City Greening** | | | | | | |
| 城市园林绿地面积(公顷) | Area of Parks and Green Land (hectare) | 41841 | 43781 | 45500 | 48024 | 51081 | 67029 |
| 公园绿地面积 | Park Green Areas | 4271 | 4602 | 5422 | 5830 | 7311 | 9063 |
| 人均公园绿地面积(平方米) | Per Capita Area of Parks and Green Land(sq.m) | 4.44 | 4.65 | 5.33 | 5.50 | 6.68 | 7.98 |
| 公园个数(个) | Number of Parks and Zoos(unit) | 121 | 128 | 130 | 146 | 147 | 161 |
| 公园面积(万公顷) | Area of Parks (10 000 hectares) | 3773 | 3965 | 4622 | 4941 | 5074 | 5743 |
| 建成区绿化覆盖率(%) | Green Covered Area as % of Completed Area (%) | 21.55 | 22.12 | 21.83 | 24.57 | 25.06 | 24.94 |
| **城市环境卫生** | **Environmental Sanitation** | | | | | | |
| 清扫保洁面积(万平方米) | Area under Cleaning Program (10 000 sq.m) | 4916 | 5374 | 5948 | 6982 | 7831 | 9028 |
| 生活垃圾清运量(万吨) | Volume of Garbage Disposal (10 000 tons) | 413.80 | 426.60 | 428.51 | 431.46 | 449.41 | 461.47 |
| 市容环卫专用车辆设备总数(台) | Number of Special Vehicles for Environmental Sanitation (unit) | 1216 | 1315 | 1588 | 2320 | 2696 | 3134 |
| 公共厕所(座) | Number of Public Lavatories (unit) | 2055 | 2116 | 2147 | 2121 | 2110 | 2213 |
| #三类以上 | Third Grade and Above | 1284 | 1358 | 1463 | 1445 | 1461 | 1536 |

注：1.资料来源于省住房城乡建设厅、省交通运输厅(以下相关表同)。2.运营线路长度2009年及以前为运营线路网长度。

Note:1.Data are provided by provincial department of transport and department of housing and urban and rural development(The relative tables in the chapter are the same). 2.For the year 2009 and before,Operating line length referred to network Length.

# 11-2 城市气象(2013)
## Climate of Major Cities

| 城市名称 | City | 年平均气温(℃) Annual Average Temperature(℃) | 年降水量(毫米) Annual Precipitation(mm) | 年日照时数(小时) Annual Sunshine Hours(hour) | 年平均相对湿度(%) Annual Average Relative Humidity(%) |
|---|---|---|---|---|---|
| 贵阳市 | Guiyang | 15.1 | 888.3 | 1230.7 | 79 |
| 六盘水市 | Liupanshui | 13.5 | 803.4 | 1466.7 | 76 |
| 遵义市 | Zunyi | 16.9 | 798 | 1317.1 | 71 |
| 安顺市 | Anshun | 14.8 | 796.3 | 1406.8 | 78 |
| 毕节市 | Bijie | 14.2 | 782.5 | 1338.6 | 75 |
| 铜仁市 | Tongren | 18.2 | 1211.9 | 1223.3 | 77 |
| 兴义市 | Xingyi | 16.8 | 1302.6 | 1712.6 | 79 |
| 凯里市 | Kaili | 16.6 | 1342.6 | 1387.5 | 77 |
| 都匀市 | Duyun | 15.7 | 1454.8 | 860.6 | 79 |
| 清镇市 | Qingzhen | 15.3 | 919.7 | 1299.4 | 76 |
| 赤水市 | Chishui | 19.1 | 1257.8 | 1468.6 | 75 |
| 仁怀市 | Renhuai | 17.0 | 778.7 | 1335.1 | 77 |
| 福泉市 | Fuquan | 15.9 | 1211.7 | 1129.5 | 75 |

注：资料来源于省气象局(下表同)。
Note:Data in the table are provided by the provincial bureau of meteorology(The same applies to the next table).

# 11-3 城市平均气温（2013）
## Monthly Average Temperature of Major Cities

单位：℃ (℃)

| 城市名称 | City | 1月 Jan. | 2月 Feb. | 3月 Mar. | 4月 Apr. | 5月 May | 6月 June | 7月 July | 8月 Aug. | 9月 Sept. | 10月 Oct. | 11月 Nov. | 12月 Dec. |
|---|---|---|---|---|---|---|---|---|---|---|---|---|---|
| 贵阳市 | Guiyang | 4.2 | 8.7 | 14.3 | 14.8 | 18.9 | 22.3 | 24.0 | 23.1 | 19.5 | 14.9 | 11.7 | 4.9 |
| 六盘水市 | Liupanshui | 3.0 | 9.9 | 13.0 | 14.5 | 17.2 | 20.2 | 21.3 | 20.1 | 17.3 | 12.5 | 9.7 | 3.2 |
| 遵义市 | Zunyi | 5.4 | 8.6 | 14.9 | 16.0 | 20.4 | 24.9 | 28.0 | 26.5 | 21.5 | 16.4 | 13.4 | 6.7 |
| 安顺市 | Anshun | 4.2 | 9.4 | 14.5 | 15.5 | 19.0 | 21.8 | 22.5 | 21.9 | 19.0 | 14.5 | 11.2 | 4.6 |
| 毕节市 | Bijie | 3.4 | 7.7 | 13.3 | 14.4 | 17.6 | 21.7 | 24.3 | 22.2 | 18.5 | 13.2 | 10.2 | 3.4 |
| 铜仁市 | Tongren | 6.1 | 8.2 | 14.7 | 16.9 | 22.4 | 26.5 | 30.6 | 29.2 | 23.1 | 18.3 | 14.6 | 8.3 |
| 兴义市 | Xingyi | 6.6 | 13.1 | 17.4 | 19.0 | 21.3 | 22.5 | 22.8 | 22.5 | 20.2 | 15.9 | 13.6 | 7.0 |
| 凯里市 | Kaili | 5.7 | 8.6 | 14.7 | 15.5 | 20.6 | 24.5 | 27.0 | 26.0 | 20.8 | 16.1 | 13.4 | 6.7 |
| 都匀市 | Duyun | 5.1 | 8.9 | 14.5 | 15.1 | 19.7 | 22.8 | 24.2 | 23.8 | 19.7 | 15.4 | 12.6 | 6.0 |
| 清镇市 | Qingzhen | 4.5 | 9.0 | 14.5 | 15.3 | 19.1 | 22.5 | 24.0 | 23.2 | 19.6 | 14.8 | 12.0 | 5.2 |
| 赤水市 | Chishui | 8.4 | 11.8 | 18.0 | 19.6 | 22.4 | 26.6 | 29.9 | 28.3 | 22.6 | 18.6 | 13.7 | 8.9 |
| 仁怀市 | Renhuai | 5.5 | 9.0 | 15.4 | 16.5 | 20.4 | 25.0 | 28.6 | 26.2 | 21.4 | 16.6 | 12.7 | 6.4 |
| 福泉市 | Fuquan | 5.1 | 8.5 | 14.4 | 15.0 | 19.8 | 23.3 | 25.3 | 24.7 | 20.1 | 15.4 | 12.8 | 6.1 |

# 11－4 城市建设(2013)

## City Construction

| 城市名称 | City | 城区面积 (平方公里) Urban Area (sq.km) | 建成区面积 (平方公里) Area of Built Districts (sq.km) | 城市建设用地面积 (平方公里) Area of Land Used for Urban Construction (sq.km) |
|---|---|---|---|---|
| 贵 阳 市 | Guiyang | 414.77 | 299.00 | 243.89 |
| 六盘水市 | Liupanshui | 129.00 | 40.12 | 38.40 |
| 遵 义 市 | Zunyi | 220.00 | 63.25 | 61.91 |
| 安 顺 市 | Anshun | 109.48 | 40.80 | 36.32 |
| 铜 仁 市 | Tongren | 53.30 | 33.90 | 31.32 |
| 兴 义 市 | Xingyi | 73.40 | 38.00 | 32.25 |
| 毕 节 市 | Bijie | 166.09 | 38.83 | 38.83 |
| 凯 里 市 | Kaili | 111.50 | 67.00 | 54.53 |
| 都 匀 市 | Duyun | 300.00 | 23.80 | 16.71 |
| 清 镇 市 | Qingzhen | 51.60 | 16.20 | 16.18 |
| 赤 水 市 | Chishui | 91.00 | 10.00 | 9.18 |
| 仁 怀 市 | Renhuai | 89.00 | 14.30 | 10.99 |
| 福 泉 市 | Fuquan | 19.20 | 10.20 | 10.20 |

# 11－5 城市设施水平(2013)

## Level of Public Facilities in Cities

| 城市名称 | City | 城市用水普及率 (%) Coverage Rate of Urban Population with Access to Tap Water (%) | 城市燃气普及率 (%) Coverage Rate of Urban Population with Access to Gas (%) | 每万人拥有公共交通车辆 (标台) Number of Public Transportation Vehicles Per 10 000 Population (unit) | 人均城市道路面积 (平方米) Per Capita Area of Paved Roads (sq.m) | 人均公园绿地面积 (平方米) Per Capita Park Green Areas (sq.m) |
|---|---|---|---|---|---|---|
| 贵 阳 市 | Guiyang | 94.43 | 94.98 | 2811.1 | 9.74 | 15.47 |
| 六盘水市 | Liupanshui | 79.06 | 95.13 | 438.5 | 12.43 | 3.00 |
| 遵 义 市 | Zunyi | 98.68 | 67.98 | 688.1 | 5.07 | 13.10 |
| 安 顺 市 | Anshun | 95.91 | 46.75 | 310.9 | 8.05 | 2.39 |
| 铜 仁 市 | Tongren | 79.48 | 27.04 | 123.7 | 7.47 | 2.64 |
| 兴 义 市 | Xingyi | 91.90 | 32.99 | 152.0 | 20.75 | 8.04 |
| 毕 节 市 | Bijie | 91.98 | 41.27 | 232.6 | 13.29 | 19.96 |
| 凯 里 市 | Kaili | 91.94 | 76.67 | 297.4 | 12.25 | 14.84 |
| 都 匀 市 | Duyun | 100.00 | 85.68 | 258.0 | 8.19 | 8.25 |
| 清 镇 市 | Qingzhen | 86.45 | 89.46 | 44.3 | 7.83 | 5.94 |
| 赤 水 市 | Chishui | 76.03 | 46.63 | 60.3 | 6.92 | 4.97 |
| 仁 怀 市 | Renhuai | 99.77 | 58.36 | 64.0 | 5.18 | 1.58 |
| 福 泉 市 | Fuquan | 92.39 | 49.02 | 18.0 | 6.58 | 8.04 |

# 11-6 城市供水（2013）
# Tap Water Supply in Cities

| 城市名称 | City | 年末供水综合生产能力（万立方米/日）Production Capacity of Tap Water Supply (year-end) (10 000 cu.m/day) | 年末供水管道长度（公里）Length of Water Supply Pipelines (year-end) (km) | 全年供水总量（万立方米）Total Annual Volume of Water Supply (10 000 cu.m) | #生活用水 For Residential Use | #生产用水 For Productive Use | 用水人口（万人）Number of Residents with Access to Tap Water (10 000 persons) | 人均日生活用水量（升）Per Capita Daily Consumption of Tap Water for Residential Use(liter) |
|---|---|---|---|---|---|---|---|---|
| 贵阳市 | Guiyang | 120.97 | 3801.55 | 28383.85 | 12115.50 | 4367.47 | 250.58 | 177.12 |
| 六盘水市 | Liupanshui | 10.00 | 950.00 | 2447.00 | 870.00 | 85.00 | 25.00 | 201.10 |
| 遵义市 | Zunyi | 23.40 | 305.00 | 5126.00 | 3542.00 | 545.00 | 74.89 | 141.47 |
| 安顺市 | Anshun | 9.30 | 237.80 | 2227.10 | 1315.00 | 463.20 | 49.75 | 84.27 |
| 铜仁市 | Tongren | 17.26 | 148.18 | 2213.82 | 1085.01 | 358.30 | 25.87 | 147.68 |
| 兴义市 | Xingyi | 13.76 | 380.00 | 2378.00 | 1520.00 | 348.00 | 29.50 | 150.08 |
| 毕节市 | Bijie | 12.00 | 515.00 | 1774.50 | 904.00 | 46.00 | 22.49 | 155.26 |
| 凯里市 | Kaili | 10.38 | 796.77 | 2128.00 | 1232.00 | 246.00 | 31.60 | 108.55 |
| 都匀市 | Duyun | 12.71 | 261.26 | 1836.48 | 809.64 | 359.12 | 23.40 | 142.92 |
| 清镇市 | Qingzhen | 3.50 | 161.80 | 495.20 | 323.00 | 111.10 | 13.53 | 67.41 |
| 赤水市 | Chishui | 2.00 | 64.80 | 432.00 | 291.00 | 38.00 | 9.80 | 91.14 |
| 仁怀市 | Renhuai | 3.00 | 78.00 | 1039.00 | 731.00 | 138.00 | 13.30 | 163.35 |
| 福泉市 | Fuquan | 2.39 | 144.60 | 858.29 | 504.33 | 210.00 | 8.50 | 166.42 |

# 11-7 城市燃气(2013)
# Supply of Gas in Cities

| 城市名称 | City | 人工煤气生产能力（万立方米/日） Production Capacity of Gaswork Gas (10 000 cu.m/day) | 管道长度（公里） Length of GasPipelines(km) | | | 全年供气总量 Volume of Gas Supply | | | 用气人口（万人） Population with Accessto Gas (10 000 persons) | | |
|---|---|---|---|---|---|---|---|---|---|---|---|
| | | | 人工煤气 Coal Gas | 液化石油气 Liquefied Petroleum Gas | 天然气 Natural Gas | 人工煤气（万立方米） Coal Gas (10 000 cu.m) | 液化石油气（吨） Liquefied Petroleum Gas (ton) | 天然气（万立方米） Natural Gas (10 000 cu.m) | 人工煤气 Coal Gas | 液化石油气 Liquefied Petroleum Gas | 天然气 Natural Gas |
| 贵阳市 | Guiyang | 95 | 2027 | | 211.92 | 18112 | 38000.00 | 9592.00 | 89.00 | 72.00 | 91.04 |
| 六盘水市 | Liupanshui | 6 | 770 | | | 5061 | 485.00 | | 28.60 | 1.48 | |
| 遵义市 | Zunyi | | | 9.56 | 161.30 | | 10192.00 | 3019.40 | | 41.56 | 10.03 |
| 安顺市 | Anshun | | | | 99.80 | | 4002.00 | 450.00 | | 11.40 | 12.85 |
| 铜仁市 | Tongren | | | 91.26 | | | 2005.00 | | | 8.80 | |
| 兴义市 | Xingyi | | | | 53.85 | | 2501.87 | 139.53 | | 10.00 | 0.59 |
| 毕节市 | Bijie | | | | 105.60 | | 1643.00 | 496.00 | | 8.80 | 1.29 |
| 凯里市 | Kaili | | | | 90.00 | | 7256.50 | 730.30 | | 21.35 | 5.00 |
| 都匀市 | Duyun | | | 30.13 | 101.00 | | 1817.62 | 184.64 | | 18.44 | 1.61 |
| 清镇市 | Qingzhen | 1 | 150 | | | 595 | 1640.00 | | 9.00 | 5.00 | |
| 赤水市 | Chishui | | | 4.00 | 24.00 | | 237.00 | 1003.86 | | 0.81 | 5.20 |
| 仁怀市 | Renhuai | | | | 6.87 | | 646.00 | 462.00 | | 5.98 | 1.80 |
| 福泉市 | Fuquan | | | | | | 600.57 | | | 4.51 | |

# 11-8 城市市政设施(2013)
# Municipal Infrastructure in Cities

| 城市名称 | City | 年末实有道路长度（公里） Length of Paved Roads (year-end) (km) | 年末实有道路面积（万平方米） Area of Paved Roads (year-end) (10 000 sq.m) | 城市桥梁（座） Number of City Bridges (unit) | 城市排水管道长度（公里） Length of City Sewage Pipes (km) | 城市污水日处理能力（万立方米） Daily Disposal Capacity of City Sewage (10 000 cu.m) | 城市道路照明灯（千盏） Number of Street Lights (1 000 units) |
|---|---|---|---|---|---|---|---|
| 贵阳市 | Guiyang | 1283.86 | 2583.55 | 298 | 3516.60 | 58.0 | 209.12 |
| 六盘水市 | Liupanshui | 176.76 | 393.00 | 25 | 75.00 | 6.5 | 25.00 |
| 遵义市 | Zunyi | 276.00 | 385.00 | 28 | 222.00 | 26.0 | 21.10 |
| 安顺市 | Anshun | 218.60 | 417.70 | 25 | 344.70 | 5.0 | 14.91 |
| 铜仁市 | Tongren | 216.80 | 243.05 | 26 | 148.80 | 5.0 | 7.30 |
| 兴义市 | Xingyi | 285.20 | 666.08 | 26 | 261.00 | 5.5 | 17.66 |
| 毕节市 | Bijie | 154.10 | 325.04 | 38 | 165.40 | 8.0 | 4.66 |
| 凯里市 | Kaili | 222.65 | 421.00 | 24 | 159.00 | 8.0 | 47.06 |
| 都匀市 | Duyun | 98.10 | 191.61 | 30 | 162.00 | 6.0 | 6.00 |
| 清镇市 | Qingzhen | 40.00 | 122.50 | 4 | 55.40 | 5.0 | 3.77 |
| 赤水市 | Chishui | 50.90 | 89.24 | 2 | 72.00 | 2.0 | 5.17 |
| 仁怀市 | Renhuai | 26.00 | 69.00 | 5 | 40.00 | 3.0 | 4.35 |
| 福泉市 | Fuquan | 69.10 | 60.52 | 6 | 37.80 | 1.5 | 1.56 |

# 11-9 城市绿地和园林(2013)

# Parks and Green Areas in Cities

| 城市名称 | City | 建成区园林绿地面积(公顷) Area of Parks and Green Land(hectare) | 公园绿地面积 ParkGreen Areas | 公园(个) Number of Parks(unit) | 公园面积(公顷) Area of Parks(hectare) | 建成区绿化覆盖率(%) Green Covered Area as % of Completed Area (%) |
|---|---|---|---|---|---|---|
| 贵阳市 | Guiyang | 12783 | 4104 | 13 | 2568 | 43.50 |
| 六盘水市 | Liupanshui | 208 | 95 | 7 | 82 | 24.60 |
| 遵义市 | Zunyi | 2320 | 994 | 6 | 534 | 41.14 |
| 安顺市 | Anshun | 844 | 124 | 2 | 90 | 22.99 |
| 铜仁市 | Tongren | 731 | 86 | 6 | 73 | 24.25 |
| 兴义市 | Xingyi | 686 | 258 | 5 | 58 | 20.11 |
| 毕节市 | Bijie | 1046 | 488 | 4 | 213 | 30.41 |
| 凯里市 | Kaili | 1154 | 510 | 7 | 684 | 25.55 |
| 都匀市 | Duyun | 581 | 193 | 6 | 129 | 24.37 |
| 清镇市 | Qingzhen | 578 | 93 | 1 | 7 | 37.96 |
| 赤水市 | Chishui | 258 | 64 | 2 | 15 | 27.20 |
| 仁怀市 | Renhuai | 133 | 21 | 1 | 1 | 13.15 |
| 福泉市 | Fuquan | 243 | 74 | 3 | 74 | 29.02 |

# 11-10 城市市容环境卫生(2013)

# Urban Sanitation in Cities

| 城市名称 | City | 清扫保洁面积(万平方米) Area under Cleaning Program (10 000 sq.m) | 生活垃圾清运量(万吨) Volume of Garbage Disposal (10 000 tons) | 市容环卫专用车辆设备总数(台) Number of Special Vehicles for Environmental Sanitation (unit) | 公共厕所(座) Number of Public Lavatories (unit) | #三类以上 Third Grade and Above | 生活垃圾无害化处理率(%) Garbage harmless treatment rate (%) |
|---|---|---|---|---|---|---|---|
| 贵阳市 | Guiyang | 2289 | 103.87 | 899 | 540 | 540 | 95.4 |
| 六盘水市 | Liupanshui | 290 | 10.49 | 92 | 41 | 12 | 100.0 |
| 遵义市 | Zunyi | 512 | 35.93 | 271 | 310 | 310 | 100.0 |
| 安顺市 | Anshun | 265 | 15.15 | 329 | 30 | 23 | 70.3 |
| 铜仁市 | Tongren | 485 | 11.20 | 38 | 124 | 30 | 91.1 |
| 兴义市 | Xingyi | 158 | 9.60 | 27 | 50 |  | 100.0 |
| 毕节市 | Bijie | 470 | 16.62 | 133 | 44 | 29 | 98.9 |
| 凯里市 | Kaili | 463 | 11.54 | 58 | 38 | 38 | 90.6 |
| 都匀市 | Duyun | 120 | 11.18 | 18 | 39 | 39 | 95.4 |
| 清镇市 | Qingzhen | 63 | 4.57 | 37 | 19 | 19 | 100.0 |
| 赤水市 | Chishui | 58 | 3.79 | 17 | 15 | 15 | 87.6 |
| 仁怀市 | Renhuai | 69 | 7.67 | 55 | 22 | 20 | 100.0 |
| 福泉市 | Fuquan | 58 | 6.80 | 13 | 8 |  |  |

# 主要统计指标解释

**供水综合生产能力**　指按供水设施取水、净化、送水、出厂输水干管等环节设计能力计算的综合生产能力。包括在原设计能力的基础上，经挖、革、改增加的生产能力。计算时，以四个环节中最薄弱的环节为主确定能力。原则上按设计能力填报，对于经过更新改造后，实际生产能力与设计能力相差很大的，按实际能力填报。

**供水管道长度**　指从送水泵至用户水表之间所有管道的长度。不包括新安装尚未使用、水厂内以及用户建筑物内的管道。在同一条街道埋设两条或两条以上管道时，应按每条管道的长度计算。

**供水总量**　指报告期供水企业（单位）供出的全部水量。包括有效供水量和漏损水量。

有效供水量指水厂将水供出厂外后，各类用户实际使用到的水量。包括售水量和免费供水量。

**生活用水量**　包括公共服务用水和居民家庭用水。公共服务用水指为城市社会公共生活服务的用水。包括行政事业单位、部队营区和公共设施服务、社会服务业、批发零售贸易业、旅馆饮食业以及其他公共服务业等单位的用水。居民家庭用水指城市范围内所有居民家庭的日常生活用水。包括城市居民、农民家庭、公共供水站用水。

**用水普及率**　指报告期末城区用水人口数与总人口的比率。计算公式：

用水普及率＝城区用水人口（含暂住人口）／城区人口＋城区暂住人口 ×100%

**人工煤气生产能力**　指报告期末人工煤气生产厂制气、净化、输送等环节的综合生产能力，不包括备用设备能力。一般按设计能力计算，如果实际生产能力大于设计能力时，应按实际测定的生产能力计算。测定时应以制气、净化、输送三个环节中最薄弱的环节为主。

**供气管道长度**　指报告期末从气源厂压缩机的出口或门站出口至各类用户引入管之间的全部已经通气投入使用的管道长度。不包括煤气生产厂、输配站、液化气储存站、灌瓶站、储配站、气化站、混气站、供应站等厂（站）内的管道。按不同的材质、管径分别统计。

**供气总量**　指报告期燃气企业（单位）向用户供应的燃气数量。包括销售量和损失量。

**燃气普及率**　指报告期末使用燃气的人口与总人口的比率。计算公式为：

燃气普及率＝城区用气人口（含暂住人口）／城区人口＋城区暂住人口 ×100%

**供热能力**　指供热企业（单位）向城市热用户输送热能的设计能力。不是热电厂的生产能力。

**供热总量**　指在报告期供热企业（单位）向城市热用户输送全部蒸汽和热水的总热量。

**供热管道长度**　指从各类热源到热用户建筑物接入口之间的全部蒸汽和热水的管道长度。不包括各类热源厂内部的管道长度。可按管道敷设方式（管沟、直埋、架空等）分类统计。

**道路长度**　指道路长度和与道路相通的桥梁、隧道的长度，按车行道中心线计算。

**桥梁**　指为跨越天然或人工障碍物而修建的构筑物。包括跨河桥、立交桥、人行天桥以及人行地下通道等。

**排水管道长度**　指所有排水总管、干管、支管、检查井及连接井进出口等长度之和。计算时应按单管计算，即在同一条街道上如有两条或两条以上并排的排水管道时，应按每条排水管道的长度相加计算。

**污水处理能力**　指污水处理厂（或处理装置）每昼夜处理污水量的设计能力。

**年末运营车数**　指年末公交企业（单位）用于运营业务的全部车辆数。以企业（单位）固定资产台账中已投入运营的车辆数为准。

**绿地面积**　指报告期末用作园林和绿化的各种绿地面积。包括公园绿地、生产绿地、防护绿地、附属绿地和其他绿地的面积。其中：

**公园绿地**　城市中向公众开放的、以游憩为主要功能，有一定的游憩设施和服务设施，同时兼有健全生态、美化景观、防灾减灾等综合作用的绿化用地。它是城市建设用地、城市绿地系统和城市市政公用设施的重要组成部分。

**生产绿地**　指为城市绿化提供苗木、花草、种子的苗圃、花圃、草圃等圃地。

**防护绿地**　指城市中具有卫生、隔离和安全防护功能的绿地。包括卫生隔离带、道路防护绿地、城市高压走廊绿带、防风林、城市组团隔离带等。

**附属绿地**　指城市建设用地中绿地之外各类用地中的附属绿化用地。包括居住用地、公共设施用地、工业用地、仓储用地、对外交通用地、道路广场用地、市政设施用地和特殊用地中的绿地。

**其他绿地**　指对城市生态环境质量、居民休闲生活、城市景观和生物多样性保护有直接影响的绿地。包括风景名胜区、水源保护区、郊野公园、森林公园、自然保护区、风景林地、城市绿化隔离带、野生动植物园、湿地、垃圾填埋场恢复绿地等。

**公共绿地** 指向公众开放的市级、区级、居住区级各类公园、街旁游园，包括其范围内的水域。其中居住区级公园应不小于1万平方米，街旁游园的宽度不小于8米，面积不小于400平方米。

# Explanatory Notes on Main Statistical Indicators

**Production Capacity of Water Supply** refers to the designed overall production capacity of water facilities, covering the four segments of water collection, purification, conveyance, and outflow through trunk pipelines. Increased capacity through transformation and innovation projects is included as well. The capacity is determined mainly on the weakest of the above-mentioned four segments. In principle, according to the design capacity reporting, for after renovation, the difference between the actual production capacity and design capabilities is great. It is reported according to the actual ability

**Length of Water Supply Pipelines at Year-end** refers to the total length of all the pipelines between the water pumps and the user water meters, excluding pipelines newly installed but not used yet, pipeline in the water factory, and pipeline in the user's buildings. Buried in the same street two or more pipes, each pipe length shall be calculated.

Total Volume of Water Supply refers to the total volume of water supplied by water-works (units) during the reference period, including both the effective water supply and loss during the water supply, effective water supply refers to water for the water outside the factory, the various users of water are actually used, including the sale of water and free water supply.

**Consumption of Water for Residential Use** refers to consumption of water for households use and consumption of water for public service use. The latter refers to water consumption for public service in urban area, including the consumption of government agencies and public institutions, military barracks, public facilities, wholesale and retail outlets, accommodation and catering industry, and other units providing public services. Household water consumption refers to consumption of water for daily life of all households within the boundary of cities, including households of urban residents and farmers, and public water supply stations.

**Coverage Rate of Urban Population with Access to Tap Water** refers to the ratio of the urban population with access to tap water to the total urban population at the end of reference period. The formula is:

$$\text{Coverage of urban population with access to tap water} = \frac{\text{Urban population with access to tap water}}{\text{Urban population}} \times 100\%$$

**Production Capacity of Gasworks Gas** refers to the overall production capacity of the urban gasworks in gas generation, purification and delivery at the end of the reference period, excluding capacity of the reserved facilities. In general, it is determined by the designed capacity, and when actual production capacity is larger than the designed capacity, the capacity is determined by the actual measurement on the weakest segment in the production, purification and delivery.

**Length of Gas Pipelines** refers to the total length of pipelines in use between the outlet of the compressor of gas-work or outlet of gas stations and the leading pipe of users, excluding pipelines within gasworks, delivery stations, LPG storage stations, refilling stations, gas-mixing stations and supply stations. It is according to different material, diameter, respectively statistics.

**Volume of Gas Supply** refers to the total volume of gas provided to users by gas-producing enterprises (units) during the reporting period, including the volume sold and the volume lost.

Coverage Rate of Urban Population with Access to Gas refers to the ratio of the urban population with access to gas to the total urban population at the end of the reference period. The formula is:

$$\text{Coverage rate of urban population with access to gas} = \frac{\text{Urban population with access to gas}}{\text{Urban population}} \times 100\%$$

**Heating Capacity in Urban Areas** refers to the designed capacity of heating enterprises (units) in supplying heating energy to urban users during the reference period. It is not the production capacity of thermal power plants.

**Quantity of Heat Supplied in Urban Areas** refers to the total quantity of heat from steam and hot water supplied to urban users by heating enterprises (units) during the reference period.

**Length of Urban Heating Pipelines** refers to the total length of steam or hot water pipelines for sources of heat to the leading pipelines of the buildings of the users, excluding internal pipelines in heat generating enterprises. It can be counted by laying pipe trench (trench, buried, overhead, etc.) classification.

**Length of Paved Roads at Year-end** refers to the length of roads with paved surface including bridges and tunnels connected with roads, length of the roads is measured by the central lines.

**Bridges** refer to bridges built to cross over natural or man-made barriers, including bridges over rivers, overpasses for traffic and for pedestrians, underpasses for pedestrians, etc.

**Length of Sewage Pipes** refers to the total length of general drainage, trunks, branch and inspection wells, connection wells, inlets and outlets, etc. In the calculation, calculation shall be single-tube that is on the same street if two or more side by side of drains, they should be added to the length of each drainage pipe calculations.

**Disposal Capacity of Urban Sewage** refers to the designed 24-hour capacity of sewage disposal by the sewage treatment works or facilities.

**Number of Vehicles under Operation at Year-end** refers to the total number of vehicles under operation by public transport enterprises (units) at the end of the year, based on the records of operational vehicles by the enterprises (units).

**Area of Green Land** refers to the total area occupied for green projects at the end of the reference period, including park green land, production green land, protection green land, green land attached to institutions, and other green areas.

**Park Green Area** refers to green areas open to the public for amusement and rest with the facilities of amusement, rest and services. Its function includes perfecting ecology, beautifying landscape, and preventing and reducing disaster.

**Production green land** refers to the production of green seedlings greening provide, flowers, seeds, nursery, garden, grass and other nursery

**Protective green land** refers to the green of city which has health, isolation and security features, including health isolation belt, road protection green, urban high green belt corridor, windbreaks, buffer zone and other urban groups.

**Attached green land** refers to subsidiary green space in various sites in addition to green urban construction land, including residential land, public facilities, industrial sites, warehouse space, transportation land, land for roads and squares, municipal facilities, land and special sites in the green field.

**Other green** refers to green areas which has a direct impact on the urban ecological environment quality, residents' leisure life, urban landscape and biodiversity conservation, including scenic spots, water source protection areas, country parks, forest parks, nature reserves, scenic woodland, urban greenbelt, wildlife parks, wetlands, landfills restore green space.

**Public Green Area** refers to green areas open to the public such as municipal, community and neighborhood parks and roadside parks, including waters within parks. Neighborhood parks should occupy an area larger than 10,000 square meters, and the width of roadside parks should occupy an area larger than 400 square meters, with a width of more than 8 meters.

# 12 Twelve

# 资源和环境

## Resources and Environment

## 12-1 主要河流(省内部分)主要特征值(2013)

## Major Feature of Some Part of The Main River

| 水　系 | Water System | 流域面积(平方公里) Drainage Area(sq.km) | 河长(千米) Length of River (1000 m) | 平均坡降(‰) Average Slope Falling(‰) |
|---|---|---|---|---|
| **长江流域** | **Changjiang River Drainage** | | | |
| #赤水河 | Chishuihe | 11412 | 299 | 1.52 |
| 乌　江 | Wujiang | 66807 | 889 | 1.02 |
| 清水江 | Qingshuijiang | 17145 | 459 | 0.49 |
| 洪州河 | Hongzhouhe | 975 | 81 | 0.87 |
| 㵲阳河 | Wuyanghe | 6474 | 258 | 0.99 |
| 锦　江 | Jinjiang | 4017 | 168 | 1.16 |
| 松桃河 | Songtaohe | 1536 | 88 | 1.55 |
| 松坎河 | Songkanhe | 2321 | 56 | 1.37 |
| 牛栏江 | Niulanjing | 2014 | 79 | 4.35 |
| 横江(洛泽河) | Hengjiang(Luozehe) | 2874 | 120 | 4.18 |
| **珠江流域** | **Zhujiang River Drainage** | | | |
| #南盘江 | Nanpanjiang | 7651 | 263 | 0.51 |
| 北盘江 | Beipanjiang | 20982 | 352 | 2.61 |
| 红水河 | Hongshuihe | 15978 | 106 | 3.36 |
| 都柳江 | Duliujiang | 11586 | 330 | 0.43 |
| 打狗河 | Dagouhe | 4184 | 139 | 1.40 |

注：资料来源于省水利厅。

Note:Data in the table are provided by the Provincial Hydrographic Regulatory Burea.

## 12-2 主要矿产资源(2013)

## Major Mineral Resources

| 名　称 | Item | 资源储量 Reserves | 居全国位次 Order in Whole Country |
|---|---|---|---|
| **矿产资源** | **Mineral Resources(Ensured Reserves)** | | |
| 煤炭(亿吨) | Coal(100 million tons) | 542.28 | 5 |
| 锰矿(万吨) | Manganese( 10000 tons) | 20003.40 | 2 |
| 钒矿(万吨) | Vanadium( 10000 tons) | 415.89 | 3 |
| 铅矿(万吨) | Plumbum( 10000 tons) | 90.98 | 17 |
| 锌矿(万吨) | Zincum( 10000 tons) | 393.45 | 11 |
| 铝土矿(亿吨) | Bauxite Ore(100 million tons) | 7.40 | 3 |
| 镁(炼镁白云岩)(万吨) | Magnesium( 10000 tons) | 11729.33 | 6 |
| 汞矿(万吨) | Hydrargyrum( 10000 tons) | 3.03 | 1 |
| 锑矿(万吨) | Antimony( 10000 tons) | 30.57 | 4 |
| 金矿(岩金)(吨) | Gold mine( ton) | 281.36 | 8 |
| 稀土矿(万吨) | Rare Earth Mine( 10000 tons) | 86.01 | 2 |
| 冶金用砂岩(万吨) | Gritstone for Metallurgy( 10000 tons) | 8031.53 | 2 |
| 硫铁矿(亿吨) | Pyrites Ore(100 million tons) | 8.37 | 3 |
| 重晶石(万吨) | Barite Ore( 10000 tons) | 9210.94 | 1 |
| 磷矿(亿吨) | Phosphorus Ore(100 million tons) | 34.12 | 3 |
| 水泥用灰岩(亿吨) | Limestone for Cement(100 million tons) | 19.02 | 23 |

注：资料来源于省国土资源厅。

Note:Data in this table are obtained from the Provisional Department of Land and Resoures.

# 12-3 森林资源

# Forest Resources

| 指　标 | Item | 2008 | 2009 | 2010 | 2011 | 2012 | 2013 | 2013年比2012年增长(%) Increase Rate in 2013 over 2012(%) |
|---|---|---|---|---|---|---|---|---|
| **森林面积(万公顷)** | **Forest Area(10000 Ha.)** | **703.39** | **703.39** | **713.80** | **732** | **828** | **880** | **6.3** |
| 森林覆盖率(%) | Forest Coverage Rate (%) | 39.93 | 39.93 | 40.52 | 41.53 | 47 | 48 | 1(百分点) |
| 活立木总蓄积量(亿立方米) | Total Standing Fovest Stock (100 million stere) | 3.10 | 3.10 | 3.33 | 3.89 | 3.97 | 4.09 | 3.0 |
| 完成造林面积(万公顷) | Area of Fulfilled Foyestation(10000 Ha.) | 6.06 | 9.05 | 7.88 | 13.13 | 19.93 | 21.82 | 9.5 |
| 封山育林面积(万公顷) | Area of Seal Mountain Pass for Forestation(10000 Ha.) | 12.75 | 17.36 | 13.21 | 14.48 | 8.10 | 8.37 | 3.3 |
| **实施退耕还林工程中：** | **In Implement Cancel Infield for Forest Project** | | | | | | | |
| 宜林荒山造林(万公顷) | Forestation for Feasible deserted Mountain(10000 Ha.) | 2.00 | 1.33 | 1.33 | 1.20 | 1.00 | 1.20 | 20.0 |
| **天然林保护工程中：** | **In Savageness Forest Protect Project** | | | | | | | |
| 封山育林(万公顷) | Seal Mountain Pass for Forestation (10000 Ha.) | 3.50 | 7.28 | 4.66 | 0.60 | 0.67 | 0.67 | 持平 |
| **森林保护** | **Forest Protection** | | | | | | | |
| 森林火灾(起) | Forest Fire (unit) | 2612 | 1626 | 2537 | 430 | 275 | 208 | -24.4 |
| 森林火灾受害率(‰) | Rate of Fall Victim for Forest Fire (‰) | 0.63 | 0.53 | 1.29 | 0.13 | 0.07 | 0.06 | -0.01(千分点) |
| 森林病虫鼠害面积(万公顷) | Area of Fall Victim for Insect Pest(10000 Ha.) | 22.94 | 28.97 | 26.85 | 27.18 | 20.60 | 23.56 | 14.4 |
| 森林病虫鼠害防治面积(万公顷) | Prevention Area of Forest Insect Pest(10000 Ha.) | 16.04 | 25.65 | 19.63 | 18.91 | 16.63 | 22.84 | 37.3 |
| 森林病虫鼠害防治率(%) | Prevention Rate of Forest Insect Pest (%) | 70.0 | 88.5 | 73.1 | 69.6 | 80.7 | 96.9 | 16.2(百分点) |

注：1.资料来源于省林业厅(以下相关表同)。2.森林面积、森林覆盖率2012年数据是以县为单位，以2006年底结束的全省第三次森林资源二类调查小班数据为基础，结合2011年度林地保护利用规划年度变更数据，以及2012年的森林资源增长和消耗的监测、抽样调查、核实而得出。

Note:1.The data in this table are obtained from Forest Department of Guizhou Province(The relative tables in the chapter are the same).2.The data in this table of forest area and forest coverage rate for 2012,which is based on the town as a unit,with the basis of the Guizhou province's third inventory date of two kinds of forest resources at the end of 2006,combined with the annal change date of 2011Annual Forest Protection and utilization planning and the date of forest growth and consuption for 2012,is obtained by the following steps:detection,sampling investigation, and verification.

# 12-4 自然保护区
# Natural Reserves

| 指　标 | Item | 2008 | 2009 | 2010 | 2011 | 2012 | 2013 |
|---|---|---|---|---|---|---|---|
| **自然保护区个数(个)** | **Number of Nature Reserves (unit)** | **130** | **130** | **130** | **130** | **130** | **121** |
| #国家级自然保护区 | Nature Reserves of National-level | 9 | 9 | 9 | 9 | 9 | 9 |
| 省级自然保护区 | Nature Reserves of Guizhou Province | 4 | 4 | 4 | 4 | 4 | 7 |
| 地市级自然保护区 | Nature Reserves of Region | 21 | 21 | 21 | 21 | 21 | 21 |
| 县级自然保护区 | Nature Reserves of County | 96 | 96 | 96 | 96 | 96 | 84 |
| 自然保护区面积(万公顷) | Area of Nature Reserves (10000 hectares) | 96.02 | 96.02 | 96.02 | 96.02 | 96.02 | 89.51 |
| 自然保护区面积占全省国土面积(%) | Percentage of Nature Reserves in Guizhou Province Land(%) | 5.5 | 5.5 | 5.5 | 5.5 | 5.5 | 5.5 |
| **自然保护区中:** | **In Nature Reserves** | | | | | | |
| 森林生态系统、野生动、植物类型(个) | Forest Biogeocenose,Wildness Animal and Plant(unit) | 120 | 120 | 120 | 120 | 120 | 120 |
| 内陆湿地类型(个) | Wetlands inside Land(unit) | 8 | 8 | 8 | 8 | 8 | 8 |
| 古生物遗迹类型(个) | Ancient Biology Relic(unit) | 1 | 1 | 1 | 1 | 1 | 1 |
| 地质地貌类型(个) | Geological features(unit) | 1 | 1 | 1 | 1 | 1 | 1 |

# 12-5 森林公园
# Forest Parks

| 指　标 | Item | 2008 | 2009 | 2010 | 2011 | 2012 | 2013 | 2013年比2012年增长(%) Increase Rate in 2013 over 2012(%) |
|---|---|---|---|---|---|---|---|---|
| 森林公园(个) | Number of Forest Park (unit) | 65 | 66 | 70 | 72 | 74 | 75 | 1.4 |
| #国家级森林公园 | Forest Park of National-level | 21 | 21 | 21 | 21 | 22 | 22 | 持平 |
| 省级森林公园 | Forest Park of Guizhou Province-level | 26 | 26 | 31 | 32 | 31 | 32 | 3.2 |
| 森林公园面积(万公顷) | Area of Forest Park (10000 hectares) | 24.7 | 24.7 | 25.4 | 26.1 | 26.2 | 26.2 | 持平 |
| 森林公园面积约占全省国土面积(%) | Percentage of Forest Park Area to the Guizhou Total Land Areas(%) | 1.4 | 1.4 | 1.5 | 1.5 | 1.5 | 1.5 | 持平 |

# 12-6 水资源和水质监测

# Water Resource and Monitoring of Water Quality

| 指　标 | Item | 2008 | 2009 | 2010 | 2011 | 2012 | 2013 | 2013年比2012年增长(%) Increase Rate in 2013 over 2012(%) |
|---|---|---|---|---|---|---|---|---|
| **水资源总量(亿立方米)** | **Total Water Resources (100 million cu.m)** | **1140.67** | **910.46** | **956.54** | **626.02** | **974.02** | **759.78** | **-22.0** |
| #地表水 | Surface Water Resources | 1140.67 | 910.46 | 956.54 | 626.02 | 974.02 | 759.78 | -22.0 |
| 人均水资源量(立方米) | Per Capita Water Resources (cu.m) | 2824 | 2226 | 2284 | 1805 | 2796 | 2169 | -22.4 |
| 供水总量(亿立方米) | Water Supply(100 million cu.m) | 101.89 | 100.38 | 101.45 | 99.19 | 100.82 | 92.61 | -8.1 |
| #地表水 | Surface Water Supply | 93.51 | 93.18 | 93.75 | 98.89 | 98.05 | 90.62 | -7.6 |
| 用水总量(亿立方米) | Water Use(100 million cu.m) | 101.89 | 100.38 | 101.45 | 99.19 | 100.82 | 92.61 | -8.1 |
| **河流水质** | **Water Quality of River** | | | | | | | |
| 监测河流(条) | Monitored River (unit) | 33 | 33 | 44 | 44 | 44 | 44 | 持平 |
| 监测河段断面(个) | Monitored Section of River (unit) | 74 | 74 | 85 | 85 | 85 | 85 | 持平 |
| 满足规定水质类别的断面占总监测断面百分比(%) | the Sections Meeting the Standard of Water Quality I-III Genus As Percentage of total Monitored Sections(%) | 67.6 | 66.2 | 71.8 | 72.9 | 83.5 | 82.3 | -1.4 (百分点) |
| 水质良好的出境断面(个) | Number of Favorable Water Quality Section(unit) | 10 | 10 | 11 | 12 | 14 | 14 | 持平 |
| **湖泊水质** | **Water Quality of Lake** | | | | | | | |
| 监测湖库(个) | Monitored Lake (unit) | 8 | 8 | 8 | 8 | 8 | 8 | 持平 |
| 监测点(个) | Monitored Point (unit) | 25 | 25 | 25 | 25 | 25 | 25 | 持平 |
| 满足规定水质类别的监测点(个) | Ratio of the Points Meeting Water Quality I-III Genus(unit) | 8 | 5 | 14 | 11 | 10 | 10 | 持平 |
| 占总监测点百分比(%) | As Percentage of total Monitored Points (%) | 32.0 | 20.0 | 56.0 | 44.0 | 40.0 | 40.0 | 持平 |

注：资料来源于省水利厅、省环境保护厅。

Note:Data in the table are provided by the Provincial Department of Water Resources and Provincial Department of Environmental Protection.

# 12-7 环保系统机构、人员数
# Number of Enviornmental Protection Agencies and Persons Engaged

| 指 标 | Item | 2008 | 2009 | 2010 | 2011 | 2012 | 2013 |
|---|---|---|---|---|---|---|---|
| **机构总数(个)** | **Number of Agencies(unit)** | **311** | **359** | **404** | **400** | **370** | **425** |
| #省 | Province | 13 | 13 | 13 | 14 | 14 | 14 |
| 地 | Prefecture | 45 | 47 | 48 | 53 | 57 | 66 |
| 县 | County | 249 | 258 | 306 | 296 | 292 | 345 |
| **年末人员总数(人)** | **Number of Staff and Workers at the Year-end(person)** | **2644** | **2650** | **3220** | **3168** | **3633** | **3832** |
| #省 | Province | 372 | 368 | 360 | 380 | 375 | 386 |
| 地 | Prefecture | 594 | 609 | 649 | 730 | 895 | 987 |
| 县 | County | 1665 | 1661 | 2137 | 1984 | 2363 | 2459 |
| #科研人员 | Scientific and Technical Personnel | 111 | 109 | 101 | 93 | 93 | 93 |
| 监测人员 | Monitoring Personal | 693 | 665 | 720 | 838 | 857 | 1058 |
| 监察人员 | Supervising and Administrative Personnel | 752 | 727 | 786 | 900 | 886 | 1156 |

注：资料来源于省环境保护厅(以下相关表同)。
Note: The data in the table are provided by the provinvial Department of Environmental Protection(The relative tables in the chapter are the same).

# 12-8 环境保护资金投入
# Investment in Environmental Protection

单位：亿元 (100 million yuan)

| 指 标 | Item | 2008 | 2009 | 2010 | 2011 | 2012 | 2013 | 2013年比2012年增长(%) Increase Rate in 2013over 2012(%) |
|---|---|---|---|---|---|---|---|---|
| **环保资金投入** | **Investment in Environmental Protection** | **50.74** | **69.78** | **89.52** | **106.70** | **97.35** | **138.81** | **42.6** |
| 环保资金投入占地区生产总值比重(%) | Investment in Environmental Protection as Percent of GDP(%) | 1.4 | 1.8 | 1.9 | 1.9 | 1.4 | 1.7 | 0.3(百分点) |
| **环保资金投入中：** | **In Investment of Environmental Protection** | | | | | | | |
| #老工业污染源治理 | Old Industry Pollution Source Treatment | 10.20 | 8.95 | 6.81 | 14.05 | 12.47 | 19.56 | 56.9 |
| 建设项目“三同时”污染防治 | "Three Simultaneities" Environmental Investment for New Project | 5.07 | 7.11 | 16.47 | 13.74 | 5.37 | 2.85 | -46.9 |
| 城市环境基础设施建设 | Investment in Urban Environmental Infrastructure | 15.42 | 26.63 | 28.91 | 37.95 | 35.73 | 60.33 | 68.8 |
| 环境管理能力建设 | Construction of Environment Management Capacity | 1.52 | 1.92 | 1.81 | 1.21 | 1.83 | 3.19 | 74.3 |
| 工业污染治理设施运行费用 | Operating Expense of Industry Pollution Treatment Facilities | 18.53 | 25.17 | 35.52 | 39.75 | 41.95 | 47.77 | 13.9 |
| **征收排污费总额** | **Pollutant Discharge Fees** | **4.48** | **4.51** | **4.47** | **4.58** | **4.73** | **5.41** | **14.4** |

注：表中“城市环境基础设施建设”数据2006-2010年由省环保厅提供，2011年起由省住房城乡建设厅提供。
Note:The data of investment in urban environmental infrastructure were provided by Provincial Department of Environmental Protection from 2006 to 2010,but they were provided by provincial Department of urban and Rural development in 2011.

# 12−9 废水治理

# Waste Water Treatment

| 指 标 | Item | 2008 | 2009 | 2010 | 2011 | 2012 | 2013 | 2013年比2012年增长(%) Increase Rate in 2013 over 2012 |
|---|---|---|---|---|---|---|---|---|
| **废水排放总量(亿吨)** | **Total Volume of Waste Water Discharged(100 million tons)** | **5.59** | **5.92** | **8.45** | **7.80** | **9.14** | **9.31** | **2.2** |
| 工业废水 | Volume of Industrial Waste Water Discharged | 1.17 | 1.35 | 2.55 | 2.07 | 2.34 | 2.29 | -2.4 |
| 生活废水 | Volume of Residential Waste Water Discharged | 4.42 | 4.57 | 5.89 | 5.73 | 6.80 | 7.01 | 3.7 |
| **废水中化学需氧排放量(万吨)** | **COD Discharged from Industrial Waste Water(10000 tons)** | **22.18** | **21.60** | **34.83** | **34.22** | **33.30** | **32.81** | **-1.4** |
| 工业废水 | Industrial Sector | 1.37 | 1.30 | 6.07 | 6.55 | 6.47 | 6.32 | -2.3 |
| 生活污水 | Residential Sector | 20.81 | 20.30 | 22.05 | 21.49 | 19.97 | 19.81 | -0.7 |
| 当年完成工业废水治理项目(个) | Item of Industry Waste Water Treatment Completed in This Year(unit) | 76 | 63 | 45 | 82 | 122 | 34 | -107.3 |
| 新增废水治理能力(万吨/日) | Newly Desinged Treatment and Utilization Capacity of Waste Water(10000 tons/day ) | 47.96 | 97.00 | 1.61 | 29.91 | 16.62 | 7.50 | -30.5 |
| 城市污水处理率(%) | Treatment Rate of City Waste Water (%) | 31.2 | 42.0 | 74.8 | 82.0 | 83.9 | 86.2 | 2.3(百分点) |

注：2010年数据采用污染源普查动态更新数据(以下相关表同)。

Note:The data of 2010 were updated by the methods of survey of pollution sources dynamic(The relative tables in the chapter are the same).

# 12-10 空气质量及污染治理

# Air Quality and Treatment of Industrial Waste Gas

| 指 标 | Item | 2008 | 2009 | 2010 | 2011 | 2012 | 2013 | 2013年比2012年增长(%) Increase Rate in 2013 over 2012(%) |
|---|---|---|---|---|---|---|---|---|
| **城市空气质量** | **Atmosphere Quality of City** | | | | | | | |
| 达到国家环境空气质量二级标准城市(个) | Number of Cities Reaching the National Grade Ⅱ Standard of Atmosphere Quality of City (unit) | 7 | 7 | 7 | 11 | 12 | 11 | -8.3 |
| 占统计城市数(%) | Percentage in Total (%) | 58.3 | 58.3 | 58.3 | 91.7 | 92.3 | 84.6 | -7.7(百分点) |
| **城市空气污染物** | **Contamination in City Atmosphere** | | | | | | | |
| 二氧化硫年均浓度值(毫克/立方米) | Annud Average SO2 Concentration in Downtown(mg/cu.m) | 0.052 | 0.051 | 0.048 | 0.044 | 0.038 | 0.039 | 2.6 |
| 达到国家空气质量二级标准城市(个) | Number of Cities Reaching the National Grade Ⅱ Standard of Atmosphere Quality of City (unit) | 7 | 8 | 9 | 12 | 12 | 12 | 持平 |
| 二氧化氮年均浓度值(毫克/立方米) | Annual Average NO2 Concentration in Downtown(mg/cu.m) | 0.017 | 0.017 | 0.018 | 0.021 | 0.021 | 0.021 | 持平 |
| 达到国家空气质量一级标准城市(个) | Number of Cities Reaching the National Grade I Standard of Atmosphere Quality of City (unit) | 12 | 12 | 12 | 12 | 13 | 13 | 持平 |
| 城市可吸入颗粒物年均浓度值(毫克/立方米) | Average Chroma of City Suspend Grain (mg/cu.m) | 0.073 | 0.073 | 0.077 | 0.078 | 0.069 | 0.078 | 13.0 |
| 达到国家空气质量二级标准城市(个) | Number of Cities Reaching the National Grade Ⅱ Standard of Atmosphere Quality of City (unit) | 12 | 11 | 10 | 11 | 13 | 12 | -7.7 |
| **废气中污染物排放** | **Contamination Discharged of Exhaust Gas** | | | | | | | |
| 二氧化硫排放总量(万吨) | Volume of SO2 Emission(10000 tons) | 123.59 | 117.55 | 116.17 | 110.42 | 104.11 | 98.64 | -5.3 |
| #工业 | Industry | 74.13 | 62.37 | 96.05 | 90.3 | 83.71 | 77.86 | -7.0 |
| 生活及其它废气中二氧化硫排放量 | Volume of SO2 from Living and Other Exhaust Gas Emission | 49.46 | 55.18 | 20.13 | 20.12 | 20.40 | 20.78 | 1.9 |
| 烟(粉)尘排放总量(万吨) | Total Volume of soot(Dust) Emission (10000 tons) | 32.62 | 43.98 | 29.08 | 28.97 | 29.45 | 26.45 | -10.2 |
| #工业 | Industry | 14.57 | 11.78 | 24.88 | 24.34 | 25.65 | 22.53 | -12.2 |
| 生活及其它废气中烟(粉)尘排放量 | Discharged Volume of soot(Dusts) from Living and Other Exhaust Gas Emission | 18.05 | 32.20 | 3.32 | 3.69 | 2.82 | 3.92 | 39.0 |
| **空气污染治理** | **Air Pollution Treatment** | | | | | | | |
| 工业废气中: | In Industrial Exhaust Gas | | | | | | | |
| 二氧化硫去除率(%) | Rate of SO2 Removed (%) | 52.0 | 67.9 | 59.9 | 66.3 | 69.0 | 70.3 | 1.3(百分点) |
| 烟(粉)尘去除率(%) | Rate of Soot(Dust) Removed (%) | 98.6 | 99.2 | 98.2 | 98.9 | 98.7 | 99.3 | 0.6(百分点) |
| 当年完成废气治理项目(个) | Item of Exhaust Gas Treatment Fulfilled in This Year (unit) | 154 | 90 | 34 | 29 | 45 | 51 | 13.3 |
| 新增废气治理能力(万标立方米/小时) | New Exhaust Gas Treatment Capacity inThis Year (10000 stere/hour) | 466.39 | 562.09 | 268.31 | 725.51 | 2777.86 | 7118.49 | 156.3 |
| 城市燃气普及率(%) | Popularization Rate of City Coal Gas (%) | 54.1 | 54.2 | 54.5 | 55.0 | 55.2 | 58.7 | 3.5(百分点) |

注:“烟(粉)尘排放总量”为原“烟尘排放总量”,“烟(粉)尘去除率”为原“烟尘去除率”。

Note:"Total volume of soot(dust)emission"refers to the original"total volume of dust emission"."Rate of soot(dust) removed"refers to the original"Rate of soot removed".

# 12-11 固体废物生产及处理
# Production and Treatment of Industrial Solid Wastes

| 指　　标 | Item | 2008 | 2009 | 2010 | 2011 | 2012 | 2013 | 2013年比2012年增长(%) Increase Rate in 2013 over 2012(%) |
|---|---|---|---|---|---|---|---|---|
| **工业固体废物产生量(万吨)** | **Volume of Industrial Solid Wastes Produced (10000 tons)** | **5843.56** | **7317.37** | **8187.68** | **7660.70** | **7835.25** | **8194.05** | **4.6** |
| 工业固体废物倾倒丢弃量 | Dumping Volume of Industrial Solid Waste Discarded | 55.59 | 94.49 | 59.76 | 28.88 | 14.05 | 43.74 | 211.3 |
| **工业固体废物治理** | **Industrial Solid Wastes Treatment** | | | | | | | |
| 当年完成工业固体废物治理项目(个) | Item of Industrial Solid Wastes Fulfilled in This Year (unit) | 6 | 11 | 8 | 4 | 5 | 3 | -40.0 |
| 工业固体废物综合利用量(万吨) | Volume of Industrial Solid Wastes Utilized(10000 tons) | 2339.22 | 3350.67 | 4174.13 | 4089.09 | 4838.75 | 4135.41 | -14.5 |
| 工业固体废物处置量(万吨) | Volume of Industrial Solid Wastes Treated (10000 tons) | 2126.11 | 2109.39 | 2497.55 | 2102.95 | 2067.44 | 2275.60 | 10.1 |
| 工业固体废物综合利用率(%) | Ratio of Industrial Solid Wastes Utilized(%) | 39.9 | 45.6 | 50.9 | 52.7 | 60.9 | 50.5 | -10.4(百分点) |
| **生活垃圾处理** | **Consumption Wastes Treatment** | | | | | | | |
| 生活垃圾清运总量(万吨) | Consumption Wastes Collected and Transported (10000 tons) | 413.83 | 426.61 | 428.51 | 431.46 | 449.41 | 461.47 | 2.7 |
| 生活垃圾处理总量(万吨) | Consumption Wastes Treated (10000 tons) | 242.55 | 284.02 | 294.92 | 296.15 | 324.07 | 351.56 | 8.5 |
| #无害化处理量 | Volume of Wastes Disposed | 147.23 | 169.59 | 194.62 | 205.11 | 231.80 | 294.57 | 27.1 |
| 城市生活垃圾无害化处理率(%) | Treatment Rate of Consumption Wastes in Cities(%) | 35.6 | 39.8 | 45.4 | 47.5 | 51.6 | 63.8 | 12.2(百分点) |

注："工业固体废物倾倒丢弃量"为原"工业固体废物排放量"。
Note:"Dumping volume of industrial solid waste discarded" refers to original "volume of industrial solid wastes discharged".

## 12-12 环境污染事故

## Accident of Environment Pollution

| 指　标 | Item | 2008 | 2009 | 2010 | 2011 | 2012 | 2013 | 2013年比2012年增　长(%) Increase Rate in 2013 over 2012(%) |
|---|---|---|---|---|---|---|---|---|
| **环境污染事故(起)** | **Number of Environmental Pollution Accidents(unit)** | **10** | **4** | **4** | **7** | **4** | **9** | **125.0** |
| #重大事故 | Fatal Accident | | | | 1 | 1 | | |
| 较大事故 | Major Accident | | | | 1 | | | |
| 一般事故 | Commonly Accident | 10 | 4 | 4 | 5 | 3 | 9 | 200.0 |
| #水污染事故 | Water Pollution Accident | 4 | 4 | 2 | 5 | 4 | 7 | 75.0 |
| 空气污染事故 | Air Pollution Accident | 1 | | 2 | 2 | | 2 | |

## 12-13 自然灾害

## Natural Disasters

| 指　标 | Item | 2008 | 2009 | 2010 | 2011 | 2012 | 2013 | 2013年比2012年增长(%) Increase Rate in 2013 over 2012(%) |
|---|---|---|---|---|---|---|---|---|
| 遭受自然灾害县个数(个) | Number of Counties Suffering from Natural Disasters(unit) | 88 | 84 | 86 | 88 | 86 | 85 | -1.2 |
| 受灾人口(万人次) | The Population Affected by Natural Disasters (10000 person-times) | 2935.00 | 1687.12 | 2633.40 | 2883.44 | 1227.66 | 2162.62 | 76.2 |
| 农作物受灾面积(万公顷) | Area of Crop Affected by Natural Disasters (10000 hectares) | 211.90 | 89.16 | 195.64 | 253.75 | 55.27 | 157.81 | 158.5 |
| #绝收面积 | The Gainless Area of Crop for Natural Disasters | 52.20 | 12.85 | 55.72 | 51.51 | 6.74 | 36.28 | 438.3 |
| 因自然灾害造成直接经济损失(亿元) | The Direct Economy Loss for Natural Disasters (100 million yuan) | 487.22 | 35.60 | 179.77 | 250.67 | 66.21 | 140.06 | 111.5 |

注：资料来源于省民政厅。

Note: The data in the table are provided by the provinvial Department of Civil Affairs.

# 主要统计指标解释

**国土** 指中华人民共和国国家管辖下的领土、领海和领空。

**气候** 指地球与大气之间长期能量交换与质量交换所形成的一种自然环境状态，它是多种因素综合作用的结果。气候既是人类生活和生产的环境要素之一，又是供给人类生活和生产的重要资源。气温、降水、湿度等气象要素的多年平均值是用来描述一个地区气候状况的主要参数，而各种气象要素某年、某月的平均值（或总量）则可以反映出该时期天气气候状况的重要特征。

**自然资源** 指人类可以直接从自然界获得，并用于生产和生活的物质资源。自然资源一般可以分成可再生资源和非再生资源两大类。可再生资源指在较短时间内可以再生、可以循环利用的资源，包括土地资源、水资源、气候资源、生物资源和海洋资源等。非再生资源指在使用后不能再生的资源，包括矿产资源和地热能源。

**土地资源** 土地指陆地的表层部分，它主要由岩石、岩石的风化物和土壤构成。土地资源按利用类型可以分为农用地、建筑用地和未利用地。农用地包括耕地、园地、林地、牧草地和水面。建筑用地包括居民点及工矿用地、交通用地和水利设施用地。未利用地指农用地和建筑用地以外的土地，包括滩涂、荒漠、戈壁、冰川和石山等。

**耕地面积** 指经过开垦用以种植农作物并经常进行耕耘的土地面积。包括种有作物的土地面积、休闲地、新开荒地和抛荒未满三年的土地面积。

**森林资源** 指森林、林木、林地以及依托森林、林木、林地生存的野生动物、植物和微生物。林木指树木和竹子。森林指以乔木为主体的植物群落，是集生的乔木及与共同作用的植物、动物、微生物和土壤、气候等的总体。

**活立木总蓄积量** 指一定范围内土地上全部树木蓄积的总量，包括森林蓄积、疏林蓄积、散生木蓄积和四旁树蓄积。

**森林面积** 指由乔木树种构成，郁闭度0.2以上（含0.2）的林地或冠幅宽度10米以上的林带的面积，即有林地面积。森林面积包括天然起源和人工起源的针叶林面积、阔叶林面积、针阔混交林面积和竹林面积，不包括灌木林地面积和疏林地面积。

**森林蓄积量** 指一定森林面积上存在着的林木树干部分的总材积。它是反映一个国家或地区森林资源总规模和水平的基本指标之一，也是反映森林资源的丰富程度、衡量森林生态环境优劣的重要依据。

**森林覆盖率** 指一个国家或地区森林面积占土地总面积的百分比。森林覆盖率是反映森林资源的丰富程度和生态平衡状况的重要指标。在计算森林覆盖率时，森林面积包括郁闭度0.2以上的乔木林地面积和竹林地面积，国家特别规定的灌木林地面积、农田林网以及四旁（村旁、路旁、水旁、宅旁）林木的覆盖面积。计算公式为：

$$森林覆盖率 = 森林面积 / 土地总面积 \times 100\%$$

**水资源** 水在自然界中以固体、液体和气态三种聚集状态存在，分布于海洋、陆地（包括土壤）以及大气之中，通过水循环形成水资源。水资源包括经人类控制并直接可供灌溉、发电、给水、航运、养殖等用途的地表水和地下水，以及江河、湖泊、井、泉、潮汐、港湾和养殖水域等。水资源是发展国民经济不可缺少的重要自然资源。

**地表水和地下水** 陆地上的水因空间分布不同，分为地表水和地下水。地表水指分别存在于河流、湖泊、沼泽、冰川和冰盖等水体中水分的总称，又称陆地水。地下水指储存在地面以下饱和岩土孔隙、裂隙及溶洞中的水。

**矿产资源** 矿产指由地质作用形成，富集于地壳中或出露于地表达到工农业利用要求的有用矿物。矿产是一种重要的自然资源，是社会发展的重要物质基础。

**流域** 每条河流都有自己的干流和支流，干支流共同组成这条河流的水系。每条河流都有自己的集水区域，这个集水区域就称为该河流的流域。

**气温** 指空气的温度，我国一般以摄氏度（℃）为单位表示。气象观测的温度表是放在离地面约1.5米处通风良好的百叶箱里测量的，因此，通常说的气温指的是离地面1.5米处百叶箱中的温度。其统计计算方法为：月平均气温是将全月各日的平均气温相加，除以该月的天数而得。年平均气温是将12个月的月平均气温累加后除以12而得。

**相对湿度** 指空气中实际所含水蒸气密度和同温度下饱和水蒸气密度的百分比值。其统计方法与气温相同。

**降水量** 指从天空降落到地面的液态或固态（经融化后）水，未经蒸发、渗透、流失而在地面上积聚的深度。其统计计算方法为：月降水量是将全月各日的降水量累加而得。年降水量是将12个月的月降水量累加而得。

**日照时数** 指太阳实际照射地面的时间。其统计方法与降水量相同。

**水资源总量** 一定区域内的水资源总量指当地降水形成的地表和地下产水量，即地表径流量与降水入渗补给量之和，不包括过境水量。

**用水总量** 指分配给用户的包括输水损失在内的毛用水量。按用户特性分为农业、工业、生活和生态用水四大类。

**农业用水** 包括农田灌溉和林牧渔业用水。林牧渔业用水指林果地灌溉、草地灌溉和鱼塘补水。

**工业用水** 按新水取用量计，不包括企业内部的重复利用水量。

**生活用水** 包括城镇生活用水和农村生活用水。城镇生活用水由居民用水和公共用水（含服务业、商饮业、货运邮电业及建筑业等用水）组成；农村生活用水除居民生活用水外，还包括畜用水在内。

**工业废水排放量** 指经过企业厂区所有排放口排到企业外部的工业废水量。包括生产废水、外排的直接冷却水、超标排放的矿井地下水和与工业废水混排的厂区生活污水，不包括外排的间接冷却水（清污不分流的间接冷却水应计算在内）。

**工业废水排放达标量** 指报告期内废水中各项污染物指标都达到国家或地方排放标准的外排工业废水量，包括未经处理外排达标的，经废水处理设施处理后达标排放的，以及经污水处理厂处理后达标排放的。

**工业废水排放达标率** 指工业废水排放达标量占工业废水排放量的百分率，计算公式为：

工业废水排放达标率＝工业废水排放达标量／工业废水排放量 ×100%

**城镇生活污水排放量** 指城镇居民每年排放的生活污水中的COD的量。用人均系数法测算。测算公式为：

城镇生活污水排放量＝城镇生活污水排放系数 × 市镇非农业人口 ×365

**生活污水中化学需氧量（COD）排放量** 指城镇居民每年排放的生活污水中的COD的量。用人均系数法测算。测算公式为：

城镇生活污水中COD排放量＝城镇生活污水中COD产生系数 × 市镇非农业人口 ×365

**工业废气排放量** 指报告期内企业厂区内燃料燃烧和生产工艺过程中产生的各种排入大气的含有污染物的气体的总量，以标准状态（273K，101325Pa）计算。测算公式为：

工业废气排放量＝燃料燃烧过程中废气排放量＋生产工艺过程中废气排放量

**生活及其他$SO_2$排放量** 以生活及其他煤炭消费量和其含硫量为基础，根据以下公式计算：

生活及其他$SO_2$排放量＝生活及其他煤炭消费量 × 含硫量 ×0.8×2

**工业SO2排放量** 指报告期内企业在燃料燃烧和生产工艺过程中排入大气的$SO_2$总量，计算公式为：

工业$SO_2$排放量＝燃料燃烧过程中$SO_2$排放量＋生产工艺过程中$SO_2$排放量

**工业烟尘排放量** 指企业厂区内燃料燃烧过程中产生的烟气中夹带的颗粒物排放量。

**生活及其他烟尘排放量** 指除工业生产活动以外的所有社会、经济活动及公共设施的经营活动中燃烧所排放的烟尘纯重量。以生活及其他煤炭消费量为基础进行测算。

**工业粉尘排放量** 指企业在生产工艺过程中排放的能在空气中悬浮一定时间的固体颗粒物排放量。如钢铁企业的耐火材料粉尘、焦化企业的筛焦系统粉尘、烧结机的粉尘、石灰窑的粉尘、建材企业的水泥粉尘等。不包括电厂排入大气的烟尘。

**工业固体废物产生量** 指报告期内企业在生产过程中产生的固体状、半固体状和高浓度液体状废弃物的总量，包括危险废物、冶炼废渣、粉煤灰、炉渣、煤矸石、尾矿、放射性废物和其他废物等；不包括矿山开采的剥离废石和掘进废石（煤矸石和呈酸性或碱性的废石除外）。酸性或碱性废石指采掘的废石其流经水、雨淋水的PH值小于4或PH值大于10.5者。

**危险废物** 指列入国家危险废物名录或根据国家规定的危险废物鉴别标准和鉴别方法认定的，具有爆炸性、易燃性、易氧化性、毒性、腐蚀性、易传染疾病等危险特性之一的废物。

**工业固体废物综合利用量** 指报告期内企业通过回收、加工、循环、交换等方式，从固体废物中提取或者使其转化为可以利用的资源、能源和其他原材料的固体废物量（包括当年利用往年的工业固体废物贮存量），如用作农业肥料、生产建筑材料、筑路等。综合利用量由原产生固体废物的单位统计。

**工业固体废物综合利用率** 指工业固体废物综合利用量占工业固体废物产生量（包括综合利用往年贮存量）的百分率。计算公式为：

工业固体废物综合利用率＝工业固体废物综合利用量／工业固体废物产生量＋综合利用往年贮存量 ×100%

**工业固体废物贮存量** 指报告期内企业以综合利用或处置为目的，将固体废物暂时贮存或堆存在专设的贮存设施或专设的集中堆存场所内的数量。专设的固体废物贮存场所或贮存设施必须有防扩散、防流失、防渗漏、防止污染大气、水体的措施。

**工业固体废物处置量** 指报告期内企业将固体废物焚烧或者最终置于符合环境保护规定要求的场所，并不再回取的工业固体废物量（包括当年处置往年的工业固体废物贮存量）。处置方式有填埋（其中危险废物应安全填埋）、焚烧、专业贮存场（库）封场处理、深层灌注、回填矿井及海洋处置（经海洋管理部门同意投海处置）等。

**工业固体废物排放量** 指报告期内企业将所产生的固体废物排到固体废物污染防治设施、场所以外的数量，不包括矿山开采的剥离废石和掘进废石（煤矸石和呈酸性或碱性的废石除外）。

**"三废"综合利用产品产值**　指报告期内利用"三废"作为主要原料生产的产品价值(现行价);已经销售或准备销售的应计算产品价值,留作生产自用的不应计算产品价值。

**生活垃圾清运量**　指报告期收集和运送到各生活垃圾处理场(厂)和生活垃圾最终消纳点的生活垃圾的数量。统计时仅计算从生活垃圾源头和从生活垃圾转运站直接送到处理场和最终消纳点的清运量,对于二次中转的清运量不要重复计算。

**生活垃圾无害化处理率**　指报告期内生活垃圾无害化处理量与生活垃圾产生量的比率。计算公式为:

生活垃圾无害化处理率 = 生活垃圾无害化处理量 / 生活垃圾产生量 ×100%

在统计时,由于生活垃圾产生量不易取得,可用清运量代替。"垃圾清运量"在审核时要与总人口(包括暂住人口)对应,一般城市人均日产生垃圾为1kg左右。

**造林总面积**　指报告期内在荒山、荒地、沙丘、退耕地等一切可以造林的土地上,采用人工播种、飞机播种、植苗造林、分植造林等方法新植成片乔木林和灌木林,经过检查验收符合《造林技术规程》要求的单位面积株数,并按《中华人民共和国森林法实施条例》规定,成活率达85%以上(含85%,年降雨量在400毫米以下且无浇灌条件的地区造林成活率达70%以上)的总面积。四旁植树如一侧在四行以上,连片面积0.066公顷(一亩)以上,应统计在造林面积内。造林面积,通常按所有制(国有、国有集体合作、集体和个人)、造林方式(人工、飞机播种)、主要林种用途(用材林、经济林、防护林、薪炭林、特种用途林)分组进行统计。

**退耕还林还草工程**　是我国林业建设上涉及面最广、政策性最强、工序最复杂、群众参与度最高的生态建设工程。主要解决重点地区的水土流失问题。

**自然保护区**　指对有代表性的自然生态系统、珍稀濒危野生动植物物种的天然分布区、水源涵养区、有特殊意义的自然历史遗迹等保护对象所在的陆地、陆地水体或海域,依法划出一定面积进行特殊保护和管理的区域。以县及县以上各级人民政府正式批准建立的自然保护区为准(包括"六五"以前由部门或"革委会"批准且现仍存在的自然保护区)。风景名胜区、文物保护区不计在内。

**生态示范区**　指省级以上环境保护行政主管部门批准,以省、地、县政府为主按批准的生态示范区建设规划实施的行政区域。包括已经过国家或省级环境保护行政主管部门验收的和正在开展试点工作的。

**环境污染与破坏事故**　指由于违反环境保护法规的经济、社会活动与行为,以及意外因素的影响或不可抗拒的自然灾害等原因,致使环境受到污染,国家重点保护的野生动植物、自然保护区受到破坏,人体健康受到危害,社会经济和人民财产受到损失,造成不良社会影响的突发性事件。

**环境污染治理投资**　指在工业污染源治理和城市环境基础设施建设的资金投入中,用于形成固定资产的资金。包括工业新老污染源治理工程投资、建设项目"三同时"环保投资,以及城市环境基础设施建设所投入的资金。

# Explanatory Notes on Main Statistical Indicators

**Territory** refers to territorial land, sea and air space under the administration of the People's Republic of China.

**Climate** refers to the natural environmental status formed by the long-term exchange of energy and mass between the earth and the air, and is the results of interaction of many factors. Climate is both one of the environment factors and the important resources for the living and production activities of the human being. The average values across several years of meteorological factors such as temperature, rainfall and humidity are used as important parameters to describe the climate of a region, while the average values (or total values) of a given year or month of meteorological factors reflect the key characteristics of climate for that period of time.

**Natural Resources** refer to material resources that could be obtained from the nature by human being and used for production and living. Natural resources in general can be classified as renewable resources and non-renewable resources. Renewable resources refer to resources that could be renewed and recycled during a relatively short period of time, including land resource, water resource, climate resource, biology resource and marine resource. Non-renewable resources include resources that could not be renewed, such as minerals and geothermal resource.

**Land Resource** Land refers to the surface of the earth, which is mainly composed of rock, weathered rock and soil. Land resource can be classified by its utilization, as land for agriculture, land for construction and unused land. Land for agriculture includes cultivated land, plantation land, forestland, grassland and waters. Land for construction includes land for residential purpose, for manufacturing and mining, for transportation and for water-conservancy projects. Unused land refers to land other than land for agriculture and construction, including beaches, deserts, Gobi, glaciers and rock mountains.

**Area of Cultivated Land** refers to area of land reclaimed for the regular cultivation of various farm crops, including crop-cover land, fallow, newly reclaimed land and land laid idle for less than 3 years.

**Forest Resource** refers to forests, trees, forestland and wild animals, plants and microorganism that live on forest and trees. Trees include trees and bamboo. Forest refers to the population of clusters of trees and other plants, animals and microorganism as well as the earth and climate that have interactions with the trees.

**Total Standing Stock Volume** refers to the total stock volume of trees growing in land, including trees in forest, trees in sparse forest, scattered trees and trees planted by the side of villages, farm houses and along roads and rivers.

**Forest Area** refers to the area of forest where trees and bamboo grow with canopy density above 0.2, including land of natural woods and planted woods, but excluding bush land and thin forest land.

**Stock Volume of Forest** refers to total stock volume of wood growing in forest area, which shows the total size and level of forest resources of a country or a region. It is also an important indicator illustrating the richness of forest resource and the status of forest ecological environment.

**Forest Coverage Rate** refers to the ratio of area of afforested land to total land area. It is a very important indicator that reflects the status of abundance of forest resource and ecosystem balance. Forest area includes the area of trees and bamboo grow with canopy density above 0.2, the area of shrubby tree according to regulations of the government, the area of forest land inside farm land and the area of trees planted by the side of villages, farm houses and along roads and rivers. The formula for calculating forest coverage rate is as follows:

$$\text{Forestrycoverage rate}(\%) = \frac{\text{Area of Afforested Land}}{\text{Area of Total Land}} \times 100\%$$

**Water Resource** Water exists in the nature in solid, liquid and gaseous states, is distributed in the ocean, land (including earth) and air, and constitutes the water resource through the circulation of water. Water resource includes the surface water and underground water that is controlled by the human being for irrigation, power-generation, water supply, navigation and cultivation. It also includes rivers, lakes, wells, springs, tides, gulf and water area for cultivation. Water resource as an important natural resource is indispensable for the development of the national economy.

**Surface Water and Underground Water** Water on earth can be divided into surface water and underground water according to its distribution. Surface water refers to moisture exists in rivers, lakes, swamps, glaciers, icecaps and so on. It is also called land water. The underground water refers to water deposited underground in the cranny and the hole of saturated rock soil and in the water-eroded cave.

**Mineral Resources** refer to useful minerals that can be used for industrial or agricultural purposes enriched in lithosphere or on earth due to the geological process. Mineral resource is an important natural resource, and is the important material foundation for social development.

**Drainage Area** Each river has its own main stream and branches to form the water system of the river. Each river has its own catchment's area, which is also called as the drainage area of the river.

**Temperature** refers to the air temperature. China uses centigrade as the unit. The thermometry used for weather observation is put in a breezy shutter, which is 1.5 meters high from the ground. Therefore, the commonly used temperature refers to the temperature in the breezy shutter 1.5 meters away from the ground. The calculation method is as follows: Monthly average temperature is the summation of average daily temperature of one month divided by the actual days of that particular month. Annual average temperature is the summation of monthly average of a year divided by 12 months.

**Relative Humidity** refers to the ratio of actual water vapor pressure to the saturation water vapor density under the current temperature. The statistical method is the same as that of temperature.

**Volume of Precipitation** refers to the deepness of liquid state or solid state (thawed) water falling from the sky to the ground that has not been evaporated, infiltrated or run off. The calculation method is as follows: Monthly precipitation is the summation of daily precipitation of a month. Annual precipitation is the summation of 12 months precipitation of a year.

**Sunshine Hours** refer to the actual hours of sun irradiating the earth. The calculation method is the same as that of the precipitation.

**Total Water Resources** refers to total volume of surface water and groundwater and is measured as run-off for surface water and replenishment of groundwater with rainfall in a given area, excluding transit water.

**Water Use** refers to gross water used by various water users, including loss during transportation, broken down with use by agriculture, industry, living consumption and biological protection.

**Water Use by Agriculture** includes uses of water by irrigation of farming fields and by forestry, animal husbandry and fishing. Water use by forestry, animal husbandry and fishing includes irrigation of forestry and orchards, irrigation of grassland and replenishment of fishing pools.

**Water Use by Industry** refers to new withdrawals of water, excluding reuse of water within enterprises.

**Water Use by Living Consumption** includes use of water for living consumption in both urban and rural areas. Urban water use by living consumption is composed of household use and public use (including services, commerce, restaurants, cargo transportation, posts, telecommunication and construction). Rural water use by living consumption includes both households and animals.

**Waste Water Discharged by Industry** refers to the volume of waste water discharged by industrial enterprises through all their outlets, including waste water from production process, directly cooled water, groundwater from mining wells which does not meet discharge standards and sewage from households mixed with waste water produced by industrial activities, but excluding indirectly cooled water discharged (It should be included if the discharge is not separated with waste water).

**Industrial Waste Water Meeting Discharge Standards** refers to volume of industrial waste water discharge which, with or without treatment, reaches national or local standards with regard to all pollutants.

**Ratio of Industrial Waste Water Meeting Discharge Standards** refers to percentage of industrial waste water meeting discharge standards over total industrial waste water discharge. It is calculated as:

Ratio of industrial waste water meeting discharge standards = industrial waste water meeting discharge standards / total industrial waste water discharge

**Urban Non-industrial Waste Water Discharge** refers to annual discharge of the amount of COD in non-industrial waste water by urban households. It is estimated by per capita coefficient using the formula:

Urban non-industrial waste water discharge = urban non-industrial waste water discharge coefficient× urban non-agricultural population×365

**Volume of Chemical Oxygen Demand(COD) Generated by Urban Non-industrial Waste Water** refers to chemical oxygen demand generated through the annual discharge of non-industrial waste water by urban households. It is estimated as:

Volume of chemical oxygen demand(cod) generated by urban non-industrial waste water = Coefficient of COD generated through urban non-industrial waste water × urban non-agricultural population×365

**Industrial Waste Air Emission** refers to the total amount of discharge into atmosphere of waste air containing pollutants generated from fuel burning and production process in enterprises within a given period of time. It is calculated at standard status (273K, 101325Pa) as:

Industrial waste air emission = emission through fuel burning + emission through production process

**$SO_2$ Emission through Non-industrial and Other Activities** is calculated on the basis of consumption of coal by households and other activities and the sulphur content of coal with the following formula:

$SO_2$ emission through non-industrial and other activities = consumption of coal by households and other activities×sulphur content×0.8×2

**$SO_2$ Emission through Industrial Activities** refers to volume of sulphur dioxide emission from fuel burning and production process by enterprises during a given period of time. It is calculated as:

$SO_2$ emission through industrial activities = $SO_2$ emission from fuel burning + $SO_2$ emission from production process

**Industrial Soot Emission** refers to volume of soot in smoke emitted in process of fuel burning in premises of enterprises.

**Soot Emission by Consumption and Others** refers to net volume of soot emitted by fuel burning from all social and economic activities and operation of public facilities other than industrial activities. It is calculated on the basis of coal consumption by households and others.

**Industrial Dust Emission** refers to volume of dust emitted by production process of enterprises and suspended in the air for a given period of time, including dust from refractory material of iron and steel works, dust from coke-screening systems and sintering machines of coke plants, dust from lime kilns and dust from cement production in building material enterprises, but excluding soot and dust emitted from power plants.

**Industrial Solid Wastes Produced** refers to total volume of solid, semi-solid and high concentration liquid residues produced by industrial enterprises from production process in a given period of time, including hazardous wastes, slag, coal ash, gangue, tailings, radioactive residues and other wastes, but excluding stones stripped or dug out in mining (gangue and acid or alkaline stones not included). A stone is acid or alkaline depending on the pH value of the water below 4 or above 10.5 when the stone is in, or soaked by the water.

**Hazardous Wastes** refers to those included in the national hazardous wastes catalogue or specified as any one of the following properties in the national hazardous wastes identification standards: explosive, ignitable, oxidizable, toxic, corrosive or liable to cause infectious diseases or lead to other dangers.

**Industrial Solid Wastes Utilized** refers to volume of solid wastes from which useful materials can be extracted or which can be converted into usable resources, energy or other materials by means of reclamation, processing, recycling and exchange (including utilizing in the year the stocks of industrial solid wastes of the previous year). Examples of such utilizations include fertilizers, building materials and road materials. The information shall be collected by the producing units of the wastes.

**Rate of Utilization of Industrial Solid Wastes** refers to the percentage of industrial solid wastes utilized over industrial solid wastes produced (including stocks of the previous years). It is calculated as:

$$\frac{\text{Rate pf utilization of}}{\text{industrial solid wastes}} = \frac{\text{volurne of industrial solid wastes utilized}}{\text{industrial solid wastes produced+ stock of previous years}} \times 100\%$$

**Stocks of Industrial Solid Waste** refers to volume of solid wastes placed in special facilities or special sites for purposes of utilization or disposal. The sites or facilities should take measures against dispersion, loss, seepage, and air and water contamination.

**Industrial Solid Wastes Disposed** refers to quantity of industrial solid wastes which are burnt or placed ultimately in the sites meeting the requirements for environmental protection and not salvaged or recycled (including disposition in the year of those wastes of previous years). The disposition includes landfill (Safe landfills should be conducted for hazardous wastes), incineration, containment spaces, deep underground disposal, backfill in mining pits and disposal at sea.

**Industrial Solid Wastes Discharged** refers to volume of industrial solid wastes discharged by producing enterprises to disposal facilities or to other sites. The wastes exclude stones stripped or dug from mining (gangue and acid or alkaline waste stones not included).

**Output Value of Products Made from Waste Gas, Waste Water and Solid Wastes** refers current value of products with waste gas, waste water and solid wastes as main materials of production. Products sold and ready to sell shall be included while those produced for own use shall not be included.

**Consumption Wastes Transported** refers to volume of consumption wastes collected and transported to disposal factories or sites. The statistical calculations of the clearance volume is only from garbage and garbage transfer station directly to the treatment plant and the final consumer satisfaction point, for the secondary transit clearance volume, it can't be duplicated.

**Ratio of Consumption Wastes Treated** refers to consumption wastes treated over that produced. It is calculated as:

$$\frac{\text{Rate of consurnption}}{\text{wastes treated}} = \frac{\text{consurnption wastes treated}}{\text{consurnption wastes produced}} \times 100\%$$

In practical statistics, as it is difficult to estimate, the volume of consumption wastes produced is replaced with that transported. During the audit, "Garbage clearance volume" and the total population to be (including temporary residents) corresponds, generally, urban waste generated per capita is about 1kg.

**Total Area of Afforestation** refers to the total area of land suitable for afforestation, including barren hills, idle land, sand dunes, rain for green land, on which acres of arbores or bushes are planted through manual planting, airplane planting, plant seedlings, etc. in accordance with the required density standards of the Technical Procedures of Afforestation, and with a survival rate of over 85% in line with the Implementing Rules of the Forest Law of the People's Republic of China (or a survival rate of 75% in areas with less that 400 mm of annual rainfall and without irrigation facilities). Included in this category are trees planted alone the roadsides, riversides, or next to houses that occupy an area over 0.066 hectares, or where more than 4 lines of trees are planted. Total area of afforestation is further classified by ownership (state-owned, state-collective, collective or private), by approach of planting (manual, airplane), and by type of forests (timber, by-products, protection, fuel, special use, etc.).

**Projects on Converting Cultivated Land to Forests and Grassland(Grain for Green Projects)** aiming at preventing soil erosion in key regions, these projects are ecological construction projects in the development of forest industry that have the widest coverage and most sophisticated procedures, with strong policy implications and most active participation of the people.

**Nature Reserves** refer to certain areas of land, waters or sea that are representative in natural ecological systems, or are natural habitats for rare or endangered wild animals or plants, or water conservation zones, or the location of important natural or historic relics, which are demarked by law and put under special protection and management. Nature reserves are designated by the formal approval of governments at and above county level (including those approved by relevant departments or "revolutionary committees" before 1980). Scenic spots and cultural preservation zones are not included.

**Ecological Demonstration Zones** refer to administrative areas approved by the environment protection agencies of central and provincial governments and established by provincial, prefecture or county governments in line with the approved programme for ecological demonstration zones. They include those evaluated and accepted by the environment protection agencies of central and provincial governments and those under pilot development stage.

**Environment Pollution and Destruction Accidents** refer to sudden accidents, due to economic or social activities that are in contrast to environment protection laws or due to unforeseen factors or natural disasters, that lead to the environment pollution, the destruction of protected wild animals, plants or nature reserves, the damage to human health, the economic and property losses, and the negative impact on the society.

**Investment in Environment Pollution Harnessing Projects** refers to the proportion of investment in fixed assets in the total investment in harnessing industrial pollution and in the construction of urban environment infrastructure facilities. It includes investment in harnessing sources of industrial pollution, investment in environment protection facilities designed concurrently with construction projects, and investment in urban environment infrastructure facilities.

# 13 Thirteen

# 农业

Agriculture

# 13-1 农村基本情况及农业生产条件
# Basic Conditions of Rural Areas and Agricultural Production

| 指 标 | Item | 2008 | 2009 | 2010 | 2011 | 2012 | 2013 |
|---|---|---|---|---|---|---|---|
| **农村基层组织** | **Rural Grassroots Units** | | | | | | |
| 乡镇个数(个) | Number of Township and Town Governments(unit) | 1449 | 1446 | 1446 | 1445 | 1439 | 1388 |
| 村委会个数(个) | Number of Villagers' Committees(unit) | 17332 | 17568 | 17672 | 17583 | 18099 | 16859 |
| **农村社会基础设施** | **Basic Facilities in Rural Areas** | | | | | | |
| 自来水受益村数(个) | Number of Villages with Access to Tap Water(unit) | 13113 | 13639 | 13636 | 13922 | 14443 | 13997 |
| 通汽车的村数(个) | Villages with Automobile(unit) | 15930 | 17334 | 17388 | 17336 | 17717 | 16766 |
| 通电话的村数(个) | Villages with Telephone Communication(unit) | 15612 | 16725 | 16772 | 16823 | 17066 | 16191 |
| 通有线广播的村数(个) | Villages with Wire Broadcast(unit) | 5913 | 5912 | 6332 | 6690 | 7713 | 7336 |
| **农业机械化** | **Agricultural Mechanization** | | | | | | |
| 农用机械总动力(万千瓦) | Total Power of Agricultural Machinery(10000 kw) | 1537.50 | 1606.42 | 1730.31 | 1851.40 | 2106.65 | 2240.80 |
| 柴油机 | Diesel Engine | 1055.54 | 1122.17 | 1192.24 | 1308.11 | 1489.89 | 1601.13 |
| 汽油机 | Gas Engine | 45.56 | 49.39 | 53.42 | 60.50 | 74.68 | 77.45 |
| 电动机 | Electromotor | 423.94 | 421.34 | 472.21 | 473.46 | 535.01 | 555.60 |
| 其他机械 | Others | 12.46 | 13.52 | 12.44 | 9.33 | 7.08 | 6.63 |
| **农村主要物资消耗** | **Main Materials Consumption for Agricultural Use** | | | | | | |
| 农用化肥施用量(折纯法)(万吨) | Consumption of Chemical Fertilizer(pure) (10000 tons) | 83.09 | 86.54 | 86.53 | 94.06 | 98.17 | 99.54 |
| 农药使用量(吨) | Consumption of Chemical Pesticides(ton) | 12920 | 12464 | 12938 | 14469 | 14450 | 13744 |
| 农用塑料薄膜使用量(吨) | Consumption of Farm Plastic Membrane(ton) | 47765 | 46470 | 36174 | 40857 | 44062 | 48031 |
| **农田水利建设** | **Farmland and Water Conservancy** | | | | | | |
| 有效灌溉面积(千公顷) | Effective Irrigated Area(1000 hectares) | 987.41 | 1087.41 | 1195.33 | 1266.80 | 1317.59 | 1368.77 |
| 旱涝保收面积(千公顷) | Area that Ensure Stable Yields Despite Droughtor Excessive Rain(1000 hectares) | 586.55 | 633.73 | 646.02 | 659.31 | 656.50 | 672.47 |

注：表中“农业机械化”资料来源于省农委，“农田水利建设”资料来源于省水利厅(以下相关表同)。

Note:The data of "agricultural mechanization" are provided by the provincial agricultural commission; and the data of "farmland and water conservancy" are provided by the provincial department of water resources(The relative tables in the chapter are the same).

# 13-2 年末主要农业机械拥有量

## Major Agricultural Machinery at the Year-end

| 指　　标 | Item | 2008 | 2009 | 2010 | 2011 | 2012 | 2013 | 2013年比2012年增长(%) Increase Rate in 2013 over 2012(%) |
|---|---|---|---|---|---|---|---|---|
| 大中型拖拉机(万台) | Number of Large and Medium-sized Agricultural (10000 sets) | 2.36 | 2.50 | 2.53 | 3.12 | 3.92 | 4.19 | 6.8 |
| 大中型拖拉机配套农具(万套) | Number of Large and Medium-sized Tractor Towing Farm Machinery (10000 sets) | 1.20 | 1.29 | 1.36 | 1.38 | 1.43 | 1.53 | 7.6 |
| 小型拖拉机(万台) | Number of Small Tractors (10000 sets) | 4.82 | 5.34 | 5.66 | 6.64 | 7.31 | 8.59 | 17.6 |
| 小型拖拉机配套农具(万套) | Small Tractor Towing Farm Machinery (10000 sets) | 1.64 | 2.14 | 2.47 | 2.61 | 2.88 | 2.90 | 0.9 |
| 农用排灌电动机(万台) | Number of Drainage and Irrigation Electromotor Engines(10000 units) | 17.11 | 18.13 | 19.03 | 19.06 | 21.09 | 22.50 | 6.7 |
| 农用排灌柴油机(万台) | Number of Drainage and Irrigation Diesel Engines(10000 units) | 17.42 | 18.28 | 18.72 | 18.45 | 19.95 | 19.98 | 0.2 |
| 联合收割机(台) | Combine Harvesters(unit) | 507 | 602 | 642 | 695 | 1057 | 1570 | 48.5 |

注：资料来源于省农委。

Note:The data in this table are provided by the provincial agricultural commission.

# 13-3 灌溉、除涝治水

## Irrigation, Flood Prevention, Water and Soil Conservation

| 项　　目 | Item | 2008 | 2009 | 2010 | 2011 | 2012 | 2013 |
|---|---|---|---|---|---|---|---|
| 水利投入(亿元) | Input of Water Conservancy(100 million yuan) | 40.40 | 49.18 | 102.01 | 151.78 | 175.18 | 192.52 |
| 有效灌溉面积(千公顷) | Effective Irrigation Area(1000 hectares) | 987.41 | 1087.41 | 1195.33 | 1266.80 | 1317.59 | 931.42 |
| 节水灌溉面积(千公顷) | Water-saving Irrigated Area (1000 hectares) | 380.00 | 386.31 | 391.74 | 396.00 | 403.28 | 304.37 |
| 除涝面积(千公顷) | Areas with Flood Prevention Measures(1000 hectares) | 50.47 | 52.38 | 54.00 | 54.81 | 55.70 | 53.49 |
| 水土流失治理面积(千公顷) | Area of Soil Erosion under Control(1000 hectares) | 2567.60 | 2701.50 | 2811.50 | 2956.00 | 3225.99 | 5816.53 |
| 堤防长度(公里) | Total Length of Dikes(km) | 1534.83 | 1557.60 | 1598.40 | 1634.60 | 2256.55 | 2453.58 |
| 堤防保护面积(千公顷) | Area of Land Protected by Dikes (1000 hectares) | 164.45 | 165.21 | 167.68 | 169.12 | 215.79 | 196.39 |

# 13-4 农林牧渔业增加值
## Value-Added of Farming,Forestry, Animal Husbandry, Fishery and Their Services

单位：亿元 (100 million yuan)

| 指 标 | Item | 2008 | 2009 | 2010 | 2011 | 2012 | 2013 |
|---|---|---|---|---|---|---|---|
| **农林牧渔业增加值** | **Added Value of FFAFS** | **540.27** | **550.27** | **625.04** | **726.21** | **891.91** | **1031.70** |
| 农 业 | Farming | 308.48 | 330.50 | 385.61 | 430.84 | 561.32 | 646.12 |
| 林 业 | Forestry | 23.44 | 25.11 | 28.07 | 31.99 | 37.03 | 47.71 |
| 畜牧业 | Animal Husbandry | 183.16 | 167.79 | 179.51 | 223.22 | 245.70 | 280.68 |
| 渔 业 | Fishcry | 6.84 | 7.21 | 8.98 | 12.78 | 17.83 | 23.96 |
| 农、林、牧、渔服务业 | FFAF Services | 18.35 | 19.66 | 22.86 | 27.38 | 30.03 | 33.23 |
| **农林牧渔业增加值增长速度(%)** | **Added Value of FFAFS growth rate(%)** | **6.8** | **4.3** | **4.7** | **1.2** | **8.6** | **5.8** |
| 农 业 | Farming | 6.3 | 2.4 | 2.4 | -0.3 | 10.6 | 5.7 |
| 林 业 | Forestry | 15.4 | 0.7 | 9.6 | 7.4 | 6.8 | 7.0 |
| 畜牧业 | Animal Husbandry | 6.9 | 7.9 | 8.0 | 1.0 | 5.0 | 4.9 |
| 渔 业 | Fishery | 1.5 | 2.6 | 11.2 | 23.7 | 21.2 | 20.0 |
| 农、林、牧、渔服务业 | FFAF Services | 7.0 | 3.8 | 8.9 | 10.4 | 3.2 | 4.8 |

# 13-5 农林牧渔业总产值

# Gross Output Value of Farming,Forestry,Animal Husbandry, Fishery and Their Services

单位：亿元 (100 million yuan)

| 指 标 | Item | 2008 | 2009 | 2010 | 2011 | 2012 | 2013 | 2013年比2012年增长(%) Increase Rate in 2013over 2012(%) |
|---|---|---|---|---|---|---|---|---|
| **农林牧渔业总产值** | **Gross Output Value of Farming,Forestry, AnimalHusbandry and Fishery** | **843.80** | **875.20** | **997.82** | **1165.46** | **1436.61** | **1663.02** | **6.0** |
| **农业产值** | **Farming** | **464.80** | **501.52** | **587.31** | **655.30** | **864.86** | **997.13** | **5.9** |
| 谷物及其他作物的种植 | Planting of Cereal and other Crops | 289.75 | 307.19 | 340.56 | 340.36 | 389.45 | 447.34 | 2.4 |
| 蔬菜、园艺作物的种植 | Planting of Vegetable and Gardening Crops | 140.60 | 155.83 | 194.69 | 249.10 | 387.95 | 429.89 | 6.2 |
| 水果、坚果、饮料和香料作物的种植 | Planting of Fruits, nuts, Beverages and Spice Crops | 20.73 | 23.61 | 35.64 | 46.12 | 54.69 | 63.33 | 9.1 |
| 中药材的种植 | Planting of Chinese Traditional Medicine | 13.71 | 14.89 | 16.42 | 19.72 | 32.77 | 56.55 | 37.0 |
| **林业产值** | **Forestry** | **35.63** | **36.92** | **41.01** | **46.66** | **54.19** | **69.87** | **7.1** |
| 林木的培育和种植 | Cultivating and planting of forest | 4.91 | 5.17 | 5.49 | 5.90 | 6.90 | 13.55 | 7.7 |
| 木材和竹材的采运 | Logging and Transporting of Timber & bamboo | 8.88 | 9.46 | 11.47 | 12.51 | 14.46 | 17.15 | 5.1 |
| 林产品的采集 | Collecting of Forest Products | 21.84 | 22.29 | 24.04 | 28.25 | 32.83 | 39.17 | 7.9 |
| **畜牧业产值** | **Animal Husbandry** | **291.65** | **281.53** | **304.16** | **381.95** | **421.55** | **482.68** | **5.1** |
| 牲畜的饲养 | Animal Raising | 37.16 | 39.82 | 56.13 | 70.05 | 85.31 | 102.50 | 5.7 |
| 猪的饲养 | Hogs Raising | 212.99 | 195.52 | 196.23 | 253.35 | 273.87 | 309.03 | 5.2 |
| 家禽的饲养 | Poultry Raising | 39.84 | 44.43 | 50.00 | 56.69 | 60.43 | 69.22 | 4.5 |
| 狩猎和捕捉动物 | Hunting and Catching Animales | 0.09 | 0.10 | 0.09 | 0.09 | 0.10 | 0.98 | -1.8 |
| 其他畜牧业 | Others | 1.57 | 1.66 | 1.71 | 1.76 | 1.84 | 1.83 | -3.6 |
| **渔业产值** | **Fishery** | **10.49** | **11.06** | **13.82** | **19.90** | **28.21** | **38.30** | **21.2** |
| **农林牧渔服务业产值** | **Gross Output Value of FFAF Services** | **41.23** | **44.17** | **51.52** | **61.65** | **67.80** | **75.04** | **4.8** |

# 13-6 主要农作物播种面积
## Sown Areas of Major Farm Crops

单位：千公顷 (1000 hectares)

| 指 标 | Item | 2008 | 2009 | 2010 | 2011 | 2012 | 2013 | 2013年比2012年增长(%) Increase Rate in 2013 over 2012(%) |
|---|---|---|---|---|---|---|---|---|
| **农作物总播种面积** | **Total Sown Areas of Farm Crops** | **4619.43** | **4780.69** | **4889.30** | **5021.22** | **5182.86** | **5390.11** | **4.0** |
| #粮食作物 | Grain Crops | 2919.57 | 2984.73 | 3039.50 | 3055.56 | 3054.28 | 3118.42 | 2.1 |
| #稻 谷 | Rice | 691.15 | 698.24 | 695.81 | 681.53 | 682.95 | 684.45 | 0.2 |
| 小 麦 | Wheat | 262.44 | 262.93 | 260.77 | 257.62 | 259.76 | 251.78 | -3.1 |
| 玉 米 | Corn | 734.64 | 751.49 | 781.14 | 787.80 | 775.15 | 778.35 | 0.4 |
| 大 豆 | Soybeans | 125.74 | 126.63 | 128.95 | 132.78 | 133.82 | 128.17 | -4.2 |
| 薯 类 | Tubers | 842.53 | 876.23 | 894.83 | 912.94 | 919.41 | 937.90 | 2.0 |
| #马铃薯 | Irish Potato | 605.76 | 634.96 | 645.84 | 668.01 | 676.27 | 689.50 | 2.0 |
| 油 料 | Oil-bearing Crops | 455.15 | 513.13 | 529.14 | 536.14 | 547.50 | 560.76 | 2.4 |
| #油菜籽 | Rapeseeds | 412.77 | 466.88 | 479.19 | 488.98 | 496.96 | 506.72 | 2.0 |
| 花 生 | Peanuts | 33.50 | 38.76 | 40.81 | 38.90 | 41.02 | 43.56 | 6.2 |
| 糖 料 | Sugar Crops | 17.67 | 16.47 | 13.74 | 12.02 | 21.83 | 27.93 | 28.0 |
| #甘 蔗 | Sugarcane | 17.63 | 16.43 | 13.70 | 11.98 | 21.71 | 27.92 | 28.6 |
| 烟 叶 | Tobacco | 207.74 | 197.82 | 195.37 | 212.24 | 249.17 | 266.43 | 6.9 |
| #烤 烟 | Flue-cured Tobacco | 194.77 | 184.94 | 182.74 | 200.01 | 237.01 | 254.86 | 7.5 |
| 药材类 | Crude Drugs | 24.86 | 25.60 | 28.12 | 44.35 | 74.68 | 117.54 | 57.4 |
| 蔬 菜 | Vegetable | 558.29 | 599.58 | 647.92 | 708.52 | 774.32 | 847.72 | 9.5 |

# 13-7 主要农作物产品产量

## Yields of Major Farm Crops

单位：万吨 (10000 tons)

| 指标 | Item | 2008 | 2009 | 2010 | 2011 | 2012 | 2013 | 2013年比2012年增长(%) Increase Rate in 2013over 2012(%) |
|---|---|---|---|---|---|---|---|---|
| **粮食作物** | **Grain Crops** | **1158.00** | **1168.27** | **1112.30** | **876.90** | **1079.50** | **1029.99** | **-4.6** |
| #稻谷 | Rice | 461.10 | 453.17 | 445.65 | 303.93 | 402.43 | 361.30 | -10.2 |
| 小麦 | Wheat | 42.81 | 44.52 | 24.83 | 50.38 | 52.39 | 51.51 | -1.7 |
| 玉米 | Corn | 391.19 | 405.20 | 415.43 | 243.71 | 342.25 | 298.03 | -12.9 |
| 大豆 | Soybeans | 16.57 | 15.87 | 15.99 | 7.11 | 7.84 | 8.04 | 2.6 |
| 薯类 | Tubers | 214.81 | 208.84 | 174.13 | 239.31 | 235.83 | 263.36 | 11.7 |
| #马铃薯 | Irish Potato | 150.30 | 153.50 | 141.43 | 189.38 | 179.74 | 211.40 | 17.6 |
| **油料作物** | **Oil-bearing Crops** | **68.39** | **78.68** | **60.34** | **78.85** | **87.38** | **91.53** | **4.7** |
| #油菜籽 | Rapeseeds | 60.38 | 70.40 | 51.62 | 71.81 | 78.18 | 81.78 | 4.6 |
| 花生 | Peanuts | 6.44 | 7.31 | 7.68 | 6.07 | 7.86 | 8.25 | 5.0 |
| **甘蔗** | **Sugarcane** | **71.76** | **64.27** | **52.24** | **43.60** | **127.96** | **159.29** | **24.5** |
| **烤烟** | **Flue-cured Tobacco** | **37.71** | **36.92** | **37.02** | **32.50** | **37.31** | **41.79** | **12.0** |
| **蔬菜** | **Vegetable** | **991.15** | **1077.81** | **1202.04** | **1250.05** | **1375.63** | **1500.45** | **9.1** |

# 13-8 主要农作物单产

## Yields of Major Farm Crops Per Mu

单位：公斤/亩 (kg/mu)

| 指标 | Item | 2008 | 2009 | 2010 | 2011 | 2012 | 2013 | 2013年比2012年增长(%) Increase Rate in 2013 over 2012(%) |
|---|---|---|---|---|---|---|---|---|
| **粮食作物** | **Grain Crops** | **264** | **261** | **244** | **191** | **236** | **220** | **-6.6** |
| #稻谷 | Rice | 445 | 433 | 427 | 297 | 393 | 352 | -10.4 |
| 小麦 | Wheat | 109 | 113 | 63 | 130 | 134 | 136 | 1.4 |
| 玉米 | Corn | 355 | 359 | 355 | 206 | 294 | 255 | -13.3 |
| 大豆 | Soybeans | 88 | 84 | 83 | 36 | 39 | 42 | 7.1 |
| 薯类 | Tubers | 170 | 159 | 130 | 175 | 171 | 187 | 9.5 |
| #马铃薯 | Irish Potato | 165 | 161 | 146 | 189 | 177 | 204 | 15.4 |
| **油料作物** | **Oil-bearing Crops** | **100** | **102** | **76** | **98** | **106** | **109** | **2.3** |
| #油菜籽 | Rapeseed | 98 | 101 | 72 | 98 | 105 | 108 | 2.6 |
| 花生 | Peanuts | 128 | 126 | 125 | 104 | 128 | 126 | -1.1 |
| **甘蔗** | **Sugarcane** | **2714** | **2608** | **2542** | **2427** | **3930** | **3804** | **-3.2** |
| **烤烟** | **Flue-cured Tobacco** | **129** | **133** | **135** | **108** | **105** | **109** | **4.2** |

# 13－9 茶叶、水果面积及产量

## Total Sown Areas and Yields of Tea,Fruit

| 指 标 | Item | 2008 | 2009 | 2010 | 2011 | 2012 | 2013 | 2013年比2012年增长(%) Increase Rate in 2013 over 2012(%) |
|---|---|---|---|---|---|---|---|---|
| **面 积(千公顷)** | **Area(1000 hectares)** | | | | | | | |
| 茶园 | Tea Field Area | 105.17 | 132.19 | 167.19 | 196.37 | 251.52 | 313.24 | 24.5 |
| 桑园 | Mulberry Field Area | 5.50 | 5.01 | 4.63 | 4.47 | 3.92 | 3.01 | -23.1 |
| 柞坡 | Breed Tussah Field Area | 3.14 | 3.10 | 2.79 | 5.46 | 3.72 | 3.82 | 2.5 |
| 果园 | Orchards Filed Area | 133.28 | 140.83 | 151.83 | 169.02 | 192.96 | 228.13 | 18.2 |
| **产 量(万吨)** | **Yield(10000 tons)** | | | | | | | |
| 茶 叶 | Tea | 3.49 | 4.19 | 5.23 | 5.84 | 7.44 | 8.94 | 20.2 |
| 水 果 | Fruit | 114.28 | 119.74 | 123.47 | 128.03 | 147.72 | 167.75 | 13.6 |
| #园林水果 | Garden Fruit | 61.68 | 64.22 | 69.61 | 79.52 | 90.06 | 105.74 | 17.4 |
| #苹 果 | Apples | 1.22 | 1.62 | 1.55 | 2.17 | 2.49 | 3.25 | 30.7 |
| 梨 | Pears | 16.29 | 16.77 | 18.21 | 19.54 | 21.72 | 24.09 | 10.9 |
| 柑 桔 | Citrus | 19.11 | 19.42 | 20.37 | 20.81 | 22.74 | 25.48 | 12.1 |
| 香 蕉 | Bananas | 0.80 | 0.79 | 0.61 | 0.59 | 0.61 | 0.56 | -7.4 |
| 杨 梅 | Red Bayberry | 2.33 | 3.05 | 2.90 | 3.19 | 3.19 | 3.49 | 9.3 |
| 猕猴桃 | Chinese Gooseberrys | 1.24 | 1.18 | 1.30 | 1.70 | 1.76 | 2.21 | 25.3 |
| 柿 子 | Persimmons | 1.27 | 1.28 | 1.36 | 1.25 | 1.46 | 1.46 | -0.1 |

# 13－10 造林及林产品产量

## Areas of Forestation and Output of Forest Products

单位：吨 (ton)

| 指 标 | Item | 2008 | 2009 | 2010 | 2011 | 2012 | 2013 | 2013年比2012年增长(%) Increase Rate in 2013 over 2012(%) |
|---|---|---|---|---|---|---|---|---|
| **当年造林面积(千公顷)** | **Areas of Forestation in this year(1000 hectares)** | **60.60** | **90.49** | **78.80** | **131.30** | **199.3** | **218.2** | **9.5** |
| **林产品产量** | **Output of Forest Products** | | | | | | | |
| 生 漆 | Lacquer | 1641 | 1526 | 1614 | 2001 | 1698 | 1827 | 7.6 |
| 油桐籽 | Tung-oil Seed | 73395 | 61796 | 63815 | 75769 | 81638 | 70863 | -13.2 |
| 油茶籽 | Tea-oil Seed | 16233 | 19057 | 20368 | 23166 | 26657 | 31220 | 17.1 |
| 乌桕籽 | Tallow-seed | 2874 | 2396 | 2468 | 2487 | 2370 | 2305 | -2.7 |
| 五倍籽 | Nutgall | 1739 | 1581 | 2216 | 1624 | 1922 | 2633 | 37.0 |
| 棕 片 | Palm-flake | 4510 | 4396 | 4365 | 4530 | 4387 | 4321 | -1.5 |
| 松 脂 | Pine Resin | 9382 | 7734 | 8215 | 12001 | 13014 | 13799 | 6.0 |
| 竹笋片 | Bamboo Shoot | 11719 | 13780 | 20382 | 19897 | 20495 | 14456 | -29.5 |
| 核 桃 | Walnuts | 12316 | 13125 | 15356 | 17364 | 23680 | 34315 | 44.9 |
| 板 栗 | Chestnut | 16707 | 17278 | 19316 | 22653 | 26076 | 31621 | 21.3 |

注：表中"造林面积"资料来源于省林业厅。

Note:"The areas of forestation" in this table are obtained from the Provincial Department of Forest.

# 13-11 畜牧业生产及水产品
# Livestock Production and Aquatic Products

| 指　标 | Item | 2008 | 2009 | 2010 | 2011 | 2012 | 2013 | 2013年比2012年增长(%) Increase Rate in 2013 over 2012(%) |
|---|---|---|---|---|---|---|---|---|
| **当年出栏数** | **Number of Slaughtered Fattened Hogs, Ox,Goats and Sheep** | | | | | | | |
| 猪(万头) | Slaughtered Fattened Hogs(10000 heads) | 1561.10 | 1596.10 | 1688.67 | 1689.66 | 1734.76 | 1832.28 | 5.6 |
| 牛(万头) | Ox by Sold and Killed(10000 heads) | 84.20 | 92.14 | 96.56 | 97.21 | 105.99 | 115.22 | 8.7 |
| 羊(万头) | Goats by Sold and Killed(10000 heads) | 178.50 | 190.10 | 198.70 | 197.31 | 206.78 | 205.39 | -0.7 |
| **肉类总产量(万吨)** | **Total Yield of Meat(10000 tons)** | **161.46** | **169.60** | **179.09** | **179.97** | **190.27** | **199.74** | **5.0** |
| #猪　肉 | Pork | 134.60 | 140.10 | 148.09 | 148.29 | 156.13 | 163.73 | 4.9 |
| 牛　肉 | Beef | 10.20 | 11.40 | 11.99 | 12.00 | 13.04 | 14.13 | 8.4 |
| 羊　肉 | Mutton | 3.00 | 3.23 | 3.40 | 3.37 | 3.53 | 3.51 | -0.6 |
| 禽　肉 | Poultry | 12.60 | 13.50 | 14.12 | 14.35 | 15.41 | 15.48 | 0.5 |
| **其他畜产品产量** | **Others** | | | | | | | |
| 牛　奶(万吨) | Cow Milk(10000 tons) | 4.30 | 4.49 | 4.59 | 4.85 | 5.10 | 5.45 | 6.9 |
| 禽　蛋(万吨) | Poultry Eggs(10000 tons) | 10.80 | 12.20 | 12.51 | 13.65 | 14.65 | 15.44 | 5.4 |
| 蜂　蜜(吨) | Honey(ton) | 3093 | 2017 | 1894 | 2029 | 2052 | 2468 | 20.3 |
| **大牲畜年末存栏数(万头)** | **Large Livestock(year-end)(10000 heads)** | **611.51** | **626.21** | **627.64** | **550.82** | **541.03** | **536.90** | **-0.8** |
| #牛 | Cattle and Buffaloes | 523.40 | 539.10 | 541.80 | 467.11 | 461.04 | 460.62 | -0.1 |
| **猪年末存栏数(万头)** | **Hogs(year-end)(10000 heads)** | **1587.50** | **1617.96** | **1616.34** | **1521.60** | **1604.09** | **1604.10** | **…** |
| **羊年末存栏数(万只)** | **Sheep and Goats(year-end)(10000 heads)** | **231.20** | **252.98** | **261.10** | **256.49** | **290.09** | **299.59** | **3.3** |
| **水产品(万吨)** | **Aquatic Products(10000 tons)** | **7.80** | **8.03** | **8.79** | **10.88** | **13.47** | **16.70** | **24.0** |

注：表中“水产品”资料来源于省农委。

Note:Data of "aquatic products" in this table are obtained from the Provincial Agricultural Commission.

# 主要统计指标解释

**农林牧渔业总产值** 指以货币表现的农、林、牧、渔业全部产品和对农林牧渔业生产活动进行的各种支持性服务活动的价值总量，它反映一定时期内农业生产总规模和总成果。农业总产值的计算方法通常是按农林牧渔业产品及其副产品的产量分别乘以各自单位产品价格求得；然后将四业产品产值及农林牧渔服务业产值相加即为农业总产值。

**粮食产量** 指全社会的产量。包括国有经济经营的、集体统一经营的和农民家庭经营的粮食产量，还包括工矿企业办的农场和其他生产单位的产量。粮食除包括稻谷、小麦、玉米、高粱、谷子及其他杂粮外，还包括薯类和豆类。其产量计算方法，豆类按去豆荚后的干豆计算；薯类（包括甘薯和马铃薯，不包括芋头和木薯）1963 年以前按每 4 公斤鲜薯折 1 公斤粮食计算，从 1964 年开始改为按 5 公斤鲜薯折 1 公斤粮食计算。城市郊区作为蔬菜的薯类（如马铃薯等）按鲜品计算，并且不作粮食统计。其他粮食一律按脱粒后的原粮计算。

**油料产量** 指全部油料作物的生产量。包括花生、油菜籽、芝麻、向日葵籽、胡麻籽（亚麻籽）和其他油料。不包括大豆、木本油料和野生油料。花生以带壳干花生计算。

**水产品产量** 指人工养殖的水产品和天然生长的水产品的捕捞量。包括海水的鱼类、虾蟹类、贝类和藻类以及内陆水域的鱼类、虾蟹类和贝类，不包括淡水生植物。

**猪、牛、羊肉产量** 指当年出栏并已屠宰、除去头蹄下水后带骨肉（即胴体重）的重量。

**期初（末）畜禽存栏头（只）数** 指报告期初（末）农村各种合作经济组织和国营农场、农民个人、机关、团体、学校、工矿企业、部队等单位以及城镇居民饲养的大牲畜、猪、羊、家禽等畜禽的存栏数。

**耕地面积** 指可以用来种植农作物、经常进行耕锄的田地，包括熟地、当年新开荒地、连续撂荒未满三年的耕地和当年的休闲地（轮歇地），还包括以种植农作物为主并附带种植桑树、茶树、果树和其他林木的土地，以及沿海、沿湖地区已围垦利用的“海涂”、“湖田”等面积。不包括属于专业性的桑园、茶园、果园、果木苗圃、林地、芦苇地、天然或人工草地面积。

**农作物播种面积** 指实际播种或移植有农作物的面积。凡是实际种植有农作物的面积，不论种植在耕地上还是种植在非耕地上，均包括在农作物播种面积中。在播种季节基本结束后，因遭灾而重新改种和补种的农作物面积，也包括在内。

**有效灌溉面积** 指具有一定的水源，地块比较平整，灌溉工程或设备已经配套，在一般年景下当年能够进行正常灌溉的耕地面积。

**农用化肥施用量** 指本年内实际用于农业生产的化肥数量，包括氮肥、磷肥、钾肥和复合肥。化肥施用量要求按折纯量计算数量。折纯量是指把氮肥、磷肥、钾肥分别按含氮、含五氧化二磷、含氧化钾的百分之一百成份进行折算后的数量。复合肥按其所含主要成分折算。

**农业机械总动力** 指主要用于农、林、牧、渔业的各种动力机械的动力总和。包括耕作机械、排灌机械、收获机械、农用运输机械、植物保护机械、牧业机械、林业机械、渔业机械和其他农业机械〔内燃机按引擎马力折成瓦（特）计算、电动机按功率折成瓦（特）计算〕。不包括专门用于乡、镇、村、组办工业、基本建设、非农业运输、科学试验和教学等非农业生产方面用的动力机械与作业机械。

**农林牧渔业劳动力** 指全社会直接参加农林牧渔业生产活动的劳动力。

# Explanatory Notes on Main Statistical Indicators

**Gross Output Value of Agriculture, Forestry, Animal Husbandry and Fishery** refers to the total value of products of agriculture, forestry, animal husbandry and fishery, and total value of services in support of agriculture, forestry, animal husbandry and fishery activities. It reflects the total scale and results of agricultural production during a given period. Gross output value of agriculture is obtained by multiplying the output of each product or by-product by its price, resulting in the output value of each single item. The sum of output values of all products of agriculture, forestry, animal husbandry and fishery and services in support to those industries is then equal to the gross output value of agriculture.

**Grain Output** refers to the total output in the whole country including grains produced by State farms, collective units, rural households, as well as by farms affiliated to industrial and mining enterprises and other production units. Grain includes rice, wheat, corn, sorghum, millet and other miscellaneous grains as well as tubers and beans. Output of beans refers to dry beans without pods. The output of tubers (sweet potatoes and potatoes, not including taros and cassava) are converted into that of grain at the ratio 4:1, i.e. 4 kilograms of fresh tubers were equivalent to 1 kilogram of grain up to 1963. Since 1964 the ratio for conversion has been 5:1. Tubers supplied as vegetables (such as potatoes) in cities and suburbs are calculated as fresh vegetables and their output is not included in the output of grain. Output of all other grains refers to husked grain.

**Output of Oil-bearing Crops** refers to the total production of oil-bearing crops of various kinds, including peanuts (dry, in shell), rapeseeds, sesame, sunflower seeds, flax seeds, and other oil-bearing crops. Soybeans, oil-bearing woody plants, and wild oil-bearing crops are not included.

**Output of Aquatic Products** refers to catches of both artificially cultured and naturally grown aquatic products, including fish, shrimps, crabs and shellfish in sea and inland water as well as seaweed. Freshwater plants are not included.

**Output of Pork, Beef, and Mutton** refers to the meat of slaughtered hogs, cattle, sheep and goats with head, feet, and offal taken away.

**Number of Livestock or Poultry in Stock at Beginning (or End) of Period** refers to the total number of large animals, pigs, sheep, fowls, etc. raised by rural cooperative organizations, State farms, rural individuals, government agencies, schools, industrial and mining enterprises, army, and urban residents at the beginning (or end) of the reference period.

**Cultivated Land Area** refers to the land that can be used to grow crops and plowed, including the new land, wasteland, successive periods of less than three years of arable land and the leisure (Swidden land), also includes the cultivation of crops with mulberry cultivation and tea, fruit trees and other forest land, as well as coastal, lake area has reclamations "beach" "Tian" area. Not include the mulberry fields, tea plantations, orchards, nurseries of young plants, forest, reed land, natural or artificial grassland area.

**Sown Area of Crops** refers to area of land sown or transplanted with crops regardless of being in cultivated area or non-cultivated area. Area of land re-sown due to natural disasters is also included.

**Irrigated Area** refers to area of land that are effectively irrigated, i.e. relatively level land, where there are water sources or complete sets of irrigation facilities to lift and move adequate water for irrigation purpose under normal conditions. Under normal situations, irrigated area is the sum of watered fields and irrigated fields where irrigation systems or equipment have been installed for regular irrigation purpose.

**Consumption of Chemical Fertilizers in Agriculture** refers to the quantity of chemical fertilizers applied in agriculture in the year, including nitrogenous fertilizer, phosphate fertilizer, potash fertilizer, and compound fertilizer. The consumption of chemical fertilizers is calculated in terms of volume of effective components by means of converting the gross weight of the respective fertilizers into weight containing effective component. Compound fertilizer is converted in regard to its major components.

**Total Power of Agricultural Machinery** refers to total mechanical power of machinery used in agriculture, forestry, animal husbandry and fishery, including machinery for ploughing, irrigation and drainage, harvesting, transport, plant protection, animal husbandry, forestry, fishery and other agricultural machineries. (For the power of internal combustion engines, it is converted from its horsepower into watts while for electric motors the output power is converted into watts.) Machinery employed for non-agricultural purposes, such as the machines used in township-run and village-run industry, construction, non-agricultural transport, scientific experiments and teaching, are not included. Data are mainly from agricultural machinery agencies.

**Labour Force Engaged in Agricultural, Forestry, Animal Husbandry and Fishery** refers to the total laborers who are directly engaged in production of agricultural, forestry, animal husbandry and fishery.

14

Fourteen

# 工　业

Industry

# 14-1 规模以上工业企业单位数

## Number of Industrial Enterprises above Designated Size

单位：个 (unit)

| 指　标 | Item | 2008 | 2009 | 2010 | 2011 | 2012 | 2013 |
|---|---|---|---|---|---|---|---|
| **规模以上工业企业单位数** | **Number of Industrial Enterprises above Designated Size** | **2676** | **2791** | **2963** | **2329** | **2752** | **3590** |
| #国有控股企业 | State-holding Industry Enterprises | 530 | 523 | 516 | 431 | 470 | 502 |
| **按轻重工业分** | **Grouped by Type of Light and Heavy Industry** | | | | | | |
| 轻工业 | Light Industry | 578 | 600 | 634 | 463 | 571 | 881 |
| 重工业 | Heavy Industry | 2098 | 2191 | 2329 | 1866 | 2181 | 2709 |
| **按企业规模分** | **Grouped by Size of Enterprise** | | | | | | |
| 大型企业 | Large Enterprises | 31 | 31 | 30 | 71 | 80 | 98 |
| 中型企业 | Medium-sized Enterprises | 325 | 340 | 415 | 493 | 633 | 779 |
| 小型企业 | Small Enterprises | 2320 | 2420 | 2518 | 1631 | 1966 | 2503 |
| 微型企业 | Micro-enterprises | | | | 134 | 73 | 210 |
| **按登记注册类型分** | **By Status of Registration** | | | | | | |
| 内资企业 | Domestic Funded | 2570 | 2686 | 2861 | 2253 | 2684 | 3518 |
| 国有企业 | State-owned Enterprises | 331 | 315 | 309 | 253 | 267 | 225 |
| 集体企业 | Collective-owned Enterprises | 70 | 64 | 59 | 30 | 29 | 27 |
| 股份合作企业 | Cooperative Enterprises | 53 | 49 | 41 | 29 | 25 | 22 |
| 联营企业 | Joint Ownership Enterprises | 15 | 13 | 12 | 20 | 18 | 10 |
| 有限责任公司 | Limited Liability Corporations | 725 | 820 | 844 | 664 | 886 | 1381 |
| 股份有限公司 | Share-holding Corporations Limited | 100 | 100 | 113 | 111 | 111 | 119 |
| 私营企业 | Private Enterprises | 1267 | 1308 | 1469 | 1129 | 1313 | 1700 |
| 其他企业 | Other Enterprises | 9 | 17 | 14 | 17 | 35 | 34 |
| 港、澳、台商投资企业 | Enterprises with Funds from Hong Kong,Macao and Taiwan | 49 | 48 | 51 | 37 | 32 | 32 |
| 外商投资企业 | Foreign Funded Enterprises | 57 | 57 | 51 | 39 | 36 | 40 |

注：1.规模以上工业统计口径2008-2010年为年主营业务收入500万元及以上的工业企业，2011年及以后为年主营业务收入2000万元及以上工业企业(以下相关表除特殊标注外，均同)。2.企业规模从2011年开始，按国家统计局新制定的《统计上大中小微企业划分办法》执行。

Note:1.The scale above industrial enterprises statistics was the industrial of main business income of 5 million yuan and above in 2008 to 2010. And in 2011 it is the industrial of main business income of 20 million yuan. 2.From 2011,the designated size of industry is executed according to "Statistics issued by the division of the large, medium, small and micro-enterprises" which is the newly established by National Bureau of Statistics.

# 14–2 按行业分规模以上工业企业单位数

# Number of Industrial Enterprises above Designated Size by Sector

单位：个 (unit)

| 指 标 | Item | 2008 | 2009 | 2010 | 2011 |
|---|---|---|---|---|---|
| **规模以上工业企业单位数** | **Number of Industrial Enterprises above Designated Size** | **2676** | **2791** | **2963** | **2329** |
| 采矿业 | Mining | 745 | 760 | 929 | 815 |
| #煤炭开采和洗选业 | Mining and Washing of Coal | 617 | 652 | 827 | 743 |
| 黑色金属矿采选业 | Mining and Processing of Ferrous Metal Ores | 38 | 29 | 28 | 24 |
| 有色金属矿采选业 | Mining and Processing of Non-Ferrous Metal Ores | 47 | 30 | 30 | 15 |
| 非金属矿采选业 | Mining and Processing of Non-metal Ores | 43 | 49 | 44 | 32 |
| 制造业 | Manufacturing | 1706 | 1798 | 1814 | 1347 |
| #农副食品加工业 | Processing of Food from Agricultural Products | 138 | 150 | 153 | 117 |
| 食品制造业 | Manufacture of Foods | 50 | 49 | 56 | 37 |
| 饮料制造业 | Manufacture of Liquor, Beverages and Refined Tea | 92 | 101 | 133 | 118 |
| 烟草制品业 | Manufacture of Tobacco | 8 | 8 | 3 | 6 |
| 纺织业 | Manufacture of Textile | 11 | 11 | 12 | 9 |
| 纺织服装、服饰业 | Manufacture of Textile, Wearing Apparel and Accessories | 5 | 6 | 7 | 3 |
| 皮革、毛皮、羽毛及其制品和制鞋业 | Manufacture of Leather,Furs,Feather and Related Products, and Footware | 1 | 1 | 2 | 2 |
| 木材加工和木、竹、藤、棕、草制品业 | Processing of Timber, Manufacture of Wood, Bamboo, Rattan, Palm and Straw Products | 64 | 69 | 69 | 41 |
| 家具制造业 | Manufacture of Furniture | 2 | 2 | 5 | 2 |
| 造纸及纸制品业 | Manufacture of Paper and Paper Products | 41 | 44 | 41 | 27 |
| 印刷业和记录媒介的复制 | Printing,Reproduction of Recording Media | 28 | 26 | 21 | 8 |
| 文教体育用品制造业 | Manufacture of Articles for Culture, Education, Arts and Crafts, Sport and Entertainment Activities | 3 | 3 | 3 | 2 |
| 石油加工、炼焦及核燃料加工业 | Processing of Petroleum,Coking,Processing of Nuclear Fuel | 49 | 45 | 27 | 26 |
| 化学原料及化学制品制造业 | Manufacture of Raw Chemical Materials and Chemical Products | 173 | 188 | 182 | 134 |
| 医药制造业 | Manufacture of Medicines | 98 | 97 | 96 | 76 |
| 橡胶制品业 | Manufacture of Rubber | 9 | 9 | 12 | 9 |
| 塑料制品业 | Manufacture of Plastics | 49 | 55 | 54 | 30 |
| 非金属矿物制品业 | Manufacture of Non-metallic Mineral Products | 299 | 327 | 345 | 248 |
| 黑色金属冶炼及压延加工业 | Smelting and Pressing of Ferrous Metals | 210 | 205 | 185 | 166 |
| 有色金属冶炼及压延加工业 | Smelting and Pressing of Non-ferrous Metals | 103 | 101 | 97 | 78 |
| 金属制品业 | Manufacture of Metal Products | 29 | 36 | 38 | 19 |
| 通用设备制造业 | Manufacture of General Purpose Machinery | 54 | 59 | 63 | 37 |
| 专用设备制造业 | Manufacture of Special Purpose Machinery | 33 | 43 | 39 | 29 |
| 交通运输设备制造业 | Manufacture of Transport Equipment | 67 | 70 | 67 | 46 |
| 电气机械及器材制造业 | Manufacture of Electrical Machinery and Apparatus | 45 | 47 | 58 | 42 |
| 通信设备、计算机及其他电子设备制造业 | Manufacture of Communication Equipment, Computers and Other Electronic Equipment | 23 | 25 | 21 | 16 |
| 仪器仪表及文化、办公用机械制造业 | Manufacture of Measuring Instruments and Machinery | 11 | 11 | 12 | 9 |
| 工艺品及其他制造业 | Manufacture of Artwork and Other Manufacturing | 9 | 9 | 11 | 7 |
| 废弃资源和废旧材料回收加工业 | Utilization of Waste Resources | 1 | 1 | 2 | 3 |
| 电力、燃气及水的生产和供应业 | Production and Supply of Electric Power,Gas and Water | 225 | 233 | 220 | 167 |
| 电力、热力生产和供应业 | Production and Supply of Electric Power and Heat Power | 180 | 188 | 177 | 148 |
| 燃气生产和供应业 | Production and Supply of Gas | 6 | 6 | 8 | 6 |
| 水的生产和供应业 | Production and Supply of Water | 39 | 39 | 35 | 13 |

注：1.表中数据按国民经济行业分类(GB/T4754—2002)标准划分。2.不再公布只有1个企业的行业、注册类型的有关数据。（以下相关表同）

Note: 1. Data in this table is classified by sector of the National Economy (GB/T4754-2002). 2.No published data with only one industry registered type(the relative tables in the chapte are the same).

## 14-2 续表 Continued

单位：个 (unit)

| 指　标 | Item | 2012 | 2013 |
|---|---|---|---|
| **规模以上工业企业单位数** | **Number of Industrial Enterprises above Designated Size** | **2752** | **3590** |
| 采矿业 | Mining | 937 | 1090 |
| #煤炭开采和洗选业 | Mining and Washing of Coal | 843 | 916 |
| 黑色金属矿采选业 | Mining and Processing of Ferrous Metal Ores | 33 | 39 |
| 有色金属矿采选业 | Mining and Processing of Non-Ferrous Metal Ores | 17 | 29 |
| 非金属矿采选业 | Mining and Processing of Non-metal Ores | 44 | 106 |
| 制造业 | Manufacturing | 1640 | 2300 |
| #农副食品加工业 | Processing of Food from Agricultural Products | 139 | 199 |
| 食品制造业 | Manufacture of Foods | 49 | 76 |
| 酒、饮料和精制茶制造业 | Manufacture of Liquor, Beverages and Refined Tea | 146 | 248 |
| 烟草制品业 | Manufacture of Tobacco | 6 | 5 |
| 纺织业 | Manufacture of Textile | 10 | 15 |
| 纺织服装、服饰业 | Manufacture of Textile, Wearing Apparel and Accessories | 7 | 17 |
| 皮革、毛皮、羽毛及其制品和制鞋业 | Manufacture of Leather,Furs,Feather and Related Products, and Footware | 4 | 11 |
| 木材加工和木、竹、藤、棕、草制品业 | Processing of Timber, Manufacture of Wood, Bamboo, Rattan, Palm and Straw Products | 63 | 95 |
| 家具制造业 | Manufacture of Furniture | 7 | 16 |
| 造纸和纸制品业 | Manufacture of Paper and Paper Products | 29 | 39 |
| 印刷业和记录媒介复制业 | Printing,Reproduction of Recording Media | 11 | 16 |
| 文教、工美、体育和娱乐用品制造业 | Manufacture of Articles for Culture, Education, Arts and Crafts, Sport and Entertainment Activities | 5 | 15 |
| 石油加工、炼焦和核燃料加工业 | Processing of Petroleum,Coking,Processing of Nuclear Fuel | 31 | 33 |
| 化学原料和化学制品制造业 | Manufacture of Raw Chemical Materials and Chemical Products | 156 | 199 |
| 医药制造业 | Manufacture of Medicines | 79 | 93 |
| 橡胶和塑料制品业 | Manufacture of Rubber and Plastics | 44 | 70 |
| 非金属矿物制品业 | Manufacture of Non-metallic Mineral Products | 328 | 501 |
| 黑色金属冶炼和压延加工业 | Smelting and Pressing of Ferrous Metals | 193 | 193 |
| 有色金属冶炼和压延加工业 | Smelting and Pressing of Non-ferrous Metals | 66 | 87 |
| 金属制品业 | Manufacture of Metal Products | 38 | 72 |
| 通用设备制造业 | Manufacture of General Purpose Machinery | 35 | 49 |
| 专用设备制造业 | Manufacture of Special Purpose Machinery | 35 | 51 |
| 汽车制造业 | Manufacture of Automotive | 26 | 34 |
| 铁路、船舶、航空航天和其他运输设备制造业 | Manufacture of Railroad, Marine, Aerospace and Other Transportation Equipment | 31 | 37 |
| 电气机械和器材制造业 | Manufacture of Electrical Machinery and Apparatus | 55 | 71 |
| 计算机、通信和其他电子设备制造业 | Manufacture of Communication Equipment, Computers and Other Electronic Equipment | 22 | 28 |
| 仪器仪表制造业 | Manufacture of Measuring Instruments and Machinery | 9 | 9 |
| 其他制造业 | Others | 10 | 13 |
| 废弃资源综合利用业 | Utilization of Waste Resources | 5 | 7 |
| 电力、燃气及水的生产和供应业 | Production and Supply of Electric Power,Gas and Water | 175 | 200 |
| 电力、热力生产和供应业 | Production and Supply of Electric Power and Heat Power | 153 | 165 |
| 燃气生产和供应业 | Production and Supply of Gas | 8 | 16 |
| 水的生产和供应业 | Production and Supply of Water | 14 | 19 |

注：表中数据按国民经济行业分类(GB/T4754—2011)分。

Note:Data in this table is classified by sector of the National Economy (GB/T4754-2011).

# 14–3 规模以上工业增加值

## Value added of Industry above Designated Size

单位：亿元 (100 million yuan)

| 指　标 | Item | 2008 | 2009 | 2010 | 2011 | 2012 | 2013 | 2013年比2012年增长(%) Increase Rate in 2013 over 2012(%) |
|---|---|---|---|---|---|---|---|---|
| **规模以上工业增加值** | **Value added of Industry above Designated Size** | **1051.26** | **1170.29** | **1227.17** | **1723.58** | **2055.46** | **2531.92** | **13.6** |
| #国有控股企业 | State-holding Industry | 685.93 | 732.65 | 749.55 | 924.79 | 1194.83 | 1319.74 | 7.6 |
| #私营企业 | Private Enterprises | 177.82 | 196.08 | 277.96 | 465.32 | 477.19 | 590.19 | 18.6 |
| **按轻重工业分** | **Grouped by Type of Light and Heavy Industry** | | | | | | | |
| 轻工业 | Light Industry | 302.25 | 352.38 | 413.99 | 563.48 | 773.04 | 969.29 | 12.7 |
| 重工业 | Heavy Industry | 749.01 | 817.91 | 813.18 | 1160.10 | 1282.42 | 1562.63 | 14.1 |
| **按企业规模分** | **Grouped by Size of Enterprise** | | | | | | | |
| 大型企业 | Large Enterprises | 429.49 | 433.21 | 465.95 | 640.70 | 904.47 | 1109.45 | 6.4 |
| 中型企业 | Medium-sized Enterprises | 278.14 | 332.02 | 302.19 | 412.05 | 537.78 | 756.28 | 12.4 |
| 小型企业 | Small Enterprises | 343.64 | 405.06 | 459.03 | 631.37 | 600.11 | 658.12 | 28.5 |
| 微型企业 | Micro-enterprises | | | | 39.46 | 13.10 | 8.07 | 31.3 |
| **按登记注册类型分** | **By Status of Registration** | | | | | | | |
| 国有企业 | State-owned Enterprises | 459.98 | 503.69 | 356.22 | 485.22 | 707.85 | 724.16 | 7.4 |
| 集体企业 | Collective-owned Enterprises | 7.75 | 6.00 | 6.81 | 3.09 | 9.91 | 8.72 | 13.2 |
| 股份合作企业 | Cooperative Enterprises | 12.29 | 5.75 | 8.35 | 4.73 | 10.01 | 19.53 | 8.8 |
| 股份制企业 | Share-holding Enterprises | 449.40 | 516.72 | 612.56 | 854.72 | 889.82 | 1354.78 | 16.3 |
| 外商及港澳台商投资企业 | Enterprises with Funds from Foreign,Hong Kong, Macao and Taiwan | 26.26 | 25.47 | 40.44 | 41.39 | 60.42 | 44.65 | 11.5 |
| 其他企业 | Other Enterprises | 95.58 | 112.65 | 202.80 | 334.43 | 377.45 | 380.08 | 17.0 |

注：2010年以后工业增加值按收入法计算，增长速度按可比价计算(以下相关表同)。

Note:Value-added of industry above designated size is calculated by income approach and the increase rate is calculated at the comparable scope in 2010(the relative tables in the chapter are the same).

# 14-4 按行业分规模以上工业增加值
## Value added of Industry above Designated Size by Sector

单位：亿元 (100 million yuan)

| 指 标 | Item | 2008 | 2009 | 2010 | 2011 |
|---|---|---|---|---|---|
| **规模以上工业增加值** | **Value added of Industry above Designated Size** | **1051.26** | **1170.29** | **1227.17** | **1723.58** |
| 采矿业 | Mining | 153.61 | 181.10 | 297.43 | 486.34 |
| #煤炭开采和洗选业 | Mining and Washing of Coal | 129.66 | 158.48 | 276.68 | 441.75 |
| 黑色金属矿采选业 | Mining and Processing of Ferrous Metal Ores | 3.57 | 5.28 | 5.58 | 7.71 |
| 有色金属矿采选业 | Mining and Processing of Non-Ferrous Metal Ores | 7.18 | 2.07 | 3.28 | 5.83 |
| 非金属矿采选业 | Mining and Processing of Non-metal Ores | 13.08 | 15.05 | 11.89 | 31.04 |
| 制造业 | Manufacturing | 665.32 | 712.64 | 721.35 | 995.21 |
| #农副食品加工业 | Processing of Food from Agricultural Products | 11.47 | 14.22 | 11.50 | 23.08 |
| 食品制造业 | Manufacture of Foods | 10.24 | 9.42 | 15.41 | 14.99 |
| 饮料制造业 | Manufacture of Beverages | 94.86 | 112.29 | 162.79 | 243.65 |
| 烟草制品业 | Manufacture of Tobacco | 106.27 | 116.99 | 152.62 | 176.21 |
| 纺织业 | Manufacture of Textile | 1.07 | 0.97 | 1.12 | 3.11 |
| 纺织服装、服饰业 | Manufacture of Textile, Wearing Apparel and Accessories | 1.06 | 0.87 | 0.65 | 1.99 |
| 皮革、毛皮、羽毛及其制品和制鞋业 | Manufacture of Leather,Furs,Feather and Related Products, and Footware | 0.18 | 0.43 | 0.05 | 0.02 |
| 木材加工及木、竹、藤、棕、草制品业 | Processing of Timber, Manufacture of Wood, Bamboo, Rattan, Palm and Straw Products | 4.55 | 6.73 | 5.55 | 13.49 |
| 家具制造业 | Manufacture of Furniture | 0.01 | 0.02 | 1.30 | 1.45 |
| 造纸及纸制品业 | Manufacture of Paper and Paper Products | 2.10 | 4.30 | 3.81 | 5.14 |
| 印刷业和记录媒介的复制 | Printing,Reproduction of Recording Media | 3.20 | 4.11 | 6.60 | 6.62 |
| 文教体育用品制造业 | Manufacture of Articles For Culture, Education and Sport Activity | 0.21 | 0.29 | 0.32 | 0.40 |
| 石油加工、炼焦及核燃料加工业 | Processing of Petroleum,Coking,Processing of Nuclear Fuel | 25.68 | 24.32 | 13.46 | 12.34 |
| 化学原料及化学制品制造业 | Manufacture of Raw Chemical Materials and Chemical Products | 79.07 | 71.49 | 58.47 | 100.62 |
| 医药制造业 | Manufacture of Medicines | 48.31 | 59.98 | 40.50 | 54.31 |
| 橡胶制品业 | Manufacture of Rubber | 12.58 | 14.18 | 19.12 | 15.98 |
| 塑料制品业 | Manufacture of Plastics | 5.20 | 5.94 | 4.51 | 7.39 |
| 非金属矿物制品业 | Manufacture of Non-metallic Mineral Products | 29.41 | 37.64 | 47.86 | 70.29 |
| 黑色金属冶炼及压延加工业 | Smelting and Pressing of Ferrous Metals | 87.86 | 75.94 | 54.42 | 67.42 |
| 有色金属冶炼及压延加工业 | Smelting and Pressing of Non-ferrous Metals | 55.95 | 58.05 | 32.92 | 58.64 |
| 金属制品业 | Manufacture of Metal Products | 9.72 | 6.49 | 7.56 | 10.41 |
| 通用设备制造业 | Manufacture of General Purpose Machinery | 11.98 | 12.75 | 14.92 | 23.54 |
| 专用设备制造业 | Manufacture of Special Purpose Machinery | 7.02 | 10.66 | 5.77 | 7.88 |
| 交通运输设备制造业 | Manufacture of Transport Equipment | 26.30 | 29.16 | 31.50 | 33.58 |
| 电气机械及器材制造业 | Manufacture of Electrical Machinery and Apparatus | 12.90 | 14.48 | 8.66 | 8.60 |
| 通信设备、计算机及其他电子设备制造业 | Manufacture of Communication Equipment, Computers and Other Electronic Equipment | 10.46 | 12.00 | 8.94 | 10.87 |
| 仪器仪表及文化、办公用机械制造业 | Manufacture of Measuring Instruments and Machinery for Cultural Activity and Office Work | 3.22 | 2.66 | 1.91 | 3.05 |
| 工艺品及其他制造业 | Manufacture of Artwork and Other Manufacturing | 4.43 | 6.24 | 9.05 | 19.46 |
| 废弃资源和废旧材料回收加工业 | Utilization of Waste Resources | … | … | 0.07 | 0.68 |
| 电力、燃气及水的生产和供应业 | Production and Supply of Electric Power,Gas and Water | 232.33 | 276.55 | 208.40 | 242.03 |
| #电力、热力的生产和供应业 | Production and Supply of Electric Power and Heat Power | 228.40 | 272.24 | 203.60 | 236.91 |
| 燃气生产和供应业 | Production and Supply of Gas | 0.79 | 0.81 | 0.67 | 1.24 |
| 水的生产和供应业 | Production and Supply of Water | 3.14 | 3.49 | 4.13 | 3.88 |

注：表中数据按国民经济行业分类(GB/T4754—2002)分。

Note:Data in this table is classified by sector of the National Economy (GB/T4754-2002).

## 14-4 续表 Continued

单位：亿元 (100 million yuan)

| 指 标 | Item | 2012 | 2013 | 2013年比2012年增长(%) Increase Rate in 2013 over 2012(%) |
|---|---|---|---|---|
| **规模以上工业增加值** | **Value added of Industry above Designated Size** | **2055.46** | **2531.92** | **13.6** |
| 采矿业 | Mining | 523.79 | 641.94 | 13.4 |
| #煤炭开采和洗选业 | Mining and Washing of Coal | 472.21 | 558.35 | 12.6 |
| 黑色金属矿采选业 | Mining and Processing of Ferrous Metal Ores | 9.54 | 16.25 | 37.0 |
| 有色金属矿采选业 | Mining and Processing of Non-Ferrous Metal Ores | 3.69 | 7.64 | 29.2 |
| 非金属矿采选业 | Mining and Processing of Non-metal Ores | 37.77 | 59.03 | 35.3 |
| 制造业 | Manufacturing | 1230.25 | 1564.04 | 14.2 |
| #农副食品加工业 | Processing of Food from Agricultural Products | 20.56 | 30.33 | 16.2 |
| 食品制造业 | Manufacture of Foods | 21.35 | 26.42 | 13.8 |
| 酒、饮料和精制茶制造业 | Manufacture of Liquor, Beverages and Refined Tea | 378.82 | 495.62 | 15.6 |
| 烟草制品业 | Manufacture of Tobacco | 246.89 | 274.74 | 10.1 |
| 纺织业 | Manufacture of Textile | 0.78 | 2.89 | 114.0 |
| 纺织服装、服饰业 | Manufacture of Textile, Wearing Apparel and Accessories | 1.82 | 3.19 | 39.3 |
| 皮革、毛皮、羽毛(绒)及其制品和制鞋业 | Manufacture of Leather,Furs,Feather and Related Products, and Footware | 1.84 | 4.16 | 65.5 |
| 木材加工及木、竹、藤、棕、草制品业 | Processing of Timber, Manufacture of Wood, Bamboo, Rattan, Palm and Straw Products | 15.49 | 24.93 | 21.6 |
| 家具制造业 | Manufacture of Furniture | 4.27 | 6.40 | 29.9 |
| 造纸及纸制品业 | Manufacture of Paper and Paper Products | 9.91 | 13.02 | 15.2 |
| 印刷和记录媒介复制业 | Printing,Reproduction of Recording Media | 4.60 | 6.21 | 14.8 |
| 文教、工美、体育和娱乐用品制造业 | Manufacture of Articles for Culture, Education, Arts and Crafts, Sport and Entertainment Activities | 0.64 | 1.00 | 31.2 |
| 石油加工、炼焦及核燃料加工业 | Processing of Petroleum,Coking,Processing of Nuclear Fuel | 20.68 | 20.52 | 9.3 |
| 化学原料及化学制品制造业 | Manufacture of Raw Chemical Materials and Chemical Products | 109.43 | 124.84 | 11.7 |
| 医药制造业 | Manufacture of Medicines | 52.70 | 68.45 | 13.6 |
| 橡胶和塑料制品业 | Manufacture of Rubber and Plastics | 16.84 | 21.84 | 15.2 |
| 非金属矿物制品业 | Manufacture of Non-metallic Mineral Products | 66.34 | 106.79 | 26.9 |
| 黑色金属冶炼及压延加工业 | Smelting and Pressing of Ferrous Metals | 58.92 | 64.19 | 5.8 |
| 有色金属冶炼及压延加工业 | Smelting and Pressing of Non-ferrous Metals | 75.20 | 94.07 | 18.7 |
| 金属制品业 | Manufacture of Metal Products | 17.31 | 25.53 | 35.3 |
| 通用设备制造业 | Manufacture of General Purpose Machinery | 12.47 | 21.23 | 31.2 |
| 专用设备制造业 | Manufacture of Special Purpose Machinery | 9.57 | 12.92 | 18.3 |
| 汽车制造业 | Manufacture of Automotive | 14.81 | 27.17 | 9.1 |
| 铁路、船舶、航空航天和其他运输设备制造业 | Manufacture of Railroad, Marine, Aerospace and Other Transportation Equipment | 23.92 | 27.90 | 11.0 |
| 电气机械及器材制造业 | Manufacture of Electrical Machinery and Apparatus | 10.75 | 13.99 | 17.3 |
| 计算机、通信和其他电子设备制造业 | Manufacture of Communication Equipment, Computers and Other Electronic Equipment | 14.52 | 20.93 | 29.0 |
| 仪器仪表制造业 | Manufacture of Measuring Instruments and Machinery | 3.75 | 3.60 | -0.1 |
| 其他制造业 | Others | 14.33 | 15.01 | 3.8 |
| 废弃资源综合利用业 | Recycling and Disposal of Waste | 0.57 | 1.48 | 104.8 |
| 电力、燃气及水的生产和供应业 | Production and Supply of Electric Power,Gas and Water | 301.42 | 325.94 | 5.9 |
| #电力、热力的生产和供应业 | Production and Supply of Electric Power and Heat Power | 295.39 | 318.03 | 5.8 |
| 燃气生产和供应业 | Production and Supply of Gas | 1.57 | 2.03 | 7.2 |
| 水的生产和供应业 | Production and Supply of Water | 4.46 | 5.87 | 6.3 |

注：表中数据按国民经济行业分类(GB/T4754—2011)分。
Note:Data in this table is classified by sector of the National Economy (GB/T4754-2011).

# 14-5 规模以上工业总产值

# Gross Output Value of Industry above Designated Size

单位：亿元 (100 million yuan)

| 指　标 | Item | 2008 | 2009 | 2010 | 2011 | 2012 | 2013 |
|---|---|---|---|---|---|---|---|
| **规模以上工业总产值** | **Gross Output Value of Industry above Designated Size** | **3111.13** | **3426.69** | **4206.37** | **5520.68** | **6544.02** | **8074.60** |
| #国有控股企业 | State-holding Enterprises | 1878.69 | 2094.77 | 2429.41 | 2941.63 | 3284.31 | 3614.78 |
| **按轻重工业分** | **Grouped by Type of Light and Heavy Industry** | | | | | | |
| 轻工业 | Light Industry | 641.78 | 758.14 | 914.19 | 1192.92 | 1389.71 | 1864.15 |
| 重工业 | Heavy Industry | 2469.34 | 2668.55 | 3292.18 | 4327.76 | 5154.31 | 6210.45 |
| **按企业规模分** | **Grouped by Size of Enterprise** | | | | | | |
| 大型企业 | Large Enterprises | 1236.25 | 1318.12 | 1523.30 | 2276.04 | 2769.32 | 2943.70 |
| 中型企业 | Medium-sized Enterprises | 982.98 | 1122.55 | 1349.06 | 1496.03 | 2013.99 | 2594.80 |
| 小型企业 | Small Enterprises | 891.90 | 986.02 | 1334.01 | 1673.10 | 1729.46 | 2509.81 |
| 微型企业 | Micro-enterprises | | | | 75.51 | 31.25 | 26.29 |
| **按登记注册类型分** | **By Status of Registration** | | | | | | |
| 内资企业 | Domestic Funded | 2995.35 | 3300.03 | 4048.82 | 5321.74 | 6375.58 | 7838.06 |
| 国有企业 | State-owned Enterprises | 1068.74 | 1026.67 | 1212.22 | 1484.30 | 1812.38 | 1691.64 |
| 集体企业 | Collective-owned Enterprises | 17.43 | 14.62 | 23.28 | 24.06 | 32.78 | 20.30 |
| 股份合作企业 | Cooperative Enterprises | 28.00 | 22.56 | 17.22 | 42.92 | 49.79 | 27.08 |
| 联营企业 | Joint Ownership Enterprises | 6.99 | 6.95 | 6.18 | 18.45 | 19.71 | 14.09 |
| 有限责任公司 | Limited Liability Corporations | 1003.27 | 1287.94 | 1501.31 | 1918.53 | 2389.65 | 3353.49 |
| 股份有限公司 | Share-holding Corporations Limited | 331.62 | 378.35 | 440.28 | 603.50 | 470.07 | 618.21 |
| 私营企业 | Private Enterprises | 536.98 | 555.24 | 839.58 | 1214.36 | 1555.54 | 2092.04 |
| 其他企业 | Other Enterprises | 2.34 | 7.69 | 8.74 | 15.62 | 45.66 | 21.21 |
| 港、澳、台商投资企业 | Enterprises with Funds from Hong Kong, Macco and Taiwan | 39.38 | 44.42 | 57.93 | 73.27 | 58.51 | 88.90 |
| 外商投资企业 | Foreign Funded Enterprises | 76.39 | 82.25 | 99.62 | 125.67 | 109.93 | 147.64 |

# 14-6 按行业分规模以上工业总产值

## Gross Output Value of Industry above Designated Size by Sector

单位：亿元

| 指 标 | Item | 2008 | 2009 | 2010 | 2011 |
|---|---|---|---|---|---|
| **规模以上工业总产值** | **Gross Output Value of Industry above Designated Size** | **3111.13** | **3426.69** | **4206.37** | **5520.68** |
| 采矿业 | Mining | 399.32 | 436.46 | 704.13 | 1102.35 |
| #煤炭开采和洗选业 | Mining and Washing of Coal | 353.76 | 403.15 | 655.72 | 1015.81 |
| 黑色金属矿采选业 | Mining and Processing of Ferrous Metal Ores | 6.66 | 6.09 | 7.52 | 13.31 |
| 有色金属矿采选业 | Mining and Processing of Non-Ferrous Metal Ores | 22.10 | 5.82 | 12.00 | 14.38 |
| 非金属矿采选业 | Mining and Processing of Non-metal Ores | 16.82 | 21.39 | 28.89 | 58.43 |
| 制造业 | Manufacturing | 1998.82 | 2135.40 | 2554.94 | 3401.89 |
| #农副食品加工业 | Processing of Food from Agricultural Products | 54.54 | 69.20 | 83.13 | 126.13 |
| 食品制造业 | Manufacture of Foods | 41.59 | 40.19 | 56.53 | 75.72 |
| 饮料制造业 | Manufacture of Beverages | 150.79 | 179.04 | 227.04 | 323.89 |
| 烟草制品业 | Manufacture of Tobacco | 164.23 | 183.12 | 208.65 | 253.47 |
| 纺织业 | Manufacture of Textile | 4.38 | 3.69 | 5.08 | 8.07 |
| 纺织服装、服饰业 | Manufacture of Textile, Wearing Apparel and Accessories | 3.44 | 3.48 | 3.63 | 3.53 |
| 皮革、毛皮、羽毛及其制品和制鞋业 | Manufacture of Leather,Furs,Feather and Related Products, and Footware | 0.94 | 1.35 | 1.17 | 1.89 |
| 木材加工及木、竹、藤、棕、草制品业 | Timber Processing,Manufacture of Wood, Bamboo, Rattan,Palm and Straw Products | 16.56 | 23.80 | 26.51 | 43.64 |
| 家具制造业 | Manufacture of Furniture | 0.13 | 0.19 | 1.63 | 7.12 |
| 造纸及纸制品业 | Manufacture of Paper and Paper Products | 11.05 | 17.16 | 24.36 | 38.02 |
| 印刷和记录媒介的复制 | Printing,Reproduction of Recording Media | 10.09 | 12.60 | 13.13 | 12.85 |
| 文教体育用品制造业 | Manufacture of Articles For Culture, Education and Sport Activity | 0.71 | 0.88 | 1.09 | 1.18 |
| 石油加工、炼焦和核燃料加工业 | Processing of Petroleum,Coking,Processing of Nuclear Fuel | 62.11 | 63.83 | 67.18 | 75.98 |
| 化学原料及化学制品制造业 | Manufacture of Raw Chemical Materials and Chemical Products | 313.02 | 283.34 | 336.03 | 476.80 |
| 医药制造业 | Manufacture of Medicines | 119.46 | 150.87 | 180.61 | 227.31 |
| 橡胶制品业 | Manufacture of Rubber | 58.76 | 67.03 | 85.09 | 112.95 |
| 塑料制品业 | Manufacture of Plastics | 18.18 | 22.73 | 23.43 | 31.97 |
| 非金属矿物制品业 | Manufacture of Non-metallic Mineral Products | 104.71 | 134.71 | 182.22 | 273.54 |
| 黑色金属冶炼和压延加工业 | Smelting and Pressing of Ferrous Metals | 364.09 | 330.16 | 408.41 | 541.53 |
| 有色金属冶炼和压延加工业 | Smelting and Pressing of Non-ferrous Metals | 177.54 | 171.13 | 219.70 | 299.07 |
| 金属制品业 | Manufacture of Metal Products | 59.37 | 47.86 | 42.33 | 45.29 |
| 通用设备制造业 | Manufacture of General Purpose Machinery | 25.22 | 25.86 | 32.62 | 50.94 |
| 专用设备制造业 | Manufacture of Special Purpose Machinery | 23.91 | 31.99 | 36.00 | 37.61 |
| 交通运输设备制造业 | Manufacture of Transport Equipment | 109.00 | 143.13 | 144.21 | 163.30 |
| 电气机械和器材制造业 | Manufacture of Electrical Machinery and Apparatus | 57.70 | 65.54 | 75.45 | 92.13 |
| 通信、计算机及其他电子设备制造业 | Manufacture of Communication Equipment, Computers and Other Electronic Equipment | 30.18 | 38.44 | 43.00 | 47.64 |
| 仪器仪表及文化、办公用机械制造业 | Manufacture of Measuring Instruments and Machinery for Cultural Activity and Office Work | 6.12 | 8.49 | 9.24 | 10.25 |
| 工艺品及其他制造业 | Manufacture of Artwork and Other Manufacturing | 10.86 | 15.51 | 17.35 | 16.07 |
| 废弃资源和废旧材料回收加工业 | Recycling and Disposal of Waste | 0.09 | 0.09 | 0.12 | 4.00 |
| 电力、燃气及水的生产和供应业 | Production and Supply of Electric Power,Gas and Water | 712.99 | 854.84 | 947.31 | 1016.44 |
| #电力、热力的生产和供应业 | Production and Supply of Electric Power and Heat Power | 687.92 | 832.87 | 913.38 | 980.17 |
| 燃气生产和供应业 | Production and Supply of Gas | 17.41 | 13.69 | 24.19 | 27.48 |
| 水的生产和供应业 | Production and Supply of Water | 7.65 | 8.27 | 9.74 | 8.79 |

注：表中数据按国民经济行业分类(GB/T4754—2002)分。

Note:Data in this table is classified by sector of the National Economy (GB/T4754-2002).

14-6 续表 Continued

单位：亿元 (100 million yuan)

| 指 标 | Item | 2012 | 2013 |
|---|---|---|---|
| **规模以上工业总产值** | **Gross Output Value of Industry above Designated Size** | **6544.02** | **8074.60** |
| 采矿业 | Mining | 1352.90 | 1636.46 |
| #煤炭开采和洗选业 | Mining and Washing of Coal | 1244.16 | 1445.11 |
| 黑色金属矿采选业 | Mining and Processing of Ferrous Metal Ores | 20.22 | 32.46 |
| 有色金属矿采选业 | Mining and Processing of Non-Ferrous Metal Ores | 16.52 | 31.47 |
| 非金属矿采选业 | Mining and Processing of Non-metal Ores | 72.00 | 127.42 |
| 制造业 | Manufacturing | 4017.15 | 5129.44 |
| #农副食品加工业 | Processing of Food from Agricultural Products | 146.22 | 220.62 |
| 食品制造业 | Manufacture of Foods | 69.48 | 95.51 |
| 酒、饮料和精制茶制造业 | Manufacture of Liquor, Beverages and Refined Tea | 438.60 | 597.52 |
| 烟草制品业 | Manufacture of Tobacco | 316.70 | 348.60 |
| 纺织业 | Manufacture of Textile | 5.04 | 11.13 |
| 纺织服装、服饰业 | Manufacture of Textile, Wearing Apparel and Accessories | 4.88 | 12.19 |
| 皮革、毛皮、羽毛及其制造业和制鞋业 | Manufacture of Leather,Furs,Feather and Related Products, and Footware | 15.66 | 25.27 |
| 木材加工和木、竹、藤、棕、草制品业 | Processing of Timber, Manufacture of Wood, Bamboo, Rattan, Palm and Straw Products | 71.01 | 112.62 |
| 家具制造业 | Manufacture of Furniture | 11.20 | 15.44 |
| 造纸和纸制品业 | Manufacture of Paper and Paper Products | 30.79 | 42.65 |
| 印刷和记录媒介复制业 | Printing,Reproduction of Recording Media | 12.15 | 18.82 |
| 文教、工美、体育和娱乐用品制造业 | Manufacture of Articles for Culture, Education, Arts and Crafts, Sport and Entertainment Activities | 2.84 | 7.38 |
| 石油加工、炼焦和核燃料加工业 | Processing of Petroleum,Coking,Processing of Nuclear Fuel | 105.81 | 107.69 |
| 化学原料和化学制品制造业 | Manufacture of Raw Chemical Materials and Chemical Products | 555.67 | 645.66 |
| 医药制造业 | Manufacture of Medicines | 227.33 | 300.47 |
| 橡胶和塑料制品业 | Manufacture of Rubber and Plastics | 141.23 | 174.14 |
| 非金属矿物制品业 | Manufacture of Non-metallic Mineral Products | 362.09 | 610.93 |
| 黑色金属冶炼和压延加工业 | Smelting and Pressing of Ferrous Metals | 576.05 | 624.08 |
| 有色金属冶炼和压延加工业 | Smelting and Pressing of Non-ferrous Metals | 371.57 | 423.86 |
| 金属制品业 | Manufacture of Metal Products | 67.76 | 106.04 |
| 通用设备制造业 | Manufacture of General Purpose Machinery | 47.32 | 66.75 |
| 专用设备制造业 | Manufacture of Special Purpose Machinery | 39.20 | 71.08 |
| 汽车制造业 | Manufacture of Automotive | 89.57 | 145.77 |
| 铁路、船舶、航空航天和其他运输设备制造业 | Manufacture of Transport Equipment | 126.67 | 111.67 |
| 电气机械和器材制造业 | Manufacture of Electrical Machinery and Apparatus | 86.95 | 130.50 |
| 计算机、通信和其他电子设备制造业 | Manufacture of Communication Equipment, Computers and Other Electronic Equipment | 63.89 | 61.13 |
| 仪器仪表制造业 | Manufacture of Measuring Instruments and Machinery | 9.91 | 10.34 |
| 其他制造业 | Manufacture of Artwork and Other Manufacturing | 17.77 | 23.57 |
| 废弃资源综合利用业 | Utilization of Waste Resources | 3.30 | 7.73 |
| 电力、燃气及水的生产和供应业 | Production and Supply of Electric Power,Gas and Water | 1173.97 | 1308.70 |
| #电力、热力的生产和供应业 | Production and Supply of Electric Power and Heat Power | 1134.82 | 1263.73 |
| 燃气生产和供应业 | Production and Supply of Gas | 29.41 | 31.69 |
| 水的生产和供应业 | Production and Supply of Water | 9.74 | 13.28 |

注：表中数据按国民经济行业分类(GB/T4754—2011)分。

Note:Data in this table is classified by sector of the National Economy (GB/T4754-2011).

# 14-7 规模以上工业企业主要经济指标

## Major Economic Indicators of Industrial Enterprises above Designated Size

| 指　　标 | Item | 2008 | 2009 | 2010 | 2011 | 2012 | 2013 |
|---|---|---|---|---|---|---|---|
| 固定资产净值年平均余额(亿元) | Average Balance of Net Value of Fixed Assets (100 million yuan) | 1645.22 | 2535.38 | 2653.16 | 2693.51 | 2953.25 | 3574.57 |
| 流动资产年平均余额(亿元) | Average Balance of Circulating Funds (100 million yuan) | 1485.62 | 1716.85 | 2015.98 | 2654.50 | 2932.98 | 3643.86 |
| 主营业务收入(亿元) | Revenue from Principal Business (100 million yuan) | 2922.35 | 3234.59 | 3926.01 | 5022.11 | 5966.52 | 7357.43 |
| 利税总额(亿元) | Total Profits and Taxes (100 million yuan) | 453.53 | 470.60 | 671.39 | 901.37 | 1172.15 | 1268.68 |
| #利润总额 | Total Profits | 181.83 | 191.73 | 317.63 | 456.20 | 627.02 | 636.59 |
| 产值利税率(%) | Ratio of Pre-Tax Profit to Output Value(%) | 14.58 | 13.73 | 15.96 | 16.33 | 17.91 | 15.71 |
| 资金利税率(%) | Ratio of Pre-Tax Profit to Assets(%) | 14.49 | 10.31 | 12.62 | 16.85 | 19.91 | 17.58 |
| 销售利税率(%) | Ratio of Pre-Tax Profit to Sales(%) | 15.52 | 14.55 | 17.10 | 17.95 | 19.65 | 17.24 |
| 资本保值增值率(%) | Increment Ratio of Capital(%) | 124.99 | 106.87 | 125.32 | 118.66 | 121.72 | 117.66 |
| 总资产贡献率(%) | Ratio of Total Assets to Industrial Output Value(%) | 12.96 | 10.69 | 12.84 | 14.56 | 15.97 | 19.11 |
| 资产负债率(%) | Asset-Liability Ratio(%) | 66.28 | 67.00 | 64.85 | 64.67 | 64.90 | 58.20 |
| 流动资产周转次数(次/年) | Number of Times of Turnover of Circulating Fund(times/year) | 1.92 | 1.88 | 1.75 | 1.95 | 1.89 | 1.72 |
| 成本费用利润率(%) | Ratio of After-tax Profits to Cost and Expenses(%) | 6.42 | 6.56 | 9.04 | 9.98 | 11.89 | 14.53 |
| 产销率(%) | Proportion of Industrial Products Sold(%) | 95.36 | 94.8 | 95.44 | 95.08 | 94.30 | 95.17 |

# 14-8 大中型工业企业主要经济指标

## Major Economic Indicators of Large and Medium-sized Industrial Enterprises

| 指　　标 | Item | 2008 | 2009 | 2010 | 2011 | 2012 | 2013 |
|---|---|---|---|---|---|---|---|
| 固定资产净值年平均余额(亿元) | Average Balance of Net Value of Fixed Assets (100 million yuan) | 1310.40 | 1643.79 | 2009.61 | 2206.42 | 2481.32 | 3024.00 |
| 流动资产年平均余额(亿元) | Average Balance of Circulating Funds (100 million yuan) | 1148.78 | 1317.62 | 1526.28 | 2065.99 | 2297.86 | 2814.22 |
| 主营业务收入(亿元) | Revenue from Principal Business (100 million yuan) | 2123.08 | 2366.97 | 2752.96 | 3542.89 | 4484.76 | 5135.87 |
| 利税总额(亿元) | Total Profits and Taxes(100 million yuan) | 361.47 | 390.73 | 516.99 | 739.50 | 981.36 | 1023.18 |
| #利润总额 | Total Profits | 146.13 | 166.30 | 240.89 | 371.65 | 520.55 | 490.38 |
| 资本保值增值率(%) | Increment Ratio of Capital(%) | 120.58 | 104.78 | 122.88 | 120.38 | 119.19 | 117.82 |
| 总资产贡献率(%) | Ratio of Total Assets to Industrial Output Value(%) | 17.21 | 11.00 | 12.72 | 14.93 | 16.33 | 14.39 |
| 资产负债率(%) | Asset-Liability Ratio(%) | 65.81 | 67.80 | 65.46 | 65.14 | 65.40 | 66.20 |
| 流动资产周转次数(次/年) | Number of Times of Turnover of Circulating Fund(times/year) | 1.85 | 1.80 | 1.63 | 1.78 | 1.81 | 1.70 |
| 成本费用利润率(%) | Ratio of After-tax Profits to Cost and Expenses(%) | 7.76 | 7.92 | 9.88 | 11.74 | 13.29 | 10.65 |
| 产销率(%) | Proportion of Products Sold(%) | 95.67 | 95.65 | 96.01 | 95.32 | 94.42 | 94.36 |

# 14-9 规模以上工业主要产品产量
# Output of Major Industrial Products above Designated Size

单位：万吨 (10000 tons)

| 产品名称 | Item | 2008 | 2009 | 2010 | 2011 | 2012 | 2013 |
|---|---|---|---|---|---|---|---|
| 粗钢 | Steel | 345.64 | 343.10 | 360.48 | 434.01 | 531.27 | 531.44 |
| 成品钢材 | Steel Products | 337.52 | 337.62 | 391.04 | 462.77 | 560.22 | 573.28 |
| 铁合金 | Iron Alloy | 156.62 | 220.87 | 208.18 | 263.90 | 309.68 | 327.25 |
| 铝 | Aluminium | 58.15 | 80.27 | 88.79 | 90.36 | 104.35 | 112.28 |
| 氧化铝 | Aluminum Oxide | 144.28 | 136.91 | 134.84 | 211.03 | 270.04 | 360.32 |
| 铝材 | Aluminium Material | 1.33 | 1.42 | 1.49 | 13.16 | 11.70 | 27.15 |
| 磷矿石 | Phosphorite Mineral | 1317.18 | 1360.66 | 1579.21 | 2084.18 | 2281.95 | 2905.44 |
| 生铁 | Pig Iron | 331.01 | 374.82 | 366.65 | 482.35 | 552.93 | 539.22 |
| 农用化肥 | Chemical Fertilizer | 262.21 | 347.28 | 384.92 | 364.66 | 503.82 | 321.53 |
| 轮胎外胎(万条) | Tires(10000 units) | 457.29 | 517.21 | 558.59 | 536.77 | 622.78 | 602.15 |
| 水泥 | Cement | 2048.94 | 2664.78 | 3694.84 | 5250.89 | 6100.45 | 8352.95 |
| 发电量(亿千瓦小时) | Electricity(100 million kwh) | 1192.08 | 1363.09 | 1358.69 | 1359.01 | 1548.44 | 1620.08 |
| #水电 | Hydropower | 380.86 | 400.88 | 389.65 | 334.66 | 511.65 | 423.09 |
| 煤气生产量(亿立方米) | Gas Production (100 million cu.m) | 64.19 | 65.18 | 67.81 | 84.15 | 98.63 | 92.17 |
| 卷烟(万箱) | Cigarettes(10000 cases) | 226.74 | 232.24 | 239.24 | 245.23 | 249.35 | 254.29 |
| 饮料酒(万千升) | Alcohol Beverages(10000 kiloliters) | 41.65 | 41.35 | 48.72 | 61.80 | 67.14 | 91.21 |
| #白酒 | White Spirit | 18.35 | 13.79 | 16.04 | 25.49 | 26.83 | 30.49 |
| 食用植物油 | Edible Vegetable Oil | 5.50 | 11.20 | 10.22 | 12.23 | 23.09 | 32.69 |
| 中成药 | Traditional Chinese Medicine | 4.72 | 4.58 | 5.00 | 4.92 | 5.74 | 7.92 |
| 家用电冰箱(万台) | Household Refrigerators (10000 units) | 143.81 | 168.16 | 196.35 | 169.54 | 159.04 | 155.33 |
| 彩色电视机(万部) | Color TV Sets(10000 units) | 79.25 | 72.56 | 66.93 | 77.87 | 90.61 | 121.97 |

# 14-10 规模以上工业企业主要经济指标(2013)

## Major Econornic Indicators of Industrial Entevprises above Designated Size

单位：亿元 (100 million yuan)

| 指 标 | Item | 工业总产值 Total Output Value of Industry | 资产合计 Total Assets | 主营业务收入 Revenue from Principal Business | 利税总额 Total Profits and Taxes | #利润总额 Total Profits |
|---|---|---|---|---|---|---|
| **总 计** | **Total** | **8074.60** | **10339.87** | **7357.43** | **1268.68** | **636.59** |
| #国有控股企业 | State-holding Enterprises | 3614.78 | 6472.76 | 3435.50 | 715.62 | 296.35 |
| #农村工业 | Rural Industry | 103.54 | 115.32 | 86.92 | 21.06 | 10.92 |
| **按登记注册类型分** | **Gorouped by Status of Registration** | | | | | |
| 内资企业 | Domestic-funded Enterprises | 7838.06 | 9986.66 | 7159.36 | 1234.75 | 614.10 |
| 国有企业 | State-owned Industry | 1691.64 | 3168.03 | 1635.66 | 365.94 | 224.26 |
| 中央企业 | Central Industry | 823.70 | 1609.23 | 808.11 | 25.67 | -7.27 |
| 地方企业 | Local Industry | 867.94 | 1558.80 | 827.56 | 340.27 | 231.53 |
| 集体企业 | Collective-owned Industry | 20.30 | 10.58 | 18.73 | 2.66 | 2.04 |
| 股份合作企业 | Cooperative Enterprises | 27.08 | 31.35 | 16.89 | 3.87 | 1.98 |
| 联营企业 | Joint Ownership Enterprises | 14.09 | 29.46 | 13.92 | 2.31 | 1.42 |
| 有限责任公司 | Limited Liability Corporations | 3353.49 | 4023.18 | 3074.84 | 508.54 | 183.73 |
| 股份有限公司 | Share-holding Enterprises | 618.21 | 1000.94 | 503.51 | 58.13 | 21.24 |
| 私营企业 | Private Enterprises | 2092.04 | 1703.75 | 1876.35 | 289.86 | 177.02 |
| 其他企业 | Others Enterprises | 21.21 | 19.37 | 19.46 | 3.43 | 2.41 |
| 港、澳、台商投资企业 | Enterprises with Funds from Hong kong, Macao and Taiwan | 88.90 | 118.57 | 76.47 | 11.59 | 7.40 |
| 外商投资企业 | Foreign Funded Enterprises | 147.64 | 234.65 | 121.59 | 22.33 | 15.09 |
| **按轻重工业分** | **Grouped by Light and Heavy Industry** | | | | | |
| 轻工业 | Light Industry | 1864.15 | 1989.29 | 1697.41 | 722.35 | 370.74 |
| 重工业 | Heavy Industry | 6210.45 | 8350.58 | 5660.02 | 546.33 | 265.85 |
| **按企业规模分** | **Grouped by Scale of Enterprise** | | | | | |
| 大型企业 | Large Enterprises | 2943.70 | 4948.96 | 2856.03 | 689.79 | 302.02 |
| 中型企业 | Medium-sized Enterprises | 2594.80 | 3236.98 | 2279.84 | 333.39 | 188.36 |
| 小型企业 | Small Enterprises | 2509.81 | 2082.40 | 2196.70 | 243.31 | 145.02 |
| 微型企业 | Micro-enterprises | 26.29 | 71.52 | 24.86 | 2.18 | 1.19 |

# 14-11 规模以上工业企业分行业主要经济指标(2013)

单位：亿元

| 指标 | Item | 企业单位数(个) Number of Enterprises (unit) |
|---|---|---|
| **总计** | **Total** | **3590** |
| 采矿业 | Mining | 1090 |
| #煤炭开采和洗选业 | Mining and Washing of Coal | 916 |
| 黑色金属矿采选业 | Mining and Processing of Ferrous Metal Ores | 39 |
| 有色金属矿采选业 | Mining and Processing of Non-Ferrous Metal Ores | 29 |
| 非金属矿采选业 | Mining and Processing of Non-metal Ores | 106 |
| 制造业 | Manufacturing | 2300 |
| 农副食品加工业 | Processing of Food from Agricultural Products | 199 |
| 食品制造业 | Manufacture of Foods | 76 |
| 酒、饮料和精制茶制造业 | Manufacture of Liquor, Beverages and Refined Tea | 248 |
| #白酒制造 | Manufacture of Liquors | 106 |
| 烟草制品业 | Manufacture of Tobacco | 5 |
| 纺织业 | Manufacture of Textile | 15 |
| 纺织服装、服饰业 | Manufacture of Textile, Wearing Apparel and Accessories | 17 |
| 皮革、毛皮、羽毛及其制品和制鞋业 | Manufacture of Leather,Furs,Feather and Related Products, and Footware | 11 |
| 木材加工和木、竹、藤、棕、草制品业 | Processing of Timber, Manufacture of Wood, Bamboo, Rattan, Palm and Straw Products | 95 |
| 家具制造业 | Manufacture of Furniture | 16 |
| 造纸和纸制品业 | Manufacture of Paper and Paper Products | 39 |
| 印刷和记录媒介复制业 | Printing,Reproduction of Recording Media | 16 |
| 文教、工美、体育和娱乐用品制造业 | Manufacture of Articles for Culture, Education, Arts and Crafts, Sport and Entertainment Activities | 15 |
| 石油加工、炼焦和核燃料加工业 | Processing of Petroleum, Coking,Processing of Nuclear Fuel | 33 |
| 化学原料和化学制品制造业 | Manufacture of Raw Chemical Materials and Chemical Products | 199 |
| 医药制造业 | Manufacture of Medicines | 93 |
| 橡胶和塑料制品业 | Manufacture of Rubber and Plastics | 70 |
| 非金属矿物制品业 | Manufacture of Non-metallic Mineral Products | 501 |
| 黑色金属冶炼和压延加工业 | Smelting and Pressing of Ferrous Metals | 193 |
| 有色金属冶炼和压延加工业 | Smelting and Pressing of Non-ferrous Metals | 87 |
| 金属制品业 | Manufacture of Metal Products | 72 |
| 通用设备制造业 | Manufacture of General Purpose Machinery | 49 |
| 专用设备制造业 | Manufacture of Special Purpose Machinery | 51 |
| 汽车制造业 | Manufacture of Automotive | 34 |
| 铁路、船舶、航空航天和其他运输设备制造业 | Manufacture of Railroad, Marine, Aerospace and Other Transportation Equipment | 37 |
| 电气机械和器材制造业 | Manufacture of Electrical Machinery and Apparatus | 71 |
| 计算机、通信和其他电子设备制造业 | Manufacture of Communication Equipment, Computers and Other Electronic Equipment | 28 |
| 仪器仪表制造业 | Manufacture of Measuring Instruments and Machinery | 9 |
| 其他制造业 | Others | 13 |
| 废弃资源综合利用业 | Utilization of Waste Resources | 7 |
| 电力、燃气及水的生产和供应业 | Production and Supply of Electric Power,Gas and Water | 200 |
| 电力、热力生产和供应业 | Production and Supply of Electric Power and Heat Power | 165 |
| #电力生产 | Production of Electric Power | 82 |
| 电力供应 | Distribution of Electric Power | 83 |
| 燃气生产和供应业 | Production and Supply of Gas | 16 |
| 水的生产和供应业 | Production and Supply of Water | 19 |

注：表中数据按国民经济行业分类(GB/T4754-2011)分。

# Main Economic Indicators of Industrial Enterprises above Designated Size by Sector

(100 million yuan)

| 工业总产值 Total Output Value of Industry | 资产合计 Total Assets | 主营业务收入 Revenue from Principal Business | 利税总额 Total Profits and Taxes | #利润总额 Total Profits |
|---|---|---|---|---|
| **8074.60** | **10339.87** | **7357.43** | **1268.68** | **636.59** |
| 1636.46 | 2167.67 | 1399.94 | 258.00 | 132.35 |
| 1445.11 | 2054.02 | 1222.41 | 215.08 | 102.76 |
| 32.46 | 16.64 | 30.30 | 9.27 | 7.56 |
| 31.47 | 25.83 | 29.44 | 6.78 | 4.44 |
| 127.42 | 71.18 | 117.78 | 26.87 | 17.59 |
| 5129.44 | 5612.45 | 4745.68 | 934.11 | 484.15 |
| 220.62 | 106.70 | 203.72 | 14.49 | 9.93 |
| 95.51 | 57.49 | 88.27 | 18.62 | 13.79 |
| 597.52 | 1071.76 | 563.26 | 360.42 | 257.22 |
| 490.57 | 907.47 | 454.05 | 338.88 | 240.78 |
| 348.60 | 248.26 | 339.47 | 257.71 | 45.08 |
| 11.13 | 9.48 | 8.89 | 0.65 | 0.52 |
| 12.19 | 7.12 | 10.63 | 0.75 | 0.60 |
| 25.27 | 13.10 | 38.84 | 2.25 | 1.43 |
| 112.62 | 33.60 | 109.29 | 11.45 | 4.93 |
| 15.44 | 6.73 | 13.98 | 1.52 | 1.08 |
| 42.65 | 46.13 | 42.39 | 2.93 | 0.56 |
| 18.82 | 16.98 | 14.67 | 3.59 | 2.75 |
| 7.38 | 6.07 | 6.48 | 0.57 | 0.47 |
| 107.69 | 78.01 | 81.86 | 5.12 | 3.24 |
| 645.66 | 1122.80 | 698.13 | 52.35 | 34.92 |
| 300.47 | 250.55 | 227.98 | 44.89 | 27.49 |
| 174.14 | 141.05 | 134.17 | 11.43 | 6.98 |
| 610.93 | 651.38 | 553.87 | 78.47 | 52.77 |
| 624.08 | 427.82 | 593.83 | 16.13 | 1.49 |
| 423.86 | 537.39 | 367.58 | 9.53 | -0.13 |
| 106.04 | 96.66 | 94.76 | 6.23 | 3.60 |
| 66.75 | 66.74 | 58.89 | 7.05 | 4.77 |
| 71.08 | 114.94 | 56.79 | 2.57 | 0.67 |
| 145.77 | 113.33 | 146.54 | 11.34 | 1.77 |
| 111.67 | 219.57 | 97.56 | -1.52 | -2.83 |
| 130.50 | 98.65 | 107.09 | 5.32 | 3.37 |
| 61.13 | 21.09 | 48.46 | 4.35 | 2.66 |
| 10.34 | 15.76 | 9.52 | 1.52 | 0.90 |
| 23.57 | 30.56 | 21.17 | 3.22 | 3.09 |
| 7.73 | 2.56 | 7.32 | 1.09 | 0.97 |
| 1308.70 | 2559.76 | 1211.81 | 76.57 | 20.09 |
| 1263.73 | 2440.33 | 1168.04 | 75.14 | 19.61 |
| 477.48 | 1757.80 | 413.44 | 45.59 | 15.40 |
| 786.25 | 682.53 | 754.60 | 29.55 | 4.22 |
| 31.69 | 56.89 | 33.54 | 0.03 | -0.26 |
| 13.28 | 62.54 | 10.23 | 1.40 | 0.73 |

Note:Data in this table is classified by sector of the National Economy (GB/T4754-2011).

# 14-12 规模以上国有控股工业企业主要经济指标(2013)

单位：亿元

| 指标 | Item | 企业单位数(个) Number of Enterprises (unit) |
|---|---|---|
| **总计** | **Total** | **502** |
| **按轻重工业分** | **Grouped by Type of Light and Heavy Industry** | |
| 轻工业 | Light Industry | 66 |
| 重工业 | Heavy Industry | 436 |
| **按企业规模分** | **Grouped by Scale of Enterprise** | |
| 大型企业 | Large Enterprises | 68 |
| 中型企业 | Medium-sized Enterprises | 228 |
| 小型企业 | Small Enterprises | 197 |
| 微型企业 | Micro-enterprises | 9 |
| **按工业行业分** | **Grouped by Industrial Sector** | |
| 采矿业 | Mining | 77 |
| #煤炭开采和洗选业 | Mining and Washing of Coal | 69 |
| 有色金属矿采选业 | Mining and Processing of Nonferrous Metal Ores | 2 |
| 非金属矿采选业 | Mining and Processing of Nonmetal Ores | 6 |
| 制造业 | Manufacturing | 265 |
| #农副食品加工业 | Processing of Food from Agricultural Products | 12 |
| 酒、饮料和精制茶制造业 | Manufacture of Wine,Soft drinks and Refined tea | 9 |
| 烟草制品业 | Manufacture of Tobacco | 5 |
| 纺织服装、服饰业 | Manufacture of Textile, Wearing Apparel and Accessories | 3 |
| 木材加工和木、竹、藤、棕、草制品业 | Timber Processing , Bamboo , Cane , Palm Fiber and Straw Products | 5 |
| 印刷和记录媒介复制业 | Printing,Reproduction of Recording Media | 2 |
| 化学原料和化学制品制造业 | Manufacture of Raw Chemical Materials and Chemical Products | 47 |
| 橡胶和塑料制品业 | Manufacture of Rubber and Plastics | 5 |
| 非金属矿物制品业 | Manufacture of Non-metallic Mineral Products | 43 |
| 黑色金属冶炼和压延加工业 | Smelting and Pressing of Ferrous Metals | 11 |
| 有色金属冶炼和压延加工业 | Smelting and Pressing of Non-ferrous Metals | 14 |
| 金属制品业 | Manufacture of Metal Products | 10 |
| 通用设备制造业 | Manufacture of General Purpose Machinery | 15 |
| 专用设备制造业 | Manufacture of Special Purpose Machinery | 12 |
| 汽车制造业 | Manufacture of Automotive | 8 |
| 铁路、船舶、航空航天和其他运输设备制造业 | Manufacture of Railroad, Marine, Aerospace and Other Transportation Equipment | 24 |
| 电气机械和器材制造业 | Manufacture of Electrical Equipment and Machinery | 7 |
| 计算机、通信和其他电子设备制造业 | Manufacture of Communication Equipment, Computers and Other Electronic Equipment | 16 |
| 仪器仪表制造业 | Manufacture of Measuring Instruments and Machinery for Cultural Activity and Office.Work | 4 |
| 其他制造业 | Others | 5 |
| 电力、燃气及水的生产和供应业 | Production and Distribution of Electric Power,Gas and Water | 160 |
| #电力、热力的生产和供应业 | Production and Distribution of Electric Power and Heat Power | 137 |
| 燃气生产和供应业 | Production and Distribution of Gas | 6 |
| 水的生产和供应业 | Production and Distribution of Water | 17 |

# Major Economic Indicators of State-controlled Industrial Enterprises above Designated Size

(100 million yuan)

| 工业总产值 Total Output Value of Industry | 资产合计 Total Assets | 主营业务收入 Revenue from Principal Business | 利税总额 Total Profits and Taxes | #利润总额 Total Profits |
|---|---|---|---|---|
| **3614.78** | **6472.76** | **3435.50** | **715.62** | **296.35** |
| 814.59 | 1124.84 | 802.76 | 571.63 | 272.55 |
| 2800.19 | 5347.92 | 2632.74 | 143.99 | 23.80 |
| 2443.41 | 4417.08 | 2440.86 | 623.95 | 258.43 |
| 938.87 | 1656.19 | 826.76 | 73.33 | 29.14 |
| 230.94 | 393.83 | 166.46 | 18.19 | 8.69 |
| 1.56 | 5.66 | 1.42 | 0.15 | 0.09 |
| 348.15 | 825.03 | 287.65 | 37.06 | 7.63 |
| 321.59 | 804.59 | 262.75 | 30.33 | 2.56 |
| 5.40 | 5.39 | 5.32 | 2.07 | 1.39 |
| 21.16 | 15.05 | 19.58 | 4.66 | 3.68 |
| 1998.11 | 3195.18 | 1975.68 | 606.18 | 270.76 |
| 9.54 | 5.35 | 9.19 | 0.31 | 0.14 |
| 341.40 | 723.46 | 351.63 | 308.44 | 225.09 |
| 348.60 | 248.26 | 339.47 | 257.71 | 45.08 |
| 5.25 | 2.97 | 3.82 | 0.15 | 0.11 |
| 3.53 | 1.71 | 3.47 | 0.16 | 0.07 |
| 0.94 | 1.78 | 0.68 | 0.06 | … |
| 318.31 | 887.07 | 405.03 | 15.05 | 3.46 |
| 104.18 | 81.38 | 68.33 | 4.94 | 2.12 |
| 111.36 | 184.88 | 97.71 | 20.64 | 15.32 |
| 226.86 | 254.37 | 221.76 | -8.31 | -12.39 |
| 151.36 | 265.82 | 142.46 | -2.70 | -9.34 |
| 38.97 | 60.20 | 37.61 | 1.95 | 0.25 |
| 25.48 | 35.15 | 23.11 | 2.19 | 1.10 |
| 13.46 | 43.98 | 10.48 | 0.78 | 0.20 |
| 48.30 | 50.89 | 48.41 | 1.66 | 0.23 |
| 99.42 | 209.15 | 87.01 | -2.57 | -3.67 |
| 27.13 | 9.70 | 17.36 | 0.72 | 0.37 |
| 45.68 | 15.66 | 36.89 | 2.54 | 1.58 |
| 5.77 | 9.12 | 5.03 | 0.79 | 0.45 |
| 12.17 | 23.13 | 9.89 | 0.63 | 0.59 |
| 1268.51 | 2452.55 | 1172.17 | 72.38 | 17.96 |
| 1233.52 | 2341.20 | 1137.86 | 71.48 | 17.92 |
| 23.18 | 50.13 | 24.67 | -0.43 | -0.64 |
| 11.81 | 61.22 | 9.63 | 1.33 | 0.69 |

# 14–13 规模以上集体工业企业主要经济指标(2013)
# Main Economic Indicators of All Collective-owned Industrial Enterprises above Designated Size

单位：亿元 (100 million yuan)

| 指标 | Item | 企业单位数（个） Number of Enterprises (unit) | 工业总产值 Total Output Value of Industry | 资产合计 Total Assets | 主营业务收入 Revenue from Principal Business | 利税总额 Total Profits and Taxes | #利润总额 Total Profits |
|---|---|---|---|---|---|---|---|
| **总计** | **Total** | **27** | **20.30** | **10.58** | **18.73** | **2.66** | **2.04** |
| #亏损企业 | Loss Making Enterprise | 8 | 5.97 | 2.77 | 5.19 | -0.08 | -0.27 |
| **按轻重工业分** | **Grouped by Type of Light and Heavy Industry** | | | | | | |
| 轻工业 | Light Industry | 3 | 3.76 | 0.53 | 3.70 | 0.06 | -0.01 |
| 重工业 | Heavy Industry | 24 | 16.54 | 10.05 | 15.03 | 2.60 | 2.05 |
| **按企业规模分** | **Grouped by Size of Enterprise** | | | | | | |
| 中型企业 | Medium-sized Enterprises | 5 | 7.47 | 2.05 | 6.94 | 1.00 | 0.79 |
| 小型企业 | Small Enterprises | 20 | 12.72 | 8.32 | 11.71 | 1.65 | 1.26 |
| 微型企业 | Micro-enterprises | 2 | 0.11 | 0.21 | 0.08 | 0.01 | -0.01 |
| **按工业行业分** | **Grouped by Industrial Sector** | | | | | | |
| 采矿业 | Mining | 9 | 8.72 | 3.37 | 8.47 | 2.13 | 1.91 |
| #煤炭开采和洗选业 | Mining and Washing of Coal | 5 | 3.50 | 1.52 | 3.47 | 0.58 | 0.38 |
| 黑色金属矿采选业 | Mining and Processing of Ferrous Metal Ores | 4 | 5.22 | 1.85 | 5.00 | 1.55 | 1.53 |
| 制造业 | Manufacturing | 17 | 11.37 | 6.33 | 10.07 | 0.51 | 0.12 |
| #非金属矿物制品业 | Manufacture of Non-metallic Mineral Products | 6 | 3.59 | 2.06 | 3.19 | 0.38 | 0.19 |
| 黑色金属冶炼和压延加工业 | Smelting and Pressing of Ferrous Metals | 4 | 1.97 | 1.98 | 1.73 | -0.03 | -0.07 |
| 金属制品业 | Manufacture of Metal Products | 2 | 0.48 | 0.67 | 0.45 | 0.01 | -0.02 |

# 14-14 规模以上外商投资和港澳台商投资工业企业主要经济指标(2013)

## Major Economic Indicators of all above Designated Size Industrial Enterprises Funded by Foreigners and Hong kong,Macao and Taiwan

单位：亿元 (100 million yuan)

| 指 标 | Item | 企业单位数(个) Number of Enterprises (unit) | 工业总产值 Total Output Value of Industry | 资产合计 Total Assets | 主营业务收入 Revenue from Principal Business | 利税总额 Total Profits and Taxes | #利润总额 Total Profits |
|---|---|---|---|---|---|---|---|
| **总 计** | **Total** | **72** | **236.54** | **353.22** | **198.07** | **33.93** | **22.49** |
| #亏损企业 | Loss Making Enterprises | 14 | 25.98 | 19.79 | 20.29 | -0.71 | -1.19 |
| #港、澳、台商投资企业 | Enterprises with Funds from Hong kong, Macao and Taiwan | 32 | 88.90 | 118.57 | 76.47 | 11.59 | 7.40 |
| 合资经营企业(港或澳、台资) | Joint Venture Enterprises(with Funds from Hong Kong, Macao and Taiwan) | 14 | 39.30 | 67.35 | 33.81 | 5.34 | 2.96 |
| 港澳台商独资经营企业 | Enterprises with Sole Funds from Hong Kong,Macao and Taiwan | 17 | 49.26 | 49.99 | 42.35 | 6.22 | 4.41 |
| 外商投资企业 | Foreign Funded Enterprises | 40 | 147.64 | 234.65 | 121.59 | 22.33 | 15.09 |
| 中外合作经营企业 | Cooperation Enterprises | 19 | 67.13 | 70.70 | 65.73 | 11.76 | 9.36 |
| 外资企业 | Foreign Funded Enterprises | 18 | 50.03 | 59.35 | 40.90 | 8.29 | 3.83 |
| **按轻重工业分** | **Grouped by Type of Light and Heavy Industry** | | | | | | |
| 轻工业 | Light Industry | 26 | 87.23 | 73.09 | 75.67 | 16.53 | 11.01 |
| 重工业 | Heavy Industry | 46 | 149.31 | 280.13 | 122.40 | 17.40 | 11.48 |
| **按企业规模分** | **Grouped by Size of Enterprise** | | | | | | |
| 大型企业 | Large Enterprises | 8 | 78.52 | 170.19 | 55.15 | 10.55 | 6.65 |
| 中型企业 | Medium-sized Enterprises | 18 | 100.45 | 122.16 | 94.14 | 17.42 | 12.65 |
| 小型企业 | Small Enterprises | 45 | 57.57 | 60.86 | 48.78 | 5.96 | 3.20 |
| **按工业行业分** | **Grouped by Industrial Sector** | | | | | | |
| 采矿业 | Mining | 4 | 24.50 | 85.79 | 8.57 | 3.38 | 2.46 |
| #黑色金属矿采选业 | Mining and Processing of Ferrous Metal Ores | 2 | 3.07 | 0.56 | 2.65 | 0.89 | 0.77 |
| 制造业 | Manufacturing | 65 | 188.91 | 192.08 | 168.68 | 28.36 | 19.48 |
| #农副食品加工业 | Processing of Food from Agricultural Products | 5 | 14.02 | 3.76 | 14.02 | 0.30 | 0.16 |
| 酒、饮料和精制茶制造业 | Manufacture of Liquor, Beverages and Refined Tea | 5 | 28.32 | 16.47 | 31.97 | 9.12 | 6.99 |
| 造纸和纸制品业 | Manufacture of Paper and Paper Products | 2 | 0.93 | 0.57 | 0.82 | 0.06 | 0.05 |
| 印刷和记录媒介复制业 | Printing,Reproduction of Recording Media | 2 | 7.57 | 5.99 | 4.24 | 1.81 | 1.41 |
| 化学原料和化学制品制造业 | Manufacture of Raw Chemical Materials and Chemical Products | 4 | 4.17 | 11.74 | 4.17 | 0.96 | 0.72 |
| 医药制造业 | Manufacture of Medicines | 7 | 28.85 | 18.50 | 18.66 | 4.50 | 1.91 |
| 橡胶和塑料制品业 | Manufacture of Rubber and Plastics | 3 | 14.40 | 10.10 | 13.60 | 2.09 | 1.54 |
| 非金属矿物制品业 | Manufacture of Non-metallic Mineral Products | 20 | 41.09 | 61.02 | 36.53 | 7.93 | 5.93 |
| 黑色金属冶炼和压延加工业 | Smelting and Pressing of Ferrous Metals | 4 | 14.90 | 8.50 | 11.97 | … | -0.12 |
| 有色金属冶炼和压延加工业 | Smelting and Pressing of Non-ferrous Metals | 2 | 10.55 | 26.70 | 10.55 | 0.30 | 0.29 |
| 电气机械和器材制造业 | Manufacture of Electrical Machinery and Apparatus | 2 | 8.14 | 6.76 | 7.33 | 0.11 | 0.04 |
| 电力、燃气及水的生产和供应业 | Production and Supply of Electric Power,Gas and Water | 3 | 23.13 | 75.35 | 20.82 | 2.19 | 0.55 |
| #水的生产和供应业 | Production and Supply of Water | 2 | 5.50 | 26.70 | 3.21 | 0.63 | 0.42 |

# 14-15 规模以上工业企业主要经济效益指标(2013)

## Main Indicators on Economic Efficiency of all Industrial Enterprises above Designated Size

单位：% (%)

| 指　标 | Item | 产值利税率 Ratio of Pre-Tax Profit to Output Value | 资金利税率 Ratio of Pre-Tax Profit to Asset | 销售利税率 Ratio of Pre-Tax Profit to Sales |
|---|---|---|---|---|
| **总　计** | **Total** | **15.7** | **17.6** | **17.2** |
| 内资企业 | Domestic Enterprises | 15.8 | 17.7 | 17.2 |
| 国有企业 | State-owned | 21.6 | 14.7 | 22.4 |
| 中央企业 | Central | 3.1 | 2.1 | 3.2 |
| 地方企业 | Local | 39.2 | 26.6 | 41.1 |
| 集体企业 | Collective-owned | 13.1 | 28.9 | 14.2 |
| 股份合作企业 | Cooperation Enterprises | 14.3 | 13.3 | 22.9 |
| 联营企业 | Joint-owned Enterprises | 16.4 | 9.6 | 16.6 |
| 有限责任公司 | Limited Liability Corporations | 15.2 | 20.0 | 16.5 |
| 股份有限公司 | Share Holding Enterprises | 9.4 | 8.8 | 11.5 |
| 私营企业 | Private Enterprises | 13.9 | 24.5 | 15.4 |
| 其他企业 | Others | 16.2 | 13.8 | 17.6 |
| 港、澳、台商投资企业 | Enterprises with Funds from Hong kong,Macao and Taiwan | 13.0 | 11.8 | 15.2 |
| 外商投资企业 | Foreign Funded Enterprises | 15.1 | 15.6 | 18.4 |
| 在总计中： | of the Total: | | | |
| #国有控股企业 | State-controlled Enterprises | 19.8 | 15.7 | 20.8 |
| 在总计中： | of the Total: | | | |
| #农村工业 | Rural Industry | 20.3 | 19.9 | 24.2 |
| **按轻重工业分** | **Grouped by Type of Light and Heavy Industry** | | | |
| 轻工业 | Light Industry | 38.7 | 51.1 | 42.6 |
| 重工业 | Heavy Industry | 8.8 | 9.4 | 9.7 |
| **按企业规模分** | **Grouped by Size of Enterprise** | | | |
| 大型企业 | Large Enterprises | 23.4 | 20.0 | 24.2 |
| 中型企业 | Medium-sized Enterprises | 12.8 | 13.9 | 14.6 |
| 小型企业 | Small Enterprises | 9.7 | 18.0 | 11.1 |
| 微型企业 | Micro-enterprises | 8.3 | 7.8 | 8.8 |
| **按工业行业分** | **Grouped by Industrial Sector** | | | |
| 采矿业 | Mining | 15.8 | 19.7 | 18.4 |
| #煤炭开采和洗选业 | Mining and Washing of Coal | 14.9 | 17.3 | 17.6 |
| 黑色金属矿采选业 | Mining and Processing of Ferrous Metal Ores | 28.6 | 72.6 | 30.6 |
| 有色金属矿采选业 | Mining and Processing of Non-Ferrous Metal Ores | 21.5 | 51.0 | 23.0 |
| 非金属矿采选业 | Mining and Processing of Non-metal Ores | 21.1 | 70.7 | 22.8 |
| 制造业 | Manufacturing | 18.2 | 23.8 | 19.7 |
| #农副食品加工业 | Processing of Food from Agricultural Products | 6.6 | 22.0 | 7.1 |
| 食品制造业 | Manufacture of Foods | 19.5 | 46.4 | 21.1 |
| 酒、饮料和精制茶制造业 | Manufacture of Liquor, Beverages and Refined Tea | 60.3 | 50.0 | 64.0 |
| 烟草制品业 | Manufacture of Tobacco | 73.9 | 119.0 | 75.9 |
| 纺织业 | Manufacture of Textile | 5.8 | 11.2 | 7.3 |
| 纺织服装、服饰业 | Manufacture of Textile, Wearing Apparel and Accessories | 6.1 | 17.1 | 7.0 |
| 皮革、毛皮、羽毛及其制品和制鞋业 | Manufacture of Leather,Furs,Feather and Related Products, and Footware | 8.9 | 24.7 | 5.8 |

## 14-15 续表 continued

单位：% (%)

| 指 标 | Item | 产值利税率 Ratio of Pre-Tax Profit to Output Value | 资金利税率 Ratio of Pre-Tax Profit to Assets | 销售利税率 Ratio of Pre-Tax Profit to Sales |
|---|---|---|---|---|
| 木材加工和木、竹、藤、棕、草制品业 | Processing of Timber, Manufacture of Wood, Bamboo, Rattan, Palm and Straw Products | 10.2 | 46.4 | 10.5 |
| 家具制造业 | Manufacture of Furniture | 9.9 | 36.2 | 10.9 |
| 造纸和纸制品业 | Manufacture of Paper and Paper Products | 6.9 | 7.8 | 6.9 |
| 印刷和记录媒介复制业 | Printing,Reproduction of Recording Media | 19.1 | 24.0 | 24.4 |
| 文教、工美、体育和娱乐用品制造业 | Manufacture of Articles for Culture, Education, Arts and Crafts,Sport and Entertainment Activities | 7.8 | 18.2 | 8.8 |
| 石油加工、炼焦和核燃料加工业 | Processing of Petroleum,Coking, Processing of Nuclear Fuel | 4.8 | 8.8 | 6.3 |
| 化学原料和化学制品制造业 | Manufacture of Raw Chemical Materials and Chemical Products | 8.1 | 7.8 | 7.5 |
| 医药制造业 | Maufacture of Medicines | 14.9 | 25.0 | 19.7 |
| 橡胶和塑料制品业 | Manufacture of Rubber and Plastics | 6.6 | 11.9 | 8.5 |
| 非金属矿物制品业 | Manufacture of Non-metallic Mineral Products | 12.8 | 17.6 | 14.2 |
| 黑色金属冶炼和压延加工业 | Smelting and Pressing of Ferrous Metals | 2.6 | 4.9 | 2.7 |
| 有色金属冶炼和压延加工业 | Smelting and Pressing of Non-ferrous Metals | 2.2 | 2.5 | 2.6 |
| 金属制品业 | Manufacture of Metal Products | 5.9 | 8.5 | 6.6 |
| 通用设备制造业 | Manufacture of General Purpose Machinery | 10.6 | 14.6 | 12.0 |
| 专用设备制造业 | Manufacture of Special Purpose Machinery | 3.6 | 3.9 | 4.5 |
| 汽车制造业 | Manufacture of Automotive | 7.8 | 13.9 | 7.7 |
| 铁路、船舶、航空航天和其他运输设备制造业 | Manufacture of Transport Equipment | -1.4 | -0.8 | -1.6 |
| 电气机械和器材制造业 | Manufacture of Electrical Machinery and Apparatus | 4.1 | 8.2 | 5.0 |
| 计算机、通信和其他电子设备制造业 | Manufacture of Communication Equipment Computers and Other Electronic Equipment | 7.1 | 12.2 | 9.0 |
| 仪器仪表制造业 | Manufacture of Measuring Instruments and Machinery | 14.7 | 11.8 | 16.0 |
| 其他制造业 | Others | 13.7 | 11.3 | 15.2 |
| 废弃资源综合利用业 | Utilization of Waste Resources | 14.2 | 84.7 | 14.9 |
| 金属制品、机械和设备修理业 | Metal products, Machinery and Equipment Repair Industry | 26.6 | 75.6 | 27.6 |
| 电力、燃气及水的生产和供应业 | Production and Supply of Electric Power,Gas and Water | 5.9 | 3.8 | 6.3 |
| #电力、热力的生产和供应业 | Production and Supply of Electric Power and Heat Power | 5.9 | 3.9 | 6.4 |
| 燃气生产和供应业 | Production and Supply of Gas | 0.1 | 0.1 | 0.1 |
| 水的生产和供应业 | Production and Supply of Water | 10.5 | 3.2 | 13.7 |

# 14-16 规模以上国有控股工业企业主要经济效益指标(2013)

# Major Indicators on Economic Efficiency of State-controlled Industrial Enterprises above Designated Size

单位：% (%)

| 指标 | Item | 产值利税率 Ratio of Pre-Tax Profit to Output Value | 资金利税率 Ratio of Pre-Tax Profit to Assets | 销售利税率 Ratio of Pre-Tax Profit to Sales |
|---|---|---|---|---|
| **总计** | **Total** | **19.8** | **15.7** | **20.8** |
| **按轻重工业分** | **Grouped by Type of Light and Heavy Industry** | | | |
| 轻工业 | Light Industry | 70.2 | 62.5 | 71.2 |
| 重工业 | Heavy Industry | 5.1 | 3.3 | 5.5 |
| **按企业规模分** | **Grouped by Size of Enterprise** | | | |
| 大型企业 | Large Enterprises | 25.5 | 17.6 | 25.6 |
| 中型企业 | Medium-sized Enterprises | 7.8 | 5.3 | 8.9 |
| 小型企业 | Small Enterprises | 7.9 | 5.9 | 10.9 |
| 微型企业 | Micro-enterprises | 9.3 | 9.4 | 10.2 |
| **按工业行业分** | **Grouped by Industrial Sector** | | | |
| 采矿业 | Mining | 10.6 | 8.0 | 12.9 |
| #煤炭开采和洗选业 | Mining and Washing of Coal | 9.4 | 6.6 | 11.5 |
| 有色金属矿采选业 | Mining and Processing of Non-Ferrous Metal Ores | 38.3 | 70.8 | 38.9 |
| 非金属矿采选业 | Mining and Processing of Non-metal Ores | 22.0 | 86.6 | 23.8 |
| 制造业 | Manufacturing | 30.3 | 27.0 | 30.7 |
| #农副食品加工业 | Processing of Food from Agricultural Products | 3.2 | 6.9 | 3.3 |
| 食品制造业 | Manufacture of Foods | 5.8 | 4.8 | 6.6 |
| 酒、饮料和精制茶制造业 | Manufacture of Liquor, Beverages and Refined Tea | 90.3 | 57.1 | 87.7 |
| 烟草制品业 | Manufacture of Tobacco | 73.9 | 128.2 | 75.9 |
| 纺织业 | Manufacture of Textile | 4.3 | 7.3 | 7.6 |
| 纺织服装、服饰业 | Manufacture of Textile, Wearing Apparel and Accessories | 2.9 | 6.3 | 4.0 |
| 皮革、毛皮、羽毛及其制品和制鞋业 | Manufacture of Leather, Fur, Feathers and other Products and Footwear | 10.3 | 20.2 | 4.9 |
| 木材加工和木、竹、藤、棕、草制品业 | Processing of Timber,Manufacture of Wood, Bamboo,Rattan,Palm and Straw Products | 4.6 | 13.5 | 4.7 |
| 家具制造业 | Manufaltare of Furniture | 16.5 | 51.3 | 19.5 |
| 造纸和纸制品业 | Manufacture of Paper and Paper Products | -223.83 | -8.25 | -89.63 |

## 14-16 续表 continued

单位：% (%)

| 指 标 | Item | 产值利税率 Ratio of Pre-Tax Profit to OutputValue | 资金利税率 Ratio of Pre-Tax Profit to Assets | 销售利税率 Ratio of Pre-Tax Profit to Sales |
|---|---|---|---|---|
| 印刷和记录媒介复制业 | Printing,Reproduction of Recording Media | 6.6 | 1.4 | 9.0 |
| 文教、工美、体育和娱乐用品制造业 | Manufacture of Articles for Culture, Education, Arts and Crafts, Sport and Entertainment Activities | 11.3 | 27.7 | 12.2 |
| 石油加工、炼焦和核燃料加工业 | Processing of Petroleum,Coking, Processing of Nuclear Fuel | 0.8 | 1.4 | 1.4 |
| 化学原料和化学制品制造业 | Manufacture of Raw Chemical Materials and Chemical Products | 4.7 | 2.8 | 3.7 |
| 医药制造业 | Manufacture of Medicines | 4.7 | 5.1 | 19.3 |
| 橡胶和塑料制品业 | Manufacture of Rubber and Plastics | 4.7 | 7.8 | 7.2 |
| 非金属矿物制品业 | Manufacture of Rubber | 18.5 | 18.8 | 21.1 |
| 黑色金属冶炼和压延加工业 | Smelting and Pressing of Ferrous Metals | -3.7 | -4.1 | -3.7 |
| 有色金属冶炼和压延加工业 | Smelting and Pressing of Non-ferrous Metals | -1.8 | -1.8 | -1.9 |
| 金属制品业 | Manufacture of Metal Products | 5.0 | 4.4 | 5.2 |
| 通用设备制造业 | Manufacture of General Purpose Machinery | 8.6 | 9.4 | 9.5 |
| 专用设备制造业 | Manufacture of Special Purpose Machinery | 5.8 | 3.5 | 7.5 |
| 汽车制造业 | Manufacture of Automotive | 3.4 | 4.3 | 3.4 |
| 铁路、船舶、航空航天和其他运输设备制造业 | Manufacture of Railroad, Marine, Aerospace and Other Transportation Equipment | -2.6 | -1.5 | -3.0 |
| 电气机械和器材制造业 | Manufacture of Electrical Machinery and Apparatus | 2.6 | 7.7 | 4.1 |
| 计算机、通信和其他电子设备制造业 | Manufacture of Communication Equipment,Computers and Other Electronic Equipment | 5.6 | 8.9 | 6.9 |
| 仪器仪表制造业 | Manufacture of Measuring Instruments and Machinery | 13.7 | 15.2 | 15.7 |
| 其他制造业 | Others | 5.2 | 2.9 | 6.4 |
| 电力、燃气及水的生产和供应业 | Production and Supply of Electric Power,Gas and Water | 5.7 | 3.9 | 6.2 |
| 电力、热力生产和供应业 | Production and Supply of Electric Power and Heat Power | 5.8 | 4.0 | 6.3 |
| 燃气生产和供应业 | Production and Supply of Gas | -1.8 | -2.5 | -1.7 |
| 水的生产和供应业 | Production and Supply of Water | 11.2 | 4.2 | 13.8 |

# 14-17 规模以上集体工业企业主要经济效益指标(2013)

# Main Indicators on Economic Benefit of Collective-owned Industrial Enterprises above Designated Size

单位：% (%)

| 指标 | Item | 产值利税率 Ratio of Pre-Tax Profit to Output Value | 资金利税率 Ratio of Pre-Tax Profit to Assets | 销售利税率 Ratio of Pre-Tax Profit to Sales |
|---|---|---|---|---|
| **总计** | **Total** | **13.1** | **28.9** | **14.2** |
| #亏损企业 | Loss Making Enterprises | -1.4 | -3.0 | -1.6 |
| **按轻重工业分** | **Grouped by Type of Light and Heavy Industry** | | | |
| 轻工业 | Light Industry | 1.6 | 10.0 | 1.7 |
| 重工业 | Heavy Industry | 15.7 | 30.3 | 17.3 |
| **按企业规模分** | **Grouped by Size of Enterprise** | | | |
| 中型企业 | Medium-sized Enterprises | 13.4 | 37.7 | 14.5 |
| 小型企业 | Small Enterprises | 13.0 | 25.6 | 14.1 |
| 微型企业 | Micro Enterprises | 7.6 | 8.9 | 10.0 |
| **按工业行业分** | **Grouped by Industrial Sector** | | | |
| 采矿业 | Mining | 24.4 | 86.7 | 25.2 |
| #煤炭开采和洗选业 | Mining and Quarrying | 16.6 | 39.7 | 16.7 |
| 黑色金属矿采选业 | Mining and Processing of Ferrous Metal Ores | 29.7 | 155.6 | 31.0 |
| 制造业 | Manufacturing | 4.5 | 10.1 | 5.1 |
| #皮革、毛皮、羽毛及其制品和制鞋业 | Manufacture of Leather, Fur, Feathers and other Products and Footwear | 1.1 | 38.4 | 1.1 |
| 造纸和纸制品业 | Manufacture of Paper and Paper Products | 4.2 | 6.4 | 4.2 |
| 非金属矿物制品业 | Manufacture of Non-metallic Mineral Products | 10.5 | 21.4 | 11.8 |
| 黑色金属冶炼和压延加工业 | Smelting and Pressing of Ferrous Metals | -1.3 | -1.6 | -1.5 |
| 有色金属冶炼和压延加工业 | Smelting and Pressing of Non-ferrous Metals | -2.0 | -2.5 | -5.2 |
| 金属制品业 | Manufacture of Metal Products | 2.7 | 2.8 | 2.9 |
| 汽车制造业 | Manufacture of Automotive | 9.5 | 24.5 | 12.4 |
| 电气机械和器材制造业 | Manufacture of Electrical Machinery and Apparatus | 5.0 | 11.6 | 5.0 |
| 电力、燃气及水的生产和供应业 | Production and Supply of Electric Power,Gas and Water | 9.9 | 1.4 | 10.4 |
| #电力、热力的生产和供应业 | Production and Supply of Electric Power and Heat Power | 9.9 | 1.4 | 10.4 |

# 14-18 大中型工业企业主要经济指标占全省规模以上工业比重(2013)

## Percentages of Main Indicators of Large and Medium Industrial Enterprises as the whole Industrial Enterprises above Designated Size

单位：亿元 (100 million yuan)

| 指 标 | Item | 规模以上工业 Industrial Enterprises above Designated Size | #大中型工业企业 Large and Medium industrial Enterprises | | #国有大中型 State-owned Large and Medium Industrial Enterprises | |
|---|---|---|---|---|---|---|
| | | | 绝对数 Absolute Figure | 占规模以上工业比重(%) Percentage Taken to Industrial Enterprises above Designated Size(%) | 绝对数 Absolute Figure | 占规模以上工业比重(%) Percentage Taken to Industrial Enterprises above Designated Size(%) |
| 企业单位数(个) | Number of Industrial Enterprises(unit) | 3590 | 877 | 24.4 | 142 | 4.0 |
| #亏损企业个数(个) | Number of Loss Making Industrial Enterprises(unit) | 759 | 177 | 23.3 | 36 | 4.7 |
| 工业总产值 | Gross Output Value of Industry | 8074.60 | 5538.50 | 68.6 | 1591.94 | 19.7 |
| 工业增加值 | Value-added of Industry | 2531.92 | 1865.73 | 73.7 | 673.60 | 26.6 |
| 资产总计 | Total Assets | 10339.87 | 8185.95 | 79.2 | 3019.96 | 29.2 |
| #流动资产年平均余额 | Average Balance of Circulating Funds | 3643.86 | 2814.22 | 77.2 | 927.61 | 25.5 |
| 固定资产净值年平均余额 | Annual Average Balance Net Value of Fixed Assets | 3574.57 | 3024.00 | 84.6 | 1452.13 | 40.6 |
| 负债总计 | Total Liabilities | 6742.06 | 5418.89 | 80.4 | 1942.37 | 28.8 |
| 主营业务收入 | Revenue from Principal Business | 7357.43 | 5135.87 | 69.8 | 1562.69 | 21.2 |
| 主营业务成本 | Cost of Sales | 5653.03 | 3837.60 | 67.9 | 1147.89 | 20.3 |
| 主营业务税金及附加 | Sales Tax and Extra Charges | 290.17 | 254.59 | 87.7 | 40.38 | 13.9 |
| 亏损企业亏损额 | Total Deficit of Loss Making Industrial Enterprises | 123.47 | 89.13 | 72.2 | 26.92 | 21.8 |
| 利税总额 | Total Profits and Taxes | 1268.68 | 1023.18 | 80.6 | 356.97 | 28.1 |
| 资金利税率(%) | Ratio of Pre-Tax Profit and Assets(%) | 17.58 | 17.53 | 99.7 | 15.00 | 85.3 |

# 14-19 规模以上大中型工业企业分行业主要经济指标(2013)

单位：亿元

| 指　　标 | Item | 企业单位数（个）Number of Enterprises (unit) |
|---|---|---|
| **总　　计** | **Total** | **877** |
| 采矿业 | Mining | 347 |
| #煤炭开采和洗选业 | Mining and Washing of Coal | 331 |
| 黑色金属矿采选业 | Mining and Processing of Ferrous Metal Ores | 6 |
| 有色金属矿采选业 | Mining and Processing of Non-Ferrous Metal Ores | 2 |
| 非金属矿采选业 | Mining and Processing of Non-metal Ores | 8 |
| 制造业 | Manufacturing | 430 |
| #农副食品加工业 | Processing of Food from Agricultural Products | 15 |
| 食品制造业 | Manufacture of Foods | 7 |
| 酒、饮料和精制茶制造业 | Manufacture of Liquor, Beverages and Refined Tea | 40 |
| 烟草制品业 | Manufacture of Tobacco | 4 |
| 纺织业 | Manufacture of Textile | 4 |
| 皮革、毛皮、羽毛及其制品和制鞋业 | Manufacture of Leather, Fur, Feathers and other Products and Footwear | 7 |
| 木材加工和木、竹、藤、棕、草制品业 | Processing of Timber, Manufacture of Wood, Bamboo, Rattan, Palm and Straw Products | 21 |
| 家具制造业 | Manufacturing of Furniture | 2 |
| 造纸和纸制品业 | Manufacture of Paper and Paper Products | 5 |
| 印刷和记录媒介复制业 | Printing, Reproduction of Recording Media | 2 |
| 文教、工美、体育和娱乐用品制造业 | Manufacture of Articles for Culture, Education, Arts and Crafts, Sport and Entertainment Activities | 2 |
| 石油加工、炼焦和核燃料加工业 | Processing of Petroleum, Coking, Processing of Nuclear Fuel | 6 |
| 化学原料和化学制品制造业 | Manufacture of Raw Chemical Materials and Chemical Products | 48 |
| 医药制造业 | Manufacture of Medicines | 26 |
| 橡胶和塑料制品业 | Manufacture of Plastics | 9 |
| 非金属矿物制品业 | Manufacture of Non-metallic Mineral Products | 68 |
| 黑色金属冶炼和压延加工业 | Smelting and Pressing of Ferrous Metals | 41 |
| 有色金属冶炼和压延加工业 | Smelting and Pressing of Non-ferrous Metals | 22 |
| 金属制品业 | Manufacture of Metal Products | 10 |
| 通用设备制造业 | Manufacture of General Purpose Machinery | 14 |
| 专用设备制造业 | Manufacture of Special Purpose Machinery | 10 |
| 汽车制造业 | Manufacture of Automotive | 12 |
| 铁路、船舶、航空航天和其他运输设备制造业 | Manufacture of Transport Equipment | 19 |
| 电气机械和器材制造业 | Manufacture of Electrical Machinery and Apparatus | 12 |
| 计算机、通信和其他电子设备制造业 | Manufacture of Communication Equipment, Computers and Other Electronic Equipment | 12 |
| 仪器仪表制造业 | Manufacture of Measuring Instruments and Machinery | 4 |
| 其他制造业 | Others | 6 |
| 电力、燃气及水的生产和供应业 | Production and Supply of Electric Power,Gas and Water | 100 |
| #电力、热力的生产和供应业 | Production and Supply of Electric Power and Heat Power | 90 |
| 燃气生产和供应业 | Production and Supply of Gas | 3 |
| 水的生产和供应业 | Production and Supply of Water | 7 |

# Main Indicators on Economic of Large and Medium Industrial Enterprises by Sector

(100 million yuan)

| 工业总产值 Total Output Value of Industry | 资产合计 Total Assets | 主营业务收入 Revenue from Principal Business | 利税总额 Total Profits and Taxes | #利润总额 Total Profits |
|---|---|---|---|---|
| **5538.50** | **8185.95** | **5135.87** | **1023.18** | **490.37** |
| 931.40 | 1551.98 | 791.39 | 160.54 | 76.53 |
| 878.43 | 1525.25 | 741.83 | 144.78 | 65.93 |
| 7.43 | 3.09 | 7.04 | 2.35 | 1.73 |
| 3.47 | 2.40 | 3.51 | 0.21 | 0.13 |
| 42.08 | 21.24 | 39.00 | 13.21 | 8.75 |
| 3403.80 | 4361.01 | 3205.87 | 793.38 | 396.19 |
| 35.98 | 27.13 | 34.38 | 3.35 | 2.34 |
| 42.95 | 35.75 | 40.47 | 12.18 | 9.67 |
| 460.28 | 880.83 | 441.06 | 336.80 | 243.18 |
| 348.60 | 248.26 | 339.47 | 257.71 | 45.08 |
| 4.45 | 4.70 | 2.31 | 0.03 | -0.01 |
| 23.81 | 10.47 | 37.40 | 1.87 | 1.12 |
| 50.97 | 10.80 | 50.31 | 6.35 | 2.43 |
| 4.40 | 2.59 | 3.91 | 0.67 | 0.40 |
| 12.18 | 33.57 | 12.92 | 0.84 | -0.95 |
| 4.42 | 6.63 | 4.10 | 1.46 | 1.14 |
| 1.17 | 0.89 | 1.01 | 0.11 | 0.09 |
| 57.13 | 54.34 | 43.89 | 2.92 | 2.17 |
| 499.21 | 1027.10 | 559.47 | 39.34 | 26.08 |
| 215.30 | 183.68 | 165.99 | 36.01 | 22.61 |
| 127.58 | 96.75 | 90.07 | 7.70 | 4.12 |
| 277.22 | 369.61 | 244.58 | 47.42 | 34.88 |
| 430.75 | 348.17 | 416.93 | 11.86 | -0.55 |
| 349.13 | 481.93 | 303.01 | 2.05 | -5.54 |
| 41.23 | 63.56 | 40.64 | 2.54 | 0.80 |
| 34.81 | 42.04 | 29.72 | 2.54 | 1.15 |
| 28.48 | 50.11 | 26.03 | 2.43 | 1.16 |
| 124.53 | 91.63 | 126.95 | 10.33 | 1.24 |
| 93.02 | 198.76 | 81.32 | -2.75 | -3.79 |
| 61.09 | 39.21 | 47.78 | 2.52 | 1.76 |
| 44.72 | 15.67 | 36.41 | 2.66 | 1.69 |
| 6.01 | 8.26 | 5.25 | 0.90 | 0.45 |
| 18.34 | 25.55 | 16.14 | 2.80 | 2.75 |
| 1203.30 | 2272.96 | 1138.61 | 69.26 | 17.65 |
| 1168.74 | 2178.51 | 1104.62 | 68.57 | 17.60 |
| 26.42 | 45.16 | 27.57 | -0.32 | -0.49 |
| 8.14 | 49.29 | 6.42 | 1.01 | 0.54 |

# 14-20 规模以上工业销售产值(2013)
# Output Value of Industrial Sales above Designated Size

单位：亿元 (100 million yuan)

| 类别 | Item | 销售产值 Sales Value | #出口交货值 Delivery Value of Industry |
|---|---|---|---|
| **总计** | **Total** | **7650.08** | **100.00** |
| #国有控股企业 | State-controlled Enterprises | 3435.16 | 81.25 |
| **按登记注册类型分** | **Grouped by Registration** | | |
| 内资企业 | Domestic Enterprises | 7428.47 | 93.35 |
| 国有企业 | State-owned Enterprises | 1619.55 | 28.99 |
| 中央企业 | Central | 809.24 | |
| 地方企业 | Local | 810.31 | 28.99 |
| 集体企业 | Collective-owned Enterprises | 18.87 | |
| 股份合作企业 | Cooperation Enterprises | 19.74 | |
| 联营企业 | Joint-owned Enterprises | 14.36 | |
| 有限责任公司 | Limited Liability Corporations | 3192.58 | 37.05 |
| 股份有限公司 | Share Holding Enterprises | 532.39 | 24.00 |
| 私营企业 | Private Enterprises | 2010.79 | 3.30 |
| 其他企业 | Others | 20.19 | |
| 港、澳、台商投资企业 | Enterprises with Funds from Hong kong,Macao and Taiwan | 83.49 | 1.48 |
| 外商投资企业 | Foreign Funded Enterprises | 138.12 | 5.18 |
| **按轻重工业分** | **Grouped by Type of Light and Heavy Industry** | | |
| 轻工业 | Light Industry | 1695.36 | 16.57 |
| 重工业 | Heavy Industry | 5954.72 | 83.43 |
| **按企业规模分** | **Grouped by Scale of Enterprise** | | |
| 大型企业 | Large Enterprises | 2773.51 | 79.66 |
| 中型企业 | Medium-sized Enterprises | 2452.47 | 8.46 |
| 小型企业 | Small Enterprises | 2398.31 | 11.88 |
| 微型企业 | Micro-enterprises | 25.79 | |

# 14-21 规模以上工业主要产品产量、销售量和产销率(2013)

## Output, Sales Volume, Ratio of Produots Solcl of Major Industrial Products above Designated Size

| 产品名称 | Item | 产 量 Output | 销售量 Sales Volume | 产销率(%) Ratio of Products Sold(%) | 2013年比2012年增长(%) Increase Rate in 2013 over 2012(%) | |
|---|---|---|---|---|---|---|
| | | | | | 产 量 Output | 销售量 Sales Volume |
| 磷矿石(折含P2O530%)(万吨) | Phosphorite Mineral(10000 tons) | 2905.44 | 1930.93 | 66.5 | 27.3 | 33.9 |
| 配混合饲料(万吨) | Forage(10000 tons) | 103.38 | 100.39 | 97.1 | 48.6 | 52.1 |
| 成品糖(万吨) | Sugar(10000 tons) | 6.43 | 6.27 | 97.6 | 306.7 | 2012.4 |
| 乳制品(吨) | Dairy Products(ton) | 67355.80 | 66836.80 | 99.2 | 14.5 | 13.6 |
| 罐头(吨) | Canned Food(ton) | 19350.60 | 19419.10 | 100.4 | 35.2 | 35.0 |
| 饮料酒(万千升) | Alcohol Beverages(10000 kiloliter) | 91.21 | 83.53 | 91.6 | 35.8 | 30.2 |
| #白酒 | White Spirit | 30.49 | 22.89 | 75.1 | 13.7 | -2.5 |
| 啤酒 | Beer | 57.02 | 57.00 | 100.0 | 41.8 | 40.2 |
| 软饮料(万吨) | Soft Drink(10000 tons) | 247.46 | 254.82 | 103.0 | 79.6 | 107.9 |
| 卷烟(万箱) | Cigarettes(10000 cases) | 254.29 | 250.18 | 98.4 | 2.0 | 2.8 |
| 纱(万吨) | Yarn(10000 tons) | 1.88 | 1.88 | 100.3 | 45.5 | 56.5 |
| 布(万米) | Cloth(10000 m) | 1000.00 | 700.00 | 70.0 | 82.4 | 46.2 |
| 丝(吨) | Silk(ton) | 233.60 | 231.60 | 99.1 | 83.2 | 84.5 |
| 服装(万件) | Garment(10000 pieces) | 1929.40 | 2053.10 | 106.4 | 314.5 | 335.5 |
| 人造板(万立方米) | Artificial Board(10000cu.m) | 281.34 | 277.64 | 98.7 | 64.4 | 70.2 |
| 机制纸(万吨) | Machine-made Paper(10000 tons) | 24.80 | 24.76 | 99.8 | 84.4 | 85.5 |
| 硫酸(折100%)(万吨) | Sulfuric Acid(10000 tons) | 650.01 | 41.04 | 6.3 | -1.2 | 59.2 |
| 氢氧化钠(烧碱折100%)(万吨) | Caustic Soda(10000 tons) | 13.94 | 12.75 | 91.5 | -25.2 | -26.2 |
| 碳化钙(电石折300升/千克)(万吨) | Calcium Carbide(10000 tons) | 21.87 | 21.68 | 99.2 | -41.4 | -42.1 |
| 合成氨(万吨) | Synthetic Ammonia(10000 tons) | 208.02 | 92.60 | 44.5 | 33.4 | 80.6 |
| 农用化学肥料总计(折纯)(万吨) | Chemical Fertilizer(10000 tons) | 524.26 | 504.40 | 96.2 | 4.1 | -1.2 |
| #氮肥(折含N100%) | Nitrogen Fertilizer | 241.81 | 234.99 | 97.2 | 2.6 | -0.7 |
| #尿素 | Carbamide | 106.18 | 106.57 | 100.4 | 12.7 | 13.7 |
| 磷肥(折合P2O5100%) | Phosphate Fertilizer | 274.89 | 263.58 | 95.9 | 4.2 | -2.4 |

14-21 续表 continued

| 产品名称 | Item | 产 量<br>Output | 销售量<br>Sales Volume | 产销率(%)<br>Proportion of Products Sold(%) | 2013年比2012年增长(%) Increase Rate in 2013 over 2012(%)<br>产 量<br>Output | <br>销售量<br>Sales Volume |
|---|---|---|---|---|---|---|
| 纯苯(吨) | Pure Benzene(ton) | 15644 | 15671 | 100.2 | 17.5 | 17.5 |
| 合成洗涤剂(万吨) | Synthetic Detergents(10000 tons) | 8.83 | 8.63 | 97.8 | 211.9 | 204.9 |
| 轮胎外胎(万条) | Tires(10000 tires) | 602.15 | 591.04 | 98.2 | -3.3 | 8.7 |
| 塑料制品(万吨) | Plastic Products(10000 tons) | 56.67 | 48.28 | 85.2 | 66.0 | 55.0 |
| #农用薄膜(吨) | Rural Use Membrane(ton) | 7414.00 | 7414.00 | 100.0 | 188.5 | 188.5 |
| 水泥(万吨) | Cement(10000 tons) | 8352.95 | 8253.73 | 98.8 | 36.9 | 36.1 |
| 生铁(万吨) | Pig Iron(10000 tons) | 539.22 | 89.42 | 16.6 | -2.5 | 7.0 |
| 粗钢(万吨) | Steel(10000 tons) | 531.44 | 1.74 | 0.3 | … | -82.3 |
| 成品钢材(万吨) | Steel Products(10000 tons) | 573.28 | 570.87 | 99.6 | 2.3 | 2.0 |
| #盘条(线材)(万吨) | Wire Rod(10000 tons) | 183.90 | 182.22 | 99.1 | 21.0 | 19.5 |
| 无缝钢管(吨) | Seamless Steel Pipe(ton) | 12552.20 | 12809.30 | 102.0 | -94.6 | -94.4 |
| 铁合金(万吨) | Iron Alloy(10000 tons) | 327.25 | 322.90 | 98.7 | 5.7 | 9.8 |
| 十种有色金属(万吨) | Ten kinds of Nonferrous Metals(10000 tons) | 118.59 | 115.44 | 97.3 | 7.2 | 3.7 |
| #铅(吨) | Lead(ton) | 5980.00 | 5980.00 | 100.0 | -8.6 | -8.6 |
| 锌(万吨) | Zinc(10000 tons) | 2.77 | 2.78 | 100.5 | -0.5 | 3.4 |
| 铝(万吨) | Aluminium(10000 tons) | 112.28 | 109.02 | 97.1 | 7.6 | 3.6 |
| 氧化铝(万吨) | Alumina(10000 tons) | 360.32 | 311.68 | 86.5 | 33.4 | 69.2 |
| 铝材(万吨) | Aluminium Material(10000 tons) | 27.15 | 27.12 | 99.9 | 132.0 | 138.2 |
| 金属切削机床(台) | Metal-cutting Machine Tools(set) | 1715 | 2014 | 117.4 | 59.5 | 103.4 |
| 小型拖拉机(辆) | Mini-tractors(set) | 12314 | 11797 | 95.8 | 258.1 | 431.2 |
| 交流电动机(万千瓦) | Alternating Current Motor(10000 kw) | 42.33 | 34.68 | 81.9 | 2.2 | 23.0 |
| 家用电冰箱(万台) | Household Refrigerators(10000 sets) | 155.33 | 156.11 | 100.5 | -2.3 | 4.0 |
| 集成电路(万块) | Semiconductor Integrated Circui(10000 pcs) | 643.50 | 642.00 | 99.8 | -58.7 | -61.1 |
| 彩色电视机(万部) | Color TV Sets(10000 sets) | 121.97 | 129.59 | 106.2 | 34.6 | 47.6 |

# 14-22 高技术产业基本情况

## Basic Statistics on High-tech Industry

| 行 业 | Item | 2008 | 2009 | 2010 | 2011 | 2012 | 2013 |
|---|---|---|---|---|---|---|---|
| 规模以上高技术企业数(个) | Number of Enterprises (unit) | 154 | 149 | 155 | 157 | 187 | 147 |
| 从业人员年平均人数(万人) | Annual Average Number of Employees (10 000 persons) | 6.66 | 6.78 | 6.77 | 6.82 | 7.43 | |
| 工业总产值(亿元) | Gross Output Value(100 million yuan) | 231.56 | 273.92 | 320.96 | 392.87 | 423.57 | 518.96 |
| 主营业务收入(亿元) | Revenue from Principal Business (100 million yuan) | 190.57 | 225.65 | 260.26 | 316.59 | 345.80 | 412.53 |
| 利税总额(亿元) | Pre-Tax Profits(100 million yuan) | 25.67 | 29.32 | 33.21 | 35.18 | 45.17 | 50.90 |
| 利润总额(亿元) | Profits (100 million yuan) | 16.16 | 18.89 | 21.38 | 22.38 | 28.07 | 30.47 |

注：高技术产业统计口径2008—2012年为全部年主营业务收入500万元及以上工业企业，2013年为全部年主营业务收入2000万元及以上工业企业。

Note: From 2008 to 2012, High-tech Industry statistics was the industrial of main business income of 5 million yuan and above, Data in 2013 is allthe main business year income of 20 million yuan and above industrial enterprise.

# 主要统计指标解释

**工业** 指从事自然资源的开采，对采掘品和农产品进行加工和再加工的物质生产部门。具体包括：(1) 对自然资源的开采，如采矿、晒盐等（但不包括禽兽捕猎和水产捕捞）；(2) 对农副产品的加工、再加工，如粮油加工、食品加工、缫丝、纺织、制革等；(3) 对采掘品的加工、再加工，如炼铁、炼钢、化工生产、石油加工、机器制造、木材加工等，以及电力、自来水、煤气的生产和供应等；(4) 对工业品的修理、翻新，如机器设备的修理、交通运输工具的修理等。

1984 年以前农村的村及村以下办工业归属农业，1984 年以后划归工业。

工业统计调查单位为独立核算法人工业企业。

独立核算法人工业企业指从事工业生产经营活动的单位。独立核算法人工业企业应同时具备以下条件：①依法成立，有自己的名称、组织机构和场所，能够承担民事责任；②独立拥有和使用资产，承担负债，有权与其他单位签订合同；③独立核算盈亏，并能够编制资产负债表。

本年鉴中涉及的企业登记注册类型：

**国有企业** 国有企业（即原全民所有制工业或国营工业）指企业全部资产归国家所有，并按《中华人民共和国企业法人登记管理条例》规定登记注册的非公司制的经济组织。包括国有企业、国有独资公司和国有联营企业。1957 年以前的公私合营和私营工业，后均改造为国营工业，1992 年改为国有工业，这部分工业的资料不单独分列时，均包括在国有企业内。

**集体企业** 指企业资产归集体所有，并按《中华人民共和国企业法人登记管理条例》规定登记注册的经济组织。是社会主义公有制经济的组成部分。包括城乡所有使用集体投资举办的企业，以及部分个人通过集资自愿放弃所有权并依法经工商行政管理机关认定为集体所有制的企业。

**股份合作企业** 指以合作制为基础，由企业职工共同出资入股，吸收一定比例的社会资产投资组建，实行自主经营，自负盈亏，共同劳动，民主管理，按劳分配与按股分红相结合的一种集体经济组织。

**联营企业** 指两个及两个以上相同或不同所有制性质的企业法人或事业单位法人，按自愿、平等、互利的原则，共同投资组成的经济组织。联营企业包括：

国有联营企业指国有企业与国有企业间的联营；

集体联营企业指集体企业与集体企业间的联营；

国有与集体联营企业指国有企业与集体企业间的联营。

**有限责任公司** 指根据《中华人民共和国公司登记管理条例》规定登记注册，由两个以上，五十个以下的股东共同出资，每个股东以其所认缴的出资额对公司承担有限责任，公司以其全部资产对其债务承担责任的经济组织。

有限责任公司包括国有独资公司以及其他有限责任公司。

**股份有限公司** 指根据《中华人民共和国企业法人登记管理条例》规定登记注册，其全部注册资本由等额股份构成并通过发行股票筹集资本，股东以其认购的股份对公司承担有限责任，公司以其全部资产对其债务承担责任的经济组织。

**私营企业** 指由自然人投资设立或由自然人控股，以雇佣劳动为基础的营利性经济组织。包括按照《公司法》、《合伙企业法》、《私营企业暂行条例》规定登记注册的私营有限责任公司、私营股份有限公司、私营合伙企业和私营独资企业。

**港、澳、台商投资企业** 指企业注册登记类型中的港、澳、台资合资、合作、独资经营企业和股份有限公司之和。

**外商投资企业** 指企业注册登记类型中的中外合资、合作经营企业、外资企业和外商投资股份有限公司之和。

**国有控股** 国有控股企业是对混合所有制经济的企业进行的“国有控股”分类。它是指这些企业的全部资产中国有资产（股份）相对其他所有者中的任何一个所有者占资（股）最多的企业。该分组反映了国有经济控股情况。

**轻工业** 指主要提供生活消费品和制作手工工具的工业。按其所使用的原料不同，可分为两大类：(1) 以农产品为原料的轻工业，是指直接或间接以农产品为基本原料的轻工业。主要包括食品制造、饮料制造、烟草加工、纺织、缝纫、皮革和毛皮制作、造纸以及印刷等工业；(2) 以非农产品为原料的轻工业，是指以工业品为原料的轻工业。主要包括文教体育用品、化学药品制造、合成纤维制造、日用化学制品、日用玻璃制品、日用金属制品、手工工具制造、医疗器械制造、文化和办公用机械制造等工业。

**重工业** 指为国民经济各部门提供物质技术基础的主要生产资料的工业。按其生产性质和产品用途，可以分为下列三类：(1) 采掘（伐）工业，是指对自然资源的开采，包括石油开采、煤炭开采、金属矿开采、非金属矿开采等工业；(2) 原材料工业，指向国民经济各部门提供基本材料、动力和燃料的工业。包括金属冶炼及加工、炼焦及焦炭、化学、化工原料、水泥、人造板以及电力、石油和煤炭加工等工业；(3) 加工工业，是指对工业原材料进行再加工制造的工业。包括装备国民经济各部门的机械设备制造工业、金属结构、水泥制品等工业，以及为农业提供的生产资料如化肥、农药等工业。

根据上述划分原则，修理业中以重工业产品为修理作业对象的划为重工业，反之划为轻工业。

**工业总产值**

(1) 定义：工业总产值是以货币形式表现的，工业企业在一定时期内生产的工业最终产品或提供工业性劳务活动的总价值量。它反映一定时间内工业生产的总规模和总水平。

(2) 计算原则：

工业生产的原则，即凡是企业在报告期生产的经检验合格的产品，不管是否在报告期销售，均包括在内。

最终产品的原则，即凡是计入工业总产值的产品，必须是本企业生产的经检验合格的，不需要再进行任何加工的最终产品。如果企业有中间产品（半成品）对外销售，则对外销售的中间产品应视为企业的最终产品。

工厂法原则，即工业总产值是以工业企业作为基本计算（核算）单位，即按企业的最终产品计算工业总产值。按这种方法计算的工业总产值，不允许同一产品价值在企业内部重复计算，不能把企业内部各个车间（分厂）生产的成果相加，但允许企业间的重复计算。

(3) 内容及计算方法：1995 年全国工业普查对工业总产值（原规定）的内容及计算原则和方法做了某些修订，修订后的工业总产值（新规定）包括三项内容：即本期生产成品价值、对外加工费收入、在制品半成品期末期初差额价值三部分。

本期生产成品价值：指企业本期生产，并在报告期内不再进行加工，经检验、包装入库的全部工业成品（半产品）价值合计，包括企业生产的自制设备及提供给本企业在建工程、其他非工业部门和福利部门等单位使用的成品价值。本期生产成品价值为按自备原材料生产的产品的数量乘以本期不含增值税（销项税额）的产品实际销售平均单价计算；会计核算中按成本价格转帐的自制设备和自产自用的成品，按成本价格计算生产成品价值。生产成品价值中不包括用定货者来料加工的成品（半产品）价值。

对外加工费收入：指企业在报告期内完成的对外承接的工业品加工（包括用定货者来料加工产品）的加工费收入和对外工业修理作业所取得的加工费收入。对外加工费收入按不含增值税（销项税额）的价格计算，可根据会计“产品销售收入”科目的有关资料取得。

对于本企业对内非工业部门提供的加工修理、设备安装的劳务收入，如果企业会计核算基础较好，能取得这部分资料，而且这部分价值所占比重较大，应包括在对外加工费收入中。

自制半成品在制品期末期初差额价值：指企业报告期在制品期末减期初的差额价值，本指标一般可以从会计核算资料中取得。如果会计产品成本核算中不计算半成品、在制品的成本，则总产值中也不包括这部分价值，反之则包括。

(4) 工业总产值统计范围变化和计算方法修订情况：

1984 年以前工业总产值不包括村办工业，村办工业总产值划归农业。1984 年以后工业总产值包括村办工业。

1995 年工业普查对工业总产值计算方法做了修订，即从 1995 年始按新修订（新规定）方法计算工业总产值。新规定与原规定的区别如下：

全价与加工费的计算原则不同：新规定为凡自备原材料，不论其生产繁简程度如何，一律按全价计算工业总产值；凡来料加工，允许按加工费计算工业总产值。原规定则视生产加工的繁简程度不同，规定哪些行业按全价，哪些行业按加工费计算工业总产值。

自制半成品、在产品期末期初差额价值的计算原则不同：新规定要求，凡会计产品成本核算时计算了成本的差额价值，总产值中就应包括，否则可不包括；原规定则按生产周期六个月的界限区分，凡生产周期六个月以上的企业，总产值计算中应包括这部分差额价值，否则可不包括。

计算价格不同：新规定按不含增值税（销项税额）的价格计算；原规定则按含增值税（销项税额）的价格计算。

**工业增加值**　指工业企业在报告期内以货币表现的工业生产活动的最终成果。

工业增加值有两种计算方法：一是生产法，即工业总产出减去工业中间投入加上应交增值税；二是收入法，是从工业生产过程中创造的原始收入初次分配角度入手，对工业生产活动最终成功进行核算的一种方法。本年鉴中的工业增加值是以收入法计算的。

收入法工业增加值的计算方法为：

工业增加值 = 固定资产折旧 + 劳动者报酬 + 生产税净额 + 营业盈余

固定资产折旧是一定时期内工业企业为弥补固定资产损耗，按照核定的固定资产折旧率提取的折旧额，反映固定资产在当期生产中的转移价值。

劳动者报酬是指工业企业的劳动者因从事生产活动所获得的全部报酬。包括劳动者获得的各种形式的工资、奖金和津贴，既包括货币形式的，也包括实物形式的，还包括劳动者所享受的公费医疗和医药卫生费、上下班交通补贴、单位支付的社会保障费、住房公积金等。对于个体经济来说，其所有者所获得的劳动报酬和经营利润不易区分，这两部分统一作为劳动者报酬处理。

生产税净额是指工业企业的生产税减生产补贴后的余额。生产税指政府对生产单位从事生产、销售和经营活动以及因从事生产活动使用某些生产要素（如固定资产、土地、劳动力）所征收的各种税、附加费和规费。生产补贴与生产税相反，指政府对生产单位的单方面转移支出，因此视为负生产税，包括政策亏损补贴、价格补贴等。

营业盈余是指工业企业创造的增加值扣除劳动者报酬、生产税净额和固定资产折旧后的余额。它相当于企业的营业利润加上生产补贴，但要扣除从利润中开支的工资和福利等。

**资产总计**　指企业拥有或控制的能以货币计量的经济资源，包括各种财产、债权和其他权利。资产按流动性分为流动资产、长期投资、固定资产、无形资产、递延资产和其他资产。该指标根据企业会计“资产负债表”中“资产总计”项目的期末数增列。

**流动资产平均余额**　指企业在报告期内全部流动资产的平均余额。

**固定资产净值年平均余额**　指固定资产净值在报告期内余额的平均数。计算公式为：

$$固定资产净值年平均余额=\frac{1至12月各月月初+月末固定资产净值}{24}$$

该指标根据“资产负债表”中“固定资产原价”、“累计折旧”指标的期初、期末数计算填列。

固定资产净值指固定资产原价减去历年已提折旧额后的净额。计算公式为：

固定资产净值＝固定资产原价－累计折旧

**产品销售收入**　指企业在报告期内生产的成品、自制半成品和工业性劳务取得的收入。

**产品销售成本**　指企业在报告期内销售本企业生产的成品、自制半成品和工业性劳务等的实际成本。

**产品销售税金及附加**　指企业在报告期内销售产品、提供的劳务等主要经营业务应负担的城市维护建设税、消费税、资源税和教育费附加等。

**利润总额**　指企业生产经营活动的最终成果，是企业在一定时期内实现的盈亏相抵后的利润总额（亏损以“-”号表示），它等于营业利润加上补贴收入加上投资收益加上营业外净收入再加上以前年度损益调整。

**本年应交增值税**　指企业在报告期内应交纳的增值税额。它等于本年销项税额加上出口退税加上进项税额转出数减去本年进项税额。小规模纳税企业直接按全年计税销售额乘以征收率计算取得。

**总资产贡献率**　反映企业全部资产的获利能力，是企业经营业绩和管理水平的集中体现，是评价和考核企业盈利能力的核心指标。计算公式为：

$$总资产贡献率=\frac{利润总额+税金总额+利息支出}{平均资金总额}\times 100\%$$

公式中：税金总额为产品销售税金及附加与应交增值税之和；平均资产总额为期初期末资产之和的算术平均值。

**资产负债率**　该指标既反映企业经营风险的大小，也反映企业利用债权人提供的资金从事经营活动的能力。计算公式为：

$$资产负债率=\frac{负债总额}{资产总额}\times 100\%$$

资产与负债均为报告期期末数。

**流动资产周转次数**　指一定时期内流动资产完成的周转次数，反映投入工业企业流动资金的周转速度。计算公式为：

$$流动资产周转次数=\frac{产品销售收入}{全部流动资产平均余额}$$

公式中：全部流动资产平均余额为期初和期末的流动资产之和的算术平均值。

**成本费用利润率**　反映企业投入的生产成本及费用的经济效益，同时也反映企业降低成本所取得的经济效益。计算公式为：

$$成本费用利润率=\frac{利润总额}{成本费用总额}\times 100\%$$

公式中：成本费用总额为产品销售成本、销售费用、管理费用、财务费用之和。

# Explanatory Notes on Main Statistical Indicators

**Industry** refers to the material production sector which is engaged in the extraction of natural resources and processing and reprocessing of minerals and agricultural products, including (1) extraction of natural resources, such as mining, salt production (but not including hunting and fishing); (2) processing and reprocessing of farm and sideline produces, such as rice husking, flour milling, wine making, oil pressing, silk reeling, spinning and weaving, and leather making; (3) manufacture of industrial products, such as steel making, iron smelting, chemicals manufacturing, petroleum processing, machine building, timber processing; water and gas production and electricity generation and supply; (4)repairing of industrial products such as the repairing of machinery and means of transport (including cars).

Before 1984, the rural village and home office industrial were placed under the agriculture, but after 1984 were placed under the industry.

In industrial statistics surveys, the units of enquiry are corporate industrial enterprises with independent accounting systems.

**Corporate industrial enterprises with independent accounting systems** refer to enterprises engaging in industrial production activities, which meet the following requirements: (1) They are established legally, having their own names, organizations, location and able to take civil liability; (2) They possess and use their assets independently, assume liabilities and are entitled to sign contracts with other units; (3) They are financially independent and compile their own balance sheets.

Enterprises covered in the industrial statistics in the Yearbook include the following categories by their registration:

**State-owned Enterprises** refer to State-owned enterprises plus State-holding enterprises. State-owned enterprises (originally known as State-run enterprises with ownership by the whole society) are non-corporate economic entities registered in accordance with the Regulation of the People's Republic of China on the Management of Registration of Legal Enterprises, where all assets are owned by the State.. Don't include the State-owned company of limited liability companies.

**Collective-owned Enterprises** refer to economic entities registered in accordance with the Regulation of the People's Republic of China on the Management of Registration of Legal Enterprises, where assets are owned collectively.

**Joint-equity Cooperative Enterprises** refer to economic units set up on a cooperative basis, with funding partly from employees of the enterprise and partly from outside investment, where the operation and management is decided by all the members who also participate in the production, and the distribution of income is based both on work (labour input) and on shares (capital input).

**Joint Ownership Enterprises** refer to economic units that are established by joint investment by two or more corporate enterprises or institutions of the same or different types of ownership on voluntary, equal and mutual-beneficial basis. They include State-owned joint-operation enterprises, Collective joint-operation enterprises, State-owned and Collective joint-operation enterprises, and other joint ownership enterprises.

a) State-owned joint-operation enterprises: refer to the joint-operation enterprises are State-owned.

b) Collective joint-operation enterprises: refer to the joint-operation enterprises are Collective-owned.

c) State-owned and Collective joint-operation enterprises: refer to the joint-operation enterprises are both State-owned and Collective-owned.

d) Other joint ownership enterprises: the other joint-operation enterprises besides above three joint-operation enterprises.

**Limited Liability Corporations** refer to economic units registered in accordance with the Regulation of the People's Republic of China on the Management of Registration of Corporations, with capital from 2 to 49 investors, each investor bears limited liability to the corporation depending on his/her holding of shares, and the corporation bears liability to its debt to the maximum of its total assets. Limited liability corporations include state sole funded corporations and other limited liability corporations.

**Share-holding Corporations Ltd** refer to economic units registered in accordance with the Regulation of the People's Republic of China on the Management of Registration of Corporate Enterprises, with total registered capital divided into equal shares and raised through issuing stocks. Each investor bears limited liability to the corporation depending on the holding of shares, and the corporation bears liability to its debt to the maximum of its total assets.

**Private Enterprises** refer to economic units invested or controlled (by holding the majority of the shares) by natural persons who hire labours for profit-making activities. Included in this category are private limited liability corporations, private share-holding corporations Ltd., private partnership enterprises and private sole investment enterprises registered in accordance with the Corporation Law, Partnership Enterprise Law and Tentative Regulation on Private Enterprises.

**Enterprises with Funds from Hong Kong, Macao and Taiwan** refers to all industrial enterprises registered as the joint-venture, cooperative, sole (exclusive) investment industrial enterprises and limited liability corporations with funds from Hong Kong, Macao and Taiwan.

**Foreign Funded Enterprises** refer to all industrial enterprises registered as the joint-venture, cooperative, sole (exclusive) investment industrial enterprises and limited liability corporations with foreign funds.

State-owned holding include: (1) In all the paid in capital of enterprise, the State-owned holding ratio of the paid in capital which is owned by the State-owned economy component sponsors account for all the paid in capital is greater than 50%. (2) In all the paid in capital of enterprise, the State-owned holding ratio of the paid in capital which is owned by the State-owned economy component sponsors is no more than 50%, but the ratio is larger than any other economy component investor proportion's relative State-owned holding; or the protocol holdings which the proportion is not great than that of other sectors of the economy, but own the enterprise actual control rights according to the agreement. (3) The enterprises which is not clear who have the holding right and the parties to the investment each account for 50%; if the economy component of one party is the State-owned ,it should be treatment according the State-owned holding.

**Light Industry** refers to the industry that produces consumer goods and hand tools. It consists of two categories, depending on the materials used:

(1) Industries using farm products as raw materials. These are the branches of light industry which directly or indirectly use farm products as basic raw materials, including the manufacture of food and beverages, tobacco processing, textile, clothing, fur and leather manufacturing, paper making, printing, etc.

(2) Industries using non-farm products as raw materials. These are the branches of light industry which use manufactured goods as raw materials, including the manufacture of cultural, educational articles and sports goods, chemicals, synthetic fibre, chemical products for daily use, glass products for daily use, metal products for daily use, hand tools, medical apparatus and instruments, and the manufacture of cultural and office machinery.

**Heavy Industry** refers to the industry which produces capital goods, and provides various sectors of the national economy with necessary material and technical basis for production. It consists of the following three branches according to the purpose of production or the use of products:

(1) Mining, quarrying and logging industry, which refers to the industry that extracts natural resources, including extraction of petroleum, coal, metal and non-metal ores.

(2) Raw materials industry refers to the industry that provides various sectors of the national economy with raw materials, fuels and power. It includes smelting and processing of metals, coking and coke chemistry, chemical materials and building materials such as cement, plywood, and power, petroleum refining and coal dressing.

(3) Manufacturing industry which refers to the industry that processes raw materials. It includes machine-building industries which equip sectors of the national economy; industries producing metal structure and cement products; and industries producing means of agricultural production, such as chemical fertilizers and pesticides.

In accordance with the above principles of classification, the repairing trades, which are engaged primarily in repairing products of heavy industry, are classified as heavy industry while those which are engaged in repairing products of light industry are classified as light industry.

Gross Industrial Output Value

(1) Definition: Gross industrial output value is the total volume of final industrial products produced and industrial services provided during a given period. It reflects the total achievements and overall scale of industrial production during a given period.

(2) Principles for calculation:

(a) Industrial production principle. Statistics on industrial production follow the principle that all products produced by the enterprises and accepted through quality check during the reference period are to be included no matter whether they are sold or not during the reference period.

(b) The final product principle. Determination of final products follows the principle that all products that are included in the calculation of gross industrial output value are the final products of the enterprise which have been accepted through quality check and require no further processing. If an enterprise has intermediate (semi-finished) products to sell, these intermediate products are considered as the final products of the enterprise.

(c).Factory law principle. The corporate in industrial enterprises as a whole to calculate total industrial output value, it is the total value of the final product and service quantity in the reporting period.

(3) Content and method of calculation: The revised (new) definition of gross industrial output value consists of 3 components: value of the finished products during the reference period, income from processing for external parties, and value of change in semi-finished products between the end and the beginning of the reference period.

(a)Value of finished products during the reference period: refers to the value of all finished (semi-finished) industrial products that are produced during the reference period without the need for further processing, checked for acceptance, packed and put into the warehouse of the enterprise, including the value of own-produced equipment and the value of products provided to the projects under construction of the enterprise, and to other non-industrial or welfare units. Value of finished products during the reference period is calculated by the quantity of products produced using own materials multiplied by the average unit prices at which products are sold (excluding value-added tax). Own-produced equipment and products produced for own use are valued at cost prices as in the case of enterprise accounting.

(b)Income from external processing: refers to income from contracted external processing of industrial products (including processing of industrial products using materials from the clients), and the income from industrial repairing work provided to other parties. Income from external processing is calculated using information from the item "products sales income" in the enterprise accounting at the prices with value-added tax excluded.

For income from services such as processing, repairing and installation of equipment provided to non-industrial units within the enterprise, if the accounting work of the enterprise is good enough to separate it from other records, and the share of such services is significant, it should also be included in the income from external processing.

(c)Value of change in semi-finished products between the end and the beginning of the reference period: refers to the value of change in semi-finished products between the end and the beginning of the reference period, which generally can be obtained from accounting records of enterprises. If the enterprise accounting excludes the cost of semi-finished products, then it should not be included in the gross industrial output value, and the reverse if otherwise.

(4) Several specific provisions for the calculation of gross industrial output value

(a) Prior to 1984, the value of rural industry run by villages was classified into agriculture instead of industry. Since 1984, it has been included in the gross industrial output value. Method of calculation for the gross industrial output value was modified in the industrial census in 1995. The difference in the new method as compared with the old one is outlined below:

(b) Principle in using full value vs. processing fee: The new method stipulates that all products produced using own materials are to be calculated with full value in reporting the gross industrial output value irrespective of the complexity of production, and for external processing, it allows calculation using processing fee. In the old method, however, the use of full value or processing fee was determined by the degree of complexity of production in different branches of industries.

(c) Principle in determining the value of change in semi-finished products: The new method requires that value of change in semi-finished products should be included in the gross industrial output value if it is included in the accounting record of the enterprise, otherwise it should not be included. In the old method, it is determined by the type of enterprises in terms of production cycle. If the production cycle is over 6 months, the value of change in semi-finished products is included in the gross industrial output value, otherwise it is not.

Difference in prices: The new method uses prices excluding value-added tax in the calculation of gross industrial output value, while the old method used prices including value-added tax.

**Value-added of Industry** refers to the final results of industrial production of industrial enterprises in money terms during the reference period.

Industrial value-added can be calculated by two approaches: the production approach, i.e. gross industrial output value minus intermediate input plus value-added tax, and the income approach, i.e. income for various factors used in the course of production, including depreciation of fixed assets, remuneration of labourers, net of production tax, and operating surplus. Value-added of industry in the Yearbook is calculated by the income approach as follows.

Revenue Act of industrial added value is calculated as:

Value-added of industry = depreciation of fixed assets + remuneration of labourers + net of production tax + operating surplus

Depreciation of fixed assets of industrial enterprises is the amount of depreciation in accordance with the approved rate of extraction of depreciation to make up for the loss of fixed assets in a certain period of time, it reflects the transfer of the production value.

.

**Workers compensation** refers to all payments received by the workers of industrial enterprises who engaged in production activities. Including various forms of laborers earned wages, bonuses and allowances, including both monetary forms, including physical form, but also workers enjoyed free medical and pharmaceutical health costs, commuting subsidies paid to units of social security charges, housing fund. For the individual economy, its owners have obtained labor remuneration and operating profit is not easy to distinguish, both of them are treated as workers compensation.

**Net taxes on production** refers to the balance of the production tax subtract production subsidy of the industrial enterprises. Production tax refers to various taxes, surcharges and fees which are collective by the government from certain factors of production when the production units engaged in production, sales and business activities

Production subsidies and production taxes contrary, refers to the government's unilateral transfer of the production units and expenditure, so it is regarded as negative taxes on production, including the loss subsidy policy, price subsidies.

Operating Surplus is the added value of industrial enterprises to create deducted workers compensation, net taxes on production and fixed asset depreciation balance. It is equivalent to the business profits plus subsidies on production, but should be deducted from the profits of expenses such as wages and benefits.

**Total Assets** refer to all resources that are owned or controlled by enterprises through previous trades or transactions with expectation of making economic profits. Classified by the degree of liquidity, total assets include current assets, and non-current assets. Current assets can be classified into monetary assets, trading financial assets, notes receivable, accounts receivable, advanced payments, other prepaid money and inventories. Non-current assets can be divided into long-term equity investment, fixed assets, intangible assets and other non-current assets.

According to the "accounting standards for business enterprises" of 2006: total assets=total current assets +non-current asset; otherwise, assets including current assets, long-term investments, fixed assets, intangible assets and other assets.

**Annual Average Value of Working Capital** refers to the average value of all working capital of the enterprise during the reference period.

**Annual Average of Net Value of Fixed Assets** refers to the average of the net value of fixed assets during the reference period, calculated with the following formula:

$$\text{Annual Average of Net Value of Fixed Assets} = \frac{\text{sum of net value of fixed assets at the beginning and at the end of each month from January to December}}{24} \times 100\%$$

Information on this indicator can be obtained from the beginning and ending figures of the original value of fixed assets and cumulative depreciation from the Assets and Liability Table of enterprises.

Net value of fixed assets refers to the original value of fixed assets minus depreciation over the years, i.e.:

Net value of fixed assets = original value of fixed assets - cumulative depreciation

**Revenue from Principal Business** refers to the income confirmed of an enterprise from the principal business of selling products and providing labor services.

**Cost of Principal Business** refers to the total cost occurred from the principal business of the enterprise.

**Tax and Extra Charges from Principal Business** refers to the sales tax, consumption tax, urban maintenance and construction tax and education expenses shouldered by the enterprise from its principal business.

Total Profits refers to the operation results in a certain period, and it is the balance of various incomes minus various spending in the course of operation, reflecting the total profits and losses of enterprises in reference period.

**Value-added Tax Payable** refers to the payable tax of enterprises which engaged in selling of goods or providing services that bring added value to the goods.

Value-added Tax Payable=tax on sale (tax on purchase-transferred tax on purchase) –exports deduct tax payable on domestic sales–tax relief + the export tax rebate.

**Ratio of Profits, Taxes and Interests to Average Assets** reflects the profit-making capability of all assets of the enterprise and is a key indicator manifesting the performance and management and evaluating the profit-making potential of the enterprise. It is calculated as follows:

$$\text{Ratio of Profits, Taxes and Interests to Average Asset}(\%) = \frac{\text{total profits} + \text{total taxes} + \text{interest payment}}{\text{average assets}} \times 100\%$$

In the above formula, total taxes is the sum of tax and extra charges on the sales of products and value-added tax payable; and average assets is the arithmetic mean of the sum of beginning assets and ending assets.

**Ratio of Debts to Assets** reflects both the operation risk and the capability of the enterprise in making use of the capital from the creditors. It is calculated as follows:

$$\text{Ratio of Debts to Assets }(\%) = \frac{\text{total debts}}{\text{total assets}} \times 100\%$$

Both assets and debts are figures at the end of the reference period.

**Turnover of Working Capital** refers to the number of times of turnover of working capital in a given period of time, which reflects the speed of the turnover of working capital of industrial enterprises, and is calculated as follows:

$$\text{Turnover of Working Capital} = \frac{\text{sales revenue of products}}{\text{average balance of total working capital}}$$

In the above formula, average balance of total working capital refers to the arithmetic mean of the sum of working capital at the beginning and at the end of the reference period.

**Ratio of Profits to Total Industrial Costs** refers to the ratio of profits realized in a given period to the total costs in the same period, which reflects the economic efficiency of input cost and is calculated as follows:

$$\text{Ratio of Profits to Total Industrial Cost}(\%) = \frac{\text{total profits}}{\text{total costs}} \times 100\%$$

Total costs in the above formula are the sum of cost of products sold, marketing cost, management cost and financial cost.

15

Fifteen

# 建筑业

Construction

# 15-1 建筑业主要指标
## Main Economic Indicators on Construction Enterprises

| 指　标 | Item | 2008 | 2009 | 2010 | 2011 | 2012 | 2013 |
|---|---|---|---|---|---|---|---|
| **建筑业企业个数(个)** | **Number of Enterprises (unit)** | **609** | **611** | **605** | **581** | **628** | **678** |
| 年末从业人员(万人) | Number of Emplyed Persons at the Year-end (10000 persons) | 30.16 | 33.05 | 33.83 | 33.14 | 35.57 | 41.22 |
| 自有固定资产原价(亿元) | Fixed Assets Owned(original value)(100 million yuan) | 77.77 | 86.38 | 87.43 | 92.00 | 101.17 | |
| 自有固定资产净价(亿元) | Fixed Assets Owned(net value)(100 million yuan) | 50.78 | 59.12 | 57.16 | 57.33 | 61.62 | |
| 自有机械设备台数(万台) | Number of Machinery and Equipment Owned(10000 sets) | 6.22 | 6.21 | 7.97 | 7.26 | 6.74 | |
| 自有机械设备净值(亿元) | Net Value of Machinery and Equipment Owned (100 million yuan) | 23.54 | 24.45 | 27.85 | 33.08 | 24.45 | |
| 自有机械设备总功率(万千瓦) | Total Power of Machinery and Equipment Owned (10000 kw) | 128.90 | 113.22 | 142.88 | 153.03 | 143.00 | |
| **建筑业总产值(亿元)** | **Gross Output Value of Construction (100 million yuan)** | **393.88** | **523.91** | **622.96** | **824.72** | **1039.95** | **1365.00** |
| **建筑业增加值(亿元)** | **Value Added of Construction(100 million yuan)** | **80.29** | **223.95** | **283.19** | **365.13** | **460.48** | **577.18** |
| #本年固定资产折旧 | Depreciation of Fixed Assets | 3.38 | 4.44 | 5.44 | 5.56 | 6.75 | |
| 应付职工薪酬 | Wages Payable | 49.94 | 55.51 | 75.25 | 90.07 | 121.89 | |
| 工程结算税金及附加 | Taxes and Extra Charges on Project Settle Accounts | 13.69 | 18.00 | 22.67 | 29.86 | 34.65 | |
| 管理费用中的税金 | Taxes in Management Expenses | 0.90 | 0.60 | 0.8 | 0.83 | 1.34 | |
| 营业利润 | Operating Profits | 6.05 | 6.84 | 9.78 | 14.31 | 12.51 | |
| **房屋建筑施工面积(万平方米)** | **Floor Space of Buildings under Construction (10000 sq.m)** | **4230** | **4953** | **5756** | **6779** | **8254** | **12174** |
| **房屋建筑竣工面积(万平方米)** | **Floor Space of Buildings Completed(10000 sq.m)** | **1216** | **1244** | **1350** | **1530** | **1863** | **2450** |
| 利润总额(亿元) | Total Profits(100 million yuan) | 6.46 | 6.63 | 10.48 | 14.4 | 16.30 | |
| 税金总额(亿元) | Total Taxes(100 million yuan) | 16.23 | 20.24 | 26.24 | 34.08 | 40.69 | |
| 劳动生产率(元/人) | **Overall Labor Productivity(yuan/person)** | | | | | | |
| 按总产值计算 | In Terms of Gross Output Value | 138070 | 159654 | 196170 | 222471 | 319469 | 368122 |
| 按增加值计算 | In Terms of Value-added | 28116 | 70294 | 89177 | 98494 | 141459 | 155658 |
| 技术装备率(元/人) | Value of Machines Per Laborer(yuan/person) | 8248 | 7398 | 8232 | 9982 | 8148 | |
| 动力装备率(千瓦/人) | Power of Machines Per Laborer(kw/person) | 4.52 | 3.43 | 4.22 | 4.52 | 4.76 | |
| 房屋建筑面积竣工率(%) | Ratio of Floor Space of Buildings Completed(%) | 28.7 | 25.1 | 23.5 | 22.6 | 22.6 | 20.13 |
| 产值利润率(%) | Ratio of Profit to Gross Output Value(%) | 1.6 | 1.3 | 1.7 | 1.7 | 1.6 | |
| 产值利税率(%) | Ratio of Pre-tax Profit to Gross Output Value(%) | 5.8 | 5.1 | 5.9 | 5.9 | 5.5 | |

注：1.应付职工薪酬2008-2011年为应付工资数据；2.2013年数据为初步统计数（以下相关表同）。

Note: 1. From 2008 to 2011, data of accrued payroll refers to the wages payable. 2.Data in 2013 is premilinary statistics(the relative tables in the chapte are the same).

# 15-2 建筑业主要生产指标(2013)

| 指　标 | Item | 企业个数(个) Number of Constru-stion Enterp-rises (unit) | 年末从业人员(万人) Number of Persons Engaged (10000 persons) | 签订合同额(亿元) Value of Signed Contract (100 million yuan) | #本年新签合同额 New Value of Signed Contract in this year |
|---|---|---|---|---|---|
| **总　计** | **Total** | **678** | **41.31** | **3241.01** | **1845.18** |
| #国有及国有控股 | State-owned and state-controlled Construction Enterprises | 132 | 27.40 | 2718.19 | 1500.90 |
| #施工总承包企业 | General Contractors | 495 | 39.54 | 3180.66 | 1804.29 |
| 专业承包企业 | Special Contractors | 183 | 1.77 | 60.35 | 40.89 |
| **按登记注册类型分组** | **By Registration Status** | | | | |
| #内资企业 | Domestic Funded | 677 | 41.31 | 3241.01 | 1845.18 |
| #国有企业 | State-owned | 98 | 19.24 | 1879.62 | 1007.27 |
| 集体企业 | Collective-owned | 98 | 2.97 | 75.58 | 55.60 |
| 股份有限公司 | Company Limited with Share Holding | 23 | 0.87 | 33.97 | 24.25 |
| 私营企业 | Private Enterprises | 195 | 3.81 | 172.80 | 111.82 |
| **按国民经济行业分组** | **By Sector** | | | | |
| 房屋和土木工程建筑业 | Building and Civil Engineering Construction | 503 | 38.86 | 2903.55 | 1589.85 |
| 房屋工程建筑 | Building Engineering Construction | 407 | 27.64 | 1799.11 | 1111.66 |
| 土木工程建筑 | Civil Engineering Construction | 96 | 11.22 | 1104.44 | 478.19 |
| 建筑安装业 | Construction Installation | 72 | 1.80 | 295.00 | 223.95 |
| 建筑装饰业 | Construction Decoration | 64 | 0.25 | 24.97 | 21.03 |
| 其他建筑业 | Others | 39 | 0.40 | 17.48 | 10.36 |

# Main Production Indicators on Construction Enterprises

| 建筑业总产值(亿元) Total Output Value of Construction (100 million yuan) | #在省外完成的产值 Value of Construction Which Fulfilled outside of Guizhou Province | #建筑工程 Output Value of Construction | #安装工程 Output Value of Installation | 房屋建筑施工面积(万平方米) Floor Space of Buildings under Construction (10000 sq.m) | #本年新开工面积 Started This Year | #实行投标承包面积 Verified Eligible Area of the First Time |
|---|---|---|---|---|---|---|
| **1365.00** | **234.40** | **1196.07** | **99.81** | **12174.30** | **5184.44** | **8842.89** |
| 1103.43 | 230.11 | 973.59 | 73.94 | 9754.28 | 3834.89 | 7503.26 |
| 1309.24 | 232.07 | 1163.16 | 82.14 | 12165.68 | 5178.06 | 8842.19 |
| 55.75 | 2.33 | 32.91 | 17.67 | 8.62 | 6.38 | 0.70 |
| | | | | | | |
| 1365.00 | 234.40 | 1196.07 | 99.81 | 12174.30 | 5184.44 | 8842.89 |
| 796.83 | 199.43 | 701.47 | 54.07 | 9250.22 | 3522.99 | 7201.95 |
| 49.04 | | 45.91 | 1.15 | 493.91 | 343.09 | 316.67 |
| 18.74 | 0.35 | 14.42 | 3.00 | 173.82 | 99.17 | 76.47 |
| 85.36 | 2.13 | 73.89 | 8.90 | 981.24 | 447.35 | 514.32 |
| | | | | | | |
| 1175.11 | 201.97 | 1082.49 | 48.80 | 11602.05 | 4933.15 | 8411.63 |
| 830.38 | 154.82 | 767.14 | 23.80 | 11318.45 | 4842.76 | 8143.38 |
| 344.73 | 47.15 | 315.35 | 25.00 | 283.60 | 90.39 | 268.25 |
| 147.31 | 32.35 | 77.73 | 48.64 | 563.03 | 244.28 | 424.25 |
| 17.64 | 0.07 | 15.92 | 0.74 | 0.15 | 0.15 | 0.15 |
| 24.93 | | 19.92 | 1.63 | 9.07 | 6.85 | 6.85 |

# 15-3 建筑业企业房屋建筑(2013)

| 指 标 | Item | 竣工面积(万平方米) Floor Space of Buildings Completed (10000sq.m) | #厂房、仓库 Workshop Storehouse | #住 宅 Residential Buildings | #教育用房 Educational Buildings |
|---|---|---|---|---|---|
| **总 计** | **Total** | **2450.45** | **92.87** | **1446.09** | **249.50** |
| #国有及国有控股 | Construction Enterprises of State-owned and state-controlled | 1422.25 | 41.11 | 936.95 | 83.41 |
| #施工总承包企业 | General Contractors | 2442.61 | 92.83 | 1440.08 | 249.33 |
| 专业承包企业 | Special Contractors | 7.84 | 0.04 | 6.00 | 0.17 |
| **按登记注册类型分组** | **By Registration Status** | | | | |
| #内资企业 | Domestic Funded | 2450.45 | 92.87 | 1446.09 | 249.50 |
| #国有企业 | State-owned | 1279.66 | 36.98 | 825.45 | 74.05 |
| 集体企业 | Collective-owned | 265.04 | 12.86 | 130.58 | 45.83 |
| 股份有限公司 | Company Limited with Share Holding | 80.73 | | 43.30 | 11.00 |
| 私营企业 | Private Enterprises | 331.66 | 34.82 | 136.68 | 50.58 |
| **按国民经济行业分组** | **By Sector** | | | | |
| 房屋和土木工程建筑业 | Building and Civil Engineering Construction | 2308.74 | 92.87 | 1308.60 | 249.15 |
| 房屋工程建筑 | Building Engineering Construction | 2285.18 | 91.66 | 1296.48 | 249.15 |
| 土木工程建筑 | Civil Engineering Construction | 23.56 | 1.20 | 12.12 | |
| 建筑安装业 | Construction and Installation | 139.70 | | 135.63 | 0.35 |

# Basic Statistics on House Buildings by Construction Enterprises

| #卫生医疗用　房 Medical Buildings | #科研用房 Scientific Research Buildings | 总造价 (元/平方米) Total cost of Buildings Completed (yuan/sq.m) | #厂房、仓库 Workshop Storehouse | #住　宅 Residential Buildings | #教育用房 Educational Buildings | #卫生医疗用　房 Medical Buildings | #科研用房 Scientific Research Buildings |
|---|---|---|---|---|---|---|---|
| **62.37** | **22.77** | **1513** | **2160** | **1526** | **1314** | **1219** | **2452** |
| 34.81 | 15.76 | 1712 | 2213 | 1723 | 1663 | 1303 | 2950 |
| 62.11 | 22.77 | 1515 | 2160 | 1530 | 1314 | 1220 | 2452 |
| 0.26 |  | 843 | 1103 | 650 | 800 | 876 |  |
| 62.37 | 22.77 | 1513 | 2160 | 1526 | 1314 | 1219 | 2452 |
| 27.52 | 15.76 | 1721 | 2251 | 1745 | 1624 | 1307 | 2950 |
| 9.62 | 3.04 | 1102 | 1304 | 1071 | 1131 | 1024 | 1081 |
| 0.72 |  | 1272 |  | 1176 | 1082 | 1280 |  |
| 7.28 | 2.79 | 1420 | 2519 | 1293 | 1206 | 1404 | 1541 |
| 62.37 | 22.77 | 1514 | 2160 | 1531 | 1315 | 1219 | 2452 |
| 62.37 | 22.77 | 1512 | 2172 | 1534 | 1315 | 1219 | 2452 |
|  |  | 1682 | 1269 | 1248 |  |  |  |
|  |  | 1508 |  | 1487 | 475 |  |  |

# 主要统计指标解释

**建筑业统计单位**　指从事房屋、构筑物建造和设备安装活动的法人企业。建筑业法人企业应同时具备的条件是：①依法成立，有自己的名称、组织机构和场所，能够承担民事责任；②独立拥有和使用资产，承担负债，有权与其他单位签订合同；③独立核算盈亏，能够编制资产负债表。

**建筑业总产值（即自行完成施工产值）**　是以货币形式表现的建筑业企业在一定时期内生产的建筑业产品和提供的服务的总和。建筑业总产值包括：

(1) 建筑工程产值：指列入建筑工程预算内的各种工程价值。

(2) 安装工程产值：指设备安装工程价值，不包括被安装设备本身价值。

(3) 其他产值：建筑业总产值中除建筑工程、安装工程以外的产值。包括房屋构筑物修理产值、非标准设备制造产值、总包企业向分包企业收取的管理费以及不能明确划分的施工活动所完成的产值。

a. 房屋构筑物修理产值：指房屋和构筑物修理所完成的产值，但不包括被修理房屋、构筑物本身价值和生产设备的修理价值。

b. 非标准设备制造产值：指加工制造没有定型的非标准生产设备的加工费和原材料价值（如化工厂、炼油厂用的各种罐、槽，矿井生产统一使用的各种漏斗、三角槽、阀门等）以及附属加工厂为本企业承建工程制作的非标准设备的价值。

**建筑业增加值**　指建筑业企业在报告期内以货币表现的建筑业生产经营活动的最终成果。建筑业现价增加值按生产法和分配法（收入法）两种方法计算，以收入法的计算结果为准，即从收入的角度出发，根据生产要素在生产过程中应得的收入份额计算。

**房屋建筑施工面积**　指在报告期内施过工的全部房屋建筑面积，包括本期新开工的房屋面积、上期施工跨入本期继续施工的房屋面积、上期停缓建在本期恢复施工的房屋面积、本期竣工的房屋面积及本期施工后又停缓建的房屋面积。

**房屋建筑竣工面积**　指在报告期内房屋建筑按照设计要求全部完工，达到了住人和使用条件，经验收鉴定合格，正式移交使用单位的房屋建筑面积。

**企业总收入**　指与企业生产经营直接有关的各项收入，包括工程结算收入和其他业务收入。计算公式为：

企业总收入＝工程结算收入＋其他业务收入

**主营业务收入**　指企业确认的销售商品、提供劳务等主营业务的收入。根据会计“主营业务收入”科目的期末贷方余额（结转前）填报。执行2006年《企业会计准则》的企业，如未设置该科目，以“营业收入”代替填报。

# Explanatory Notes on Main Statistical Indicators

**Statistical Unit in the Construction Industry** refers to corporate enterprise engaged in the construction of buildings and structures and in the installation of equipment. A corporate construction enterprise should meet the following 3 requirements: ① being set up in line with relevant legal basis, having its full name, organization and location, and capable of taking civil liabilities; ② independently possessing and using its assets and assuming its liabilities, and entitled to sign contracts with other institutions; ③ and making independent accounts of its profits and losses,and capable of compiling its own balance sheet.

**Gross Output Value of Construction** refers to total of construction products and services, expressed in money terms, produced or rendered by construction and installation enterprises during a given period of time. It includes:

(1) Output value of construction projects: the value of projects covered by the project budgets;

(2) Output value of installation projects: the value of the installation of equipment, (excluding the value of the equipment to be installed);

(3) Other output values: the output value of construction industry apart from that of construction projects and installation projects. It includes: output value of repair of buildings and structures; output value of non-standard equipment manufacturing; overhead expenses received by contracted enterprises from the sub-contracted enterprises and the completed output value of construction activities for which there is no clear definition.

a. Output value of repair of buildings and structures: the value created through the repairs of buildings or structures. It does not include the value of buildings or structures being repaired and the value of the repair of production equipment;

b. Output value of manufactured non-standard equipment: the value of non-standard production equipment, including raw materials and manufacturing cost, made for the construction project (i.e., chemical plant; kettles or tanks used by refineries; various fillers, triangle tanks, valves used by mines). It also includes the output value of equipment manufactured by subsidiary workshops.

**Value-added of Construction** refers to the final result of the activities of production and operation of enterprises of the construction industry in monetary terms during the reference period. Value-added of construction is calculated by both production approach and income approach, with the figures from the income approach as the final figures. Under the income approach,, calculation starts from the perspective of income and is based on the share of income derived from the production process by the relevant factors of production.

**Floor Space of Buildings Under Construction** refers to floor space of buildings under construction during the reference period, including the space of buildings for which construction has newly started; buildings for which construction has started earlier and is continuing during the reference period; and buildings for which construction has been suspended earlier but has restarted during the reference period; buildings completed during the reference period; and buildings under construction but construction has subsequently been during the reference period.

**Floor Space of Buildings Completed** refers to the total floor space of buildings that has been completed in the reference period in accordance with the requirements of the design, up to the standard for putting them into use, and have been checked and accepted by departments concerned as qualified ones.

**Total Revenue of Enterprises** refers to the sum of income from production and operation of enterprises, including income from settlement of projects and other operational income, namely:

Total Revenue of Enterprises=Income from Settlement of Projects+ Other Operational Income.

**Income from Settlement of Projects** refers to the income received by the construction enterprise from the contracted project through settlement procedures, and other charges to the contractoree as operational costs in addition to the value of the project, such as temporary facility fee, labour insurance premium, moving cost of construction equipment, as well as various types of claims to the contractee.

16

Sixteen

# 运输和邮电

Transport, Postal and Telecommunication Services

# 16-1 境内运输线路长度
## Length of Domestic Transport Routes

单位：公里 (km)

| 指 标 | Item | 2008 | 2009 | 2010 | 2011 | 2012 | 2013 | 2013年比2012年增长(%) Increase Rate in 2013 over 2012(%) |
|---|---|---|---|---|---|---|---|---|
| **铁路营业里程** | **Length of Railways in Operation** | **1962** | **1983** | **2002** | **2070** | **2058** | **2093** | **1.7** |
| #复线里程 | Double-tracking Length | 560 | 604 | 643 | 643 | 667 | 667 | 持平 |
| **公路线路里程** | **Total Length of Highways** | **125365** | **142561** | **151644** | **157820** | **164542** | **172564** | **4.9** |
| **按行政等级分** | **Classified by Administrative Level** | | | | | | | |
| 国 道 | State Road | 3658 | 3717 | 3924 | 4132 | 4436 | 4560 | 2.8 |
| #国家高速公路 | State Highway | 868 | 1050 | 1259 | 1467 | 1772 | 1890 | 6.6 |
| 省 道 | Provincial Road | 7210 | 7346 | 7463 | 7769 | 8071 | 8582 | 6.3 |
| 县 道 | County Road | 17324 | 17272 | 17311 | 17350 | 17572 | 17572 | 持平 |
| 乡 道 | Township Road | 18432 | 18459 | 18465 | 18447 | 18455 | 18463 | … |
| 村 道 | Village Road | 78051 | 95072 | 103785 | 109384 | 115267 | 122629 | 6.4 |
| 专用公路 | Accommodation Highway | 690 | 697 | 697 | 737 | 741 | 759 | 2.3 |
| **按技术等级分** | **Classified by Technical Grade** | | | | | | | |
| 等级公路 | Standard Highway | 64044 | 68046 | 72557 | 79643 | 86577 | 95419 | 10.2 |
| 高速公路 | Expressway | 924 | 1189 | 1507 | 2022 | 2630 | 3284 | 24.9 |
| #四车道 | Four-lane | 920 | 1189 | 1507 | 1979 | 2587 | 3204 | 23.8 |
| 一 级 | First Class | 139 | 151 | 153 | 164 | 179 | 256 | 42.6 |
| 二 级 | Second Class | 2706 | 3171 | 3578 | 3831 | 4060 | 4128 | 1.7 |
| 三 级 | Third Class | 8412 | 8309 | 8222 | 8367 | 8453 | 8466 | 0.2 |
| 四 级 | Fourth Class | 51864 | 55226 | 59096 | 65258 | 71255 | 79285 | 11.3 |
| 等外公路 | Substandard Highway | 61321 | 74516 | 79087 | 78177 | 77965 | 77145 | -1.1 |
| **按路面类型分** | **Classified by Pavement** | | | | | | | |
| 有铺装路面(高级) | Paved Road ( advanced ) | 8045 | 9245 | 10474 | 14859 | 21610 | 31799 | 47.1 |
| 沥青混凝土 | Asphalt Concrete | 1919 | 2867 | 3663 | 4512 | 5781 | 6862 | 18.7 |
| 水泥混凝土 | Cement Concrete | 6126 | 6378 | 6810 | 10347 | 15830 | 24937 | 57.5 |
| 简易铺装路面 | Simple Paved Road | 20995 | 23748 | 26589 | 29167 | 31988 | 34357 | 7.4 |
| 未铺装路面 | Not-paved Road | 96325 | 109569 | 114581 | 113794 | 110944 | 106408 | -4.1 |
| 晴雨通车里程 | Can be open to traffic in rainy or sunny days | 93845 | 112237 | 151644 | 157820 | 164542 | 172564 | 4.9 |
| 可绿化里程 | Can be green | 114213 | 132813 | 141768 | 147643 | 153072 | 160440 | 4.8 |
| 养护里程 | Maintained Road | 125032 | 142483 | 151644 | 157820 | 164542 | 172564 | 4.9 |
| **内河航道里程** | **Length of Navigable Inland Waterways** | **3563** | **3563** | **3563** | **3563** | **3563** | **3563** | 持平 |

注：1.资料来源于省交通运输厅、成都铁路分局(以下相关表同)。2.2008年及以后公路线路里程包括村道里程。

Note:1.Data in the table are obtained from the Provincial Department of Transports and Chengdu Railway Branch(The relative tables in the chapter are the same). 2.Since 2008, the total length of highways has included the length of village road.

# 16−2　民用航空运输
## Civil Aviation Transportation

| 指　标 | Item | 2008 | 2009 | 2010 | 2011 | 2012 | 2013 | 2013年比2012年增长(%) Increase Rate in 2013 over 2012(%) |
|---|---|---|---|---|---|---|---|---|
| **机场个数(个)** | **Numbei of Civil Airports(unit)** | **6** | **6** | **6** | **6** | **6** | **9** | **50.0** |
| 通航城市(个) | Cities Reachable (unit) | 51 | 59 | 59 | 62 | 59 | 68 | 15.3 |
| #国际及地区城市 | International and Regional Cities | 4 | 5 | 6 | 6 | 5 | 7 | 40.0 |
| 起降航班(架次) | Flight Movements (unit) | 48990 | 60680 | 64835 | 72009 | 81928 | 107450 | 31.2 |
| **进出港旅客(万人次)** | **Passengers Get in and Get out of the Airports(10000 person-times)** | **442.93** | **578.24** | **637.59** | **747.02** | **890.99** | **1125.46** | **26.3** |
| #进港旅客 | Passengers Get in the Airports | 213.97 | 278.86 | 302.82 | 353.01 | 421.25 | 532.77 | 26.5 |
| **货物吞吐量(万吨)** | **Volume of Freight Handled in Civil Aviation(10000 tons)** | **4.20** | **5.16** | **6.17** | **6.93** | **7.97** | **7.76** | **-2.6** |

注：资料来源于贵州省机场集团有限公司。
Note:Data in the table are provided by Airports Group Corporation Ltd. of Guizhou Province.

# 16−3　民用汽车拥有量
## Possession of Civil Vehicles

单位：万辆　(10000 units)

| 指　标 | Item | 2008 | 2009 | 2010 | 2011 | 2012 | 2013 | 2013年比2012年增长(%) Increase Rate in 2013 over 2012(%) |
|---|---|---|---|---|---|---|---|---|
| **民用汽车合计** | **Total** | **77.15** | **96.83** | **121.30** | **140.12** | **166.72** | **202.76** | **21.6** |
| #载客汽车 | Passenger Vehicles | 48.95 | 63.40 | 82.19 | 101.14 | 126.47 | 158.03 | 25.0 |
| 载货汽车 | Trucks | 22.26 | 27.29 | 32.73 | 34.23 | 36.72 | 41.50 | 13.0 |
| #私人汽车 | Private Vehicles | 54.27 | 71.28 | 92.77 | 109.54 | 134.19 | 167.87 | 25.1 |

注：资料来源于省交警总队车辆管理所。
Note:Data in the table are obtained from the vehicle management office of the provincial traffic police corps.

## 16-4 旅客运量及周转量

## Passenger Traffic and Passenger-Kilometers

| 指标 | Item | 2008 | 2009 | 2010 | 2011 | 2012 | 2013 |
|---|---|---|---|---|---|---|---|
| **旅客运量(万人)** | **Total Passenger Traffic(10000 persons)** | **80056** | **84981** | **97793** | **120554** | **142809** | **83435** |
| 铁路 | Railways | 3199 | 3204 | 3437 | 3939 | 3902 | 4322 |
| 公路 | Highways | 75350 | 80044 | 92426 | 114429 | 136454 | 77358 |
| 水运 | Waterways | 1507 | 1733 | 1930 | 2186 | 2453 | 1755 |
| **旅客周转量(亿人公里)** | **Passenger-Kilometers(100 million passenger-km)** | **407.59** | **430.56** | **514.41** | **631.74** | **718.22** | **593.62** |
| 铁路 | Railways | 163.00 | 162.41 | 189.38 | 204.58 | 199.20 | 211.21 |
| 公路 | Highways | 241.15 | 264.06 | 320.46 | 422.01 | 513.07 | 377.87 |
| 水运 | Waterways | 3.44 | 4.09 | 4.57 | 5.15 | 5.95 | 4.54 |

注：1.2008年以后公路、水路运输量采用全国公路水路运输量专项调查数据。 2.由于交通运输部对公路、水运运输量统计方案进行调整，2013年相关数据统计口径发生变化，相同指标数据与2012年不可比。(下表同)

Note: 1.After 2008,highway、waterway transportation volume used by the national highway and waterway transportation volume survey data.

2.Because of the traffic department of transportation adjust the highway, the same indicators of waterway transport statistics in 2013 are not comparable with the correlation data statistics caliber change data in 2012 . (the same table below)

## 16-5 货物运输量及周转量

## Freight Traffic and Ton-Kilometers

| 指标 | Item | 2008 | 2009 | 2010 | 2011 | 2012 | 2013 |
|---|---|---|---|---|---|---|---|
| **货物运输量(万吨)** | **Total Freight Traffic (10000 tons)** | **33576** | **34844** | **40310** | **44890** | **52765** | **72700** |
| 铁路 | Railways | 6683 | 6997 | 7991 | 7219 | 6665 | 6458 |
| 公路 | Highways | 26156 | 27031 | 31409 | 36684 | 45000 | 65100 |
| 水运 | Waterways | 737 | 816 | 910 | 987 | 1100 | 1142 |
| **货物周转量(亿吨公里)** | **Total Freight Ton-Kilometers (100 million ton-km)** | **809.93** | **897.38** | **1012.20** | **1060.69** | **1177.78** | **1292.11** |
| 铁路 | Railways | 564.31 | 644.41 | 706.45 | 696.36 | 693.68 | 655.85 |
| 公路 | Highways | 234.96 | 241.60 | 293.00 | 350.10 | 467.60 | 610.64 |
| 水运 | Waterways | 10.66 | 11.37 | 12.75 | 14.23 | 16.50 | 25.62 |

# 16-6 电信主要指标

# Major Indicators of Telecommunications

| 指　　标 | Item | 2008 | 2009 | 2010 | 2011 | 2012 | 2013 | 2013年比2012年增长（%）Increase Rate in 2013 over 2012(%) |
|---|---|---|---|---|---|---|---|---|
| 电信业务收入(亿元) | Business Revenue of Telecommunications (100 million yuan) | 123.90 | 138.11 | 147.38 | 164.56 | 187.47 | 217.55 | 16.0 |
| 电信业务总量(亿元) | Business of Volume Telecommunications (100 million yuan) | 361.37 | 453.33 | 566.40 | 204.35 | 244.11 | 278.15 | 14.0 |
| 交换机总容量(万门) | Capacity of Telephone Exchanges (10000 line) | 2858.70 | 3182.88 | 3673.01 | 4838.00 | 5026.53 | 5870.04 | 16.8 |
| 移动电话交换机容量(万户) | Capacity of Mobile Telephone Exchanges (10000 subscribers) | 1960.04 | 2332.20 | 2724.50 | 4433.00 | 4106.76 | 4954.00 | 20.6 |
| 长途光缆线路长度(万公里) | Length of LongDistance OpticalCable Lines(10000km) | 2.98 | 2.86 | 3.02 | 3.45 | 3.32 | 3.50 | 5.4 |
| 年末固定电话用户数(万户) | Number of Telephone Subscribers at Year-end (10000 subscribers) | 499.61 | 451.13 | 432.61 | 403.96 | 380.00 | 362.99 | -6.1 |
| #农话用户数 | Number of Rural Telephone Subscribers | 217.60 | 196.64 | 184.37 | 149.07 | 115.55 | 93.39 | -19.2 |
| 城市电话用户 | Number of Local(urban)Telephone Subscribers | 282.01 | 254.49 | 248.24 | 254.90 | 264.45 | 269.60 | 1.9 |
| #公　用 | Number of Public Telephone Subscribers | 35.97 | 34.76 | 39.29 | 34.63 | 33.43 | 31.86 | -4.7 |
| 移动电话用户(万户) | Number of Mobile Telephone Subscribers (10000 subscribers) | 1185.84 | 1583.28 | 1964.40 | 2175.22 | 2515.00 | 2871.75 | 14.2 |
| 移动短信业务量(亿条) | Short Message Services (100 million messages) | 66.63 | 111.85 | 120.84 | 129.26 | 124.49 | 140.06 | -2.1 |
| 互联网宽带接入端口(万个) | Broad Band Subscribers Port of Internet (10 000 ports) | 119.89 | 163.63 | 231.69 | 437.87 | 435.79 | 575.95 | 32.2 |
| 电话普及率(包括移动电话)(部/百人) | Popularization Rate of Telephone (Include Mobile Telephone) (sets/100 persons) | 46.87 | 57.52 | 68.90 | 74.35 | 83.27 | 93.25 | 9.6 |
| #移动电话普及率 | Popularization Rate of Mobile Telephone | 32.97 | 44.76 | 56.46 | 62.71 | 72.34 | 82.78 | 10.3 |
| 已通电话的行政村比重(%) | Percentage of Administrative Village with Phone Sets(%) | 100 | 100 | 100 | 100 | 100 | 100 | 持平 |
| 国内长途电话(万分钟) | Number of Long Distance Telephone Calls Inside Country(10000 minutes) | 114322 | 91235 | 138922 | 111354 | 88786 | 77143 | -13.1 |
| 国际及港澳长途电话(万分钟) | Number of Long Distance Telephone Calls outside Country or to Macao、Hong Kong(10000 minutes) | 313.66 | 65.00 | 121.83 | 111.00 | 79.22 | 65.95 | -16.7 |

注：1.资料来源于省通信管理局。2.国内长途电话、国际及港澳长途电话2008年单位为万次。3.电信业务总量增长速度按可比价计算。4.电信业务总量2011年起采用2010年不变价计算。

Note:1.Data in the table are obtained from the provincial communications authority bureau. 2.Before 2008,Unit of measuring long- distance-telephon -calls inside and outside the country is 10000 person-time.3.The increase rate of business volume of telecommunication services is calculated at comparable prices. 4. Business volume in 2011 calculates in 2010 constant prices.

# 16—7 邮政主要指标

# Major Indicators of Post

| 指　标 | Item | 2008 | 2009 | 2010 | 2011 | 2012 | 2013 | 2013年比2012年增长(%) Increase Rate in 2013 over 2012(%) |
|---|---|---|---|---|---|---|---|---|
| **邮电局所总数(处)** | **Number of Post and Telecommunication Offices(unit)** | **10995** | **29262** | **19372** | **21496** | **19482** | **20582** | **5.6** |
| 邮政 | Post | 2194 | 2259 | 1795 | 1425 | 1307 | 1326 | 1.5 |
| 电信 | Telecommunication | 8801 | 27003 | 17577 | 20071 | 18175 | 19256 | 5.9 |
| 邮路总长度(公里) | Number of Postal Routes(km) | 65236 | 61854 | 96174 | 99155 | 136429 | 154810 | 13.5 |
| #汽车邮路 | Number of Highway Postal Routes | 24733 | 28799 | 55901 | 58062 | 76734 | 92459 | 20.5 |
| 铁路邮路 | Number of Railways Postal Routes | 6876 | 6413 | 6413 | 6413 | 5880 | 5880 | 持平 |
| 邮政业务总量(亿元) | Business Volume of Post (100 million yuan) | 10.42 | 11.69 | 15.50 | 14.97 | 17.93 | 22.64 | 26.3 |
| 函件(万件) | Number of Letters(10000 pcs) | 6566 | 6768 | 5939 | 5041 | 6036 | 5192 | -14.0 |
| 报刊、杂志累计订销数(万份) | Issue of Newspapers and Magazines(10000 copies) | 31899 | 32007 | 32084 | 35056 | 38027 | 40469 | 6.4 |
| 国内特快专递(万件) | Pieces of Express Mail Services inside Nation (10000 pcs) | 524 | 926 | 1115 | 1529 | 1796 | 1071 | -40.4 |
| 国际特快专递(万件) | Pieces of Express Mail Services outside Nation (10000 pcs) | 0.79 | 4.20 | 5.60 | 4.90 | 5.33 | 2.63 | -50.7 |
| 邮政储蓄期末余额(亿元) | Post Deposits at the Year-end(100 million yuan) | 229.20 | 270.13 | 336.90 | 431.56 | 458.00 | 546.59 | 19.3 |
| 集邮业务(万枚) | Stamps for Collection(10000 pcs) | 945 | 749 | 1226 | 1907 | 1918 | 2720.4 | 41.8 |
| 长话业务电路(2M) | Long Distance Cable Lines(2M) | 97773 | 114805 | 127660 | 118618 | 178267 | 665440 | 273.3 |

注：1.资料来源于省邮政管理局。2.2009年起邮电局所总数含电信部门特约代理点。3.2009年起国内、国际特快专递含快递企业数据。4.邮政业务总量增长速度按可比价计算。5.长话业务电路统计口径2011年及以前为固定长话电路业务(2M)、移动长话电路业务(2M)指标；2012年包含固定长话电路业务(2M)、移动长话电路业务(2M)、数据及互联网电路业务等，与以往年份数据不可比。

Notes:1.Data in the table are obtained from the provincial post company.2.Since 2009，the number of post and telecommunication offices include the special agent point,but not for the year 2008 and before. 3.Since 2009,pieces of express mail services inside and outside the country cover the courier companies. 4.The growth rates of the business volume of postal are calculated at comparable prices. 5.For the year 2011 and before ,the coverage of the long distance cable lines(2M) statistics referred fixed long distance circuit service (2M), mobile long distance circuit services (2M). It contained a fixed long-distance circuit service (2M), mobile long distance circuit services (2M), data and internet services, etc. circuits, and the data are not comparable with previous years.

# 主要统计指标解释

**铁路营业里程** 又称营业长度，指投入客货运输营业或临时营业的线路长度。

**公路里程** 指报告期末公路的实际长度。统计范围：包括城间、城乡间、乡（村）间能行驶汽车的公共道路，公路通过城镇街道的里程，公路桥梁长度、隧道长度、渡口宽度。不包括城市街道里程，断头路里程，农（林）业生产用道路里程，工（矿）企业等内部道路里程。统计原则：按已竣工验收或交付使用的实际里程计算；两条或多条公路共同经由同一路段的重复里程，只计算一次。

**内河航道里程** 指在一定时期内，能通航运输船舶及排筏的天然河流、湖泊水库、运河及通航渠道的长度。包括全年季节性通航累计三个月以上的航道，不包括仅供零散流放竹、木排的河道。两省以河为界的航道里程，双方均按一半计算，以免重复。该指标可以反映内河水运网的规模、水平和发展情况。

**民用航空航线里程** 指民航运输定期班机飞行的航线长度的总和。航线长度按机场之间的距离计算，通常有两种计算方法：一是将每条航线长度相加称为重复计算航线里程；一是将两线或两条以上航线经过同一区段里程，只计算一次航线长度称为不重复计算航线里程，一般常用的是后者。

**货（客）运量** 指在一定时期内，各种运输工具实际运送的货物（旅客）数量。货运按吨计算，客运按人计算。货物不论运输距离长短、货物类别，均按实际重量统计。旅客不论行程远近或票价多少，均按一人一次客运量统计；半价票、小孩票也按一人统计。

**货物（旅客）周转量** 指在一定时期内，由各种运输工具运送的货物（旅客）数量与其相应运输距离的乘积之总和。计算货物周转量通常按发出站与到达站之间的最短距离，也就是计费距离计算。计算公式为：

$$\text{货物（旅客）周转量} = \Sigma\,\text{货物（旅客）运输量} \times \text{运输距离}$$

**邮电业务总量** 指以价值量形式表现的邮电通信企业为社会提供各类邮电通信服务的总数量。邮电业务量按专业分类包括函件、包件、汇票、报刊发行、邮政快件、特快专递、邮政储蓄、集邮、传真、长途电话、出租电路、移动电话、分组交换数据通信、出租代维等。计算方法为各类产品乘以相应的平均单价（不变价）之和，再加上出租电路和设备、代用户维护电话交换机和线路等的服务收入。该指标综合反映了一定时期邮电业务发展的总成果，是研究邮电业务量构成和发展趋势的重要指标。计算公式为：

$$\begin{aligned}\text{邮电业务总量} &= \Sigma\,(\text{各类邮电业务量} \times \text{不变单价}) + \text{出租代维及其他业务收入}\\ &= \text{邮政业务总量} + \text{电信业务总量}\end{aligned}$$

**移动电话用户** 指通过移动电话交换机进入移动电话网、占用移动电话号码的电话用户。用户数量以报告期末在移动电话营业部门实际办理登记手续进入移动电话网的户数进行计算，一部移动电话统计为一户。

**固定电话用户** 指在电信运营企业营业网点办理开户登记手续并已接入固定电话网上的全部电话用户。包括普通电话用户、公用电话用户、窄带综合业务数字网 (N—ISDN) 用户、智能网专用接入终端用户等。按行政区划分为城市电话用户和农村电话用户。1997 年以前，“市内电话用户”是指接入县城及县以上城市的电话网上的电话用户；“农村电话用户”是指接入县邮电局农话台及县以下农村电话交换点，以县城为中心（除市话用户外）联通县、乡（镇）、行政村、村民小组的用户。从 1997 年起，电话用户数分组调整为以用户所在区域划分为“城市电话用户”和“乡村电话用户”，与过去的按市内电话和农村电话划分方法不同。而电话用户总数、电话机总部数统计范围不变。

**城市电话用户** 指直辖市、省辖市、地级市、县级市的市区、市郊区及县城（包括县人民政府所在地的县城关区或行政建制相当于县人民政府所在地的镇）范围内接入局用交换机的电话用户数，包括分布在农村地区的独立工矿区、林区、驻军等接入局用交换机的电话用户数。

**农村电话用户** 指县城关区以下的集镇和农村接入局用交换机的电话用户数。

# Explanatory Notes on Main Statistical Indicators

**Length of Railways in Operation** also is known as operating length and refers to the total length of the trunk line for passenger and freight transportation in full operation or temporary operation.

**Length of Highways** refers to the actual length of road at the end of the reporting period. Statistical range: It covers public roads running vehicles among cities, city and rural areas, township (villages), highways passing through streets at small cities and towns, length of bridges and tunnels, width of ferry piers. It does not include the length of streets in big and medium-sized cities and highways built for the production purpose at factories, mines, forest areas and agricultural areas. Statistical principles: It is on the basis of final acceptance or delivery of the actual mileage calculation. If two or more highways go the same section of the way, the length of the section is only calculated for once and no duplication is allowed.

**Length of Navigable Inland Water ways** refers to the length of the natural rivers, lakes, reservoirs, canals, and ditches that are open to navigation during a given period, which enables transportation by ships and rafts. It includes the channels open to navigation for over an accumulated period of 3 months in a year, yet this does not include the river courses which are only used to float odd logs and bamboo rafts. For fear of repeating calculation, the length of waterways of boundary rivers between two provinces is reckon in a half for each province. This indicator can reflect the scale, level and development situation of the inland waterway network.

**Length of Civil Aviation Routes** refers to the sum length of all routes for regular civil aviation flights. There are usually two ways to calculate the distance between airports connected by the route length: One is to put the length of all air routes together, called duplicated calculation of the length of the routes; the other is not to allow the duplication in calculation when two or more routes passing the same section of aviation routes. The latter is usually used.

**Freight(Passenger) Traffic** refers to the volume of freight(passenger)transported with various means within a specific period of time. Freight transport is calculated in tons and passenger traffic is calculated in the number of persons. Despite the type of freight and travelling distance, the freight transport is calculated in the actual weight of the goods: and despite the travelling distance and ticket price, the passenger traffic is calculated by the principle that one person can be counted only once in one travel. The passengers who travel with a half price ticket or a child ticket is also calculated as one person.

**Freight Ton-kilometers (Passenger-kilometers)** refers to the sum of the product of the volume of transported cargo (passengers) multiplying by the transport distance, usually using ton-kilometer and passenger-kilometer as units for measurement. Normally, the shortest distance between the departure station and the destination station (i.e., the payable distance) is the basis to calculate the freight ton-kilometers. The formula is as follows:

Freight Ton-kilometers (Passenger-kilometers) =∑ {Freight (Passenger) Traffic × Distance of Transportation}

**Business Volume of Post and Telecommunications** refers to the total amount of postal and telecommunication services, expressed in value terms, provided by the post and telecommunications departments for society. It can be classified as: letters, parcels, drafts, circulating presses, postal expresses, EMS, postal savings, stamp collecting, faxes, long distance telephones, rent circuitries, mobile phones, packet switching digital communication and lease and maintenance etc. This indicator reflects the overall results of development of postal and telecommunication services in a certain period, and it is an important indicator for researching construction and development of business volume of post and telecommunications. The calculating formula is:

Business Volume of Post and Telecommunications = ∑(various Business Volume of Post and Telecommunications × fixed unit prices) + lease and maintenance and other business incomes

= Business Volume of Post + Business Volume of Telecommunications

**Mobile Telephone Subscribers** refers to the persons who are connected with the mobile telephone communication network through the mobile telephone switchboards and occupy mobile phone numbers. In the reporting period, the number of users in the mobile phone operating divisions actual registration number of households into the mobile phone network to calculate, a mobile phone is counted as a household.

**Local Telephone Subscribers** refers to all subscribers who have gone through registration procedures in the operation points of enterprises engaged in telecommunications and are hence connected to the local telecommunications service provider through fixed line network. Included are general subscribers, public telephones subscribers, N-ISDN subscribers and intelligent network terminal subscribers. They are also classified into urban telephone subscribers and rural telephone subscribers according to administrative districts. Before 1997, the "local phone users" refers to access cities above county and county telephone line telephone subscribers; "Rural Telephone User" refers to access the post office, if farmers Taiwan county and below county rural telephone exchange points, to the county as the center (except local subscriber outside) Unicom county and township (town), administrative villages, village groups of users. From 1997 onwards, the number of telephone users adjust to the user group area classified as "urban telephone subscribers" and "rural telephone subscribers," with the past by local and rural telephone divided in different ways. But the number of telephone users and telephone statistical range are unchanged.

**Urban Telephone Subscribers** refer to number of telephone subscribers, located at municipalities, cities under the jurisdiction of province, cities at prefecture level, downtown and suburb of city at county level town and county towns (including country towns where county government located, and towns of county level according to the administrative organizational system), that are connected to the public line telephone network, including rural mineral area, forest area, and military area.

**Rural Telephone Subscribers** refer to telephone subscribers, located at the towns below the level of county town and villages that are connected to the public line telephone network.

17

Seventeen

# 批发和零售业

Wholesale and Retail Trades

# 17-1 社会消费品零售总额
## Total Retail Sales of Consumer Goods

单位：亿元 (100 million yuan)

| 指　　标 | Item | 2008 | 2009 | 2010 | 2011 | 2012 | 2013 |
|---|---|---|---|---|---|---|---|
| **社会消费品零售总额** | **Total Retail Sales of Consumer Goods** | **1075.24** | **1247.25** | **1482.68** | **1751.62** | **2075.85** | **2366.24** |
| **按地域分** | **By Area** | | | | | | |
| 城镇 | Urban | 838.81 | 971.37 | 1213.66 | 1439.22 | 1715.56 | 1954.22 |
| 乡村 | Rural | 236.43 | 275.88 | 269.02 | 312.40 | 360.29 | 412.02 |
| **按行业分** | **By Sector** | | | | | | |
| 批发和零售业 | Wholesale and Retail Trade | 952.04 | 1114.40 | 1329.51 | 1576.66 | 1877.48 | 2156.79 |
| 住宿和餐饮业 | Hotel and Catering Services | 106.90 | 132.85 | 153.17 | 174.96 | 198.37 | 209.45 |

注：表中2009年及以前的“城镇”数据为市、县消费品零售总额合计数，“乡村”数据为县以下消费品零售额。
Note:The "urban" data in the table were the total number of cities and counties in total retail sales of consumer goods before 2009, The rural data were "under" County level in total retail sales of consumer goods.

# 17-2 限额以上批发业和零售业
## Basic Conditions of Enterprises above Designated Size in Wholesale and Retail Trade Services

| 指　　标 | Item | 2008 | 2009 | 2010 | 2011 | 2012 | 2013 |
|---|---|---|---|---|---|---|---|
| **批发业** | **Wholesale Trade** | | | | | | |
| 法人企业(个) | Number of Corporations(unit) | 248 | 283 | 306 | 332 | 487 | 640 |
| 年末从业人数(人) | Employees at Year-end(person) | 66821 | 38332 | 41066 | 45691 | 51372 | 51442 |
| 商品购进额(亿元) | Total Purchases(100 million yuan) | 579.92 | 575.07 | 776.73 | 1124.58 | 1419.29 | 1878.97 |
| 商品销售额(亿元) | Total Sales(100 million yuan) | 815.21 | 825.77 | 1095.34 | 1309.90 | 1907.99 | 2391.89 |
| 期末商品库存额(亿元) | Inventory at year-end(100 million yuan) | 83.85 | 80.45 | 93.47 | 127.38 | 175.80 | 223.23 |
| **零售业** | **Retail Trade** | | | | | | |
| 法人企业(个) | Number of Corporations(unit) | 303 | 371 | 494 | 555 | 793 | 1178 |
| 年末从业人数(人) | Employees at Year-end(person) | 24998 | 30806 | 38154 | 44045 | 54865 | 67485 |
| 商品购进额(亿元) | Total Purchases(100 million yuan) | 200.02 | 278.82 | 423.39 | 588.27 | 764.09 | 970.87 |
| 商品销售额(亿元) | Total Sales(100 million yuan) | 260.20 | 358.02 | 487.38 | 690.58 | 898.82 | 1143.96 |
| 期末商品库存额(亿元) | Inventory at Year-end(100 million yuan) | 32.77 | 28.67 | 42.11 | 59.71 | 76.89 | 89.11 |
| 年末零售营业面积(万平方米) | Retail Operating Area at year-end(10000 sq.m) | 142.28 | 195.96 | 212.03 | 230.85 | 203.48 | 294.38 |

# 17-3 限额以上批发业企业(2013)

单位：万元

| 指 标 | Item | 法人企业(个) Number of Corporation (Unit) |
|---|---|---|
| **合 计** | **Total** | 640 |
| **按登记注册类型分组** | **by Types of Registration Status** | |
| **内资企业** | **Domestic Funded Enterprises** | 639 |
| 国有企业 | State-owned Enterprises | 54 |
| 集体企业 | Collective-owned Enterprises | 23 |
| 股份合作企业 | Cooperation Enterprises | 1 |
| 联营企业 | Joint Ownership Enterprises | |
| 有限责任公司 | Limited Liability Corporations | 383 |
| 国有独资公司 | state-owned Sole Investment Corporations | 34 |
| 其他有限责任公司 | Other Limited Liability Corporations | 349 |
| 股份有限公司 | Share-holding Corporations Ltd. | 21 |
| 私营企业 | Private Enterprises | 156 |
| 私营独资企业 | Private Sole Investment Enterprise | 3 |
| 私营有限责任公司 | Private Limited Liability Corporations | 143 |
| 私营股份有限公司 | Private Share Holding Co.Ltd | 10 |
| 其 他 | Other Enterprises | 1 |
| **港、澳、台商投资企业** | **Enterprises with Funds From HongKong, Macao and Taiwan** | |
| 合资经营企业(港或澳、台资) | Joint-venture Enterprises | |
| 合作经营企业(港或澳、台资) | Cooperative Enterprises | |
| 港、澳、台商独资经营企业 | Enterpises with Sole Investment | |
| 港、澳、台商投资股份有限公司 | Share-holding Corporations Ltd. | |
| 其他港澳台投资企业 | Others | |
| **外商投资企业** | **Foreign Funded Enterprises** | 1 |
| 中外合资经营企业 | Joint-venture Enterprises | 1 |
| 中外合作经营企业 | Cooperation Enterprises | |
| 外资企业 | Enterprises with Sole Fund | |
| 外商投资股份有限公司 | Share-holding Corporations Ltd. | |
| **按国民经济行业分组** | **by Sector** | |
| 农、林、牧产品批发 | **Wholesale of Farm Produce and Livestock Products** | 9 |
| 谷物、豆及薯类批发 | Wholesale of Grain, Beans and Potatoes | 1 |
| 种子批发 | Wholesale of Seeds | 1 |
| 饲料批发 | Wholesale of Feed | 3 |
| 棉、麻批发 | Wholesale of Cotton and hemp | |
| 牲畜批发 | Wholesale of Livestock | 2 |
| 其他农畜产品批发 | Others | 2 |
| **食品、饮料及烟草制品批发** | **Wholesale of Food,Beverages and Tobaccos** | 104 |
| 米、面制品及食用油批发 | Wholesale of Rice,Flour and Edible oil | 20 |
| 糕点、糖果及糖批发 | Wholesale of Pastries, Candy and Sugar | 1 |
| 果品、蔬菜批发 | Wholesale of Fruit and Vegetables | 4 |
| 肉、禽、蛋及水产品批发 | Wholesale of Meat, Poultry, Eggs and Aquatic Products | 9 |
| 盐及调味品批发 | Wholesale of Salt and Condiment | 14 |
| 酒、饮料及茶叶批发 | Wholesale of Wine,Beverages and Tea | 46 |
| 烟草制品批发 | Wholesale of Tobaccos and Related Products | 10 |
| 其他食品批发 | Wholesale of Other Food | |
| **纺织、服装及家庭用品批发** | **Wholesale of Textiles,Garments and Daily Consumer Goods** | 30 |
| 纺织品、针织品及原料批发 | Wholesale of Textiles ,Knitwear and Raw Materials | |

注：表中行业分类按国民经济行业分类(GB/T4754—2011分)(以下相关表同)。

# Basic Conditions of Enterprises above Designated Size in Wholesale Trade

(10000 yuan)

| 从业人数(人) Employees (person) | 购进总额 Total Purchases | 销售总额 Total Sales | 批发 Wholesale Trade | 零售 Retail Trade | 年末库存额 Inventory (year-end) |
|---|---|---|---|---|---|
| 51442 | 18789749 | 23918861 | 21838204 | 2080657 | 2232259 |
| | | | | | |
| 51287 | 18773882 | 23907050 | 21826984 | 2080066 | 2218203 |
| 23220 | 6806680 | 8183174 | 8001858 | 181316 | 1392301 |
| 1050 | 87924 | 90353 | 77505 | 12848 | 15087 |
| 15 | 2032 | 2281 | 2281 | | 589 |
| | | | | | |
| 19624 | 8337900 | 11722554 | 10557019 | 1165535 | 606484 |
| 3636 | 2392647 | 5282190 | 4305101 | 977089 | 181918 |
| 15988 | 5945253 | 6440364 | 6251918 | 188447 | 424566 |
| 2347 | 2307647 | 2574697 | 1878428 | 696269 | 95315 |
| 5021 | 1229309 | 1331489 | 1307573 | 23915 | 108418 |
| 19 | 16971 | 17058 | 13830 | 3228 | 1048 |
| 4702 | 1146127 | 1245823 | 1227208 | 18616 | 103592 |
| 300 | 66211 | 68608 | 66536 | 2072 | 3778 |
| 10 | 2391 | 2502 | 2319 | 183 | 10 |
| | | | | | |
| 155 | 15867 | 11811 | 11221 | 591 | 14056 |
| 155 | 15867 | 11811 | 11221 | 591 | 14056 |
| | | | | | |
| 189 | 27709 | 32227 | 30206 | 2021 | 2685 |
| 8 | 3258 | 3128 | 3128 | | 358 |
| 65 | 5111 | 4311 | 4311 | | 836 |
| 30 | 14630 | 16756 | 16756 | | 422 |
| | | | | | |
| 40 | 4645 | 5216 | 4377 | 840 | 581 |
| 46 | 65 | 2816 | 1635 | 1182 | 488 |
| 28331 | 5298350 | 9592201 | 8846095 | 746106 | 1487219 |
| 1364 | 228843 | 216300 | 210764 | 5536 | 112707 |
| 39 | 4214 | 7436 | 7436 | | 222 |
| 349 | 73855 | 73973 | 48804 | 25169 | 1251 |
| 436 | 34568 | 36954 | 36797 | 158 | 2393 |
| 850 | 84974 | 122273 | 119761 | 2512 | 11291 |
| 6098 | 1171970 | 4120159 | 3570770 | 549390 | 137823 |
| 19195 | 3699927 | 5015105 | 4851763 | 163342 | 1221532 |
| | | | | | |
| 1989 | 267916 | 344443 | 334444 | 9999 | 47049 |

Note:Date in this table is classified by sector of the National Economy(GB/T4754-2011)(The relative tables in the chapter are the same).

17-3 续表

单位：万元

| 指　标 | Item | 法人企业(个) Number of Corporation (Unit) |
|---|---|---|
| 服装批发 | Wholesale of Garments | 7 |
| 鞋帽批发 | Wholesale of Shoes and Hats | 2 |
| 化妆品及卫生用品批发 | Wholesale of Cosmetics and Hygiene Products | 3 |
| 厨房、卫生间用具及日用杂货批发 | Wholesale of Kitchen and Lavatory Appliance and Daily Consumer Groceries | 3 |
| 家用电器批发 | Wholesale of Household Electrical Appliances | 13 |
| 其他家庭用品批发 | Wholesale of Other Daily Consumer Goods | 2 |
| **文化、体育用品及器材批发** | **Wholesale of Culture,Sports Goods and Equipments** | 14 |
| 文具用品批发 | Wholesale of Stationery | 5 |
| 体育用品批发 | Wholesale of Sports Goods | |
| 图书批发 | Wholesale of Books | 6 |
| 报刊批发 | Wholesale of Newspapers and Periodicals | |
| 音像制品及电子出版物批发 | Wholesale of Audio and Visual Products and Electronic Publications | |
| 首饰、工艺品及收藏品批发 | Wholesale of Jewelry,Arts and Crafts and Collections | 1 |
| 其他文化用品批发 | Wholesale of Other Cultural Articles | 2 |
| **医药及医疗器材批发** | **Wholesale of Medicines and Medical Appliances** | 61 |
| 西药批发 | Wholesale of Western Medicines | 47 |
| 中药批发 | Wholesale of Traditional Chinese Medicines | 14 |
| 医疗用品及器材批发 | Wholesale of Medical Articles and Appliances | |
| **矿产品、建材及化工产品批发** | **Wholesale of Mininery Products,Building Materials and Chemical Materials** | 342 |
| 煤炭及制品批发 | Wholesale of Coal and Related Products | 136 |
| 石油及制品批发 | Wholesale of Petroleum and Related Products | 15 |
| 非金属矿及制品批发 | Wholesale of Non-metallic Minerals and Related Products | 7 |
| 金属及金属矿批发 | Wholesale of Metal Materials | 48 |
| 建材批发 | Wholesale of Building Materials | 36 |
| 化肥批发 | Wholesale of Chemical Fertilizers | 55 |
| 农药批发 | Wholesale of Pesticide | |
| 农用薄膜批发 | Wholesale of Agricultural Film | |
| 其他化工产品批发 | Wholesale of Other Chemical Materials | 45 |
| **机械设备、五金交电及电子产品批发** | **Wholesale of Machinery,Hardware,Transport, Electric and Electronic Products** | 68 |
| 农业机械批发 | Wholesale of Agricultural Machinery | 3 |
| 汽车批发 | Wholesale of Automotive | 17 |
| 汽车零配件批发 | Wholesale of Auto Parts | 7 |
| 摩托车及零配件批发 | Wholesale of Motorcycle Parts & Accessories | 4 |
| 五金产品批发 | Wholesale of Hardware Products | 4 |
| 电气设备批发 | Wholesale of Electrical Equipment | |
| 计算机、软件及辅助设备批发 | Wholesale of Computer,Software and Assistance Appliances | 6 |
| 通讯及广播电视设备批发 | Wholesale of Communication , Radio and Television Equipments | 3 |
| 其他机械设备及电子产品批发 | Wholesale of Other Machinery Equipments and Electric Products | 24 |
| **贸易经纪与代理** | **Trade Broker and Agent** | |
| **其他批发** | **Others** | 12 |
| 再生物资回收与批发 | Wholesale and Reclaim of Regeneration Materials | 5 |
| 其他未列明的批发 | Other Wholesale Unlisted | 7 |

continued

(10000 yuan)

| 从业人数<br>(人)<br>Employees<br>(person) | 购进<br>总额<br>Total<br>Purchases | 销售<br>总额<br>Total<br>Sales | | | 年末<br>库存额<br>Inventory<br>(year-end) |
|---|---|---|---|---|---|
| | | | 批发<br>Wholesale<br>Trade | 零售<br>Retail<br>Trade | |
| 355 | 50653 | 53582 | 51649 | 1933 | 9145 |
| 141 | 6897 | 8009 | 8009 | | 1715 |
| 246 | 10183 | 11238 | 11238 | | 2059 |
| 224 | 13332 | 15410 | 14267 | 1143 | 2591 |
| 971 | 182395 | 251466 | 244543 | 6923 | 30989 |
| 52 | 4456 | 4738 | 4738 | | 549 |
| 539 | 169785 | 171969 | 169588 | 2381 | 21237 |
| 116 | 34008 | 31955 | 31600 | 355 | 5902 |
| 365 | 125529 | 128353 | 128082 | 271 | 13746 |
| 3 | 1000 | 2333 | 1800 | 533 | 100 |
| 55 | 9249 | 9328 | 8106 | 1223 | 1489 |
| 4888 | 842311 | 1034859 | 989366 | 45493 | 103991 |
| 3746 | 649810 | 822835 | 784868 | 37967 | 64881 |
| 1142 | 192501 | 212024 | 204498 | 7526 | 39110 |
| 12213 | 11200719 | 11711457 | 10483557 | 1227900 | 472069 |
| 3092 | 2549576 | 2699668 | 2697951 | 1717 | 70627 |
| 3357 | 2275249 | 2437105 | 1262492 | 1174613 | 80245 |
| 144 | 106996 | 105319 | 105319 | | 6685 |
| 1045 | 1983316 | 2036195 | 2021346 | 14849 | 94333 |
| 446 | 236383 | 252618 | 238220 | 14398 | 14895 |
| 2430 | 2267705 | 2274885 | 2252860 | 22024 | 134845 |
| 1699 | 1781494 | 1905666 | 1905368 | 298 | 70440 |
| 2815 | 900489 | 944876 | 908419 | 36457 | 95451 |
| 57 | 17849 | 17963 | 14345 | 3618 | 3484 |
| 576 | 132742 | 140664 | 121306 | 19358 | 18795 |
| 175 | 244190 | 249420 | 248262 | 1158 | 5357 |
| 123 | 75239 | 80805 | 79823 | 982 | 7467 |
| 114 | 33766 | 35381 | 35056 | 325 | 3955 |
| 220 | 41015 | 48330 | 40611 | 7719 | 2947 |
| 220 | 55712 | 57396 | 55005 | 2391 | 4897 |
| 1330 | 299977 | 314918 | 314011 | 907 | 48548 |
| 478 | 82470 | 86830 | 76531 | 10300 | 2559 |
| 199 | 36611 | 37970 | 37827 | 143 | 1929 |
| 279 | 45859 | 48860 | 38703 | 10157 | 631 |

# 17-4 限额以上批发业企业主要财务指标(2013)
# Main Financial Indicators of Enterprises above Designated Size in Wholesale Trade

单位：万元 (10000 yuan)

| 指　标 | Item | 主营业务收入 Revenue from Principal Business | 主营业务成本 Cost of Principal Business | 主营业务税金及附加 Tax and Extra Charges on Principal Business | 销售费用 Selling Expenses | 营业利润 Operating Profits |
|---|---|---|---|---|---|---|
| **总　计** | **Total** | 21577617 | 16972030 | 320001 | 802784 | 2906844 |
| **按登记注册类型分组** | **Grouped by Registration Status** | | | | | |
| **内资企业** | **Domestic-funded Enterprise** | 21567522 | 16963892 | 319975 | 798578 | 2909118 |
| 国有企业 | State-owned Enterprise | 7404249 | 6000432 | 229703 | 306866 | 513410 |
| 集体企业 | Collective-owned Enterprise | 88901 | 79197 | 1181 | 3706 | -552.3 |
| 股份合作企业 | Copperative Enterprise | 1950 | 1794 | 11 | 82 | 5 |
| 联营企业 | Joint Ownership Enterprises | | | | | |
| 有限责任公司 | Limited Liability Corporations | 10508227 | 7596932 | 71228 | 393274 | 2272481 |
| 国有独资公司 | state-owned Sole Investment Corporations | 4661995 | 2134032 | 55345 | 205691 | 2232280 |
| 其他有限责任公司 | Other Limited Liability Corporations | 5846233 | 5462900 | 15883 | 187583 | 40201 |
| 股份有限公司 | Share Holding Co.Ltd | 2338460 | 2150657 | 14718 | 46362 | 113676 |
| 私营企业 | Private Enterprise | 1223233 | 1132489 | 3133 | 48275 | 10071 |
| 私营独资企业 | Private Sole Investment Enterprise | 15077 | 12884 | 302 | 341 | 1341 |
| 私营合伙企业 | Private partnership Enterprise | | | | | |
| 私营有限责任公司 | Private Limited Liability Corporations | 1141916 | 1057584 | 2591 | 45801 | 8533 |
| 私营股份有限公司 | Private Share Holding Co.Ltd | 66240 | 62022 | 240 | 2134 | 198 |
| 其他 | Other Enterprises | 2502 | 2391 | 2 | 15 | 27 |
| **港、澳、台商投资企业** | **Enterprises with Funds From HongKong, Macao and Taiwan** | | | | | |
| 合资经营企业(港或澳、台资) | Joint-venture Enterprises | | | | | |
| 合作经营企业(港或澳、台资) | Cooperative Enterprises | | | | | |
| 港、澳、台商独资经营企业 | Enterpises with Sole Investment | | | | | |
| 港、澳、台商投资股份有限公司 | Share-holding Corporations Ltd. | | | | | |
| **外商投资企业** | **Foreign Funded Enterprises** | 10095 | 8138 | 27 | 4205 | -2274.5 |
| 中外合资经营企业 | Joint-venture Enterprises | 10095 | 8138 | 27 | 4205 | -2274.5 |
| 中外合作经营企业 | Cooperation Enterprises | | | | | |
| 外资企业 | Enterprises with Sole Fund | | | | | |
| 外商投资股份有限公司 | Share-holding Corporations Ltd. | | | | | |
| **按国民经济行业分组** | **by Sector** | | | | | |
| **农畜产品批发** | **Wholesale of Farm Produce and Livestock Products** | 32749 | 30019 | 120 | 570 | 626 |
| 谷物、豆及薯类批发 | Wholesale of Grain, Beans and Potatoes | 3128 | 2815 | | | 234 |
| 种子批发 | Wholesale of Seeds | 4311 | 4054 | 3 | | 36 |
| 饲料批发 | Wholesale of Feed | 15272 | 14758 | 14 | | -97.6 |
| 棉、麻批发 | Wholesale of Cotton and hemp | | | | | |
| 林业产品批发 | W holesale of Forest products | | | | | |
| 牲畜批发 | Wholesale of Livestock | 5035 | 3530 | 102 | 570 | 464 |
| 其他农畜产品批发 | Others | 5003 | 4861 | 2 | | -10.2 |
| **食品、饮料及烟草制品批发** | **Wholesale of Food,Beverages and Tobaccos** | 8442207 | 4621505 | 274726 | 514275 | 2647168 |
| 米、面制品及食用油批发 | Wholesale of Rice,Flour and Edible oil | 200688 | 177636 | 194 | 8728 | 1123 |
| 糕点、糖果及糖批发 | Wholesale of Pastries, Candy and Sugar | 6355 | 6037 | 5 | | 311 |
| 果品、蔬菜批发 | Wholesale of Fruit and Vegetables | 71330 | 68474 | 1032 | 467 | 874 |
| 肉、禽、蛋及水产品批发 | Wholesale of Meat, Poultry, Eggs and Aquatic Products | 32999 | 29068 | 212 | 2250 | 110 |
| 盐及调味品批发 | Wholesale of Salt and Condiment | 113174 | 85523 | 692 | 8588 | 2736 |
| 酒、饮料及茶叶批发 | Wholesale of Wine，Beverages and Tea | 3662848 | 1036543 | 84994 | 289385 | 2213536 |
| 烟草制品批发 | Wholesale of Tobaccos and Related Products | 4354811 | 3218225 | 187598 | 204856 | 428479 |
| 其他食品批发 | Wholesale of Other Food | | | | | |
| **纺织、服装及家庭用品批发** | **Wholesale of Textiles,Garments and Daily Consumer Goods** | 297198 | 271454 | 712 | 16785 | 1879 |
| 纺织品、针织品及原料批发 | Wholesale of Textiles ,Knitwear and Raw Materials | | | | | |

## 17-4 续表 continued

单位：万元 (10000 yuan)

| 指　标 | Item | 主营业务收入 Revenue from Principal Business | 主营业务成本 Cost of Principal Business | 主营业务税金及附加 Tax and Extra Charges on Principal Business | 销售费用 Selling Expenses | 营业利润 Operating Profits |
|---|---|---|---|---|---|---|
| 服装批发 | Wholesale of Garments | 46367 | 42801 | 62 | 1775 | 325 |
| 鞋帽批发 | Wholesale of Shoes and Hats | 6846 | 5542 | 30 | 671 | 102 |
| 化妆品及卫生用品批发 | Wholesale of Cosmetics and Hygiene Products | 9972 | 8525 | 10 | 103 | 141 |
| 厨房、卫生间用具及日用杂货批发 | Wholesale of Kitchen and Lavatory Appliance and Daily Consumer Groceries | 14356 | 13180 | 140 | 619 | -312 |
| 家用电器批发 | Wholesale of Household Electrical Appliances | 215190 | 197342 | 461 | 13347 | 1590 |
| 其他家庭用品批发 | Wholesale of Other Daily Consumer Goods | 4469 | 4064 | 9 | 270 | 33 |
| **文化、体育用品及器材批发** | Wholesale of Culture,Sports Goods and Equipments | 157927 | 142047 | 420 | 4726 | 8267 |
| 文具用品批发 | Wholesale of Stationery | 27306 | 25724 | 41 | 854 | 118 |
| 体育用品批发 | Wholesale of Sporting Goods | | | | | |
| 图书批发 | Wholesale of Books | 120338 | 107305 | 263 | 3642 | 8009 |
| 报刊批发 | Wholesale of Newspapers and Periodicals | | | | | |
| 音像制品及电子出版物批发 | Wholesale of Audio and Visual Products and Electronic Publications | | | | | |
| 首饰、工艺品及收藏品批发 | Wholesale of Jewelry,Arts and Crafts and Collectibles | 2333 | 1500 | 100 | | 133 |
| 其他文化用品批发 | Wholesale of Other Cultural Articles | 7950 | 7517 | 16 | 230 | 7 |
| **医药及医疗器材批发** | **Wholesale of Medicines and Medical Appliances** | 920725 | 842866 | 2551 | 32796 | 13880 |
| 西药批发 | Wholesale of Western Medicine | 735392 | 678235 | 2084 | 19337 | 13761 |
| 中药批发 | Wholesale of Chinese Traditional Medicines | 185333 | 164630 | 467 | 13459 | 120 |
| 医疗用品及器材批发 | Wholesale of Medical Articles and Appliances | | | | | |
| **矿产品、建材及化工产品批发** | Wholesale of He Mininery Products,Building Materials and Chemical Materials | 10828309 | 10222856 | 39775 | 201463 | 234547 |
| 煤炭及制品批发 | Wholesale of Coal and Related Products | 2509215 | 2321246 | 5945 | 73588 | 34929 |
| 石油及制品批发 | Wholesale of Petroleum and products | 2051606 | 1840859 | 2714 | 38399 | 151691 |
| 非金属矿及制品批发 | Wholesale of Non-metallic Minerals and Products | 90368 | 87903 | 210 | 844 | 1041 |
| 金属及金属矿批发 | Wholesale of Metal Materials | 1844116 | 1781260 | 3923 | 24419 | 25658 |
| 建材批发 | Wholesale of Building Materials | 235017 | 222212 | 1071 | 3134 | 5691 |
| 化肥批发 | Wholesale of Chemical Fertilizer | 2272784 | 2226361 | 11773 | 21408 | 941 |
| 农药批发 | Wholesale of Pesticide | | | | | |
| 农用薄膜批发 | Wholesale of Agricultural Film | | | | | |
| 其他化工产品批发 | Wholesale of Other Chemical Materials | 1825203 | 1743016 | 14140 | 39672 | 14595 |
| **机械设备、五金交电及电子产品批发** | Wholesale of Machinery,Hardware, Transport, Electric and Electronic Products | 817322 | 768700 | 1134 | 29050 | -868 |
| 农业机械批发 | Wholesale of Agricultural Machinery | 17809 | 14689 | 7 | 1695 | 555 |
| 汽车批发 | Wholesale of Automotive | 127422 | 121646 | 257 | 4243 | -2222.2 |
| 汽车零配件批发 | Wholesale of Auto Parts | 210343 | 205913 | 73 | 3635 | -944.3 |
| 摩托车及零配件批发 | Wholesale of Motorcycle Parts & Accessories | 69064 | 65884 | 96 | 1042 | 1182 |
| 五金产品批发 | Wholesale of Hardware Products | 29247 | 27729 | 15 | 643 | 156 |
| 电气设备批发 | Wholesale of Electrical Equipment | | | | | |
| 计算机、软件及辅助设备批发 | Wholesale of Computer,Software and Assistance Appliances | 40924 | 38942 | 63 | 520 | 244 |
| 通讯及广播电视设备批发 | Wholesale of Communications and Broadcasting Equipment | 49566 | 46416 | 165 | 257 | -1500.4 |
| 其他机械设备及电子产品批发 | Others | 272948 | 247481 | 458 | 17016 | 1663 |
| **贸易经纪与代理** | Trade Broker and Agent | | | | | |
| **其他批发** | Others | 81181 | 72584 | 563 | 3119 | 1344 |
| 再生物资回收与批发 | Wholesale and Reclaim of Regeneration Materi | 36585 | 33033 | 361 | 1025 | -133.3 |
| 其他未列明的批发 | Other Wholesale Unlisted | 44596 | 39551 | 202 | 2093 | 1477 |

# 17-5 限额以上零售业企业(2013)

单位：万元

| 指　　标 | Item | 法人企业(个) Number of Corporations (Unit) |
|---|---|---|
| **合　　计** | **Total** | **1178** |
| **按登记注册类型分组** | **by Types of Registration Status** | |
| **内资企业** | **Domestic Funded Enterprises** | 1158 |
| 国有企业 | State-owned Enterprises | 48 |
| 集体企业 | Collective-owned Enterprises | 7 |
| 股份合作企业 | Cooperation Enterprises | 3 |
| 联营企业 | Joint Ownership Enterprises | 1 |
| 集体联营企业 | Collective-owned Joint Ownership Enterprises | 1 |
| 有限责任公司 | Limited Liability Corporations | 610 |
| 国有独资公司 | state-owned Sole Investment Corporations | 18 |
| 其他有限责任公司 | Other Limited Liability Corporations | 592 |
| 股份有限公司 | Share-holding Corporations Ltd. | 28 |
| 私营企业 | Private Enterprises | 455 |
| 私营独资企业 | Private Sole Investment Enterprise | 57 |
| 私营合伙企业 | Private partnership Enterprise | 5 |
| 私营有限责任公司 | Private Limited Liability Corporations | 366 |
| 私营股份有限公司 | Private Share Holding Co.Ltd | 27 |
| 其他 | Other Enterprises | 6 |
| **港、澳、台商投资企业** | **Enterprises with Funds From Hongkong, Macao and Taiwan** | 10 |
| #合资经营企业(港或澳、台资) | Joint-venture Enterprises | 7 |
| 合作经营企业(港或澳、台资) | Cooperative Enterprises | |
| 港、澳、台商独资经营企业 | Enterpises with Sole Investment | 3 |
| 港、澳、台商投资股份有限公司 | Share-holding Corporations Ltd. | |
| 其他港、澳、台商投资企业 | Others | |
| **外商投资企业** | **Foreign Funded Enterprises** | 10 |
| 中外合资经营企业 | Joint-venture Enterprises | 2 |
| 中外合作经营企业 | Cooperation Enterprises | |
| 外资企业 | Enterprises with Sole Fund | 8 |
| 外商投资股份有限公司 | Share-holding Corporations Ltd. | |
| **按国民经济行业分组** | **by Sector** | |
| **综合零售** | **Integrated Retail** | 188 |
| #百货零售 | Retail of General Merchandise | 79 |
| 超级市场零售 | Retail of Supermarkets | 98 |
| 其他综合零售 | Other Integrated Retail | 11 |
| **食品、饮料及烟草制品专门零售** | **Retail of Food,Beverages and Tobaccos** | 119 |
| 粮油零售 | Retail of Grain and Oil | 21 |
| 糕点、面包零售 | Retail of Pastries and Bread | 1 |
| 果品、蔬菜零售 | Retail of Fruits and Vegetables | 3 |
| 肉、禽、蛋及水产品零售 | Retail of Meat, Poultry, Eggs and Aquatic Products | 4 |
| 营养和保健品零售 | Retail of Nutrition and health products | 1 |
| 酒、饮料及茶叶零售 | Retail of Wine,Beverages and Tea | 72 |
| 烟草制品零售 | Retail of Tobaccos and Related Products | |
| 其他食品零售 | Other Food Retail | 17 |
| **纺织品、服装及日用品专门零售** | **Retail of Textiles,Garments and Daily Consumer Goods** | 27 |
| 纺织品及针织品零售 | Retail of Textiles and Knitwear | 1 |
| 服装零售 | Retail of Garments | 18 |
| 鞋帽零售 | Retail of Shoes and Hats | 2 |

# Basic Conditions of Enterprises above Designated Size in Retail Sales

(10000 yuan)

| 从业人数 (人) Employees (person) | 购进总额 Total Purchases | 销售总额 Total Sales | 批发 Wholesale Trade | 零售 Retail Trade | 年末库存额 Inventory at year-end |
|---|---|---|---|---|---|
| **67485** | **9708737** | **11439609** | **1102076** | **10337533** | **891118** |
| 62931 | 9173181 | 10831283 | 1081288 | 9749995 | 847979 |
| 1369 | 202304 | 211870 | 12717 | 199153 | 13884 |
| 82 | 26871 | 25824 | 9825 | 15999 | 2777 |
| 245 | 40111 | 43853 |  | 43853 | 32753 |
| 16 | 24329 | 23631 | 460 | 23171 | 798 |
| 16 | 24329 | 23631 | 460 | 23171 | 798 |
| 38180 | 4660519 | 5013323 | 248775 | 4764549 | 485373 |
| 707 | 67907 | 87342 | 6076 | 81266 | 21413 |
| 37473 | 4592612 | 4925982 | 242699 | 4683283 | 463960 |
| 6365 | 2417498 | 3675835 | 674998 | 3000837 | 106569 |
| 16313 | 1799149 | 1832877 | 134213 | 1698665 | 205252 |
| 1066 | 58631 | 60407 | 500 | 59907 | 7071 |
| 141 | 9614 | 8629 |  | 8629 | 1067 |
| 14524 | 1672325 | 1701844 | 126339 | 1575505 | 190528 |
| 582 | 58579 | 61997 | 7373 | 54624 | 6585 |
| 361 | 2401 | 4069 | 300 | 3769 | 574 |
| 1777 | 272031 | 311261 | 20788 | 290472 | 20358 |
| 1116 | 247843 | 279212 | 11549 | 267662 | 16591 |
| 661 | 24188 | 32049 | 9239 | 22810 | 3767 |
| 2777 | 263525 | 297066 |  | 297066 | 22781 |
| 1174 | 141070 | 151514 |  | 151514 | 10728 |
| 1603 | 122455 | 145552 |  | 145552 | 12053 |
| 22229 | 1387842 | 1461924 | 14076 | 1447848 | 115690 |
| 6805 | 783065 | 799426 | 5432 | 793994 | 30618 |
| 14383 | 538485 | 592978 | 1969 | 591009 | 76633 |
| 1041 | 66291 | 69521 | 6676 | 62845 | 8439 |
| 2956 | 282732 | 329576 | 60512 | 269063 | 44288 |
| 720 | 31272 | 31523 | 5343 | 26180 | 11266 |
| 6 | 470 | 530 |  | 530 | 50 |
| 370 | 3086 | 5814 | 1886 | 3928 | 240 |
| 74 | 80614 | 81513 | 35168 | 46345 | 135 |
| 14 | 617 | 610 |  | 610 | 95 |
| 1479 | 150817 | 192361 | 14824 | 177537 | 29514 |
| 293 | 15857 | 17226 | 3292 | 13933 | 2988 |
| 2034 | 110724 | 133968 | 12657 | 121311 | 27650 |
| 16 | 564 | 607 | 259 | 349 | 40 |
| 1806 | 100233 | 121272 | 10061 | 111212 | 25454 |
| 36 | 1854 | 2099 |  | 2099 | 48 |

17-5 续表

单位：万元

| 指　标 | Item | 法人企业(个) Number of Corporations (Unit) |
|---|---|---|
| 钟表、眼镜零售 | Retail of Horologe and Spectacles | 2 |
| 化妆品及卫生用品零售 | Retail of Cosmetics and Hygiene Products | 1 |
| 厨房用具及日用杂品零售 | Retail of Kitchen utensils and household goods | 1 |
| 其他日用品零售 | Retail of Other Daily Consumer Use | 2 |
| **文化、体育用品及器材专门零售** | **Retail of Culture,Sports Apliances and Equipments** | 50 |
| 文具用品零售 | Retail of Stationery | 2 |
| 体育用品及器材零售 | Retail of Sports Goods | 2 |
| 图书零售、报刊零售 | Retail of Books, newspapers and periodicals | 35 |
| 音像制品及电子出版物零售 | Retail of Audio and Visual Products and Electronic Publications | 1 |
| 珠宝首饰零售 | Retail of Jewelry | 4 |
| 工艺美术品及收藏品零售 | Retail of Arts and Crafts and Collections | 2 |
| 照相器材零售 | Retail of Photographic Equipment | 3 |
| 其他文化用品零售 | Retail of Other Cultural Articles | 1 |
| **医药及医疗器材专门零售** | **Retail of Medicines and Medical Appliances** | 67 |
| #药品零售 | Retail of Medicines | 56 |
| 医疗用品及器材零售 | Retail of Medical Articles and Appliances | 11 |
| **汽车、摩托车、燃料及零配件专门零售** | **Retail of Motor Vehicles, Motorcycles, Fuel and Parts** | 494 |
| #汽车零售 | Retail of Motor Vehicles | 406 |
| 汽车零配件零售 | Retail of Auto Parts and Accessories | 9 |
| 摩托车及零配件零售 | Retail of Motorcycles,Parts and Accessories | 28 |
| 机动车燃料零售 | Retail of Fuel of Motor Vehicles | 51 |
| **家用电器及电子产品专门零售** | **Retail of Household Electric Appliances and Electronic Products** | 176 |
| 家用试听设备零售 | Retail of Listen household equipment | 29 |
| 日用家电设备零售 | Retail of Household appliances | 87 |
| 计算机、软件及辅助设备零售 | Retail of Computer,Software and Assistant Appliances | 43 |
| 通讯设备零售 | Retail of Communication Equipments | 15 |
| 其他电子产品零售 | Retail of Other Electronic Products | 2 |
| **五金、家具及室内装修材料专门零售** | **Retail of Hardware, Furniture and Interior Decoration Materials** | 27 |
| 五金零售 | Retail of Hardware | 9 |
| 家具零售 | Retail of Furniture | 10 |
| 涂料零售 | Retail of Paint | 1 |
| 木制装饰材料零售 | Retail of Wooden decorative materials | 1 |
| 陶瓷、石材装饰材料零售 | Retail of Ceramics, Stone Decoration Materials | 1 |
| 其他室内装修材料零售 | Retail of Other Interior Decoration Materials | 5 |
| **货摊、无店铺及其他零售** | **Stalls,Non-shop and Other Retails** | 30 |
| 流动货摊零售 | Retail of Flow Stalls | |
| 互联网零售 | Retail of Internet | 1 |
| 邮购及电视、电话零售 | Retail of Mail order, TV and telephone | 2 |
| 生活用燃料零售 | Retail of life Fuel | 11 |
| 花卉零售 | Retail of Flowers | |
| 旧货零售 | Retail of Second-hand Goods | 1 |
| 其他未列明的零售 | Other Retails Unlisted | 15 |

continued

(10000 yuan)

| 从业人数 (人) Employees (person) | 购进总额 Total Purchases | 销售总额 Total Sales | 批发 Wholesale Trade | 零售 Retail Trade | 年末库存额 Inventory at Year-end |
|---|---|---|---|---|---|
| 40 | 2717 | 2742 | 945 | 1797 | 892 |
| 16 | 2860 | 3240 |  | 3240 | 658 |
| 42 | 99 | 1737 |  | 1737 | 205 |
| 78 | 2396 | 2272 | 1393 | 878 | 353 |
| 1834 | 148433 | 149624 | 19440 | 130183 | 22184 |
| 20 | 1703 | 2012 | 653 | 1358 | 217 |
| 52 | 3479 | 3644 |  | 3644 | 782 |
| 1421 | 125358 | 120809 | 11477 | 109332 | 14853 |
| 44 | 2982 | 2744 | 2609 | 135 | 276 |
| 181 | 5297 | 10118 |  | 10118 | 3677 |
| 10 | 780 | 660 | 140 | 520 | 480 |
| 55 | 5924 | 6009 | 941 | 5068 | 1484 |
| 51 | 2909 | 3627 | 3620 | 7 | 414 |
| 6936 | 527842 | 574437 | 118732 | 455705 | 56900 |
| 6712 | 466817 | 503395 | 114757 | 388638 | 50132 |
| 224 | 61025 | 71042 | 3975 | 67067 | 6768 |
| 23603 | 6491569 | 7926584 | 816617 | 7109967 | 564402 |
| 16254 | 3755182 | 3894809 | 93975 | 3800834 | 450050 |
| 126 | 39921 | 42229 | 7814 | 34416 | 2791 |
| 398 | 33332 | 32092 | 1050 | 31041 | 5847 |
| 6825 | 2663135 | 3957454 | 713778 | 3243676 | 105714 |
| 5245 | 539088 | 584275 | 39883 | 544391 | 48064 |
| 697 | 54925 | 60592 | 3623 | 56969 | 9595 |
| 2986 | 369702 | 398588 | 18945 | 379643 | 24124 |
| 739 | 67492 | 71467 | 7148 | 64319 | 7695 |
| 586 | 40243 | 42564 | 9262 | 33301 | 5424 |
| 237 | 6727 | 11064 | 904 | 10160 | 1226 |
| 296 | 34873 | 38553 | 1731 | 36822 | 4461 |
| 74 | 11553 | 12008 | 808 | 11200 | 1411 |
| 108 | 4271 | 5155 |  | 5155 | 584 |
| 16 | 571 | 630 | 193 | 437 | 490 |
| 21 | 2458 | 3118 |  | 3118 | 787 |
| 22 | 13226 | 14492 | 580 | 13912 | 601 |
| 55 | 2794 | 3151 | 150 | 3000 | 588 |
| 2352 | 185635 | 240669 | 18426 | 222243 | 7481 |
|  |  |  |  |  |  |
| 12 | 35 | 450 |  | 450 | 6 |
| 1326 | 115684 | 158391 |  | 158391 | 1406 |
| 566 | 38101 | 44288 | 11549 | 32739 | 3025 |
|  |  |  |  |  |  |
| 3 | 620 | 600 |  | 600 | 20 |
| 445 | 31195 | 36940 | 6877 | 30063 | 3025 |

# 17-6 限额以上零售业企业主要财务指标(2013)

# Main Financial Indicators of Enterprises above Designated Size in Retail Trade

单位：万元 (10000 yuan)

| 指标 | Item | 主营业务收入 Revenue from Principal Business | 主营业务成本 Cost of Principal Business | 主营业务税金及附加 Tax and Extra Charges on Principal Business | 销售费用 Selling Expenses | 营业利润 Operating Profits |
|---|---|---|---|---|---|---|
| **总计** | **Total** | **10204029** | **8888434** | **37158** | **464270** | **618715** |
| #国有控股 | State-Controlled | | | | | |
| **按登记注册类型分组** | **by Types of Registration** | | | | | |
| **内资企业** | **Domestic Funded Enterprises** | 9682368 | 8454032 | 33907 | 412527 | 588762 |
| 国有企业 | State-owned Enterprises | 190185 | 166034 | 950 | 10640 | 3691 |
| 集体企业 | Collective-owned Enterprises | 23975 | 20372 | 120 | 990 | 1412 |
| 股份合作企业 | Cooperation Enterprises | 37481 | 34790 | 86 | 976 | 297 |
| 联营企业 | Joint Ownership Enterprises | 23622 | 18994 | 26 | 997 | 2125 |
| 集体联营企业 | Collective-owned Joint Ownership Enterprise | 23622 | 18994 | 26 | 997 | 2125 |
| 有限责任公司 | Limited Liability Corporations | 4398386 | 3905965 | 21645 | 251981 | 95614 |
| 国有独资公司 | state-owned Sole Investment Corporations | 77623 | 55816 | 270 | 5488 | 8145 |
| 其他有限责任公司 | Other Limited Liability Corporations | 4320763 | 3850149 | 21375 | 246493 | 87469 |
| 股份有限公司 | Share-holding Corporations Ltd. | 3335896 | 2786565 | 3004 | 82235 | 453732 |
| 私营企业 | Private Enterprises | 1668754 | 1518234 | 8037 | 64633 | 31314 |
| 私营独资企业 | Private Sole Investment Enterprise | 58230 | 50158 | 630 | 1976 | 3223 |
| 私营合伙企业 | Private partnership Enterprise | 8337 | 7297 | 77 | 405 | 206 |
| 私营有限责任公司 | Private Limited Liability Corporations | 1542544 | 1406596 | 6885 | 59771 | 27013 |
| 私营股份有限公司 | Private Share Holding Co.Ltd | 59644 | 54184 | 445 | 2482 | 871 |
| 其他 | Other Enterprises | 4069 | 3078 | 39 | 75 | 579 |
| **港、澳、台商投资企业** | **Enterprises with Funds From HongKong, Macao and Taiwan** | 265791 | 226365 | 1625 | 24747 | 16142 |
| #合资经营企业(港或澳、台资) | Joint-venture Enterprises | 237453 | 205012 | 1464 | 18868 | 15773 |
| 合作经营企业(港或澳、台资) | Cooperative Enterprises | | | | | |
| 港、澳、台商独资经营企业 | Enterpises with Sole Investment | 28339 | 21353 | 161 | 5878 | 369 |
| 港、澳、台商投资股份有限公司 | Share-holding Corporations Ltd. | | | | | |
| 其他港、澳、台商投资企业 | Others | | | | | |
| **外商投资企业** | **Foreign Funded Enterprises** | 255870 | 208037 | 1626 | 26997 | 13812 |
| 中外合资经营企业 | Joint-venture Enterprises | 129223 | 106389 | 1066 | 11693 | 8919 |
| 中外合作经营企业 | Cooperation Enterprises | | | | | |
| 外资企业 | Enterprises with Sole Fund | 126647 | 101648 | 560 | 15305 | 4893 |
| 外商投资股份有限公司 | Share-holding Corporations Ltd. | | | | | |
| **按国民经济行业分组** | **by Sector** | | | | | |
| **综合零售** | **Integrated Retail** | 1273717 | 1062049 | 11227 | 128880 | 59456 |
| #百货零售 | Retail of General Merchandise | 668636 | 557520 | 7748 | 58153 | 45851 |
| 超级市场零售 | Retail of Supermarkets | 542239 | 451494 | 3275 | 65663 | 11755 |
| 其他综合零售 | Other Integrated Retail | 62842 | 53035 | 205 | 5065 | 1849 |
| **食品、饮料及烟草制品专门零售** | **Retail of Food,Beverages and Tobaccos** | 309571 | 258241 | 3051 | 15001 | 16703 |
| 粮油零售 | Retail of Grain and Oil | 32584 | 30859 | 43 | 1975 | -2634 |
| 糕点、面包零售 | Retail of Pastries and Bread | 430 | 320 | 18 | 15 | 69 |
| 果品、蔬菜零售 | Retail of Fruits and Vegetables | 5814 | 4355 | 228 | 295 | 570 |
| 肉、禽、蛋及水产品零售 | Retail of Meat, Poultry, Eggs and Aquatic Products | 81486 | 76571 | 1069 | 325 | 3289 |
| 营养和保健品零售 | Retail of nutrition and health care products | 521 | 446 | 5 | 25 | 5 |
| 酒、饮料及茶叶零售 | Retail of Wine,Beverages and Tea | 173196 | 133013 | 1502 | 11450 | 14928 |
| 烟草制品零售 | Retail of Tobaccos and Related Products | | | | | |
| 其他食品零售 | Other Food Retail | 15540 | 12679 | 186 | 916 | 476 |
| **纺织品、服装及日用品专门零售** | **Retail of Textiles,Garments and Daily Consumer Goods** | 112614 | 87455 | 895 | 15268 | 3565 |
| 纺织品及针织品零售 | Retail of Textiles and Knitwear | 607 | 459 | 1 | 137 | 7 |
| 服装零售 | Retail of Garments | 101630 | 78503 | 752 | 14314 | 3352 |
| 鞋帽零售 | Retail of Shoes and Hats | 1794 | 1624 | 7 | 107 | 7 |

## 17-6 续表 continued

单位：万元 (10000 yuan)

| 指　　标 | Item | 主营业务收入 Revenue from Principal Business | 主营业务成本 Cost of Principal Business | 主营业务税金及附加 Tax and Extra Charges on Principal Business | 销售费用 Selling Expenses | 营业利润 Operating Profits |
|---|---|---|---|---|---|---|
| 钟表、眼镜零售 | Retail of Horologe and Spectacles | 2405 | 2097 | 5 | 241 | 18 |
| 化妆品及卫生用品零售 | Retail of Cosmetics and Hygiene Products | 2787 | 2537 | 4 | 156 | 3 |
| 厨房用具及日用杂品零售 | Retail of Kitchen utensils and household goods | 1485 | 996 | 13 | 300 | 38 |
| 其他日用品零售 | Retail of Other Daily Consumer Use | 1906 | 1238 | 112 | 15 | 141 |
| **文化、体育用品及器材专门零售** | **Retail of Culture,Sports Apliances and Equipments** | 132465 | 106493 | 1282 | 9366 | 5622 |
| 文具用品零售 | Retail of Stationery | 1659 | 1436 | 5 | 68 | 145 |
| 体育用品及器材零售 | Retail of Sports Goods | 3115 | 2707 | 10 | 273 | 39 |
| 图书、报刊零售 | Retail of Books, newspapers and periodicals | 106598 | 84944 | 733 | 7889 | 4855 |
| 音像制品及电子出版物零售 | Retail of Audio and Visual Products and Electronic Publications | 2388 | 1850 | 12 | 224 | 31 |
| 珠宝首饰零售 | Retail of Jewelry | 9608 | 7534 | 506 | 585 | 475 |
| 工艺美术品及收藏品零售 | Retail of Arts and Crafts and Collections | 860 | 670 | 5 | 15 | 87 |
| 照相器材零售 | Retail of Photographic Equipment | 5137 | 4648 | 6 | 160 | -29.3 |
| 其他文化用品零售 | Retail of Other Cultural Articles | 3100 | 2704 | 6 | 153 | 20 |
| **医药及医疗器材专门零售** | **Retail of Medicines and Medical Appliances** | 493059 | 431397 | 1838 | 27269 | 8143 |
| #药品零售 | Retail of Medicines | 432508 | 380411 | 1603 | 24646 | 4173 |
| 医疗用品及器材零售 | Retail of Medical Articles and Appliances | 60551 | 50986 | 235 | 2623 | 3971 |
| **汽车、摩托车、燃料及零配件专门零售** | **Retail of Motor Vehicles, Motorcycles, Fuel and Parts** | 7129654 | 6311597 | 12714 | 189554 | 503513 |
| #汽车零售 | Retail of Motor Vehicles | 3490868 | 3240945 | 8219 | 95142 | 47352 |
| 汽车零配件零售 | Retail of Auto Parts and Accessories | 34723 | 33030 | 105 | 498 | 450 |
| 摩托车及零配件零售 | Retail of Motorcycles,Parts and Accessories | 30801 | 24902 | 1214 | 870 | 2445 |
| 机动车燃料零售 | Retail of Fuel of Motor Vehicles | 3573263 | 3012719 | 3176 | 93044 | 453267 |
| **家用电器及电子产品专门零售** | **Retail of Household Electric Appliances and Electronic Products** | 505893 | 442903 | 3731 | 37968 | 5950 |
| 家用试听设备零售 | Retail of Listen household equipment | 54382 | 47566 | 299 | 3448 | 232 |
| 日用家电设备零售 | Retail of Household appliances | 338831 | 296292 | 2390 | 28896 | 3612 |
| 计算机、软件及辅助设备零售 | Retail of Computer,Software and Assistant Appliances | 65069 | 58145 | 737 | 1868 | 684 |
| 通讯设备零售 | Retail of Communication Equipments | 38154 | 33294 | 212 | 3631 | 417 |
| 其他电子产品零售 | Retail of Other Electronic Products | 9457 | 7606 | 94 | 125 | 1004 |
| **五金、家具及室内装修材料专门零售** | **Retail of Hardware, Furniture and Interior Decoration Materials** | 37191 | 33737 | 316 | 794 | 1089 |
| 五金零售 | Retail of Hardware | 11928 | 11206 | 16 | 142 | 95 |
| 家具零售 | Retail of Furniture | 4829 | 3810 | 179 | 182 | 342 |
| 涂料零售 | Retail of Paint | 538 | 446 | 1 | 31 | 12 |
| 木制装饰材料零售 | Retail of Wooden decorative materials | 2665 | 2199 | 8 | 258 | 82 |
| 陶瓷、石材装饰材料零售 | Retail of ceramic and stone decoration materials | 14473 | 13966 | 70 | 88 | 218 |
| 其他室内装修材料零售 | Retail of Other Interior Decoration Materials | 2758 | 2110 | 42 | 94 | 340 |
| **货摊、无店铺及其他零售** | **Stalls,Non-shop and Other Retails** | 209866 | 154562 | 2105 | 40170 | 14675 |
| 流动货摊零售 | Retail of Flow Stalls | | | | | |
| 互联网零售 | Retail of Internet | 321 | 180 | 1 | 1 | 95 |
| 邮购及电视、电话零售 | Retail of Mail order,TV and Telephone | 135449 | 92617 | 1589 | 35817 | 10514 |
| 生活用燃料零售 | Retail of life Fuel | 39531 | 33799 | 255 | 2529 | 2869 |
| 花卉零售 | Retail of Flowers | | | | | |
| 旧货零售 | Retail of Second-hand Goods | 520 | 500 | 13 | 3 | -0.1 |
| 其他未列明的零售 | Other Retails Unlisted | 34045 | 27466 | 247 | 1820 | 1197 |

# 17-7 商品交易市场
# Commodity Exchange Markets

单位：个 (unit)

| 指 标 | Item | 2008 | 2009 | 2010 | 2011 | 2012 | 2013 |
|---|---|---|---|---|---|---|---|
| **商品交易市场** | **Number of Commodity trading markets** | **2135** | **2215** | **2216** | **2211** | **1658** | **1521** |
| **消费品市场数** | **Number of Consumable Markets** | **2057** | **2173** | **2175** | **2170** | **1614** | **1443** |
| 消费品综合市场 | Consumable Goods Integrative Market | 1252 | 1195 | 1190 | 1176 | 705 | 586 |
| 农副产品市场 | Agricultural Subproduct Market | 724 | 881 | 890 | 894 | 811 | 742 |
| 农副产品综合市场 | Agricultural Subproduct Integrative Market | 675 | 836 | 844 | 846 | 786 | |
| 农副产品专业市场 | Agricultural Subproduct Special Market | 49 | 45 | 46 | 48 | 25 | |
| 工业消费品市场 | Industrial Consumable Goods Market | 54 | 61 | 59 | 58 | 58 | 42 |
| 工业消费品综合市场 | Industrial Consumable Goods Integrative Market | 45 | 53 | 51 | 50 | 32 | |
| 工业消费品专业市场 | Industrial Consumer Goods Special Market | 9 | 8 | 8 | 8 | 26 | |
| 其他消费品市场 | Other Consumable Goods Market | 27 | 36 | 36 | 42 | 40 | 73 |
| **生产资料市场数** | **Number of Production Market** | **78** | **42** | **41** | **41** | **44** | **78** |
| 生产资料综合市场 | Production Integrative Market | 29 | 5 | 4 | 4 | 3 | 12 |
| 工业生产资料市场 | Industrial Production Market | 28 | 27 | 27 | 27 | 31 | 28 |
| 机动车交易市场 | Motor vehicle market | 11 | 9 | 9 | 11 | 12 | |
| 钢材交易市场 | Steel market | 6 | 6 | 6 | 5 | 7 | |
| 煤炭交易市场 | Coal market | 1 | 2 | 2 | 2 | 1 | |
| 木材交易市场 | Timber market | 6 | 6 | 6 | 5 | 6 | |
| 其他工业生产资料市场 | Other Means of Industrial Production Market | 4 | 4 | 4 | 4 | 5 | |
| 农业生产资料市场 | Agricultural Production Market | 19 | 5 | 5 | 5 | 7 | 8 |
| 农业生产资料综合市场 | Agricultural Production Integrative Market | 15 | 3 | 3 | 3 | 4 | |
| 农业生产资料专业市场 | Agricultural Production Special Market | 4 | 2 | 2 | 2 | 3 | |
| 其他生产资料市场 | Others | 2 | 5 | 5 | 5 | 3 | 30 |

注：资料来源于省工商局。
Note:Data in the table are provided by the provincial administration for industry and commerce.

# 主要统计指标解释

**社会消费品零售总额**　指国民经济各行业直接售给城乡居民和社会集团的消费品总额。它是反映各行业通过多种商品流通渠道向居民和社会集团供应的生活消费品总量，是研究国内零售市场变动情况、反映经济景气程度的重要指标。

社会消费品零售总额包括：⑴售给城乡居民作为生活用的商品和修建房屋用的建筑材料；⑵售给社会集团的各种办公用品和公用消费品；⑶售给机关、团体、学校、部队、企业、事业单位的职工食堂和旅店（招待所）附设专门供本店旅客食用，不对外营业的食堂的各种食品、燃料；企业、单位和国营农场直接售给本单位职工和职工食堂的自己生产的产品；⑷售给部队干部、战士生活用的粮食、副食品、衣着品、日用品、燃料；⑸售给来华的外国人、华侨、港澳台同胞的消费品；⑹居民自费购买的中、西药品、中药材及医疗用品；⑺报社、出版社直接售给居民和社会集团的报纸、图书、杂志，集邮公司出售的新、旧纪念邮票、特种邮票、首日封、集邮册、集邮工具等；⑻旧货寄售商店自购、自销部分的商品；⑼煤气公司、液化石油气站售给居民和社会集团的煤气灶具和罐装液化石油气；⑽农民售给非农业居民和社会集团的商品。不包括售给国民经济各部门企业、事业单位（包括国有经济的农场）生产经营用的各种原材料、燃料、设备、工具等和售给批发和零售贸易业、住宿和餐饮业作为转卖用的商品，旧货寄售商店受托寄售卖出的商品，服务业的营业收入，邮局出售邮票的收入，自来水、电力、煤气生产（供应）单位的产品供应收入，也不包括农民之间的商品销售。

**批发和零售业商品购进、销售、库存额**　指各种登记注册类型的批发和零售业企业（单位）以本企业（单位）为总体的，从国内、国外市场购进的商品总量，销售和出口的商品总量、库存的商品总量等情况。该指标可以反映商品流转过程中商品的购进、销售、库存之间的比例关系和存在的问题。

**商品购进总额**　指从本企业以外的单位和个人购进（包括从国外直接进口）作为转卖或加工后转卖的商品金额（含增值税）。商品包括：（1）从工农业生产者、批发和零售业企业、住宿和餐饮业企业、出版社或报社的出版发行部门和其他服务业企业购进的商品；（2）从机关团体、事业单位购进的商品；（3）从海关、市场管理部门购进的缉私和没收的商品；（4）从居民收购的废旧商品等，不包括：（1）企业为本单位自身经营用，不是作为转卖而购进的商品，如材料物资、包装物、低值易耗品、办公用品等；（2）未通过买卖行为而收入的商品，如接受其他部门移交的商品、借入的商品、收入代其他单位保管的商品、其他单位赠送的样品、加工回收的成品等；（3）经本单位介绍，由买卖双方直接结算，本单位只收取手续费的业务；（4）销售退回和买方拒付货款的商品；（5）商品溢余。

**商品销售总额**　指对本单位以外的单位和个人出售的商品金额(包括售给本单位消费用的商品,含增值税)。商品包括(1)售给城乡居民和社会集团消费用的商品；（2）售给农业、工业、建筑业、运输邮电业、服务业、公用事业等国民经济各行业用于生产、经营用的商品，包括售予批发和零售业作为转卖或加工后转卖的商品；（3）对国（境）外直接出口的商品，不包括：（1）未通过买卖行为付出的商品，如随机构变动移交给其他企业单位的商品、借出的商品、归还受其他单位委托代保管的商品、付出的加工原料和赠送给其他单位的样品等；（2）经本单位介绍，由买卖双方直接结算，本单位只收取手续费的业务；（3）购货退回的商品；（4）商品损耗和损失；（5）出售本单位自用的废旧物资。

**商品库存额**　指报告期末各种登记注册类型的批发和零售业企业（单位）已取得所有权的商品。它反映批发和零售业企业（单位）的商品库存情况和对市场商品供应的保证程度。商品库存包括：⑴存放在批发和零售业经营单位（如门市部、批发站、经营处）仓库、货场、货柜和货架中的商品；⑵挑选、整理、包装中的商品；⑶已记入购进而尚未运到本单位的商品，即发货单或银行承兑凭证已到而货未到的商品；⑷寄放他处的商品，如因购货方拒绝承付而暂时存放在购货方的商品和已办完加工成品收回手续而未提回的商品；⑸委托其他单位代销（未作销售或调出）尚未售出的商品；⑹代其他单位购进尚未交付的商品。不包括所有权不属于本单位的商品、委托外单位加工生产尚未收回成品的商品、外贸企业代理其他单位从国外进口尚未付给订货单位的商品、代国家物资储备部门保管的商品等。

**消费品市场成交额**　指从事消费品交易的商品市场的全部商品成交金额。消费品市场包括农副产品市场和工业消费品市场。

# Explanatory Notes on Main Statistical Indicators

**Total Retail Sales of Consumer Goods** refer to the sum of retail sales of consumer goods sold by all sectors of the national economy to urban and rural residents and social groups. This indicator is used to show the supply of consumers' goods through various channels to households and institutions, and is very important for the study on changing of the domestic retail market and on the degree of economic boom.

The retail sales of consumer goods include: (1) commodities sold to urban and rural residents for their daily use and building materials sold to them for the construction or repair of houses; (2) office appliances and supplies sold to social groupings; (3) food and fuels sold to canteens of institutions, enterprises ,schools ,military units and to canteens of hotels and hostels that only serve their guests ,and commodities produced by enterprises ,institutions or state farms which are sold directly to their employees or their canteens; (4) grain and non-staple food, clothing ,daily articles and fuels sold to military personnel; (5)consumer goods sold to foreigners, overseas Chinese, and Chinese compatriots from Taiwan, Hong Kong and Macao during their stay in the mainland of China; (6) Chinese and western medicines, herbs and medical facilities purchased by residents; (7) newspapers, books and magazines directly sold to residents and social groups by publishers, new and old commemorative stamps, special stamps, first-day covers, stamp albums and other stamp-collection articles sold by stamp companies; (8) consumer goods purchased and then sold by second-hand shops; (9) stoves and other heating facilities and liquefied gas sold by gas companies to households and institutions; and (10) commodities sold by farmers to non-agricultural residents and social groups. Excluded under this heading are: raw materials, fuels, equipment, tools sold to enterprises, institutions and state farms for production purpose; commodities sold to trade establishments for re-selling; commissioned sales at second-hand shops; operational income of urban public utilities; stamps sold at post offices; income of water, power, gas production and supply establishments from the supply of their products; and sales of commodities among farmers.

**Purchase, Sales and Stock of Commodities by Wholesale and Retail Trades** refer to the total volume of commodities purchased, total volume of sales and exports, and the stock of commodities by wholesale and retail enterprises (establishments) of different status of registration from domestic and overseas markets. This indicator reflects the relationship among purchase, sales and stock of commodities in the circulation of goods and reveals the existing problems.

**Total Purchases of Commodities** refer to the total value of purchases of commodities by enterprises (establishments) from other establishments or individuals (including direct import from abroad) for the purpose of re-selling, either with or without further processing of the commodities purchased. The commodities include: (1) commodities purchased from agricultural and industrial producer, wholesaler, retailer, publishing house and other service business; (2) commodities purchased from institutions and government departments; (3) confiscated goods purchased from the customs authorities or market management agencies; (4) second-hand goods and wastes purchased from residents; The commodities exclude (1) commodities purchased by enterprises (establishments) for use in their own business operation, commodities obtained without buying or selling procedures such as materials, consumable goods of low value, office appliances, etc. (2)received goods without trading, such as goods handed over from others, borrowed goods, preserved goods for others, donated goods from others, processed and retrieved goods, etc. (3) goods of direct settlement between buyer and seller with handling fees introduced by others, (4) goods returned or refused to pay by the buyer,(5)excessive goods.

**Total Sales of Commodities** refer to value of commodities sold by the establishments to other establishments and individuals (including goods sold for self consumption, including the value-added tax). The commodities include: (1) commodities sold to urban and rural residents and social groups for their consumption; (2) commodities sold to establishments in all industries for their production and operation, including agriculture, industry, construction, transportation, post and telecommunications, catering services, and public utility including commodities sold to wholesale and retail establishments for re-selling, with or without further processing; and (3) commodities for direct export to abroad. Excluded are (1) extended commodities without trading, such as goods handed over to other enterprises and institutions because of the change of organizations, lent goods, returned goods preserved for others, extended processing materials and samples donated to others, (2) goods of direct settlement between buyer and seller with handling fees introduced by others, (3) goods returned after purchase, (4) damaged and spoiled goods, (5) waste and used goods of self use.

**Total Stock of Commodities** refers to total commodities possessed by wholesaler and retailer of various types of registration status at the end of the reference period, reflecting the commodity stock level of various wholesaler and retailer and the potential for market supply. It includes: (1) commodities located in storage, garages, counters, and shelves of operating places (such as sale stores, wholesale centers, and operating offices); (2) commodities in the process of being selected, sorted, and packed; (3) commodities not arrived but recorded as purchase in the account, i.e. commodities not arrived but payment receipts for the commodities from the sellers or the banks arrived; (4) commodities deposited in other places rather than places mentioned above, for instance: commodities in the hold of purchasers temporarily due to the refusal of payment and commodities not taken back after going through the formalities; (5) commodities entrusted to other units to sell but not sold yet; (6) commodities purchased for other units but not delivered yet. Commodities not included as stock are those not owned by the enterprises (units), commodities on commission for processing but not yet delivered, imported commodities of agency of foreign trade enterprise but not yet delivered to ordering units and finally those put in stock on behalf of the state material reserves units.

**Volume of Transaction at Free Markets for Consumer Goods** refers to the value of transaction of all goods at the free trade markets for consumer goods, where consumer markets include both free markets for farm and sideline products and the market for manufactured consumer goods.

# 住宿、餐饮业和旅游业

18

Eighteen

Hotel, Catering Services and Tourism

# 18-1 限额以上住宿业和餐饮业
# Basic Conditions of Enterprises above Designated Size in Hotels and Catering Services

| 指　　标 | Item | 2008 | 2009 | 2010 | 2011 | 2012 | 2013 |
|---|---|---|---|---|---|---|---|
| **住宿业** | **Hotels** | | | | | | |
| 法人企业(个) | Number of Corporations(unit) | 180 | 181 | 234 | 260 | 318 | 395 |
| 年末从业人数(人) | Employed Persons(person) | 20367 | 20064 | 23289 | 26236 | 31793 | 32580 |
| 营业额(亿元) | Business Revenue (100 million yuan) | 15.69 | 16.91 | 20.53 | 27.07 | 35.88 | 41.99 |
| #客房收入 | Reveneu From Hotel Rooms | 9.32 | 9.65 | 11.71 | 15.58 | 20.31 | 25.25 |
| 餐费收入 | Reveneu from Meals | 5.16 | 5.96 | 7.35 | 9.30 | 12.25 | 13.12 |
| 客房数(万间) | Number of Hotel Rooms(10000 rooms) | 2.04 | 2.11 | 2.79 | 3.05 | 3.76 | 4.39 |
| 床位数(万张) | Number of Beds(10000 beds) | 3.59 | 3.73 | 5.07 | 5.20 | 6.32 | 7.31 |
| 年末餐饮营业面积(万平方米) | Catering Services Operating Area at year-end(10000 sq.m) | 19.02 | 18.65 | 23.03 | 49.19 | 64.65 | 56.81 |
| **餐饮业** | **Catering Services** | | | | | | |
| 法人企业(个) | Number of corporation Unit (unit) | 111 | 110 | 134 | 153 | 183 | 304 |
| 年末从业人数(人) | Employed Persons(person) | 10338 | 10108 | 12088 | 15234 | 17593 | 19645 |
| 营业额(亿元) | Business Revenue (100 million yuan) | 9.01 | 9.45 | 11.65 | 15.88 | 19.02 | 21.12 |
| #餐费收入 | Reveneu from Meals | 8.42 | 8.60 | 10.45 | 13.63 | 16.42 | 17.99 |
| 年末餐饮营业面积(万平方米) | Catering Services Operational Area at Year-end(10000 sq.m) | 28.83 | 20.59 | 23.51 | 36.24 | 40.44 | 53.90 |

# 18−2 限额以上住宿业企业(2013)

单位：万元

| 项　目 | Item | 法人企业(个) Number of Corporations (unit) | 年末从业人数(人) Employed Persons (person) | 营业额 Business Revenue | #客房收入 Revenue from Hotel Rooms | #餐费收入 Reveneu from Meals |
|---|---|---|---|---|---|---|
| **合计** | **Total** | **395** | **32580** | **419918** | **252470** | **131210** |
| **按登记注册类型分** | **by Types of Registration** | | | | | |
| **内资企业** | **Domestic Funded Enterprises** | 387 | 31436 | 402132 | 241590 | 125067 |
| 国有企业 | State-owned Enterprises | 40 | 3557 | 46967 | 24847 | 17273 |
| 集体企业 | Collective-owned Enterprises | 11 | 527 | 8315 | 5381 | 2029 |
| 股份合作企业 | Cooperation Enterprises | | | | | |
| 联营企业 | Joint Ownership Enterprises | | | | | |
| 有限责任公司 | Limited Liability Corporations | 168 | 17051 | 233815 | 136619 | 75339 |
| 国有独资公司 | State-owned Sole Investment Corporation | 6 | 1302 | 25018 | 10650 | 10891 |
| 其他有限责任公司 | Other Limited Liability Corporation | 162 | 15749 | 208797 | 125969 | 64448 |
| 股份有限公司 | Share-holding Corporations Ltd. | 5 | 304 | 2364 | 1745 | 322 |
| 私营企业 | Private Enterprises | 157 | 9707 | 106197 | 70320 | 28403 |
| 私营独资企业 | Private Sole Lnvestment Enterprise | 37 | 1865 | 25693 | 16152 | 7071 |
| 私营合伙企业 | Private Psrtrership Enterprise | 14 | 670 | 7625 | 4694 | 2407 |
| 私营有限责任公司 | Private Limited Liability Corporation | 92 | 5742 | 57782 | 41234 | 13622 |
| 私营股份有限公司 | Private Share Holding Co.Ltd | 14 | 1430 | 15097 | 8240 | 5303 |
| 其他企业 | Other Enterprises | 6 | 290 | 4474 | 2678 | 1702 |
| **港、澳、台商投资企业** | **Enterprises with Funds From Honkong, Macao and Taiwan** | 7 | 925 | 14591 | 9433 | 4565 |
| 合资经营企业 | Joint-venture Enterprises | 2 | 422 | 7818 | 5544 | 1914 |
| 合作经营企业 | Cooperative Enterprises | | | | | |
| 独资经营企业 | Enterpises with Sole Funds | 4 | 469 | 6493 | 3669 | 2591 |
| 投资股份有限公司 | Share-holding Corporations Ltd. | 1 | 34 | 280 | 220 | 60 |
| **外商投资企业** | **Foreign Funded Enterprises** | 1 | 219 | 3196 | 1447 | 1578 |
| 中外合资经营企业 | Joint-venture Enterprises | 1 | 219 | 3196 | 1447 | 1578 |
| 中外合作经营企业 | Cooperation Enterprises | | | | | |
| 外资企业 | Enterprises with Sole Fund | | | | | |
| 外商投资股份有限公司 | Share-holding Corporations Ltd. | | | | | |
| **按国民经济行业分** | **by Sector** | | | | | |
| 旅游饭店 | Tourist Hotels | 268 | 26256 | 346480 | 203085 | 113037 |
| 一般旅馆 | General Hotels | 116 | 5615 | 67024 | 45531 | 16063 |
| 其他住宿业 | Other Hotel Services | 11 | 709 | 6414 | 3855 | 2110 |

# Basic Conditions of Enterprises above Designated Size in Hotel Services

(10000 yuan)

| 主营业务收入 Revenue from Principal Business | 主营业务成本 Cost of Principal Business | 主营业务税金及附加 Tax and Extra Charges on Principal Business | 利润总额 Total profit | 资产总计 Total Assets | #流动资产合计 Total Current Assets | #固定资产合计 Total Fixed Assets | 负债合计 Total Liabilities | 所有者权益合计 Total Owners' Equity |
|---|---|---|---|---|---|---|---|---|
| **417172** | **188727** | **23568** | **-10712** | **1108874** | **411951** | **507529** | **767958** | **340917** |
| 399386 | 183753 | 22450 | -9854 | 1071290 | 408350 | 482450 | 747529 | 323761 |
| 45929 | 21631 | 2563 | -1634 | 77213 | 19691 | 48189 | 36230 | 40983 |
| 8679 | 5648 | 509 | 1439 | 16292 | 814 | 15380 | 1580 | 14713 |
| 228721 | 97147 | 12743 | -10984 | 638283 | 256492 | 265463 | 498981 | 139302 |
| 24035 | 6441 | 1311 | 626 | 39346 | 23755 | 13558 | 24492 | 14854 |
| 204686 | 90706 | 11431 | -11610 | 598937 | 232737 | 251905 | 474489 | 124448 |
| 2426 | 1276 | 140 | 1174 | 8373 | 2464 | 5225 | 3888 | 4484 |
| 109207 | 55634 | 6227 | -510 | 326042 | 128293 | 143850 | 205092 | 120950 |
| 25127 | 13292 | 1461 | 1927 | 65650 | 14314 | 46263 | 23833 | 41816 |
| 11053 | 6452 | 612 | 611 | 13026 | 6748 | 5680 | 4883 | 8143 |
| 57947 | 28575 | 3304 | -2136 | 184302 | 87879 | 60179 | 126171 | 58130 |
| 15080 | 7316 | 851 | -911 | 63065 | 19353 | 31729 | 50205 | 12860 |
| 4425 | 2418 | 268 | 661 | 5088 | 596 | 4342 | 1758 | 3329 |
| 14591 | 4452 | 843 | -739 | 20126 | 2602 | 16847 | 13041 | 7085 |
| 7818 | 2054 | 462 | -609 | 4769 | 631 | 3542 | 3669 | 1100 |
| 6493 | 2215 | 374 | -189 | 13750 | 1962 | 11707 | 9342 | 4408 |
| 280 | 183 | 7 | 59 | 1607 | 9 | 1599 | 30 | 1577 |
| 3196 | 522 | 276 | -118 | 17459 | 999 | 8232 | 7388 | 10070 |
| 3196 | 522 | 276 | -118 | 17459 | 999 | 8232 | 7388 | 10070 |
| 344841 | 154020 | 19562 | -12235 | 951557 | 359449 | 435907 | 696668 | 254889 |
| 66036 | 32845 | 3646 | 2441 | 149377 | 49963 | 66658 | 68830 | 80548 |
| 6296 | 1862 | 360 | -918 | 7940 | 2539 | 4964 | 2460 | 5481 |

# 18−3 限额以上餐饮业企业(2013)

单位：万元

| 项　目 | Item | 法人企业(个) Number of corporation (unit) | 年末从业人数(人) Employees (person) | 营业额 Business Revenue | #餐费收入 From Meals |
|---|---|---|---|---|---|
| **合计** | **Total** | **304** | **19645** | **211200** | **179932** |
| **按登记注册类型分** | **by Types of Registration** | | | | |
| **内资企业** | **Domestic funded Enterprises** | 303 | 19398 | 207151 | 175883 |
| 国有企业 | State-owned Enterprises | 10 | 700 | 6579 | 3423 |
| 集体企业 | Collective-owned Enterprises | | | | |
| 股份合作企业 | Copperative Enterprises | 2 | 30 | 218 | 188 |
| 联营企业 | Joint Ownership Enterprises | | | | |
| 有限责任公司 | Limited Liability Corporations | 121 | 10327 | 109532 | 97757 |
| 国有独资公司 | State-owned Sole Investment Corporation | 3 | 132 | 1403 | 1396 |
| 其他有限责任公司 | Other Limited Liability Corporation | 118 | 10195 | 108129 | 96361 |
| 股份有限公司 | Share Holding Corporations Ltd. | 4 | 403 | 6006 | 3379 |
| 私营企业 | Private Enterprises | 156 | 7483 | 80411 | 67428 |
| 私营独资企业 | Private Sole Lnvestment Enterprise | 58 | 1706 | 22270 | 20063 |
| 私营合伙企业 | Private Psrtrership Enterprise | 13 | 938 | 9836 | 9193 |
| 私营有限责任公司 | Private Limited Liability Corporation | 76 | 4256 | 43978 | 34827 |
| 私营股份有限公司 | Private Share Holding Co.Ltd | 9 | 583 | 4327 | 3345 |
| 其他企业 | Other Enterprises | 10 | 455 | 4405 | 3708 |
| 投资股份有限公司 | Share-holding Corporations Ltd. | | | | |
| **外商投资企业** | **Foreign Funded Enterprises** | 1 | 247 | 4049 | 4049 |
| 中外合资经营企业 | Joint-venture Enterprises | | | | |
| 中外合作经营企业 | Cooperation Enterprises | | | | |
| 外资企业 | Enterprises with Sole Fund | | | | |
| 外商投资股份有限公司 | Share-holding Corporations Ltd. | 1 | 247 | 4049 | 4049 |
| **按国民经济行业分** | **by Sector** | | | | |
| 正餐服务业 | Restaurant Services | 299 | 19387 | 208017 | 176749 |
| 快餐服务业 | Snack Counter Services | 2 | 155 | 2372 | 2372 |
| 饮料及冷饮服务业 | Beverages and Cold Drinks | 2 | 64 | 421 | 421 |
| 咖啡馆服务 | Coffee Library Services | 1 | 41 | 211 | 211 |
| 酒吧服务 | Bar Serviles | 1 | 23 | 210 | 210 |
| 其他餐饮业 | Others | 1 | 39 | 389 | 389 |
| 其他未列明餐饮业 | Other food and beverage industry not Listed | 1 | 39 | 389 | 389 |

# Basic Conditions of Enterprises above Designated Size in Catering Services

(10000 yuan)

| 主营业务收入 Revenue from Principal Business | 主营业务成本 Cost of Principal Business | 主营业务税金及附加 Tax and Extra Charges on Principal Business | 利润总额 Total profit | 资产总计 Total Assets | #流动资产合计 Current Assets | #固定资产合计 Total Fixed Assets | 负债合计 Total Liabilities | 所有者权益合计 Total Owners' Equities |
|---|---|---|---|---|---|---|---|---|
| **207938** | **119306** | **11303** | **-3484** | **315038** | **134322** | **97052** | **214936** | **100101** |
| 203888 | 117888 | 11072 | -3723 | 310579 | 130592 | 96941 | 210869 | 99710 |
| 6503 | 2924 | 358 | -806 | 7234 | 3671 | 2408 | 5801 | 1433 |
| 218 | 113 | 13 | -0.6 | 331 | 247 | 84 | 146 | 184 |
| 106813 | 62869 | 5584 | -4557 | 165819 | 68279 | 49258 | 117357 | 48462 |
| 2195 | 1443 | 71 | 125 | 14939 | 7477 | 205 | 3666 | 11274 |
| 104618 | 61426 | 5513 | -4683 | 150880 | 60801 | 49053 | 113691 | 37188 |
| 6006 | 2739 | 289 | -14 | 5557 | 5221 | 300 | 4717 | 840 |
| 80039 | 46513 | 4492 | 2101.2 | 128144 | 52178 | 42671 | 80568 | 47576 |
| 22229 | 13306 | 1362 | 1881 | 24889 | 9742 | 12378 | 8643 | 16246 |
| 10341 | 5859 | 512 | 957 | 11649 | 3594 | 5884 | 4648 | 7001 |
| 43413 | 25180 | 2303 | -650 | 75426 | 27956 | 21687 | 55397 | 20029 |
| 4057 | 2168 | 314 | -88 | 16181 | 10886 | 2723 | 11880 | 4301 |
| 4310 | 2730 | 337 | -446 | 3495 | 996 | 2220 | 2280 | 1215 |
| 4049 | 1417 | 231 | 239.3 | 4459 | 3731 | 111 | 4067 | 392 |
| 4049 | 1417 | 231 | 239.3 | 4459 | 3731 | 111 | 4067 | 392 |
| 204755 | 117544 | 11117 | -3435 | 313424 | 133138 | 96647 | 214399 | 99026 |
| 2373 | 1287 | 135 | -77 | 1039 | 953 | 62 | 208 | 831 |
| 421 | 205 | 31 | -11 | 493 | 159 | 334 | 298 | 195 |
| 211 | 97 | 12 | -30 | 65 | 65 | 0 | 80 | -15 |
| 210 | 108 | 19 | 18.3 | 428 | 94 | 334 | 218 | 210 |
| 389 | 269 | 19 | 40.1 | 81 | 72 | 9 | 31 | 50 |
| 389 | 269 | 19 | 40.1 | 81 | 72 | 9 | 31 | 50 |

# 18-4 旅游业主要指标
## Main indicators of Tourism

| 指　标 | Item | 2008 | 2009 | 2010 | 2011 | 2012 | 2013 |
|---|---|---|---|---|---|---|---|
| **旅行社总数(个)** | **Total Number of Travel Agencies(unit)** | **218** | **201** | **260** | **270** | **302** | **321** |
| 出境游组团旅行社 | International Travel Agencies | 18 | 18 | 11 | 11 | 13 | 16 |
| 国内及入境旅游旅行社 | Domestic Travel Agencies | 200 | 183 | 249 | 259 | 289 | 305 |
| **旅行社职工人数(人)** | **Number of Staff and Workers of Travel Agencies(person)** | **3071** | **2979** | **3132** | **3240** | **3624** | **3852** |
| 出境游组团旅行社 | International Travel Agencies | 365 | 370 | 225 | 226 | 260 | 316 |
| 国内及入境旅游旅行社 | Domestic Travel Agencies | 2706 | 2609 | 2907 | 3014 | 3364 | 3536 |
| **旅游总人数(万人次)** | **Total Number of Tourists(10000 person-times)** | **8190.23** | **10439.95** | **12913.02** | **17019.36** | **21401.18** | **26761.28** |
| 入境旅游人数 | Number of Overseas Visitor Arrivals | 39.54 | 39.95 | 50.01 | 58.51 | 70.50 | 77.70 |
| 外国人 | Foreigners | 18.22 | 16.28 | 18.61 | 23.62 | 30.42 | 31.97 |
| 港澳同胞 | Chinese Compatriots From Hong Kong and Macao | 10.79 | 10.84 | 13.64 | 16.91 | 20.85 | 22.93 |
| 台湾同胞 | Chinese Compatriots From Taiwan Province | 10.52 | 12.83 | 17.76 | 17.98 | 19.23 | 22.80 |
| 国内旅游人数 | Total Number of Domestic Tourists | 8150.69 | 10400.00 | 12863.01 | 16960.85 | 21330.68 | 26683.58 |
| **旅游总收入(亿元)** | **Tourism Earnings(100 million yuan)** | **653.13** | **805.23** | **1061.23** | **1429.48** | **1860.16** | **2370.65** |
| 国际旅游外汇收入(万美元) | Foreign Exchange Earnings from International Tourism (USD 10000) | 11697.37 | 11044.40 | 12957.88 | 13507.18 | 16893.60 | 20143.41 |
| 国内旅游收入(亿元) | Earnings from Domestic Tourism (100 million yuan) | 643.82 | 797.69 | 1052.64 | 1420.70 | 1849.49 | 2358.18 |
| **三大旅行社接待入境旅游人数(万人次)** | **Number of International Tourists Received by Three Major Travel Service (10000 person-times)** | **3.87** | **5.25** | **1.76** | **1.51** | **1.27** | **3.54** |
| 中国国际旅行社 | China International Travel Service | 1.67 | 1.31 | 0.23 | 0.39 | 0.77 | 0.73 |
| 贵州海外旅游总公司 | Guizhou Overseas Tourism Corporation | 2.06 | 3.83 | 1.47 | 0.69 | 0.14 | 2.55 |
| 中国青年旅行社 | China Youth Travel Service | 0.14 | 0.11 | 0.06 | 0.43 | 0.36 | 0.26 |

注：资料来源于省旅游局(以下相关表同)。

Note:Data in the table are obtained from the provincial tourism administration(The relative tables are the same).

# 18－5 来黔境外旅游人数及人均消费支出

## Number of Overseas Tourists Visiting Guizhou and Average Per Capita Spending

| 类别 | Item | 2008 | 2009 | 2010 | 2011 | 2012 | 2013 | 2013年比2012年增长(%) Increase Rate in 2013 over 2012(%) |
|---|---|---|---|---|---|---|---|---|
| **来黔境外旅游人数(万人次)** | **Number of Foreign Tourists Visiting Guizhou(10000 person-times)** | **39.54** | **39.95** | **50.01** | **58.51** | **70.50** | **77.70** | **10.2** |
| 外国人 | Foreigner | 18.22 | 16.28 | 18.61 | 23.62 | 30.42 | 31.98 | 5.1 |
| 港澳同胞 | Chinese Compatriots From Hong Kong and Macao | 10.79 | 10.84 | 13.64 | 16.91 | 20.85 | 22.92 | 9.9 |
| 台湾同胞 | Compatriots from Taiwan | 10.52 | 12.83 | 17.76 | 17.98 | 19.23 | 22.80 | 18.6 |
| 平均每人逗留天数(天/人) | Average Days Tourists Stay in Guizhou Per Capita (day/person) | 1.75 | 1.63 | 1.43 | 1.39 | 1.43 | 1.41 | -1.4 |
| 平均每人每天消费支出(美元/人、天) | Average Per Capita Daily Spending (USD/person-day) | 169.30 | 169.12 | 171.76 | 168.68 | 167.13 | 181.05 | 8.3 |

# 18－6 接待外国旅游人数(按地区分)

## Number of Overseas Tourists Visiting Guizhou(by Country/Territory)

单位：人次 (person-time)

| 地区名 | Country (Territory) | 2008 | 2009 | 2010 | 2011 | 2012 | 2013 | 2013年比2012年增长(%) Increase Rate in 2013 over 2012(%) |
|---|---|---|---|---|---|---|---|---|
| **接待外国旅游人数** | **Number of Overseas Tourists Visiting Guizhou** | **182231** | **162792** | **186054** | **236244** | **304168** | **319743** | **5.1** |
| 亚　洲 | Asia | 81560 | 75042 | 85383 | 104624 | 122958 | 131790 | 7.2 |
| 非　洲 | Africa | 1120 | 980 | 1110 | 1536 | 2165 | 2250 | 3.9 |
| 欧　洲 | Europe | 43325 | 39094 | 44799 | 57619 | 81799 | 85065 | 4.0 |
| 拉丁美洲 | Latin America | 35076 | 30493 | 35239 | 45379 | 61853 | 64987 | 5.1 |
| 大洋洲 | Oceania | 17564 | 14814 | 16861 | 23518 | 30354 | 30406 | 0.2 |
| 其　他 | Others | 3586 | 2369 | 2662 | 3568 | 5039 | 5245 | 4.1 |

# 18－7 旅游外汇收入
# Foreign Exchange Earnings from Tourism

单位：万美元 (USD 10000)

| 类 别 | Item | 2008 | 2009 | 2010 | 2011 | 2012 | 2013 | 2013年比2012年增长(%) Increase Rate in 2013 over 2012(%) |
|---|---|---|---|---|---|---|---|---|
| **旅游外汇收入** | **Tourism foreign exchange earnings** | **11697.37** | **11044.40** | **12957.88** | **13507.18** | **16893.60** | **20143.41** | **19.2** |
| 长途交通 | Long Distance Transportation | 3661.28 | 3224.96 | 5001.74 | 5200.26 | 5084.97 | 5881.90 | 15.7 |
| 游 览 | Sightseeing | 432.80 | 441.78 | 596.06 | 540.29 | 658.85 | 1087.70 | 65.1 |
| 住 宿 | Accommodation | 1368.59 | 1336.37 | 1399.45 | 1701.9 | 1756.93 | 2598.50 | 47.9 |
| 餐 饮 | Food and Beverage | 959.18 | 949.82 | 997.76 | 729.39 | 1114.98 | 1631.60 | 46.3 |
| 商品销售 | Shopping | 3193.38 | 3379.59 | 2410.17 | 3241.72 | 4983.61 | 5398.40 | 8.3 |
| 娱 乐 | Entertainment | 514.68 | 452.82 | 583.10 | 634.84 | 929.15 | 725.20 | -22.0 |
| 邮电通讯 | Postal and Communication Services | 514.68 | 353.42 | 362.83 | 324.17 | 439.23 | 543.90 | 23.8 |
| 市内交通 | Local Transportation | 362.64 | 77.31 | 220.28 | 108.06 | 388.55 | 745.30 | 91.8 |
| 其他服务 | Other Services | 690.14 | 828.33 | 1386.49 | 1026.55 | 1537.33 | 1530.90 | -0.4 |

# 18−8 旅馆业接待经营

## Operation of Hotels

| 类　别 | Item | 2008 | 2009 | 2010 | 2011 | 2012 | 2013 | 2013年比2012年增长(%) Increase Rate in 2013 over 2012(%) |
|---|---|---|---|---|---|---|---|---|
| **接待能力** | **Capacity** | | | | | | | |
| 年末客房数(间) | Guest Rooms (Year-end) (unit) | 21278 | 23578 | 25191 | 26120 | 29358 | 32058 | 9.2 |
| 年末客房床位数(张) | Guest Beds (Year-end) (bed) | 39142 | 42885 | 45683 | 46204 | 51687 | 55738 | 7.8 |
| 客房开房率(%) | Room Occupancy Rate(%) | 63.0 | 63.5 | 63.6 | 64.2 | 64.3 | 59.9 | -6.8 |
| #星级宾馆 | Star-rated Hotels | 64.0 | 64.5 | 65.1 | 64.6 | 64.1 | 60.6 | -5.5 |
| 实际住宿人次数(万人次) | Actual Number of Guests (10000 person-times) | 510.89 | 540.32 | 625.63 | 740.49 | 775.15 | 823.39 | 6.2 |
| #海外来黔 | Overseas Visitors | 39.53 | 39.95 | 50.01 | 58.51 | 70.50 | 77.70 | 10.2 |
| 实际住宿人天数(万人天) | Actual Number of Guests and Days of Stay ( 10000 person-days) | 748.61 | 801.35 | 866.84 | 997.23 | 1092.97 | 1198.42 | 9.6 |
| #海外来黔 | Overseas Visitors | 69.09 | 65.30 | 71.39 | 81.22 | 101.18 | 109.60 | 8.3 |
| **经营和财务** | **Management and Financial** | | | | | | | |
| 营业收入(万元) | Operational Revenue(10000 yuan) | 180254 | 187002 | 195639 | 228252 | 245265 | 261241 | 6.5 |

# 18−9 星级饭店

## Star-rated Hotels

单位：个　(unit)

| 指　标 | Item | 2008 | 2009 | 2010 | 2011 | 2012 | 2013 |
|---|---|---|---|---|---|---|---|
| **星级饭店个数** | **The number of Star-rated Hotels** | **279** | **323** | **344** | **340** | **368** | **377** |
| **按经济类型分** | **Grouped by Ownership** | | | | | | |
| 国有经济 | State-owned | 97 | 111 | 103 | 90 | 80 | 77 |
| 集体经济 | Collective-owned | 175 | 210 | 241 | 250 | 287 | 299 |
| 外商投资经济 | Foreign Funded | 7 | 2 | | | 1 | 1 |
| **按规模分** | **Grouped by Capacity** | | | | | | |
| 客房总数300间以上 | With Above than 300 Rooms | 2 | 4 | 3 | 3 | 5 | 7 |
| 客房总数200−299间 | With 200-299 Rooms | 10 | 13 | 14 | 16 | 16 | 20 |
| 客房总数100−199间 | With 100-199 Rooms | 45 | 65 | 54 | 63 | 76 | 84 |
| 客房总数99间以下 | With Less than 100 Rooms | 222 | 241 | 273 | 258 | 271 | 266 |

# 18-10 风景名胜区
# Scenic Spots

| 名称 | Name | 级别 | 地址 |
|---|---|---|---|
| 红枫湖风景名胜区 | Hongfeng Lake Scenic Spot | 国家级 | 贵州省贵阳市清镇市 |
| 黄果树风景名胜区 | Huangguoshu Waterfalls Scenic Spot | 国家级 | 贵州省安顺市镇宁县 |
| 龙宫风景名胜区 | The Dragon Palace Scenic Spot | 国家级 | 贵州省安顺市 |
| 织金洞风景名胜区 | Zhijin Cave Scenic Spot | 国家级 | 贵州省毕节市织金县 |
| 九洞天风景名胜区 | Jiudongtian Scenic Spot | 国家级 | 贵州省毕节市 |
| 马岭河峡谷风景名胜区 | Malinghe Canyon Scenic Spot | 国家级 | 贵州省黔西南州兴义市 |
| 㵲阳河风景名胜区 | Wuyang River Scenic Spot | 国家级 | 贵州省黔东南州镇远县 |
| 黎平侗乡风景名胜区 | Liping Dong-Village Scenic Spot | 国家级 | 贵州省黔东南州黎平县 |
| 荔波樟江风景名胜区 | Libo Zhangjiang Scenic Spot | 国家级 | 贵州省黔南州荔波县 |
| 都匀斗篷山——剑江风景名胜区 | Duyun Doupeng Mountain----Jianjiang Scenic Spot | 国家级 | 贵州省黔南州 |
| 赤水风景名胜区 | Chishui Scenic Spot | 国家级 | 贵州省遵义市赤水市 |
| 九龙洞风景名胜区 | Jiulong Cave Scenic Spot | 国家级 | 贵州省铜仁市 |
| 紫云格凸河风景名胜区 | Ziyun Getu River Scenic Spot | 国家级 | 贵州省安顺市紫云县 |
| 平塘风景名胜区 | Pingtang Scenic Spot | 国家级 | 贵州省黔南州平塘县 |
| 瓮安江界河风景名胜区 | Wengan Jiangjie River Scenic Spot | 国家级 | 贵州省黔南州瓮安县 |
| 榕江古榕风景名胜区 | Rongjiang Gurong Scenic Spot | 国家级 | 贵州省黔东南州榕江县 |
| 石阡温泉群风景名胜区 | Shiqian Hot Well Flock Scenic Spot | 国家级 | 贵州省铜仁市石阡县 |
| 沿河乌江山峡风景名胜区 | Yanhe Wujiang River Sanxia Scenic Spot | 国家级 | 贵州省铜仁市沿河县 |
| 百花湖风景名胜区 | Baihua Lake Scenic Spot | 省级 | 贵州省贵阳市 |
| 花溪风景名胜区 | Huaxi Scenic Spot | 省级 | 贵州省贵阳市花溪区 |
| 息烽风景名胜区 | Xifeng Scenic Spot | 省级 | 贵州省贵阳市息烽县 |
| 修文阳明风景名胜区 | Xiuwen Yangming Scenic Spot | 省级 | 贵州省贵阳市修文县 |
| 香纸沟风景名胜区 | Xiangzhigou Scenic Spot | 省级 | 贵州省贵阳市 |
| 开阳风景名胜区 | Kaiyang Scenic Spot | 省级 | 贵州省贵阳市开阳县 |
| 相思河风景名胜区 | Xiangsi River Scenic Spot | 省级 | 贵州省贵阳市 |
| 清镇暗流河风景名胜区 | Qingzhen Undercurrent River Scenic Spot | 省级 | 贵州省贵阳市清镇市 |
| 普定梭筛风景名胜区 | Puding Suoshai Scenic Spot | 省级 | 贵州省安顺市普定县 |
| 关岭花江大峡谷风景名胜区 | Guanling Huajiang Canyon Scenic Spot | 省级 | 贵州省安顺市关岭县花江镇 |
| 平坝天台山——斯拉河风景名胜区 | Pingba Tiantai Mountain ----Sila River Scenic Spot | 省级 | 贵州省安顺市平坝县 |
| 百里杜鹃风景名胜区 | One-Hundred-Li Azalea Belt Scenic Spot | 省级 | 毕节市大方、黔西县 |
| 贵州屋脊赫章韭菜坪风景名胜区 | Guizhou Fastigium Hezhang Jiucaiping Scenic Spot | 省级 | 贵州省毕节市赫章县 |
| 鲁布革风景名胜区 | Lubuge Scenic Spot | 省级 | 贵州省黔西南州兴义市 |
| 泥凼石林风景名胜区 | Nidang shilin Scenic Spot | 省级 | 贵州省黔西南州兴义市泥凼镇 |
| 安龙招堤风景名胜区 | Anlong Zhaodi Scenic Spot | 省级 | 贵州省黔西南州安龙县 |
| 贞丰三岔河风景名胜区 | Zhenfeng Sancha River Scenic Spot | 省级 | 贵州省黔西南州贞丰县 |

18-10 续表 continued

| 名 称 | Name | 级别 | 地 址 |
|---|---|---|---|
| 晴隆三望坪风景名胜区 | Qinglong Sanwangping Scenic Spot | 省级 | 贵州省黔西南州晴隆县 |
| 兴仁放马坪风景名胜区 | Xingren Fangmaping Scenic Spot | 省级 | 贵州省黔西南州兴仁县 |
| 岑巩龙鳌河风景名胜区 | Cengong Longao River Scenic Spot | 省级 | 贵州省黔东南州岑巩县 |
| 剑河风景名胜区 | Jianhe Scenic Spot | 省级 | 贵州省黔东南州剑河县 |
| 麻江下司风景名胜区 | Majiang Xiasi Scenic Spot | 省级 | 贵州省黔东南州麻江县 |
| 镇远高过河风景名胜区 | Zhenyuan Gaoguo River Scenic Spot | 省级 | 贵州省黔东南州镇远县 |
| 雷山风景名胜区 | Leishan Scenic Spot | 省级 | 贵州省黔东南州雷山县 |
| 锦屏三板溪——隆里古城风景名胜区 | Jinping Sanbanxi----Longli Scenic Spot | 省级 | 贵州省黔东南州锦屏县 |
| 丹寨龙泉山——岔河风景名胜区 | Danzhai Longquanshan----Chahe Scenic Spot | 省级 | 贵州省黔东南州丹寨县 |
| 从江风景名胜区 | Congjiang Scenic Spot | 省级 | 贵州省黔东南州从江县 |
| 龙里猴子沟风景名胜区 | Longli Monkey Fossa Scenic Spot | 省级 | 贵州省黔南州龙里县 |
| 福泉洒金谷风景名胜区 | Fuquan Sajingu Scenic Spot | 省级 | 贵州省黔南州福泉市 |
| 惠水涟江——燕子洞风景名胜区 | Huishui Lianjiang--Yanzi Cave Scenic Spot | 省级 | 贵州省黔南州惠水县 |
| 长顺杜鹃湖——白云山风景名胜区 | Changshun Dujuan Lake--Baiyun Mountain Scenic Spot | 省级 | 贵州省黔南州长顺县 |
| 三都都柳江风景名胜区 | Sandu Duliu River Scenic Spot | 省级 | 贵州省黔南州三都县 |
| 贵定洛北河风景名胜区 | Guiding Luobei River Scenic Spot | 省级 | 贵州省黔南州贵定县 |
| 独山深河桥风景名胜区 | Dushan Shenhe Bridge Scenic Spot | 省级 | 贵州省黔南州独山县 |
| 遵义娄山风景名胜区 | Zunyi Loushan Mountain Scenic Spot | 省级 | 贵州省遵义市遵义县板桥镇 |
| 绥阳宽阔水风景名胜区 | Suiyang Kuankuoshui Scenic Spot | 省级 | 贵州省遵义市绥阳县 |
| 仁怀茅台风景名胜区 | Renhuai Moutai Scenic Spot | 省级 | 贵州省遵义仁怀市茅台镇 |
| 习水风景名胜区 | Xishui Scenic Spot | 省级 | 贵州省遵义市习水县东皇镇 |
| 余庆大乌江风景名胜区 | Yuqing Wujiang River Scenic Spot | 省级 | 贵州省遵义市余庆县白泥镇 |
| 湄潭湄江风景名胜区 | Meitan Scenic Spot | 省级 | 贵州省遵义市湄潭县 |
| 梵净山——太平河风景名胜区 | Fanjing Mountain----Taiping River Scenic Spot | 省级 | 贵州省铜仁市江口县 |
| 印江木黄风景名胜区 | Yinjiang Muhuang Scenic Spot | 省级 | 贵州省铜仁市印江县 |
| 思南乌江白鹭洲风景名胜区 | Sinan Wujiang River Bailuzhou Scenic Spo | 省级 | 贵州省铜仁市思南县 |
| 松桃豹子岭——寨英风景名胜区 | Songtao Baozi Mountain----Zhaiying Scenic Spot | 省级 | 贵州省铜仁市松桃县 |
| 万山夜郎谷风景名胜区 | Wanshan Yelang Canyon Scenic Spot | 省级 | 贵州省铜仁市万山区 |
| 玉屏北洞萧笛之乡风景名胜区 | Yuping Beidong Xiaodi-Village Scenic Spot | 省级 | 贵州省铜仁市玉屏县 |
| 六枝牂牁江风景名胜区 | Liuzhi Zangke River Scenic Spot | 省级 | 贵州省六盘水市六枝特区 |
| 盘县古银杏风景名胜区 | Panxian Ancientry Gingko Scenic Spot | 省级 | 贵州省六盘水市盘县石桥镇 |
| 盘县大洞竹海风景名胜区 | PanXian Dadong Banboo Sea Scenic Spot | 省级 | 贵州省六盘水市盘县珠东乡、老厂镇 |
| 盘县坡上草原风景名胜区 | PanXian Grassland on Mountain Scenic Spot | 省级 | 贵州省六盘水市盘县四格乡、坪地乡 |
| 南开风景名胜区 | Nankai Scenic Spot | 省级 | 贵州省六盘水市水城县 |
| 务川洪渡河风景名胜区 | Wuchuan hongduhe Scenic Spot | 省级 | 贵州省遵义市务川县 |
| 罗甸大小井风景名胜区 | Luodian daxiaojin Scenic Spot | 省级 | 贵州省黔南州罗甸县 |
| 德江乌江滩文化风景名胜区 | Dejiang Wjiang Riverside Scenic Spot | 省级 | 贵州省铜仁市德江县 |

# 18-11 全国重点文物保护单位
# Historical and Cultrual Relics under Key Protection

| 文物单位名称 | Name | 地址 |
|---|---|---|
| 平坝天台山伍龙寺 | Pingba Tiantai Wulong Temple | 贵州省安顺市平坝县 |
| 云山屯古建筑群(含本寨) | The Ancientry Construction of Yunshantun(Including the Village) | 贵州省安顺市西秀区 |
| 安顺文庙 | Anshun Temple | 贵州省安顺市西秀区 |
| 穿洞遗址 | The Ruins of Chuandong | 贵州省安顺市普定县 |
| 宁谷遗址 | The Ruins of Ninggu | 贵州省安顺市西秀区 |
| 黔西观音洞遗址 | The Site of Kwan-yin Cave Qianxi | 贵州省毕节市黔西县 |
| 赫章可乐遗址 | The Ruins of Kele in Hezhang | 贵州省毕节市赫章县 |
| 织金古建筑群 | The Ancientry Construction Zhijin | 贵州省毕节市织金县 |
| 川滇黔省革命委员会旧址 | Finish the committee old address of Chuan Dian Qian province revolution | 贵州省毕节市大方县 |
| 奢香墓 | The Mausoleum of Lady She Xiang | 贵州省毕节市大方县 |
| 大屯土司庄园 | Datun Headman's Castle | 贵州省毕节市毕节市 |
| 马头寨古建筑群 | The Ancientry Construction of Matouzhai | 贵州省贵阳市开阳县 |
| 阳明洞和阳明祠 | Yangming Cave and Yangming Ancestral Temple | 贵州省贵阳市修文县、云岩区 |
| 文昌阁和甲秀楼 | Wenchang Pavilion and Jiaxiu Floor | 贵州省贵阳市贵阳市 |
| 息烽集中营旧址(含玄天洞) | The Site of Concentration Camp Xifeng(including Tien-dong) | 贵州省贵阳市息烽县 |
| 大洞遗址 | The Site of Dadong Cave | 贵州省六盘水市盘县 |
| 郎德上寨古建筑群 | The Ancientry Construction Langdeshangzhai | 贵州省黔东南州雷山县 |
| 地坪风雨桥 | Diping Pavilion Bridge | 贵州省黔东南州黎平县 |
| 飞云崖古建筑群 | The Ancientry Construction of Feishanya | 贵州省黔东南州黄平县 |
| 旧州古建筑群 | The Ancientry Construction of Jiuzhou | 贵州省黔东南州黄平县 |
| 黎平会议会址 | The Site of Liping Conference | 贵州省黔东南州黎平县 |
| 和平村旧址 | The former site of Peace village | 贵州省黔东南州镇远县 |
| 青龙洞 | Qinglong Cave | 贵州省黔东南州镇远县 |
| 增冲鼓楼 | Zengchong Drum-tower | 贵州省黔东南州从江县 |
| 福泉城墙 | Ming Dynasty Wall in Fuquan | 贵州省黔南州福泉市 |
| 葛镜桥 | Gejing Bridge | 贵州省黔南州福泉市 |
| 交乐墓群 | Jiaole Tombs | 贵州省黔西南州兴仁县 |
| “二十四道拐”抗战公路 | "twenty-four Shui" road war | 贵州省黔西南州晴隆县 |
| 石阡万寿宫 | Shiqian Wanshou Palace | 贵州省铜仁市石阡县 |
| 万山汞矿遗址 | The Site of Wanshan Hydrargyrum | 贵州省铜仁市万山区 |
| 东山古建筑群 | The Ancient Building Complex of Dongshan | 贵州省铜仁市铜仁市 |
| 寨英古建筑群 | The Ancient Building Complex of Zhaiying | 贵州省铜仁市松桃县 |
| 思唐古建筑群 | The Ancientry Construction Sitang | 贵州省铜仁市思南县 |
| 黔东特区革命委员会旧址 | The site of Qiandong SAR revolution committee | 贵州省铜仁市沿河县、德江县、印江县 |
| 遵义会议会址 | The Site of Zunyi Conference | 贵州省遵义市红花岗区 |
| 遵义海龙屯 | Zunyi Hailongtun | 贵州省遵义市汇川区 |
| 杨粲墓 | Yangcan Tomb | 贵州省遵义市汇川区 |
| 红军四渡赤水战役旧址 | The former site of Battle of the Red Army Siduchishui | 贵州省遵义市习水县、仁怀市、汇川区 |
| 湄潭浙江大学旧址 | The former site of Zhejiang University in Meitan | 贵州省遵义市湄潭县 |

注：资料来源于省文化厅，表中文物单位为第六批全国重点文物保护单位。

Note:Data in this table come from the Provinvial Department of Culture.The units in this table are the sixth batch of national key cultural relics protection units.

18-11 续表 continued

| 文物单位名称 | Name | 地址 |
|---|---|---|
| 龙广观音洞遗址 | The Ruins of Guanglong Cave | 贵州省黔西南州安龙县 |
| 普安铜鼓山遗址 | The Ruins of Puan Timbal Hill | 贵州省黔西南州普安县 |
| 茶马古道 | Tea-Horse Road | 贵州省四川、云南、贵州 |
| 务川大坪墓群 | Wuchuan Daping Tombs | 贵州省遵义市务川县 |
| 兴义万屯墓群 | Xingyi Wan Tuen Tombs | 贵州省黔西南州兴义市 |
| 平坝棺材洞 | Pingba coffin hole | 贵州省安顺市平坝县 |
| 惠水仙人桥洞葬 | Huishui Fairy bridge Burial cave | 贵州省黔南州惠水县 |
| 黔南水族墓群 | Qiannan Aquarium Tombs | 贵州省黔南州三都县、荔波县 |
| 小冲墓群 | Small punch Tombs | 贵州省六盘水市盘县 |
| 明十八先生墓 | Eighteen persons' Tomb of Ming Dynasty | 贵州省黔西南州安龙县 |
| 鲍家屯水利工程 | Baojiatun Hydraulic | 贵州省安顺市西秀区 |
| 镇远城墙 | Zhenyuan walls | 贵州省黔东南州镇远县 |
| 安顺武庙 | Anshun Wumiao | 贵州省安顺市西秀区 |
| 隆里古建筑群 | The Ancient Building Complex of Longli | 贵州省黔东南州锦屏县 |
| 石阡府文庙 | Shiqian Temple | 贵州省铜仁市石阡县 |
| 榕江大利村古建筑群 | The Ancient Building Complex in the village Rongjiang Dali | 贵州省黔东南州榕江县 |
| 楼上村古建筑群 | The Ancient Building Complex in the village Loushang | 贵州省铜仁市石阡县 |
| 岩门长官司城 | Yanmen Long lawsuit City | 贵州省黔东南州黄平县 |
| 锦屏飞山庙 | Jinping Feishan Temple | 贵州省黔东南州锦屏县 |
| 高阡鼓楼 | Gaoqian Drum-tower | 贵州省黔东南州从江县 |
| 宰俄鼓楼 | Zaie Drum-tower | 贵州省黔东南州从江县 |
| 金勾风雨桥 | Jingou Pavilion Boasting | 贵州省黔东南州从江县 |
| 鲁屯牌坊群 | Lu Tun archway | 贵州省黔西南州兴义市 |
| 复兴江西会馆 | Jiangxi Hall in the town of Fuxing | 贵州省遵义市赤水市 |
| 三门塘古建筑群 | The Ancient buildings Complex in the Village of Sanmentang | 贵州省黔东南州天柱县 |
| 敖氏和罗氏墓群石刻 | Ao and Roche' Tombs of Carved stone | 贵州省毕节市金沙县 |
| 尚稽陈玉壂祠 | Chenyu Temple in the town of Shangji | 贵州省遵义市遵义县 |
| 兴义刘氏庄园 | The Liu manor in Xingyi | 贵州省黔西南州兴义市 |
| 茅台酒酿酒工业遗产群 | Maotai wine industry heritage group | 贵州省遵义市仁怀市 |
| 王若飞故居 | Wang Ruofei's former residence | 贵州省安顺市西秀区 |
| 述洞独柱鼓楼 | Duzhu Drum-tower in the Village of Shudong | 贵州省黔东南州黎平县 |
| 重安江水碾群 | Chongan River Shuinian group | 贵州省黔东南州黄平县 |

注：表中文物单位为第七批全国重点文物保护单位。

Note:Data in this table come from the Provinvial Department of Culture.The units in this table are the seventh batch of national key cultural relics protection units.

# 18-12 星级饭店
# Star-rated Hotels

| 名　称 | Name | 星级 Level | 评定日期 Date of Assess | 客房数 Rooms | 床位数 Beds | 地　址 Address | 电　话 Telephone |
|---|---|---|---|---|---|---|---|
| 贵州天怡豪生大酒店 | Guizhou Howard Johnson Plaza Hotel | 5 | 2005.03 | 310 | 439 | 贵阳市枣山路29号 | 0851-6518888 |
| 喜来登贵航大酒店 | Sheraton Guiyang Hotel | 5 | 2010.08 | 346 | 629 | 贵阳市中华南路49号 | 0851-5888888 |
| 黔西南州金州翠湖宾馆 | Jinzhoucuihu Hotel in Qianxinanzhou | 5 | 2010.12 | 203 | 294 | 兴义市瑞金南路60号 | 0859-3619999 |
| 贵阳世纪金源大饭店 | Empark Grand Hotel - Guiyang | 5 | 2012.03 | 520 | 755 | 贵阳市金阳新区金阳南路6号 | 0851-3928888 |
| 富康国际酒店 | Fortune International Hotel | 5 | 2013.12 | 420 | 614 | 兴义市瑞金路19号 | 0859-3666666 |
| 保利富豪温泉酒店 | Regal Poly Guiyang Hotel | 5 | 2013.12 | 209 | 332 | 贵阳市乌当区顺海中路88号 | 0851-6328888 |
| 贵州饭店 | Guizhou Park Hotel | 4 | 1998.07 | 382 | 660 | 贵阳市北京路66号 | 0851-6823888 |
| 贵州鲜花酒店 | Guizhou Flower Hotel | 4 | 2001.12 | 260 | 403 | 贵阳市中华南路1号 | 0851-5867888 |
| 贵州柏顿酒店 | Trade-Point Hotel Guizhou | 4 | 2001.05 | 254 | 343 | 贵阳市延安东路18号 | 0851-5827888 |
| 贵州丽豪大饭店 | Gui Zhou Regal Hotel | 4 | 2005.07 | 220 | 355 | 贵阳市瑞金北路115号 | 0851-6521888 |
| 贵龙饭店 | Gui Long Hotel - Guiyang | 4 | 2001.06 | 168 | 316 | 贵阳市神奇路52号 | 0851-5593888 |
| 能辉酒店 | Neng Hui Hotel | 4 | 2003.12 | 125 | 205 | 贵阳市瑞金南路38号 | 0851-5898888 |
| 贵州武岳酒店 | Guizhou Wuyue Hotel | 4 | 2007.09 | 192 | 306 | 贵阳市南厂路1号 | 0851-8651777 |
| 贵州雅迪尔国际大酒店 | Gui Zhou Yonder International Hotel | 4 | 2010.04 | 218 | 342 | 贵阳市中华南路7号 | 0851-5578888 |
| 贵州峰润喀斯特酒店 | Guizhou Casite Hotel | 4 | 2011.01 | 197 | 309 | 南明区神奇路1号 | 0851-8196888 |
| 金芦笙小镇精品特色酒店 | Jinlusheng town boutique Featured Hotels | 4 | 2011.04 | 138 | 245 | 宝山南路88号 | 0851-5623999 |
| 贵州民族大酒店 | Guizhou Ethnic Hotel | 4 | 2011.08 | 121 | 209 | 南明区箭道街23号 | 0851-5571888 |
| 贵阳蓝天宾馆 | Guiyang Blue Sky Hotel | 4 | 2011.08 | 112 | 191 | 南明区解放路158号 | 0851-5795988 |
| 西苑锦润酒店 | Xiyuan Jinrun Hotel | 4 | 2011.08 | 134 | 214 | 小河区锦江路5号 | 0851-5975555 |
| 西湖花园大酒店 | West Lake Garden Hotel | 4 | 2011.08 | 252 | 451 | 宝山北路133号 | 0851-5292802 |
| 都市怡景酒店 | City Scene Hotel | 4 | 2011.10 | 117 | 202 | 贵阳市都司路122号 | 0851-5848888 |
| 贵州铝厂宾馆 | Guizhou Aluminum Hotel | 4 | 2011.11 | 78 | 134 | 贵阳市白云区刚玉街57号 | 0851-4896111 |
| 贵阳夏日康桥酒店 | Guiyang Summer Cambridge Hotel | 4 | 2011.11 | 89 | 141 | 贵阳市白云区白云南路299号 | 0851-4439655 |
| 贵阳诺富特酒店 | Guiyang Novotel Hotel | 4 | 2012.08 | 242 | 314 | 贵阳市中华南路8号 | 0851-5881888 |
| 贵阳林城万宜酒店 | Guiyang Linchengwanyi Hotel | 4 | 2012.12 | 388 | 639 | 贵阳市遵义路326号 | 0851-6878888 |
| 遵义大世界酒店 | Zuyi Grand World Hotel | 4 | 2008.12 | 167 | 238 | 遵义市汇川区珠海路一号 | 0852-8666666 |
| 遵义东方酒店 | Zunyi Oriental Hotel | 4 | 2008.12 | 203 | 326 | 遵义市中华南路2号 | 0852-8867777 |
| 赤水中悦大酒店 | Zhong Yue Hotel | 4 | 2008.12 | 140 | 253 | 赤水市南正街22号 | 0852-2823888 |
| 遵义森林大酒店 | Zunyi Woods Hotel | 4 | 2011.12 | 121 | 212 | 遵义市汇川区深圳路新客运大楼 | 0852-8988888 |
| 遵义金城大酒店 | Zunyi Jincheng Hotel | 4 | 2012.01 | 131 | 215 | 遵义市香港路中段 | 0852-8621666 |
| 国酒门温泉酒店 | GJM Hotspring Hotel | 4 | 2012.12 | 67 | 132 | 仁怀市盐津河风景区国酒门旁 | 0852-2316666 |
| 金黔嘉华大酒店 | Jinqianjiahua Hotel | 4 | 2012.12 | 169 | 281 | 桐梓县娄山关镇河滨大道南段888号 | 0852-6666666 |
| 遵义市丽都酒店 | Zunyi Lidu Hotel | 4 | 2012.12 | 111 | 168 | 遵义市香港路638号 | 0852-8959999 |
| 安顺凯旋大酒店 | Triumphal Hotel - Anshun | 4 | 2006.12 | 246 | 403 | 安顺市开发区南马广场 | 0853-3461999 |
| 泰翔柏丽酒店 | Taixiang Boutique Hotel | 4 | 2012.08 | 116 | 183 | 安顺市开发区西航路 | 0853-8186666 |
| 关岭坝陵酒店 | Guanling Baling Hotel | 4 | 2012.08 | 232 | 432 | 关岭县关索镇大龙滩高速公路出口 | 0853-7116888 |
| 荔波县三力酒店 | San Li Hotel in Libo county | 4 | 2007.09 | 462 | 828 | 荔波县玉屏镇思铭大道 | 0854-3615888 |
| 贵侯苑商务大酒店 | Guihouyuan Business Hotel | 4 | 2009.03 | 85 | 138 | 都匀市开发区龙山大道 | 0854-7121111 |
| 伯爵花园酒店 | Earl Garden Hotel | 4 | 2009.01 | 149 | 204 | 都匀市开发区斗篷山路 | 0854-8199999 |
| 三都福丰假日酒店 | Sandu Fufeng Holiday Hotel | 4 | 2011.12 | 165 | 236 | 三都县三合镇龙嘴角移民新村 | 0854-3029999 |
| 福泉大酒店 | Fuquan Hotel | 4 | 2012.08 | 148 | 257 | 福泉市金山办事处洒金北路174号 | 0854-2212888 |
| 凯里嘉瑞禾腾龙酒店 | Jiaruihe Tenglong Hotel - Kaili | 4 | 2004.05 | 166 | 311 | 凯里市宁波东路 | 0855-8066666 |
| 凯里金冠酒店 | Kaili Jin Guan Hotel | 4 | 2006.11 | 168 | 316 | 凯里市支庄路18号 | 0855-8068888 |
| 金凯美悦酒店 | Gold Camery Hotel | 4 | 2008.09 | 109 | 187 | 凯里市北京西路 | 0855-8276688 |
| 天柱大酒店 | Tianzhu Hotel | 4 | 2012.08 | 80 | 144 | 天柱县凤城镇北部新区1号 | 0855-7821888 |
| 铜仁宝鑫大酒店 | Baoxin Hotel - Tongren | 4 | 2006.07 | 151 | 280 | 铜仁市东太大道88号 | 0856-5937888 |
| 松桃松闽大酒店 | Songtao Song Min Hotel | 4 | 2012.01 | 142 | 220 | 贵州省松桃县麻阳街24号 | 0856-6966666 |
| 铜仁温州大酒店 | Tongren Wenzhou Hotel | 4 | 2012.10 | 115 | 177 | 铜仁市大庆北路85号 | 0856-6968888 |
| 铜仁江华国际大酒店 | Tongren Jin Hua International Hotel | 4 | 2012.10 | 158 | 238 | 铜仁市火车站转盘 | 0856-5266091 |
| 毕节腾龙凯悦酒店 | Tenglong Kaiyue Hotel - Bijie | 4 | 2006.12 | 254 | 343 | 毕节市桂花路2号 | 0857-8291111 |
| 毕节大酒店 | Bijie Hotel | 4 | 2008.09 | 151 | 269 | 毕节市砂石路 | 0857-8689999 |
| 宏洲国际大酒店 | Hongzhou International Hotel | 4 | 2011.10 | 203 | 298 | 织金县城关镇金北路151号 | 0857-7758888 |
| 毕节大众国际酒店 | Bijie Dazhong International Hotel | 4 | 2012.05 | 179 | 321 | 毕节市翠屏路12号 | 0857-8933333 |
| 六盘水时代假日酒店 | Liupanshui Times Holiday Hotel | 4 | 2009.08 | 265 | 381 | 六盘水钟山区钟山中路66号 | 0858-8108888 |

# 18-12 续表1 continued

| 名　称 | Name | 星级 Level | 评定日期 Date of Assess | 客房数 Rooms | 床位数 Beds | 地　址 Address | 电　话 Telephone |
|---|---|---|---|---|---|---|---|
| 六盘水凤凰祥林大酒店 | Liupanshui Fenghuang Xianglin Hotel | 4 | 2010.12 | 130 | 224 | 六盘水市凤凰新区青峰路18号 | 0858-8296789 |
| 六盘水红果大酒店 | Liupanshui Hongguo Hotel | 4 | 2011.12 | 189 | 353 | 盘县红果经济开发区凤鸣路 | 0858-3631888 |
| 牂牁江假日酒店 | Zangkejiang Holiday Hotel | 4 | 2012.12 | 114 | 178 | 六枝特区人民路22号 | 0858-8101666 |
| 铜仁南长城国际大酒店 | Tongren South Great Wall International Hotel | 4 | 2013.04 | 202 | 292 | 铜仁市南长城路金滩商业休闲港 | 0856-5939999 |
| 松桃国际大酒店 | Songtao International Hotel | 4 | 2013.06 | 228 | 345 | 松桃县东城新区七星大道 | 0856-8333333 |
| 贵州华联大酒店 | Guizhou Hualian Large Hotel | 4 | 1999.09 | 143 | 218 | 贵阳市中华中路137号 | 0851-5810999 |
| 长顺浩瀚大酒店 | Changshun vast Large Hotel | 4 | 2013.06 | 111 | 191 | 长顺县城南新区城南大道一号 | 0854-6828888 |
| 沿河乌江酒店 | Yanhe Wujiang Hotel | 4 | 2013.11 | 121 | 206 | 沿河县环城路 | 0856-6977777 |
| 杜鹃花大酒店 | Rhododendron Large Hotel | 4 | 2013.12 | 141 | 282 | 黔西县文化路口 | 0857-4836666 |
| 贵州黎明澳斯特酒店 | Guizhou Dawn Macao Crest Hotel | 4 | 2013.12 | 165 | 267 | 金沙县黎明路1号 | 0857-7212888 |
| 黔西县水西大酒店 | Qianxi County Water West Large Hotel | 4 | 2013.12 | 80 | 141 | 黔西县文峰办事处公园路 | 0857-4833333 |
| 贵山大酒店 | Guishan Large Hotel | 4 | 2014.01 | 235 | 351 | 贵阳市云岩区省府路39号 | 0851-5254166 |
| 黔灵大酒店 | Qianling Hotel | 3 | 2000.04 | 152 | 273 | 贵阳市北京路225号 | 0851-8271521 |
| 贵阳神奇星岛酒店 | Guiyang Shenqixingdao Hotel | 3 | 2002.09 | 101 | 180 | 贵阳市贵开路1号 | 0851-6751888 |
| 贵州立云酒店 | Guizhou Liyun Hotel | 3 | 2002.12 | 254 | 468 | 贵阳市浣沙路5号 | 0851-8126666 |
| 紫林宾馆 | Zilin Hotel | 3 | 2004.02 | 195 | 365 | 贵阳市延安中路110号 | 0851-5283000 |
| 久远饭店 | Jiuyuan Hotel | 3 | 2004.08 | 169 | 300 | 贵阳市瑞金南路36号 | 0851-5849999 |
| 贵阳市金品大酒店 | Guiyang Jinpin Hotel | 3 | 2004.12 | 112 | 196 | 贵阳朝阳洞路建材巷1号 | 0851-8216666 |
| 贵阳南翔酒店 | Guiyang Nanxiang Hotel | 3 | 2004.12 | 63 | 108 | 贵阳市延安西路185号 | 0851-6522888 |
| 贵州宏业宾馆 | Guizhou Hongye Hotel | 3 | 2005.02 | 75 | 143 | 贵阳市解放路87号 | 0851-5566755 |
| 花溪溪山酒店 | Huaxi Xishan Hotel | 3 | 2006.01 | 49 | 96 | 贵阳市花溪区迎宾路 | 0851-3630166 |
| 贵阳鸿鼎大酒店 | Guiyang Hongding Large Hotel | 3 | 2006.11 | 110 | 200 | 贵阳市沙冲路198号 | 0851-3839988 |
| 新联大厦 | New Union Building | 3 | 1997.12 | 120 | 200 | 贵阳市外环东路227号 | 0851-6765555 |
| 红阳宾馆 | Hongyang Hotel | 3 | 2005.01 | 73 | 140 | 贵阳花溪区150号信箱 | 0851-3853306 |
| 金泉酒店 | Jinquan Hotel | 3 | 2007.01 | 91 | 172 | 贵阳花溪区花谷路6号 | 0851-3851484 |
| 贵阳机场宾馆 | Guiyang Airport Hotel | 3 | 2007.11 | 168 | 315 | 贵阳市 | 0851-5498585 |
| 黔景宾馆 | Qianjing Hotel | 3 | 2007.12 | 117 | 246 | 贵阳市 | 0851-3990188 |
| 京瑞宾馆 | Jingrui Hotel | 3 | 2005.06 | 134 | 300 | 贵阳市北京路194号 | 0851-6891602 |
| 贵阳瑞金酒店 | Ruijin Hotel | 3 | 2008.06 | 168 | 312 | 贵阳市瑞金南路62号 | 0851-5209999 |
| 贵州铁路通达饭店 | Guizhou Railway Tongda Hotel | 3 | 2008.11 | 234 | 468 | 贵阳市遵义路86号 | 0851-8213888 |
| 贵阳益宏酒店有限公司 | Guiyang Yihong Hotels Ltd. | 3 | 2009.12 | 99 | 157 | 贵阳市油榨街2号 | 0851-3818888 |
| 云岩浣溪假日大酒店 | Yunyan Huanxi Holiday Hotel | 3 | 2010.05 | 138 | 230 | 贵阳市浣沙路104号 | 0851-8598888 |
| 花溪玉龙宾馆 | Huaxi Yulong Hotel | 3 | 2011.03 | 35 | 70 | 花溪区大吉路1号 | 0851-3863865 |
| 聚鑫酒店 | Juxin Hotel | 3 | 2011.04 | 114 | 189 | 贵阳市环城北路228号 | 0851-6851999 |
| 贵武花园大酒店 | Guiwu Garden Hotel | 3 | 2011.09 | 91 | 151 | 贵阳市金阳新区云潭南路 | 0851-5625678 |
| 水云天酒店 | Water sky hotel | 3 | 2011.09 | 60 | 126 | 贵阳市南明区翠微巷60号 | 0851-5515666 |
| 南江度假酒店 | Nanjiang Holiday Hotel | 3 | 2011.07 | 146 | 257 | 开阳南江大峡谷景区内 | 0851-7524089 |
| 红枫湖旅游度假村 | Hongfeng Lake Tourist Resort | 3 | 2011.07 | 126 | 207 | 清镇市望城坡 | 0851-8575042 |
| 清镇皇朝大酒店 | Qingzhen Dynasty Hotel | 3 | 2011.07 | 90 | 144 | 清镇市云岭东路 | 0851-2581888 |
| 贵州林都酒店 | Guizhou Lindu Hotel | 3 | 2011.12 | 105 | 189 | 云岩区延安西路2号 | 0851-5360367 |
| 贵阳腾晖酒店 | Guiyang Tenghui Hotel | 3 | 2012.05 | 76 | 131 | 贵阳市修文县翠屏路 | 0851-2327777 |
| 遵义港澳大酒店 | Zunyi Gang'ao Hotel | 3 | 2005.11 | 100 | 179 | 遵义市澳门路8号 | 0852-8716655 |
| 遵义宾馆 | Zunyi Hotel | 3 | 2000.01 | 259 | 465 | 遵义市石龙路3号 | 0852-8224902 |
| 遵义京腾丽湾酒店 | Zunyi Jingtengliwan Hotel | 3 | 2006.11 | 139 | 250 | 遵义市北京路 | 0852-8649898 |
| 茅园宾馆 | Maoyuan Hotel | 3 | 2004.01 | 56 | 110 | 遵义仁怀市茅台镇 | 0852-2386290 |
| 习水绿洲酒店 | Xishui Lvzhou Hotel | 3 | 2006.11 | 84 | 230 | 遵义习水县经济开发区 | 0852-2732100 |
| 广电酒店 | Guangdian Hotel | 3 | 2007.09 | 107 | 192 | 遵义市中华北路广电大厦 | 0852-8700888 |
| 仁怀市名酒宾馆 | Renhuai Mingjiu Hotel | 3 | 2007.09 | 71 | 119 | 仁怀市国酒大道 | 0852-3226999 |
| 嘉联宾馆 | Jialian Hotel | 3 | 2008.12 | 64 | 119 | 赤水市人民南路运管大厦 | 0852-2820222 |
| 鹏程大酒店 | Pengcheng Hotel | 3 | 2010.01 | 51 | 92 | 余庆县城内 | 0852-4625868 |
| 赤天化宾馆 | Chitianhua hotel | 3 | 2010.01 | 95 | 168 | 赤水市 | 0852-2887081 |
| 湄潭大酒店 | Meitan Hotel | 3 | 2010.12 | 82 | 136 | 湄潭县兴湄北路35号 | 0852-4366595 |
| 金竹大酒店 | Jinzhu Hotel | 3 | 2011.12 | 89 | 167 | 赤水市文化办财神涂 | 0852-2853555 |
| 佳乐家酒店 | Jialejia Hotel | 3 | 2012.11 | 106 | 171 | 遵义市大连路 | 0852-4626888 |

18-12 续表2 continued

| 名 称 | Name | 星级 Level | 评定日期 Date of Assess | 客房数 Rooms | 床位数 Beds | 地 址 Address | 电 话 Telephone |
|---|---|---|---|---|---|---|---|
| 余庆广电酒店 | Yuqing Guangdian Hotel | 3 | 2011.11 | 56 | 91 | 余庆县香港路 | 0852-3195555 |
| 安顺西秀山宾馆 | Anshun Xixiushan Hotel | 3 | 2002.04 | 92 | 153 | 安顺市南华路48号 | 0853-3223900 |
| 神奇福运大酒店 | Shenqifuyun Hotel | 3 | 2002.09 | 90 | 160 | 安顺市外环西南路3号 | 0853-3290000 |
| 黔中大厦 | Qianzhong Building | 3 | 2005.07 | 66 | 113 | 安顺市南华路68好 | 0853-3292019 |
| 白马湖山庄 | Baima Lake Villa | 3 | 2005.07 | 33 | 59 | 安顺市镇宁县白马哨 | 0853-6791111 |
| 安顺若飞宾馆 | Anshun Ruofei Hotel | 3 | 2001.04 | 41 | 73 | 安顺市南华路48号 | 0853-3225325 |
| 龙宫酒店 | Dragon Palace Hotel | 3 | 2006.01 | 41 | 79 | 安顺市龙宫风景名胜区 | 0853-3661388 |
| 关岭黔岭宾馆 | Guanling Qianling Hotel | 3 | 2006.11 | 50 | 92 | 关岭县外环路128号 | 0853-7228888 |
| 安顺纽曼宾馆 | Anshun Newman Hotel | 3 | 2008.03 | 36 | 70 | 安顺市 | 0853-3467777 |
| 龙宫水电宾馆 | Longgong Shuidian Hotel | 3 | 2009.11 | 31 | 60 | 安顺市龙宫风景名胜区 | 0853-3661166 |
| 廊桥华油酒店 | Langqiao Huayou Hotel | 3 | 2010.07 | 82 | 152 | 安顺市塔山西路15号 | |
| 平坝白云大酒店 | Pingba Baiyun Hotel | 3 | 2010.07 | 47 | 52 | 平坝县城关镇高新区 | |
| 安顺凤凰山大酒店 | Anshun Fenghuangshan Hotel | 3 | 2011.12 | 121 | 240 | 安顺市塔山东路58号 | 0853-3225998 |
| 君临大酒店 | Junlin Hotel | 3 | 2012.05 | 123 | 202 | 安顺市新大十字塔山西路1号 | 0853-3350777 |
| 紫鑫酒店 | Zixin Hotel | 3 | 2012.06 | 102 | 184 | 西秀区黄果树大街消防支队内 | 0853-3332777 |
| 新华宾馆 | Xinhua Hotel | 3 | 2012.06 | 108 | 189 | 开发区西航路138号 | 0853-3459888 |
| 鑫焰酒店 | Xinyan Hotel | 3 | 2012.06 | 52 | 87 | 平坝县南客运站大楼 | 0853-4616789 |
| 汇景酒店 | Huijing Hotel | 3 | 2012.06 | 51 | 93 | 普定县龙潭加油站对面 | 0853-8718888 |
| 都匀港龙大酒店 | Duyun Ganglong Hotel | 3 | 2002.08 | 132 | 214 | 都匀市河滨路134号 | 0854-8222895 |
| 金利源大酒店 | Jinliyuan Hotel | 3 | 2010.01 | 89 | 182 | | 0854-3619188 |
| 五月花景山酒店 | Wuyuehua Jingshan Hotel | 3 | 2005.01 | 89 | 121 | 都匀市剑江中路112号 | 0854-8756999 |
| 西苑假日酒店 | Xiyuan Holiday Hotel | 3 | 2007.09 | 54 | 99 | 都匀市开发区 | 0854-8758888 |
| 锦绣园 | Jinxiuyuan Park | 3 | 2005.09 | 48 | 101 | 龙里县城郊 | 0854-5669508 |
| 顺庆大酒店 | Shunqing Hotel | 3 | 2005.03 | 112 | 182 | 荔波樟江北街 | 0854-3610388 |
| 荔波吉妮丽吉大酒店 | Libo Jeanne Liji Hotel | 3 | 2006.11 | 79 | 155 | 荔波县教师新村 | 0854-3619666 |
| 神泉大酒店 | Shenquan Hotel | 3 | 2005.03 | 46 | 96 | 罗甸县政府路 | 0854-7620758 |
| 都匀市桥城宾馆 | Duyun Qiaocheng Hotel | 3 | 2007.09 | 92 | 166 | 都匀市文明路50号 | 0854-8222189 |
| 独山县南方大酒店 | Dushan Southern Hotel | 3 | 2007.09 | 61 | 91 | 独山县四通路十八号 | 0854-3238525 |
| 荔波县金谷宾馆 | Libo Jingu Hotel | 3 | 2007.09 | 80 | 178 | 荔波县樟江北路 | 0854-3613888 |
| 纪龙大酒店 | Jilong Hotel | 3 | 2005.09 | 44 | 80 | 龙里县 | 0854-5620333 |
| 贵定县环岛大酒店 | Guiding Huandao Hotel | 3 | 2009.01 | 30 | 36 | 贵定县城关镇八一村 | 0854-5221000 |
| 瓮安县金福大酒店 | Weng'an Jinfu Hotel | 3 | 2009.03 | 62 | 100 | 瓮安县文峰中路 | 0854-2635100 |
| 荔波县大鹏商务酒店 | Libo Dapeng Business Hotel | 3 | 2008.03 | 95 | 184 | 荔波县漳江中路12号 | 0854-3615499 |
| 独山县翠泉宾馆 | Dushan Cuiquan hotel | 3 | 2009.04 | 63 | 114 | 独山县 | 0854-3239018 |
| 三江宏晟度假酒店 | Sanjiang Hongsheng Holiday Hotel | 3 | 2010.08 | 30 | 40 | 福泉市金山办事处双桥村金鸡山 | 0854-2210999 |
| 怡景苑宾馆 | Yijingyuan hotel | 3 | 2010.08 | 54 | 107 | 荔波县漳江北街42号 | 0854-3618300 |
| 夜郎大酒店 | Yelang Hotel | 3 | 2010.12 | 70 | 126 | 惠水县和平镇建设路 | 0854-6234567 |
| 桂花园度假酒店 | Guihuayuan Holiday Hotel | 3 | 2011.09 | 54 | 103 | 都匀市大河村村卫生院对面 | 0854-8190559 |
| 九九大酒店 | Jiujiu Hotel | 3 | 2011.12 | 51 | 94 | 贵州省长顺县和平西路 | 0854-6898888 |
| 瓮安灵江大酒店 | Weng'an Lingjiang Hotel | 3 | 2012.06 | 30 | 47 | 瓮安县新区武装部 | 0854-2776666 |
| 凯里凯莱酒店 | Kaili Gloria Plaza Hotel | 3 | 2006.12 | 96 | 182 | 凯里市韶山南路21号 | 0855-8277888 |
| 凯里鸿祺宾馆 | Kaili Hongqi Hotel | 3 | 2006.08 | 84 | 140 | 凯里市韶山南路3号 | 0855-8275555 |
| 黎平大酒店 | Liping Hotel | 3 | 2006.11 | 80 | 148 | 黎平德凤镇富民北路 | 0855-6210666 |
| 贵州清酒醉翁宾馆 | Guizhou Qingjiuzuiweng Hotel | 3 | 2004.05 | 46 | 92 | 镇远县 | 0855-5823238 |
| 施秉县三丰迎宾馆 | Shibing Sanfeng Guest House | 3 | 2004.05 | 89 | 190 | 施秉县平宁桥 | 0855-4227188 |
| 凯铁大酒店 | Kaitie Hotel | 3 | 2008.09 | 63 | 121 | 凯里市清江路 | 0855-3811999 |
| 凯里大酒店 | Kaili Hotel | 3 | 2008.09 | 156 | 275 | 凯里市韶山北路 | 0855-8277778 |
| 忠德园假日酒店 | Zhongdeyuan Holiday Hotel | 3 | 2008.09 | 70 | 160 | 凯里市环城东路 | 0855-8538888 |
| 港赛大酒店 | Gangsai Hotel | 3 | 2008.09 | 63 | 114 | 黎平县城内 | 0855-6230888 |
| 久格里吉温泉度假酒店 | Jiugeliji Spa Resort | 3 | 2008.09 | 60 | 115 | 剑河县温泉风景区内 | 0855-5158288 |
| 清源酒店 | Qingyuan Hotel | 3 | 2008.12 | 30 | 56 | 下司镇皮划艇激流回旋训练基地 | 0855-2685666 |
| 营盘坡民族宾馆 | Yingpanpo National Hotel | 3 | 2009.07 | 92 | 163 | 凯里市 | 0855-3837779 |
| 凯里市天华宾馆 | Kaili Tianhua Hotel | 3 | 2009.07 | 82 | 153 | 凯里市 | 0855-8276411 |
| 镇远县铁溪度假酒店 | Zhenyuan Tiexi Resort | 3 | 2009.07 | 33 | 57 | 镇远县 | 0855-5721888 |

18-12 续表3 continued

| 名　　称 | Name | 星级 Level | 评定日期 Date of Assess | 客房数 Rooms | 床位数 Beds | 地　址 Address | 电　话 Telephone |
|---|---|---|---|---|---|---|---|
| 剑河县馨泉山庄 | Jianhe Xinquan Villa | 3 | 2009.11 | 38 | 74 | 剑河县 | 0855-5158168 |
| 凯里宾馆 | Kaili Hotel | 3 | 2010.04 | 57 | 130 | 凯里市 | 0855-8066100 |
| 从江县奥悦酒店 | Congjiang Aoyue Hotel | 3 | 2009.11 | 33 | 66 | 从江县 | 0855-6411808 |
| 金正酒店 | Jinzheng Hotel | 3 | 2010.06 | 67 | 107 | 凯里市经济开发区 | 0855-8558988 |
| 麻江县怡景湾酒店 | Majiang Yijing Hotel | 3 | 2010.08 | 34 | 48 | 麻江县下司镇 | 0855-2684777 |
| 华侨大酒店 | Huaqiao Hotel | 3 | 2010.11 | 70 | 110 | 三穗城关 | 0855-3855555 |
| 柏悦酒店 | Boyue Hotel | 3 | 2010.11 | 56 | 101 | 凯里市 | 0855-8270000 |
| 万豪酒店 | Wanhao Hotel | 3 | 2010.11 | 72 | 128 | 凯里市 | 0855-8603999 |
| 镇远府城宾馆 | Zhenyuan Fucheng Hotel | 3 | 2011.11 | 69 | 130 | 镇远县兴隆街 | 0855-5711888 |
| 台江金红阳生态酒店 | Taijiang Jinhongyang Eco-hotel | 3 | 2011.11 | 63 | 120 | 台江国家级南宫森林公园景区18号 | |
| 杉木河酒店 | Shanmuhe Hotel | 3 | 2011.03 | 57 | 115 | 施秉县舞阳河路 | 0855-4221177 |
| 西江黔森大酒店 | Xijiang Qian Sen Hotel | 3 | 2011.03 | 72 | 140 | 西江千户苗寨黔森路1号 | 0855-3347909 |
| 源丰商务酒店 | Yuanfeng Business Hotel | 3 | 2005.07 | 62 | 99 | 铜仁市锦江南路1号 | 0856-5222222 |
| 思南远航大酒店 | Sinan Yuanhang Hotel | 3 | 2009.06 | 62 | 110 | 思南县城北街29号 | 0856-7220777 |
| 江口县索菲特大酒店 | Jiangkou Sofite Hotel | 3 | 2009.12 | 57 | 112 | 江口县三星西路17号 | 0856-6622288 |
| 德江县金平大酒店 | Dejiang Jinping Hotel | 3 | 2009.12 | 44 | 83 | 德江县清龙镇 | 0856-8527555 |
| 铜仁市金顶酒店 | Tongren Jinding Hotel | 3 | 2009.12 | 41 | 73 | 铜仁市清水大道80号 | 0856-5211168 |
| 铜仁市梵天索菲特酒店 | Tongren Brahma Sofitel Hotel | 3 | 2010.12 | 57 | 97 | 铜仁锦江大道8号 | 0856-5218888 |
| 沿河沙洲大酒店 | Yanhe Shazhou Hotel | 3 | 2010.11 | 55 | 87 | 铜仁市沿河县沙坨电站 | 0856-6998666 |
| 玉屏宾馆 | Yuping Hotel | 3 | 2010.12 | 66 | 114 | 玉屏县平溪镇人民路333号 | 0856-3227888 |
| 沿河金红大酒店 | Yanhe Jinhong Hotel | 3 | 2010.12 | 57 | 130 | 铜仁市沿河县城南路 | 0856-8228055 |
| 龙都大酒店 | Longdu Hotel | 3 | 2011.06 | 139 | 216 | 铜仁市清水大道128号 | 0856-4133333 |
| 松桃世纪华园大酒店 | Songtao Shijiyuan Hotel | 3 | 2012.04 | 50 | 87 | 松桃县大十字 | 0856-2681555 |
| 铜仁盛世佳华酒店 | Tongren Shengshijiahua Hotel | 3 | 2012.06 | 64 | 125 | 铜仁市清水路火车站旁 | 0856-6903888 |
| 铜仁世纪大酒店 | Tongren Century Hotel | 3 | 2012.06 | 149 | 272 | 铜仁市清水南路公园道1号 | 0856-5629999 |
| 铜仁亨达酒店 | Tongren Hengda Hotel | 3 | 2012.06 | 55 | 92 | 铜仁市火车站旁 | 0856-5230999 |
| 金沙县黄金大酒店 | Jinsha Huangjin Hotel | 3 | 2008.07 | 95 | 179 | 金沙县长安街138号 | 0857-7258888 |
| 洪南大酒店 | Hongnan Hotel | 3 | 2008.09 | 81 | 117 | 毕节市迎宾大道 | 0857-8292888 |
| 赫章夜郎大酒店 | Hezhang Yelang Hotel | 3 | 2008.12 | 145 | 255 | 赫章县城南路 | 0857-3238998 |
| 煌都帝豪酒店 | Huangdudihao Hotel | 3 | 2008.09 | 78 | 120 | 黔西县城内 | 0857-4888888 |
| 黔西化屋度假酒店 | Qianxi Huawu Holiday Hotel | 3 | 2011.08 | 36 | 66 | 黔西县新仁乡化屋村 | 0857-4634166 |
| 纳雍华熙酒店 | Nayong Huaxi Hotel | 3 | 2010.01 | 114 | 173 | 纳雍县城南大道 | 0857-3685777 |
| 金海大酒店 | Jinhai Hotel | 3 | 2011.09 | 67 | 120 | 毕节市洪南路 | 0857-8615555 |
| 草海大酒店 | Caohai Hotel | 3 | 2011.09 | 108 | 188 | 威宁威双大道 | 0857-7115388 |
| 红楼酒店 | Honglou Hotel | 3 | 2004.06 | 48 | 90 | 大方县奢香大道南段 | 0857-5233712 |
| 金龙酒店 | Jinlong Hotel | 3 | 2012.07 | 79 | 142 | 织金县金北路 | 0857-7755777 |
| 金鑫酒店 | Jinxin Hotel | 3 | 2012.07 | 78 | 138 | 大方县奢香大道北段 | 0857-2198888 |
| 奢香大酒店 | Shexiang Hotel | 3 | 2012.11 | 79 | 136 | 七星关区清毕路长弘花苑内 | 0857-8631888 |
| 六盘水金三角大酒店 | Liupanshui Jinsanjiao Hotel | 3 | 2006.12 | 44 | 79 | 六盘水市明湖路3号 | 0858-8233888 |
| 雨田酒店 | Yutian Hotel | 3 | 2005.07 | 75 | 126 | 六盘水钟山西路48号 | 0858-8261888 |
| 黔锦假日酒店 | Qianjin Holiday Hotel | 3 | 2012.03 | 137 | 208 | 盘县红果经济开发区 | 0858-3668995 |
| 兴凯花园酒店 | Xingkai Garden Hotel | 3 | 2010.03 | 76 | 122 | 盘县红果镇杜鹃西路1号 | 0858-3635059 |
| 城城大厦 | Chengcheng Building | 3 | 2005.07 | 68 | 128 | 兴义市神奇路159号 | 0859-3112222 |
| 龙宇大酒店 | Longyu Hotel | 3 | 2007.11 | 56 | 112 | 兴义市神奇西路26号 | 0859-3126888 |
| 盘江宾馆 | Panjiang Hotel | 3 | 2005.07 | 123 | 231 | 兴义市盘江西路4号 | 0859-3223456 |
| 兴义神禧大酒店 | Xingyi Shenxi Hotel | 3 | 2008.05 | 80 | 158 | 兴义市坪东路 | 0859-3818188 |
| 贞丰县贞丰宾馆 | Zhenfeng Hotel | 3 | 2009.09 | 120 | 214 | 贞丰县金丰大道29号 | 0859-6777777 |
| 贞丰县怡景酒店 | Zhenfeng Yijing Hotel | 3 | 2009.09 | 36 | 60 | 贞丰县 | 0859-6613777 |
| 兴义市三生酒店 | Xingyi Sansheng Hotel | 3 | 2009.09 | 111 | 200 | 兴义市瑞金北路中段 | 0859-3244888 |
| 安龙泰安宾馆 | Anlong Tai'an Hotel | 3 | 2012.02 | 75 | 132 | 贵州省安龙县西区开发大道 | 0859-5555222 |
| 海钰酒店 | Haiyu Hotel | 3 | 2012.02 | 152 | 266 | 兴义市瑞金北路10号 | 0859-8711111 |
| 印江腾龙酒店 | Yinjiang Dragon Hotel | 3 | 2013.01 | 55 | 100 | 印江县城西环开发区 | 0857-6228888 |
| 镇远县名城宾馆 | Zhenyuan County City Hotel | 3 | 2013.04 | 63 | 119 | 镇远县步行街 | 0855-5720888 |
| 中瑞天禧酒店 | Zhongrui Tianxi Hotel | 3 | 2013.04 | 112 | 196 | 凯里市迎宾大道环城南路（行政中心南侧） | 0855-3830000 |

## 18-12 续表4 continued

| 名 称 | Name | 星级 Level | 评定日期 Date of Assess | 客房数 Rooms | 床位数 Beds | 地 址 Address | 电 话 Telephone |
|---|---|---|---|---|---|---|---|
| 盘县大浪淘沙假日酒店 | Panxian Da Lang Tao Sha Holiday Hotel | 3 | 2013.04 | 74 | 137 | | |
| 盘县大酒店 | Panxian Large Hotel | 3 | 2013.04 | 165 | 276 | | |
| 镇远大酒店 | Zhenyuan Large Hotel | 3 | 2013.06 | 90 | 162 | 镇远县和平街 | 0855-3878888 |
| 博雅宾馆 | Boya Hotel | 3 | 2008.12 | 40 | 76 | 绥阳县北大街 | 0852-6223855 |
| 南星酒店 | South Star Hotel | 3 | 2013.11 | 63 | 107 | 开发区星光路中段 | 0852-2280000 |
| 紫云宾馆 | Ziyun Hotel | 3 | 2013.11 | 112 | 200 | 紫云县商业街 | 0853-5238888 |
| 印江豪情大酒店 | Yinjiang Passion Large Hotel | 3 | 2013.12 | 30 | 54 | 印江县木黄镇 | 0856-6360080 |
| 印江金穗酒店 | Yinjiang Golden Spike Hotel | 3 | 2013.12 | 36 | 66 | 印江县县府路 | 0856-6318888 |
| 万山宾馆 | Wanshan Hotel | 3 | 2013.12 | 50 | 79 | 万山区体育馆旁 | 0856-3520868 |
| 思南电力宾馆 | Sinan Power Hotel | 3 | 2013.12 | 30 | 58 | 思南县思唐镇安化社区275号 | 0856-7229948 |
| 黔西景鸿酒店 | Qianxi Jinghong Hotel | 3 | 2013.12 | 48 | 88 | 黔西县文峰办大水塘 | 13765851366 |
| 莱凯桐都大酒店 | Les Cayes Tong Large Hotel | 3 | 2013.11 | 110 | 182 | 正安县桐乡北路 | 0852-3176666 |
| 构皮滩大酒店 | Goupitan Large Hotel | 3 | 2013.11 | 89 | 160 | 余庆县构皮滩镇 | 0852-4737777 |
| 岑巩县双龙大酒店 | Cengong County double Dragon Large Hotel | 3 | 2014.04 | 89 | 175 | 岑巩县舞水南路8号 | 0855-3891555 |
| 枫叶山庄 | Fengye Villa | 2 | 2000.01 | 66 | 129 | 贵阳市红枫发电总厂内 | 0851-2554168 |
| 天洋楼大酒店 | Tianyanglou Hotel | 2 | 2004.09 | 42 | 100 | 贵阳市民权路5号 | 0851-5832088 |
| 贵州民族宾馆 | Guizhou National Hotel | 2 | 2004.12 | 86 | 170 | 贵阳市市北路68号 | 0851-8633666 |
| 开阳金都宾馆 | Kaiyang Jindu Hotel | 2 | 2004.01 | 41 | 87 | 贵阳市开阳县环城北路 | 0851-5832088 |
| 仁达饭店 | Renda Hotel | 2 | 2004.09 | 112 | 300 | 贵阳市中华北路319号 | 0851-6825301 |
| 开阳尚怡宾馆 | Kaiyang Shangyi Hotel | 2 | 2009.04 | 22 | 41 | 开阳 | 0851-7251666 |
| 开阳江南宾馆 | Kaiyang Jiangnan Hotel | 2 | 2010.05 | 35 | 65 | 开阳县城关镇环城北路 | 0851-7224688 |
| 万乐商务酒店 | Wanle Business Hotel | 2 | 2011.11 | 65 | 87 | 贵阳市白云区同心路1号 | 0851-6617999 |
| 一家快捷酒店 | Yijia Inn | 2 | 2011.11 | 43 | 48 | 贵阳市白云区白云南路402号 | 0851-4485308 |
| 君安宾馆 | Jun'an Hotel | 2 | 2011.10 | 92 | 148 | 贵阳黔灵西路62号 | 0851-6816999 |
| 七天连锁酒店花溪行政中心店 | Seven Days Hotel Chain Huaxi Administrative Center Store | 2 | 2011.12 | 93 | 99 | 贵阳市花溪区清溪路493号 | 0851-8516677 |
| 平达快捷酒店 | Pinda Inn | 2 | 2011.11 | 38 | 47 | 开阳县城关镇环城北路68号 | 0851-7228369 |
| 南江农庄 | Nanjiang Farm | 2 | 2011.12 | 21 | 30 | 开阳县南江乡杉木冲 | 13595005415 |
| 开阳舜熙酒店 | Kaiyang Xishun Hotel | 2 | 2011.12 | 21 | 32 | 开阳县城关镇吉祥路 | 0851-7315399 |
| 贵阳金关大酒店 | Guiyang Jinguan Hotel | 2 | 2011.12 | 70 | 120 | 贵阳市云岩区金关村 | 0851-4766665 |
| 瑞海酒店 | Ruihai Hotel | 2 | 2001.12 | 74 | 108 | 遵义市外环路沙坝 | 0852-8866333 |
| 名族酒店 | Mingzu Hotel | 2 | 2004.06 | 46 | 86 | 遵义市红花岗武装部 | 0852-8433888 |
| 蓝天宾馆 | Blue Sky Hotel | 2 | 2005.12 | 138 | 248 | 遵义市北京路99号 | 0852-8622916 |
| 通达酒店 | Tongda Hotel | 2 | 2001.06 | 148 | 276 | 遵义市北京路134号 | 0852-8822925 |
| 正华大酒店 | Zhenghua Hotel | 2 | 2002.05 | 46 | 105 | 桐梓县娄山关镇 | 0852-6657869 |
| 利永宾馆 | Liyong Hotel | 2 | 2004.05 | 83 | 136 | 仁怀市国酒中路 | 0852-2250882 |
| 聚贤楼宾馆 | Juxianlou Hotel | 2 | 2005.12 | 33 | 50 | 绥阳县博雅苑陈列馆内 | 0852-6233848 |
| 娄山关生态乐园酒店 | Loushanguan Eco Paradise Hotel | 2 | 2009.01 | 27 | 49 | 桐梓县娄山关镇娄山村 | 0852-6825333 |
| 彩阳酒店 | Caiyang Hotel | 2 | 2008.12 | 35 | 49 | 桐梓县城 | 0852-3208788 |
| 香山宾馆 | Xiangshan Hotel | 2 | 2008.12 | 67 | 129 | 遵义市红花岗区大兴路狮子桥头 | 0852-8234444 |
| 赤水大酒店 | Chishui Hotel | 2 | 2008.12 | 36 | 74 | 赤水市西内环路106号 | 0852-2821334 |
| 云门囤宾馆 | Yunmentun Hotel | 2 | 2009.01 | 38 | 71 | 遵义县三渡镇花桥村 | 0852-6581555 |
| 枫香温泉 | Fengxiang Spa | 2 | 2009.01 | 38 | 82 | 遵义县枫香镇 | 0852-7572608 |
| 凤岗宾馆 | Fenggang hotel | 2 | 2009.01 | 57 | 105 | 凤岗县县府路 | 0852-5224567 |
| 恒源酒店 | Hengyuan Hotel | 2 | 2009.01 | 37 | 66 | 凤岗县政通路 | 0852-5222768 |
| 腾达酒店 | Tenda Hotel | 2 | 2005.06 | 27 | 54 | 安顺市 | 0853-7228886 |
| 长城宾馆 | Great Wall Hotel | 2 | 2009.07 | 29 | 48 | 安顺平坝县武装部 | 0853-4227333 |
| 福源酒店 | Fuyuan Hotel | 2 | 2012.06 | 36 | 72 | 开发区北航路广电大楼旁 | 0853-3320666 |
| 西苑酒店 | Xiyuan Hotel | 2 | 2006.04 | 50 | 106 | 都匀市剑江中路 | 0854-8682132 |
| 都匀丽都酒店 | Duyun Lidu Hotel | 2 | 2005.09 | 63 | 97 | 都匀州地税局培训中心 | 0854-8318869 |
| 樟江大厦 | Zhangjiang Building | 2 | 2003.04 | 34 | 76 | 荔波县城内 | 0854-3618888 |
| 荔波宾馆 | Libo Hotel | 2 | 2003.04 | 36 | 67 | 荔波县政府大院内 | 0854-3612169 |
| 鲁黔宾馆 | Luqian Hotel | 2 | 2003.04 | 20 | 40 | 荔波县樟江中路 | 0854-3617098 |
| 锦源宾馆 | Jinyuan Hotel | 2 | 2004.01 | 17 | 39 | 荔波县广场东路 | 0854-3618818 |
| 水上人间 | Water world | 2 | 2003.12 | 21 | 47 | 荔波县内 | 0854-8939979 |

18-12 续表5 continued

| 名　称 | Name | 星级 Level | 评定日期 Date of Assess | 客房数 Rooms | 床位数 Beds | 地　址 Address | 电　话 Telephone |
|---|---|---|---|---|---|---|---|
| 松源宾馆 | Songyuan Hotel | 2 | 2003.12 | 20 | 37 | 荔波县内 | 0854-8967651 |
| 东方宾馆 | Dongfang Hotel | 2 | 2003.04 | 20 | 38 | 荔波县内 | 0854-3618968 |
| 青旅大酒店 | CYTS Hotel | 2 | 2006.05 | 30 | 70 | 荔波县广场东路 | 0854-3613158 |
| 蓝天宾馆 | Blue Sky Hotel | 2 | 2003.04 | 30 | 60 | 荔波县城 | 0854-3619831 |
| 荔伊宾馆 | Liyi Hotel | 2 | 2006.05 | 27 | 52 | 荔波县城樟江北街 | 0854-8808668 |
| 荔波前锦宾馆 | Libo Qianjin Hotel | 2 | 2006.09 | 39 | 94 | 荔波 | 13595418295 |
| 怡心宾馆 | Yixin Hotel | 2 | 2005.09 | 15 | 24 | 三都三启镇县府路 | 0854-3927818 |
| 望月宾馆 | Wangyue Hotel | 2 | 2006.04 | 48 | 87 | 罗甸县委 | 0854-7611554 |
| 腾龙宾馆 | Tenglong Hotel | 2 | 2006.09 | 27 | 45 | 平塘县 | 0854-7222888 |
| 银河大酒店 | Yinhe Hotel | 2 | 2008.12 | 23 | 41 | 平塘县 | 0854-7230988 |
| 金胜宾馆 | Jinsheng Hotel | 2 | 2008.12 | 25 | 44 | 平塘县 | 0854-7223688 |
| 富源宾馆 | Fuyuan Hotel | 2 | 2008.12 | 18 | 40 | 荔波县 | 0854-3619298 |
| 金容宾馆 | Jinrong Hotel | 2 | 2008.12 | 25 | 51 | 荔波县 | 0854-3613818 |
| 祥和宾馆 | Xianghe Hotel | 2 | 2008.12 | 30 | 64 | 荔波县 | 0854-3616177 |
| 金林宾馆 | Jinlin Hotel | 2 | 2008.12 | 30 | 59 | 荔波县 | 0854-3619780 |
| 东篱宾馆 | Dongli Hotel | 2 | 2008.12 | 30 | 60 | 荔波县 | 0854-3619758 |
| 名豪大酒店 | Minghao Hotel | 2 | 2008.12 | 40 | 69 | 瓮安县 | 0854-2625555 |
| 东利酒店 | Dongli Hotel | 2 | 2008.12 | 24 | 34 | 瓮安县 | 0854-2621889 |
| 水电宾馆 | Shuidian Hotel | 2 | 2008.12 | 20 | 29 | 瓮安县 | 0854-2624584 |
| 杜鹃苑宾馆 | Dujuanyuan Hotel | 2 | 2008.12 | 48 | 87 | 长顺县 | 0854-6936222 |
| 凤凰宾馆 | Fenghuang Hotel | 2 | 2008.12 | 40 | 90 | 三都县 | 0854-3927898 |
| 三林时尚酒店 | Sanlinshishang Hotel | 2 | 2008.12 | 52 | 88 | 都匀市 | 0854-8239828 |
| 惠水县百联商务酒店 | Huishui Bailian Business Hotel | 2 | 2009.12 | 32 | 58 | 惠水县涟江中路中段 | 0854-6283989 |
| 荔波县溪桥宾馆 | Libo Xiqiao Hotel | 2 | 2009.12 | 53 | 103 | 荔波县樟江东路17号 | 0854-3618666 |
| 荔波县齐鲁宾馆 | Libo Qilu Hotel | 2 | 2009.12 | 25 | 50 | 荔波县玉屏镇文明路24号 | 0854-3617118 |
| 贵储酒店 | Guichu Hotel | 2 | 2010.06 | 30 | 50 | 贵定县 | 0854-5236666 |
| 贵定飞龙大酒店 | Guiding Feilong Hotel | 2 | 2010.06 | 28 | 54 | 贵定县 | 0854-5233298 |
| 三都地中海宾馆 | Sandu Dizhonghai Hotel | 2 | 2010.07 | 22 | 35 | 三都县城中心 | 0854-3028777 |
| 三都润丰宾馆 | Sandu Runfeng Hotel | 2 | 2010.07 | 23 | 27 | 三都县三合镇团结路 | 0854-3929123 |
| 祥华酒店 | Xianghua Hotel | 2 | 2010.08 | 26 | 56 | 龙里县龙山镇青龙路 | 0854-5636088 |
| 馨豪酒店 | Xinhao Hotel | 2 | 2010.08 | 37 | 68 | 龙里县龙山镇兴龙路 | 0854-5635789 |
| 育才宾馆 | Yucai Hotel | 2 | 2010.11 | 36 | 67 | 荔波县建设西路41号 | 0854-3619852 |
| 虹泰宾馆 | Hongtai Hotel | 2 | 2010.09 | 20 | 38 | 平塘县平湖镇环城路 | 0854-7225888 |
| 聚丰园宾馆 | Jufengyuan Hotel | 2 | 2010.09 | 20 | 30 | 平塘县新区大道 | 0854-7230568 |
| 银都宾馆 | Yindu Hotel | 2 | 2010.11 | 48 | 63 | 贵定县红旗大道1号 | 0854-5231878 |
| 惠馨时尚酒店 | Huixin Fashion Hotel | 2 | 2011.12 | 23 | 29 | 贵州省惠水县和平镇涟江北路 | 0854-6225333 |
| 乐喜商务酒店 | Lexi Business Hotel | 2 | 2012.09 | 40 | 60 | 都匀市开发区沙坝供销社综合楼 | 0854-8518688 |
| 凯里市西湖大酒店 | Kaili Westlake Hotel | 2 | 2002.12 | 44 | 83 | 凯里市北京西路74号 | 0855-3826888 |
| 国穗大酒店 | Guosui Hotel | 2 | 2003.01 | 28 | 52 | 凯里市国税务局大院内 | 0855-8276888 |
| 岑巩县凯华大酒店 | Cengong Kaihua Hotel | 2 | 2007.01 | 65 | 128 | 岑巩县 | 0855-3895988 |
| 从江宾馆 | Congjiang hotel | 2 | 2008.12 | 34 | 67 | 从江县 | 0855-6418669 |
| 仁和大酒店 | Renhe Hotel | 2 | 2008.12 | 29 | 43 | 从江县 | 0855-6412900 |
| 雷山县圣城嘉源酒店 | Leishan Shengchengjiayuan Hotel | 2 | 2008.12 | 27 | 51 | 雷山县 | 0855-3336718 |
| 麻江县下司第一楼 | Majiang Xiasi Diyilou | 2 | 2008.12 | 32 | 65 | 麻江县 | 0855-2684000 |
| 金鼎龙大酒店 | Jindinglong Hotel | 2 | 2009.04 | 22 | 41 | 雷山县城关镇 | 0855-5158168 |
| 剑河温泉剑泉山庄 | Jianhe Spa and Jianquan Villa | 2 | 2008.05 | 33 | 61 | 剑河县 | 0855-5158088 |
| 马家岩大酒店 | Majiayan Hotel | 2 | 2010.05 | 36 | 70 | 黄平县 | 0855-2431199 |
| 凯里香山大酒店 | Kaili Xiangshan Hotel | 2 | 2010.07 | 40 | 68 | 凯里市北京西路39号 | 0855-8601099 |
| 施秉县王府酒店 | Shibing Wangfu Hotel | 2 | 2012.06 | 33 | 62 | 施秉县城关镇中沙大道 | 0855-4326999 |
| 石阡宾馆 | Shiqian hotel | 2 | 2005.06 | 61 | 115 | 石阡县汤山镇 | 0856-7652777 |
| 沿河天龙大酒店 | Yanhe Tianlong Hotel | 2 | 2005.09 | 96 | 350 | 沿河县城南路23号 | 0856-8228054 |
| 思南县明星宾馆 | Sinan Mingxing Hotel | 2 | 2009.12 | 26 | 54 | 思南县民政局内 | 0856-7225085 |
| 玉屏贵阳大酒店 | Yuping Guiyang Hotel | 2 | 2010.08 | 30 | 60 | 玉屏火车站附近 | 0856-3228886 |
| 天生桥假日酒店 | Tianshengqiao Holiday Hotel | 2 | 2011.12 | 16 | 29 | 铜仁市碧江区川东镇云盘村32号 | 13668562598 |

## 18-12 续表6 continued

| 名称 | Name | 星级 Level | 评定日期 Date of Assess | 客房数 Rooms | 床位数 Beds | 地址 Address | 电话 Telephone |
|---|---|---|---|---|---|---|---|
| 滨江假日酒店 | Binjiang Holiday Hotel | 2 | 2012.09 | 56 | 110 | 松桃县滨江花园D区6号 | 0856-2835899 |
| 黔闽商务酒店 | Qianmin Business Hotel | 2 | 2012.11 | 31 | 58 | 松桃县滨江花园A区2号 | 0856-2323888 |
| 洪山宾馆 | Hongshan Hotel | 2 | 2004.08 | 208 | 388 | 毕节市洪山路1号 | 0857-8251829 |
| 金辉酒店 | Jinhui Hotel | 2 | 2006.07 | 60 | 102 | 金沙县城内 | 0857-7251999 |
| 毕节迎宾馆 | Bijie Guest House | 2 | 2009.07 | 49 | 90 | 毕节市环东路1号 | 0857-8312222 |
| 织金平远酒店 | Zhijin Pingyuan Hotel | 2 | 2009.07 | 43 | 83 | 织金县沿河路 | 0857-7636999 |
| 威宁明珠酒店 | Weining Mingzhu Hotel | 2 | 2009.07 | 27 | 51 | 威宁县开发区 | 0857-6233088 |
| 赫章维尔乐宾馆 | Hezhang wei'erle Hotel | 2 | 2009.07 | 20 | 33 | 赫章县南环路 | 0857-3239898 |
| 纳雍良源大酒店 | Nayong Liangyuan Hotel | 2 | 2009.12 | 40 | 100 | 纳雍县农贸街1号（法院旁） | 0857-3536116 |
| 金沙富豪大酒店 | Jinsha Fuhao Hotel | 2 | 2010.01 | 17 | 27 | 新武装部旁 | 0857-7235555 |
| 名望宾馆 | Mingwang Hotel | 2 | 2010.08 | 15 | 23 | 赫章县城关镇环城路 | 0857-3221513 |
| 金沙安底温泉度假中心 | Jinsha Andi Hot Spring Holiday Center | 2 | 2011.12 | 24 | 64 | 金沙县安底镇温泉村 | 0857-7388333 |
| 黔西龙华大酒店 | Qianxi Longhua Large Hotel | 2 | 2009.06 | 36 | 61 | 黔西县城关镇水西大道燕山街口 | 0857-4240333 |
| 黔西星旗酒店 | Qianxi Star Hotel | 2 | 2009.09 | 77 | 132 | 黔西县城关镇莲城大道星旗大厦 | 0857-4243777 |
| 六枝工矿迎宾馆 | Liuzhi Gongkuang Guest House | 2 | 2002.05 | 57 | 114 | 六枝特区团结路13号 | 0858-5713548 |
| 凯豪大酒店 | Kaihao Hotel | 2 | 2007.01 | 40 | 72 | 六枝特区交通西路 | 0858-5319999 |
| 六枝宾馆 | Liuzhi Hotel | 2 | 2005.01 | 65 | 160 | 六枝平寨镇友谊路 | 0858-5322660 |
| 丰鑫假日酒店 | Fengxin Holiday Hotel | 2 | 2012.05 | 75 | 120 | 六枝特区团结路5号 | 0858-5898888 |
| 安龙县麗月鸿钰酒店 | Anlong Liyuehongyu Hotel | 2 | 2010.01 | 36 | 63 | 安龙县 | 0859-5216111 |
| 南昆宾馆 | Nankun Hotel | 2 | 2004.11 | 44 | 69 | 兴义市顶效开发区 | 0859-2282188 |
| 盘江紫薇园宾馆 | Panjiang Ziweiyuan Hotel | 2 | 2006.09 | 42 | 87 | 安龙县 | 0859-5211888 |
| 黔西南州隆泰酒店 | Qianxinanzhou Longtai Hotel | 2 | 2007.07 | 27 | 53 | 兴义市 | |
| 西苑锦润酒店 | Xiyuan Jinrun Hotel | 2 | 2013.04 | 135 | 226 | 都匀市 | 0854-5679999 |
| 瓮安县天琦旅馆 | Weng'an county Tianqi Hotel | 2 | 2013.04 | 21 | 27 | 瓮安县文峰南路 | |
| 瓮安县阳关宾馆 | Weng'an county Yangguan Hotel | 2 | 2013.04 | 24 | 47 | 瓮安县雍阳镇气象局旁 | |
| 德江金宏大酒店 | Dejiang Jinhong Large Hotel | 2 | 2013.05 | 56 | 93 | 贵州省德江县青龙镇香树路131号 | 0856-4160888 |
| 白云区七天连锁酒店 | Baiyun District Seven Days Hotel Chain | 2 | 2013.05 | 101 | 108 | 贵阳市白云区刚玉街8号 | 0851-4899066 |
| 白云区白云假日酒店 | Baiyun District Baiyun Holiday Hotel | 2 | 2013.05 | 40 | 76 | 贵阳市白云区同心西路147号 | 0851-8171188 |
| 美豪商务酒店 | Meihao Business Hotel | 2 | 2013.06 | 33 | 54 | 六盘水市盘县红果杜鹃西路69号 | 18685813990 |
| 黔海酒店 | Qianhai Hotel | 2 | 2013.06 | 48 | 71 | 龙山镇三林路 | 0854-5673555 |
| 龙架山宾馆 | Long Hill Hotel | 2 | 2013.06 | 103 | 210 | 龙山镇三林路 | 0854-5620338 |
| 松桃净裕酒店 | Songtao Jingyu Hotel | 2 | 2013.11 | 20 | 30 | 松桃县普觉镇 | 0856-2689188 |
| 大方和泰快捷酒店 | Dafang Hetai Fast Hotel | 2 | 2013.11 | 92 | 161 | 大方县奢香大道北段 | 0857-5688789 |
| 鸿雁宾馆 | Hongyan Hotel | 1 | 2004.06 | 39 | 97 | 黔西县东路 | 0857-4225666 |
| 亲情宾馆 | Qingqin Hotel | 1 | 2006.09 | 19 | 34 | 平塘县 | 13985085075 |
| 玖玖宾馆 | Jiujiu Hotel | 1 | 2006.09 | 15 | 27 | 平塘县 | 13385185973 |
| 紫金大酒店 | Zijin Hotel | 1 | 2006.09 | 15 | 40 | 平塘县 | 13885455082 |
| 思南县电力宾馆 | Sinan Dianli Hotel | 1 | 2003.07 | 25 | 53 | 思南县中山街55号 | 0856-7229948 |
| 从江观音阁山庄 | Congjiang Guanyinge Villa | 1 | 2007.03 | 30 | 52 | 从江县 | 0855-6418488 |
| 黄平谦和大酒店 | Huangping Qianhe Hotel | 1 | 2006.12 | 27 | 54 | 黄平 | 0855-2436366 |
| 黄平丰丰宾馆 | Huangping Feng Feng Hotel | 1 | 2006.12 | 43 | 86 | 黄平 | 0855-2438298 |
| 岑巩兴岑大酒店 | Cengong Xingcen Hotel | 1 | 2007.09 | 15 | 25 | 岑巩县 | 0855-3575333 |
| 岑巩万向宾馆 | Cengong Wanxiang Hotel | 1 | 2007.09 | 17 | 30 | 岑巩县 | 0855-3573086 |
| 瑞权宾馆 | Ruiquan Hotel | 1 | 2010.06 | 70 | 110 | 黔西南州 | 0859-3815588 |
| 青松宾馆 | Qingsong Hotel | 1 | 2010.12 | 78 | 143 | 罗甸县 | 0854-7620518 |
| 天竹名人酒店 | Tianzhumingren Hotel | 1 | 2011.10 | 32 | 108 | 贵阳市乌当区航天大道1号 | 0851-6402020 |
| 港湾快捷酒店 | Gangwan Inn | 1 | 2011.08 | 42 | 65 | 贵阳市白云区建设路4号 | 0851-4611112 |
| 赛菲尔商务宾馆 | Saifeier Business Hotel | 1 | 2011.11 | 38 | 45 | 贵阳市白云区金塘北街四合院 | 0851-4480899 |
| 博纳快捷酒店 | Bona Inn | 1 | 2011.11 | 43 | 62 | 贵阳市白云区大山洞尖山路 | 0851-5619999 |
| 麒麟酒店 | Kylin Hotel | 1 | 2012.12 | 29 | 43 | 罗甸县信邦大道二级路口 | 0854-7837888 |
| 白云区金义酒店 | Baiyun District Jin Yi Hotel | 1 | 2013.02 | 41 | 50 | 贵阳市白云区铝建路344号 | 0851-4619577 |
| 佳佳宾馆 | Jia Jia Hotel | 1 | 2013.02 | 50 | 80 | 贵州省凤冈县龙泉镇龙凤大道218号 | 13314401996 |
| 腾龙商务酒店 | Dragon Business Hotel | 1 | 2013.02 | 35 | 62 | 贵州省凤冈县 | 0852-5119199 |

# 主要统计指标解释

**住宿业**　指有偿为顾客提供临时住宿的服务活动。不包括：提供长期住宿场所的活动，如出租房屋、公寓等，列入房地产开发经营。

**餐饮业**　指在一定场所，对食物进行现场烹饪、调制，并出售给顾客主要供现场消费的服务活动。

**营业额**　指住宿和餐饮业法人企业（单位）在经营活动中因提供服务或销售商品等取得的收入。包括：客房收入、餐费收入、商品销售额和其他收入。其中，客房收入指住宿和餐饮业法人企业（单位）在经营活动中因提供住宿服务取得的收入。餐费收入指住宿和餐饮业法人企业（单位）因为顾客提供就餐服务取得的收入，包括经烹饪、调制加工后出售的各种食品，如主食、炒菜、凉拌菜等的收入。

**游客人数**

**(1) 入境游客人数**　指报告期内来中国（大陆）观光、度假、探亲访友、就医疗养、购物、参加会议或从事经济、文化、体育、宗教活动的外国人、港澳台同胞等游客（即入境旅游人数）。统计时，入境游客按每入境1次统计1人次。

入境游客包括入境过夜游客和入境一日游游客。

**(2) 国内游客人数**　指报告期内在中国（大陆）观光游览、度假、探亲访友、就医疗养、购物、参加会议或从事经济、文化、体育、宗教活动的中国（大陆）居民，其出游的目的不是通过所从事的活动谋取报酬。统计时，国内游客按每出游1次统计1人次。

国内游客包括国内过夜游客和国内一日游游客。

**国际旅游（外汇）收入**　入境游客在中国（大陆）境内旅行、游览过程中用于交通、参观游览、住宿、餐饮、购物、娱乐等全部花费。

**出境游组团旅行社**　指从事招徕、组织、接待中国内地居民出国旅游，赴香港特别行政区、澳门特别行政区和台湾地区旅游，以及招徕、组织、接待在中国内地的外国人、在内地的香港特别行政区、澳门特别行政区居民和在大陆的台湾地区居民出境旅游的业务的旅行社。

**国内及入境旅游旅行社**　指从事招徕、组织和接待中国内地居民在境内旅游的业务和从事招徕、组织、接待外国旅游者来我国旅游，香港特别行政区、澳门特别行政区旅游者来内地旅游，台湾地区居民来大陆旅游，以及招徕、组织、接待在中国内地的外国人，在内地的香港特别行政区、澳门特别行政区居民和在大陆的台湾地区居民在境内旅游的业务的旅行社。

**国内旅游收入**　国内游客在旅游过程中（由游客或游客的代表为游客）支付的一切旅游支出就是国家（省、区、市）的国内旅游收入。旅游支出应包括过夜游客和一日游游客在整个游程中行、游、住、食、购、娱，以及为亲友、家人购买纪念品、礼品等方面的旅游支出，不包括为商业目的购物、购买房、地、车、船等资本性或交易性的投资、馈赠亲友的现金及给公共机构的捐赠。

**星级饭店**　指设备、设施、服务符合《旅游饭店星级的划分与评定》(GB/T14308-2003)，通过相关旅游管理部门评定，并取得星级饭店称号的饭店（含预备星级饭店）。

# Explanatory Notes on Main Statistical Indicators

**Hotel Services** refer to the activities of enterprises providing paid services of lodging to the customer, excluding the activities of providing long period of services of lodging, such as leased house and apartments, which are shown in development and operation of real estate.

**Catering Services** refer to the activities of enterprises providing on-the-spot services of selling food cooked and prepared to the customer in certain sites

**Business Revenue** refers to revenue received from providing services or selling commodities by enterprises and establishments engaged in hotels and catering services, including income from hotels, from catering services, from selling of commodities and from other services. Income from hotels refers to income of enterprises and establishments engaged in hotels and catering services by providing lodging services. Income from catering services refers to income of enterprises and establishments engaged in hotels and catering services by providing catering services, including selling of cooked or prepared foods, such as staple food, cooked dishes, or cold dishes.

**Number of Visitor**

**(1) Number of Overseas Visitor Arrivals** refer to the number of foreigners, Chinese compatriots from Hong Kong, Macao and Taiwan Chinese who come to China within the reference Period for sight-seeing, vacation, visiting relatives, medical treatment, shopping, attending conference, or to engage in economic, cultural, sports and religious activities(mamely the number of overseas Visitor Arivals). In compiling statistics, each time of entering China is counted as one person-time.

Overseas visitor arrivals includes inbound overnight tourists and one-day tourists.

**(2) Number of domestic tourists** refers to the number of Chinese (mainland) residents who travel within China (mainland) for sight-seeing, vacation, visiting relatives, medical treatment, shopping, attending conference, or to engage in economic, cultural, sports and religious activities. In compiling statistics, each time of travelling is counted as one person-time.

Domestic tourists includes domestic overnight visitors and domestic day trip visitors.

**Foreign Exchange Earnings from International Tourism** refer to the total expenditure of foreigners, overseas Chinese, Chinese compatriots from Hong Kong, Macao and Taiwan during their stay in the mainland of China on transportation of sighting, accommodation, food, shopping and entertainment.

**Outbound travel agencies** refer to the agencies which are is engaged in the solicitation, organization, hospitality Chinese mainland residents to travel abroad, to visit Hong Kong SAR, Macao SAR and Taiwan tourism and attract, organize the reception of foreigners in the Chinese mainland, the mainland Hong Kong SAR, Macao SAR residents and residents of Taiwan on the mainland outbound travel business travel.

**Domestic and inbound tourism travel agencies** refer to the agercies which are engaged in soliciting travel, organization and hospitality Chinese mainland residents to travel in the territory and engaged in soliciting business, organization, reception of foreign tourists to China's tourism, Hong Kong SAR, Macao SAR mainland tourists to travel to the mainland for Taiwan residents tourism and attract, organization, reception of foreigners in China Mainland, the Mainland Hong Kong SAR, Macao SAR residents and residents of Taiwan on the mainland tourism business.

**Earnings from Domestic tourism** refers to the payment of all tourism expenditure revenue domestic tourists in the tourism process (by the representatives of visitors or tourists for tourists), it is the earrings from domestic tourism of the national (provincial, autonomous regions and municipalities). Travel expenses shall include overnight visitors and day visitors in the entire run Bank of China, travel, housing, food, shopping and entertainment, as well as friends, family, buy souvenirs, gifts and other aspects of tourism expenditure, not including for commercial purposes, shopping, purchase house , ground, cars, boats and other capital investment or trading, cash and gift donations to public institutions.

**Star-rated Hotels** refer to hotels rated with stars as assessed by the relevant tourism authorities according to (GB/ T14308-2003) standard with reference to their infrastructure, facilities and service levels.

# 金融业

19

Nineteen

Financial Intermediation

# 19−1　金融机构人民币存贷款余额(含外资)

## Total Deposits and Total Loans of Financial Institutions (Including Foreign Investment)

单位：亿元　　(100 million yuan)

| 指　标 | Item | 2008 | 2009 | 2010 | 2011 | 2012 | 2013 | 2013年比2012年增长(%) Increase Rate in 2013 over 2012(%) |
|---|---|---|---|---|---|---|---|---|
| **资金来源合计** | **Funds Sources** | **4290.47** | **5280.86** | **7029.92** | **8300.17** | **9891.66** | **12234.52** | **23.7** |
| 各项存款 | Total Deposits | 4736.93 | 5898.26 | 7363.92 | 8742.79 | 10540.06 | 13265.01 | 25.9 |
| #财政存款 | Fiscal Deposits | 223.69 | 301.77 | 361.52 | 447.67 | 412.56 | 424.78 | 3.0 |
| 储蓄存款 | Savings Deposit | 2237.05 | 2676.09 | 3244.99 | 3934.48 | 4806.09 | 5919.05 | 23.2 |
| **资金运用合计** | **Funds Uses** | **4290.47** | **5280.86** | **7029.92** | **8300.17** | **9891.66** | **12234.52** | **23.7** |
| 各项贷款 | Total Loans | 3569.27 | 4656.50 | 5747.53 | 6841.92 | 8274.78 | 10104.30 | 22.1 |
| #短期贷款 | Short-term Loans | 890.77 | 1090.72 | 1015.30 | 1293.00 | 1744.63 | 2244.51 | 28.7 |
| 中长期贷款 | Medium-term & Long-term Loans | 2586.49 | 3433.03 | 4582.34 | 5439.64 | 6405.81 | 7759.30 | 21.1 |

注：1.资料来源于中国人民银行贵阳中心支行。2.储蓄存款2010年及以前为城乡居民储蓄存款。
Note:1.Data in the table are obtained from Guiyang Central Branch of PBC.2.The year 2010 and before, savings deposit refer to resident savings deposit of urban and rural.

# 19−2　保险系统基本情况

## Basic Conditions of Insurance System

单位：个　　(unit)

| 项　目 | Item | 2008 | 2009 | 2010 | 2011 | 2012 | 2013 | 2013年比2012年增长(%) Increase Rate in 2013 over 2012(%) |
|---|---|---|---|---|---|---|---|---|
| **机构数** | **Total** | **774** | **854** | **883** | **930** | **949** | **991** | **4.4** |
| 省级分公司 | Provincial Branches | 18 | 19 | 20 | 22 | 23 | 23 | 持平 |
| 地市级分公司 | Branches at Prefecture Level | 91 | 102 | 110 | 117 | 123 | 137 | 11.4 |
| 县级支公司 | Branches at County Level | 220 | 268 | 328 | 384 | 416 | 447 | 7.5 |
| 办事处或营业部 | Business Offices and Departments | 40 | 39 | 38 | 38 | 38 | 38 | 持平 |
| 营销服务部 | Marketing Deparements | 405 | 426 | 387 | 369 | 349 | 346 | -0.9 |
| **职工人数** | **Total** | **7331** | **9421** | **10472** | **11283** | **11390** | **11860** | **4.1** |
| 省级分公司 | Provincial Branches | 1926 | 2296 | 2552 | 2666 | 2732 | 2761 | 1.1 |
| 地市级分公司 | Branches at Prefecture Level | 3068 | 3914 | 4650 | 5444 | 5335 | 5542 | 3.9 |
| 县级支公司 | Branches at County Level | 1729 | 2421 | 2546 | 2597 | 2504 | 2741 | 9.5 |
| 办事处或营业部 | Business Offices and Departments | 23 | 39 | 60 | 33 | 218 | 291 | 33.5 |
| 营销服务部 | Marketing Departments | 585 | 751 | 664 | 543 | 601 | 525 | -12.6 |

注：资料来源于中国保险监督管理委员会贵州监管局(以下相关表同)。
Note:Data in the table are obtained from the provincial insurance regulatory bureau(the relative tables in the chapter are the same).

# 19-3 财产保险公司业务
# Major Business Indicators of Property Insurance Companies

单位：万元 (10000 yuan)

| 指　　标 | Item | 2008 | 2009 | 2010 | 2011 | 2012 | 2013 | 2013年比2012年增长(%) Increase Rate in 2013 over 2012(%) |
|---|---|---|---|---|---|---|---|---|
| **保费收入** | **Premium** | **300413** | **377293** | **489187** | **617886** | **738037** | **934898** | **26.7** |
| 企业财产保险 | Enterprise Property Insurance | 21091 | 22231 | 28222 | 38138 | 35794 | 40438 | 13.0 |
| 机动车辆保险 | Motor Vehicle Insurance | 226527 | 301561 | 392399 | 480928 | 593675 | 755887 | 27.3 |
| 货物运输保险 | Freight Transport Insurance | 6696 | 5824 | 7289 | 7290 | 6713 | 6625 | -1.3 |
| 责任保险 | Liability Insurance | 13428 | 16396 | 20552 | 29781 | 34106 | 37825 | 10.9 |
| 信用保证保险 | Credit Guarantee Insurance | 544 | 494 | 1346 | 7624 | 12478 | 14946 | 19.8 |
| 农业保险 | Agriculture Insurance | 7150 | 5516 | 920 | 2119 | 6876 | 16194 | 135.5 |
| 其他保险 | Other Insurance | 24978 | 25271 | 38459 | 52006 | 48396 | 62983 | 30.1 |
| **储金** | **Deposits** | **6996** | **6446** | **4362** | **5822** | **7225** | **41765** | **478.0** |
| **赔案件数(万件)** | **Cases of Claims(10000 cases)** | **57** | **53** | **42** | **50** | **66** | **86** | **29.8** |
| **赔款支出** | **Claim and Payment** | **188553** | **253010** | **192351** | **262491** | **395728** | **468568** | **18.4** |
| 企业财产保险 | Enterprise Property Insuance | 32791 | 80899 | 6159 | 10467 | 28811 | 11836 | -58.9 |
| 机动车辆保险 | Motor Vehicle Insurance | 133453 | 145450 | 163175 | 225500 | 324388 | 397667 | 22.6 |
| 货物运输保险 | Freight Transport Insurance | 679 | 805 | 408 | 517 | 412 | 443 | 7.4 |
| 责任保险 | Liability Insurance | 5503 | 7064 | 8013 | 10904 | 17514 | 17984 | 2.7 |
| 信用保证保险 | Credit Guarantee Insurance | 95 | 73 | 68 | 193 | 558 | 1049 | 88.0 |
| 农业保险 | Agriculture Insurance | 7836 | 8531 | 1686 | 1311 | 2316 | 7108 | 206.9 |
| 其他保险 | Other Insurance | 8196 | 10187 | 12842 | 13598 | 21728 | 32481 | 49.5 |
| **未决赔款** | **Unsettled Claim** | **147554** | **85005** | **117217** | **189131** | **196770** | **250852** | **27.5** |

注：本表包括人保财险、太保产险、平安产险、天安保险、安邦保险、阳光产险、大地产险、国寿产险、都邦产险、太平保险、华安产险、鼎和产险、华泰产险、安诚产险14家财产保险分公司数据(下表同)。

Note:.Data in this table include figures of the Guizhou Branches of PICC,Pacific Property Insurance Company, Ping'an Property Insurance Company, Tianan Insurance Company,Anbang Insurance Company,Yangguang Property Insurance Company, Dadi Property Insurance Company, China Life Property & Casualty Insurance Company, DuBang Insurance,Dinghe Insurance Company，Huatai Insuurance company and An-cheng Insurance Company (the same applies to the next table) .

# 19-4 财产保险主要指标(2013)
## Major Indicators on Property Insurance

| 指　标 | Item | 合　计 Total | 企业财产保险 Enterprise Property Insurance | 家庭财产保险 Family Property Insurance | 机动车辆保险 Transportation Equipment Insurance | 工程保险 Engineering Insurance | 责任保险 Responsibility Insurance | 保证保险 Pledge Insurance | 信用保险 Credit Insurance |
|---|---|---|---|---|---|---|---|---|---|
| 承保件数(万件) | Amount Insured (10000 cases) | 556 | 2 | 2 | 410 | 0 | 9 | 1 | |
| 保险金额或责任限额(亿元) | Insurance Value or Liability Limit (100 million yuan) | 36683.85 | 3710.13 | 214.37 | 11085.65 | 566.42 | 12567.75 | 3.25 | 3.11 |
| 签单保费(万元) | Premium of Sign Bill (10000 yuan) | 935324 | 41133 | 3953 | 755949 | 13634 | 37802 | 14693 | 82 |
| 赔付件数(万件) | Amount Claim and Payment (10000 cases) | 86 | 0 | 0 | 79 | 0 | 1 | 0 | |
| 已决赔款(万元) | Indemnity Expenditure (10000 yuan) | 448202 | 13615 | 4518 | 376109 | 6022 | 18449 | 1250 | |
| 未决赔款(万元) | Indefinite Expenditure (10000 yuan) | 250852 | 15846 | 494 | 191208 | 8589 | 20646 | 161 | |

19-4 续表 continued

| 指　标 | Item | 船舶保险 Boats and Ships Insurance | 货物运输保险 Freight Transport Insurance | 特殊风险保险 Special Risk Insurance | 农业保险 Agricultural Insurance | 健康险 Health Insurance | 意外伤害保险 Unforeseen Injury Insurance | 其他险 Others |
|---|---|---|---|---|---|---|---|---|
| 承保件数(万件) | Amount Insured(10000 cases) | 0 | 8 | | 0 | 7 | 116 | 2 |
| 保险金额或责任限额（亿元） | Insurance Value or Liability Limit (100 million yuan) | 0.87 | 865.64 | 6.84 | 280.08 | 1799.31 | 5580.31 | 0.10 |
| 签单保费(万元) | Premium of Sign Bill(10000 yuan) | 138 | 6638 | 58 | 16201 | 13007 | 32031 | 6 |
| 赔付件数(万件) | Amount Claim and Payment (10000 cases) | | 0 | | 2 | 2 | 1 | 0 |
| 已决赔款(万元) | Indemnity Expenditure(10000 yuan) | 28 | 376 | 333 | 6766 | 6717 | 14017 | 1 |
| 未决赔款(万元) | Indefinite Expenditure(10000 yuan) | 24 | 281 | 1 | 1549 | 2986 | 9065 | |

注：赔付件数指已决赔付件数。
Note:Amount Claim and Payment refers to indemnity Expenditure.

# 19-5 人寿保险公司业务

# Major Business Indicators of Life Insurance Companies

单位：万元 (10000 yuan)

| 指　标 | Item | 2008 | 2009 | 2010 | 2011 | 2012 | 2013 | 2013年比2012年增长(%) Increase Rate in 2013 over 2012(%) |
|---|---|---|---|---|---|---|---|---|
| **保费收入** | **Premium** | **498647** | **574137** | **735914** | **700228** | **764119** | **881254** | **15.3** |
| #新单保费 | Premium of New Guarantee Slip | 309841 | 341664 | 423733 | 368371 | 310106 | 342673 | 10.5 |
| #个人业务 | Personal Business | 475109 | 543109 | 702187 | 670327 | 733130 | 814520 | 11.1 |
| 人寿保险 | Life Insurance | 445525 | 513918 | 662714 | 624908 | 676263 | 741759 | 9.7 |
| 意外伤害险 | Accident Injury Insurance | 10965 | 9846 | 11983 | 13608 | 16385 | 21633 | 32.0 |
| 健康险 | Health Insurance | 18619 | 19345 | 27490 | 31811 | 40482 | 51127 | 26.3 |
| 团体业务 | Group Business | 23538 | 31028 | 33727 | 29901 | 30988 | 66734 | 115.4 |
| 人寿保险 | Life Insurance | 8817 | 10798 | 14277 | 7051 | 7285 | 7262 | -0.3 |
| 意外伤害险 | Accident Injury Insurance | 6002 | 9030 | 11396 | 15121 | 14618 | 19346 | 32.3 |
| 健康险 | Health Insurance | 8719 | 11199 | 8054 | 7730 | 9085 | 40126 | 341.7 |
| **有效保单件数(万件)** | **Cases of Virtual Guarantee Slip(10000 cases)** | **289** | **354** | **416** | **459** | **491** | **545** | **11.0** |
| **赔款及给付支出** | **Claim and Payment** | **97339** | **102861** | **113982** | **132696** | **157626** | **255813** | **62.3** |
| 个人业务 | Personal Business | 84798 | 87775 | 74656 | 93250 | 110036 | 193168 | 75.6 |
| 赔款支出 | Benefit Paid | 8041 | 5131 | 7753 | 9495 | 7967 | 9625 | 20.8 |
| 年金给付 | Payment for Annuity | 5350 | 8878 | 11862 | 14179 | 22935 | 38340 | 67.2 |
| 满期给付 | Payment for Expiration | 63116 | 64447 | 43237 | 54158 | 60679 | 125087 | 106.1 |
| 死伤医疗给付 | Payment for Death and Injured person | 8291 | 9320 | 11804 | 15418 | 18454 | 22336 | 21.0 |
| 团体业务 | Group Business | 12541 | 15086 | 39326 | 39446 | 47591 | 45891 | -3.6 |
| 赔款支出 | Benefit Paid | 9621 | 12719 | 13253 | 10766 | 13123 | 20269 | 54.5 |
| 年金给付 | Payment for Annuity | 1874 | 1311 | 3283 | 2465 | 3130 | 3340 | 6.7 |
| 满期给付 | Payment for Expiration | 875 | 700 | 21412 | 25039 | 30248 | 35585 | 17.6 |
| 死伤医疗给付 | Payment for Death and Injured Person | 171 | 357 | 1378 | 1177 | 1090 | 1232 | 13.0 |

注：本表数据包含国寿、太保寿险、平安寿险、新华人寿、泰康人寿、平安养老、太平人寿、人保寿险、生命人寿9家人寿保险分公司数据(下表同)。

Note: Data in this table include figures of the Guizhou Branches of China Life Insurance Company,Pacific Life Insurance Company, Ping'an Life Insurance Company, Xinhua Life Insurance Company, Taikang Life Insurance Company , Ping'an pension Insurance and Life Insurance Company (the same applies to the next table) .

# 19−6 人寿保险主要指标(2013)

## Major Indicators on Life Insurance

单位：万元 (10000 yuan)

| 指标项目 | Item | 合计 Total | 寿险业务 Life Insurance Business | 普通寿险 Normal Life Insurance | 个人业务 Personal | 团体业务 Group | 分红寿险 Share out Bonus | 个人业务 Personal | 团体业务 Group |
|---|---|---|---|---|---|---|---|---|---|
| 保费收入 | Premium | 881254 | 749022 | 107028 | 99840 | 7187 | 631446 | 631371 | 75 |
| 期末有效保险金额(亿元) | Virtual Insurance Value at the year-end(100 million yuan) | 29771.53 | 2210.78 | 1483.27 | 1374.33 | 108.94 | 492.28 | 489.13 | 3.15 |
| 期末有效承保人次(万人) | Virtual Insurance Person-time at the year-end (10000 persons) | 5427 | 805 | 643 | 627 | 16 | 132 | 123 | 9 |
| 期末有效承保保单件数(万件) | Cases of Virtual Guarantee Slip at the year-end (10000 cases) | 545 | 330 | 183 | 180 | 4 | 119 | 117 | 1 |
| 赔款和给付支出 | Expenditure for Claim and Payment | 255813 | 220607 | 80594 | 40439 | 40155 | 137756 | 137755 | 1 |
| #赔款支出 | Settled Claim | 29894 | | | | | | | |
| 死伤医疗给付 | Payment for Death,Injury or Medical Treatmnet | 23568 | 18334 | 10521 | 9289 | 1232 | 6107 | 6107 | |
| 满期给付 | Mature Payment | 160672 | 160593 | 41928 | 6344 | 35584 | 118115 | 118114 | 1 |
| 年金给付 | Payment for Annuity | 41680 | 41680 | 28146 | 24806 | 3340 | 13534 | 13534 | 1 |
| 退保金 | Insurance withdrawed | 131063 | 129833 | 7730 | 7389 | 341 | 122060 | 122060 | |
| 在售产品数量（个） | Amount of Products under Selling(unit) | 1453 | 583 | 225 | 186 | 39 | 292 | 283 | 9 |

## 19−6 续表 continued

单位：万元 (10000 yuan)

| 指标项目 | Item | 投资连结产品 Life Insurance Product in inve-stment | 万能寿险 Omnip-otence Life Insu-rance | 健康险业务 Health Insu-rance | 个人业务 Personal | 团体业务 Group | 意外伤害保险业务 Unforeseen Injury Insurance |
|---|---|---|---|---|---|---|---|
| 保费收入 | Premium | 224 | 10324 | 91253 | 51127 | 40126 | 40979 |
| 期末有效保险金额(亿元) | Virtual Insurance Value at the year-end(100 million yuan) | 4.62 | 230.61 | 22617.53 | 1082.80 | 21534.72 | 4943.23 |
| 期末有效承保人次(万人) | Virtual Insurance Person-time at the year-end(10000 persons) | 1 | 30 | 2873 | 896 | 1977 | 1748 |
| 期末有效承保保单件数(万件) | Cases of Virtual Guarantee Slip at the year-end(10000 cases) | 1 | 27 | 89 | 81 | 8 | 126 |
| 赔款和给付支出 | Expenditure for Claim and Payment | 36 | 2220 | 26105 | 11567 | 14538 | 9101 |
| #赔款支出 | Settled Claim | | | 20793 | 6254 | 14538 | 9101 |
| 死伤医疗给付 | Payment for Death,Injury or Medical Treatmnet | 14 | 1692 | 5234 | 5234 | -1 | |
| 满期给付 | Mature Payment | 22 | 528 | 79 | 79 | | |
| 年金给付 | Payment for Annuity | | | | | | |
| 退保金 | Insurance withdrawed | 24 | 19 | 1231 | 1231 | | |
| 在售产品数量（个） | Amount of Products under Selling (unit) | 12 | 54 | 543 | 369 | 174 | 327 |

# 19-7 贵州上市公司股票发行情况(A股)(2013)

# Summary List of Stocks Publicly Issued by Guizhou Enterprises(A Shares)

单位：亿股 ( 100 million shares )

| 上市公司名称 | Listed Companies | 上市时间 Listed Time | 板块类别 Setor of Listed Companies | 总股本 Total Capital Stock | 流通股 Gover-nment Share | 募集资金总额(亿元) Total Amount Issued (100 million yuan) |
|---|---|---|---|---|---|---|
| 中天城投 | CENTURY ZHONGTIAN INVESTMENT JIONT STOCK CO.,LTD. | 1994.02.02 | 主板 | 12.88 | 12.78 | 4.52 |
| 黔轮胎 | GUI ZHOU TYRE CO., LTD. | 1996.03.08 | 主板 | 4.89 | 4.88 | 10.06 |
| 中航重机 | GUIZHOU LIYUAN HYDRAULIC COMPONENTS CO.,LTD. | 1996.11.06 | 主板 | 7.78 | 7.78 | 24.44 |
| 振华科技 | CHINA ZHENHUA(GROUP) SCIENCE & TECHNOLOGY CO.,LTD. | 1997.07.03 | 主板 | 3.58 | 3.58 | 15.44 |
| 成控股份 | CONTROLLED COMPANY CO.,LTD. | 1997.11.27 | 主板 | 5.09 | 5.09 | 6.98 |
| 高鸿股份 | GOHIGH DATA NETWORKS TECHNOLOGY CO.,LTD. | 1998.06.09 | 主板 | 5.16 | 4.84 | 20.11 |
| 南方汇通 | SOUTH HUITON CO.,LTD. | 1999.06.06 | 主板 | 4.22 | 4.22 | 6.19 |
| 渝能源 | CHONGQING ENERGY CO.,LTD. | 1999.09.23 | 主板 | 3.78 | 3.78 | 1.80 |
| 赤天化 | GUIZHOU CHITIANHUA CORP. | 2000.02.21 | 主板 | 9.50 | 9.50 | 21.54 |
| 红星发展 | GUIZHOU REDSTAR DEVELOPING CO.,LTD. | 2001.03.20 | 主板 | 2.91 | 2.91 | 3.80 |
| 盘江股份 | GUIZHOU PANJIANG REFINED COAL CO.,LTD. | 2001.05.31 | 主板 | 16.55 | 16.55 | 76.87 |
| 贵州茅台 | KWEICHOW MOUTAI CO.,LTD. | 2001.08.27 | 主板 | 10.38 | 10.38 | 22.44 |
| 贵航股份 | GUIZHOU GUIHANG AUTOMOTIVE COMPONENTS CO.,LTD. | 2001.12.27 | 主板 | 2.89 | 2.88 | 10.97 |
| 益佰制药 | GUIZHOU YIBAI PHAMACY CO.,LTD. | 2004.03.23 | 主板 | 3.61 | 3.56 | 2.88 |
| 贵绳股份 | GUIZHOU GUISHENG CO.,LTD. | 2004.05.14 | 主板 | 2.45 | 1.64 | 9.78 |
| 航天电器 | GUIZHOU SPACEFLIGHT DIANQI CO.,LTD | 2004.07.26 | 中小板 | 3.30 | 3.29 | 6.13 |
| 久联发展 | GUIZHOU JIULIAN DEVELOPMENT CO.,LTD. | 2004.09.08 | 中小板 | 3.27 | 3.27 | 8.92 |
| 黔源电力 | GUIZHOU QIANYUAN ELECTRIC POWER CO.,LTD. | 2005.03.03 | 中小板 | 2.04 | 1.70 | 13.79 |
| 信邦制药 | GUIZHOU XINBANG PHARMACEUTICAL CO.,LTD. | 2010.04.16 | 中小板 | 1.74 | 1.13 | 7.16 |
| 贵州百灵 | GUIZHOU BAILING GROUP PHARMACEUTICAL CO.,LTD. | 2010.06.03 | 中小板 | 4.70 | 2.06 | 14.80 |
| 朗玛信息 | LONGMASTRR INFORATION & TECHNOLOGY CO., LTD. | 2012.02.16 | 创业版 | 1.07 | 0.27 | 3.01 |

注：1.资料来源于中国证监会贵州监管局。2.ST国创于2011年3月9日迁入贵州，2013年更名为渝能源。3.募集资金总额包括首发、增发、配股、可转债等募集的资金。

Note:1.Data in the table are provided by the Guizhou Securities Regulatory Bureau of the CSRC. 2.ST GUIZHOU GUOCHUANG ENERGY HOLDING(GROUP)CO.,LTD. Removed to Guizhou on March9,2011Renamed as CHONGQING ENERGY CO., LTD in 2013. 3.Total Raised Capitals, including money raised by the first, issuing, convert-ible bonds of listed companies.The total amount of funds raised of Guizhou Panjiang Refined coalco.,LTD.indude infusion of funds.

# 主要统计指标解释

**信贷资金** 指金融机构以信用方式积聚和分配的货币资金。金融机构信贷资金的来源有各项存款、对国际金融机构负债、流通中货币、银行自有资金及当年结益等；信贷资金的运用有各项贷款、黄金占款、外汇占款、财政借款及在国际金融机构中的资产等。

**存款** 指企业、机关、团体或居民根据资金必须收回的原则，把货币资金存入银行或其他信用机构保管并取得一定利息的一种信用活动形式。根据存款对象的不同可划分为企业存款、财政存款、机关团体存款、基本建设存款、城镇储蓄存款、农村存款等科目。它是银行信贷资金的主要来源。

**贷款** 指银行或其他信用机构根据资金必须归还的原则，按一定利率，为企业、个人等提供资金的一种信用活动形式。我国银行贷款分为流动资金贷款、固定资产贷款、城乡个体工商户贷款以及农业贷款等科目。

**保险金额** 指保险人承担赔偿或者给付保险金责任的最高限额。

**保费** 指投保人为取得保险保障，按保险合同约定向保险人支付的费用。

**赔款** 指保险人对保险事故造成的损失，根据合同约定向被保险人或受益人给予的经济补偿。

**给付** 人身保险合同中，保险人向被保险人或受益人给付保险金的行为。

**股票市值** 指统计期末根据上市公司股票价格和对应股票数量计算的股权价值合计。

**上市公司市值** 指统计期末根据上市公司股票价格和对应股本计算的股权价值合计。

**股票成交量** 在统计期内全部股票成交数量合计。

**股票成交金额** 指在统计期内全部股票成交金额合计。

# Explanatory Notes on Main Statistical Indicators

**Credit Funds** refer to the monetary funds accumulated and distributed in the means of credit by the financial institutions. The sources of credit funds of the banking institutions included deposits, liabilities to international financial institutions, currency in circulation, self-owned funds and current retained profits, etc. The credit funds can be used in forms of loans, gold, foreign exchange, government debt and assets in the international financial institutions.

**Deposit** is a form of credit by which enterprises, institutions, organizations or households can put money into banks and other credit institutions for safekeeping and interest earning under the principle of free withdrawal. According to different depositors, deposits are divided into enterprise deposits, treasury deposits, deposits of government agencies and organizations, capital construction deposits, urban savings deposits, rural deposits and other deposits. Deposits are major sources of the credit funds of banks.

**Loan** is a form of credit by which banks and other credit institutions provide funds at certain interest rate to enterprises and individuals in the light of the principle of unconditional repayment. Loans from Chinese banks include circulating capital loans, fixed assets loans, loans to urban and rural individuals engaged in industrial and commercial business and agricultural loans.

**Amount of Insured** refers to the maximum that the insurant will get for the claim of the case insured.

**Premium** is the fee paid by the insurant to the insurer to obtain the obligation of compensation from the insurance within the agreed terms.

**Settled Claim** is the economic compensation that for the insurance losses caused by the accident and according to the contract, the insurer paid to the insured or the beneficiary.

**Payment** is the Insurance payments behavior that the insurer paid for the insured or the beneficiary in the life insurance contract.

**Stock market value** refers to the total equity value that calculated by listed companies stock price and number of shares at the end of statistical period.

**Market capitalization of listed companies** refers to total equity value that based on stock prices of listed companies and the corresponding value of the total equity capital calculations at the end of statistical period.

**Trading Volume** refers to trade volume of shares during the statistical period.

**Total Turnover** refers to all of stock turnover during the statistical period.

20

Twenty

# 教育和科技

## Education, Science and Technology

# 20-1 各级各类学校数

## Number of Schools by Level and Type

单位：所 (unit)

| 指 标 | Item | 2008 | 2009 | 2010 | 2011 | 2012 | 2013 |
|---|---|---|---|---|---|---|---|
| 研究生培养机构 | Institutions Providing Postgraduate Programs | 8 | 8 | 8 | 8 | 9 | 9 |
| 普通高等学校 | Regular Institutions of Higher Education | 37 | 47 | 47 | 48 | 49 | 52 |
| #成人高等学校 | Institutions of Higher Education for Adult | 5 | 4 | 4 | 4 | 4 | 4 |
| 中等职业教育 | Vocational Secondary Education | 259 | 255 | 249 | 227 | 229 | 218 |
| 调整后中等职业教育 | Adjusted Vocational Secondary Schools | 36 | 36 | 35 | 32 | 34 | |
| 普通中等专业教育 | Regular Specialized Secondary Schools | 61 | 61 | 63 | 54 | 54 | 58 |
| 职业高中 | Vocational Senior Secondary Schools | 141 | 136 | 130 | 126 | 125 | 146 |
| #成人中等专业学校 | Adult Specialized Secondary Schools | 21 | 22 | 21 | 15 | 16 | 14 |
| 普通中学 | Regular Secondary Schools | 2626 | 2614 | 2592 | 2641 | 2661 | 2664 |
| 高 中 | Senior Secondary Schools | 456 | 451 | 444 | 447 | 446 | 448 |
| 初 中 | Junior Secondary Schools | 1681 | 1652 | 1639 | 1635 | 1621 | 1609 |
| 九年一贯制学校 | From Grade 1 to 9 | 535 | 541 | 531 | 559 | 594 | 607 |
| 小 学 | Primary Schools | 13107 | 12862 | 12422 | 12008 | 11529 | 10632 |
| 幼儿园 | Kindergartens | 1960 | 2063 | 2196 | 2677 | 3159 | 4016 |
| 特殊教育 | Special Education | 49 | 49 | 53 | 52 | 56 | 60 |
| 工读学校 | Schools for Juvenile Delinquents | 4 | 4 | 4 | 4 | 5 | 6 |
| 成人中学 | Adult Secondary Schools | 45 | 22 | 33 | 13 | 51 | 23 |
| 成人技术培训学校 | Adult Technical Training Schools | 12999 | 11852 | 7711 | 8202 | 7863 | 6994 |
| 成人小学 | Adult Primary Schools | 9433 | 9377 | 5405 | 5059 | 4935 | 4169 |

注：资料来源于省教育厅(以下相关表同)。
Note:Data in the table are Provided by the Provinvial Department of Education(The relative tables in the chapter are the same).

# 20−2 各级各类学校专任教师数

# Number of Full-time Teachers by Level and Type of School

单位：人 (person)

| 指 标 | Item | 2008 | 2009 | 2010 | 2011 | 2012 | 2013 |
|---|---|---|---|---|---|---|---|
| **专任教师** | **Number of Full-time Teachers** | | | | | | |
| 培养研究生的单位 | Institutions Providing Postgraduate Programs | 2236 | 2398 | 2760 | 2971 | 3133 | 3409 |
| 普通高等学校 | Regular Institutions of Higher Education | 18037 | 19634 | 20351 | 21855 | 22803 | 25351 |
| #成人高等学校 | Institutions of Higher Education for Adult | 555 | 282 | 296 | 314 | 361 | 368 |
| 中等职业教育 | Vocational Secondary Education | 10237 | 10889 | 11291 | 11635 | 12585 | 14326 |
| 调整后中等职业教育 | Adjusted Vocational Secondary Schools | 863 | 1015 | 1211 | 1339 | 1712 | |
| 普通中等专业教育 | Regular Specialized Secondary Schools | 3647 | 3708 | 3857 | 3677 | 3841 | 4816 |
| 职业高中 | Vocational Senior Secondary Schools | 4396 | 4698 | 4883 | 5354 | 5784 | 8209 |
| #成人中等专业学校 | Adult Specialized Secondary Schools | 1148 | 1201 | 1190 | 1233 | 1216 | 1265 |
| 其它机构 | Other Institutions | 183 | 267 | 150 | 32 | 32 | 36 |
| 普通中学 | Regular Secondary Schools | 136271 | 140041 | 143128 | 147396 | 156325 | 162309 |
| 高 中 | Senior Secondary Schools | 30284 | 31413 | 33072 | 36223 | 41572 | 46964 |
| 初 中 | Junior Secondary Schools | 105987 | 108628 | 110056 | 111173 | 114753 | 115345 |
| 小 学 | Primary Schools | 200024 | 199189 | 197913 | 197094 | 197983 | 192953 |
| 幼儿园 | Kindergartens | 12095 | 13105 | 14623 | 18120 | 23846 | 34188 |
| 特殊教育 | Special Education | 695 | 740 | 796 | 901 | 996 | 1093 |
| 工读学校 | Schools for Juvenile Delinquents | 73 | 75 | 76 | 65 | 82 | 88 |
| 成人中学 | Adult Secondary Schools | 125 | 30 | 169 | 33 | 35 | 21 |
| 成人技术培训学校 | Adult Technical Training Schools | 6277 | 5201 | 3983 | 5515 | 5339 | 5920 |
| 成人小学 | Adult Primary Schools | 6324 | 5781 | 4463 | 3403 | 3155 | 2789 |

# 20-3 各级各类学校招生数

## Number of New Students Enrollment by Level and Type of School

单位：人 (person)

| 指 标 | Item | 2008 | 2009 | 2010 | 2011 | 2012 | 2013 |
|---|---|---|---|---|---|---|---|
| 研究生 | Institutions Providing Postgraduate Programs | 3327 | 3908 | 4246 | 4417 | 4769 | 4937 |
| 普通高等教育 | Regular Institutions of Higher Education | 94530 | 99026 | 101548 | 107841 | 127963 | 131245 |
| 成人高等教育 | Adult Higher Education | 32254 | 26966 | 26580 | 26054 | 32661 | 38368 |
| #成人高等学校 | Institutions of Higher Education for Adult | 8483 | 2431 | 2345 | 3041 | 4004 | 5290 |
| 中等职业教育 | Vocational Secondary Education | 161156 | 162831 | 155527 | 148242 | 150784 | 247135 |
| 调整后中等职业教育 | Adjusted Vocational Secondary Schools | 10000 | 14556 | 13675 | 16283 | 20395 | |
| 普通中等专业教育 | Regular Specialized Secondary Schools | 66640 | 65367 | 62260 | 61181 | 58945 | 91983 |
| 职业高中 | Vocational Senior Secondary Schools | 75470 | 72514 | 62199 | 64443 | 68119 | 111222 |
| 成人中等专业教育 | Adult Specialized Secondary Education | 9046 | 10394 | 17393 | 4042 | 3325 | 43930 |
| #成人中等专业学校 | Adult Specialized Secondary Schools | 7757 | 8302 | 14584 | 1788 | 986 | 517 |
| 普通中学 | Regular Secondary Schools | 965592 | 985399 | 1008606 | 1022950 | 1050119 | 1046445 |
| 高 中 | Senior Secondary Schools | 212253 | 219062 | 240208 | 277290 | 318188 | 330212 |
| 初 中 | Junior Secondary Schools | 753339 | 766337 | 768398 | 745660 | 731931 | 716233 |
| 小 学 | Primary Schools | 722009 | 698976 | 656919 | 626379 | 591024 | 510554 |
| 幼儿园 | Kindergartens | 623254 | 623660 | 627154 | 632789 | 668389 | 694176 |
| 特殊教育 | Special Education | 2265 | 2616 | 2755 | 2858 | 2904 | 2684 |
| 工读学校 | Schools for Juvenile Delinquents | 571 | 253 | 432 | 660 | 609 | 538 |

注：2013年实施教育“9+3”计划，加大成人中等专业教育力度（以下相关表同）。

Note: In 2013, implementation of education " 9 +3" program has increased adult secondary professional education efforts.( The relative tables in the chapter are the same)

# 20-4 各级各类学校在校生数

## Number of Students Enrollment by Level and Type of School

单位：人 (person)

| 指　标 | Item | 2008 | 2009 | 2010 | 2011 | 2012 | 2013 |
|---|---|---|---|---|---|---|---|
| **在校生数** | **Students Enrollment** | | | | | | |
| 研究生 | Institutions Providing Postgraduate Programs | 9083 | 10169 | 11406 | 12436 | 13344 | 14057 |
| 普通高等教育 | Regular Institutions of Higher Education | 267526 | 299072 | 323293 | 344100 | 383815 | 419040 |
| 成人高等教育 | Adult Higher Education | 87963 | 86209 | 86630 | 79615 | 85575 | 101698 |
| #成人高等学校 | Institutions of Higher Education for Adult | 17617 | 5612 | 5827 | 6064 | 6488 | 11457 |
| 中等职业教育 | Vocational Secondary Education | 356725 | 386865 | 375740 | 379908 | 383367 | 475512 |
| 调整后中等职业教育 | Adjusted Vocational Secondary Schools | 23873 | 29514 | 32084 | 39497 | 47532 | |
| 普通中等专业教育 | Regular Specialized Secondary Schools | 171559 | 177178 | 169033 | 170659 | 165583 | 204053 |
| 职业高中 | Vocational Senior Secondary Schools | 144393 | 159943 | 145853 | 151786 | 158059 | 220885 |
| 成人中等专业教育 | Adult Specialized Secondary Education | 16900 | 20230 | 28770 | 17966 | 12193 | 50574 |
| #成人中等专业学校 | Adult Specialized Secondary Schools | 14752 | 18028 | 24855 | 14057 | 8008 | 2290 |
| 普通中学 | Regular Secondary Schools | 2632569 | 2706379 | 2767503 | 2827096 | 2873822 | 2960110 |
| 高　中 | Senior Secondary Schools | 562138 | 581604 | 620221 | 689042 | 772972 | 857077 |
| 初　中 | Junior Secondary Schools | 2070431 | 2124775 | 2147282 | 2138054 | 2100850 | 2103033 |
| 小　学 | Primary Schools | 4697910 | 4568716 | 4334971 | 4087382 | 3800803 | 3555333 |
| 幼儿园 | Kindergartens | 737988 | 747351 | 769144 | 877824 | 982511 | 1077687 |
| 特殊教育 | Special Education | 15186 | 16507 | 16231 | 14474 | 13657 | 12721 |
| 工读学校 | Schools for Juvenile Delinquents | 727 | 271 | 233 | 400 | 549 | 623 |
| 成人中学 | Adult Secondary Schools | 4779 | 5637 | 16869 | 1203 | 7500 | 768 |
| 成人技术培训学校 | Adult Technical Training Schools | 2750734 | 2627205 | 2058138 | 2180591 | 2014520 | 1755865 |
| 成人小学 | Adult Primary Schools | 303429 | 302286 | 239936 | 128006 | 135401 | 110207 |

# 20-5 各级各类学校毕业生数

## Number of Graduates by Level and Type of School

单位：人 (person)

| 指 标 | Item | 2008 | 2009 | 2010 | 2011 | 2012 | 2013 |
|---|---|---|---|---|---|---|---|
| **毕业生数** | **Graduates** | | | | | | |
| 研究生 | Institutions Providing Postgraduate Programs | 2458 | 2706 | 2910 | 3335 | 3820 | 4093 |
| 普通高等教育 | Regular Institutions of Higher Education | 66050 | 64212 | 74777 | 83016 | 85285 | 92395 |
| 成人高等教育 | Adult Higher Education | 28919 | 28147 | 24365 | 29953 | 23343 | 22657 |
| #成人高等学校 | Institutions of Higher Education for Adult | 7199 | 1547 | 2015 | 2166 | 1742 | 2217 |
| 中等职业教育 | Vocational Secondary Education | 75594 | 82599 | 100997 | 90966 | 100340 | 100281 |
| 调整后中等职业教育 | Adjusted Vocational Secondary Schools | 6012 | 3548 | 7101 | 6933 | 10647 | |
| 普通中等专业教育 | Regular Specialized Secondary Schools | 42624 | 45361 | 50118 | 46622 | 47080 | 50400 |
| 职业高中 | Vocational Senior Secondary Schools | 24230 | 30096 | 39099 | 35230 | 39931 | 44881 |
| 成人中等专业教育 | Adult Specialized Secondary Education | 2728 | 3594 | 4679 | 2181 | 2682 | 5000 |
| #成人中等专业学校 | Adult Specialized Secondary Schools | 2560 | 3077 | 4643 | 1913 | 1560 | 749 |
| 普通中学 | Regular Secondary Schools | 796107 | 785342 | 811669 | 830799 | 859136 | 868894 |
| 高 中 | Senior Secondary Schools | 161279 | 165392 | 171704 | 180203 | 195861 | 210409 |
| 初 中 | Junior Secondary Schools | 634828 | 619950 | 639965 | 650596 | 663275 | 658485 |
| 小 学 | Primary Schools | 763062 | 784574 | 798173 | 773003 | 760174 | 723478 |
| 幼儿园 | Kindergartens | 349472 | 334120 | 328152 | 365936 | 477201 | 491678 |
| 特殊教育 | Special Education | 1116 | 1799 | 1350 | 1244 | 1389 | 1378 |
| 工读学校 | Schools for Juvenile Delinquents | 544 | 930 | 393 | 652 | 268 | 588 |
| 成人中学 | Adult Secondary Schools | 3541 | 4453 | 7701 | 3243 | 10005 | 3313 |
| 成人技术培训学校 | Adult Technical Training Schools | 2643529 | 2517318 | 2065482 | 2195836 | 1984866 | 1740821 |
| 成人小学 | Adult Primary Schools | 236418 | 243022 | 214867 | 129893 | 125809 | 99934 |

# 20-6 教师职称

# Technical Rank of Teachers

单位：人 (person)

| 类　别 | Item | 2008 | 2009 | 2010 | 2011 | 2012 | 2013 |
|---|---|---|---|---|---|---|---|
| **高等学校教师数** | **Regular Institutions of Higher Education** | **18592** | **19916** | **20647** | **22169** | **23164** | **25719** |
| 正高级 | Senior | 1467 | 1615 | 1801 | 2038 | 2166 | 2515 |
| 副高级 | Sub-senior | 5410 | 5673 | 5913 | 6544 | 7129 | 8103 |
| 中　级 | Middle | 7226 | 7757 | 8403 | 8863 | 8726 | 9000 |
| 初　级 | Junior | 3326 | 3302 | 3288 | 3383 | 3387 | 3663 |
| 无职称 | No Rank | 1163 | 1569 | 1242 | 1341 | 1756 | 2438 |
| **中等职业学校教师数** | **Vocational Secondary Schools** | **10237** | **10889** | **11291** | **11635** | **12585** | **14326** |
| 正高级 | Senior | 69 | 70 | 60 | 68 | 89 | 22 |
| 副高级 | Sub-senior | 1771 | 1954 | 2065 | 2101 | 2302 | 2405 |
| 中　级 | Middle | 4106 | 4375 | 4583 | 4605 | 4708 | 4775 |
| 初　级 | Junior | 3366 | 3547 | 3457 | 3492 | 3698 | 4099 |
| 无职称 | No Rank | 925 | 943 | 1126 | 1369 | 1788 | 3025 |
| **普通中学教师数** | **Regular Secondary Schools** | **136271** | **140041** | **143128** | **147396** | **156325** | **162309** |
| 中学高级 | Senior-rank of Secondary Teacher | 12550 | 13583 | 14826 | 16522 | 18031 | 19840 |
| 中学一级 | First-rank of Secondary Teacher | 38798 | 40934 | 43485 | 46402 | 49150 | 52650 |
| 中学二级 | Second-rank of Secondary Teacher | 60338 | 63137 | 64423 | 63548 | 63585 | 62142 |
| 中学三级 | Third-rank of Secondary Teacher | 13916 | 10393 | 8570 | 6640 | 5030 | 4084 |
| 未评职称 | No Rank of Secondary Teacher | 10669 | 11994 | 11824 | 14284 | 20529 | 23593 |
| **小学教师数** | **Regular Primary Schools** | **200024** | **199189** | **197913** | **197094** | **197983** | **192953** |
| 中学高级 | Senior-rank of Secondary Teacher | 120 | 173 | 205 | 763 | 326 | 555 |
| 小学高级 | Senior-rank of Primary Teacher | 66357 | 71854 | 77589 | 82258 | 81489 | 83842 |
| 小学一级 | First-rank of Primary Teacher | 89232 | 86256 | 80881 | 76802 | 75320 | 69341 |
| 小学二级 | Second-rank of Primary Teacher | 24348 | 22228 | 21409 | 18572 | 15801 | 14883 |
| 小学三级 | Third-rank of Primary Teacher | 2943 | 1996 | 1141 | 971 | 840 | 1219 |
| 未评职称 | No rank of Primary Teacher | 17024 | 16682 | 16688 | 17728 | 24207 | 23113 |

# 20-7 各级各类学校女学生和女教师数

## Female Students and Teachers by Level and Type of School

单位：人 (person)

| 指　标 | Item | 2008 | 2009 | 2010 | 2011 | 2012 | 2013 |
|---|---|---|---|---|---|---|---|
| **在校女生数** | **Number of Female Students Entrollment** | | | | | | |
| 普通高等教育 | Regular Institutions of Higher Education | 130225 | 151165 | 163824 | 178663 | 201277 | 223391 |
| 成人高等教育 | Adult Higher Education | 40792 | 40018 | 39923 | 40274 | 43189 | 56646 |
| 中等职业教育 | Vocational Secondary Education | 174100 | 186657 | 184525 | 193289 | 199383 | 252847 |
| 普通中学 | Regular Secondary Schools | 1225232 | 1275654 | 1316239 | 1356343 | 1387546 | 1430914 |
| #高　中 | Senior Secondary Schools | 250847 | 267571 | 290983 | 330129 | 377426 | 425058 |
| 初　中 | Junior Secondary Schools | 974385 | 1008083 | 1025256 | 1026214 | 1010120 | 1005856 |
| 小　学 | Primary Schools | 2232813 | 2160956 | 2038362 | 1913008 | 1775234 | 1654132 |
| **女教师数** | **Number of Female Teachers** | | | | | | |
| 普通高等学校 | Regular Institutions of Higher Education | 8428 | 9261 | 9712 | 10690 | 11131 | 12591 |
| 成人高等学校 | Adult Higher Education | 280 | 153 | 157 | 167 | 191 | 196 |
| 中等职业学校 | Vocational Secondary Education | 4254 | 4527 | 4746 | 5053 | 5534 | 6360 |
| 普通中学 | Regular Secondary Schools | 47643 | 49819 | 52088 | 55196 | 60701 | 64728 |
| #高　中 | Senior Secondary Schools | 11282 | 11805 | 12618 | 14186 | 16829 | 19864 |
| 初　中 | Junior Secondary Schools | 36361 | 38014 | 39470 | 41010 | 43872 | 44864 |
| 小　学 | Primary Schools | 86520 | 88954 | 90208 | 91253 | 94049 | 92794 |

## 20-8 各级各类学校师生比

## Student-Teacher Ratio by Level and Type of School

单位：学生/教师 (Student/Teacher)

| 类　别 | Item | 2008 | 2009 | 2010 | 2011 | 2012 | 2013 |
|---|---|---|---|---|---|---|---|
| 普通高等学校 | Regular Institutions Of Higher Education | 14.83 | 15.23 | 15.89 | 15.74 | 16.83 | 16.53 |
| 普通高中 | Regular Senior Secondary School | 18.56 | 18.51 | 18.75 | 19.02 | 18.59 | 18.25 |
| 初中 | Regular Junior Secondary School | 19.53 | 19.56 | 19.51 | 19.23 | 18.31 | 18.23 |
| 小　学 | Primary School | 23.49 | 22.94 | 21.90 | 20.74 | 19.20 | 18.43 |

## 20-9 各级各类学校学生入学率

## Enrollment Rate by Level and Type of School

单位：% (%)

| 指　标 | Item | 2008 | 2009 | 2010 | 2011 | 2012 | 2013 |
|---|---|---|---|---|---|---|---|
| 小学学龄儿童入学率 | Enrollment Rate of Primary Schools | 97.2 | 98.4 | 97.9 | 98.6 | 99.3 | 99.3 |
| 小学毕业生升学率 | Percentage of Graduates of Primary Schools Entering into Junior Secondary Schools | 98.7 | 97.7 | 96.3 | 96.5 | 96.3 | 99.0 |
| 初中阶段毛入学率 | Rate of Primary School Graduates Entering into Junior Secondary Schools | 95.9 | 98.2 | 97.6 | 94.2 | 97.4 | 101.1 |
| 高中阶段毛入学率 | Rate of Junior Secondary School Graduates Entering into Senior Secondary Schools | 47.9 | 53.4 | 55.0 | 58.9 | 62.2 | 68.0 |
| 高等教育毛入学率 | Rate of Senior Secondary School Graduates Entering into Institution of Higher Learning | 11.8 | 18.4 | 20.0 | 23.2 | 25.5 | 27.4 |

# 20−10 普通高等学校(2013)

## Regular Institutions of Higher Education

单位：人 (person)

| 类 别 | Sort | 学校数(所) Number of Schools (unit) | 毕业生数 Graduates with Degrees or Diplomas | 招生数 New Enrollment | 在校学生人数 Enro-llment | 教职员工 Teachers, Staff & Workers | #专任教师 Full-time Teachers | #正、副教授 Senior and Sub-senior Professors |
|---|---|---|---|---|---|---|---|---|
| **普通高等院校** | **Total** | **52** | **92395** | **131245** | **419040** | **35102** | **25351** | **10507** |
| 综合大学 | Comprehensive Universities | 19 | 31758 | 44594 | 141447 | 12594 | 8942 | 3478 |
| 理工院校 | Science & Engineering | 7 | 9957 | 15675 | 42326 | 2798 | 2193 | 492 |
| 医药院校 | Medicine & Pharmacy | 9 | 12798 | 20751 | 64683 | 5891 | 4202 | 2051 |
| 师范院校 | Teacher Training | 11 | 23640 | 31166 | 106403 | 9059 | 6600 | 2818 |
| 财经院校 | Finance & Economics | 3 | 7182 | 11193 | 37876 | 2465 | 1860 | 838 |
| 政法院校 | Politics and Law | 1 | 1351 | 1104 | 5067 | 439 | 292 | 134 |
| 民族院校 | Ethnic Minortities | 2 | 5709 | 6762 | 21238 | 1856 | 1262 | 696 |
| **高等职业技术学院** | **Vocational and Technical Colleges** | **21** | **27262** | **40289** | **114979** | **8843** | **6616** | **1689** |

# 20−11 普通高等学校分科专任教师数(2013)

## Number of Full-time Teachers in Institutions of Higher Education by Field of Study

单位：人 (person)

| 类 别 | Sort | 专任教师数 Full-time Teachers | 正高级 Senior | 副高级 Subsenior | 中 级 Middle | 初 级 Junior | 无职称 No Rank |
|---|---|---|---|---|---|---|---|
| **总 计** | **Total** | **25351** | **2499** | **8008** | **8867** | **3549** | **2428** |
| 哲 学 | Philosophy | 1047 | 100 | 376 | 378 | 105 | 88 |
| 经济学 | Economics | 1360 | 129 | 403 | 487 | 192 | 149 |
| 法 学 | Law | 1346 | 139 | 478 | 474 | 148 | 107 |
| 教育学 | Education | 2282 | 182 | 711 | 819 | 324 | 246 |
| 文 学 | Literature | 3719 | 320 | 1224 | 1377 | 426 | 372 |
| 历史学 | History | 615 | 80 | 248 | 195 | 49 | 43 |
| 理 学 | Science | 3480 | 344 | 1156 | 1185 | 412 | 383 |
| 工 学 | Engineering | 4256 | 346 | 1200 | 1558 | 761 | 391 |
| 农 学 | Agriculture | 796 | 141 | 324 | 245 | 43 | 43 |
| 医 学 | Medicine | 3549 | 522 | 1171 | 1064 | 552 | 240 |
| 管理学 | Management | 1709 | 145 | 439 | 582 | 308 | 235 |
| 艺术学 | Art | 1192 | 51 | 278 | 503 | 229 | 131 |

# 20-12 研究生数

## Number of Postgraduates

单位：人 (person)

| 指 标 | Item | 2008 | 2009 | 2010 | 2011 | 2012 | 2013 |
|---|---|---|---|---|---|---|---|
| 招研究生数 | Number of New Postgraduates Enrollment | 3327 | 3908 | 4246 | 4417 | 4769 | 4937 |
| #女 性 | Female | 1544 | 1885 | 2206 | 2248 | 2362 | 2648 |
| 在校研究生数 | Number of Postgraduates Enrollment | 9083 | 10169 | 11406 | 12436 | 13344 | 14057 |
| #女 性 | Female | 4103 | 4726 | 5622 | 6211 | 6673 | 7390 |
| 毕业研究生数 | Number of Postgraduates Graduate | 2458 | 2706 | 2910 | 3335 | 3820 | 4093 |
| #女 性 | Female | 1090 | 1153 | 1269 | 1570 | 1837 | 2085 |

# 20-13 技工学校

## Technical Schools

单位：人 (person)

| 指 标 | Item | 2012 | 2013 | 2013年比2012年增 长(%) Increase Rate in 2013 over 2012(%) |
|---|---|---|---|---|
| 学校数（所） | Number of Schools (unit) | 33 | 34 | 3.0 |
| 招生数 | Number of Enrollment | 16647 | 21912 | 31.6 |
| 在校学生数 | Number of Students | 38001 | 40985 | 7.9 |
| 毕业生数 | Number of Graduates | 8240 | 6721 | -18.4 |
| 教职工数 | Teachers and Staff | 2977 | 3867 | 29.9 |
| 专任教师数 | Full-time Teachers | 2523 | 3455 | 36.9 |
| 文化技术理论课教师 | Classroom Teachers | 1255 | 2040 | 62.5 |
| 生产实习课指导教师 | Practical Training Teachers | 711 | 758 | 6.6 |
| 理论实习一体化教师 | Classroom cum Practical Training Teachers | 557 | 657 | 18.0 |

注：资料来源于省人力资源社会保障厅。

Note: Date in the table are obtained from Provincial Department of Human Resources and Social Security.

# 20-14 中等职业学校(机构)数 (2013)
## Number of Secondary Vocational Schools

单位：个 (unit)

| 项目 | Item | 总计 Total | 地方部门 Local Depart-ments | 教育部门 Depart-ments of Education | 非教育部门 Departments of Non-Education | 民办 Private |
|---|---|---|---|---|---|---|
| **中等职业学校** | **Secondary Vocational Schools** | **218** | **154** | **111** | **43** | **64** |
| 普通中等专业学校 | Regular Specialized Secondary Schools | 58 | 56 | 26 | 30 | 2 |
| 成人中等专业学校 | Adult Specialized Secondary Schools | 14 | 13 | 4 | 9 | 1 |
| 职业高中学校 | Vocational Junior Secondary Schools | 146 | 85 | 81 | 4 | 61 |

# 20-15 中等职业学校(2013)
## Vocational Secondary Education

单位：人 (person)

| 类别 | Item | 学校数(所) Schools (unit) | 毕业生数 Grad-uates | 招生数 New Students Enrollment | 在校学生数 Students Enrolment | 教职员工 Teachers, Staff & Workers | #专任教师 Full-time Teachers |
|---|---|---|---|---|---|---|---|
| 中等职业学校 | Secondary Vocational Schools | 218 | 100281 | 247135 | 475512 | 18130 | 14290 |
| 普通中等专业学校 | Regular Specialized Secondary Schools | 58 | 50400 | 91983 | 204053 | 6506 | 4816 |
| 成人中等专业学校 | Adult Specialized Secondary Educaiton | 14 | 5000 | 43930 | 50574 | 1712 | 1265 |
| 职业高中 | Vocational Senior Secondary Schools | 146 | 44881 | 111222 | 220885 | 9912 | 8209 |

# 20−16 中等职业学校（机构)学生分科类情况（2013）

# Students in Secondary Vocational Schools by Field of Study

单位：人 (person)

| 项目 | Item | 招生数 New Enrollment | #应届毕业生 Graduates of Current Year | #初中毕业生 Junior Secondary School Graduates | 在校学生数 Total Enrollment | 毕业生数 Graduates | #获得职业资格证书 With Certificate On Professional Competence |
|---|---|---|---|---|---|---|---|
| **总计** | **Total** | **247135** | **191503** | **190409** | **475512** | **100281** | **87800** |
| 农林牧渔类 | Agriculture,Forestry,Animal Husbandry and Fishery | 21866 | 9788 | 9787 | 42171 | 9489 | 8004 |
| 资源环境类 | Resources and Environment | 4443 | 4185 | 4150 | 10717 | 1749 | 1743 |
| 能源与新能源类 | Energy and New Energy | 816 | 599 | 507 | 2112 | 626 | 560 |
| 土木水利类 | Civil and Hydraulic Engineering | 14737 | 10594 | 10388 | 27932 | 6445 | 4623 |
| 加工制造类 | Manufacturing | 25245 | 19716 | 19716 | 47672 | 13289 | 12487 |
| 石油化工类 | Petroleum and Chemical | 828 | 651 | 651 | 1767 | 212 | 200 |
| 轻纺食品类 | Textile and Foods | 4855 | 3605 | 3605 | 7673 | 1320 | 1156 |
| 交通运输类 | Communication & Transportation | 21794 | 18717 | 18717 | 38264 | 5913 | 5522 |
| 信息技术类 | Information Technologies | 42756 | 31350 | 30853 | 80482 | 20240 | 18467 |
| 医药卫生类 | Medicine and Health | 30958 | 27647 | 27647 | 59980 | 16159 | 12474 |
| 休闲保健类 | Leisure and Health-care | 1797 | 1346 | 1346 | 2326 | 394 | 351 |
| 财经商贸类 | Finance and Trade | 11760 | 9322 | 9309 | 25061 | 6010 | 4949 |
| 旅游服务类 | Tourism and services | 20488 | 14636 | 14462 | 32319 | 4320 | 3963 |
| 文化艺术类 | Culture and Art | 7041 | 4764 | 4746 | 11693 | 2147 | 1937 |
| 体育与健身 | Physical Education | 438 | 438 | 438 | 1192 | 438 | 438 |
| 教育类 | Education | 32514 | 30438 | 30417 | 74348 | 9055 | 8645 |
| 司法服务类 | Justice Service | 680 | 627 | 611 | 1683 | 548 | 515 |
| 公共管理与服务类 | Public Management and Service | 1931 | 1415 | 1415 | 3457 | 721 | 613 |
| 其他 | Other | 2188 | 1665 | 1644 | 4663 | 1206 | 1153 |

# 20−17 民族教育

# Minority Nationality Education

| 类　别 | Item | 2008 | 2009 | 2010 | 2011 | 2012 | 2013 |
|---|---|---|---|---|---|---|---|
| **学校数(所)** | **Number of Schools(unit)** | | | | | | |
| 普通高校 | Regular Institutions of Higher Education | 1 | 2 | 2 | 2 | 2 | 2 |
| 普通中学 | Regular Secondary Schools | 117 | 119 | 121 | 194 | 205 | 211 |
| 小　学 | Primary Schools | 151 | 146 | 161 | 637 | 614 | 605 |
| **专任教师数(人)** | **Full-time Teachers(person)** | | | | | | |
| 普通高校 | Regular Institutions of Higher Education | 3960 | 4293 | 4407 | 5189 | 5872 | 5777 |
| 成人高校 | Adult Institutions of Higher Education | 102 | 50 | 42 | 40 | 49 | 64 |
| 普通中学 | Regular Secondary Schools | 54958 | 57007 | 58519 | 60519 | 64441 | 66469 |
| #高　中 | Senior Secondary Schools | 11655 | 12444 | 13044 | 14041 | 16552 | 18816 |
| 中等职业学校 | Vocational Secondary Schools | 2451 | 3723 | 2778 | 3501 | 3351 | 3719 |
| 小　学 | Primary Schools | 82614 | 83173 | 82892 | 80267 | 84680 | 81916 |
| **在校生数(人)** | **Number of Students Enrollment(person)** | | | | | | |
| 普通高等教育 | Regular Institutions of Higher Education | 87733 | 105693 | 110549 | 117205 | 141345 | 144480 |
| 成人高等教育 | Adult Institutions of Higher Education | 16986 | 20108 | 17428 | 22601 | 27640 | 35373 |
| 普通中学 | Regular Secondary Schools | 1029863 | 1067179 | 1092467 | 1127199 | 1148755 | 1195659 |
| #高　中 | Senior Secondary Schools | 220728 | 228599 | 243987 | 275147 | 313056 | 349855 |
| 中等职业学校 | Vocational Secondary Schools | 111662 | 115309 | 125407 | 135113 | 138442 | 179593 |
| 小　学 | Primary Schools | 1901478 | 1585233 | 1775808 | 1697558 | 1596713 | 1519620 |
| **毕业生数(人)** | **Number of Graduates(person)** | | | | | | |
| 普通中学 | Regular Secondary Schools | 312418 | 306943 | 315968 | 325984 | 343094 | 346312 |
| #高　中 | Senior Secondary Schools | 64322 | 65177 | 66977 | 70296 | 77553 | 84314 |
| 小　学 | Primary Schools | 299419 | 315294 | 316272 | 304096 | 303243 | 292089 |

# 20-18 民办教育
# Private Education

| 类　别 | Item | 2008 | 2009 | 2010 | 2011 | 2012 | 2013 |
|---|---|---|---|---|---|---|---|
| **学校数(所)** | **Number of Schools(unit)** | | | | | | |
| 普通高等学校 | Regular Institutions of Higher Education | 1 | 9 | 9 | 10 | 11 | 11 |
| 中等职业教育学校 | Vocational Secondary Schools | 70 | 66 | 70 | 62 | 64 | 64 |
| 普通中学 | Regular Secondary Schools | 320 | 310 | 319 | 346 | 372 | 404 |
| #高　中 | Senior Secondary Schools | 99 | 88 | 89 | 94 | 92 | 93 |
| 小　学 | Primary Schools | 305 | 297 | 259 | 269 | 273 | 260 |
| **在校学生数(人)** | **Number of Students Enrollment(person)** | | | | | | |
| 普通高等学校 | Regular Institutions of Higher Education | 44758 | 50636 | 54552 | 58030 | 64527 | 73850 |
| 中等职业教育学校 | Vocational Secondary Schools | 50276 | 63404 | 49919 | 41267 | 40114 | 39057 |
| 普通中学 | Regular Secondary Schools | 124767 | 130776 | 155165 | 169007 | 183239 | 199010 |
| #高　中 | Senior Secondary Schools | 36082 | 38134 | 44672 | 55248 | 58441 | 63377 |
| 小　学 | Primary Schools | 164894 | 167078 | 162362 | 173050 | 173542 | 160602 |
| **教职员工数(人)** | **Teachers, Staff and Workers(person)** | | | | | | |
| 普通高等学校 | Regular Institutions of Higher Education | 2674 | 3062 | 3251 | 3818 | 4111 | 4655 |
| 中等职业教育学校 | Vocational Secondary Schools | 2259 | 2440 | 2610 | 2226 | 2175 | 2163 |
| 普通中学 | Regular Secondary Schools | 7978 | 8710 | 9719 | 13771 | 15814 | 18330 |
| 小　学 | Primary Schools | 6817 | 7161 | 7456 | 4770 | 5094 | 4454 |
| **专任教师数(人)** | **Full-time Teachers(person)** | | | | | | |
| 普通高等学校 | Regular Institutions of Higher Education | 2217 | 2528 | 2653 | 2993 | 3037 | 3520 |
| 中等职业教育学校 | Vocational Secondary Schools | 1371 | 1447 | 1448 | 1264 | 1302 | 1331 |
| 普通中学 | Regular Secondary Schools | 5543 | 5999 | 6811 | 10138 | 11766 | 13575 |
| 小　学 | Primary Schools | 5825 | 5922 | 6146 | 3928 | 4181 | 3631 |

# 20-19 成人教育
## Adult Education

| 类 别 | Item | 2008 | 2009 | 2010 | 2011 | 2012 | 2013 |
|---|---|---|---|---|---|---|---|
| **学校数(所)** | **Number of Schools(unit)** | | | | | | |
| 成人高等教育学校 | Adult Institutions of Higher Education | 5 | 4 | 4 | 4 | 4 | 4 |
| 成人中等专业教育学校 | Adult Specialized Secondary Schools | 21 | 22 | 21 | 15 | 16 | 14 |
| 成人中学 | Adult Secondary Schools | 45 | 22 | 33 | 13 | 51 | 23 |
| 成人技术培训学校 | Adult Technical Training Schools | 12999 | 11852 | 7711 | 8202 | 7863 | 6994 |
| 成人小学 | Adult Primary Schools | 9433 | 9377 | 5405 | 5059 | 4935 | 4169 |
| **在校生数(万人)** | **Number of Students Enrollment(10000 persons)** | | | | | | |
| 成人高等教育 | Adult Institutions of Higher Education | 8.80 | 8.62 | 8.66 | 7.96 | 8.56 | 10.17 |
| 成人中等专业教育 | Adult Specialized Secondary Schools | 1.69 | 2.02 | 2.88 | 1.80 | 1.22 | 5.06 |
| 成人中学 | Adult Secondary Schools | 0.48 | 0.56 | 1.69 | 0.12 | 0.75 | 0.08 |
| 成人技术培训学校 | Adult Technical Training Schools | 275.07 | 262.72 | 205.81 | 218.06 | 201.45 | 175.59 |
| 成人小学 | Adult Primary Schools | 30.34 | 30.23 | 23.99 | 12.80 | 13.54 | 11.02 |
| **毕业生数(万人)** | **Number of Graduates(10000 persons)** | | | | | | |
| 成人高等教育 | Adult Institutions of Higher Education | 2.89 | 2.81 | 2.44 | 3.00 | 2.33 | 2.27 |
| 成人中等专业教育 | Adult Specialized Secondary Schools | 0.27 | 0.36 | 0.47 | 0.22 | 0.27 | 0.50 |
| 成人中学 | Adult Secondary Schools | 0.35 | 0.45 | 0.77 | 0.32 | 1.00 | 0.33 |
| 成人技术培训学校 | Adult Technical Training Schools | 264.35 | 251.73 | 206.55 | 219.58 | 198.49 | 174.08 |
| 成人小学 | Adult Primary Schools | 23.64 | 24.30 | 21.49 | 12.99 | 12.58 | 9.99 |

# 20-20 科技活动
# Scientific and Technological Activities

| 指　标 | Item | 2012 | 2013 | 2013年比2012年增长(%) Increase Rate in 2013 over 2012(%) |
|---|---|---|---|---|
| **科技活动人员(人)** | **Persons Engaged in Scientific and Technological Activities (person)** | **64016** | **69101** | **7.9** |
| **科研机构** | **Scientific Research Institutions** | | | |
| 科研机构数(个) | Number of Institutions(unit) | 332 | 357 | 7.5 |
| 科研用仪器设备原价(万元) | Original Cost of Instrument and Equipment for Scientific Research(10000yuan) | 415825 | 446569 | 7.4 |
| #进　口 | Import | 105001 | 121437 | 15.7 |
| **研究与实验发展(R&D)** | **Research and Development** | | | |
| 研究与试验发展(R&D)人员(人) | R&D Personnel(person) | 29967 | 36113 | 20.5 |
| #博士毕业 | Doctor | 1733 | 2067 | 19.3 |
| 硕士毕业 | Master | 4873 | 5934 | 21.8 |
| 研究与试验发展(R&D)经费支出(万元) | Expenditure on R&D(10000yuan) | 417261 | 471850 | 13.1 |
| **科技产出** | **S&T Output** | | | |
| 专利申请数(件) | Number of Patents Application(unit) | 3408 | 4598 | 34.9 |
| #发明专利 | Inventions | 1690 | 2018 | 19.4 |
| 专利授权数(件) | Number of Patents Granted(unit) | 303 | 516 | 70.3 |
| #发明专利 | Inventions | 119 | 151 | 26.9 |
| 有效发明专利数(件) | Number of Valid Patents for Invention(unit) | 1939 | 2672 | 37.8 |
| 专利所有权转让及许可数(件) | Number of Patents Ownership Assigned and Granted (unit) | 24 | 30 | 25.0 |
| 专利所有权转让及许可收入(万元) | Revenue from Patents Ownership Assigned and Granted(10000yuan) | 241 | 217 | -10.0 |
| 集成电路布图设计登记数(件) | Number of IC Layout Design Registrations(unit) | | 4 | |
| 植物新品种权授予数(项) | Number of New Plant Breed Rights Granted(unit) | 8 | 17 | 112.5 |
| 形成国家或行业标准数(项) | Number of Standards Adopted by State or Industry(unit) | 184 | 188 | 2.2 |
| 发表科技论文(篇) | Scientific Papers Issued(piece) | 17641 | 18629 | 5.6 |
| 出版科技著作(种) | Publication on Science an Technology(kind) | 478 | 490 | 2.5 |

# 20-21 研究与试验发展(R&D)活动

## Basic Statistics on Scientific Research and Development

| 指　标 | Item | 2012 | 2013 | 2013年比2012年增长(%) Increase Rate in 2013 over 2012(%) |
|---|---|---|---|---|
| **有研究与试验发展(R&D)活动单位(个)** | **Number of Institutions Having R&D Activities(unit)** | **339** | **359** | **5.9** |
| **R&D人员** | **Bisic Statistics on R&D Personnel** | | | |
| R&D人员(人) | R&D Personnel(person) | 29967 | 36113 | 20.5 |
| #女性 | Female | 9629 | 11588 | 20.3 |
| #研究人员 | Research Personnel | 16801 | 20109 | 19.7 |
| #全时人员 | Full-time Personnel | 14905 | 18582 | 24.7 |
| 非全时人员 | Part-time Personnel | 15062 | 17531 | 16.4 |
| #博士毕业 | Doctor | 1733 | 2067 | 19.3 |
| 硕士毕业 | Master | 4873 | 5934 | 21.8 |
| 本科毕业 | Bachelor | 11008 | 11969 | 8.7 |
| 其他学历 | Others | 12353 | 16143 | 30.7 |
| R&D人员折合全时当量(人年) | Full-time Equivalent of R&D Personnel(person-year) | 18732 | 23888 | 27.5 |
| #研究人员 | Research Personnel | 9687 | 12067 | 24.6 |
| #基础研究 | Basic Research | 2713 | 3080 | 13.5 |
| 应用研究 | Applied Research | 2241 | 3070 | 37.0 |
| 试验发展 | Experimental Development | 13778 | 17736 | 28.7 |
| **R&D经费** | **R&D Expenditure** | | | |
| R&D经费内部支出(万元) | Intramural Expenditure on R&D (10000yuan) | 417261 | 471850 | 13.1 |
| #基础研究 | Basic Research | 38298 | 53888 | 40.7 |
| 应用研究 | Applied Research | 35624 | 49680 | 39.5 |
| 试验发展 | Experimental Development | 343338 | 368282 | 7.3 |
| #日常性支出 | Daily Expenditure | 368420 | 399301 | 8.4 |
| #人员劳务费 | Personnel Service Fees | 91860 | 109830 | 19.6 |
| 资产性支出 | Expenditure on Assets | 48841 | 72548 | 48.5 |
| #仪器和设备 | Insrument and Equipment | 34974 | 51185 | 46.4 |
| #政府资金 | Government Appropration Funds | 88969 | 123526 | 38.8 |
| 企业资金 | Self-raised Funds by Enterprises | 288499 | 315922 | 9.5 |
| 境外资金 | Overseas Funds | 250 | 323 | 29.2 |
| 其他资金 | Other Funds | 39543 | 32079 | -18.9 |
| **经费投入强度(%)** | **Intensity of Funds Input(%)** | **0.61** | **0.59** | **-0.02 (百分点)** |
| **R&D项目(课题)** | **R&D Topics** | | | |
| R&D项目(课题)数(项) | Projects of R&D(unit) | 12185 | 14284 | 17.2 |
| R&D项目(课题)参加人员折合全时当量(人年) | Participants(person-year) | 16969 | 21000 | 23.8 |
| #研究人员 | Research Personnel | | 10691 | |
| R&D项目(课题)经费内部支出(万元) | Intramural Expenditure (10000yuan) | 351276 | 399251 | 13.7 |

# 20-22 规模以上工业企业科技活动

# Scientific and Technological Activities above Dseignated Size

| 指 标 | Item | 2011 | 2012 | 2013 |
|---|---|---|---|---|
| **科技活动人员(人)** | **Persons Engaged in Scientific and Technological Activities (person)** | **30593** | **33009** | **36826** |
| **科研机构** | **Scientific Research Institutions** | | | |
| 科研机构数(个) | Number of Institutions(unit) | 163 | 148 | 165 |
| 科研用仪器设备原价(万元) | Original Cost of Instrument and Equipment for Scientific Research(10000yuan) | 363719 | 341337 | 345935 |
| #进 口 | Import | 68306 | 73325 | 83242 |
| **研究与实验发展(R&D)** | **Research and Development** | | | |
| 研究与试验发展(R&D)人员(人) | R&D Personnel(person) | 12309 | 16509 | 21071 |
| #研究人员 | Research Personnel | 4882 | 6391 | 7579 |
| #全时人员 | Full-time Personnel | 7135 | 9764 | 12095 |
| #博士毕业 | Doctor | 102 | 99 | 64 |
| 硕士毕业 | Master | 523 | 756 | 471 |
| 研究与试验发展(R&D)人员折合全时当量(人年) | Full-time Equivalent of R&D Personnel(Person-year) | 9564 | 12135 | 16049 |
| #研究人员 | Research Personnel | 3945 | 4850 | 6327 |
| #基础研究 | Basic Research | | 9 | 16 |
| 应用研究 | Applied Research | 114 | 188 | 346 |
| 试验发展 | Experimental Development | 9450 | 11939 | 15687 |
| 研究与试验发展(R&D)经费支出(万元) | Expenditure on R&D(10000yuan) | 275217 | 315079 | 342541 |
| #基础研究 | Basic Research | | 177 | 101 |
| 应用研究 | Applied Research | 3159 | 4379 | 4952 |
| 试验发展 | Experimental Development | 272058 | 310523 | 337488 |
| #日常性支出 | Daily Expenditure | 257837 | 288505 | 309056 |
| #人员劳务费 | Personnel Service Fees | 47662 | 62238 | 71593 |
| 资产性支出 | Expenditure on Assets | 17380 | 26574 | 33485 |
| #仪器和设备 | Insrument and Equipment | 16798 | 22298 | 30952 |
| #政府资金 | Government Appropration Funds | 25322 | 31114 | 47086 |
| 企业资金 | Self-raised Funds by Enterprises | 239918 | 266602 | 286509 |
| 境外资金 | Overseas Funds | 74 | 83 | 125 |
| 其他资金 | Other Funds | 9903 | 17280 | 8820 |
| 科技产出 | **S&T Output** | | | |
| 专利申请数(件) | Number of Patents Application(unit) | 2034 | 2794 | 3446 |
| #发明专利 | Inventions | 813 | 1347 | 1516 |
| 有效发明专利数(件) | Number of Valid Patents for Invention(unit) | 990 | 1370 | 1985 |
| 专利所有权转让及许可数(件) | Number of Patents Ownership Assigned and Granted (unit) | 31 | 18 | 26 |
| 专利所有权转让及许可收入(万元) | Revenue from Patents Ownership Assigned and Granted(10000yuan) | 500 | 145 | |
| 形成国家或行业标准数(项) | Number of Standards Adopted by State or Industry(unit) | 263 | 169 | 165 |
| 发表科技论文(篇) | Scientific Papers Issued(piece) | 1015 | 1170 | 1014 |

注：规模以上工业企业指年主营业务收入2000万元及以上工业企业。

Note:The industrial enterprises which are above designated size refer to the industrial enterprises with the sales revenue above 20 million yuan .

# 20-23 政府属独立研究与开发机构科技活动

## Scientific and Technological Activities of Government-affiliated Independent Research Institutions

| 指　　标 | Item | 2008 | 2009 | 2010 | 2011 | 2012 | 2013 | 2013年比2012年增长(%) Increase Rate in 2013 over 2012(%) |
|---|---|---|---|---|---|---|---|---|
| **科技机构数(个)** | **Number of S&T Institutions(unit)** | **111** | **106** | **107** | **105** | **106** | **105** | **-0.9** |
| 县级以上自然类研究与开发机构 | The Scientific Research and Development Institution above the county level. | 66 | 62 | 62 | 60 | 63 | 62 | -1.6 |
| 县级以上社会、人文科学研究机构 | The Research Institutions of Social and Human Studies above the county level. | 3 | 3 | 4 | 4 | 4 | 4 | 持平 |
| 县级以上部门属科技情报与文献机构 | Department of S&T Informations and Literature Institutions at County and Higher Levels | 6 | 6 | 6 | 6 | 6 | 6 | 持平 |
| 县级政府部门属研究与开发机构 | Scientific Research and Development Institutions at County Level | 11 | 11 | 11 | 10 | 9 | 8 | -11.1 |
| 县级以上研究与开发转制机构 | Conversed Scientific Research and Development Institution at County and Higher Levels | 25 | 24 | 24 | 25 | 24 | 25 | 4.2 |
| **科技活动人员数(人)** | **Personnel Engaged in S&T Activities(person)** | **5547** | **4336** | **4594** | **5019** | **4627** | **4948** | **6.9** |
| 县级以上自然类研究与开发机构 | The Scientific Research and Development Institution above the county level. | 3484 | 2656 | 2847 | 3218 | 3032 | 3106 | 2.4 |
| 县级以上社会、人文科学研究机构 | The Research Institutions of Social and Human Studies above the county level. | 203 | 204 | 226 | 223 | 224 | 226 | 0.9 |
| 县级以上部门属科技情报与文献机构 | Department of S&T Informations and Literature Institutions at County and Higher Levels | 92 | 100 | 120 | 128 | 130 | 150 | 15.4 |
| 县级政府部门属研究与开发机构 | Scientific Research and Development Institutions at County Level | 93 | 96 | 101 | 102 | 103 | 104 | 1.0 |
| 县级以上研究与开发转制机构 | Conversed Scientific Research and Development Institution at County and Higher Levels | 1675 | 1280 | 1300 | 1348 | 1138 | 1362 | 19.7 |
| **大学本科及以上学历人数(人)** | **University,College and Above(person)** | **4066** | **2873** | **3103** | **3612** | **3432** | **3792** | **10.5** |
| 县级以上自然类研究与开发机构 | The Scientific Research and Development Institution above the county level. | 2497 | 1660 | 1848 | 2273 | 2182 | 2330 | 6.8 |
| 县级以上社会、人文科学研究机构 | The Research Institutions of Social and Human Studies above the county level. | 158 | 168 | 205 | 200 | 200 | 201 | 0.5 |
| 县级以上部门属科技情报与文献机构 | Department of S&T Informations and Literature Institutions at County and Higher Levels | 68 | 64 | 74 | 84 | 97 | 112 | 15.5 |
| 县级政府部门属研究与开发机构 | Scientific Research and Development Institutions at County Level | 19 | 68 | 26 | 28 | 29 | 31 | 6.9 |
| 县级以上研究与开发转制机构 | Conversed Scientific Research and Development Institution at County and Higher Levels | 1324 | 913 | 950 | 1027 | 924 | 1118 | 21.0 |

注： 1.资料来源于省科技厅(以下相关表同)。2．“大学本科及以上学历人数”2006-2008年为“科学家和工程师”。3. 2006-2008年“科技机构数”与2009年及以后的统计口径不一致。

Note:1.Data in the table are obtained from the Department of Science and Technology(The relative tables in the chapter are the same).2.The indicator of university,college and above for the year 2006 to 2008 refer to scientists and engineers.3.The statistical coverage of number of S&T institutions from 2006 to 2008 had been changed from the year 2009.

20-23 续表 continued

| 指　标 | Item | 2008 | 2009 | 2010 | 2011 | 2012 | 2013 | 2013年比2012年增长(%) Increase Ratein 2013 over 2012(%) |
|---|---|---|---|---|---|---|---|---|
| **经费收入总额(万元)** | **Funding for S&T Activities(10000 yuan)** | **123392** | **115296** | **140870** | **175937** | **210700** | **258654** | **22.8** |
| 县级以上自然类研究与开发机构 | The Scientific Research and Development Institution above the county level. | 73498 | 65448 | 84360 | 96246 | 112779 | 104276 | -7.5 |
| 县级以上社会、人文科学研究机构 | The Research Institutions of Social and Human Studies above the county level. | 2962 | 3302 | 3266 | 3469 | 4574 | 5956 | 30.2 |
| 县级以上部门属科技情报与文献机构 | Department of S&T Informations and Literature Institutions at County and Higher Levels | 2039 | 2033 | 1851 | 1972 | 2845 | 2576 | -9.4 |
| 县级政府部门属研究与开发机构 | Scientific Research and Development Institutions at County Level | 487 | 653 | 1140 | 1259 | 1335 | 1170 | -12.4 |
| 县级以上研究与开发转制机构 | Conversed Scientific Research and Development Institution at County and Higher Levels | 44407 | 43860 | 50253 | 72992 | 77151 | 144676 | 87.5 |
| **经费支出总额(万元)** | **Expenditures on S&T Activities (10000 yuan)** | **118029** | **125340** | **139117** | **171663** | **182102** | **254670** | **39.9** |
| 县级以上自然类研究与开发机构 | The Scientific Research and Development Institution above the county level. | 64397 | 70890 | 73690 | 87132 | 105898 | 109580 | 3.5 |
| 县级以上社会、人文科学研究机构 | The Research Institutions of Social and Human Studies above the county level. | 2623 | 2869 | 2724 | 3262 | 4584 | 4951 | 8.0 |
| 县级以上部门属科技情报与文献机构 | Department of S&T Informations and Literature Institutions at County and Higher Levels | 1536 | 2021 | 1957 | 2003 | 2780 | 2634 | -5.3 |
| 县级政府部门属研究与开发机构 | Scientific Research and Development Institutions at County Level | 631 | 732 | 1350 | 1394 | 1417 | 1152 | -18.7 |
| 县级以上研究与开发转制机构 | Conversed Scientific Research and Development Institution at County and Higher Levels | 48842 | 48828 | 59396 | 77872 | 67423 | 136353 | 102.2 |
| **研究与试验发展经费支出(R&D经费支出)(万元)** | **Expenditure on R&D(10000 yuan)** | **27013** | **30666** | **24771** | **30422** | **36899** | **55735** | **51.0** |
| 县级以上自然类研究与开发机构 | The Scientific Research and Development Institution above the county level. | 20443 | 26448 | 19682 | 20024 | 25426 | 42667 | 67.8 |
| 县级以上社会、人文科学研究机构 | The Research Institutions of Social and Human Studies above the county level. | 431 | 584 | 839 | 1001 | 1690 | 1510 | -10.7 |
| 县级以上部门属科技情报与文献机构 | Department of S&T Informations and Literature Institutions at County and Higher Levels | 257 | 104 | 257 | | | | |
| 县级政府部门属研究与开发机构 | Scientific Research and Development Institutions at County Level | 86 | 66 | 30 | | 29 | | |
| 县级以上研究与开发转制机构 | Conversed Scientific Research and Development Institution at County and Higher Levels | 5796 | 3464 | 3963 | 9398 | 9754 | 11558 | 18.5 |

# 20−24　国家级科技计划项目人员
# Personnel of National S&T Program Projects

| 指标 | Item | 2008 | 2009 | 2010 | 2011 | 2012 | 2013 |
|---|---|---|---|---|---|---|---|
| **项目参加人员(人)** | **Personnel in Project (person)** | **2948** | **3011** | **3191** | **2533** | **2166** | **3127** |
| **按计划类别分** | **by Typt of Progarm** | | | | | | |
| 973计划 | 973 Program | 223 | 216 | 282 | 230 | 108 | 227 |
| 863计划 | 863 Program | 171 | 190 | 180 | 189 | 148 | 100 |
| 支撑计划 | Key Technologies R&D Program | 1609 | 1759 | 1598 | 794 | 755 | 981 |
| 火炬计划 | Torch Program | 408 | 354 | 386 | 492 | 649 | 980 |
| 星火计划 | Spark Program | 537 | 489 | 745 | 828 | 506 | 839 |
| **按职称类别分** | **by Type of Professional Title** | | | | | | |
| #高级职称 | Senior Title | 984 | 1045 | 979 | 803 | 714 | 968 |
| 中级职称 | Middle Title | 1196 | 1160 | 1131 | 733 | 730 | 953 |
| 初级职称 | Primary Title | 204 | 189 | 132 | 84 | 97 | 304 |
| 其他人员 | Other | 284 | 361 | 422 | 300 | 258 | 575 |
| **按学历分** | **by Education Background** | | | | | | |
| #博士 | Doctor | 256 | 295 | 295 | 208 | 199 | 348 |
| 硕士 | Master | 386 | 347 | 406 | 257 | 223 | 473 |
| **工作投入量(人月)** | **Personnel Input (man-month)** | **15665** | **14906** | **13043** | **6694** | **6166** | **8762** |
| 973计划 | 973 Program | 2419 | 1475 | 2127 | 1458 | 995 | 1776 |
| 863计划 | 863 Program | 1140 | 1617 | 1129 | 1134 | 572 | 639 |
| 支撑计划 | Key Technologies R&D Program | 12106 | 11814 | 9787 | 4102 | 4599 | 6347 |

注：1. 初级职称和其他人员在星火计划统计中无该两项指标。2. 973计划为国家重点基础研究计划，863计划为国家高技术研究发展计划（以下相关表同）。

Note:1. The statistics of Spark Program exclude primary title and other title personel. 2. 973 program is the national program on key basic research, and 863 program is the national high technology research and development program (The relative tables in the chapter are the same).

# 20-25 国家级科技计划项目资金及支出

# Funds and Expenditure of National S&T Program

| 指标 | Item | 2008 | 2009 | 2010 | 2011 | 2012 | 2013 |
|---|---|---|---|---|---|---|---|
| **按计划类别分(项)** | **by Type of Program (item)** | **120** | **124** | **138** | **135** | **131** | **170** |
| 973计划 | National Basic Research Program of China(973 Program) | 2 | 10 | 13 | 10 | 6 | 11 |
| 863计划 | High Technology Research and Development Program of China (863 Program) | 8 | 10 | 11 | 11 | 8 | 6 |
| 支撑计划 | Key Technologies R&D Program | 29 | 34 | 39 | 26 | 18 | 21 |
| 火炬计划 | Torch Program | 37 | 34 | 37 | 42 | 51 | 72 |
| 星火计划 | Spark Program | 44 | 36 | 38 | 46 | 48 | 60 |
| **当年到位资金(万元)** | **Funds Arranged (10000 yuan)** | **119361** | **68180** | **131469** | **83426** | **99722** | **66788** |
| 973计划 | 973 Program | 1383 | 701 | 1119 | 376 | 700 | 580 |
| 863计划 | 863 Program | 3519 | 1757 | 798 | 737 | 5022 | 2491 |
| 支撑计划 | Key Technologies R&D Program | 85685 | 37238 | 47561 | 5382 | 5200 | 6838 |
| 火炬计划 | Torch Program | 20386 | 19298 | 73513 | 64010 | 76706 | 34988 |
| 星火计划 | Spark Program | 8388 | 9186 | 8478 | 12921 | 12094 | 21891 |
| **项目支出(万元)** | **Project Expenditure (10000 yuan)** | **96684** | **59839** | **97775** | **62601** | **89109** | **60174** |
| 973计划 | 973 Program | 1814 | 625 | 1040 | 498 | 337 | 731 |
| 863计划 | 863 Program | 3511 | 7737 | 674 | 900 | 2733 | 4545 |
| 支撑计划 | Key Technologies R&D Program | 72362 | 34052 | 49580 | 10958 | 7119 | 9182 |
| 火炬计划 | Torch Program | 12132 | 9165 | 38940 | 39917 | 67689 | 29981 |
| 星火计划 | Spark Program | 6865 | 8260 | 7541 | 10328 | 11231 | 15735 |

# 20−26 国家级科技计划项目培养和引进人才

## Cultivated and Introduced Talents of National S&T Program

| 指标 | Item | 2008 | 2009 | 2010 | 2011 | 2012 | 2013 |
|---|---|---|---|---|---|---|---|
| **培养博士和硕士(人)** | **Cultivated Master and Doctor (person)** | **191** | **299** | **249** | **152** | **83** | **193** |
| 973计划 | 973 Program | 82 | 45 | 84 | 47 | 27 | 90 |
| 863计划 | 863 Program | 22 | 35 | 31 | 23 | 9 | 5 |
| 支撑计划 | Key Technologies R&D Program | 87 | 219 | 134 | 82 | 47 | 98 |
| **引进人才(人)** | **Introduction of Talents (person)** | **24** | **23** | **27** | **23** | **16** | **33** |
| 973计划 | 973 Program |  | 6 | 9 | 10 | 7 | 13 |
| 863计划 | 863 Program | 2 | 3 | 4 | 3 | 1 | 10 |
| 支撑计划 | Key Technologies R&D Program | 22 | 14 | 14 | 10 | 8 | 10 |

# 20−27 国家级科技计划实施项目效益

## Benefit of National S&T Program

单位：万元 (10000 yuan)

| 指标 | Item | 2008 | 2009 | 2010 | 2011 | 2012 | 2013 |
|---|---|---|---|---|---|---|---|
| **新增产值** | **Added Value of Output** | **207698** | **230480** | **236270** | **307027** | **303254** | **315844** |
| 支撑计划 | Key Technologies R&D Program | 57896 | 82840 | 71388 | 93092 | 78362 | 7083 |
| 火炬计划 | Torch Program | 119762 | 122867 | 130213 | 183817 | 199083 | 261660 |
| 星火计划 | Spark Program | 30040 | 24773 | 34669 | 30118 | 25809 | 47101 |
| **净利润** | **After-Tax Profit** | **14877** | **15629** | **23024** | **25958** | **40295** | **35718** |
| 支撑计划 | Key Technologies R&D Program | 3196 | 3121 | 1484 | 5455 | 9219 | 3398 |
| 火炬计划 | Torch Program | 8251 | 9032 | 12006 | 15981 | 23433 | 18764 |
| 星火计划 | Spark Program | 3430 | 3476 | 9534 | 4522 | 7643 | 13556 |
| **实交税金** | **Tax** | **15392** | **8513** | **10760** | **13119** | **12767** | **14720** |
| 支撑计划 | Key Technologies R&D Program | 8190 | 1801 | 796 | 3893 | 1824 | 2 |
| 火炬计划 | Torch Program | 6000 | 5744 | 8799 | 8176 | 10410 | 13337 |
| 星火计划 | Spark Program | 1202 | 968 | 1165 | 1050 | 533 | 1381 |

注：2013年承担国家级科技计划中支撑计划的单位多为非企业，支撑计划实交税金2万元。

Note: Key Technologies R&D Program Units to undertake National S&T Program are most of non-enterprises in 2013, Key Technologies R&D Program is tax of 20000 yuan.

# 20–28 省部级以上成果登记(完成人员)
# Staffs Personnel of Provincial or Ministerial Level and above

单位：人次 (person-time)

| 指标 | Item | 2008 | 2009 | 2010 | 2011 | 2012 | 2013 |
|---|---|---|---|---|---|---|---|
| **合 计** | **Total** | **1279** | **1293** | **1306** | **979** | **1479** | **1712** |
| **按学历分** | **by Type of Diploma** | | | | | | |
| 博士 | Doctor | 143 | 134 | 143 | 133 | 215 | 242 |
| 硕士 | Master | 288 | 269 | 279 | 255 | 365 | 419 |
| 大本 | Undergraduate Student | 699 | 717 | 720 | 515 | 751 | 954 |
| 大专 | Junior College Student | 111 | 135 | 139 | 68 | 114 | 75 |
| 中专 | Senoir Middle School | 31 | 37 | 20 | 8 | 27 | 13 |
| 其他 | Below Senoir Middle School | 7 | 1 | 5 | | 7 | 9 |
| **按年龄结构分** | **by Type of Age** | | | | | | |
| 35岁以下(含35岁) | thirty-five and below | 366 | 379 | 388 | 328 | 380 | 500 |
| 36–45岁 | thirty-six to forty-five | 486 | 476 | 500 | 353 | 568 | 625 |
| 46–55岁 | forty-six to fifty-five | 321 | 338 | 341 | 238 | 393 | 466 |
| 56–65岁 | fifty-six to sixty-five | 78 | 69 | 55 | 45 | 106 | 94 |
| 65岁以上 | above sixty-five | 28 | 31 | 22 | 15 | 32 | 27 |
| **按技术职称分** | **by Type of Title** | | | | | | |
| 院士 | Academicians | | 2 | | | 1 | 2 |
| 正高 | Senior Title | 266 | 272 | 277 | 198 | 345 | 398 |
| 副高 | Sub-senior Title | 378 | 377 | 380 | 302 | 468 | 531 |
| 中级 | Middle Title | 451 | 452 | 486 | 345 | 464 | 551 |
| 初级 | Primary Title | 133 | 142 | 134 | 91 | 120 | 149 |
| 其他 | No Rank | 51 | 48 | 29 | 43 | 81 | 81 |

# 20−29 省部级以上成果登记（数量及投资额）
# Number of Achievements and Investment of Projects at Provincial or Ministerial Level and above（number & investment）

| 指 标 | Item | 2008 | 2009 | 2010 | 2011 | 2012 | 2013 |
|---|---|---|---|---|---|---|---|
| **成果登记(项)** | **Achievement Registration(item)** | **130** | **137** | **125** | **90** | **132** | **141** |
| 发明专利授权数(件) | Invention of Patent Authorigations Granted (piece) | 34 | 46 | 67 | 240 | 120 | 150 |
| 制订标准数(个) | Number of Standards for Formulation (unit) | 19 | 27 | 12 | 8 | 21 | 8 |
| 按成果类别分(项) | by Typt of Achievement Sort (item) | | | | | | |
| 基础研究 | Basic Research | 23 | 14 | 16 | 19 | 28 | 26 |
| 应用研究 | Applied Research | 107 | 123 | 109 | 71 | 104 | 115 |
| 按成果应用属性分(项) | by Typt of Achievement Application Property (item) | | | | | | |
| #原始性创新 | Original Invention | 65 | 68 | 63 | 22 | 11 | 8 |
| 国外引进消化 吸收创新 | Absorb and Digest Invention of Foreign Indraught | 20 | 22 | 15 | 11 | 18 | 26 |
| 国内技术二次开发 | Twice Development of Inner Technology | 22 | 33 | 31 | 38 | 75 | 81 |
| **项目投资额(万元)** | **Project Investment (10000 yuan)** | **104868** | **108623** | **95331** | **212819** | **109689** | **58093** |
| 国家资金 | Government Funds | 4418 | 2847 | 12317 | 6127 | 11886 | 4376 |
| 部门资金 | Department Funds | 4635 | 5396 | 18234 | 947 | 10798 | 3905 |
| 地方资金 | Local Funds | 21585 | 26710 | 31433 | 6223 | 37697 | 5324 |
| 基金投入 | Fund Input | 69 | 862 | 158 | 135 | 1176 | 228 |
| 自有资金 | Self-raised Funds | 16082 | 53927 | 23420 | 195620 | 35323 | 43807 |
| 银行贷款 | Loans from Bank | 1000 | 15646 | | 200 | 200 | 200 |
| 国外资金 | Foreign Funds. | 3 | | | 12 | 6 | |
| 其他资金 | Other Funds | 57076 | 3235 | 9769 | 3555 | 12603 | 253 |
| **净利润(万元)** | **After-Tax Profit (10000 yuan)** | **60115** | **201281** | **78889** | **354367** | **120310** | **125554** |
| **实交税金(万元)** | **Tax (10000 yuan)** | **19269** | **17970** | **17699** | **104371** | **41289** | **83925** |

# 20-30 事业、企业单位各类专业技术人员

## Specialized Technical Personnel in Enterprises and institutions

单位：万人 (10000 persons)

| 指　标 | Item | 2008 | 2009 | 2010 | 2011 | 2012 | 2013 | 2013年比2012年增长(%) Increase Rate in 2013 over 2012(%) |
|---|---|---|---|---|---|---|---|---|
| **总　计** | **Total** | **58.63** | **58.82** | **56.43** | **57.72** | **59.15** | **61.91** | **4.7** |
| #女　性 | Female | 23.48 | 23.85 | 23.19 | 24.16 | 25.55 | 27.79 | 8.8 |
| **按专业分** | **By Specialized Subject** | | | | | | | |
| #工程技术人员 | Engineering Technical Personnel | 6.24 | 6.23 | 5.86 | 5.73 | 5.74 | 6.07 | 5.7 |
| 农业技术人员 | Agricultural Technical Personnel | 2.60 | 2.60 | 2.41 | 2.49 | 2.47 | 2.38 | -3.6 |
| 卫生技术人员 | Medical Technical Persomnel | 7.38 | 7.45 | 7.27 | 7.84 | 8.12 | 9.10 | 12.1 |
| 科学研究人员 | Scientific Research Personnel | 0.14 | 0.15 | 0.15 | 0.16 | 0.20 | 0.19 | -2.8 |
| 教学人员 | Teaching Personnel | 36.87 | 37.11 | 36.12 | 37.09 | 38.20 | 39.24 | 2.7 |
| **按专业技术职务分** | **By Professional Titles** | | | | | | | |
| #高　级 | Senior | 3.12 | 3.37 | 3.24 | 3.76 | 4.08 | 4.69 | 15.0 |
| 中　级 | Medium | 16.53 | 17.29 | 17.38 | 18.59 | 18.86 | 20.35 | 7.9 |
| 初　级 | Junior | 34.81 | 34.00 | 33.61 | 32.54 | 32.90 | 31.71 | -3.6 |
| **按学历分** | **By Education Background** | | | | | | | |
| 大学本科以上 | University,College and above | 14.91 | 14.95 | 18.86 | 21.32 | 24.00 | 27.90 | 16.3 |
| 大学专科 | Specialized Institutions of Higher Education | 27.36 | 27.37 | 26.16 | 26.35 | 26.35 | 26.11 | -0.9 |
| 中专以下 | Senior Middle School and the Level below | 16.33 | 16.32 | 11.41 | 10.05 | 8.80 | 7.91 | -10.1 |

注：1.资料来源于省人力资源社会保障厅。2.本表数据按岗位统计，不含非公经济单位和中央驻黔单位数据。3.2010年开始，由于统计口径调整，事业单位部分专业技术人员划到管理人员统计，我省专业技术人员统计数据出现波动。

Note: 1.Data in the table are obtained from the Provinvial Department of Human Resources and Social Security.2.Data in this table count by post, and don't include non-public economic units and the central unit of data in Guizhou.3.Since 2010, due to adjustment of statistical ,part of the prof-essional and technical personnel of institution have designated to manage personnel and statistics,and statistics of professional and technical personnel in our province have fluctuated.

# 20-31 专利申请受理及授权

## Patent Application Accepted and Granted

单位：件 (item)

| 指 标 | Item | 2008 | 2009 | 2010 | 2011 | 2012 | 2013 | 2013年比2012年增长(%) Increase Rate in 2013 over 2012(%) |
|---|---|---|---|---|---|---|---|---|
| **受理专利总计** | **Total Patent Applications Accepted** | **2943** | **3709** | **4414** | **8351** | **11296** | **17405** | **54.1** |
| **按种类分** | **Grouped by Sort** | | | | | | | |
| 发 明 | Inventions | 873 | 1336 | 1322 | 2358 | 3103 | 3988 | 28.5 |
| 实用新型 | Utility Models | 1403 | 1659 | 2441 | 3170 | 4111 | 6456 | 57.0 |
| 外观设计 | Designs | 667 | 714 | 651 | 2823 | 4082 | 6961 | 70.5 |
| **按对象分** | **Grouped by Applicant** | | | | | | | |
| 非职务发明创造 | Non-service Creations and Inventions | 1160 | 1114 | 1631 | 2072 | 2192 | 3089 | 40.9 |
| 职务发明创造 | Service Creations and Inventions | 1783 | 2595 | 2783 | 6297 | 9104 | 14316 | 57.2 |
| 大专院校 | Universities and Colleges | 133 | 139 | 172 | 312 | 366 | 1056 | 188.5 |
| 科研单位 | Research Institutions | 446 | 388 | 633 | 357 | 530 | 626 | 18.1 |
| 工矿企业 | Industrial and Mineral Enterprises | 1192 | 2047 | 1937 | 5507 | 7949 | 12100 | 52.2 |
| 机关团体 | Government Agencies and Organizations | 12 | 21 | 41 | 103 | 259 | 534 | 106.2 |
| **授权专利总计** | **Total Patent Authorigations Granted** | **1728** | **2084** | **3034** | **3386** | **6054** | **7915** | **30.7** |
| **按种类分** | **Grouped by Sort** | | | | | | | |
| 发 明 | Inventions | 270 | 322 | 434 | 596 | 635 | 776 | 22.2 |
| 实用新型 | Utility Models | 1183 | 1234 | 1904 | 1885 | 3149 | 3916 | 24.4 |
| 外观设计 | Designs | 275 | 528 | 696 | 905 | 2270 | 3223 | 42.0 |
| **按对象分** | **Grouped by Applicant** | | | | | | | |
| 非职务发明创造 | Non-service Creations and Inventions | 704 | 712 | 961 | 992 | 1283 | 1731 | 34.9 |
| 职务发明创造 | Service Creations and Inventions | 1024 | 1372 | 2073 | 2394 | 4771 | 6184 | 29.6 |
| #大专院校 | Universities and Colleges | 31 | 50 | 116 | 141 | 182 | 345 | 89.6 |
| 科研单位 | Research Institutions | 322 | 337 | 366 | 378 | 269 | 333 | 23.8 |
| 工矿企业 | Industrial and Mineral Enterprises | 660 | 972 | 1569 | 1841 | 4214 | 5426 | 28.8 |
| 机关团体 | Government Agencies and Organizations | 11 | 13 | 22 | 34 | 106 | 80 | -24.5 |

注：资料来源于省科技厅。

Note: Data in the table are obtained from the Provincial Intellectual Property Right Bureau.

# 主要统计指标解释

**普通高等学校** 指通过国家普通高等教育招生考试，招收高中毕业生为主要培养对象，实施高等学历教育的全日制大学、独立设置的学院，独立学院和高等专科学校、高等职业学校及其他普通高教机构。

**成人高等学校** 指通过国家成人高等教育招生考试，招收具有高中毕业或同等学历的人员为主要培养对象，利用函授、业余、脱产等多种形式，对其实施高等学历教育的学校。包括：职工高等学校、农民高等学校、管理干部学院、教育学院、独立函授学院、广播电视大学、其他成人高教机构。

**小学学龄儿童入学率** 指调查范围内已入小学学习的学龄儿童占校内外学龄儿童总数（包括弱智儿童，不包括盲聋哑儿童）的比重。计算公式为：

$$小学学龄儿童入学率=\frac{已入学的小学学龄儿童数}{校内外小学学龄儿童总数}\times 100\%$$

**科技活动** 指在自然科学、农业科学、医药科学、工程与技术科学、人文与社会科学领域（简称科学技术领域）中，与科技知识的产生、发展、传播和应用密切相关的有组织的活动。可分为研究与试验发展(R&D)、研究与试验发展成果应用及相关的科技服务三类活动。

**科技活动人员** 指直接从事科技活动、以及专门从事科技活动管理和为科技活动提供直接服务，累计的实际工作时间占全年制度工作时间10%及以上的人员。(1)直接从事科技活动的人员包括：在独立核算的科学研究与技术开发机构、高等学校、各类企业及其他事业单位内设的研究室、实验室、技术开发中心及中试车间（基地）等机构中从事科技活动的研究人员、工程技术人员、技术工人及其它人员；虽不在上述机构工作，但编入科技活动项目（课题）组的人员；科技信息与文献机构中的专业技术人员；从事论文设计的研究生等。(2)专门从事科技活动管理和为科技活动提供直接服务的人员，包括：独立核算的科学研究与技术开发机构、科技信息与文献机构、高等学校、各类企业及其他事业单位主管科技工作的负责人，专门从事科技活动的计划、行政、人事、财务、物资供应、设备维护、图书资料管理等工作的各类人员，但不包括保卫、医疗保健人员、司机、食堂人员、茶炉工、水暖工、清洁工等为科技活动提供间接服务的人员。该指标用来反映投入科技活动人力的规模。

**科学家与工程师** 指科技活动人员中具有高、中级技术职称（职务）的人员和不具有高、中级技术职称（职务）的大学本科及以上学历人员。该指标用来反映投入科技活动人力的素质。

**研究与试验发展(R&D)** 指在科学技术领域，为增加知识总量、以及运用这些知识去创造新的应用进行的系统的创造性的活动，包括基础研究、应用研究、试验发展三类活动。国际上通常采用R&D活动的规模和强度指标反映一国的科技实力和核心竞争力。

**基础研究** 指为了获得关于现象和可观察事实的基本原理的新知识（揭示客观事物的本质、运动规律，获得新发现、新学说）而进行的实验性或理论性研究，它不以任何专门或特定的应用或使用为目的。其成果以科学论文和科学著作为主要形式。用来反映知识的原始创新能力。

**应用研究** 指为获得新知识而进行的创造性研究，主要针对某一特定的目的或目标。应用研究是为了确定基础研究成果可能的用途，或是为达到预定的目标探索应采取的新方法（原理性）或新途径。其成果形式以科学论文、专著、原理性模型或发明专利为主。用来反映对基础研究成果应用途径的探索。

**试验发展** 指利用从基础研究、应用研究和实际经验所获得的现有知识，为产生新的产品、材料和装置，建立新的工艺、系统和服务，以及对已产生和建立的上述各项作实质性的改进而进行的系统性工作。其成果形式主要是专利、专有技术、具有新产品基本特征的产品原型或具有新装置基本特征的原始样机等。在社会科学领域，试验发展是指把通过基础研究、应用研究获得的知识转变成可以实施的计划（包括为进行检验和评估实施示范项目）的过程。人文科学领域没有对应的试验发展活动。主要反映将科研成果转化为技术和产品的能力，是科技推动经济社会发展的物化成果。

**研究与试验发展人员** 指参与研究与试验发展项目研究、管理和辅助工作的人员， 包括项目组（课题）人员，企业科技行政管理人员和直接为项目（课题）活动提供服务的辅助人员。不包括全年从事研究与试验发展活动工作量不到0.1年的人员。反映投入从事拥有自主知识产权的研究开发活动的人力规模。

**研究与试验发展人员全时当量** 指全时人员折合成全时工作量与所有非全时人员折合成全时工作量的总计。一个全时人员的折合全时工作量计为 1，非全时人员按实际投入工作量进行累加。例如：有两个全时人员和三个非全时人员（工作量分别为 20%、30% 和 70%），则全时当量为 1+1+0.2+0.3+0.7=3.2 人年。为国际上比较科技人力投入而制定的可比指标。

**专业技术人员** 指从事专业技术工作和专业技术管理工作的人员，即企事业单位中已经聘任专业技术职务从事专业技术工作和专业技术管理工作的人员，以及未聘任专业技术职务，现在专业技术岗位上工作的人员。包括工程技术人员，农业技术人员，科学研究人员，卫生技术人员，教学人员，经济人员，会计人员，统计人员，翻译人员，图书资料、档案、文博人员，新闻出版人员，律师、公证人员，广播电视播音人员，工艺美术人员，体育人员，艺术人员及企业政治思想工作人员，共十七个专业技术职务类别。用来反映科技人力资源情况。

**科技活动经费筹集** 指从各种渠道筹集到的计划用于科技活动的经费，包括政府资金、企业资金、事业单位资金、金融机构贷款、国外资金和其他资金等。反映各社会经济主体对促进科技进步所做的努力。

**政府资金** 指从各级政府部门获得的计划用于科技活动的经费，包括科学事业费、科技三项费、科研基建费、科学基金、教育等部门事业费中计划用于科技活动的经费以及政府部门预算外资金中计划用于科技活动的经费等。

**企业资金** 指从自有资金中提取或接受其他企业委托的、科研院所和高校等事业单位接受企业委托获得的，计划用于科研和技术开发的经费。不包括来自政府、金融机构及国外的计划用于科技活动的资金。

**金融机构贷款** 指从各类金融机构获得的用于科技活动的贷款。

**科技活动经费内部支出** 指报告年内用于科技活动的实际支出，包括劳务费、科研业务费、科研管理费，非基建投资购建的固定资产、科研基建支出以及其他用于科技活动的支出。不包括生产性活动支出、归还贷款支出及转拨外单位支出。反映科技投入实际完成情况。

**劳务费** 指以现金或实物形式支付给科技活动人员的工资、薪金，以及所有其它的劳务费用，如奖金、奖金税、社会保障支出等。反映改善科技人员待遇情况。

**固定资产购建费** 指报告年内使用非基建投资购建的固定资产和用于科研基建投资的实际支出额，即固定资产实际支出和科研基建投资实际完成额之和。固定资产是指长期使用而不改变原有实物形态的主要物资设备、图书资料、实验材料和标本以及其他设备和家具、房屋、建筑物。反映用于改善科研条件和科研手段方面的投入情况。

**新产品** 指采用新技术原理、新设计构思研制、生产的全新产品，或在结构、材质、工艺等某一方面比原有产品有明显改进，从而显著提高了产品性能或扩大了使用功能的产品。既包括政府有关部门认定并在有效期内的新产品，也包括企业自行研制开发，未经政府有关部门认定，从投产之日起一年之内的新产品。用来反映科技产出及对经济增长的直接贡献。

**专利** 一般是专利权的简称，指专利权人对发明创造享有的专利权。即国家依法在一定时期内授予发明创造或者其权利继受者独占使用其发明创造的权利。

专利同时也指具体专利技术，即受国家认可并在公开的基础上进行法律保护的技术或者方案。

专利还可指具体的物质文件，即国家颁发的确认申请人对其发明创造享有的专利证书或记载发明创造内容的专利文献。

**发明** 对产品、方法或其改进所提出的新的技术方案。

**实用新型** 对产品的形状、构造或者其结合所提出的适于实用的新的技术方案。

**外观设计** 对产品的形状、图案、色彩或者其结合以及色彩与形状、图案的结合所作出的富有美感并适于工业上应用的新设计。

# Explanatory Notes on Main Statistical Indicators

**Regular Institutions of Higher Education** refer to recruiting graduates from senior secondary schools as the main target by National Matriculation TEST. They include full-time universities, colleges, institutions of higher professional education, institutions of higher vocational education, institutions of higher vocational education and others.

**Institutions of Higher Education for Adults** refer to educational establishments, enrolling staff and workers with senior secondary school or equivalent education, and providing higher education courses in many forms of correspondence, spare time, or full time for adults. Professionals thus trained receive a qualification equivalent to graduates studying regular courses at regular universities, colleges and professional colleges. Institutions of higher learning for adults include schools of higher education for staff and workers, schools of higher education for peasants, colleges for management cadres, pedagogical colleges, independent correspondence colleges, Radio and TV universities and other educational establishments.

**Enrollment Ratio of Primary Schools** refers to the proportion of school age children enrolled at schools to the total number of school age children both in and outside schools (including retarded children, but excluding blind, deaf and mute children). The formula is:

$$\text{Net Enrollment Rate of Primary Schools} = \frac{\text{Total Primary School-age Children at Schools}}{\text{Total Primary School-age Children Whether or Not Attending Schools}} \times 100\%$$

**Scientific and Technological Activities(S&T Activities)** refer to organized activities which are closely related with the creation, development, dissemination and application of the scientific and technical knowledge in the fields of natural sciences, agricultural science, medical science, engineering and technological science, humanities and social sciences (referred to as scientific and technological fields). S&T activities can be classified in to 3 categories: research and development (R&D) activities, application of R&D results, and related S&T services.

**Personnel Engaged in S&T Activities** refer to personnel directly engaged in S&T activities, in the management of S&T activities, and in providing direct service to S&T activities, who spend over 10% of the total working hours in a year in S&T activities. (1) Personnel directly engaged in S&T activities include researchers, engineers, technicians and other related personnel engaged in S&T activities in independent-accounting R&D institutions, institutions of higher learning, and in research institutes, laboratories, technology development centers and central experiment workshops under enterprises and institutions. Also included are people working in S&T research project teams, professional and technical personnel working in S&T information archiving institutes, and graduate students working on the design of their thesis. (2) Personnel engaged in the management of S&T activities and in providing direct service to S&T activities include senior management people responsible for S&T activities in independent-accounting R&D institutions, S&T information archiving institutes, institutions of higher learning, and in enterprises and institutions where S&T activities are undertaken. Also included are people responsible for the planning, administration, personnel management, financial management, logistics supply, equipment maintenance, information and library management that are related with S&T activities. People providing indirect services are excluded, such as security, medical service, drivers, plumbers, cleaners and those providing catering and related service. This indicator reflects the size of personnel engaged in S&T activities.

**Scientists and Engineers** refer to persons engaged in S&T activities who have obtained titles of senior and middle level professional positions, and those without such position but having completed university or higher education. This indicator reflects the quality of personnel engaged in S&T activities.

**Research and Development (R&D)** refers to systematic and creative activities in the field of science and technology aiming at increasing the knowledge and using the knowledge for new application. R&D includes 3 categories of activities: basic research, applied research and experimentation for development. The scale and intensity of R&D are widely used internationally to reflect the strength of S&T and the core competitiveness of a country in the world.

**Basic Research** refers to empirical or theoretical research aiming at obtaining new knowledge on the fundamental principles regarding phenomena or observable facts to reveal the intrinsic nature and underlying laws and to acquire new discoveries or new theories. Basic research takes no specific or designated application as the aim of the research. Results of basic research are mainly released or disseminated in the form of scientific papers or monographs. This indicator reflects the innovation capacity for original knowledge.

**Applied Research** refers to creative research aiming at obtaining new knowledge on a specific objective or target. Purpose of the applied research is to identify the possible uses of results from basic research, or to explore new (fundamental) methods or new approaches. Results of applied research are expressed in the form of scientific papers, monographs, fundamental models or invention patents. This indicator reflects the exploration of ways to apply the results of basic research.

**Experiments and Development** refer to systematic activities aiming at using the knowledge from basic and applied researches or from practical experience to develop new products, materials and equipment, to establish new production process, systems and services, or to make substantial improvement on the existing products, process or services. Results of experiment and development activities are embodied in patents, exclusive technology, and monotype of new products or equipment. In social sciences, experiment and development activities refer to the process of converting the knowledge from basic or applied researches into feasible programmes (including conduct of demonstration projects for assessment and evaluation). There are no experiment and development activities in the science of humanities. This indicator reflects the capability of transferring the results of S&T into technique and products, and measures the realization of S&T in spearheading the economic and social development.

**R & D Personnel** refer to persons engaged in research, management and supporting activities of R & D, including persons in the project teams, persons engaged in the management of S&T activities of enterprises and supporting staff providing direct service to the research projects, and not including annual research and experimental development activities in less than 0.1 years of staff workload. This indicator reflects the size of personnel engaged in R&D activities with independent intellectual property.

**Full-time Equivalent of R&D Personnel** refers to the sum of the full-time persons and the full-time equivalent of part-time persons converted by workload. A full-time staff equivalent to full-time work is counted as a part-time personnel according to actual efforts to accumulate.For instance, if there are 2 full-time persons and 3 part-time workers (20%, 30% and 70% of working hours respectively on R&D activities), the full-time equivalent are 2+0.2+0.3+0.7=3.2 person-years. This is an internationally comparable indicator of S&T manpower input.

**Professional and Technical Personnel** refer to persons engaged in professional and technical work or in the management of professional and technical activities, i.e., people with professional or technical positions who are engaged in professional and technical work or in the management of professional and technical activities, and people without professional or technical positions but are working on professional or technical posts. They include professionals and technicians working in 17 categories of technical occupations including engineering, agriculture, scientific researches, medical service, teaching, economic research and application, accounting, statistics, translation, libraries, archives, cultural and museum service, journalism and publication, lawyers, notarization service, radio and television broadcasting, handicraft and fine arts, sports, performing art, and political workers in enterprises. This indicator reflects the condition of human resources in S&T.

**Government Funds** refer to funds obtained from government agencies at all levels to be used for S&T activities, including fund for scientific undertakings, 3 kinds of fund for S&T activities, fund for capital construction, fund for scientific researches, science fund, funds from education expenditures by education departments for S&T activities, and extra-budget fund from government agencies for S&T activities.

**Self-raised Funds by Enterprises** refers to self-raised funds by enterprises from their own expenditure or from other enterprises and funds received by universities or research institutions from enterprises for scientific research or technical development projects. Excluded in this category are funds from government agencies, financial institutions or from foreign institutions.

**Loans from Financial Institutions** refer to loans from various financial institutions for S&T activities.

**Internal Expenditures on S&T activities** refer to the actual expenditures on S&T activities during the reference year, including service fees, expenditure on research activities, expenditure on research management, purchase or construction of fixed assets not included in the investment for capital construction, expenditure on capital construction for scientific researches, and other expenditures on S&T activities. Not included are expenditure on production activities, repayment of loans and transfer expenditure. This indicator reflects the real accomplishment of input in S&T.

**Service Fees** refer to direct or indirect payment, in cash or in kind, made to personnel engaged in S&T activities as remuneration and other fees. They include, in various forms, salaries, subsidies, bonus, benefits, retirement pension, stipend, etc. This indicator reflects the improvement of treatment toward S&T personnel.

**Purchase or Construction of Fixed Assets** refers to the fixed assets purchased or constructed using funds other than the investment in capital construction, and the actual expenditure on capital construction for scientific researches. In other words, it is the sum of the actual expenditure on fixed assets and the accomplished investment in capital construction for scientific researches. Fixed assets refer to main materials and equipment, literatures and documents in libraries, materials for experiments, specimen, instruments, furniture, buildings and constructions that can be used for a long time without changing the form and shape of those articles or constructions. This indictor reflects the input in improving the condition of S&T and the means of scientific research.

**New Products** refer to new products produced with new technology and new design, or products that represent noticeable improvement in terms of structure, material, or production process so as to improve significantly the character or function of the older versions. They include new products certified by relevant government agencies within the period of certification, as well as new products designed and produced by enterprises within a year without certification by government agencies. This indictor reflects the direct contribution of S&T output to economic growth.

**Patent** is an abbreviation for the patent right and refers to the exclusive right of ownership by the inventors or designers for the creation or inventions, given from the patent offices after due process of assessment and approval in accordance with the Patent Law.

Patent also refers to a specific patented technology that recognized by the State and public legal protection on the basis of technical or program.

Patent document also refers to a specific substance, which confirm that the applicant issued by the state enjoyed their inventions patented inventions certificate or record the content of patent documents.

**Inventions** refer to new technical proposals to the products or methods or their modifications.

**Patented Utility Models** refer to the practical and new technical proposals on the shape and structure of the product or the combination of both.

**Designs** refer to the aesthetics and industrially applicable new designs for the shape, pattern and colour of the product, or their combinations.

# 21 Twenty-one 文化、体育和卫生

## Culture, Sports and Public Health

# 21-1 文化事业机构和人员

## Number of Institutions and Personnel in Cultural Industry

| 指 标 | Item | 2008 | 2009 | 2010 | 2011 | 2012 | 2013 | 2013年比2012年增长(%) Increase Rate in 2013over 2012(%) |
|---|---|---|---|---|---|---|---|---|
| **机构总计(个)** | **Total Number of Institutions(unit)** | **1869** | **1966** | **2041** | **2075** | **2213** | **2241** | **1.3** |
| 艺术事业 | Art Institutions | 59 | 76 | 65 | 56 | 90 | 113 | 25.6 |
| 文物事业 | Cultural Relics | 113 | 153 | 145 | 130 | 151 | 152 | 0.7 |
| 图书馆事业 | Libraries | 92 | 93 | 93 | 94 | 93 | 94 | 1.1 |
| 群众文化事业 | Mass Culture | 1470 | 1514 | 1524 | 1579 | 1661 | 1687 | 1.6 |
| 文艺科研 | Cultural and Art Research Institutions | 4 | 5 | 4 | 4 | 2 | 2 | 持平 |
| 其他文化事业 | Other Culture Units | 137 | 125 | 210 | 212 | 216 | 193 | -10.6 |
| **人员总计(人)** | **Total Number of Persons Engaged(person)** | **10714** | **12520** | **12949** | **14945** | **16380** | **17996** | **9.9** |
| 艺术事业 | Art Institntions | 2184 | 2965 | 2421 | 2259 | 2531 | 3955 | 56.3 |
| 文物事业 | Cultural Relics | 1133 | 1466 | 1665 | 1691 | 2166 | 1693 | -21.8 |
| 图书馆事业 | Libraries | 913 | 946 | 937 | 950 | 976 | 1014 | 3.9 |
| 群众文化事业 | Mass Culture | 4400 | 4808 | 4790 | 5223 | 5320 | 5986 | 12.5 |
| 文艺科研 | Cultural and Art Research Institutions | 27 | 36 | 31 | 33 | 21 | 21 | 持平 |
| 其他文化事业 | Other Culture Units | 1955 | 2299 | 3105 | 4789 | 5366 | 5327 | -0.7 |

注：1.资料来源于省文化厅(以下相关表同)。2.机构和人员数不含文化市场新分的机构和人员数。3.2013年对1个机构两块牌子从业人员进行重新划分，因此文物业从业人员有所减少。

Note: 1.Data in the table are provided by the Provinvial Department of Culture(The relative tables in the chapter are the same). 2. Number of Instituiions and Personnel in the table exclude newly increased Institutions and Personnel. 3. In 2013,one institution and two brands practitioners were divided again, so the property practitioners has decreased.

# 21−2 文化事业单位数

## Basic Statistics on Culture Establishment

单位：个 (unit)

| 类　别 | Item | 2008 | 2009 | 2010 | 2011 | 2012 | 2013 |
|---|---|---|---|---|---|---|---|
| 艺术表演场所 | Arts Centers | 11 | 9 | 7 | 11 | 10 | 6 |
| 公共图书馆 | Public Libraries | 92 | 93 | 93 | 94 | 93 | 94 |
| 博物馆、纪念馆 | Museums and Memorials | 23 | 53 | 59 | 53 | 66 | 75 |
| 群众艺术馆、文化馆 | Mass Art Centers and Cultural Centers | 95 | 95 | 95 | 97 | 97 | 98 |
| 档案馆 | Archives | 107 | 107 | 107 | 107 | 107 | 107 |

注：1.2013年博物馆、纪念馆统计范围增加民间博物馆机构。2.2013年非文化部门艺术表演场所减少4个。

Note:1.Museums and Memorials increased the statistical range of folk museum agencies in 2013. 2.Non-cultural department arts centers reduced 4 in 2013.

# 21−3 文化娱乐业(2013)

## Culture and Entertainment Industry

| 类　别 | Sort | 机构数（个） Institutions (unit) | 从业人员（人） Number of Employed Persons(person) | 营业收入（万元） Operating Revenue (10000 yuan) | 营业利润（万元） Primary Business Profit (10000 yuan) |
|---|---|---|---|---|---|
| **总　计** | **Total** | **4835** | **32787** | **260498** | **83220** |
| 非国有艺术表演团体 | Non-state Performing Arts Groups | 67 | 2312 | 8516 | -725 |
| 娱乐场所 | Places of Entertainment | 2632 | 20661 | 167468 | 53522 |
| 互联网上网服务营业场所（网吧） | Internet access service establishments (internet cafes) | 2136 | 9814 | 84514 | 30423 |

# 21−4 艺术表演场所(2013)

## Art Preformances Places

| 类　别 | Sort | 机构数（个） Number of Instit-utions (unit) | 从业人员（人） Number of Staff and Workers (person) | 座席数（个） Seats (unit) | 演(映)出场次(场) Number of Perfo-rmances (show) | #艺术演出场次 Art Perfo-rmance | 观众人次（万人次） Number of Spectators (10000 person -times) |
|---|---|---|---|---|---|---|---|
| **总　计** | **Toatl** | **6** | **81** | | | | |
| #省　级 | Province Level | 4 | 64 | | | | |
| 地　级 | Prefectural Level | 2 | 17 | | | | |
| 县　级 | County Level | | | | | | |
| #文化系统 | Cultural Organizations and Institutions | 6 | 81 | | | | |

注：2013年文化系统6个艺术表演场所均处于改制转型中，全年无演出。

Note: The Cultural system of 6 performing arts venues are in the restructuring and transformtion, no performances throughout the year.

# 21-5 文化部门艺术表演团体(2013)
## Art Troupes of Culture Sector

| 指　标 | Item | 剧团数(个) Number of Troupes (unit) | 从业人员(人) Number of Employed Persons (person) | 国内演出(场) Number of Domestic Performances (show) | #在农村演出 Shows in Rural Areas | 国内观众人数(万人次) Number of Domestic Spectators (10000 person-times) |
|---|---|---|---|---|---|---|
| **总　计** | **Total** | **38** | **1424** | **3580** | **1900** | **442** |
| **按隶属关系分** | **Grouped by Ownership** | | | | | |
| #国有剧团 | State-owned Troupes | 38 | 1424 | 3580 | 1900 | 442 |
| **按剧种分** | **Grouped by Art Troupes** | | | | | |
| 话剧、儿童剧、滑稽剧团 | Drama, Children's Play and Comedy Troupes | 1 | 60 | 100 | | 1 |
| 歌舞、音乐类 | Song and Dance Troupe,Music Troupes | 32 | 911 | 2910 | 1750 | 374 |
| 京剧、昆曲类 | Local Beijing Opera Troupes,Kunqu Troupes | 1 | 52 | 130 | 20 | 9 |
| 地方戏曲类 | Local Opera Troupes | 2 | 213 | 310 | 70 | 30 |
| 杂技、魔术、马戏类 | Acrobatics , Magic, Circus Troupes | 1 | 172 | 80 | 60 | 23 |
| 曲艺类 | Art class | | | | | |
| 乌兰牧骑类 | Ulan muqir class | | | | | |
| 综合性艺术表演团体 | General Art Performing Troupes | 1 | 16 | 50 | | 5 |

# 21-6 群众文化馆(站)(2013)
## Mass Art Centers and Culture Centers(Stations)

| 指　标 | Item | 合计 Total | 文化馆 Culture Centers | 文化站 Culture Stations |
|---|---|---|---|---|
| **馆(站)个数(个)** | **Number of Centers(unit)** | **1687** | **98** | **1589** |
| 组织各类讲座次数(次) | Organizing Lectures(time) | 351 | 351 | |
| 组织文艺活动次数(次) | Organizing Art Performances(time) | 14567 | 3600 | 10967 |
| 举办业余文艺训练班(班次) | Conducting Amateur Art Training Courses(class) | 7631 | 2016 | 5615 |
| # 结业人数(万人次) | Number of Persons Completed(10000 person-times) | 54.75 | 19.79 | 34.96 |
| 举办展览次数(次) | Number of Exhibitions(unit) | 3033 | 433 | 2600 |

# 21-7 广播、电视

# Radio and Television Industry

| 指　　标 | Item | 2008 | 2009 | 2010 | 2011 | 2012 | 2013 |
|---|---|---|---|---|---|---|---|
| 广播电视台(座) | Broadcasting and Television Stations(unit) | 77 | 78 | 79 | 79 | 84 | 85 |
| 广播节目综合人口覆盖率(%) | Radio Coverage Rate of the Population(%) | 86.1 | 86.6 | 87.5 | 88.0 | 88.5 | 90.0 |
| #农村 | Rural | 84.2 | 84.4 | 85.6 | 86.1 | 86.6 | 88.6 |
| 广播节目自办套数(套) | Number of Radio Programs with Ownership(set) | 23 | 24 | 27 | 31 | 39 | 38 |
| #公共广播 | Public Radio | 23 | 24 | 27 | 31 | 39 | 38 |
| 广播节目制作时间(万小时) | Length of Radio Programs Produced(10 000 hours) | 6.69 | 7.37 | 6.23 | 10.58 | 12.94 | 12.06 |
| 公共广播节目播出时间(万小时) | Length of Public Radio Programs Broadcasted (10 000 hours) | 13.58 | 14.34 | 15.78 | 18.92 | 20.87 | 22.55 |
| 电视节目综合人口覆盖率(%) | TV Coverage Rate of Population(%) | 91.3 | 91.3 | 92.5 | 92.8 | 93.0 | 94.1 |
| #农村 | Rural | 90.0 | 90.0 | 91.4 | 91.7 | 91.9 | 93.4 |
| 有线广播电视用户数(万户) | Users of Cable Radio and TV (10 000 households) | 338.23 | 340.61 | 335.23 | 396.57 | 396.61 | 394.28 |
| #农村 | Rural | 113.92 | 93.07 | 91.26 | 210.53 | 218.20 | 44.70 |
| 数字电视用户数(万户) | Number of Users of Digital TV(10 000 households) | 130.05 | 208.19 | 234.51 | 349.67 | 357.69 | 394.28 |
| 有线广播电视入户率(%) | Popularization Rate of Cable Radio and TV(%) | 31.1 | 31.4 | 29.9 | 34.3 | 32.9 | 32.1 |
| #农村 | Rural | 14.4 | 10.5 | 9.9 | 22.0 | 22.2 | 4.5 |
| 电视节目自办套数(套) | Number of TV Programs with Ownership(set) | 99 | 100 | 101 | 101 | 101 | 102 |
| #公共电视 | Public TV | 99 | 100 | 101 | 101 | 101 | 102 |
| 电视节目制作时间(万小时) | Length of TV Programs Produced(10 000 hours) | 3.98 | 3.74 | 4.35 | 3.10 | 4.61 | 4.15 |
| 公共电视节目播出时间(万小时) | Length of Public TV Programs Broadcasted (10 000 hours) | 24.78 | 23.49 | 24.69 | 22.71 | 24.00 | 23.50 |
| 电视剧播出数(万部) | Number of TV Plays Broadcasted(10 000 sets) | 0.27 | 0.26 | 0.30 | 0.26 | 0.26 | 0.25 |
| #进口电视剧播出数(部) | Imported TV Plays(set) | 153 | 84 | 140 | 127 | 115 | 107 |
| 电视剧播出数(万集) | Number of TV Plays Broadcasted(10 000 parts) | 5.59 | 6.28 | 7.24 | 6.45 | 6.29 | 5.75 |
| #进口电视剧播出数 | Imported TV Plays | 0.50 | 0.32 | 0.38 | 0.26 | 0.23 | 0.24 |

注：资料来源于省新闻出版广电局(以下相关表同)。

Note: Data in the table are provided by Guizhou provinvial Administration of press, Publication, Radio, Film and Television (The relative tables in the chapter are the same).

# 21-8 广播、电视节目播出时间(2013)

## Broadcasting Hours of Radio and Television Programs

单位：小时 (hour)

| 指　标 | Item | 全　年<br>公共节目<br>播出时间<br>Broadcasting Hours | #新闻咨询<br>类节目<br>News | #专题服务<br>类节目<br>Special Subject | #综合益智<br>类节目<br>General Entertainment |
|---|---|---|---|---|---|
| **广播电台** | **All Radio Broadcasting Stations** | **225502** | **41829** | **46950** | **49523** |
| 省　级 | Province Level | 61320 | 4137 | 17251 | 16432 |
| 地　级 | Prefectural Level | 103730 | 20681 | 22923 | 26316 |
| 县　级 | County Level | 60451 | 17010 | 6776 | 6775 |
| **电视台** | **All Television Stations** | **235020** | **69482** | **25367** | **16288** |
| 省　级 | Province Level | 48167 | 5909 | 8260 | 2336 |
| 地　级 | Prefectural Level | 127017 | 20882 | 13532 | 11791 |
| 县　级 | County Level | 59836 | 42690 | 3575 | 2161 |

# 21-9 图书出版

## Books Published

| 类　别 | Sort | 2008 | 2009 | 2010 | 2011 | 2012 | 2013 |
|---|---|---|---|---|---|---|---|
| **出版图书(种)** | **Number of Publications(kind)** | **1549** | **943** | **830** | **856** | **966** | **928** |
| #新出版 | New Publications | 602 | 500 | 647 | 545 | 575 | 698 |
| 总印数(万册) | Printed Copies(10000 copies) | 10457 | 9263 | 8069 | 8492 | 7304 | 6279 |
| 总印张数(万印张) | Printed Sheets(10000 sheets) | 39635 | 57032 | 55778 | 57278 | 48304 | 44071 |

# 21－10 杂志出版
# Magazines Published

| 类　别 | Sort | 2008 | 2009 | 2010 | 2011 | 2012 | 2013 |
|---|---|---|---|---|---|---|---|
| **出版杂志(种)** | **Number of Publications(kind)** | **88** | **89** | **88** | **88** | **88** | **88** |
| 每期平均印数(万册) | Average Printed Copies Per Issue(10000 copies) | 98 | 93 | 85 | 78 | 86 | 84 |
| 总印数(万册) | Printed Copies(10000 copies) | 1420 | 1358 | 1300 | 1413 | 1485 | 1575 |
| 总印张数(万印张) | Printed Sheets(10000 sheets) | 8145 | 9243 | 7117 | 7257 | 7062 | 7792 |

# 21－11 报纸出版
# Newspaper Published

| 类　别 | Sort | 2008 | 2009 | 2010 | 2011 | 2012 | 2013 |
|---|---|---|---|---|---|---|---|
| **出版报纸(种)** | **Number of Publications(kind)** | **44** | **44** | **44** | **44** | **44** | **43** |
| 每期平均印数(万份) | Average Printed Copies Per Issue(10000 copies) | 138 | 149 | 162 | 175 | 170 | 156 |
| 总印数(万份) | Printed Copies(10000 copies) | 35110 | 36286 | 37004 | 44931 | 41704 | 38954 |
| 总印张数(万印张) | Printed Sheets(10000 sheets) | 139002 | 142079 | 145831 | 200712 | 178188 | 162120 |

# 21－12 报纸分类出版数量(2013)
# Number of Newspaper Published by Category

| 类　别 | Sort | 出版报纸(种) Number of Publications (kind) | 每期平均印数(万份) Average Publication Per Issue (10000 copies) | 总印数(万份) Total Printed (10000 copies) | 总印张数(万印张) Total Printed Sheets (10000 sheets) |
|---|---|---|---|---|---|
| **总　计** | **Total** | **43** | **156** | **38954** | **162120** |
| #贵州日报 | Guizhou Daily | 1 | 15.73 | 5741.12 | 14801.08 |
| 贵州都市报 | Guizhou Urban Newspaper | 1 | 16.01 | 5732.55 | 41520.93 |
| 贵阳晚报 | Guiyang Evening Newspaper | 1 | 14.30 | 5149.62 | 45545.53 |
| 文　摘 | Tabloid | 1 | 2.60 | 262.60 | 919.10 |
| 每周广播电视报 | Broadcasting and Television Weekly Newspaper | 2 | 4.70 | 244.40 | 1508.00 |

# 21—13 体育运动员

## Athletes

单位：人 (person)

| 指 标 | Item | 2008 | 2009 | 2010 | 2011 | 2012 | 2013 |
|---|---|---|---|---|---|---|---|
| **优秀运动员** | **Excellent Athletes** | **136** | **145** | **145** | **189** | **173** | **173** |
| #女运动员 | Female | 49 | 50 | 50 | 67 | 66 | 74 |
| **专职教练员** | **Full-time Coaches** | **207** | **215** | **215** | **219** | **167** | **219** |
| #女专职教练员 | Female | 52 | 56 | 56 | 61 | 46 | 67 |
| **等级运动员发展人数** | **Number of Certified Athletes** | **256** | **332** | **450** | **488** | **511** | **301** |
| **等级裁判员发展人数** | **Number of Certified Referees** | **29** | **24** | **153** | **5130** | **939** | **2059** |

注：资料来源于省体育局(以下相关表同)。
Note: The data in the table are provided by the provinvial Sport Administration(The relative tables in the chapter are the same).

# 21—14 体育运动获奖

## Medals Won by Guizhou Athletes in Domestic and International Competitions

单位：项 (unit)

| 指 标 | Item | 2008 | 2009 | 2010 | 2011 | 2012 | 2013 |
|---|---|---|---|---|---|---|---|
| 国内外大赛第一名 | Number of the First-Order | 31 | 19 | 16 | 12 | 9 | 7 |
| 国内外大赛第二名 | Number of the Second-Order | 26 | 19 | 19 | 21 | 2 | 13 |
| 国内外大赛第三名 | Number of the Third-Order | 27 | 22 | 12 | 28 | 5 | 17 |

# 21−15 公共体育场地

## Number of Public Stadiums and Gymnasiums

单位：个 (unit)

| 指　标 | Item | 2008 | 2009 | 2010 | 2011 | 2012 | 2013 |
|---|---|---|---|---|---|---|---|
| **总　计** | **Total** | **21547** | **21550** | **21588** | **21596** | **21601** | **38413** |
| #体育场 | Stadiums | 49 | 52 | 56 | 61 | 61 | 78 |
| 体育馆 | Gymnasiums | 21 | 21 | 24 | 27 | 32 | 37 |
| 游泳池 | Swimming Pools | 89 | 89 | 90 | 90 | 90 | 121 |
| 有固定看台的灯光球场 | Illuminated Fields with Fixed Seating | 174 | 174 | 202 | 202 | 202 | 358 |

注：本表数据含全民健身场地数。2013年数据为第六次全国体育场地普查初步汇总数据。

Note:The data in the table includes national fit-keeping fields in rural area. Data in 2013 comes from the 6th survey preliminary summary data of national sporting field .

# 21−16 群众体育活动

## Activities of Mass Sports

| 指　标 | Item | 2008 | 2009 | 2010 | 2011 | 2012 | 2013 |
|---|---|---|---|---|---|---|---|
| 举办县级以上运动会(万次) | Number of Sports Meeting at County level and above(10000 times) | 0.19 | 0.21 | 0.29 | 0.21 | 0.20 | 0.17 |
| 参加运动会的运动员(万人次) | Number of Athletes Attending Sports Meeting (10000 person-times) | 283.14 | 210.86 | 323.13 | 410.12 | 298.52 | 598.81 |
| 青少年体育俱乐部(个) | Athletic Club for Youngsters(unit) | 70 | 81 | 86 | 94 | 98 | 103 |
| 全民健身工程(条) | Body-building Activities of The Whole Nation(unit) | 75 | 84 | 180 | 640 | 750 | 340 |

# 21−17 卫生事业

## Health Care

| 指　　标 | Item | 2008 | 2009 | 2010 | 2011 | 2012 | 2013 |
|---|---|---|---|---|---|---|---|
| **卫生机构(个)** | **Number of Health Institutions(unit)** | **5848** | **5736** | **5637** | **5683** | **27379** | **29182** |
| #医院、卫生院 | Hospitals and Township Hospitals | 1934 | 1982 | 2005 | 2071 | 2210 | 2429 |
| **床位数(万张)** | **Number of Beds(10000 beds)** | **8.31** | **9.75** | **10.53** | **11.75** | **13.65** | **16.33** |
| #医院、卫生院床位 | Number of Hospital and Township Hospitals Beds | 7.81 | 9.12 | 9.75 | 10.80 | 12.97 | 15.58 |
| **卫生人员合计(万人)** | **Number of Employed Personnel in Health Care Institutions (10000 persons)** | **10.60** | **11.34** | **12.13** | **13.29** | **19.21** | **22.23** |
| #卫生技术人员 | Medical Technical Personnels | 8.93 | 9.53 | 10.25 | 11.22 | 12.98 | 15.66 |
| #执业(助理)医师 | Licensed(Assistant) Doctors | 3.88 | 4.02 | 4.22 | 4.40 | 4.92 | 5.59 |
| #注册护士 | Registered Nurse | 2.86 | 3.18 | 3.60 | 4.16 | 4.87 | 5.94 |
| **医疗机构病床使用率(%)** | **Utilization Rate in Medical Institutions(%)** | **79.3** | **79.8** | **79.7** | **79.6** | **83.2** | **81.3** |
| **人均卫生费(元)** | **Expenditure for Health of each Person(yuan)** | | **729** | **947** | **1221** | **1378** | **1580** |
| **平均每千人拥有:** | **Per 1000 Person:** | | | | | | |
| 床位数(张) | Beds(set) | 2.30 | 2.73 | 3.00 | 2.77 | 3.21 | 3.81 |
| #医院、卫生院床位 | Number of Hospital Beds | 2.16 | 2.56 | 2.78 | 2.55 | 3.05 | 3.64 |
| 卫生人员(人) | Number of Employed Personnel in Health Care Institutions(person) | 2.93 | 3.18 | 3.46 | 3.14 | 4.52 | 5.19 |
| #卫生技术人员 | Medical Technical Personnels | 2.47 | 2.67 | 2.92 | 2.65 | 3.06 | 3.65 |
| #执业(助理)医师 | Licensed(Assistant) Doctors | 1.07 | 1.13 | 1.20 | 1.04 | 1.12 | 1.30 |
| **医院服务情况** | **Hospital Services** | | | | | | |
| 诊疗人次(万人次) | Visits (10000 person-times) | 2054.31 | 2413.97 | 2536.82 | 2910.53 | 3464.00 | 4063.16 |
| 入院人数(万人) | Inpatients (10000 persons) | 148.12 | 194.43 | 211.91 | 243.34 | 325.04 | 406.70 |
| 出院人数(万人) | Patients Discharged from Hospital (10000 persons) | 147.29 | 193.14 | 208.93 | 240.59 | 320.49 | 401.46 |
| 每百门诊急诊入院人数（人） | Inpatients per 100 Outpatient and Emergency Visits (person) | 7.40 | 8.40 | 8.50 | 8.70 | 9.75 | 10.43 |
| 病床使用率(%) | Utilization Rate of Beds (%) | 79.3 | 84.0 | 86.4 | 87.1 | 89.11 | 85.81 |
| 出院者平均住院日(天) | Average Stay Days in Hospital(day) | 9.80 | 9.40 | 9.70 | 9.20 | 8.90 | 8.50 |

注：1.资料来源于省卫生计生委，表中数据2011年及以前的数据不含村卫生室，2012年起含村卫生室(以下相关表同)。2.医院服务情况2005年至2007年包括全部医疗机构，从2008年起指医院类别的医疗服务情况。3.每千人口指标2010年及以前以常住人口数为基数计算，2011年起以户籍人口数为基数计算。人均卫生费2009—2011年为测算数，2012—2013年为推算数。

Note:1.Data in the table are provided from the Committee of Population and Family Planning of Guizhou Provincial. In the year of 2011 and before data in this table exclude health clinics of vill-age, but including health clinics of village in 2012(the same applies to the next table).2.The Hospital Services include all medical institutions from 2005 to 2007, but since 2008 only refer to hospitals' services.3.Indicators of per thousand population and expenditure for health of each Person were calculated by the permanent resident population before 2011,but that were calculated by the household registered population in 2011. Per capita health costs were estimated number in 2009 to 2011,but they are projections data in 2012.

# 21-18 卫生机构、床位、人员数(2013)

## Number of Health Institutions,Beds and Personnels

| 类 别 | Item | 机构数(个) Institutions (unit) | 床位数(张) Hospital Beds (Bed) | 人员数(人) Number of Personels (person) | #卫生技术人员数 Medical Technical Personels |
|---|---|---|---|---|---|
| 合 计 | **Total Number of Institutions** | | | | |
| 医 院 | Hospitals | 991 | 118893 | 118060 | 97687 |
| #市 | City | 436 | 60080 | 67222 | 55204 |
| 县 | County | 555 | 58813 | 50838 | 42483 |
| #综合医院 | Genaral Hospital | 765 | 91361 | 92252 | 76772 |
| 县医院 | Hospitals at County Level | 70 | 23322 | 22544 | 19767 |
| 中医医院 | Hospital Specialized in TCM | 82 | 14944 | 14300 | 12043 |
| 中西医结合医院 | Combine Hospitals of Chinese and Western Medicine | 13 | 1187 | 928 | 787 |
| 其他专科医院 | Other Specialized Hospitals | 122 | 10870 | 10158 | 7743 |
| 民族医院 | Nationality Medicine Hospital | 7 | 366 | 356 | 294 |
| 疗养院(所) | Sanitariums | 1 | 98 | 42 | 41 |
| 社区卫生服务中心(站) | Total Health Service Centers for Community | 567 | 4489 | 6221 | 5292 |
| #社区卫生服务中心 | Health Service Centers for Community | 146 | 2759 | 3029 | 2547 |
| 社区卫生服务站 | Health Service Stations for Community | 421 | 1730 | 3192 | 2745 |
| 卫生院 | Health Centers | 1438 | 36955 | 29864 | 26692 |
| #农村乡镇卫生院 | Health Centers of Villages and Towns in Country | 1430 | 36812 | 29725 | 26569 |
| 中心卫生院 | Health Centers Focus Villages and Towns | 563 | 20769 | 15421 | 13779 |
| 乡卫生院 | Health Centers of Commonly Villages and Towns | 867 | 16043 | 14304 | 12790 |
| 门诊部、诊所、医务室 | Outpatient Department Clinic and Infirmary | 3434 | | 8667 | 8442 |
| #私人办诊所 | Private Clinique | 2780 | | 6509 | 6438 |
| 专科防治所(站) | Specialized Disease Prevention and Treatment Centers | 10 | 486 | 261 | 212 |
| 疾控中心(卫生防疫站) | CDC(Epidemic Prevention Station) | 101 | | 4952 | 3958 |
| #县疾控中心 | CDC at County Level | 75 | | 2838 | 2381 |
| 卫生监督机构 | Sanitation Supervise Centers | 98 | | 1849 | 1535 |
| #县卫生监督机构 | Sanitation Supervise Centers at County Level | 69 | | 1083 | 904 |
| 妇幼保健院(所、站) | MCH Center | 98 | 4141 | 4889 | 4201 |
| #县妇幼保健院(所、站) | MCH Centers at County level | 56 | 2214 | 2087 | 1818 |
| 医学科学研究机构 | Research Institution of Medicine Science | 2 | | 201 | 200 |
| 村卫生室 | Health Clinics of Village | 21220 | | 37808 | 1480 |
| 其他卫生机构 | Other Health Project Institution | 62 | | 1220 | 827 |
| **按主办单位分** | **Total Number of Institutions** | | | | |
| 政府办 | Government Office | 5500 | 113540 | 132176 | 109472 |
| # 卫生部门 | Health Department | 4421 | 111098 | 123090 | 102743 |
| 社会办 | Industrial and Other Department | 12435 | 17937 | 43343 | 17292 |
| 个人办 | Private | 11247 | 31855 | 46783 | 29793 |
| **按经济类型分** | **Total Number of Institutions** | | | | |
| 公立 | The Public | 13424 | 124789 | 158998 | 120642 |
| # 国有 | State-owned | 6163 | 123672 | 144334 | 119283 |
| 集体 | Collective | 7261 | 1117 | 14664 | 1359 |
| 民营 | Private | 15758 | 38543 | 63304 | 35915 |
| # 联营 | Joint venture | 193 | 774 | 851 | 491 |
| 私营 | Private | 14221 | 31673 | 53071 | 29158 |
| 其他 | other | 1344 | 6096 | 9382 | 6266 |

# 21-19 卫生防疫防治和妇幼卫生事业

## Sanitation and Epidemic Prevention,Maternity and Child Care

| 类　　别 | Sort | 2008 | 2009 | 2010 | 2011 | 2012 | 2013 |
|---|---|---|---|---|---|---|---|
| **防治所、站机构数(个)** | **Prevention and Treatment Centers or Stations(unit)** | **8** | **8** | **8** | **9** | **7** | **10** |
| 人员总数(人) | Number of Personnels(person) | 158 | 182 | 186 | 243 | 202 | 261 |
| #卫生技术人员数 | Medical Technical Personnels | 126 | 140 | 144 | 191 | 162 | 212 |
| 床位数(张) | Hospital Beds(bed) | 144 | 213 | 199 | 280 | 440 | 486 |
| **卫生防疫机构数(个)** | **Institutions of Sanitation and Antiepidemic Agencies(unit)** | **105** | **103** | **103** | **103** | **101** | **101** |
| 人员总数(人) | Number of Personnels(person) | 4637 | 4643 | 4561 | 4542 | 4737 | 4952 |
| #卫生技术人员数(人) | Medical Technical Personnels(person) | 3787 | 3795 | 3689 | 3629 | 3627 | 3958 |
| **妇幼保健机构合计(个)** | **Institutions of Maternity and Child Care(unit)** | **90** | **88** | **89** | **94** | **96** | **98** |
| 人员总数(人) | Number of Personnels(person) | 3322 | 3595 | 3692 | 3888 | 4216 | 4889 |
| #卫生技术人员数(人) | Medical Technical Personnels(person) | 2802 | 3060 | 3151 | 3341 | 3601 | 4201 |
| **床位数(张)** | **Hospital Beds(bed)** | **2442** | **2928** | **3049** | **4398** | **3785** | **4141** |

# 21−20 县及县以上医院、卫生院(2013)

# Basic Statistics on Hospitals and Health Centers at County Level and above

| 类　别 | Sort | 机构合计(个) Institutions (unit) | 诊疗人次数(万人次) Number of Visits and Inpatients (10000 person-times) | #门　诊(万人次) Number of Visits in Clinics (10000 person-times) | 入院人数(万人) Inpatients (10000 person) | 出院人数(万人) Outpatients (10000 person) |
|---|---|---|---|---|---|---|
| **县及县以上医院合计** | **Hospitals at County Level and above** | **991** | **4063.16** | **3477.57** | **406.70** | **401.46** |
| #综合医院 | Comprehensive Hospitals | 765 | 3240.12 | 2773.60 | 331.46 | 327.52 |
| 中医医院 | Hospital of Chinese Medicine | 82 | 565.28 | 479.18 | 48.13 | 47.50 |
| **妇幼保健院(所、站)** | **Maternity and Child Care Hospital(Centers orStations)** | **98** | **277.22** | **220.47** | **19.69** | **18.91** |
| #妇幼保健院 | Maternity and Child Care Hospital | 56 | 235.90 | 181.40 | 16.50 | 15.71 |
| **卫生院合计** | **Township Hospitals** | **1438** | **2279.37** | **2094.96** | **205.08** | **203.71** |
| #农村乡镇卫生院 | Rural Township Hospitals | 1430 | 2272.10 | 2088.53 | 204.18 | 202.81 |
| 中心卫生院 | Central Township Hospitals | 563 | 1219.88 | 1120.03 | 116.87 | 115.68 |
| 乡卫生院 | Ecumenic Township Hospitals | 867 | 1052.22 | 968.51 | 87.31 | 87.13 |

21−20 续表　continued

| 类　别 | Sort | 平均开放病床数(张) Average Sickbeds Setup (bed) | 病床周转次数(次/年) Turnover of Beds (time/year) | 病床工作日(日/床) Number of Days Per Bed in Use (day/Bed) | 病床使用率(%) Utilization Rate of Beds(%) | 出院者平均住院日(天/人) Average Stay Days in Hospital (day/Person) | 每100次门(急)诊入院人数(人) Hospital Admissions Per 100 Out-Patient Times and Emergency Patient-Times (person) |
|---|---|---|---|---|---|---|---|
| **县及县以上医院合计** | **Hospitals at and above County Level** | **118298** | **35.3** | **314.1** | **85.81** | **8.5** | **10.43** |
| #综合医院 | Comprehensive Hospitals | 90786 | 37.5 | 318.2 | 86.95 | 8.2 | 10.62 |
| #中医医院 | Hospital of Chinese Medicine | 14924 | 32.6 | 319.7 | 87.34 | 9.6 | 9.04 |
| **妇幼保健院(所、站)** | **Maternity and Child Care Hospital(Centers orstations)** | **4141** | **48.0** | **266.5** | **72.80** | **5.2** | **7.56** |
| #妇幼保健院 | Maternity and Child Care Hospital | 3073 | 52.8 | 300.4 | 82.08 | 5.4 | 7.48 |
| **卫生院合计** | **Township Hospitals** | **36955** | **58.2** | **254.8** | **69.61** | **4.1** | **9.52** |
| #农村乡镇卫生院 | Rural Township Hospitals | 36812 | 58.2 | 254.9 | 69.64 | 4.1 | 9.51 |
| 中心卫生院 | Central Township Hospitals | 20769 | 58.2 | 260.2 | 71.09 | 4.2 | 10.09 |
| 乡卫生院 | Ecumenic Township Hospitals | 16043 | 58.2 | 247.9 | 67.73 | 4.0 | 8.83 |

# 21-21 县、乡、村三级医疗、预防、保健

## Health Organization at County,Town and Village Level

| 指　标 | Item | 2008 | 2009 | 2010 | 2011 | 2012 | 2013 | 2013年比2012年增长(%) Increase Rate in 2013 over 2012(%) |
|---|---|---|---|---|---|---|---|---|
| **县医院个数(个)** | **Number of Hospitals at County Level(unit)** | **72** | **70** | **70** | **70** | **70** | **70** | **持平** |
| 平均每院病床数(张) | Average Number of Beds Per Hospital(bed) | 173.69 | 211.40 | 230.01 | 242.36 | 278.74 | 333.17 | 19.5 |
| 平均每院人员数(人) | Average Personnels Per Hospital(person) | 171.20 | 180.11 | 193.10 | 233.37 | 258.26 | 322.06 | 24.7 |
| #平均每院卫生技术人员数 | Average Medical Technical Personnels Per Hospital | 146.17 | 155.79 | 167.53 | 203.16 | 224.81 | 282.39 | 25.6 |
| **县妇幼保健院(所、站)机构数(个)** | **Maternity and Child Care Centers at County Level (unit)** | **62** | **61** | **58** | **57** | **58** | **57** | **-1.7** |
| 平均每院(所、站)床位数(张) | Average Number of Beds Per Station (bed) | 20.60 | 23.72 | 26.91 | 28.54 | 33.43 | 38.84 | 16.2 |
| 平均每院(所、站)人员数（人） | Average Personnels Per Station (person) | 26.40 | 27.39 | 28.98 | 30.49 | 33.38 | 36.61 | 9.7 |
| #每院(所、站)卫生技术人员数 | Medical Technical Personnels Per Stati on | 22.73 | 23.98 | 25.47 | 26.91 | 33.38 | 31.89 | -4.4 |
| **县卫生防疫站机构数(个)** | **Institutions of Epidemic Prevention Station at County Level(unit)** | **70** | **69** | **69** | **69** | **71** | **75** | **5.6** |
| 平均每所站人员数(人) | Personnels Per Station(person) | 34.40 | 35.06 | 35.01 | 35.14 | 37.48 | 37.84 | 1.0 |
| #平均每站卫生技术人员数 | Average Medical Technical Personnels Per Station | 29.20 | 29.94 | 29.83 | 29.45 | 31.34 | 31.75 | 1.3 |
| **农村乡镇卫生院机构数(个)** | **Institutions of Rural Township Hospitals(unit)** | **1448** | **1439** | **1437** | **1436** | **1438** | **1430** | **-0.6** |
| 农村乡镇卫生院床位数（张） | Number of Beds of Rural Township Hospitals(bed) | 21201 | 25841 | 28123 | 29541 | 33148 | 36812 | 11.1 |
| 平均每院床位数(张) | Average Number of Beds Per Hospital(bed) | 14.64 | 17.96 | 19.57 | 20.57 | 23.05 | 25.74 | 11.7 |
| 平均每千农业人口乡镇卫生院床位数(张) | Average Number of Beds of Rural Township Hospitals Per 1000 Rural Personnels(bed) | 0.65 | 0.75 | 0.80 | 0.83 | 0.93 | 1.03 | 10.2 |
| 农村乡镇卫生院人员数(人) | Personnels of Rural Township Hospitals (person) | 19531 | 20317 | 20893 | 23047 | 26113 | 29725 | 13.8 |
| 平均每院人员数(人) | Average Personnels Per Hospital(person) | 13.49 | 14.12 | 14.54 | 16.05 | 18.16 | 20.79 | 14.5 |
| 平均每千农业人口乡镇卫生院人员数(人) | Average Medical Technical Personnels of Rural Township Hospitals Per 1000 Rural Personnels(person) | 0.60 | 0.59 | 0.59 | 0.65 | 0.73 | 0.83 | 13.0 |
| **村卫生室个数(个)** | **Number of Villages with Medical Treatment Sations(unit)** | **19031** | **18971** | **19783** | **20260** | **21445** | **21220** | **-1.0** |
| 村卫生室覆盖率(%) | Coverage Rate of Township Hospitals(%) | 96.1 | 88.3 | 90.1 | 93.8 | 100.0 | 100.0 | 持平 |
| 开展合作医疗的村数(个) | Number of Villages of Carrying out Rural Cooperative Medical Treatment( unit) | 19803 | 17568 | 17672 | 17583 | 18099 | 16869 | -6.8 |
| 开展合作医疗的村覆盖率(%) | Coverage Rate of Villages of Carrying out Rural Cooperative Medical Treatment(%) | 100.0 | 100.0 | 100.0 | 100.0 | 100.0 | 100.0 | 持平 |
| 平均每村设置医疗点数(个) | Average Number of Medical Treatment Stations Per Village(unit) | 0.96 | 1.08 | 1.12 | 1.15 | 1.18 | 1.26 | 6.6 |
| 乡村医生和卫生员数(人) | Doctors and Health Workers(person) | 25469 | 32450 | 31517 | 34587 | 37760 | 36328 | -3.8 |
| #乡村医生所占比例(%) | Proportion of Rural Doctors(%) | 83.0 | 71.6 | 78.0 | 76.7 | 73.4 | 75.5 | 2.1(百分点) |
| 平均每村乡村医生和卫生员数(人) | Average Number of Doctors and Health Workers Per Village(person) | 1.29 | 1.85 | 1.78 | 1.97 | 2.09 | 2.15 | 3.0 |
| 平均每千农业人口乡村医生和卫生员数(人) | Average Number of Doctors and Health Workers Per 1000 Rural Personnels (person) | 0.78 | 0.95 | 0.90 | 0.97 | 1.06 | 1.01 | -4.5 |

注：县医院指卫生部门办的县综合医院，且不含县级市和区；2008年及以前的“村卫生室覆盖率”=村卫生室个数/行政村数，2009年后“村卫生室覆盖率”=设置村卫生室的村数/行政村总数。

Note: Hospitals at county level running by the health department refers to general hospital,and exclude county-level city and district. Before 2008, "the coverage rate of township hospitals"=number of village medical treatment sations/the number of administrative villages, While after 2009, "the coverage rate of township hospitals"=number of villages with medical treatment sations/the number of administrative villages.

# 21-22 28种传染病报告发病及死亡人数(2013)

# List of 28 Infectious Diseases Reported and Number of Death

单位：人 (person)

| 顺位 No. | 发病 Diseases 疾病名称 Diseases | 发病人数 Persons | 死亡 Death 疾病名称 Diseases | 死亡人数 Persons |
|---|---|---|---|---|
| 1 | 肺结核 Pulmonary Tuberculosis | 46783 | 艾滋病 AIDS | 401 |
| 2 | 病毒性肝炎 Viral Hepatitis | 25403 | 肺结核 Pulmonary Tuberculosis | 158 |
| 3 | 梅毒 Syphilis | 8394 | 狂犬病 Hydrophobia | 83 |
| 4 | 细菌性和阿米巴性痢疾 Dysentery | 5506 | 乙脑 Encephalitis B | 2 |
| 5 | 淋病 Gonorrhea | 1321 | 新生儿破伤风 Newborn Tetanus | 19 |
| 6 | 伤寒副伤寒 Typhoid and Paratyphoid Fever | 921 | 病毒性肝炎 Viral Hepatitis | 7 |
| 7 | 艾滋病 AIDS | 1545 | 梅毒 Syphilis | 2 |
| 8 | 猩红热 Scarlet Fever | 482 | 细菌性和阿米巴性痢疾 Dysentery | |
| 9 | 流行性乙型脑炎 Encephalitis B | 97 | 钩端螺旋体病 Leptospirosis | 3 |
| 10 | 狂犬病 Hydrophobia | 84 | 流行性脑脊髓膜炎 Epidemic Encephalitis | 1 |
| 11 | 流行性出血热 Hemorrhage Fever | 112 | 流行性出血热 Hemorrhage Fever | 1 |
| 12 | 百日咳 Pertussis | 25 | 人感染高致病性禽流感 Highly Pathogenic Bird Flu | 2 |
| 13 | 麻疹 Measles | 77 | 淋病 Gonorrhea | |
| 14 | 钩端螺旋体病 Leptospirosis | 6 | 伤寒副伤寒 Typhoid and Paratyphoid Fever | 1 |
| 15 | 新生儿破伤风 Newborn Tetanus | 41 | 疟疾 Malaria | |
| 16 | 疟疾 Malaria | 13 | 麻疹 Measles | |
| 17 | 甲型H1N1流感 A(H1N1)Flu | 405 | 甲型H1N1流感 A(H1N1)Flu | 2 |
| 18 | 布鲁氏菌病 Brucellosis | 26 | 炭疽 Anthrax | |
| 19 | 流行性脑脊髓膜炎 Epidemic Encephalitis | 12 | 鼠疫 The Plague | |
| 20 | 炭疽 Anthrax | 9 | 血吸虫病 Schistosomiasis | |
| 21 | 人感染高致病性禽流感 Highly Pathogenic Bird Flu | 2 | 百日咳 Pertussis | |
| 22 | 血吸虫病 Schistosomiasis | | 布鲁氏菌病 Brucellosis | |
| 23 | 霍乱 Cholera | | 猩红热 Scarlet Fever | |
| 24 | 鼠疫 The Plague | | 登革热 Dengue Fever | |
| 25 | 登革热 Dengue Fever | 1 | 霍乱 Cholera | |
| 26 | 传染性非典型肺炎 SARS | | 传染性非典型肺炎 SARS | |
| 27 | 脊髓灰质炎 Poliomyelitis | | 脊髓灰质炎 Poliomyelitis | |
| 28 | 白喉 Diphtheria | | 白喉 Diphtheria | |

# 21-23 28种传染病报告发病率、死亡率及病死率(2013)

# List of Incidence,Death and Mortality Rates of 28 Infectious Disease Reported

| 顺位<br>No. | 发 病 Disease Incidence | | 死 亡 Death | | 病 死 Mortality Rate | |
|---|---|---|---|---|---|---|
| | 疾病名称<br>Diseases | 发病率<br>(1/10万)<br>Incidence<br>(1/100 000) | 疾病名称<br>Diseases | 死亡率<br>(1/10万)<br>Death Rate<br>(1/100 000) | 疾病名称<br>Diseases | 病死率<br>(%)<br>Mortality<br>Rate(%) |
| 1 | 肺结核<br>Pulmonary Tuberculosis | 134.2795 | 狂犬病<br>Hydrophobia | 0.2382 | 人禽流感<br>Highly Pathogenic Bird Flu | 100.0000 |
| 2 | 病毒性肝炎<br>Viral Hepatitis | 72.9133 | 艾滋病<br>AIDS | 1.1510 | 狂犬病<br>Hydrophobia | 98.8100 |
| 3 | 梅毒<br>Syphilis | 24.0930 | 肺结核<br>Pulmonary Tuberculosis | 0.4535 | 艾滋病<br>AIDS | 25.9500 |
| 4 | 细菌性和阿米巴性痢疾<br>Dysentery | 15.8037 | 流行性乙型脑炎<br>Encephalitis B | 0.0057 | 新生儿破伤风<br>Newborn Tetanus | 46.3400 |
| 5 | 淋病<br>Gonorrhea | 3.7916 | 肝炎<br>Viral Hepatitis | 0.0201 | 流脑<br>Epidemic Encephalitis | 8.3300 |
| 6 | 伤寒+副伤寒<br>Typhoid and Paratyphoid Fever | 2.6435 | 新生儿破伤风<br>Newborn Tetanus | 0.0545 | 钩体病<br>Leptospirosis | 50.0000 |
| 7 | 艾滋病<br>AIDS | 4.4346 | 梅毒<br>Syphilis | 0.0057 | 乙脑<br>Encephalitis B | 2.0600 |
| 8 | 猩红热<br>Scarlet Fever | 1.3835 | 细菌性和阿米巴性痢疾<br>Dysentery | | 出血热<br>Hemorrhage Fever | 0.8900 |
| 9 | 流行性乙型脑炎<br>Encephalitis B | 0.2784 | 流脑<br>Epidemic Encephalitis | 0.0029 | 肺结核<br>Pulmonary Tuberculosis | 0.3400 |
| 10 | 狂犬病<br>Hydrophobia | 0.2411 | 流行性出血热<br>Hemorrhage Fever | 0.0029 | 淋病<br>Gonorrhea | |
| 11 | 流行性出血热<br>Hemorrhage Fever | 0.3215 | 人禽流感<br>Highly Pathogenic Bird Flu | 0.0057 | 梅毒<br>Syphilis | 0.0200 |
| 12 | 百日咳<br>Pertussis | 0.0718 | 淋病<br>Gonorrhea | | 痢疾<br>Dysentery | |
| 13 | 麻疹<br>Measles | 0.2210 | 伤寒+副伤寒<br>Typhoid and Paratyphoid Fever | 0.0029 | 病毒性肝炎<br>Viral Hepatitis | 0.0300 |
| 14 | 钩端螺旋体病<br>Leptospirosis | 0.0172 | 疟疾<br>Malaria | | 炭疽<br>Anthrax | |
| 15 | 新生儿破伤风<br>Newborn Tetanus | 0.1177 | 甲型H1N1流感<br>A(H1N1)Flu | 0.0057 | 甲型H1N1流感<br>A(H1N1)Flu | 0.4900 |
| 16 | 疟疾<br>Malaria | 0.0373 | 炭疽<br>Anthrax | | 鼠疫<br>The Plague | |
| 17 | 甲型H1N1流感<br>A(H1N1)Flu | 1.1625 | 麻疹<br>Measles | | 麻疹<br>Measles | |
| 18 | 布鲁氏菌病<br>Brucellosis | 0.0746 | 血吸虫病<br>Schistosomiasis | | 疟疾<br>Malaria | |
| 19 | 流脑<br>Epidemic Encephalitis | 0.0344 | 鼠疫<br>The Plague | | 百日咳<br>Pertussis | |
| 20 | 炭疽<br>Anthrax | 0.0258 | 百日咳<br>Pertussis | | 血吸虫病<br>Schistosomiasis | |
| 21 | 人禽流感<br>Highly Pathogenic Bird Flu | 0.0057 | 淋病<br>Gonorrhea | | 伤寒+副伤寒<br>Typhoid and Paratyphoid Fever | 0.1100 |
| 22 | 登革热<br>Dengue Fever | 0.0029 | 布鲁氏菌病<br>Brucellosis | | 布病<br>Brucellosis | |
| 23 | 血吸虫病<br>Schistosomiasis | | 猩红热<br>Scarlet Fever | | 猩红热<br>Scarlet Fever | |
| 24 | 鼠疫<br>The Plague | | 登革热<br>Dengue Fever | | 登革热<br>Dengue Fever | |
| 25 | 霍乱<br>Cholera | | 霍乱<br>Cholera | | 霍乱<br>Cholera | |
| 26 | 传染性非典型肺炎<br>SARS | | 传染性非典型肺炎<br>SARS | | 传染性非典型肺炎<br>SARS | |
| 27 | 脊灰<br>Poliomyelitis | | 脊灰<br>Poliomyelitis | | 脊灰<br>Poliomyelitis | |
| 28 | 白喉<br>Diphtheria | | 白喉<br>Diphtheria | | 白喉<br>Diphtheria | |

# 21-24 5岁以下儿童和孕产妇死亡率

# Mortality Rate of the Maternal and Children Aged under 5

| 指 标 | Item | 2008 | 2009 | 2010 | 2011 | 2012 | 2013 |
|---|---|---|---|---|---|---|---|
| **新生儿死亡率(‰)** | **Newborn Mortality Rate(‰)** | **12.7** | **12.2** | **7.1** | **5.1** | **5.9** | **4.6** |
| 城 市 | Urban | 5.6 | 6.6 | 6.3 | 4.7 | 4.9 | 3.7 |
| 农 村 | Rural | 14.9 | 13.9 | 7.3 | 5.1 | 6.8 | 5.1 |
| **婴儿死亡率(‰)** | **Infant Mortality Rate(‰)** | **21.1** | **17.7** | **11.9** | **8.6** | **11.4** | **9.2** |
| 城 市 | Urban | 11.0 | 9.4 | 10.9 | 8.4 | 6.8 | 6.3 |
| 农 村 | Rural | 24.3 | 20.3 | 12.2 | 8.9 | 13.8 | 10.7 |
| **5岁以下儿童死亡率(‰)** | **Mortality Rate of Children under 5(‰)** | **27.1** | **22.3** | **15.0** | **11.2** | **15.1** | **13.0** |
| 城 市 | Urban | 13.0 | 11.8 | 14.0 | 10.8 | 8.1 | 8.9 |
| 农 村 | Rural | 31.5 | 25.6 | 15.3 | 11.3 | 18.7 | 15.1 |
| **孕产妇死亡率(1/10万)** | **Maternal Mortality Rate(1/100 000)** | **67.3** | **49.8** | **35.4** | **24.5** | **32.0** | **22.4** |
| 城 市 | Urban | 51.6 | 42.8 | 35.7 | 30.2 | 32.0 | 26.3 |
| 农 村 | Rural | 70.6 | 51.0 | 35.3 | 22.5 | 34.2 | 21.4 |

注：2010—2011年的数据取自妇幼卫生年报表，其余数据源自妇幼卫生监测数据。

Note:Data were obtained from the Annual Report of Maternal and Child Health in 2010 to 2011.The remaining data are from maternal and child health surveillance data

# 21-25 新型农村合作医疗

# Conditions of New Cooperative Medical System

| 指 标 | Indicator | 2008 | 2009 | 2010 | 2011 | 2012 | 2013 |
|---|---|---|---|---|---|---|---|
| 开展新农合县（市、区、特区)数(个) | Number of Counties Implementing of NCMS (unit) | 88 | 88 | 88 | 88 | 88 | 88 |
| 参加新农合人数(万人) | Number of Enrollees(10000 persons) | 2831.87 | 2912.38 | 3029.17 | 3074.80 | 3112.21 | 3213.95 |
| 参合率(%) | Enrollment Rate(%) | 92.1 | 94.3 | 96.3 | 97.1 | 98.0 | 98.7 |
| 当年筹资总额(亿元) | Total Fund Raised at Current Year (100 million yuan) | 25.15 | 30.13 | 44.35 | 68.73 | 90.25 | 107.34 |
| 人均筹资(元) | Per Capita Premiums(yuan) | 90 | 100 | 140 | 230 | 290 | 330 |
| 当年基金支出(亿元) | Payout at Current Year(10000 million yuan) | 16.21 | 30.78 | 37.12 | 52.25 | 85.75 | 116.40 |
| 补偿受益人次(万人次) | Number of Beneficiaries from Reimbursement (10000 person-times) | 1874.61 | 3573.96 | 3949.88 | 4408.91 | 4890.82 | 5520.51 |

# 主要统计指标解释

**文化事业机构**　指由文化部门主办或实行行业管理的文化及相关产业机构以及由文化部门主办的非文化及相关产业机构等。

**艺术表演团体**　指由文化部门主办或实行行业管理（经文化行政部门审批并领取营业性演出许可证），专门从事表演艺术等活动的各类专业艺术表演团体，含民间职业剧团（不包括群众业余文艺表演团队）。

**电影放映单位**　指具有放映机器设备、固定或不固定的放映场所与专职或兼职的放映技术人员，经有关部门登记批准，经常为一定的观众对象放映电影的机构。包括经批准对外开放进行营业，并与电影发行放映管理机构分帐的专用放映单位和军委系统租片单位。

**艺术表演观众人数（人次）**　指在国内和国外的艺术表演的观众人数。包括售票、包场等有演出收入的场次人数和政府采购的公益性演出场次人数及参加汇演、调演等无演出收入的公开演出场次人数，包括流动舞台车演出场次人数，不包括彩排和内部观摩等无演出收入的场次人数。

**广播节目综合人口覆盖率**　指根据国家广电总局制定的《广播电视人口覆盖率统计技术标准和方法》进行统计调查的，在对象区内采用无线、有线、卫星等技术手段能够收听到包括中央、省、地市、县广播节目其中任意一套的人口数占全国总人口数的百分比。

**电视节目综合人口覆盖率**　指根据国家广电总局制定的《广播电视人口覆盖率统计技术标准和方法》进行统计调查的，在对象区内采用无线、有线、卫星等技术手段能够收看到包括中央、省、地市、县级电视节目中任意一套的人口数占全国总人口数的百分比。

**等级运动员人数**　指经考核正式批准授予等级运动员称号的人数。运动员等级分为国际级运动健将、运动健将、一级运动员、二级运动员。

**等级裁判员人数**　指经考核正式批准授予等级裁判员称号的人数。裁判员等级分为国际级裁判员、国家级裁判员、一级裁判员、二级裁判员。

**体育场**　指有400米跑道（中心含足球场），有固定道牙，跑道6条以上，并有固定看台的室外田径场地。体育场按看台容纳观众人数分为：甲级25000人以上，乙级15000—25000人，丙级5000—15000人，丁级5000人以下。

**体育馆**　指有固定看台，可供篮球、排球、羽毛球、乒乓球、体操等项目训练比赛活动用的室内运动场地。体育馆按看台容纳观众人数分为：甲级6000人以上，乙级4000—6000人，丙级2000—4000人，丁级2000人以下。

**医疗卫生机构**　指从卫生行政部门取得《医疗机构执业许可证》或从民政、工商行政、机构编制管理部门取得法人单位登记证书，为社会提供医疗服务、公共卫生服务或从事医学科研和在职培训等工作的单位。医疗卫生机构包括医院、基层医疗卫生机构（卫生服务中心（站）、乡镇（街道）卫生院、村卫生室、门诊部、诊所（卫生所、医务室））、专业公共卫生机构（疾病预防控制中心、专科疾病防治机构、妇幼保健机构、健康教育机构、急救中心（站）、采供血机构、卫生监督机构、取得医疗机构执业许可证的计划生育技术服务中心）、其他医疗卫生机构（疗养院、临床检验中心（所、站）、医学科研机构、医学在职教育机构、卫生监督（监测、检测）机构、医学考试中心、农村改水中心、人才交流中心、统计信息中心等卫生事业单位）。

**医疗机构**　指从卫生行政部门取得《医疗机构执业许可证》或从民政、工商行政、机构编制管理部门取得法人单位登记证书，为社会提供医疗服务的单位。包括医院、疗养院、社区卫生服务中心（站）、乡镇（街道）卫生院、村卫生室、门诊部、诊所（卫生所、医务室）、急救中心（站）、妇幼保健院（所、站）、专科疾病防治院（所、站）、临床检验中心（所、站）。

**医院**　包括综合医院、中医医院、中西医结合医院、民族医院、各类专科医院和护理院。包括医学院校附属医院，不包括专科疾病防治院、妇幼保健院和疗养院。

**社区卫生服务中心（站）**　指为本社区居民提供预防、医疗、保健、康复、健康教育、计划生育技术服务等的基层卫生机构。包括社区卫生服务中心和社区卫生服务站。

**执业医师**　指具有《医师执业证》及其“级别”为“执业医师”且实际从事临床工作的人员，不包括取得执业证书但从事管理工作的人员（如院长、书记等）。执业医师类别分为临床、中医、口腔和公共卫生。

**执业助理医师**　指具有《医师执业证》及其“级别”为“执业助理医师”且实际从事临床工作的人员，不包括取得执业证书但从事管理工作的人员。执业助理医师类别分为临床、中医、口腔和公共卫生。

**甲乙类法定报告传染病发病率** 指某年某地区每10万人口中甲、乙类法定报告传染病发病情况。即：

$$甲乙类法定报告传染病发病率=\frac{甲、乙类法定报告传染病发病数\times 10万}{人口数\times 10万}。$$

**孕产妇死亡率** $孕产妇死亡率=\frac{该年该地区孕产妇死亡人数\times 10万}{某年某地区活产数\times 10万}。$

**5岁以下儿童死亡率** $5岁以下儿童死亡率=\frac{该年该地区5岁以下儿童死亡人数}{某年某地活产数}\times 1000‰。$

**新生儿死亡率** 指某地区一年内出生未满28天（0—27天）的新生儿死亡人数与该地区当年全部活产数的比率。

$$新生儿死亡率=\frac{该年该地新生儿死亡人数}{某年某地活产数}\times 1000‰。$$

**参加新农合人数** 指根据本地新农合的实施方案，到本年度新农合筹资截止时，已缴纳参加新农合资金的人口数。

**卫生技术人员** 包括执业医师、执业助理医师、注册护士、药师（士）、检验及影像技师（士）、卫生监督员和见习医（药、护、技）师（士）等卫生专业人员（不包括药剂员、检验员、护理员等），不包括从事管理工作的卫生技术人员（如院长、副院长、党委书记等）。其中见习医师（士）指毕业于高中等院校医学专业但尚未取得医师执业证书的医师和医士。

# Explanatory Notes on Main Statistical Indicators

**Cultural Institutions** refers to the cultural institutions and related industries whichare sponsored by the cultural industry management department as well as non-organized and related industries and cultural institutions which are sponsored by the cultural sector.

**Arts Performance Troupes** refers to various professional performing arts groups, which are sponsored by the cultural sectors or guided by the cultural society (approved by the cultural administration authority, or registered and permitted with the relative certificate), including non-governmental troupes(Excluding the masses of amateur theatrical performance team).

**Film Projection Units** refer to units with film projection equipment, full or part time projectionists, permanent or non-permanent places, approved by related administrative departments to show films regularly for certain groups of audience, including those film projection units which have been approved to give commercial shows and run business with independent accounting system as well as those film renting units of the military system.

**Number of Spectators at Art Performance** refers to the number of arts attendance which are performing in domestic and foreign. Including ticketing, private use, which are the number of performances and screenings of revenue for government procurement and participation in the number of public performances show and other non-public performances show the number of performances, including the number of mobile stage vehicle, not including rehearsals and internal observation or the number of non-performing income screenings.

**The Population Coverage Rate of Radio** refers to the percentage of the whole country's population, who can receive one of central, provincial, city, prefecture, and county radio programs by wireless, cable, satellite and other technical means in the surveying area, according to Statistical Standard and Method on Television and Radio Coverage of Population established by the State Administration of Broadcasting, Film and Television.

**Television Coverage of Population** refers to the percentage of the whole country's population, who can watch one of central, provincial, city, prefecture, and county television programs by wireless, cable, satellite and other technical means in the surveying area, according to Statistical Standard and Method on Television and Radio Coverage of Population established by the State Administration of Broadcasting, Film and Television.

**Number of Athletes in Grades** refers to the number of athletes who have been given titles through examination. The titles of athletes include international masters of sports, masters of sports, first-grade and second-grade athletes.

**Number of Referees in Grades** refers to the number of referees who have been given titles after examination. They are classified as international referees, national referees and referees of the first and second grade.

**Stadiums** refer to stadiums for track and field events with six lane 400-meter tracks around soccer fields, permanent track marks and permanent bleachers. Stadiums are classified according to seating capacity. They include: Class A stadiums seating 25000 people each. Class B stadiums seating 15000 to 25000 people each. Class C stadiums seating 5000 to 15000 people each, and Class D stadiums seating fewer than 5000 people.

**Gymnasiums** refer to indoor sports grounds with permanent seats in which basketball, volleyball, badminton, table tennis and gymnastics competitions can be held. Gymnasiums are classified according to seating capacity. They include Class A gymnasiums seating over 6000 people. Class B gymnasiums seating 4000 to 6000 people. Class C gymnasiums seating 2000 to 4000 people, and Class D gymnasiums seating fewer than 2000 people.

**Medical and Health Care Institutions** refer to the units which have been qualified the Certification of Health Care Institution by the administration of public health, or qualified the Certification of Corporate Unit by the civil affairs, administration for industry and commerce, commission office for public sector reform, and engaging in medical care, disease prevention and control, health supervision and inspection, medicine research and health education, etc., including: hospitals, sanatoriums, community health service centers (stations), health centers, clinics (health stations and infirmaries), first-aid centers (stations), blood gathering and supplying institutions, women and children care agencies (centers and stations), special disease prevention and curing agencies (centers and stations), disease prevention and control centers (epidemic prevention stations), health supervision and inspection agencies, sanitary inspection institutions, medicinal scientific research and on-job training institutions, health education centers and so on.

**Medical Organizations** refer to the institutions which have been qualified the Certification of Health Care Institution by the administration of public health, or qualified the Certification of Corporate Unit by the civil affairs, administration for industry and commerce, commission office for public sector reform and engaging in medical care, including: hospitals, sanatoriums, community health service centers (stations), health centers, clinics (health stations and infirmaries), women and children care agencies (centers and stations), special disease prevention and curing agencies (centers and stations), first-aid centers (stations) and clinic inspection centers.

**Hospitals** include: polyclinics, traditional Chinese medical hospitals, hospitals integrated with traditional Chinese therapeutics and western therapeutics, ethical hospitals, various specialties hospitals and nursing hospitals, including medical colleges affiliated hospitals, but excluding specialized prevention and treatment hospital, maternal and child health care hospitals and convalescent hospitals

**Community Health Service Centers (stations)** refer to the primary units that provide the health care for community residents, such as disease prevention and control, medical treatment, health care, rehabilitation, health education, family planning technical services and so on. Including community health service centers and community health service stations.

**Licensed Doctors** refer to the medical workers who have obtained the licenses of qualified doctors and are employed in medical treatment, disease prevention or healthcare institutions, excluding the licensed doctors engaged in management job. The classification of licensed doctors is clinician, Chinese medicine physicians, dentist and public health physicians.

**Licensed Assistant Doctors** refer to the medical workers who have obtained the licenses of qualified assistant doctors and are employed in medical treatment, disease prevention or healthcare institutions, excluding the licensed assistant doctors engaged in management job. The classification of licensed assistant doctors is clinician, Chinese medicine, dentist and public health.

**Incidence Rate of A and B Notifiable Infectious Diseases** refer to the incidence cases notifiable class A and class B infectious diseases per 100 thousand population in the reference region in the reference year. The formula is:

Incidence Rate of Notifiable Infectious Diseases= Incidence Cases Notifiable Class A and Class B Infectious Diseases/ Population×100000.

**Maternal Mortality Rate** Maternal Mortality Rate=number of maternal deaths / live births× 1000‰.

**Mortality Rate of Children under 5** Mortality Rate of Children under 5= death number of children under 5/live birth× 1000‰.

**Newborn Mortality Rate** refers to the ratio of neonatal deaths of new birth under the age of 28 days (0-27 days) in a year of the region to the total number of live births of this region.

Newborn Mortality Rate= death number of newborn /live birth× 1000‰.

**Number of Persons Participated in the New Rural Cooperative Medical System** refers to the number of persons who have given payment to the new cooperative medical system by the deadline of fundraising during the year according to the implementation plan of the new system.

**Medical Technical Personnel** refer to the professional staff engaged in health care, including licensed doctors, licensed assistant doctors, registered nurses, pharmacists, laboratory technicians, imaging staff, health care supervisors and intern doctors, pharmacists, nurses, and technical personnel, (not including pharmacy staff , inspectors, care workers, etc.), not including those engaged in the management of health and technical personnel (such as president, vice president, party secretary, etc.). The trainee doctors (who) refers graduated from high school and other institutions but has not yet obtained physician medical specialty physicians and healers practicing certificate.

22

Twenty-two

# 社会服务及其他

Social Services and Others

# 22-1　律师、公证、调解工作
# Lawyers,Notarization and Mediation

| 指　标 | Item | 2008 | 2009 | 2010 | 2011 | 2012 | 2013 |
|---|---|---|---|---|---|---|---|
| **律师工作** | **Lawyers** | | | | | | |
| 法律律师事务所(个) | Number of Law Offices(unit) | 206 | 222 | 244 | 267 | 286 | 328 |
| 专职律师(人) | Full-time Lawyers(person) | 1371 | 1562 | 1809 | 2030 | 2359 | 2778 |
| 辅助工作人员(人) | Assistant(person) | 693 | 829 | 952 | 879 | 468 | 551 |
| 聘请常年法律顾问(个) | Number of Permanent Legal Advisors(person) | 2366 | 5726 | 7392 | 8973 | 4708 | 4738 |
| 全年办理(件) | Number of Cases in Whole Year(case) | 59379 | 79533 | 81398 | 84788 | 78097 | 138712 |
| 刑事案件诉讼代理 | Agent of Criminal Cases | 6301 | 7011 | 6532 | 5698 | 5882 | 8282 |
| 民事诉讼代理 | Agent of Civil Cases | 12397 | 12966 | 13437 | 14156 | 16969 | 18860 |
| 行政诉讼代理 | Agent of Administrative Action | 438 | 429 | 572 | 431 | 627 | 856 |
| 经济案件诉讼代理 | Agent of Economic Cases | 4180 | 4463 | 5300 | 5783 | 6049 | 8695 |
| 非诉讼法律事务 | Agent of Non-litigious Legal Affairs | 1445 | 1062 | 1367 | 1860 | 1569 | 1579 |
| 解答法律询问 | Agent of Legal Advisory Services | 33637 | 52070 | 52623 | 55172 | 53228 | 85915 |
| 代写法律事务文书 | Agent of Legal Document Written on Behalf of Clients | 4632 | 5518 | 6076 | 6620 | 8650 | 11885 |
| 调解成功 | Successful Mediation | 529 | 477 | 791 | 851 | 3792 | 2640 |
| **公证工作** | **Notarization** | | | | | | |
| 公证处(个) | Number of Notarial Offices(unit) | 97 | 97 | 97 | 97 | 97 | 97 |
| 公证员(人) | Notaries(person) | 164 | 189 | 226 | 256 | 230 | 235 |
| 公证辅助人员(人) | Notarial Assistant(person) | 106 | 56 | 92 | 63 | 77 | 143 |
| 办理公证文书(件) | Number of Notarized Documents(case) | 76217 | 156768 | 79398 | 75353 | 77937 | 96634 |
| #经济合同公证 | Notarized Documents on Economic Affairs | 25431 | 22323 | 17630 | 15335 | 20924 | 27882 |
| #涉外公证 | Foreign-related Notarization | 10237 | 35823 | 10189 | 10023 | 11046 | 15051 |
| 国内公证 | Domestic Notarization | 52988 | 93941 | 67451 | 63482 | 45967 | 68752 |
| 公证费收入(万元) | Income of Notarization(10000 yuan) | 1027 | 1596 | 935 | 1280 | 1263 | 2664 |
| **人民调解工作** | **Number of People's Mediation** | | | | | | |
| 人民调解委员会(个) | Number of People's Mediation Committees(unit) | 23762 | 23762 | 22275 | 22976 | 22498 | 22543 |
| 人民调解人员(人) | Number of Mediators(person) | 105060 | 111068 | 109270 | 115699 | 115315 | 115804 |
| 调解民间纠纷(件) | Number of Civil Disputes Mediated(case) | 98515 | 113568 | 134667 | 198778 | 184749 | 187966 |
| 调解成功率(%) | The Rate of Success of Mediation(%) | 95.9 | 95.2 | 97.1 | 96.7 | 95.7 | 96.9 |
| **基层法律服务工作** | **Law Service at Basic Level** | | | | | | |
| 法律服务所(个) | Offices for Law Service(unit) | 501 | 485 | 484 | 451 | 477 | 436 |
| 法律工作者(人) | Law Staffs(person) | 2241 | 2103 | 2138 | 1431 | 1774 | 1913 |
| 代理案件(件) | Cases Deputed(case) | 11699 | 13817 | 9914 | 12654 | 12691 | 13594 |
| 避免经济损失(万元) | Number of Avoided Economical Loss(10000 yuan) | 15448 | 14010 | 12472 | 24869 | 21853 | 24586 |
| **刑释解教人员安置帮教工作** | **Settling and Assisting and Teaching Work for People That Has Been Released After Serving a Sentence** | | | | | | |
| 设立工作机构(个) | Institutions Established(unit) | 96 | 98 | 99 | 99 | 102 | 94 |
| 工作人员(人) | Staffs(person) | 313 | 457 | 279 | 194 | 197 | 189 |
| 安置人数(人) | Number of Persons Settled Down(person) | 14701 | 15029 | 16973 | 24209 | 14764 | 25137 |
| 帮教人数(人) | Number of Persons Assisted and Teached(person) | 15715 | 15150 | 15794 | 27642 | 33598 | 31853 |

注：资料来源于省司法厅(下表同)。
Note:Data in the table are obtained from provinvial department of justice(the same applies to the next table).

# 22-2 国内公证文书分类

# Domestic Notarial Documents by Type

单位：件 (piece)

| 指 标 | Item | 2013 |
|---|---|---|
| **总 计** | **Total** | **96634** |
| **经济合同(协议)合计** | **Total Economic contracts (agreements)** | **27882** |
| #买卖合同(购销、房屋买卖) | Contract of sale (purchase and sales, house sale) | 2485 |
| 企业经营合同(联营合同、企业租赁、资产经营责任制) | Business Contracts (joint venture contract, corporate leasing, asset management responsibility) | 1 |
| 借款合同(贷款) | Loan Agreement (Loan) | 12031 |
| 劳务(劳动)合同 | Labor (labor) Contract | 9 |
| 建筑工程合同(建筑工程承包) | Construction Contracts (Construction Contract) | 2 |
| 承包合同(农林牧副渔承包、工商服务承包、乡镇企业承包) | Contract (agriculture, forestry, animal husbandry and fisherycontracting, business services contracting, township enterprises contracting) | 81 |
| 租赁合同(财产租赁、房屋租赁) | Lease Contract (property lease, rental) | 97 |
| 扶养协议(遗赠扶养协议、赡养协议) | Support Agreement(Legacy support agreement, maintenance agreement) | 22 |
| 出国留学协议(留学协议) | Study abroad agreement(Study protocol) | 68 |
| 其他(其他民事协议、计划生育) | Other (Other Civil Agreements,Planned Parenthood) | 3027 |
| **民事法律关系公证合计** | **Total civil legal relations Notary** | **38055** |
| #收养关系(收养、解除收养) | Adoptive Relationship (adoption, termination of adoptive) | 17 |
| 继承(继承权) | Inherit(Inheritance) | 11089 |
| 财产权(产权、宅基地使用权) | Property rights (property， land use rights) | 137 |
| 亲属关系 | Kinship | 909 |
| 组织资格(法人(代表)资格) | Organization Qualifications(Legal (Representative) Qualification) | 2 |
| **单方法律行为** | **Unilateral legal acts(By the end of 2012 after the Justice Department modified statistical reports,the notarial matters were classified)** | **29017** |
| #委托(委托书、法人委托书 ) | Delegate (power of attorney, power of attorney) | 13742 |
| 声明(声明书) | Statement | 11297 |
| 赠与(赠与书) | handsel(Gift book) | 2886 |
| 遗嘱 | testament | 514 |
| **现场监督类** | **Site supervision class** | **1772** |
| #招标投标 | Bidding | 150 |

# 22-3　消费者协会受理投诉

## Cases Accepted and Heard by Consumer Association

单位：件 (piece)

| 指　　标 | Item | 2008 | 2009 | 2010 | 2011 | 2012 | 2013 |
|---|---|---|---|---|---|---|---|
| **总　　计** | **Total** | **7900** | **8099** | **5981** | **4986** | **3931** | **5479** |
| #家用电器类 | Household Appliances | 2192 | 1935 | 1517 | 1228 | 876 | 1248 |
| #视听产品 | Televison | 375 | 303 | 253 | 218 | 58 | 64 |
| 电冰箱 | Refrigerators | 118 | 94 | 110 | 77 | 10 | 8 |
| 洗衣机 | Washing Machines | 21 | 95 | 93 | 86 | 20 | 1 |
| 空调器 | Air-Conditioner | 68 | 91 | 58 | 77 | 24 | |
| 摩托车 | Motorcycles | 52 | 85 | 47 | 53 | 6 | 3 |
| 医疗器械 | Assistant Things of Medical Treatment | 2 | 5 | 7 | 13 | 3 | 7 |
| 服装鞋帽 | Garment,Shoes and Caps | 674 | 799 | 712 | 550 | 588 | 730 |
| 家　具 | Furniture | 66 | 83 | 75 | 58 | 38 | 102 |
| 食　品 | Foods | 548 | 463 | 325 | 368 | 361 | 522 |
| 房屋及装修建材 | Houses and Fitment Material | 821 | 667 | 469 | 364 | 283 | 441 |
| #房　屋 | Houses | 530 | 283 | 151 | 87 | 47 | 80 |
| 装饰材料 | Fitment Material | 149 | 228 | 191 | 170 | 141 | 197 |
| 电信服务 | Telecome | 629 | 663 | 589 | 641 | 283 | 147 |
| 邮政业服务 | Mail | 316 | 230 | 46 | 35 | 42 | 66 |
| 农用生产资料类 | Agricultural Production Materials | 195 | 257 | 168 | 93 | 115 | 126 |
| 其他类 | Others | 653 | 557 | 492 | 407 | 265 | 473 |

注：资料来源于省消费者协会。

Note: Data in the table are obtained from provinvial consumers association.

# 22-4 检察院主要业务
## Cases of Procuratorate

| 年 份<br>year | 职务犯罪(件) Crime by Taking Advantage of Duty(case) | | | 批准、决定批捕 Total of Arrests | | 决定起诉 Total of Public Prosecutions | |
|---|---|---|---|---|---|---|---|
| | 受 案 Cases Accepted | 立 案 Cases Registered | 结 案 Cases Settled | (万件) (10000 cases) | (万人) (10000 persons) | (万件) (10000 cases) | (万人) (10000 persons) |
| 2001 | 2284 | 1130 | 1089 | 1.98 | 3.09 | 1.94 | 2.88 |
| 2002 | 2288 | 1163 | 1106 | 1.85 | 2.79 | 1.98 | 2.85 |
| 2003 | 2110 | 1138 | 1073 | 1.72 | 2.63 | 1.71 | 2.51 |
| 2004 | 2356 | 1160 | 1133 | 1.69 | 2.60 | 1.79 | 2.64 |
| 2005 | 2155 | 1122 | 1118 | 1.67 | 2.58 | 1.83 | 2.71 |
| 2006 | 1920 | 1104 | 1068 | 1.63 | 2.54 | 1.79 | 2.67 |
| 2007 | 1709 | 1060 | 1071 | 1.67 | 2.71 | 1.80 | 2.78 |
| 2008 | 1457 | 981 | 1020 | 1.84 | 2.99 | 1.96 | 3.00 |
| 2009 | 1469 | 1002 | 967 | 2.06 | 3.30 | 2.18 | 3.45 |
| 2010 | 1223 | 983 | 978 | 1.94 | 3.07 | 2.28 | 3.59 |
| 2011 | 1003 | 929 | 908 | 1.88 | 2.89 | 2.24 | 3.42 |
| 2012 | 1019 | 977 | 1013 | 2.16 | 3.22 | 2.63 | 3.93 |
| 2013 | 951 | 922 | 907 | 2.19 | 3.11 | 2.75 | 4.00 |

注：资料来源于省人民检察院。
Note:Data in the table are obtained from the provincial people's procuratorate.

# 22-5 人民法院刑事一审案件收案
## First Trail Criminal Cases Accepted by Courts

单位：件 (case)

| 类 别 | Sort | 2008 | 2009 | 2010 | 2011 | 2012 | 2013 | 2013年比2012年增长(%) Increase Rate in 2013over 2012(%) |
|---|---|---|---|---|---|---|---|---|
| **总 计** | **Total** | **20154** | **22480** | **23294** | **22570** | **26448** | **27819** | **5.2** |
| 危害国家安全罪 | Offences Against State Security | 1 | | 2 | 2 | 3 | 5 | 66.7 |
| 危害公共安全罪 | Offences Against Public Security | 2269 | 1974 | 2368 | 2334 | 3115 | 3417 | 9.7 |
| 破坏社会主义市场经济秩序罪 | Offences Against Socialist Economic Order | 294 | 332 | 399 | 360 | 433 | 519 | 19.9 |
| 侵犯公民人身权利民主权利罪 | Offences Against Citizens' Personal and Democratic Rights | 4490 | 5338 | 5327 | 4944 | 5382 | 5196 | -3.5 |
| 侵犯财产罪 | Offences Against Properties | 8565 | 9819 | 9854 | 9320 | 10730 | 9891 | -7.8 |
| 妨害社会管理秩序罪 | Offences Against Social Management of Order | 3497 | 4121 | 4250 | 4688 | 5622 | 7939 | 41.2 |
| 危害国防利益罪 | Offences Against National Defense | | 2 | | | 2 | 1 | -50.0 |
| 贪污贿赂罪 | Offences on Corruption and Bribery | 877 | 769 | 938 | 801 | 1016 | 738 | -27.4 |
| 渎职罪 | Offences on Abuse and Dereliction of Duty | 153 | 119 | 143 | 116 | 137 | 113 | -17.5 |
| 其 他 | Other | 8 | 6 | 13 | 5 | 8 | | |

注：资料来源于省高级人民法院(以下相关表同)。
Note:Date in the table are obtained from provincial higher people's court(The relative tables in the chapter are the same).

# 22-6　人民法院刑事一审案件结案
## First Trail Criminal Cases Settled by Courts

单位：件　　(case)

| 类　别 | Sort | 2008 | 2009 | 2010 | 2011 | 2012 | 2013 | 2013年比2012年增长(%) Increase Rate in 2013 over 2012(%) |
|---|---|---|---|---|---|---|---|---|
| **总　计** | **Total** | **19934** | **22201** | **23143** | **22412** | **26260** | **27534** | **4.9** |
| 危害国家安全罪 | Offences Against State Security | 1 | | 2 | 1 | 3 | 5 | 66.7 |
| 危害公共安全罪 | Offences Against Public Security | 2259 | 1964 | 2362 | 2326 | 3096 | 3405 | 10.0 |
| 破坏社会主义市场经济秩序罪 | Offences Against Socialist Economic Order | 288 | 323 | 393 | 352 | 418 | 492 | 17.7 |
| 侵犯公民人身权利民主权利罪 | Offences Against Citizens' Personal and Democratic Rights | 4409 | 5200 | 5275 | 4898 | 5344 | 5113 | -4.3 |
| 侵犯财产罪 | Offences Against Properties | 8527 | 9781 | 9839 | 9295 | 10694 | 9844 | -7.9 |
| 妨害社会管理秩序罪 | Offences Against Social Management of Order | 3463 | 4084 | 4232 | 4655 | 5577 | 7885 | 41.4 |
| 危害国防利益罪 | Offences Against National Defense | | 2 | | | 2 | 1 | -50.0 |
| 贪污贿赂罪 | Offences on Corruption and Bribery | 829 | 727 | 894 | 776 | 983 | 684 | -30.4 |
| 渎职罪 | Offences on Abuse and Dereliction of Duty | 150 | 114 | 133 | 104 | 135 | 105 | -22.2 |
| 其　他 | Other | 8 | 6 | 13 | 5 | 8 | | |

# 22-7　人民法院刑事案件中青少年犯罪
## Juvenile Delinquency Among Criminal Cases

单位：人　　(person)

| 指　标 | Item | 2008 | 2009 | 2010 | 2011 | 2012 | 2013 | 2013年比2012年增长(%) Increase Rate in 2013 over 2012(%) |
|---|---|---|---|---|---|---|---|---|
| **刑事罪犯总数** | **Number of Criminals** | **24979** | **26834** | **28735** | **28171** | **30239** | **35272** | **16.6** |
| #青少年罪犯 | Juvenile Criminals | 9207 | 9594 | 10106 | 9266 | 9503 | 10645 | 12.0 |
| #不满18岁 | Less Than 18 | 3492 | 3155 | 3516 | 3014 | 2993 | 3282 | 9.7 |
| 18-25岁 | Aged 18-25 | 5715 | 6439 | 6590 | 6252 | 6510 | 7363 | 13.1 |
| 青少年罪犯占刑事罪犯(%) | Proportion of Juvenile Criminals to Total Criminals(%) | 36.9 | 35.8 | 35.2 | 32.9 | 31.4 | 30.2 | -1.2(百分点) |

# 22-8 生产安全
# Production Safety

| 项　目 | Item | 2008 | 2009 | 2010 | 2011 | 2012 | 2013 |
|---|---|---|---|---|---|---|---|
| **各类事故死亡人数合计(人)** | **Number of Deaths for Production Security Accidents(person)** | **2427** | **2183** | **1936** | **1655** | **1301** | **1156** |
| 工矿商贸企业 | Enterprises of Industry,Mining,Commerce and Trade | 863 | 776 | 659 | 523 | 296 | 206 |
| 煤　矿 | Coal Mine | 453 | 434 | 388 | 256 | 117 | 105 |
| 金属与非金属矿 | Metallic and Non-metallic Mine | 136 | 84 | 47 | 69 | 34 | 8 |
| 建筑业 | Construction | 100 | 90 | 105 | 81 | 74 | 62 |
| 其　他 | Others | 174 | 168 | 119 | 117 | 71 | 31 |
| 火　灾 | Fire Accidents | 77 | 77 | 64 | 54 | 31 | 66 |
| 道路交通 | Roadway Traffic Accidents | 1348 | 1210 | 1136 | 1020 | 931 | 847 |
| 铁路交通 | Railway Traffic Accidents | 120 | 95 | 75 | 49 | 38 | 34 |
| 其　他 | Others | 19 | 25 | 2 | 9 | 5 | 3 |
| 亿元地区生产总值生产安全事故死亡人数(人/亿元) | Number of Deaths of Production Security Accidents Per of GDP (person/100 million yuan) | 0.73 | 0.56 | 0.42 | 0.29 | 0.19 | 0.14 |
| 工矿商贸企业从业人员10万人死亡率(人/10万人) | Number of Deaths Per 100000 Persons of Employed Personels of Enterprises of Industry,Mining, Commerceand Trade (person/100000 persons) | 8.56 | 7.65 | 6.45 | 5.08 | 2.88 | 1.77 |
| 煤矿百万吨死亡人数(人/百万吨) | Number of Deaths Per Unit of Yields of Coal Mine (person/per million tons) | 3.84 | 3.17 | 2.43 | 1.64 | 0.65 | 0.50 |
| 道路交通万车死亡人数(人/万车) | Number of Deaths of Roadway Traffic Accidents Per Unit of Vehicles(person/10000 sets) | 7.30 | 5.36 | 4.01 | 3.32 | 2.62 | 2.10 |

注：资料来源于省安全监管局，其中火灾死亡人数来源于省公安厅。

Note: Data in the table are obtained from provincial production safety supervision management administration, Among them，fire death toll is from the Provincial Public Security Department.

# 22−9 火灾
# Fire Accidents

| 指　标 | Item | 2012 | 2013 |
|---|---|---|---|
| **实际发生数(起)** | **Number of Fire Accidents(case)** | **959** | **2913** |
| **按火灾原因分** | **Grouped by Cause** | | |
| 生产作业 | Operation | 54 | 110 |
| 电　气 | Electric | 424 | 1277 |
| 吸　烟 | Smoking | 20 | 64 |
| 生活用火不慎 | Not Careful with Cooking Fire | 167 | 518 |
| 玩　火 | Playing with Fire | 33 | 111 |
| 自　燃 | Natural Fire | 17 | 57 |
| 不　明 | Uncertain | 56 | 125 |
| 其　他 | Others | 188 | 651 |
| 死亡人数(人) | Number of Deaths(person) | 31 | 66 |
| 受伤人数(人) | Number of Injuries(person) | 15 | 41 |
| 直接财产损失(万元) | Direct Economic Losses(10 000 yuan) | 5147 | 11178 |
| 平均每起事故损失(万元) | Average Loss of Fire (10000 yuan) | 5.37 | 3.84 |

注：资料来源于省公安厅(下表同)。
Note: Data in the table are obtained from provincial department of public security(the same applies to the next table).

# 22−10 交通事故(2013)
# Traffic Accidents

| 指　标 | Item | 发生数(起) Number of Traffic Accidents(case) | 死亡人数（人） Number of Deaths (person) | 受伤人数(人) Number of Injuries (person) | 损失折款(万元) Losses Converted into Cash(10000 yuan) |
|---|---|---|---|---|---|
| **总　计** | **Total** | **1241** | **847** | **1677** | **1477.91** |
| #重大事故 | Extraordinarily Serious Accide | 1 | 12 | 22 | 8.00 |
| 较大事故 | Serious Accidents | 40 | 151 | 119 | 272.75 |
| 机动车 | Motor Vehicles | 1176 | 808 | 1638 | 1443.15 |
| #汽　车 | Automobiles | 809 | 606 | 1172 | 1203.62 |
| 摩托车 | Motorcycles | 329 | 174 | 412 | 87.86 |
| 拖拉机 | Tractors | 22 | 15 | 26 | 41.22 |
| 非机动车 | Non-motor-driven Vehicles | 14 | 3 | 21 | 5.75 |
| #自行车 | Bicycles | 4 | 4 | 4 | 2.05 |
| 行人乘车人 | Pedestrians and Passengers | 51 | 36 | 18 | 29.01 |

注：重大事故为一次死亡10−29人，较大事故为一次死亡3−9人。
Note: A major accident refers to 10-29 people died at a time , and a larger accident refers to 3-9 people died at a time.

# 22-11 社会保险
# Social Insurance

| 指　标 | Item | 2008 | 2009 | 2010 | 2011 | 2012 | 2013 |
|---|---|---|---|---|---|---|---|
| **社会保险基金** | **Social Security Fund** | | | | | | |
| 社会保险基金收入(亿元) | Reveneu(100 million yuan) | 140.50 | 171.40 | 201.56 | 256.94 | 310.85 | 351.06 |
| 社会保险基金支出(亿元) | Expenses(100 million yuan) | 98.24 | 122.73 | 151.41 | 181.74 | 229.08 | 279.25 |
| 社会保险基金累计结余(亿元) | Balance at year-end(100 million yuan) | 147.88 | 218.51 | 267.93 | 343.13 | 366.79 | 502.47 |
| **基本养老保险** | **Basic Pension Insurance** | | | | | | |
| 基本养老保险参保人数(万人) | Number of Persons Joining Basic Pension Insurance(10 000 persons) | 215.89 | 235.61 | 257.31 | 282.06 | 309.38 | 337.29 |
| #参保职工 | Number of Employees | 156.57 | 172.14 | 190.29 | 210.71 | 231.67 | 248.91 |
| 基本养老保险基金收入(亿元) | Reveneu(100 million yuan) | 101.08 | 125.47 | 144.85 | 179.25 | 216.94 | 240.21 |
| 基本养老保险基金支出(亿元) | Expenses(100 million yuan) | 75.98 | 90.56 | 107.74 | 127.57 | 153.07 | 178.45 |
| 离退休人员社区管理服务率(%) | Rate of Community Management and Services for Retirees(%) | 47.2 | 50.0 | 57.0 | 61.1 | 70.2 | 73.2 |
| **新型农村社会养老保险** | **The New Rural Social Pension Insurance** | | | | | | |
| 新型农村社会养老保险参保人数(万人) | The number of insured (10 000 persons) | | | 223.72 | 849.74 | 1226.78 | 1439.34 |
| 新型农村社会养老保险基金收入(亿元) | Reveneu(100 million yuan) | | | 6.94 | 24.84 | 36.51 | 43.84 |
| 新型农村社会养老保险基金支出(亿元) | Expenses(100 million yuan) | | | 3.53 | 14.35 | 27.63 | 28.90 |
| **基本医疗保险** | **Urban Employees Basic Medical Care Insurance** | | | | | | |
| 基本医疗保险参保人数(万人) | Number of Persons Joining Basic Medical Care Insurance(10 000 persons) | 404.26 | 561.39 | 602.48 | 629.00 | 648.30 | 672.09 |
| 城镇职工 | Urban Worker | 257.35 | 279.53 | 293.52 | 314.06 | 329.27 | 344.72 |
| #农民工 | Migrant Worker | 20.20 | 17.70 | 14.01 | 14.76 | 13.79 | 17.83 |
| 城镇居民 | Urban Residents | 146.91 | 281.86 | 308.96 | 314.94 | 319.03 | 327.37 |
| 基本医疗保险基金收入(亿元) | Reveneu(100 million yuan) | 28.08 | 36.93 | 45.23 | 61.26 | 72.93 | 84.33 |
| 城镇职工 | Urban Worker | 28.08 | 34.51 | 41.64 | 54.31 | 65.75 | 76.32 |
| 城镇居民 | Urban Residents | | 2.42 | 3.59 | 6.95 | 7.18 | 8.01 |
| 基本医疗保险支出(亿元) | Expenses(100 million yuan) | 18.09 | 26.95 | 35.89 | 46.22 | 65.41 | 80.12 |
| 城镇职工 | Urban Worker | 18.09 | 25.31 | 33.08 | 42.44 | 60.50 | 74.14 |
| 城镇居民 | Urban Residents | | 1.64 | 2.82 | 3.78 | 4.91 | 5.98 |
| **失业保险** | **Unemployment Insurance** | | | | | | |
| 失业保险参保人数(万人) | Number of Persons Joining Unemployment Insurance(10 000 persons) | 141.36 | 144.60 | 152.48 | 160.52 | 173.46 | 185.17 |
| 领取失业金人数(万人) | Beneficiaries of Unemployment Insurance Fund(10 000 persons) | 1.26 | 1.07 | 1.21 | 1.08 | 1.02 | 1.33 |
| 失业保险基金收入(亿元) | Reveneu(100 million yuan) | 7.03 | 6.33 | 7.58 | 11.64 | 14.91 | 17.97 |
| 失业保险基金支出(亿元) | Expenses(100 million yuan) | 2.08 | 5.83 | 5.29 | 2.34 | 6.49 | 13.09 |
| # 失业金 | Jobless Claims | 0.72 | 0.67 | 0.71 | 0.82 | 0.78 | 1.01 |
| 职业培训补贴支出(亿元) | Expenses of Professional Training (100 million yuan) | 0.11 | 0.07 | 0.14 | 0.14 | 0.38 | 0.24 |
| **工伤保险** | **Work Injury Insurance** | | | | | | |
| 工伤保险参保人数(万人) | Number of Persons Joining Injury Insurance (10 000 persons) | 129.02 | 143.35 | 162.18 | 193.96 | 238.19 | 260.39 |
| #农民工 | Migrant Worker | 38.37 | 49.19 | 59.65 | 69.78 | 81.13 | 87.46 |
| 工伤保险基金收入(亿元) | Reveneu(100 million yuan) | 3.37 | 4.04 | 6.26 | 9.12 | 11.02 | 13.07 |
| 工伤保险支出(亿元) | Expenses(100 million yuan) | 1.82 | 2.89 | 4.84 | 6.55 | 7.97 | 11.45 |
| **生育保险** | **Maternity Insurance** | | | | | | |
| 生育保险参保人数(万人) | Number of PersonsJoining in Basic Maternity Insurance(10 000 persons) | 135.95 | 152.49 | 164.30 | 198.09 | 221.58 | 238.75 |
| 生育保险基金收入(亿元) | Reveneu(100 million yuan) | 0.95 | 1.05 | 1.23 | 1.47 | 2.22 | 3.50 |
| 生育保险支出(亿元) | Expenses(100 million yuan) | 0.27 | 0.37 | 0.47 | 0.61 | 1.05 | 2.11 |

注：资料来源于省人力资源社会保障厅。

Note: Date in the table are obtained from Provincial Department of Human Resources and Social Security.

# 22-12 社会福利机构

## Social Welfare Institutions and Enterprises

单位：个 (unit)

| 项　目 | Item | 2008 | 2009 | 2010 | 2011 | 2012 | 2013 | 2013年比2012年增长(%) Increase Rate in 2013over 2012(%) |
|---|---|---|---|---|---|---|---|---|
| **总　计** | **Total** | **1434** | **1432** | **1454** | **1722** | **7020** | **14986** | **113.5** |
| 收养性福利单位 | Adopting Social Welfare Institutions | 919 | 948 | 974 | 1185 | 1240 | 1286 | 3.7 |
| 社会福利企业 | Social Welfare Enterprises | 128 | 90 | 84 | 81 | 59 | 48 | -18.6 |
| 优抚事业单位 | Administration Agencies for Martyrs | 54 | 56 | 59 | 62 | 63 | 81 | 28.6 |
| 救助类单位 | Collecting and Repatriation Units | 56 | 58 | 61 | 64 | 71 | 72 | 1.4 |
| 殡仪服务单位 | Funeral and Interment Institutions | 105 | 111 | 116 | 119 | 128 | 139 | 8.6 |
| 彩票发行单位 | Lottery Issue Units | 11 | 11 | 13 | 15 | 15 | 12 | -20.0 |
| 社区服务单位 | Community Service Institutions | 161 | 158 | 147 | 196 | 5444 | 13348 | 145.2 |

# 22-13 社会福利机构工作人员

## Staff Employed by Social welfare Institutions and Enterprises

单位：人 (person)

| 项　目 | Item | 2008 | 2009 | 2010 | 2011 | 2012 | 2013 | 2013年比2012年增长(%) Increase Rate in 2013over 2012(%) |
|---|---|---|---|---|---|---|---|---|
| **总　计** | **Total** | **15675** | **13800** | **13433** | **14679** | **35677** | **75184** | **110.7** |
| 收养性福利单位 | Adopting Social Welfare Institutions | 3118 | 3124 | 3522 | 4274 | 4658 | 5488 | 17.8 |
| 社会福利企业 | Social Welfare Enterprises | 8211 | 6268 | 5512 | 5216 | 3343 | 2424 | -27.5 |
| 优抚安置事业单位 | Administration Agencies for Martyrs | 342 | 299 | 293 | 466 | 314 | 351 | 11.8 |
| 救助类单位 | Collecting and Repatriation Units | 337 | 329 | 339 | 347 | 371 | 429 | 15.6 |
| 殡仪服务单位 | Funeral and Interment Institutions | 2691 | 2589 | 2669 | 2925 | 2985 | 3192 | 6.9 |
| 彩票发行单位 | Lottery Issue Units | 115 | 119 | 147 | 160 | 181 | 188 | 3.9 |
| 社区服务单位 | Community Service Institutions | 861 | 1072 | 951 | 1291 | 23825 | 63112 | 164.9 |

# 22-14 社会服务及设施和民政事业发展主要指标

## Main Indicators of Social Services & Facilities and Civil Administration Career Development

| 指　　标 | Item | 2008 | 2009 | 2010 | 2011 | 2012 | 2013 | 2013年比2012年增长(%) Increase Rate in 2013 over 2012(%) |
|---|---|---|---|---|---|---|---|---|
| **城市社区服务设施数(个)** | **Number of Urban Community Service** | **5102** | **5176** | **5920** | **6593** | **11587** | **4721** | |
| #城市社区服务单位数 | Number of Community Service Institut | 161 | 158 | 147 | 196 | 5444 | 2268 | |
| 城镇便民利民服务网点(个) | Number of Urban Service Points for Civilian(unit) | 22340 | 22661 | 25715 | 26587 | 27699 | 14577 | -47.4 |
| 乡镇敬老院覆盖率(%) | Coverage Rate of Villages and Town Elderly Welfare Homes(%) | 55.8 | 56.4 | 56.5 | 68.3 | 72.3 | 78.4 | 6.1(百分点) |
| 收养性福利单位床位数(张) | Number of Beds of Welfare Home (unit) | 21343 | 23396 | 28358 | 44025 | 52996 | 67129 | 26.7 |
| 收养性福利单位床位利用率(%) | Using Rate of Bed(%) | 64.0 | 65.0 | 60.2 | 61.8 | 53.4 | 53.0 | -0.4(百分点) |
| 享受城市低保人数(万人) | Number of Persons Receiving Lowest Cost of living in Urban Area (10000 persons) | 54.52 | 55.50 | 53.98 | 54.34 | 53.00 | 51.00 | -3.2 |
| 城市低保生活保障支出(万元) | Expenditure of Lowest Cost of living in Urban Area(10000 yuan) | 87999 | 104354 | 101685 | 143028 | 155819 | 174125 | 11.8 |

注：1.资料来源于省民政厅(以下相关表同)。2.城市社区服务设施数，2008—2012年为城镇社区服务机构数.

Note: 1.The data in the table are provided by the provinvial department of civil affairs(The relative tables in the chapter are the same).

2.The number of city community service facilities from 2008 to 2012 is the urban community service organizations.

# 22-15 社会福利救济主要支出

## Major Expenditures of Welfare Relief Funds

单位：万元　　(10000 yuan)

| 指　　标 | Item | 2008 | 2009 | 2010 | 2011 | 2012 | 2013 | 2013年比2012年增长(%) Increase Rate in 2013 over 2012(%) |
|---|---|---|---|---|---|---|---|---|
| **总　　计** | **Total** | **319061** | **433055** | **522166** | **830472** | **891463** | **972636** | **9.1** |
| 优抚对象补助金额 | Funds for Family Members of Martyrs and Disabled Veterans | 56748 | 66113 | 81660 | 95162 | 110456 | 130472 | 18.1 |
| #国家支出 | Government Funds | 56748 | 66113 | 81660 | 95162 | 110456 | 130472 | 18.1 |
| 传统救济对象的国家救济金额 | Funds for Family Members of Traditional Relief | 11873 | 12575 | 14628 | 29995 | 33180 | 35930 | 8.3 |
| 最低生活保障支出 | Expenditure for Persons Receiving Lowest Cost-of-living | 243291 | 346696 | 419143 | 692908 | 731412 | 786453 | 7.5 |
| 城　市 | For Urban Areas | 87999 | 104354 | 101685 | 143028 | 155819 | 174125 | 11.8 |
| 农　村 | For Rural Areas | 155292 | 242342 | 317458 | 549880 | 575593 | 612328 | 6.4 |
| 收养性社会福利单位支出 | Funds for Adopting Social Welfare Institution | 7149 | 7671 | 6735 | 12407 | 16415 | 19781 | 20.5 |
| #国家支出 | Government Funds | 7149 | 7671 | 6735 | 12407 | 16415 | 19781 | 20.5 |

# 22-16 享受补助、救济人员

## Persons Receiving Subsidies and Relief Funds

单位：万人 (10000 persons)

| 指 标 | Item | 2008 | 2009 | 2010 | 2011 | 2012 | 2013 | 2013年比2012年增长(%) Increase Rate in 2013 over 2012(%) |
|---|---|---|---|---|---|---|---|---|
| **城乡居民最低生活保障人数** | **Number of Urban and Rural Residents Receiving Minimum Living Allowance** | **377.86** | **379.48** | **588.72** | **585.23** | **566.00** | **528.00** | **-6.0** |
| 城 市 | Urban Area | 54.52 | 55.50 | 53.98 | 54.34 | 53.00 | 51.00 | -3.2 |
| 农 村 | Rural Area | 323.34 | 323.98 | 534.74 | 530.89 | 513.00 | 477.00 | 7.0 |
| 传统救济人数 | Number of Persons Receiving Traditional Relief Funds | 1.81 | 1.72 | 1.70 | 1.71 | 1.74 | 1.83 | 5.2 |
| 收养性福利单位收养三无对象人数 | Number of Persons Adopted by Adopting Social Welfare Institutions | 1.12 | 1.14 | 1.35 | 2.25 | 2.34 | 3.05 | 30.3 |

# 22-17 享受国家定期抚恤、补助、救济人员数

## Persons Receiving Regular Subsidy and Commiseration of Country

单位：人 (person)

| 指 标 | Item | 2008 | 2009 | 2010 | 2011 | 2012 | 2013 | 2013年比2012年增长(%) Increase Rate in 2013over 2012(%) |
|---|---|---|---|---|---|---|---|---|
| **合 计** | **Total** | **192744** | **195265** | **191988** | **223071** | **263107** | **261395** | **-0.7** |
| #伤残抚恤人数 | Number of Persons Receiving Disability Commiseration | 15153 | 15830 | 15844 | 15809 | 16057 | 15999 | -1.1 |
| #“三属”抚恤人数 | Number of Persons Comfort and Compensated Bereaved Family | 5069 | 5307 | 5121 | 4931 | 4810 | 4759 | -1.1 |
| 烈士家属 | Family Numbers of Martyr | 2936 | 3129 | 3019 | 2911 | 2781 | 2734 | -0.2 |
| 牺牲、病故军人家属 | Family Numbers of Immolate & Die of Illness Armyman | 2133 | 2178 | 2102 | 2020 | 2029 | 2025 | -0.2 |
| 定期补助人数 | Number of Persons Receiving Regular Subsidies | 172522 | 174128 | 171023 | 202331 | 242240 | 240637 | -0.7 |
| #复退军人定补人数 | Number of Ex-servicemen | 86965 | 87102 | 83506 | 80397 | 76315 | 69774 | -8.6 |
| 参战、参试定补人数 | Number of Persons Receiving Regular Subsidies for War and Test | 85178 | 86626 | 87034 | 88530 | 90147 | 90285 | 0.2 |

注：参战、参试定补人数指参加对越自卫反击战及核试验等人员，2007年开始核查并接受定期补助。

Note:Persons receiving regular subsidies for sar and sest refer to these persons taking part in acting in self-defence war and nuclear test, who have obtained regular subsidies from the government since 2007.

# 22−18 残疾人事业基本情况

# Basic Information of Person with Disablility

单位：人 (person)

| 项目 | Item | 2012 | 2013 |
|---|---|---|---|
| **康复** | **Rehabilitation** | | |
| 视力残疾康复 | Rehabilitation of Persons with Visual Disability | | |
| 贫困白内障患者免费手术(例) | Free Surgeries for Poor Cataract Patients(case) | 8451 | 9220 |
| 低视力者配用助视器 | Persons with Low-vision Fitted with Vision-aids | 2891 | 3807 |
| 盲人定向行走训练 | Blind Persons Receiving Orientation Skill Training | 2788 | 2275 |
| 聋儿康复 | Rehabilitation of Children with Hearing Disability | | |
| 年收训聋儿 | Deaf Children Newly Trained in the year | 542 | 381 |
| 培训家长 | Parents Trained | 719 | 759 |
| 精神病防治康复 | Prevention and Rehabilitation of Mental Illness (PRMI) | | |
| 开展精神病防治康复工作市县数(个) | Counties Carried on the Works of Prevention and Treatment of Psychiatric Diseases(unit) | 76 | 86 |
| 接受治疗的精神病患者 | Treatment Provided for Patients with Sever Psychiatric Diseases | 14523 | 13675 |
| 孤独症儿童训练 | Trained Persons with Infantile Autism | 205 | 309 |
| 肢体残疾康复 | Rehabilitation of Persons with Physical Disability | | |
| 肢体残疾人社区康复训练 | Persons with Mobility Impairment Receiving Rehabilitation Training | 871 | 1415 |
| 脑瘫儿童机构康复训练 | Rehabilitation Training Institutions for Children with Mobility | 303 | 398 |
| 贫困肢体残疾儿童矫治手术 | Rehabilitation of Children with Physical Disability in Poverty | 239 | 218 |
| 智力残疾康复 | Rehabilitation of Persons with Intellectual Disability | | |
| 智残儿童社区康复训练 | Children with Intellectual Disability Receiving Rehabilitation Training at Community | 287 | 369 |
| 智残儿童机构康复训练 | Children with Intellectual Disability Receiving Rehabilitation Training at Institutions | 253 | 370 |
| **辅助器具供应服务数(件)** | **Assistive Devices Provided(piece)** | **11501** | **18476** |
| **贫困残疾人假肢装配例数(例)** | **Artificial limb Assembled (case)** | **791** | **734** |
| 大　腿 | for Ham | 344 | 284 |
| 小　腿 | for Shank | 406 | 359 |
| 特殊假肢 | Special Artificial limb | 41 | 91 |
| **社区康复协调员培训** | **Workers Trained for Disabled porsn at Community** | **1994** | **1926** |

## 22-18 续表 Continued

单位：人 (person)

| 项目 | Item | 2012 | 2013 |
|---|---|---|---|
| **教育** | **Education** | | |
| 未入学适龄残疾儿童少年 | School-age Disabled Children Unable to Enter School | 6912 | 4427 |
| 职业教育与培训 | Vocational Education and Training | | |
| 机构数(个) | Facilities (unit) | 115 | 40 |
| 教育与培训人数(人次) | Number or Educated and Trained (person-time) | 4163 | 4423 |
| **就业** | **Employment** | | |
| 城镇残疾人就业状况 | Employment of Urban Handicapped | | |
| 当年安排就业 | Persons Employed in the Year | 4449 | 5928 |
| #按比列就业 | Employed by Quote Scheme | 1049 | 1379 |
| 公益性岗位安置 | Employed at Public Institution | 95 | 176 |
| 集中就业 | Employed in Collective Form | 1135 | 1149 |
| 个体及其他形式就业 | Self-employed or Employed in Other Forms | 2143 | 3224 |
| 农村残疾人就业状况 | Employment of Rural Handicapped | | |
| 就　业 | Employed | 772910 | 791526 |
| 残疾人就业服务机构(个) | Employment Service Institutions for Handicapped (unit) | | |
| 省 | Provinces | 1 | 1 |
| 市、州 | Prefectures | 9 | 9 |
| 县、市、区 | County、Cities | 61 | 63 |
| **盲人按摩** | **Massage by Persons with Visual Disability** | | |
| 保健按摩人员培训 | Massage Therapists Training | 368 | 467 |
| 医疗按摩人员培训 | Keep-fit Massage Training | 17 | 27 |
| **扶贫** | **Poverty Alleviation** | | |
| 本年度脱贫人数 | Disabled Persons Overcoming Poverty | 75232 | 68873 |
| 农村贫困残疾 | Rural Disabled persons in Poverty | 825675 | 867102 |
| 当地低收入残疾 | Disabled Persons at the Local Low-income Level | 592344 | 587793 |
| **残联组织建设** | **Organization of the Disabled Persons' Federation** | | |
| 残疾人工作者 | Workers Working for the Disabled | 3393 | 3294 |

注：资料来源于省残联。
Note :Data in the table are provided by Disabled Federation of Gui zhou Province.

# 22-19 婚姻

# Marriages and Divorces

| 指　标 | Item | 2008 | 2009 | 2010 | 2011 | 2012 | 2013 |
|---|---|---|---|---|---|---|---|
| **准予登记结婚(对)** | **Registered Marriages(couple)** | **263238** | **307940** | **375051** | **373423** | **417840** | **429812** |
| #初婚(人) | First Marriages(person) | 486029 | 567633 | 692590 | 679348 | 780707 | 835350 |
| 再婚(人) | Remarriages(person) | 40447 | 48247 | 57512 | 67498 | 54973 | 24274 |
| #女性 | Female | 19223 | 22707 | 27696 | 34236 | 29838 | 12462 |
| **涉外婚姻(对)** | **Registered Marriages with Foreigner and the Citizen of Hong Kong,Macao,Taiwan(couple)** | **491** | **467** | **369** | **500** | **440** | **438** |
| #国内公民(人) | Domestic Citizen(person) | 491 | 467 | 369 | 500 | 439 | 438 |
| #女性 | Female | 458 | 440 | 330 | 457 | 367 | 359 |
| **离婚人数(人)** | **Divorces(person)** | **102440** | **115914** | **127938** | **144420** | **162460** | **171478** |
| #民政部门批准 | Permitted by Civil Administration Department | 65140 | 76146 | 89384 | 104032 | 118810 | 124674 |

注：资料来源于省民政厅。

Note: Data in the table are provided by provincial Civil Affairs Department

# 主要统计指标解释

**公证人员** 指按照《公证法》规定，在公证机构从事公证业务的执业公证员、公证助理员、行政人员、其他人员。

办理公证文书 指公证处在一定时期内办结的公证文书件数。公证文书按司法部规定或批准的格式制作，包括国内公证和涉外公证两部分。国内公证分为经济合同公证和民事法律关系公证两大类。

**调解人员** 指人民调解委员会委员和人民调解委员会聘任的，负责对《人民调解法》规定人民调解委员会可以受理的民间纠纷进行调解的人员。

**调解民间纠纷** 是指人民调解委员会通过说服、疏导等方法，促成当事人在平等协商基础上自愿达成调解协议，解决民间纠纷的活动。

**特大火灾** 指造成30人以上死亡，或者100人以上重伤，或者1亿元以上直接财产损失的火灾。

**重大火灾** 指造成10人以上30人以下死亡，或者50人以上100人以下重伤，或者5000万元以上1亿元以下直接财产损失的火灾。

**较大火灾** 指造成3人以上10人以下死亡，或者10人以上50人以下重伤，或者1000万元以上5000万元以下直接财产损失的火灾。

**一般火灾** 指造成3人以下死亡，或者10人以下重伤，或者1000万元以下直接财产损失的火灾。

**人民检察院直接立案侦查案件** 指按照管辖的规定，由人民检察院直接立案侦查的贪污贿赂犯罪、渎职犯罪、国家机关工作人员利用职权实施的侵犯公民人身权利和民主权利的犯罪以及经省级人民检察院决定立案侦查的国家机关工作人员利用职权实施的其他重大犯罪案件。

**要案** 指县、处级以上干部的犯罪案件。该指标主要反映职务犯罪案件中县、处级以上干部被人民检察院依法立案侦查的情况。

**批准逮捕** 指人民检察院对公安机关、国家安全机关、监狱管理机关提出逮捕的犯罪嫌疑人进行审查，根据事实，依法做出逮捕决定。该指标主要反映人民检察院对提请逮捕犯罪嫌疑人进行审查后依法做出批准逮捕决定的情况。

**青少年罪犯** 指人民法院在报告期内判决发生法律效力的有罪判决中14周岁以上不满25周岁的罪犯。其中14周岁以上不满18周岁的罪犯为未成年罪犯。

**行政案件** 指公民、法人和其他组织认为行政机关和行政机关的工作人员的具体行政行为侵犯其合法权益时，依照《行政诉讼法》规定的程序提出起诉，由人民法院立案处理的行政争议案件。

**城市居民最低生活保障人数** 指在报告期末家庭平均收入在当地规定的最低生活保障线以下的家庭人员及国家规定有民政部门救济的特殊人员和60年代精减退职老职工救济人员等。

**农村居民最低生活保障人数** 指报告期末在建立农村最低生活保障制度的地区，得到当地政府或集体给予最低生活保障的农业人口家庭人数。

**五保户** 指无法定抚养义务人，或者虽有法定抚养义务人，但是抚养人无抚养能力的；无劳动能力的；无生活来源的老年人、残疾人和未成年人。

**农村传统定期救济人数** 指国家规定由民政部门救济的特殊人员和60年代精减退职老职工救济人员，特殊人员包括麻风病人、原国民党企业、投诚人员、归侨、台胞、台属、宽大释放人员、摘掉右派帽子人员、因公负伤的下乡知青、因计划生育手术事故造成的死亡和丧失劳动能力人员、解除劳务人员、刑事犯罪家属及60年代精减退职职工等。登记这类人员时登入其他人员类，登记这种户数时登入其他户类。

**社会福利企业** 指以集中安置有一定劳动能力的残疾人就业为目的（残疾职工占生产人员10%以上）、带有社会福利性质的企业总称。社会福利企业分类为：社会福利工厂、假肢厂、其他福利企业。按性质分为：国有、集体和其他性质分别填列。

**社区服务实施** 是指社区服务站、社区服务中心、其他社区服务设施的总和。是面向老年人及家庭的商品递送、医疗保健、家庭保洁、日间照料、陪伴服务等为社区居家老服务的设施和突出综合服务功能，将党员活动室、就业保障网络、社区卫生服务站、文化活动室、图书馆、"爱心超市"社区捐款接收站点、警务站（室）、老年活动室、未成年人文化活动场所等具有综合服务功能的设施。原则上，每个社区服务站设施的最低标准时能满足社区居委会办公所需，并配置多功能社区活动场所，建筑面积不低于200平方米。在此基础上可根据社区居民的实际需求，重点强化若干类服务功能。

**城镇职工基本养老保险**

**1.（参保）职工人数**　指报告期末按照国家法律、法规和有关政策规定参加基本养老保险并在社保经办机构已建立缴费记录档案的职工人数，包括中断缴费但未终止养老保险关系的职工人数，不包括只登记未建立缴费记录档案的人数。

**2.（参保）离退休人员人数**　指报告期末参加基本养老保险的离休、退休和退职人员的人数。

**3. 基本养老保险基金收入**　指根据国家有关规定，由纳入基本养老保险范围的缴费单位和个人按国家规定的缴费基数和缴费比例缴纳的养老保险基金，以及通过其他方式取得的形成基金来源的收入。包括单位和职工个人缴纳的基本养老保险费、基本养老保险基金利息收入、上级补助收入、下级上解收入、转移收入、财政补贴和其他收入。

**4. 基本养老保险基金支出**　指按照国家政策规定的开支范围和开支标准从养老保险基金中支付给参加基本养老保险的个人的养老金、丧葬抚恤补助，以及由于保险关系转移、上下级之间调剂资金等原因而发生的支出。包括离休金、退休金、退职金、各种补贴、医疗费、死亡丧葬补助费、抚恤救济费、社会保险经办机构管理费、补助下级支出、上解上级支出、转移支出、其他支出等。

**5. 基本养老保险基金累计结余**　指截止报告期末基本养老保险基金收支相抵后的累计余额。

**城镇职工基本医疗保险**

**1. 参保人数**　指报告期末按国家有关规定参加基本医疗保险的人数。包括参加保险的职工人数和退休人员人数。

**2. 基金收入**　指根据国家有关规定，由纳入城镇职工基本医疗保险范围的缴费单位和个人，按国家规定的缴费基数和缴费比例缴纳的基金，以及通过其他方式取得的形成基金来源的款项，包括：单位缴纳的社会统筹基金收入、个人缴纳的个人账户基金收入、财政补贴收入、利息收入、其他收入。

**3. 基金支出**　指按照国家政策规定的开支范围和开支标准从社会统筹基金中支付给参加城镇职工基本医疗保险的职工和退休人员的医疗保险待遇支出，和从个人帐户基金中支付给参加基本医疗保险的职工和退休人员的医疗费用支出，以及其他支出。包括：住院医疗费用支出、门急诊医疗费用支出、个人账户基金支出、其他支出。

**4. 基金累计结余**　指截止报告期末城镇职工基本医疗保险的社会统筹和个人帐户基金累计结余金额。

**失业保险**

**1. 参保人数**　指报告期末按照国家法律、法规和有关政策规定参加了失业保险的城镇企业事业单位的职工及地方政府规定参加失业保险的其他人员的人数。

**2. 失业保险基金收入**　指按照规定从企业、事业及其他单位筹集的失业保险费及其他并入失业保险基金收入的总额。包括单位和个人缴纳的失业保险费、失业保险基金利息收入、上级补助收入、下级上解收入、转移收入、财政补贴和其他收入。

**3. 失业保险基金支出**　指报告期内为保障失业人员基本生活、促进其再就业等支出的基金总额。包括失业救济金、医疗费、死亡丧葬补助费、抚恤救济费、转业训练费支出、失业保险经办机构管理费、补助下级支出、上解上级支出、转移支出和其他支出。

**4. 基金累计结余**　指截止报告期末失业保险基金收支相抵后的累计余额。

**工伤保险**

**1. 参加保险人数**　指报告期末依据国家有关规定参加工伤保险的职工人数和有雇工的个体工商户的雇工数。

**2. 享受保险待遇人数**　指劳动者因工负伤致残、死亡或因患职业病致残，根据有关规定享受工伤保险待遇职工或供养直系亲属人数。包括伤残人数、职业病人数、因工死亡人数、供养直系亲属人数。

**3. 基金收入**　指根据国家有关规定，由参加工伤保险的单位按国家规定的缴费基数和缴费比例缴纳的工伤保险基金，以及通过其他形式取得的形成基金来源的款项。包括：单位缴纳的社会统筹基金收入、财政补贴收入、利息收入、其他收入。

**4. 基金支出**　指按照国家政策规定的开支范围和开支标准从工伤保险基金中支付给参加工伤保险的人员及供养直系亲属工伤保险待遇支出及其他支出。包括工伤医疗费、伤残补助金、工亡补助金、护理费、丧葬补助费、工伤预防费用、职业康复费用和其他支出。

**5. 基金累计结余**　指截止报告期末工伤保险基金累计结余金额。

**生育保险**

**1. 参保人数**　指报告期末依据有关规定参加生育保险的职工人数。

**2. 基金收入**　指根据国家有关规定，由参加生育保险的单位按照国家规定的缴费基数和缴费比例缴纳的生育保险基金，以及通过其他方式取得的形成基金来源的款项，包括：单位缴纳的基金收入、利息收入和其他收入。

**3. 基金支出**　指按照国家政策规定的开支范围和开支标准，从生育保险基金中支付给参加生育保险的职工，因妊娠、分娩和计划生育手术而享受的待遇及其他支出。包括：生育津贴、医疗费用支出及其他支出。

**4. 基金累计结余**　指截止报告期末生育保险基金累计结余金额。

# Explanatory Notes on Main Statistical Indicators

**Notary Personnel** refers to judicial workers of the state notary offices handling notarization work according to law. They include notaries, assistant notaries, and other people working for notary offices.

**Notarized Documents** refer to the documents which are settled by notary offices within a certain period time. The notary documents are drawn up in accordance with the regulations of the Ministry of Justice or the approved format, including domestic documents and foreign-related documents. Domestic documents are divided into two major categories, documents on economic contracts and documents on civil legal relations.

**Mediators** refer to workers on peoples mediation committees responsible for mediating in civil disputes and cases of slight infraction of the law. They include members of the mediation committees and mediators of mediation groups.

**Mediation of civil disputes** refers to the people's mediation committee reach a mediation agreement voluntarily on the basis of equal negotiation and resolve disputes by persuasion, guidance and other methods.

**Extraordinarily Serious Fire Case** refers to a case which has caused over 30 deaths; or over 100 serious injuries; or a direct property loss over 100 million yuan.

**Serious Fire Case** refers to a case which has caused over 10 to 30 deaths; or over 50 to 100 serious injuries; or a direct property loss over 50 million to 100 million yuan.

**Comparatively Serious Fire Case** refers to a case which has caused over three to ten deaths; or over 10 to 50 serious injuries; or a direct property loss over 10 million to 50 million yuan.

**Ordinary Fire Case** refers to a case which has caused less than three deaths; or less than 10 serious injuries; or a direct property loss less than 10 million yuan.

**Cases Registered and Handled Directly by People's Procuratorate Offices** refer to those serious criminal cases that, according to the functional jurisdiction, are registered and handled by the People's Procuratorate Offices, including the ones on bribery and corruption, the ones on abuse and dereliction of duty, offences against citizens' personal and democratic rights by government officials abusing their powers; and that are registered and handled by the provincial Procuratorate offices in relation to other major crimes committed by government officials by abusing their powers.

**Key Cases** refer to crimes committed by county and director-level officials. This indicator reflects the situation of those county and director-level officials involved in criminal cases registered and handled by People's Procuratorate offices.

**Approval for Arrest** refers to the decision made by people's procuratorate office, in accordance with the law and relevant facts, to approve the arrest of the suspect(s) as proposed by the public security departments, state security departments or prisons authority. This indicator reflects approved arrests made by people's procuratorate offices that are proposed by related departments.

**Juvenile Criminals** refers to the offenders within the age range of 14 to 25 convicted guilty by the court during the reporting period while those between 14 and 18 are defined as minor offenders.

**Administrative Cases** refers to the cases filed by citizens, corporations and other organizations suggest that the executive and the executive staff of a specific administrative act infringe upon their legitimate interests, accordance with the "Administrative Procedure Law" provides the procedures to prosecute, filed and handled of administrative disputes by the people's court .

**Number of Urban Residents Entitled to Minimum Living Allowances** refers to the number of those whose average family income is below a minimum local standard by the end of the reporting period and special staff who were relieved by states provide State regulations and the District Department and 1960s streamline relief workers older workers retire, etc.

**Number of Rural Residents Entitled to Minimum Living Allowances** refers to the number of those receiving the minimum living allowances from the local government or community in the rural areas where this allowances system is in place as of the end of the reporting period.

**Households Enjoying Five Guarantees** refers to those senior citizens, handicapped or under-aged who, without labour ability, can't make a living by themselves and whose statutory providers are unable to support them or who have no statutory providers at all.

**Number of Rural Recipients** Refers to the national regulations by the civil affairs department of special relief personnel and streamline the retirement of older workers 1960s relief personnel, special personnel, including lepers, former KMT enterprises, surrendered personnel, returned overseas Chinese and Taiwan compatriots and Taiwan belong, large release of personnel, remove right hat personnel who are wounded in the countryside youth, family planning surgery because of deaths caused by accidents and loss of ability to work personnel, lift service personnel, their families and the criminal streamline the 1960s retired workers and so on. Registration Log when such persons other personnel, register other users logged on when this class households.

**Social Welfare Enterprises** refers to those welfare-oriented enterprises employing a significant number of handicapped people with certain labour ability (handicapped employees shall exceed 10% of the production staff), including welfare factories, artificial limb plants as well as other welfare enterprises. Divided by nature: state-owned, collective and other properties are listed separately.

**Number of Service Facilities in Urban Communities** refers to community service station, community service centers, other community service facilities combined. Is for the elderly and home delivery of goods, health care, household cleaning, day care, companionship services, home care services for community facilities and outstanding comprehensive service functions, will party room, employment security networks, community health service stations, cultural activities room, library, "love supermarket" community donations receiving stations, police stations (room), old activity room, minors and other cultural activities with comprehensive service functions of the facility. In principle, each community service station facilities to meet the minimum standards required for community neighborhood committee office, and configure the multi-purpose community activities, building area of not less than 200 square meters. On this basis, according to the actual needs of community residents, focusing on enhancing certain types of services.

**Basic Pension Insurance**

**1.Number of staff and workers covered** refer to staff and workers participating in the basic pension insurance programme according to national laws, regulations and related policies at the end of the reference period, who have already had payment records in social security management agencies, including those who have interrupt payment without terminating the insurance programme. Those who have registered in the programme but with no payment records are not included.

**2. Number of retirees participating in the basic pension insurance programme** refer to the number of retirees participating in basic pension insurance programme by the end of the reference period.

**3. Revenue of the basic pension insurance programme** refers to payments made by employers and individuals participating in the pension insurance programmes in accordance with the basis and proportion stipulated in State regulations, and income from other sources that become source of pension insurance fund, including the premium paid by employers and staff and workers, interest income, subsidies from higher level agencies, income as transfer from subordinate agencies, transferred income, government financial subsidies and other income.

**4. Expenditure of basic pension insurance programme** refers to payment made on pensions and funeral subsidies to those retired and resigned people covered in pension insurance programmes according to related national policies on scope and standard of expenditure. Also included are expenditure which arises due to shift of the insurance relationship or adjustment of funds among agencies. More specifically, included are pensions for resigned people, pensions for retired people, pension for people quitting jobs, various subsidies, medical fees, funeral subsidies, compensation payments, management fees for social security agencies, expenses on subsidies to lower subordinates, expenses as transfer to agencies at higher level, transferred expenditure and other expenditure.

**5. Balance of basic pension insurance programme** refers to the balance of basic pension insurance funds at the end of the reference period after deducting expenses from revenue.

**Urban Basic Medical Care Insurance**

**1. Number of people participating in the insurance programme** refers to people participating in the basic medical care insurance programme according to related regulations at the end of reference period, including number of staff who are participating in this insurance programme and retirees.

**2. Revenue of the insurance programme** refers to payments made by employers and individuals participating in the medical care insurance programme in accordance with the basis and proportion stipulated in State regulations, and income from other sources that become source of medical insurance fund, including income of social comprehensive funds paid by employers, income from individual accounts, government financial subsidies, interest income and other income.

3. Expenditure of the insurance programme refers to payment made from social comprehensive funds to those retired and resigned people covered in basic medical care insurance within the scope and standards of expenditure according to related national policies, and medical care payment made from individual accounts to staff and workers and retirees, and other expenses, including medical expenses of hospital inpatients, medical expenses for outpatients and emergency patients, payment from individual accounts and other expenditure.

4. Balance of the basic medical care insurance programme refers to the balance of medical care insurance of social comprehensive funds and individual accounts at the end of the reference period.

Unemployment Insurance

1. Number of people covered refers to staff and workers in urban enterprises or institutions who have participated in the unemployment insurance programme according to relevant policies and regulations, and other people who have participated according to local government regulations at the end of reference period.

2. Revenue of the unemployment insurance programme refers to payments made by employers and individuals participating in unemployment insurance programme in accordance with relevant regulations and other income contributed to this programme, including unemployment insurance premium made by employers and individuals, interest income, subsidies from higher level agencies, income as transfer from subordinate agencies, transferred income, government financial subsidies and other income.

3. Expenditure of the unemployment insurance programme refers to total expenses during the reference period to guarantee the basic livelihood of unemployed people and to encourage their re-employment. Included are unemployment relief, medical fees, funeral subsidies, compensation payments, training expenses, management fees for unemployment insurance agencies, subsidies to lower level agencies, expenses as transfer to higher level agencies, transferred expenditure and other expenditure.

4. Balance of the unemployment insurance programme refers to the balance of revenue of the programme after deducting expenses at the end of the reference period.

Work Injury Insurance

1. Number of people covered refers to staff and workers who have participated in the work injury insurance programme according to relevant national regulations and hirelings who were hired by individual industrial and commercial households.

2. Number of beneficiaries refers to staff and workers and their direct dependents who can, in accordance with relevant regulations, benefit from work injury insurance, as a result of work injury leading to disability or death of the staff/worker, or occupational disease leading to disability. Included in this category are number of injured and disabled people, number of people with occupational diseases, number of deaths at work places, and number of direct dependents.

3. Revenue of the work injury insurance programme refers to payments made by employers participating in the work injury insurance programme in accordance with the basis and proportion stipulated in State regulations, and income from other sources that become source of work injury insurance fund, including income of social comprehensive funds paid by employers, government financial subsidies, interest income and other income.

4. Expenditure of the work injury insurance programme refers to payments made from work injury insurance funds to those who participated in the work injury insurance programme and their direct dependents within the scope and standards of expenditure according to related national policies, and other expenditure, including medical fees for work injury, injury and disability subsidies, death subsidies, nursing fees, funeral subsidies, injury prevention fees, occupational rehabilitation fees and other expenditure.

5. Balance of the work injury insurance programme refers to the balance of the work injury funds at the end of the reference period.

Maternity Insurance

1. Number of people covered refers to staff and workers who have participated in the maternity insurance programme according to relevant regulation at the end of the reporting period.

2. Revenue of maternity insurance refers to payments made by employers participating in the maternity insurance programme in accordance with the basis and proportion stipulated in State regulations, and income from other sources that become source of maternity insurance fund, including income of funds paid by employers, interest income and other income.

3. Expenditure of the maternity insurance programme refers to payments made from maternity insurance funds to staff and workers who participate in the maternity insurance programme within the scope and standards of expenditure in accordance with related national policies, expenses paid for pregnancy, child delivery or surgeries related to family planning, and other expenditure, including allowance for child bearing, medical fees and other expenditure.

4. Balance of the maternity programme refers to the balance of the maternity insurance funds at the end of reference period.

23

Twenty-three

# 民营经济

Private Economy

# 23-1 民营经济增加值

## Value-added of Private Economy

单位：亿元 (100 million yuan)

| 指 标 | Item | 2008 | 2009 | 2010 | 2011 | 2012 | 2013 |
|---|---|---|---|---|---|---|---|
| **民营经济增加值** | **Value—added of Private Economy** | **1152.42** | **1295.10** | **1610.76** | **2103.98** | **2759.40** | **3457.76** |
| 第一产业 | Primary Industry | 134.80 | 139.77 | 165.63 | 197.77 | 378.24 | 518.69 |
| 第二产业 | Secondary Industry | 472.35 | 525.39 | 674.31 | 856.50 | 1128.85 | 1485.84 |
| 工 业 | Industry | 418.36 | 455.97 | 579.44 | 728.81 | 1042.88 | 1376.85 |
| 建筑业 | Construction | 53.99 | 69.42 | 94.87 | 127.69 | 85.97 | 108.99 |
| 第三产业 | Tertiary Industry | 545.27 | 629.94 | 770.82 | 1049.71 | 1252.31 | 1453.22 |
| #交通运输、仓储和邮政业 | Transport,Storage and Post | 170.50 | 183.89 | 234.88 | 320.63 | 388.18 | 439.05 |
| 批发和零售业 | Wholesale and Retail Trade | 114.46 | 135.02 | 178.61 | 234.14 | 248.36 | 257.98 |
| 住宿和餐饮业 | Hotel and Catering Services | 103.55 | 121.96 | 148.74 | 193.28 | 240.62 | 273.36 |
| 房地产业 | Real Estate | 91.39 | 118.72 | 124.70 | 146.60 | 56.13 | 82.16 |

注：2012年起民营经济增加值核算口径调整(以下相关表同)。

Note: The accounting caliber of the value—added of private economy was adjusted in 2012(the related tables in the chapter are the same) .

# 23-2 民营经济分产业增加值占该产业增加值比重

## Value-added of Private Economy Unit as Percentage to GDP

单位：% (%)

| 指 标 | Item | 2008 | 2009 | 2010 | 2011 | 2012 | 2013 |
|---|---|---|---|---|---|---|---|
| **民营经济增加值占比** | **Gross Domestic Product** | **32.4** | **33.1** | **35.0** | **36.9** | **40.3** | **43.2** |
| 第一产业 | Primary Industry | 25.0 | 25.4 | 26.5 | 27.2 | 42.4 | 50.4 |
| 第二产业 | Secondary Industry | 34.5 | 35.6 | 37.5 | 39.0 | 42.1 | 45.8 |
| 工 业 | Industry | 35.0 | 36.4 | 38.2 | 39.8 | 47.0 | 51.3 |
| 建筑业 | Construction | 30.9 | 31.0 | 33.5 | 35.0 | 18.7 | 19.6 |
| 第三产业 | Tertiary Industry | 33.0 | 33.4 | 35.4 | 37.7 | 38.2 | 38.9 |
| #交通运输、仓储和邮政业 | Transport,Storage and Post | 46.0 | 46.0 | 48.9 | 54.3 | 56.5 | 56.6 |
| 批发和零售业 | Wholesale and Retail Trade | 46.0 | 46.0 | 48.6 | 52.2 | 48.3 | 44.3 |
| 住宿和餐饮业 | Hotel and Catering Services | 79.4 | 79.5 | 82.3 | 86.1 | 90.3 | 92.7 |
| 房地产业 | Real Estate | 87.2 | 87.2 | 89.3 | 91.5 | 31.8 | 40.5 |

# 23-3 民营经济固定资产投资(2013)
# Private Economic Investment in Fixed Assets

单位：亿元 (100 million yuan )

| 指标名称 | Item | 2013 | 2013年比2012年增长(%) Increase Rate in 2013 over 2012(%) |
|---|---|---|---|
| **民营经济固定资产投资** | **Private economic investment in fixed assets** | **3458.49** | **33.8** |
| 按登记注册类型分 | By Status of Registration | | |
| 私　营 | Private Enterprises | 1384.99 | 56.4 |
| 集　体 | Collective-owned Enterprises | 22.60 | 15.4 |
| 股份合作 | Cooperative Enterprises | 20.75 | -3.8 |
| 集体联营 | Collective Joint Ownership Enterprises | 4.73 | 228.7 |
| 其他联营 | Other Collective Ownership Enterprises | 1.45 | 190.2 |
| 其他有限责任公司 | Other Limited Liability Corporations | 1605.58 | 21.1 |
| 股份有限公司 | Share Holding Enterprises | 183.69 | 1.8 |
| 其他内资 | Other domestic enterprises | 184.23 | 70.5 |
| 个体经营 | Self-employed | 50.48 | 17.3 |
| 按行业分 | By Industry | | |
| 第一产业 | Primary Industry | 113.09 | 78.5 |
| 第二产业 | Secondary Industry | 1247.31 | 19.7 |
| 工　业 | Industry | 1242.21 | 20.1 |
| 建筑业 | Construction | 5.10 | -30.2 |
| 第三产业 | Tertiary Industry | 2098.09 | 41.7 |
| 交通运输、仓储和邮政业 | Transportation,Storage,Postal,& Telecommunication Services | 40.45 | 30.6 |
| 批发和零售业 | Wholesale & Retail Trade | 51.77 | 24.6 |
| 住宿和餐饮业 | Hotel & Catering Trade | 52.49 | 20.6 |
| 金融业 | Finance | 2.92 | 110.9 |
| 房地产业 | Real Estate | 1739.80 | 40.3 |
| 其他服务业 | Other service industries | 210.66 | 72.1 |

注：本表统计口径为计划总投资500万元及以上固定资产项目投资和房地产开发项目投资。

Note: This table statistics plan a total investment of 5 million yuan and above the fixed assets investment projects and investment in real estate development project.

# 23-4 规模以上民营经济工业企业主要经济指标(2013)

## Main Economic Indicators of Industrial Enterprises above Designated Size of Private Economy

单位：万元 (10000 yuan)

| 指 标 | Item | 企业单位数(个) Number of Enterprises (unit) | 工业总产值(当年价) Gross Industial OutputValue (current price) | 固定资产原价 Original Value of Fixed Assets | 主营业务收入 Revenue from Principal Business | 利润总额 Total Profits |
|---|---|---|---|---|---|---|
| **总 计** | **Total** | **3008** | **42143304** | **11604104** | **37144731** | **3177716** |
| #亏损企业 | Loss Making Enterprises | 593 | 6426833 | 3055732 | 5281181 | -431793 |
| **按轻重工业分** | **Grouped by Type of Light and Heavy Industry** | | | | | |
| 轻工业 | Light Industry | 789 | 9670977 | 2512322 | 8223465 | 873840 |
| 重工业 | Heavy Industry | 2219 | 32472327 | 9091782 | 28921267 | 2303875 |
| **按企业规模分** | **Grouped by Size of Enterprise** | | | | | |
| #大型企业 | Large | 24 | 4288733 | 1403370 | 3657259 | 373757 |
| 中型企业 | Medium | 528 | 15429282 | 4765212 | 13467442 | 1465260 |
| 小型企业 | Small | 2257 | 22180744 | 5259650 | 19787620 | 1329066 |
| **按登记注册类型分** | **Grouped by Registration Categories** | | | | | |
| #股份合作企业 | Share-holding Cooperative Enterprises | 21 | 234011 | 84468 | 155471 | 18965 |
| 联营企业 | Joint Owned Enterprises | 6 | 65425 | 15407 | 66631 | 6054 |
| 有限责任公司 | Companies with Limited Liabilities | 1147 | 18657241 | 5170599 | 16151088 | 1203847 |
| 股份有限公司 | Share-holding Companies with Limited Liabilities | 79 | 1915434 | 780364 | 1668850 | 134914 |
| 私营企业 | Private Enterprises | 1697 | 20872699 | 5469657 | 18737181 | 1770193 |
| 其他企业 | Others | 33 | 204306 | 53892 | 186876 | 22291 |

注：规模以上民营经济工业统计口径为全部年主营业务收入2000万元及以上工业企业。

Note: Above scale industrial private economic statistics refer to the revenue from principal business of 20 million yuan and above of industrial enterprises.

## 23-4 续表

单位：万元

| 指　　标 | Item | 企业单位数（个）Number of Enterprises (unit) |
|---|---|---|
| **按工业行业分** | **Grouped by Industrial Sector** | |
| 煤炭开采和洗选业 | Mining and Washing of Coal | 842 |
| 黑色金属矿采选业 | Mining and Processing of Non-Ferrous Metal Ores | 36 |
| 有色金属矿采选业 | Mining and Processing of Nonmetal Ores | 26 |
| 非金属矿采选业 | Mining and Dressing of Nonmetal Minerals | 100 |
| 开采辅助活动 | Mining Support Activities | |
| 其他采矿业 | Other Mining Industry | |
| 农副食品加工业 | Processing of Food from Agricultural Products | 182 |
| 食品制造业 | Manufacture of Foods | 74 |
| 酒、饮料和精制茶制造业 | Manufacture of Liquor, Beverages and Refined Tea | 233 |
| 纺织业 | Manufacture of Textile | 14 |
| 纺织服装、服饰业 | Manufacture of Textile, Wearing Apparel and Accessories | 13 |
| 皮革、毛皮、羽毛及其制品和制鞋业 | Manufacture of Leather,Furs,Feather and Related Products, and Footware | 10 |
| 木材加工和木、竹、藤、棕、草制品业 | Processing of Timber, Manufacture of Wood,Bamboo, Rattan, Palm and Straw Products | 90 |
| 家具制造业 | Manufacture of Furniture | 15 |
| 造纸和纸制品业 | Manufacture of Paper and Paper Products | 36 |
| 印刷和记录媒介复制业 | Printing, Reproduction of Recording Media | 12 |
| 文教、工美、体育和娱乐用品制造业 | Manufacture of Articles For Culture, Education and Sport Activities | 13 |
| 石油加工、炼焦和核燃料加工业 | Processing of Petroleum, Coking, Processing of Nuclear Fuel | 31 |
| 化学原料和化学制品制造业 | Manufacture of Raw Chemical Materials and Chemical Products | 147 |
| 医药制造业 | Manufacture of Medicines | 85 |
| 橡胶和塑料制品业 | Manufacture of Rubber and Plastics | 62 |
| 非金属矿物制品业 | Manufacture of Non-metallic Mineral Products | 435 |
| 黑色金属冶炼和压延加工业 | Smelting and Pressing of Ferrous Metals | 178 |
| 有色金属冶炼和压延加工业 | Smelting and Pressing of Nonferrous metal | 71 |
| 金属制品业 | Manufacture of Metal Products | 62 |
| 通用设备制造业 | Manufacture of General Purpose Machinery | 34 |
| 专用设备制造业 | Manufacture of Special Purpose Machinery | 38 |
| 汽车制造业 | Manufacture of car | 25 |
| 铁路、船舶、航空航天和其他运输设备制造业 | Manufacture of Railroads, ships, aerospace and other transportation equipment | 12 |
| 电气机械和器材制造业 | Manufacture of Electrical Machinery and Equipment | 62 |
| 计算机、通信和其他电子设备制造业 | Manufacture of Communication Equipment, Computers and Other Electronic Equipment | 12 |
| 仪器仪表制造业 | Manufacture of Instruments and Apparatuses | 4 |
| 其他制造业 | Manufacture of Other Production | 8 |
| 废弃资源综合利用业 | Recycling and Disposal of Waste | 7 |
| 金属制品、机械和设备修理业 | Metal products, Machinery and Equipment Repair Industry | 1 |
| 电力、热力生产和供应业 | Production and Distribution of Electric Power and Heat Power | 27 |
| 燃气生产和供应业 | Production and Distribution of Gas | 10 |
| 水的生产和供应业 | Production and Distribution of Water | 1 |

注：工业行业按国民经济行业分类(GB/T4754—2011)分。

Continued

(10000 yuan)

| 工业总产值<br>(当年价)<br>Gross Industial<br>OutputValue<br>(current price) | 固定资产<br>原 价<br>Original<br>Value of<br>Fixed Assets | 主营业务<br>收 入<br>Revenue<br>from<br>Principal Business | 利 润<br>总 额<br>Total Profits |
|---|---|---|---|
| 10986845 | 3293014 | 9504282 | 981359 |
| 287951 | 44390 | 276282 | 67892 |
| 245678 | 64802 | 226264 | 29608 |
| 1062613 | 165018 | 981993 | 139058 |
| 1991297 | 352472 | 1825848 | 96506 |
| 900461 | 132882 | 833219 | 135703 |
| 2259790 | 1088680 | 1778604 | 249249 |
| 103878 | 19097 | 84735 | 5211 |
| 67037 | 19176 | 65798 | 4674 |
| 119075 | 19272 | 109436 | 5592 |
| 1090889 | 90123 | 1058169 | 48594 |
| 122820 | 11827 | 113113 | 7494 |
| 409223 | 84813 | 395822 | 24360 |
| 103163 | 61018 | 97497 | 13413 |
| 63254 | 10859 | 56203 | 4280 |
| 761873 | 145855 | 623386 | 31037 |
| 3212690 | 777186 | 2870241 | 320803 |
| 2641249 | 512715 | 2075072 | 253188 |
| 555663 | 90748 | 522341 | 33179 |
| 4518859 | 1732397 | 4132918 | 303891 |
| 3823198 | 555790 | 3600929 | 139947 |
| 2619475 | 1148060 | 2145581 | 89204 |
| 670637 | 101895 | 571543 | 33475 |
| 412727 | 62181 | 357865 | 36756 |
| 473733 | 140315 | 374390 | 1084 |
| 968685 | 231233 | 974755 | 14563 |
| 111211 | 12269 | 99088 | 7770 |
| 952240 | 161053 | 823942 | 29553 |
| 154515 | 14406 | 115665 | 10805 |
| 42875 | 5494 | 41981 | 4479 |
| 113958 | 44963 | 112743 | 24969 |
| 77300 | 5325 | 73242 | 9671 |
| 2789 | 97 | 2681 | 642 |
| 125785 | 371489 | 125636 | 15601 |
| 85083 | 32797 | 88685 | 3868 |
| 4785 | 394 | 4785 | 239 |

Note:Data in this table is classified by sector of the National Economy (GB/T4754-2011).

# 23-5 资质以上民营经济建筑企业主要经济指标(2013)

## Main Economic Indicators of Construction Enterprises above Qualification of Private Economy

| 指 标 | Item | 有工作量企业数(个) Number of Workload Enterprises(unit) | 建筑业总产值(亿元) Gross Output Value of Construction (100 million yuan) | 平均人数(人) Annual Average Number of Employed Persons (person) |
|---|---|---|---|---|
| **总 计** | **Total** | **485** | **273.47** | **122834** |
| **按登记注册类型分组** | **Grouped by Registration Categories** | | | |
| 内资企业 | Domestic Funded Enterprises | 485 | 273.47 | 122834 |
| #联营企业 | Joint Owned Enterprises | 2 | 0.57 | 45 |
| 其他联营企业 | Others | 2 | 0.57 | 45 |
| 有限责任公司 | Companies with Limited Liabilities | 204 | 106.41 | 53961 |
| 其他有限责任公司 | Others | 204 | 106.41 | 53961 |
| 股份有限公司 | Share-holding Companies with Limited Liabilities | 19 | 17.35 | 7744 |
| 私营企业 | Private Enterprises | 167 | 85.36 | 32772 |
| 私营独资企业 | Private-funded Enterprises | 4 | 1.04 | 288 |
| 私营合伙企业 | Private Partnership Enterprise | 2 | 0.73 | 390 |
| 私营有限责任公司 | Private Limited Liabilities Companies | 148 | 66.12 | 24293 |
| 私营股份有限公司 | Private Share-holding Companies Ltd. | 13 | 17.48 | 7801 |
| **按建筑业行业中类分组** | **By Sector** | | | |
| 房屋和土木工程建筑业 | Housing Construction and Civil Engineering Industry | 353 | 252.69 | 112744 |
| 建筑安装业 | Construction and Installation Industry | 59 | 10.71 | 5644 |
| 建筑装饰业 | Construction and Descoration Industry | 46 | 3.53 | 1707 |
| 其他建筑业 | Other Construction Industries | 27 | 6.54 | 2739 |
| **按企业资质等级分组** | **By Qualification Standard** | | | |
| 施工总承包 | Chief Construction Contract | 344 | 250.91 | 112066 |
| 一级 | First Grade | 9 | 46.43 | 11656 |
| 二级 | Second Grade | 96 | 96.60 | 47695 |
| 三级及以下 | Third and Lower Grade | 239 | 107.88 | 52715 |
| 专业承包 | Professional Contract | 141 | 22.56 | 10768 |
| 一级 | First Grade | 6 | 1.19 | 548 |
| 二级 | Second Grade | 59 | 12.22 | 5623 |
| 三级及以下 | Third and Lower Grade | 76 | 9.15 | 4597 |

# 23-6 限额以上民营经济批发零售企业主要经济指标(2013)

# Main Economic Indicators of Wholesale and Retail Trade Enterprises above Designated Size of Private Economy

单位：万元 (10000 yuan)

| 指 标 | Item | 企业个数(个) Number of Enterprises (unit) | 固定资产原价 Original Value of Fixed Assets | 主营业务收入 Prime Operating Revenue | 主营业务税金及附加 Tax and associate charge | 利润总额 Total Profits |
|---|---|---|---|---|---|---|
| **批发业** | **Wholesale Trade** | 551 | 210031.9 | 9501278.4 | 34926.8 | 159072 |
| **按登记注册类型分组** | **by Status of Registration** | | | | | |
| 内资企业 | Domestic Funded Enterprises | 551 | 210031.9 | 9501278.4 | 34926.8 | 159072 |
| #集体企业 | Collective-owned Enterprises | 23 | 16012 | 88901.4 | 1180.7 | 390.7 |
| 股份合作企业 | Share-holding Cooperative Enterprises | 1 | 245.8 | 1949.9 | 10.6 | 4.9 |
| 有限责任公司 | Limited Liabilities Companies | 349 | 135472.9 | 5846232.8 | 15883.1 | 36651.8 |
| 其他有限责任公司 | Other Limited Liabilities Companies | 349 | 135472.9 | 5846232.8 | 15883.1 | 36651.8 |
| 股份有限公司 | Share-holding Companies Ltd. | 21 | 27659 | 2338459.7 | 14718 | 113133 |
| 私营企业 | Private Enterprises | 156 | 30461.2 | 1223232.5 | 3132.9 | 8865.2 |
| 私营独资企业 | Private-funded Enterprises | 3 | 53 | 15076.5 | 302.2 | 10.7 |
| 私营合伙企业 | Private Partnership Enterprise | | | | | |
| 私营有限责任公司 | Private Limited Liabilities Companies | 143 | 29224.3 | 1141915.9 | 2591 | 8786.1 |
| 私营股份有限公司 | Private Share-holding Companies Ltd. | 10 | 1183.9 | 66240.1 | 239.7 | 68.4 |
| 其他企业 | Other Enterprises | 1 | 181 | 2502.1 | 1.5 | 26.7 |
| **按批发行业分组** | **by Wholesale Trade Sector** | | | | | |
| 农畜产品批发业 | Wholesale of Farm Produce and Livestack Products | 9 | 1308.9 | 32748.9 | 120.2 | 453 |
| 食品、饮料及烟草制品批发 | Wholesale of Textiles, Wearing Apparel and Commodity | 72 | 34845.6 | 648785.9 | 4221.6 | 25356.1 |
| 纺织、服装及日用品批发 | Textiles Products,Clothing and Commodity | 30 | 4369.7 | 297197.8 | 712 | 2158.8 |
| 文化、体育用品及器材批发 | Wholesale of Culture, Sports Appliances and Equipments | 6 | 1513.6 | 20339.9 | 42.1 | 35.2 |
| 医药及医疗器材批发 | Wholesale of Medicines and Medical Appliances | 52 | 26701 | 853330 | 2383.6 | 11104.6 |
| 矿产品、建材及化工产品批发 | Wholesale of Mineral Products, Building Materials and Chemical Products | 309 | 116758.5 | 6846612.1 | 26017.5 | 118834 |
| 机械设备、五金交电及电子产品批发 | Wholesale of Machinery, Hardware and Electronics | 63 | 16510.4 | 744227.7 | 987 | -516.1 |
| 其他批发 | Others | 10 | 8024.2 | 58036 | 443 | 1646 |

## 23-6 续表

单位：万元

| 指　标 | Item | 企业个数(个) Number of Enterprises(unit) |
|---|---|---|
| **零售业** | **Retail Trade** | **1092** |
| **按登记注册类型分组** | **by Status of Registration** | |
| 内资企业 | Domestic Funded Enterprises | 8 |
| #集体企业 | Collective-owned Enterprises | 7 |
| 股份合作企业 | Share-holding Cooperative Enterprises | 3 |
| 联营企业 | Associated Enterprises | 1 |
| 有限责任公司 | Limited Liabilities Companies | 592 |
| 国有独资公司 | State-owned Companies | |
| 其他有限责任公司 | Other Limited Liabilities Companies | 592 |
| 股份有限公司 | Share-holding Companies Ltd. | 28 |
| 私营企业 | Private Enterprises | 455 |
| 私营独资企业 | Private-funded Enterprises | 57 |
| 私营合伙企业 | Private Partnership Enterprise | 5 |
| 私营有限责任公司 | Private Limited Liabilities Companies | 366 |
| 私营股份有限公司 | Private Share-holding Companies Ltd. | 27 |
| 其他企业 | Other Enterprises | 6 |
| **按零售行业小类分组** | **By Retail Trade Sector** | |
| 综合零售 | Integrated Retail | 172 |
| 食品、饮料及烟草制品专门零售 | Special Retail of Food, Beverages and Tobaccos | 101 |
| 纺织、服装及日用品专门零售 | Special Retail of Textiles, Garments and Daily Consumer Articles | 24 |
| 文化、体育用品及器材专门零售 | Special Retail of Culture, Sports Appliances and Equipments | 19 |
| 医药及医疗器材专门零售 | Special Retail of Medicines and Medical Appliances | 64 |
| 汽车、摩托车、燃料及零配件专门零售 | Special Retail of Motor Vehicles, Motorcycles, Fuel and Parts | 486 |
| 家用电器及电子产品专门零售 | Special Retail of Household Electric Appliances and Electronic Products | 175 |
| 五金、家具及室内装修材料专门零售 | Special Retail of Hardware, Furniture and Interior Decoration Materials | 26 |
| 无店铺及其他零售 | Non-shop and Other Retails | 25 |

continued

(10000 yuan)

| 固定资产原价 Original Value of Fixed Assets | 主营业务收入 Prime Operating Revenue | 主营业务税金及附加 Tax and associate charge | 利润总额 Total Profits |
|---|---|---|---|
| **719765** | **9414561** | **32687** | **450354** |
| 719765 | 9414561 | 32687 | 450354 |
| 2613 | 23975 | 120 | 1748 |
| 1793 | 37481 | 86 | 510 |
| 3849 | 23622 | 26 | 2096 |
| 343616 | 4320763 | 21375 | 96446 |
| 343616 | 4320763 | 21375 | 96446 |
| 255453 | 3335896 | 3004 | 317950 |
| 110464 | 1668754 | 8037 | 30922 |
| 8085 | 58230 | 630 | 2365 |
| 1281 | 8337 | 77 | 196 |
| 95873 | 1542544 | 6885 | 26849 |
| 5224 | 59644 | 445 | 1511 |
| 1977 | 4069 | 39 | 682 |
| 165509 | 943113 | 8626 | 38603 |
| 19353 | 214397 | 2718 | 8882 |
| 21710 | 82189 | 665 | 1020 |
| 2120 | 51060 | 573 | 1665 |
| 14030 | 447313 | 1633 | 7396 |
| 453704 | 6964701 | 12498 | 373257 |
| 17588 | 499483 | 3717 | 4391 |
| 4303 | 35244 | 313 | 1088 |
| 21449 | 177062 | 1944 | 14053 |

# 23-7 限额以上民营经济住宿餐饮企业主要经济指标(2013)

单位：万元

| 指　标 | Item | 企业个数(个) Number of Enterprises(unit) |
|---|---|---|
| **住宿业** | **Quartering Services** | **341** |
| **按登记注册类型分组** | **by Status of Registration** | |
| 内资企业 | Domestic Funded Enterprises | 341 |
| #集体企业 | Collective-owned Enterprises | 11 |
| 股份合作企业 | Share-holding Cooperative Enterprises | |
| 有限责任公司 | Limited Liabilities Companies | 162 |
| 其他有限责任公司 | Other Limited Liabilities Companies | 162 |
| 股份有限公司 | Share-holding Companies Ltd. | 5 |
| 私营企业 | Private Enterprises | 157 |
| 私营独资企业 | Private-funded Enterprises | 37 |
| 私营合伙企业 | Private Partnership Enterprise | 14 |
| 私营有限责任公司 | Private Limited Liabilities Companies | 92 |
| 私营股份有限公司 | Private Share-holding Companies Ltd. | 14 |
| 其他企业 | Other Enterprises | 6 |
| **按住宿行业分组** | **by Quartering Services Sector** | |
| 旅游饭店 | Tourist Hotel | 231 |
| 一般旅馆 | General Hotels | 100 |
| 其他住宿服务 | Other Hotel Services | 10 |
| **餐饮业** | **Catering Services** | **290** |
| **按登记注册类型分组** | **by Status of Registration** | |
| 内资企业 | Domestic Funded Enterprises | 290 |
| #股份合作企业 | Share-holding Cooperative Enterprises | 2 |
| 有限责任公司 | Limited Liability Corporations | 118 |
| 其他有限责任公司 | Other Limited Liability Corporations | 118 |
| 股份有限公司 | Share-holding Corporations Ltd. | 4 |
| 私营企业 | Private Enterprises | 156 |
| 私营独资企业 | Private-funded Enterprises | 58 |
| 私营合伙企业 | Private Partnership Enterprise | 13 |
| 私营有限责任公司 | Private Limited Liabilities Companies | 76 |
| 私营股份有限公司 | Private Share-holding Companies Ltd. | 9 |
| 其他企业 | Others | 10 |
| **按餐饮行业分组** | **by Catering Services Sector** | |
| 正餐服务 | Restaurant | 285 |
| 快餐服务 | Snack Services | 2 |
| 饮料及冷饮服务 | Beverages and Cold Drinks | 2 |
| 其他餐饮服务业 | Others | 1 |

# Main Economic Indicators of Accommodation and Catering Enterprises above Designated Size of Private Economy

(10000 yuan)

| 固定资产原价 Original Value of Fixed Assets | 主营业务收入 Prime Operating Revenue | 主营业务税金及附加 Taxes and Other charges on Principal Business | 利润总额 Total Profits |
|---|---|---|---|
| **516968** | **329422** | **18576** | **-8846** |
| | | | |
| 516968 | 329422 | 18576 | -8846 |
| 16021 | 8679 | 509 | 1439 |
| | | | |
| 317434 | 204686 | 11431 | -11610 |
| 317434 | 204686 | 11431 | -11610 |
| 1972 | 2426 | 140 | 1174 |
| 176756 | 109207 | 6227 | -510 |
| 52309 | 25127 | 1461 | 1927 |
| 7253 | 11053 | 612 | 611 |
| 80908 | 57947 | 3304 | -2136 |
| 36286 | 15080 | 851 | -911 |
| 4784 | 4425 | 268 | 661 |
| | | | |
| 441694 | 271492 | 15356 | -10581 |
| 70781 | 54349 | 3012 | 1931 |
| 4493 | 3581 | 208 | -195.9 |
| **121172** | **195190** | **10643** | **-3042** |
| | | | |
| 121172 | 195190 | 10643 | -3042 |
| 182 | 218 | 13 | -1 |
| 64628 | 104618 | 5513 | -4683 |
| 64628 | 104618 | 5513 | -4683 |
| 424 | 6006 | 289 | -14 |
| 53173 | 80039 | 4492 | 2101 |
| 14860 | 22229 | 1362 | 1881 |
| 7653 | 10341 | 512 | 957 |
| 27467 | 43413 | 2303 | -650 |
| 3193 | 4057 | 314 | -88 |
| 2765 | 4310 | 337 | -446 |
| | | | |
| 120437 | 192007 | 10457 | -2993 |
| 321 | 2373 | 135 | -77 |
| 402 | 421 | 31 | -11 |
| 12 | 389 | 19 | 40 |

24

Twenty-four

# 民族自治地方

Minority Nationality Autonomous Areas

# 24-1 民族自治地方行政区划

# Administrative Division of Minority Nationality Autonomous Areas

单位：个 (unit)

| 民族自治州(县)名称 | Autonomous State(County) | 地级 Prefectural Level | 县级 County Level | #县级市 City at County Level | 成立时间 Time of Comeinto Existence | 土地面积(平方公里) Total Land Area(sq.km) |
|---|---|---|---|---|---|---|
| 黔西南布依族苗族自治州 | Qianxinan(Bouyei & Miao)Autonomous State | 1 | 8 | 1 | 1982年5月1日 | 16804 |
| 黔东南苗族侗族自治州 | Qiandongnan(Miao & Dong)Autonomous State | 1 | 16 | 1 | 1956年7月23日 | 30337 |
| 黔南布依族苗族自治州 | Qiannan(Bouyei & Miao)Autonomous State | 1 | 12 | 2 | 1956年8月8日 | 26197 |
| 道真仡佬族苗族自治县 | Daozhen(Gelao & Miao)Autonomous County | | 1 | | 1987年11月29日 | 2156 |
| 务川仡佬族苗族自治县 | Wuchuan(Gelao & Miao)Autonomous County | | 1 | | 1987年11月26日 | 2773 |
| 镇宁布依族苗族自治县 | Zhenning(Bouyei & Miao)Autonomous County | | 1 | | 1963年9月11日 | 1703 |
| 关岭布依族苗族自治县 | Guanling(Bouyei & Miao)Autonomous County | | 1 | | 1981年12月31日 | 1468 |
| 紫云苗族布依族自治县 | Ziyun(Miao & Bouyei)Autonomous County | | 1 | | 1966年2月11日 | 2284 |
| 威宁彝族回族苗族自治县 | Weining(Yi,Hui & Miao)Autonomous County | | 1 | | 1954年11月11日 | 6296 |
| 玉屏侗族自治县 | Yuping(Dong)Autonomous County | | 1 | | 1984年11月7日 | 516 |
| 印江土家族苗族自治县 | Yinjiang(Tujia & Miao)Autonomous County | | 1 | | 1987年11月20日 | 1961 |
| 沿河土家族自治县 | Yanhe(Tujia)Autonomous County | | 1 | | 1987年11月23日 | 2469 |
| 松桃苗族自治县 | Songtao(Miao)Autonomous County | | 1 | | 1956年12月31日 | 2861 |
| 三都水族自治县 | Sandu(Shui)Autonomous County | | 1 | | 1957年1月2日 | 2384 |

# 24-2 少数民族分布

# Geographic Distribution of Minority Nationalities

| 民　族 | Nationality | 分布的主要地区 | Main Geographic Distribution |
|---|---|---|---|
| 苗　族 | Miao | 黔东南州、黔南州、黔西南州、松桃县、紫云县、务川县、水城县 | Qiandongnan,Qiannan,Qianxinan,Songtao, Ziyun Wuchuan,Shuicheng |
| 布依族 | Bouyei | 黔南州、黔西南州、镇宁县、紫云县 | Qiannan,Qianxinan,Zhenning,Ziyun |
| 侗　族 | Dong | 黔东南州、玉屏县、碧江区、石阡县 | Qiandongnan,Yuping,Bijiang,Shiqian |
| 土家族 | Tujia | 铜仁市 | Tongren |
| 彝　族 | Yi | 毕节市、六盘水市 | Bijie,Liupanshui |
| 仡佬族 | Gelao | 遵义市、关岭县、石阡县 | Zunyi,Guanling,Shiqian |
| 水　族 | Shui | 三都县 | Sandu |
| 回　族 | Hui | 威宁县、兴仁县、平坝县、兴义市 | Weining,Xingren,Pingba,Xingyi |
| 白　族 | Bai | 毕节市、盘县 | Bijie,panxian |
| 瑶　族 | Yao | 黔东南州、荔波县 | Qiandongnan,Libo |
| 壮　族 | Zhuang | 从江县、独山县、荔波县、都匀市 | Congjiang,Dushan,Libo,Duyun |
| 畲　族 | She | 凯里市、麻江县、都匀市、福泉市 | Kaili,Majiang,Duyun,Fuquan |
| 毛南族 | Maonan | 平塘县、独山县、惠水县 | Pingtang,Dushan,Huishui |
| 蒙古族 | Mongoloid | 毕节市、石阡县、思南县 | Bijie,Shiqian,Sinan |
| 仫佬族 | Mulam | 凯里市、麻江县、黄平县 | Kaili,Majiang,Huangping |
| 满　族 | Man | 黔西县、大方县、金沙县、云岩区 | Qianxi,Dafang,Jinsha,Yunyan |
| 羌　族 | Qiang | 石阡县、江口县 | Shiqian,Jiangkou |

# 24–3 民族自治地方经济社会主要指标

## Major Social and Economic Indicators of Minority Nationality Autonomous Areas

| 指　标 | Item | 2012 | 2013 | 2013年比2012年增长(%) Increase Rate in 2013 over 2012(%) |
|---|---|---|---|---|
| **人口** | **Population** | | | |
| 年末常住人口(万人) | Number of Resident Population at Year-end(10000 persons) | 1352.34 | 1356.74 | 0.3 |
| #少数民族人口 | Minority Population | 870.20 | 873.06 | 0.3 |
| **地区生产总值** | **Gross Domestic Product** | | | |
| 地区生产总值(亿元) | Gross Domestic Product(100 million yuan) | 1982.78 | 2343.01 | 16.1 |
| **固定资产投资** | **Investment in Fixed Assets** | | | |
| 固定资产投资(亿元) | Total Investment in Fixed Assets(100 million yuan) | 2110.36 | 2136.87 | 1.3 |
| **财政、金融** | **Government Finance and Banking** | | | |
| 公共财政收入(亿元) | Local Financial Revenue(100 million yuan) | 227.65 | 278.43 | 22.3 |
| 公共财政支出(亿元) | Financial Expenditure(100 million yuan) | 830.43 | 940.82 | 13.3 |
| 金融机构人民币存款余额(亿元) | Total Savins Deposit Balance at Year-end(100 million yuan) | 2321.55 | 2832.45 | 22.0 |
| #储蓄余额(亿元) | Urban and Rural Resident Savings Deposit Balance(100 million yuan) | 1344.64 | 1690.41 | 25.7 |
| 金融机构人民币贷款余额(亿元) | Total Loan Balance at Year-end(100 million yuan) | 1426.37 | 1795.05 | 25.8 |
| **农业** | **Agriculture** | | | |
| 农林牧渔业总产值(亿元) | Gross Agricultural Output Value(100 million yuan) | 644.21 | 740.83 | 15.0 |
| 粮食产量(万吨) | Output of Grain(10000 tons) | 475.96 | 476.80 | 0.2 |
| 油菜籽产量(万吨) | Output of Rapeseeds(10000 tons) | 25.55 | 27.27 | 6.7 |
| 牛年底存栏数(万头) | Large Animals(year-end)(10000 heads) | 279.15 | 277.58 | -0.6 |
| 猪年底存栏数(万头) | Hogs(year-end)(10000 heads) | 709.61 | 691.17 | -2.6 |
| 羊年底存栏数(万只) | Sheep and Goats(year-end)(10000 heads) | 162.42 | 187.04 | 15.2 |
| **工业（规模以上）** | **Industry** | | | |
| 企业数（个） | Number of enterprises(unit) | 1007 | 1336 | 32.7 |
| 工业增加值（亿元） | Value added of industry(100 million yuan) | 437.19 | 567.75 | 19.8 |
| **运输邮电** | **Transportation and Post** | | | |
| 公路里程(公里) | Length of Highways(km) | 83454 | 83746 | 0.4 |
| 邮路总长度(公里) | Length of Postal Routes(km) | 18719 | 21662 | 15.7 |
| **商业** | **Trade** | | | |
| 社会消费品零售总额(亿元) | Total Retail Sales of Consumer Goods(100 million yuan) | 530.63 | 607.50 | 14.5 |
| **人均水平** | **Per Capita Standard of Living** | | | |
| 人均地区生产总值(元) | Per Capita Gross Domestic Product(yuan) | 14690 | 17297 | 15.7 |
| 人均公共财政收入(元) | Per Capita Local Financial Revenue(yuan) | 1687 | 2055 | 21.8 |
| 城乡居民人均储蓄(元) | Per Capita Urban and Rural Resident Savings(yuan) | 9962 | 12480 | 25.3 |

注：1.规模以上工业统计口径为年主营业务收入2000万元及以上工业企业（以下相关表同）。2.人均水平数据按常住半年人口计算。

Note: 1. Above scale industrial statistics for the main business income of 20 million yuan and above industrial enterprise(the same applies to the next table). 2.Data of per capita standard of living are calculated auording to resident population staying at home for 6 months.

# 24-4 民族自治地方经济社会主要指标(2013)

# Major Economic Indicators of Minority Nationality Autonomous Areas

| 指　　标 | Item | 民族自治地方 Minority Nationality Autonomous Areas | 民族自治州 Minority Nationality Autonomous State | 民族自治县 Minority Nationality Autonomous County |
|---|---|---|---|---|
| **人口** | **Population** | | | |
| 年末常住半年人口(万人) | Number of Population at The Year-end (10000 persons) | 1356.74 | 954.06 | 429.42 |
| #少数民族人口 | Minority Population | 873.06 | 646.47 | 261.17 |
| 人口密度(人/平方公里) | Population Density(person/sq.km) | 138.69 | 130.09 | 159.81 |
| **地区生产总值(亿元)** | **Gross Domestic Product(100 million yuan)** | 2343.01 | 1790.09 | 586.24 |
| 第一产业 | Primary Industry | 455.09 | 302.47 | 160.3 |
| 第二产业 | Secondary Industry | 785.77 | 634.14 | 157.2 |
| 第三产业 | Tertiary Industry | 1102.15 | 853.48 | 268.74 |
| **农业** | **Agriculture** | | | |
| 乡村从业人口(万人) | Rural Employment(10000 persons) | 950.07 | 652.79 | 317.84 |
| 农用机械总动力(万千瓦) | Total Agricultural Machinery Power(10000 kw) | 1014.11 | 773.40 | 262.66 |
| 化肥使用量(折纯量)(万吨) | Consumption of Chemical Fertilizers(10000 tons) | 40.80 | 26.54 | 23.44 |
| 有效灌溉面积(千公顷) | Irrigated Areas(1000 hectares) | 489.03 | 377.29 | 117.81 |
| 农作物播种面积(千公顷) | Total Sown Areas (1000 hectares) | 2210.83 | 1553.10 | 757.22 |
| #粮　食 | Grain Crops | 1260.09 | 870.97 | 426.82 |
| 油菜籽 | Rapeseeds | 170.41 | 149.29 | 7.45 |
| 粮食总产量(万吨) | Total Grain Yield(10000 tons) | 476.80 | 319.99 | 165.97 |
| 油菜籽产量(万吨) | Output of Rapeseeds(10000 tons) | 27.27 | 19.30 | 9.06 |
| 烤烟产量(万吨) | Output of Flue -cured Tobacco (10000 tons) | 20.19 | 11.02 | 9.18 |
| 茶叶产量(万吨) | Output of Tea (10000 tons) | 3.74 | 2.34 | 1.46 |
| 当年造林面积(千公顷) | Afforested Areas in 2004(1000 hectares) | 184.84 | 119.05 | 67.91 |
| 牲畜当年存栏数 | Animals in Hand | | | |
| 猪(万头) | Hogs(10000 heads) | 691.17 | 448.06 | 256.49 |
| 牛(万头) | Large Animals(10000 heads) | 277.58 | 184.13 | 103.03 |
| 羊(万只) | Sheep and Goats(10000 heads) | 187.04 | 98.02 | 89.46 |
| 牲畜当年出栏数 | Number of Slaughtered Animals | | | |
| 猪(万头) | Hogs(10000 heads) | 801.90 | 532.88 | 271.51 |
| 牛(万头) | Large Animals(10000 heads) | 72.06 | 41.92 | 31.78 |
| 羊(万只) | Sheep and Goats(10000 heads) | 125.02 | 56.59 | 68.89 |
| 肉类总产量(万吨) | Output of Meat(10000 tons) | 85.72 | 55.87 | 31.45 |
| 水产品产量(万吨) | Total Aquatic Products(10000 tons) | 10.88 | 7.79 | 3.10 |
| 农林牧渔业总产值(亿元) | Gross Output Value of Farming,Forestry,Animal Husbandry and Fishery(100 million yuan) | 740.83 | 503.57 | 249.46 |
| #农　业 | Farming | 400.06 | 265.89 | 140.69 |

## 24-4 续表 continued

| 指 标 | Item | 民族自治地方 Minority Nationality Autonomous Areas | 民族自治州 Minority Nationality Autonomous State | 民族自治县 Minority Nationality Autonomous County |
|---|---|---|---|---|
| 林 业 | Forestry | 50.93 | 44.47 | 7.57 |
| 牧 业 | Animal Husbandry | 253.91 | 165.65 | 92.15 |
| 渔 业 | Fishery | 22.62 | 18.59 | 4.45 |
| **工业(规模以上)** | **Industry(above designated size)** | | | |
| 企业单位数(个) | Number of Industrial Enterprises(unit) | 1336 | 990 | 356 |
| 工业总产值(亿元) | Total Gross Industrial Output Value(100 million yuan) | 2077.22 | 1755.54 | 327.77 |
| 工业销售产值(亿元) | Sales Output Value of Industry(100 million yuan) | 1828.44 | 1545.96 | 287.98 |
| 工业增加值(亿元) | Value-added of Industry(100 million yuan) | 567.75 | 491.78 | 76.92 |
| 利润总额(亿元) | Total Profits and Taxes(100 million yuan) | 96.17 | 75.32 | 20.80 |
| **固定资产投资** | **Investment in Fixed Assets** | | | |
| 固定资产投资完成额(亿元) | All Investment in Fixed Assets in the Whole Province (100 million yuan) | 2136.87 | 1503.38 | 671.09 |
| **商业** | **Trade** | | | |
| 社会消费品零售总额(亿元) | Total Retail Sales of Consumer Goods(100 million yuan) | 607.50 | 488.19 | 128.26 |
| **财政、金融** | **Government Finance and Banking** | | | |
| 公共财政收入(亿元) | Local Financial Revenue (100 million yuan) | 278.43 | 240.59 | 40.02 |
| 公共财政支出(亿元) | Financial Expenditure(100 million yuan) | 940.82 | 719.05 | 238.65 |
| 金融机构人民币存款余额(亿元) | Deposits Balance(100 million yuan) | 2832.45 | 2265.30 | 604.55 |
| #储蓄余额 | Urban and Rural Resident Savings Deposit Balance | 1690.41 | 1325.59 | 388.82 |
| 金融机构人民币贷款余额(亿元) | Loans Balance(100 million yuan) | 1795.05 | 1430.14 | 390.18 |
| **交通运输** | **Traffic** | | | |
| 公路里程(公里) | Length of Highways(km) | 83746.10 | 60342.35 | 25903.60 |
| **邮电、通讯** | **Post and Telecommunications** | | | |
| 邮政所总数(处) | Number of Post Offices(unit) | 559 | 436 | 143 |
| 邮路总长度(公里) | Length of Postal Routes(km) | 21662 | 13764 | 8188 |
| 农村投递线路总长度(公里) | Length of Rural Delivery Routes(km) | 25076 | 18879 | 16457 |
| 固定电话年末用户(万户) | Number of Telephone Sets at the Year-end (10000 units) | 104.93 | 85.36 | 28.60 |

# 24-5 民族自治地方公共财政收入(2013)

## Public Financial Revenue of Minority Nationality Autonomous Areas

单位：万元 (10000 yuan)

| 指标 | Item | 民族自治地方 Miniority Nationality Autonomous Area | 民族自治州 Nationality Minority Autonomous State | 民族自治县 Minority Nationality Autonomous County |
|---|---|---|---|---|
| **公共财政收入** | **Public Financial Revenue** | **2784256** | **2405914** | **400202** |
| **税收收入** | **Tax Income** | **1800167** | **1544683** | **269237** |
| #增值税 | Value-added Tax | 150333 | 130549 | 20307 |
| 营业税 | Business Tax | 548500 | 469529 | 85536 |
| 企业所得税 | Enterprises' Income Tax | 134140 | 119140 | 15430 |
| 个人所得税 | Personal Income Tax | 66919 | 60182 | 6963 |
| 资源税 | Resource Tax | 42749 | 37559 | 5409 |
| 城市维护建设税 | Urban Maintenance and Development Tax | 92633 | 82303 | 10953 |
| 耕地占用税 | Cultivated Land Usage Tax | 385599 | 338563 | 48871 |
| 契　税 | Deed Tax | 100343 | 88708 | 11993 |
| 烟叶税 | Tobacco Tax | 89434 | 50651 | 38783 |
| **非税收入** | **Income from Non -tax** | **984089** | **861231** | **130965** |
| #专项收入 | Expert Project Income | 102670 | 82652 | 20551 |
| 行政事业性收费收入 | Penalty and Confiscatory Income | 157671 | 130272 | 29128 |
| 罚没收入 | Expert Project Income | 68744 | 59048 | 10744 |
| 国有资本经营收入 | State-owned Assets Profit | 4393 | 3136 | 1257 |
| 国有资源(资产)有偿使用收入 | Planning Subsidies to Loss-suffering Stated-owned Enterprises Income from Administrative Fees | 560902 | 502503 | 63057 |

注：资料来源于省财政厅(下表同)。

Note:Data in the table are obtained from Guizhou Provincial Finance Department(the same applies to the next table).

# 24-6 民族自治地方公共财政支出(2013)

## Pnblic Financial Expenditure of Minority Nationality Autonomous Areas

单位：万元 (10000 yuan)

| 指标 | Item | 民族自治地方 Miniority Nationality Autonomous Area | 民族自治州 Minority Nationality Autonomous State | 民族自治县 Minority Nationality Autonomous County |
|---|---|---|---|---|
| **公共财政支出** | **Public Financial Expenditure** | **9408163** | **7190529** | **2386470** |
| 一般公共服务 | General Public Service | 1858296 | 1540377 | 363314 |
| 国　防 | National Defense | 11428 | 8599 | 3037 |
| 公共安全 | Public Security | 412255 | 328191 | 89730 |
| 教　育 | Education | 1967161 | 1432461 | 575705 |
| 科学技术 | Science and Technology | 52146 | 48109 | 4545 |
| 文化体育与传媒 | Culture,Sports and Media | 122612 | 100758 | 24257 |
| 社会保障和就业 | Social Security and Jobs | 869362 | 662918 | 219577 |
| 医疗卫生 | Health Care | 852417 | 626463 | 241369 |
| 节能环保 | Energy Conservation and Environmental Protection | 251722 | 186684 | 68535 |
| 城乡社区事务 | Urban and Country Community Affairs | 283284 | 234134 | 50395 |
| 农林水事务 | Affairs of Agriculture,Forest and Water | 1447152 | 1097461 | 376168 |
| 交通运输 | Transport | 145533 | 116554 | 30289 |
| 其他支出 | Other Expenditures | 1134795 | 807820 | 339549 |

## 24-5 民族自治地方公共财政收入(2015)

## Public Financial Revenue of Minority Nationality Autonomous Area

## 24-6 民族自治地方公共财政支出(2015)

## Public Financial Expenditure of Minority Nationality Autonomous Areas

# 经济强县

25

Twenty-five

## Economically Strong Counties

# 25-1 经济强县主要指标(一)(2013)

## Major Indicators of Economically Strong County (1)

单位：亿元 (100 million yuan)

| 县(市、区)<br>名　称 | County<br>(City,Section) | 地区生产总值<br>Gross Domestic Product | 第一产业<br>Primary Industry | 第二产业<br>Secondary Industry | 第三产业<br>Tertiary Industry | 2013年比2012年增长(%)<br>Increase Rate in 2013 over 2012(%) | 人均地区生产总值(元)<br>Per Capita Gross Domestic Product(yuan) | 2013年比2012年增长(%)<br>Increase Rate in 2013 over 2012(%) |
|---|---|---|---|---|---|---|---|---|
| 云岩区 | Yunyan | 515.53 | 0.45 | 183.32 | 331.76 | 16.6 | 52211 | 15.8 |
| 南明区 | Nanming | 440.07 | 2.29 | 109.50 | 328.28 | 17.8 | 51362 | 16.6 |
| 花溪区 | Huaxi | 275.16 | 11.32 | 142.80 | 121.04 | 17.1 | 43969 | 15.8 |
| 乌当区 | Wudang | 99.08 | 8.70 | 50.13 | 40.25 | 17.0 | 43078 | 15.2 |
| 白云区 | Baiyun | 122.05 | 3.68 | 66.16 | 52.21 | 18.2 | 45270 | 16.6 |
| 观山湖区 | Guanshanhu | 107.07 | 2.02 | 39.24 | 65.81 | 15.9 | 48471 | 6.2 |
| 清镇市 | Qingzhen | 175.01 | 14.30 | 83.95 | 76.76 | 17.3 | 37947 | 15.8 |
| 修文县 | Xiuwen | 88.73 | 11.65 | 39.42 | 37.66 | 18.0 | 34539 | 16.3 |
| 息烽县 | Xifeng | 104.30 | 9.60 | 59.88 | 34.82 | 18.0 | 48040 | 16.4 |
| 开阳县 | Kaiyang | 126.03 | 17.51 | 73.92 | 34.60 | 17.6 | 34911 | 16.7 |
| 红花岗区 | Honghuagang | 256.01 | 10.71 | 80.86 | 164.44 | 17.0 | 38026 | 16.5 |
| 汇川区 | Huicuan | 187.40 | 6.93 | 97.01 | 83.46 | 14.1 | 41532 | 13.5 |
| 仁怀市 | Renhuai | 384.46 | 15.42 | 264.15 | 104.89 | 12.0 | 70067 | 11.8 |
| 赤水市 | Chishui | 59.66 | 9.33 | 27.83 | 22.50 | 17.4 | 24880 | 16.9 |
| 遵义县 | Zunyi | 229.08 | 38.55 | 113.45 | 77.08 | 16.9 | 24517 | 16.7 |
| 桐梓县 | Tongzi | 90.41 | 17.10 | 37.63 | 35.68 | 17.2 | 17363 | 16.6 |
| 钟山区 | Zhongshan | 296.78 | 3.01 | 162.92 | 130.85 | 15.8 | 49950 | 15.1 |
| 盘　县 | Panxian | 364.30 | 26.25 | 255.09 | 82.96 | 17.9 | 35049 | 17.6 |
| 西秀区 | Xixiu | 167.14 | 16.81 | 65.79 | 84.54 | 16.9 | 21890 | 16.4 |
| 平坝县 | Pingba | 73.64 | 8.42 | 42.28 | 22.94 | 16.2 | 24774 | 15.7 |
| 都匀市 | Duyun | 126.83 | 9.07 | 49.65 | 68.11 | 15.9 | 28241 | 13.9 |
| 福泉市 | Fuquan | 92.24 | 8.66 | 44.52 | 39.06 | 18.0 | 32272 | 15.8 |
| 凯里市 | Kaili | 148.09 | 9.22 | 51.00 | 87.87 | 17.8 | 30396 | 17.0 |
| 兴义市 | Xingyi | 237.80 | 23.91 | 97.06 | 116.83 | 17.0 | 30212 | 16.4 |
| 七星关区 | Qixingguan | 219.38 | 35.47 | 85.47 | 98.44 | 17.2 | 19357 | 16.9 |
| 金沙县 | Jinsha | 154.84 | 17.44 | 91.79 | 45.61 | 17.3 | 27884 | 17.7 |
| 碧江区 | Bijiang | 93.98 | 8.28 | 34.52 | 51.18 | 17.7 | 30925 | 15.7 |
| 水城县 | Shuicheng | 137.34 | 16.85 | 81.82 | 38.67 | 18.1 | 18619 | 17.9 |
| 兴仁县 | Xingren | 77.21 | 11.94 | 32.15 | 33.12 | 17.4 | 18413 | 17.1 |
| 龙里县 | Longli | 53.91 | 5.95 | 35.47 | 12.49 | 18.2 | 31719 | 24.9 |
| 玉屏县 | Yuping | 45.41 | 5.34 | 25.59 | 14.48 | 15.3 | 38220 | 14.5 |

# 25-2 经济强县主要指标(二)(2013)

## Major Indicators of Economically Strong County (2)

单位：亿元 (100 million yuan)

| 县(市、区) 名称 | County (City,Section) | 公共财政收入 Local Financial Revenue | 公共财政支出 Financial Expenditure | 金融机构人民币存款余额 Total Deposits | 金融机构人民币贷款余额 Total Loans | 社会消费品零售总额 Total Retail Sales of Consumer Goods | 固定资产投资 Investment in Fixed Assets | 城镇居民人均可支配收入(元) Per Capita Annual Disposable Income of Urban Households (yuan) | 农村居民人均纯收入(元) Per Capita Net Income of Rural Residents (yuan) |
|---|---|---|---|---|---|---|---|---|---|
| 云岩区 | Yunyan | 30.12 | 35.33 | | | 293.34 | 287.00 | 23908 | 11522 |
| 南明区 | Nanming | 33.54 | 37.57 | | | 263.26 | 376.16 | 23904 | 11415 |
| 花溪区 | Huaxi | 23.17 | 44.60 | | | 102.94 | 317.31 | 22608 | 10034 |
| 乌当区 | Wudang | 12.62 | 21.36 | | | 24.70 | 131.47 | 22607 | 10824 |
| 白云区 | Baiyun | 17.77 | 24.69 | | | 31.22 | 298.45 | 22617 | 11429 |
| 观山湖区 | Guanshanhu | 30.09 | 33.80 | | | 62.08 | 307.42 | 22609 | 10914 |
| 清镇市 | Qingzhen | 9.87 | 23.59 | 112.06 | 73.38 | 29.43 | 214.59 | 22086 | 9022 |
| 修文县 | Xiuwen | 5.59 | 16.83 | 50.71 | 33.15 | 16.40 | 171.98 | 22558 | 8492 |
| 息烽县 | Xifeng | 5.82 | 17.67 | 58.30 | 55.02 | 14.07 | 173.16 | 21289 | 8491 |
| 开阳县 | Kaiyang | 8.61 | 22.00 | 84.35 | 72.11 | 26.91 | 220.32 | 22600 | 8919 |
| 红花岗区 | Honghuagang | 17.48 | 31.67 | | | 145.98 | 258.94 | 22315 | 9134 |
| 汇川区 | Huicuan | 10.45 | 18.88 | | | 77.56 | 119.18 | 22315 | 9290 |
| 仁怀市 | Renhuai | 23.78 | 37.73 | 425.46 | 136.91 | 52.09 | 172.60 | 21676 | 7536 |
| 赤水市 | Chishui | 4.07 | 17.00 | 79.39 | 51.60 | 17.53 | 91.02 | 19213 | 7381 |
| 遵义县 | Zunyi | 13.94 | 40.71 | 202.03 | 148.84 | 49.47 | 267.00 | 21441 | 8611 |
| 桐梓县 | Tongzi | 6.43 | 23.47 | 96.08 | 50.99 | 18.81 | 128.66 | 18160 | 6720 |
| 钟山区 | Zhongshan | 15.87 | 28.59 | | | 116.10 | 256.24 | 20772 | 7752 |
| 盘　县 | Panxian | 44.91 | 72.27 | 209.90 | 148.75 | 55.11 | 407.70 | 18255 | 5794 |
| 西秀区 | Xixiu | 16.27 | 36.64 | | | 44.37 | 185.31 | 20516 | 7313 |
| 平坝县 | Pingba | 5.84 | 20.87 | 93.19 | 67.72 | 16.66 | 65.90 | 18590 | 6173 |
| 都匀市 | Duyun | 13.64 | 27.07 | 254.85 | 145.92 | 49.57 | 150.00 | 21465 | 7341 |
| 福泉市 | Fuquan | 9.23 | 18.42 | 67.19 | 65.58 | 16.42 | 86.30 | 20073 | 6399 |
| 凯里市 | Kaili | 32.89 | 45.17 | 300.76 | 205.63 | 77.58 | 279.65 | 20790 | 6945 |
| 兴义市 | Xingyi | 27.32 | 50.13 | 318.20 | 230.96 | 96.49 | 243.31 | 21252 | 7367 |
| 七星关区 | Qixingguan | 16.37 | 43.11 | 289.41 | 187.88 | 73.78 | 241.53 | 20905 | 5803 |
| 金沙县 | Jinsha | 21.74 | 38.17 | 86.04 | 59.06 | 20.90 | 237.39 | 21076 | 6475 |
| 碧江区 | Bijiang | 9.28 | 20.72 | 188.02 | 133.95 | 32.23 | 132.24 | 19623 | 7301 |
| 水城县 | Shuicheng | 20.01 | 43.13 | | | 12.16 | 238.31 | 18001 | 5421 |
| 兴仁县 | Xingren | 12.05 | 27.62 | 58.98 | 54.25 | 12.62 | 93.97 | 19222 | 5733 |
| 龙里县 | Longli | 5.37 | 16.31 | 58.44 | 36.64 | 7.33 | 84.00 | 20008 | 6408 |
| 玉屏县 | Yuping | 2.81 | 10.89 | 33.93 | 36.20 | 6.49 | 46.48 | 18989 | 6982 |

注：固定资产投资口径为50万元及以上固定资产投资项目和房地产开发投资项目。

Note: The caliber of fixed asset investment refers to those projects planned to invest 500 thousand yuan at least in fixed assets investment projects and real estate development investment projects.

26

Twenty-six

# 扶贫与开发

Anti-poverty and Development

# 26-1 扶贫开发重点县主要指标占全省比重(2013)

## Major Indicators of Basilic County of Anti-poverty and Development and Its Percentage to Provincial Total

单位：亿元 (100 million yuan)

| 指 标 | Item | 全省合计 Provincial Total | 扶贫开发重点县合计 Poverty Counties Total | 扶贫开发重点县占全省比重(%) As Percentage to Provincial Total(%) |
|---|---|---|---|---|
| 国土面积(万平方公里) | Area of Territory(10000 sq.km) | 17.61 | 11.63 | 66.0 |
| 年末常住人口(万人) | Permanent Resident Population at the Year-end (10000 persons) | 3502.22 | 1786.83 | 51.0 |
| 地区生产总值 | Gross Domestic Product | 8006.79 | 2881.00 | 36.0 |
| 公共财政收入 | Local Financial Revenue | 1206.41 | 269.72 | 22.4 |
| 公共财政支出 | Financial Expenditure | 3082.66 | 1077.84 | 35.0 |
| 农林牧渔业总产值 | Gross Output Value of Farming,Forestry, Animal Husban dry and Fishery | 1663.02 | 932.89 | 56.1 |
| 粮食产量(万吨) | Output of Grain(10000 tons) | 1029.99 | 652.12 | 63.3 |
| 规模以上工业增加值 | Value-added of Industry above Designated Size | 2531.92 | 731.75 | 28.9 |
| 社会消费品零售总额 | Total Retail Sales of Consumer Goods | 2366.24 | 554.22 | 23.4 |
| 储蓄存款 | Savings Deposit | 13265.01 | 2648 | 20.0 |

# 26–2 贫困人口及发生率(2013)

## Number of Poverty Population and It's Arisen Rate

| 县(市、区、特区)名称 | County (City,Section, Special Region) | 农村贫困人口(万人) Poverty Population (10 000 persons) | 农村贫困发生率(%) Arisen Rate of Poverty (%) | 县(市、区、特区)名称 | County (City,Section, Special Region) | 农村贫困人口(万人) Poverty Population (10 000 persons) | 农村贫困发生率(%) Arisen Rate of Poverty (%) |
|---|---|---|---|---|---|---|---|
| **全省合计** | **Provincial Total** | **745.00** | **21.30** | △正安县 | Zhengan | 12.43 | 21.6 |
| **扶贫开发重点县小计** | **Basilic Counties of Antipoverty and Development** | **580.47** | **27.05** | △道真县 | Daozhen | 6.28 | 19.6 |
| | | | | △务川县 | Wuchuan | 9.84 | 23.5 |
| **贵阳市** | **Guiyang** | **4.21** | **2.2** | 凤冈县 | Fenggang | 4.28 | 10.6 |
| 南明区 | Nanming | | | 湄潭县 | Meitan | 4.36 | 9.8 |
| 云岩区 | Yunyan | | | 余庆县 | Yuqing | 2.42 | 9.2 |
| 花溪区 | Huaxi | 0.35 | 1.4 | △习水县 | Xishui | 15.00 | 22.8 |
| 乌当区 | Wudang | 0.37 | 2.9 | 赤水市 | Chishui | 2.80 | 11.8 |
| 白云区 | Baiyun | | | 仁怀市 | Renhuai | 6.23 | 10.5 |
| 观山湖区 | Guanshanhu | 0.30 | 2.3 | **安顺市** | **Anshun** | **51.63** | **20.8** |
| 开阳县 | Kaiyang | 0.83 | 2.5 | 西秀区 | Xixiu | 6.06 | 9.3 |
| 息烽县 | Xifeng | 0.67 | 3.5 | 平坝县 | Pingba | 4.58 | 14.9 |
| 修文县 | Xiuwen | 0.61 | 2.3 | △普定县 | Puding | 11.11 | 25.5 |
| 清镇市 | Qingzhen | 1.08 | 2.7 | △镇宁县 | Zhenning | 9.26 | 25.7 |
| **六盘水市** | **Liupanshui** | **60.37** | **23.3** | △关岭县 | Guanling | 10.09 | 28.6 |
| 钟山区 | Zhongshan | 1.61 | 9.2 | △紫云县 | Ziyun | 10.53 | 28.7 |
| △六枝特区 | Liuzhi | 11.96 | 20.0 | **毕节市** | **Bijie** | **166.97** | **23.9** |
| △水城县 | Shuicheng | 22.22 | 28.9 | 七星关区 | Qixingguan | 21.02 | 18.3 |
| △盘　县 | Panxian | 24.58 | 23.5 | △大方县 | Dafang | 24.03 | 27.8 |
| **遵义市** | **Zunyi** | **92.22** | **13.8** | 黔西县 | Qianxi | 13.99 | 17.7 |
| 红花岗区 | Honghuagang | 1.48 | 6.7 | 金沙县 | Jinsha | 8.28 | 17.8 |
| 汇川区 | huichuan | 1.80 | 8.6 | △织金县 | Zhijin | 27.82 | 32.0 |
| 遵义县 | Zunyi | 13.71 | 11.6 | △纳雍县 | Nayong | 22.38 | 26.9 |
| 桐梓县 | Tongzi | 6.81 | 10.2 | △威宁县 | Weining | 30.64 | 24.0 |
| 绥阳县 | Suiyang | 4.78 | 9.3 | △赫章县 | Hezhang | 18.81 | 26.1 |

26-2 续表 continued

| 县(市、区、特区)名称 | County (City,Section, Special Region) | 农村贫困人口(万人) Poverty Population (10 000 persons) | 农村贫困发生率(%) Arisen Rate of Poverty (%) | 县(市、区、特区)名称 | County (City,Section, Special Region) | 农村贫困人口(万人) Poverty Population (10 000 persons) | 农村贫困发生率(%) Arisen Rate of Poverty (%) |
|---|---|---|---|---|---|---|---|
| **铜仁市** | **Tongren** | **92.70** | **24.6** | 镇远县 | Zhenyuan | 4.81 | 26.8 |
| 碧江区 | Bijiang | 2.51 | 14.8 | △岑巩县 | Cengong | 6.03 | 26.4 |
| 万山区 | Wanshan | 2.69 | 20.1 | △天柱县 | Tianzhu | 11.38 | 31.8 |
| △江口县 | Jiangkou | 4.93 | 23.5 | △锦屏县 | Jinping | 6.98 | 32.7 |
| 玉屏县 | Yuping | 2.49 | 19.2 | △剑河县 | Jianhe | 7.80 | 32.5 |
| △石阡县 | Shiqian | 10.19 | 25.9 | △台江县 | Taijiang | 4.95 | 32.0 |
| △思南县 | Sinan | 16.03 | 25.4 | △黎平县 | Liping | 13.08 | 27.4 |
| △印江县 | Yinjiang | 9.73 | 23.6 | △榕江县 | Rongjiang | 11.89 | 36.2 |
| △德江县 | Dejiang | 11.70 | 28.8 | △从江县 | Congjiang | 10.45 | 31.7 |
| △沿河县 | Yanhe | 16.65 | 27.1 | △雷山县 | Leishan | 4.18 | 28.0 |
| △松桃县 | Songtao | 15.78 | 23.3 | △麻江县 | Majiang | 7.60 | 37.7 |
| **黔西南州** | **Qianxinan** | **69.50** | **22.3** | △丹寨县 | Danzhai | 5.17 | 33.7 |
| 兴义市 | Xingyi | 6.80 | 10.0 | **黔南州** | **Qiannan** | **86.76** | **24.1** |
| △兴仁县 | Xingren | 8.96 | 20.7 | 都匀市 | Duyun | 5.07 | 15.4 |
| △普安县 | Puan | 6.60 | 19.6 | 福泉市 | Fuquan | 5.00 | 20.1 |
| △晴隆县 | Qinglong | 11.35 | 37.4 | △荔波县 | Libo | 5.00 | 30.9 |
| △贞丰县 | Zhenfeng | 10.09 | 25.6 | 贵定县 | Guiding | 5.12 | 19.7 |
| △望谟县 | Wangmo | 10.01 | 33.0 | 瓮安县 | Wengan | 6.04 | 13.6 |
| △册亨县 | Ceheng | 7.54 | 32.7 | △独山县 | Dushan | 8.83 | 27.3 |
| △安龙县 | Anlong | 8.15 | 18.8 | △平塘县 | Pingtang | 9.81 | 31.5 |
| **黔东南州** | **Qiandongnan** | **120.64** | **30.1** | △罗甸县 | Luodian | 11.19 | 35.5 |
| 凯里市 | Kaili | 5.05 | 16.0 | △长顺县 | Changshun | 7.80 | 31.8 |
| △黄平县 | Huangping | 11.27 | 30.0 | 龙里县 | Longli | 3.33 | 17.4 |
| △施秉县 | Shibing | 3.30 | 31.5 | 惠水县 | Huishui | 7.20 | 17.1 |
| △三穗县 | Sansui | 6.70 | 33.8 | △三都县 | Sandu | 12.37 | 35.6 |

注：△为新阶段扶贫开发工作重点县。

Note: These counties with '△' refer to basilic counties of antipoverty and development.

# 26-3 扶贫开发重点县主要指标(2013)

单位：亿元

| 扶贫开发重点县名称 | County | 年末总人口(万人) Population (year-end) (10000 persons) | 地区生产总值 Gross Domestic Product | 公共财政收入 Local Financial Revenue | 公共财政支出 Financial Expenditure | 农林牧渔业总产值 Gross Output Value of Farming, Forestry, Animal Husbandry and Fishery |
|---|---|---|---|---|---|---|
| **扶贫开发重点县合计** | **Total** | **1786.83** | **2881.00** | **269.72** | **1077.84** | **932.89** |
| **六盘水市** | **Liupanshui** | | | | | |
| 六枝特区 | Liuzhi | 49.66 | 100.96 | 11.06 | 32.81 | 18.80 |
| 水城县 | Shuicheng | 73.86 | 137.34 | 20.01 | 43.13 | 26.02 |
| 盘　县 | Panxian | 104.15 | 364.30 | 44.91 | 72.27 | 43.00 |
| **遵义市** | **Zunyi** | | | | | |
| 正安县 | Zhengan | 38.33 | 43.43 | 3.29 | 23.07 | 26.23 |
| ※道真县 | Daozhen | 24.38 | 32.06 | 2.52 | 14.94 | 18.03 |
| ※务川县 | Wuchuan | 31.87 | 34.49 | 2.91 | 18.77 | 18.90 |
| 习水县 | Xishui | 51.77 | 91.01 | 7.02 | 26.53 | 24.62 |
| **安顺市** | **Anshun** | | | | | |
| 普定县 | Puding | 37.89 | 59.22 | 4.83 | 18.45 | 13.96 |
| ※镇宁县 | Zhenning | 28.40 | 51.83 | 4.67 | 18.77 | 10.35 |
| ※关岭县 | Guanling | 30.21 | 50.20 | 2.95 | 17.98 | 13.81 |
| ※紫云县 | Ziyun | 27.08 | 35.26 | 2.79 | 16.84 | 15.86 |
| **毕节市** | **Bijie** | | | | | |
| 大方县 | Dafang | 77.90 | 129.74 | 12.78 | 35.70 | 33.87 |
| 织金县 | Zhijin | 78.53 | 107.56 | 14.11 | 41.69 | 28.46 |
| 纳雍县 | Nayong | 67.28 | 123.47 | 12.22 | 33.88 | 24.09 |
| ※威宁县 | Weining | 126.73 | 123.66 | 7.56 | 47.95 | 63.22 |
| 赫章县 | Hezhang | 65.33 | 66.16 | 3.81 | 31.19 | 31.80 |
| **铜仁市** | **Tongren** | | | | | |
| 江口县 | Jiangkou | 17.29 | 27.69 | 1.21 | 11.77 | 12.52 |
| 石阡县 | Shiqian | 30.42 | 38.26 | 2.40 | 19.79 | 22.26 |
| 思南县 | Sinan | 49.90 | 73.66 | 3.36 | 27.83 | 36.03 |
| ※印江县 | Yinjiang | 28.40 | 48.24 | 2.30 | 19.61 | 25.85 |
| 德江县 | Dejiang | 36.80 | 60.06 | 3.51 | 26.33 | 29.82 |
| ※沿河县 | Yanhe | 45.02 | 58.96 | 4.08 | 26.21 | 29.96 |
| ※松桃县 | Songtao | 48.67 | 72.81 | 5.24 | 29.81 | 32.17 |

# Major Indicators on Basilic County of Anti-poverty and Development

(100 million yuan)

| 粮食产量(万吨) Output of Grain (10000 tons) | 人均粮食(公斤) Per Capita Output of Grain (kg) | 农村居民人均纯收入(元) Per Capita Annual Net Income of Rural Households(yuan) | 规模以上工业增加值 Value-added of Industry above Designated Size | 储蓄存款 Savings Deposit | 固定资产投资 Investment in Fixed Assets | 社会消费品零售总额 Total Retail Sales of Consumer Goods |
|---|---|---|---|---|---|---|
| **652.12** | **298.13** | | **731.75** | **1708** | **3576.68** | **554.22** |
| | | | | | | |
| 21.54 | 360 | 5404 | 17.56 | 54 | 152.57 | 25.91 |
| 23.25 | 302 | 5421 | 84.50 | | 238.31 | 12.16 |
| 33.69 | 322 | 5794 | 172.55 | 125.59 | 407.70 | 55.11 |
| | | | | | | |
| 20.13 | 350 | 5070 | 3.78 | 50.64 | 55.68 | 14.44 |
| 12.90 | 403 | 4833 | 2.16 | 43.13 | 40.22 | 9.19 |
| 15.60 | 373 | 4733 | 2.27 | 40.29 | 44.35 | 9.25 |
| 23.36 | 356 | 5162 | 46.95 | 60.54 | 140.30 | 18.06 |
| | | | | | | |
| 9.85 | 226 | 5448 | 20.41 | 25.66 | 57.32 | 12.68 |
| 9.14 | 254 | 5310 | 4.24 | 25.85 | 43.84 | 13.44 |
| 9.57 | 272 | 5323 | 3.16 | 28.02 | 30.55 | 14.91 |
| 9.02 | 246 | 5286 | 2.02 | 21.04 | 27.20 | 10.43 |
| | | | | | | |
| 24.06 | 278 | 5684 | 27.08 | 64.25 | 139.54 | 17.56 |
| 30.78 | 354 | 5421 | 18.81 | 60.11 | 188.35 | 19.40 |
| 22.45 | 269 | 5295 | 36.98 | 44.68 | 169.23 | 15.62 |
| 46.42 | 364 | 5596 | 16.76 | 46.63 | 156.30 | 19.35 |
| 21.07 | 292 | 5295 | 8.05 | 40.78 | 88.14 | 11.49 |
| | | | | | | |
| 6.69 | 319 | 5385 | 3.41 | 25.16 | 51.17 | 5.93 |
| 11.85 | 301 | 5253 | 3.50 | 35.45 | 35.38 | 6.85 |
| 19.25 | 305 | 5012 | 11.01 | 59.41 | 106.89 | 16.01 |
| 12.30 | 299 | 5113 | 6.20 | 39.40 | 62.20 | 8.62 |
| 13.33 | 328 | 4783 | 6.15 | 34.88 | 57.99 | 11.19 |
| 16.35 | 266 | 5048 | 6.22 | 43.37 | 92.16 | 12.13 |
| 21.98 | 325 | 4995 | 15.03 | 54.44 | 90.20 | 15.52 |

26-3 续表

单位：亿元

| 扶贫开发重点县名称 | County | 年末总人口（万人）Population (year-end) (10000 persons) | 地区生产总值 Gross Domestic Product | 公共财政收入 Local Financial Revenue | 公共财政支出 Financial Expenditure | 农林牧渔业总产值 Gross Output Value of Farming, Forestry, Animal Husbandry and Fishery | 粮食产量（万吨）Output of Grain (10000 tons) |
|---|---|---|---|---|---|---|---|
| **黔西南州** | **Qianxinan** | | | | | | |
| 兴仁县 | Xingren | 41.98 | 77.21 | 12.05 | 27.62 | 18.92 | 15.82 |
| 普安县 | Puan | 25.61 | 42.79 | 5.96 | 17.28 | 11.03 | 7.11 |
| 晴隆县 | Qinglong | 24.81 | 37.03 | 3.63 | 16.96 | 10.99 | 7.96 |
| 贞丰县 | Zhenfeng | 30.55 | 62.57 | 8.12 | 22.96 | 15.91 | 9.30 |
| 望谟县 | Wangmo | 25.26 | 27.62 | 2.00 | 20.03 | 14.34 | 7.29 |
| 册亨县 | Ceheng | 19.15 | 23.14 | 1.86 | 13.92 | 11.47 | 4.91 |
| 安龙县 | Anlong | 35.98 | 63.71 | 4.69 | 17.85 | 21.03 | 16.67 |
| **黔东南州** | **Qiandongnan** | | | | | | |
| 黄平县 | Huangping | 26.30 | 31.02 | 2.75 | 14.81 | 15.25 | 8.76 |
| 施秉县 | Shibing | 13.08 | 23.19 | 2.49 | 10.13 | 8.88 | 5.33 |
| 三穗县 | Sansui | 15.57 | 24.99 | 2.54 | 12.14 | 7.98 | 4.88 |
| 岑巩县 | Cengong | 16.14 | 26.78 | 2.53 | 12.81 | 8.84 | 5.78 |
| 天柱县 | Tianzhu | 26.08 | 49.14 | 4.54 | 17.99 | 14.82 | 10.64 |
| 锦屏县 | Jinping | 15.38 | 25.24 | 1.95 | 12.23 | 6.55 | 5.26 |
| 剑河县 | Jianhe | 18.09 | 26.24 | 3.03 | 13.64 | 10.32 | 5.93 |
| 台江县 | Taijiang | 11.12 | 18.56 | 1.72 | 10.12 | 6.61 | 3.97 |
| 黎平县 | Liping | 38.93 | 47.18 | 3.54 | 22.41 | 17.00 | 11.99 |
| 榕江县 | Rongjiang | 28.67 | 35.43 | 3.61 | 17.65 | 16.37 | 7.50 |
| 从江县 | Congjiang | 29.12 | 34.49 | 3.11 | 17.24 | 15.80 | 9.89 |
| 雷山县 | Leishan | 11.70 | 17.47 | 1.84 | 11.49 | 6.47 | 4.35 |
| 麻江县 | Majiang | 16.64 | 25.68 | 1.37 | 10.33 | 9.80 | 5.98 |
| 丹寨县 | Danzhai | 12.25 | 18.03 | 2.24 | 12.76 | 6.54 | 4.09 |
| **黔南州** | **Qiannan** | | | | | | |
| 荔波县 | Libo | 12.73 | 32.74 | 2.09 | 12.28 | 8.79 | 4.57 |
| 独山县 | Dushan | 26.95 | 42.86 | 2.91 | 15.32 | 15.38 | 10.67 |
| 平塘县 | Pingtang | 23.88 | 31.83 | 2.46 | 16.04 | 14.33 | 10.43 |
| 罗甸县 | Luodian | 25.64 | 40.38 | 2.32 | 16.47 | 14.75 | 9.94 |
| 长顺县 | Changshun | 18.64 | 31.99 | 2.65 | 13.12 | 12.90 | 9.37 |
| ※三都县 | Sandu | 26.73 | 33.32 | 2.19 | 16.88 | 12.19 | 9.16 |

continued

(100 million yuan)

| 人均粮食（公斤）Per Capita Output of Grain (kg) | 农民人均纯收入(元) Per Capita Annual Net Income of Rural Households(yuan) | 规模以上工业增加值 Value-added of Industry above Designated Size | 储蓄存款 Savings Deposit | 固定资产投资 Investment in Fixed Assets | 社会消费品零售总额 Total Retail Sales of Consumer Goods |
|---|---|---|---|---|---|
| 365 | 5733 | 23.81 | 34.46 | 93.97 | 12.62 |
| 211 | 5003 | 18.90 | 24.22 | 45.14 | 5.62 |
| 262 | 4763 | 10.66 | 20.60 | 48.91 | 4.64 |
| 236 | 5447 | 34.08 | 32.86 | 61.75 | 6.47 |
| 240 | 4397 | 1.50 | 16.17 | 29.39 | 3.12 |
| 213 | 4637 | 1.88 | 14.47 | 22.55 | 1.80 |
| 384 | 5347 | 17.54 | 38.23 | 54.99 | 8.34 |
| | | | | | |
| 233 | 5049 | 1.60 | 32.53 | 33.29 | 7.49 |
| 509 | 5737 | 1.53 | 16.75 | 26.04 | 5.63 |
| 246 | 5389 | 4.51 | 21.82 | 32.58 | 9.87 |
| 253 | 5365 | 8.90 | 22.44 | 31.66 | 7.64 |
| 297 | 5601 | 10.64 | 44.47 | 59.99 | 13.76 |
| 247 | 4944 | 8.92 | 26.89 | 22.00 | 7.37 |
| 247 | 5071 | 2.09 | 23.04 | 27.74 | 5.99 |
| 256 | 4839 | 3.81 | 15.67 | 28.48 | 4.20 |
| 251 | 5201 | 6.36 | 47.93 | 55.55 | 14.09 |
| 229 | 5035 | 5.81 | 32.03 | 40.40 | 9.02 |
| 300 | 5364 | 2.66 | 20.28 | 46.36 | 8.18 |
| 292 | 5299 | 2.12 | 15.19 | 17.87 | 4.59 |
| 297 | 5112 | 4.35 | 21.46 | 31.78 | 5.14 |
| 267 | 5070 | 4.82 | 16.84 | 39.83 | 4.05 |
| | | | | | |
| 283 | 5934 | 8.97 | 22.95 | 41.94 | 7.77 |
| 330 | 5989 | 11.26 | 39.58 | 40.10 | 11.33 |
| 335 | 5728 | 1.04 | 19.77 | 39.25 | 6.07 |
| 315 | 6166 | 6.03 | 22.71 | 50.10 | 7.75 |
| 382 | 5826 | 8.20 | 16.91 | 41.84 | 7.49 |
| 264 | 5751 | 0.96 | 23.99 | 37.59 | 8.94 |

27

Twenty-seven

# 市（州）、县（市、区、特区）资料

## Main Statistics of City(State,Prefecture) and County(City,District,Special Region)

# 27-1 各市(州)地区生产总值及构成(2013)

## Gross Domestic Product and Its Composition by Region

| 市（州）名称 | City (State, Prefecture) | 地区生产总值 Gross Domestic Product | 第一产业 Primary Industry | 第二产业 Secondary Industry | #工业 Industry | 第三产业 Tertiary Industry | 人均地区生产总值(元) Per Capita Gross Domestic Product (yuan) |
|---|---|---|---|---|---|---|---|
| **绝对数(亿元)** | **Absolute Figure (100 million yuan)** | | | | | | |
| 贵阳市 | Guiyang | 2085.42 | 81.52 | 848.64 | 608.32 | 1155.26 | 46479 |
| 六盘水市 | Liupanshui | 882.11 | 58.06 | 503.79 | 452.43 | 320.26 | 30770 |
| 遵义市 | Zunyi | 1584.67 | 207.88 | 744.14 | 634.53 | 632.65 | 25852 |
| 安顺市 | Anshun | 429.16 | 60.99 | 164.45 | 133.06 | 203.72 | 18725 |
| 毕节市 | Bijie | 1041.93 | 196.60 | 449.75 | 373.06 | 395.58 | 15953 |
| 铜仁市 | Tongren | 535.22 | 136.13 | 155.00 | 112.18 | 244.09 | 17270 |
| 黔西南州 | Qianxinan | 558.91 | 88.46 | 205.60 | 172.94 | 264.85 | 19840 |
| 黔东南州 | Qiandongnan | 585.64 | 111.97 | 179.99 | 125.19 | 293.68 | 16838 |
| 黔南州 | Qiannan | 645.54 | 102.04 | 248.55 | 192.46 | 294.95 | 19981 |
| **比上年增长(%)** | **Composition(%)** | | | | | | |
| 贵阳市 | Guiyang | 16.0 | 6.3 | 18.6 | 16.8 | 14.6 | 14.3 |
| 六盘水市 | Liupanshui | 15.9 | 6.5 | 16.6 | 15.4 | 16.0 | 15.6 |
| 遵义市 | Zunyi | 14.0 | 6.3 | 15.6 | 13.6 | 14.5 | 13.6 |
| 安顺市 | Anshun | 15.4 | 6.3 | 18.6 | 15.3 | 15.4 | 14.9 |
| 毕节市 | Bijie | 15.1 | 6.8 | 17.2 | 15.0 | 16.0 | 14.9 |
| 铜仁市 | Tongren | 15.4 | 7.5 | 19.6 | 15.6 | 17.4 | 15.1 |
| 黔西南州 | Qianxinan | 15.5 | 7.3 | 17.9 | 15.4 | 16.1 | 15.1 |
| 黔东南州 | Qiandongnan | 16.1 | 7.0 | 19.1 | 16.2 | 17.5 | 15.7 |
| 黔南州 | Qiannan | 16.0 | 6.5 | 19.9 | 16.0 | 15.4 | 15.6 |

注：表中绝对数按当年价格计算，增长速度按可比价格计算。
Note:Data of absolute Figure in the table are calculated at current prices,and increase rate is calculated at comparable prices.

# 27−2 各市(州)年末常住人口

# Permanent Population at the year-end by Region

单位：万人 (10000 persons)

| 市(州)名称 | City (State,Prefecture) | 2008 | 2009 | 2010 | 2011 | 2012 | 2013 |
|---|---|---|---|---|---|---|---|
| 贵阳市 | Guiyang | 413.44 | 423.12 | 432.93 | 439 | 445.17 | 452.19 |
| 六盘水市 | Liupanshui | 290.45 | 287.96 | 285.43 | 285 | 285.90 | 287.45 |
| 遵义市 | Zunyi | 641.63 | 627.37 | 613.29 | 610 | 611.70 | 614.25 |
| 安顺市 | Anshun | 240.28 | 235.14 | 230.04 | 228 | 228.34 | 230.05 |
| 毕节市 | Bijie | 673.58 | 664.09 | 654.57 | 652 | 652.41 | 653.82 |
| 铜仁市 | Tongren | 333.78 | 321.55 | 309.63 | 308 | 309.44 | 310.40 |
| 黔西南州 | Qianxinan | 290.38 | 285.70 | 281.02 | 280 | 281.20 | 282.22 |
| 黔东南州 | Qiandongnan | 369.17 | 358.76 | 348.52 | 346 | 347.27 | 348.34 |
| 黔南州 | Qiannan | 343.28 | 333.30 | 323.51 | 321 | 322.64 | 323.50 |

# 27-3 各市(州)户籍人口

# Household Registered Population by Region

| 市(州)名称 | City (State,Prefecture) | 总户数(万户) Total Number of Household (10000 households) | | 平均每户人数(人) Population of Per Household(person) | | 年末人口数(万人) Total Population at The Year-end(10000 persons) | |
|---|---|---|---|---|---|---|---|
| | | 2012 | 2013 | 2012 | 2013 | 2012 | 2013 |
| 贵阳市 | Guiyang | 114.15 | 117.30 | 3.34 | 3.23 | 374.53 | 379.09 |
| 六盘水市 | Liupanshui | 99.02 | 100.47 | 3.34 | 3.24 | 322.53 | 325.41 |
| 遵义市 | Zunyi | 227.82 | 233.71 | 3.48 | 3.33 | 771.43 | 778.46 |
| 安顺市 | Anshun | 83.47 | 85.05 | 3.52 | 3.36 | 284.36 | 285.62 |
| 毕节市 | Bijie | 230.61 | 235.89 | 3.80 | 3.69 | 857.97 | 870.57 |
| 铜仁市 | Tongren | 124.90 | 125.02 | 3.50 | 3.43 | 426.46 | 429.21 |
| 黔西南州 | Qianxinan | 97.55 | 101.02 | 3.52 | 3.46 | 347.92 | 349.22 |
| 黔东南州 | Qiandongnan | 130.02 | 132.06 | 3.61 | 3.51 | 459.22 | 463.44 |
| 黔南州 | Qiannan | 122.09 | 123.66 | 3.39 | 3.28 | 405.06 | 405.12 |

注：资料来源于省公安厅(下表同)。

Note:Data in the table are obtained from Guizhou Provincial Department of Public Security.(the same table below)

## 27-3 续表 Continued

单位：万人 (10000 persons)

| 市(州)名称 | City (state,Prefecture) | 按农业与非农业分 By Agricultural and Non-Agricultural | | | | 按性别分 Grouped by sex | | | |
|---|---|---|---|---|---|---|---|---|---|
| | | 农业 Agricultural | | 非农业 Non-Agricultural | | 男 Male | | 女 Female | |
| | | 2012 | 2013 | 2012 | 2013 | 2012 | 2013 | 2012 | 2013 |
| 贵阳市 | Guiyang | 189.09 | 191.66 | 185.43 | 187.43 | 190.69 | 192.78 | 183.83 | 186.31 |
| 六盘水市 | Liupanshui | 249.54 | 251.86 | 72.99 | 73.56 | 170.82 | 171.79 | 151.72 | 153.62 |
| 遵义市 | Zunyi | 642.36 | 647.18 | 129.07 | 131.28 | 401.53 | 404.33 | 369.90 | 374.13 |
| 安顺市 | Anshun | 242.70 | 243.85 | 41.66 | 41.77 | 147.19 | 148.18 | 137.17 | 137.44 |
| 毕节市 | Bijie | 794.30 | 805.83 | 63.67 | 64.74 | 449.08 | 456.16 | 408.89 | 414.41 |
| 铜仁市 | Tongren | 374.49 | 375.34 | 51.97 | 53.87 | 224.18 | 226.16 | 202.28 | 203.04 |
| 黔西南州 | Qianxinan | 312.66 | 313.45 | 35.26 | 35.77 | 179.65 | 180.23 | 168.27 | 168.99 |
| 黔东南州 | Qiandongnan | 403.13 | 406.36 | 56.08 | 57.08 | 244.22 | 246.30 | 214.99 | 217.15 |
| 黔南州 | Qiannan | 348.85 | 348.64 | 56.21 | 56.48 | 210.62 | 211.28 | 194.44 | 193.84 |

# 27-4 各市(州)非私营单位在岗职工年平均人数、年平均工资(2013)
# Number of Staff and Workers and Their Annual Average Wages in Non-private units by Region

| 市(州)名称 | City (State, Prefecture) | 合计 Total | 国有经济 State -owned units | 城镇集体经济 Urban Collective-owned Units | 其他经济类型 Units of Other Types of Ownership | 2013年比2012年增长(%) Increase Rate in 2013 over 2012(%) |
|---|---|---|---|---|---|---|
| **在岗职工年平均人数(万人)** | **Number of Staff and Workers(10000 persons)** | | | | | |
| 贵阳市 | Guiyang | 88.71 | 32.38 | 1.52 | 54.82 | 17.8 |
| 六盘水市 | Liupanshui | 23.34 | 7.81 | 0.18 | 15.35 | 2.4 |
| 遵义市 | Zunyi | 36.93 | 24.14 | 0.90 | 11.90 | 8.0 |
| 安顺市 | Anshun | 15.71 | 8.63 | 0.67 | 6.41 | 9.8 |
| 毕节市 | Bijie | 28.68 | 20.26 | 0.48 | 7.94 | 9.4 |
| 铜仁市 | Tongren | 15.61 | 12.18 | 0.34 | 3.10 | 6.1 |
| 黔西南州 | Qianxinan | 14.17 | 9.35 | 0.31 | 4.50 | 2.8 |
| 黔东南州 | Qiandongnan | 21.34 | 15.92 | 0.43 | 4.98 | 8.3 |
| 黔南州 | Qiannan | 19.39 | 12.81 | 0.57 | 6.02 | 9.9 |
| **年平均工资(元)** | **Annual Average Wages (yuan)** | | | | | |
| 贵阳市 | Guiyang | 50817 | 57657 | 35899 | 47191 | 18.3 |
| 六盘水市 | Liupanshui | 46366 | 48303 | 83038 | 44949 | 7.0 |
| 遵义市 | Zunyi | 50504 | 54096 | 43689 | 43728 | 11.5 |
| 安顺市 | Anshun | 45944 | 48183 | 49783 | 42525 | 16.5 |
| 毕节市 | Bijie | 45758 | 47278 | 67832 | 40548 | 11.5 |
| 铜仁市 | Tongren | 47767 | 49589 | 53917 | 39930 | 14.7 |
| 黔西南州 | Qianxinan | 49794 | 53072 | 61283 | 42186 | 21.2 |
| 黔东南州 | Qiandongnan | 45656 | 47246 | 68178 | 38623 | 14.7 |
| 黔南州 | Qiannan | 47246 | 49013 | 55211 | 42729 | 19.9 |

# 27-5 各市(州)投资、消费(2013)

## Investment in Fixed Assets by Region

单位：亿元 (100 million yuan)

| 市(州)名称 | City (State, Prefecture) | 固定资产投资 Investment in Fixed Assets | 社会消费品零售总额 Total retail sales of social consumer goods |
|---|---|---|---|
| 贵阳市 | Guiyang | 1958.14 | 785.66 |
| 六盘水市 | Liupanshui | 722.35 | 209.27 |
| 遵义市 | Zunyi | 1068.28 | 470.37 |
| 安顺市 | Anshun | 294.09 | 111.52 |
| 毕节市 | Bijie | 928.65 | 198.49 |
| 铜仁市 | Tongren | 482.18 | 118.82 |
| 黔西南州 | Qianxinan | 407.76 | 139.08 |
| 黔东南州 | Qiandongnan | 558.89 | 193.85 |
| 黔南州 | Qiannan | 536.73 | 155.26 |

注：本表统计口径为计划总投资500万元及以上固定资产项目投资和房地产开发项目投资，不含跨区域项目投资。

Note:Data in the table refer to those projects planned to invest 5 million yuan at least in investment in fixed assets and real estate development. but it doesn't include investment in cross-regional projects.

# 27-6 各市(州)能源利用效率(2013)

## Energy Using Effutency by Region

| 市(州)名称 | City (State, Prefecture) | 单位生产总值能耗(吨标准煤/万元) Energy Consumption Per Unit of GDP(ton of SEC/10000 yuan) | 单位生产总值能耗比上年增长(%) Growth Rate of Energy Consumption Per Unit of GDP over Preceding Year(%) | 单位生产总值电耗(千瓦小时/万元) Electricity Consumption Per Unit of GDP (KWh/10000 yuan) | 单位生产总值电耗比上年增长(%) Growth Rate of Electricity Consumption Per Unit of GDP over Preceding Year(%) |
|---|---|---|---|---|---|
| 贵阳市 | Guiyang | 1.2903 | -4.64 | 1383 | -11.3 |
| 六盘水市 | Liupanshui | 2.5923 | -4.85 | 1838 | -0.9 |
| 遵义市 | Zunyi | 1.2466 | -3.43 | 1315 | -1.8 |
| 安顺市 | Anshun | 1.9987 | -3.20 | 2065 | -0.3 |
| 毕节市 | Bijie | 1.7227 | -4.18 | 1242 | -0.5 |
| 铜仁市 | Tongren | 1.5293 | -3.33 | 1697 | -2.5 |
| 黔西南州 | Qianxinan | 1.5992 | -3.20 | 1631 | -5.5 |
| 黔东南州 | Qiandongnan | 1.8089 | -3.10 | 1991 | -7.9 |
| 黔南州 | Qiannan | 1.6566 | -3.20 | 1564 | -6.2 |

# 27-7 各市(州)公共财政收入(2013)

## Public Financial Revenue by Region

| 市(州)名称 | City (State, Prefecture) | 公共财政收入(亿元) Total (100 million yuan) | 税收收入 Tax revenue | #增值税 Value Added Tax | #营业税 Operation Tax | #企业所得税 Enterprises' Income Tax | #个人所得税 Individual Income Tax | 非税收入 Non-tax revenue | #专项收入 Special Project Income | 2013年比2012年增长(%) Increase Rate in 2013 over 2012(%) |
|---|---|---|---|---|---|---|---|---|---|---|
| 贵阳市 | Guiyang | 277.21 | 222.34 | 22.34 | 88.89 | 20.60 | 8.19 | 54.87 | 15.46 | 14.9 |
| 六盘水市 | Liupanshui | 123.59 | 68.41 | 8.07 | 15.54 | 3.58 | 2.88 | 55.18 | 4.60 | 19.4 |
| 遵义市 | Zunyi | 136.77 | 106.02 | 18.43 | 32.60 | 6.83 | 4.55 | 30.75 | 7.36 | 21.0 |
| 安顺市 | Anshun | 46.89 | 33.54 | 2.96 | 12.45 | 2.30 | 0.93 | 13.34 | 2.09 | 25.0 |
| 毕节市 | Bijie | 125.62 | 62.28 | 8.93 | 16.27 | 4.18 | 4.38 | 63.34 | 18.52 | 13.8 |
| 铜仁市 | Tongren | 44.75 | 31.38 | 3.06 | 11.36 | 1.87 | 0.76 | 13.37 | 1.42 | 22.4 |
| 黔西南州 | Qianxinan | 81.38 | 52.61 | 4.99 | 13.71 | 3.48 | 3.31 | 28.77 | 3.80 | 26.3 |
| 黔东南州 | Qiandongnan | 85.99 | 51.22 | 3.61 | 17.16 | 4.15 | 1.35 | 34.77 | 1.73 | 22.7 |
| 黔南州 | Qiannan | 73.22 | 50.63 | 4.46 | 16.09 | 4.28 | 1.36 | 22.59 | 2.73 | 26.5 |

注：资料来源于省财政厅(下表同)。
Note:Data in the table were obtained from Guizhou Provincial Financial Department(the same applies to the next table).

# 27-8 各市(州)公共财政支出(2013)

## Public Financial Expenditure by Region

| 市(州)名称 | City (State, Prefecture) | 公共财政支出(亿元) Total (100 million yuan) | #一般公共服务 Common Public Service | #教育 Edu-cation | #科学技术 Science and Techn-ology | #文化体育与传媒 Culture, Sports and Commun-ication | #社会保障和就业 Social Security and Jobs | #医疗卫生 Health Care | #节能环保 Enviro-nmental Prote-ction | #农林水事务 Affairs of Agriculture, Forest and Water | 2013年比2012年增长(%) Increase Rate in 2013 over 2012(%) |
|---|---|---|---|---|---|---|---|---|---|---|---|
| 贵阳市 | Guiyang | 393.60 | 75.26 | 71.08 | 9.36 | 6.64 | 27.17 | 26.58 | 12.40 | 28.96 | 12.7 |
| 六盘水市 | Liupanshui | 219.17 | 44.59 | 40.17 | 1.24 | 2.54 | 17.24 | 14.86 | 4.87 | 28.96 | 16.7 |
| 遵义市 | Zunyi | 366.76 | 59.99 | 76.78 | 3.26 | 4.90 | 30.69 | 38.63 | 9.95 | 51.02 | 14.5 |
| 安顺市 | Anshun | 151.55 | 25.89 | 29.15 | 1.04 | 1.89 | 16.89 | 13.91 | 4.20 | 22.66 | 15.9 |
| 毕节市 | Bijie | 346.95 | 44.51 | 84.88 | 1.21 | 3.86 | 30.29 | 36.73 | 7.36 | 41.62 | 8.8 |
| 铜仁市 | Tongren | 235.97 | 28.33 | 51.04 | 0.67 | 2.94 | 24.41 | 22.05 | 6.19 | 36.13 | 14.0 |
| 黔西南州 | Qianxinan | 209.86 | 34.33 | 45.61 | 1.35 | 2.78 | 18.89 | 17.48 | 5.92 | 37.26 | 15.8 |
| 黔东南州 | Qiandongnan | 278.94 | 68.50 | 52.61 | 1.55 | 4.37 | 26.56 | 24.69 | 5.88 | 37.67 | 12.2 |
| 黔南州 | Qiannan | 230.26 | 51.20 | 45.03 | 1.91 | 2.92 | 20.85 | 20.48 | 6.87 | 34.82 | 15.2 |

# 27−9 各市(州)金融机构人民币存贷款余额(2013)

## Saving Deposits and Loans Balance of Financial Institutions by Region

单位：亿元 (100 million yuan)

| 市(州)名称 | City (State, Prefecture) | 金融机构人民币存款余额 Total Deposits | #储蓄存款 Savings Deposit | 金融机构人民币贷款余额 Total Loans |
|---|---|---|---|---|
| 贵阳市 | Guiyang | 5742.09 | 1827.14 | 4177.93 |
| 六盘水市 | Liupanshui | 754.42 | 376.84 | 599.88 |
| 遵义市 | Zunyi | 2222.59 | 1150.86 | 1203.62 |
| 安顺市 | Anshun | 609.77 | 306.86 | 431.19 |
| 毕节市 | Bijie | 838.77 | 509.40 | 547.81 |
| 铜仁市 | Tongren | 660.30 | 421.72 | 472.99 |
| 黔西南州 | Qianxinan | 650.18 | 326.04 | 425.29 |
| 黔东南州 | Qiandongnan | 832.00 | 531.40 | 519.59 |
| 黔南州 | Qiannan | 783.12 | 468.15 | 485.26 |

注：资料来源于中国人民银行贵阳中心支行。

Note:Data in the table are obtained from the People's bank of China Guiyang Branch.

# 27−10 各市(州)税收收入(2013)

## Taxation Revenue by region

单位：亿元 (100 million yuan)

| 市(州)名称 | City (Stat, Prefecture) | 税收总计 Total | 国税 National Taxation | 地税 Local Taxation | 2013年比2012年增长(%) Increase Rate in 2013 over 2012(%) | 国税 National Taxation | 地税 Local Taxation |
|---|---|---|---|---|---|---|---|
| 贵阳市 | Guiyang | 509 | 262 | 246 | 15.7 | 12.3 | 19.5 |
| 六盘水市 | Liupanshui | 128 | 49 | 79 | 5.9 | -7.8 | 16.8 |
| 遵义市 | Zunyi | 327 | 174 | 153 | 22.4 | 22.1 | 22.7 |
| 安顺市 | Anshun | 63 | 24 | 39 | 14.4 | -2.8 | 28.6 |
| 毕节市 | Bijie | 154 | 80 | 74 | 13.3 | 12.8 | 13.9 |
| 铜仁市 | Tongren | 64 | 26 | 37 | 23.6 | 15.7 | 29.9 |
| 黔西南州 | Qianxinan | 102 | 39 | 63 | 24.4 | 3.1 | 42.6 |
| 黔东南州 | Qiandongnan | 92 | 27 | 65 | 21.8 | 17.1 | 23.8 |
| 黔南州 | Qiannan | 107 | 48 | 59 | 30.9 | 22.6 | 38.5 |

注：1.资料来源于省国税局、省地税局。2.地税税收收入含契税、耕地占用税。

Note: 1.Data in the table are provided by Guizhou Provincial National Taxation Bureau and Local Taxation Bureau of Guizhou Province. 2.The Local Taxation include deed tax and farm land occupation tax.

# 27-11 各市(州)城镇居民家庭人均年收支(2013)

## Per capita Income and Expenditure of Urban Households by Region

单位：元 (yuan)

| 市(州)名称 | City (State, Prefecture) | 城镇居民家庭人均可支配收入 Per Capita Annual Disposable Income of Urban Households | 位次 Order | 城镇居民家庭人均消费性支出 Per Capita Annual Consumption Expenditnre of Urban Households | 位次 Order |
|---|---|---|---|---|---|
| 贵阳市 | Guiyang | 23376.00 | 1 | 17994.81 | 1 |
| 六盘水市 | Liupanshui | 19625.29 | 7 | 12536.87 | 3 |
| 遵义市 | Zunyi | 20504.34 | 2 | 11299.59 | 7 |
| 安顺市 | Anshun | 19394.28 | 8 | 12940.58 | 2 |
| 毕节市 | Bijie | 19851.16 | 4 | 11040.59 | 8 |
| 铜仁市 | Tongren | 18366.28 | 9 | 10524.08 | 9 |
| 黔西南州 | Qianxinan | 19842.75 | 5 | 12460.76 | 4 |
| 黔东南州 | Qiandongnan | 19640.14 | 6 | 11504.50 | 6 |
| 黔南州 | Qiannan | 19941.99 | 3 | 11965.84 | 5 |

# 27-12 各市(州)农村居民家庭人均年收支(2013)

## Per Capita Net Income and Living Expenditure of Rural Households by Region

单位：元 (yuan)

| 市(州)名称 | City (State, Prefecture) | 农村居民人均纯收入 Per Capita Net Income of Rural Households | 位次 Order | 农村居民人均期内现金收入 Annual Per Capita Cash Income of Rural Households | 位次 Order | 农村居民人均生活消费支出 Annual Per Capita Living Expenditures of Rural Households | 位次 Order |
|---|---|---|---|---|---|---|---|
| 贵阳市 | Guiyang | 9592 | 1 | 10751 | 1 | 7267 | 1 |
| 六盘水市 | Liupanshui | 5934 | 4 | 5548 | 7 | 5378 | 3 |
| 遵义市 | Zunyi | 6849 | 2 | 7783 | 2 | 5521 | 2 |
| 安顺市 | Anshun | 5801 | 5 | 6898 | 4 | 5171 | 5 |
| 毕节市 | Bijie | 5645 | 6 | 6041 | 6 | 5019 | 7 |
| 铜仁市 | Tongren | 5397 | 7 | 5534 | 8 | 4457 | 8 |
| 黔西南州 | Qianxinan | 5360 | 8 | 6612 | 5 | 4303 | 9 |
| 黔东南州 | Qiandongnan | 5345 | 9 | 5420 | 9 | 5052 | 6 |
| 黔南州 | Qiannan | 6208 | 3 | 7074 | 3 | 5363 | 4 |

# 27−13　各市(州)所在城市分类价格指数

## Urban Residents Consumer Price Indices of Major Cities by Region

(上年=100)　　(preceding year=100)

| 城市名称 | City | 居民消费价格指数 Residents Consumer Price Index | | 商品零售价格指数 Retail Price Index of Commodities | |
|---|---|---|---|---|---|
| | | 2012 | 2013 | 2012 | 2013 |
| 贵 阳 市 | Guiyang | 102.6 | 103.2 | 102.0 | 101.9 |
| 六盘水市 | Liupanshui | 102.7 | 103.3 | 102.4 | 103.0 |
| 遵 义 市 | Zunyi | 102.2 | 102.7 | 102.0 | 101.0 |
| 安 顺 市 | Anshun | 102.5 | 102.1 | 101.4 | 101.5 |
| 毕 节 市 | Bijie | 102.8 | 101.4 | 102.3 | 100.0 |
| 铜 仁 市 | Tongren | 102.3 | 102.4 | 102.1 | 101.7 |
| 兴 义 市 | Xingyi | 102.7 | 101.9 | 102.1 | 100.2 |
| 凯 里 市 | Kaili | 102.5 | 102.6 | 101.1 | 101.8 |
| 都 匀 市 | Duyun | 102.6 | 102.7 | 101.8 | 101.4 |

# 27−14　各市(州)乡村从业人员数(2013)

## Rural Employment by Region

单位：万人　　(10000 persons)

| 市(州)名称 | City (State, Prefecture) | 合计 Total | 农业 Agriculture | 工业 Industry | 建筑业 Construction | 交通运输仓储和邮政业 Transport, Storage and Post | 信息传输、计算机服务和软件业 Information Transmission, Computer Services and Software | 批发与零售业 Wholesale and Retail Trade | 住宿和餐饮业 Hotel and Restaurants | 其他行业 Other Sectors |
|---|---|---|---|---|---|---|---|---|---|---|
| 贵 阳 市 | Guiyang | 116.51 | 50.63 | 11.58 | 10.67 | 4.18 | 1.22 | 6.25 | 4.39 | 27.60 |
| 六盘水市 | Liupanshui | 143.89 | 77.27 | 11.37 | 6.85 | 3.77 | 0.36 | 4.43 | 1.94 | 37.90 |
| 遵 义 市 | Zunyi | 411.35 | 178.10 | 34.08 | 28.36 | 9.07 | 1.62 | 18.66 | 7.76 | 133.71 |
| 安 顺 市 | Anshun | 149.36 | 82.21 | 9.01 | 9.55 | 3.52 | 0.58 | 3.96 | 2.64 | 37.90 |
| 毕 节 市 | Bijie | 468.76 | 225.72 | 33.24 | 22.35 | 8.80 | 1.93 | 13.93 | 7.35 | 155.45 |
| 铜 仁 市 | Tongren | 229.05 | 114.24 | 12.81 | 13.44 | 3.77 | 0.74 | 5.98 | 3.21 | 74.86 |
| 黔西南州 | Qianxinan | 187.62 | 108.74 | 9.64 | 8.82 | 4.69 | 0.51 | 5.65 | 2.49 | 47.08 |
| 黔东南州 | Qiandongnan | 243.04 | 130.50 | 11.40 | 10.83 | 3.38 | 0.42 | 5.47 | 3.59 | 77.44 |
| 黔 南 州 | Qiannan | 222.14 | 120.98 | 10.94 | 9.22 | 3.78 | 0.31 | 5.59 | 3.13 | 68.19 |

# 27-15 各市(州)农业机械总动力及拥有量(2013)

## Total Power and Possession of Agricultural Machinery by Region

| 市(州)名称 | City (State, Profecture) | 农业机械总动力(万千瓦) Total Power of Agricultural Machinery (10000 kw) | 大中型拖拉机(台) Number of Large and Medium-sized Agricultural (set) | 小型拖拉机(台) Number of Small Tractors (set) | 农用水泵(台) Agricultural Water Pump(unit) |
|---|---|---|---|---|---|
| 贵阳市 | Guiyang | 161.46 | 2856 | 3503 | 21396 |
| 六盘水市 | Liupanshui | 180.05 | 1731 | 5262 | 16220 |
| 遵义市 | Zunyi | 350.46 | 7709 | 8238 | 90905 |
| 安顺市 | Anshun | 169.94 | 3497 | 3732 | 52463 |
| 毕节市 | Bijie | 315.29 | 5281 | 36076 | 31229 |
| 铜仁市 | Tongren | 290.20 | 3981 | 11788 | 67700 |
| 黔西南州 | Qianxinan | 225.03 | 3472 | 5009 | 47125 |
| 黔东南州 | Qiandongnan | 275.94 | 3941 | 4773 | 52210 |
| 黔南州 | Qiannan | 272.43 | 9396 | 7466 | 68262 |

注：资料来源于省农委。

Note:Data in this table are obtained from the Agricultural Committee of Guizhou Province.

# 27-16 各市(州)农林牧渔业总产值(2013)

## Gross Output Value of Farming,Forestry, Animal Husbandary, Fishery and Their Services by Region

单位：亿元 (100 million yuan)

| 市(州)名称 | City (State, Prefecture) | 合计 Total | 农业 Farming | 林业 Forestry | 牧业 Animal Husbandary | 渔业 Fishery | 农林牧渔服务业 Services of FFAF | 2013年比2012年增长(%) Increase Rate in 2013 over 2012 (%) |
|---|---|---|---|---|---|---|---|---|
| 贵阳市 | Guiyang | 125.88 | 82.59 | 0.96 | 39.76 | 1.64 | 0.94 | 6.5 |
| 六盘水市 | Liupanshui | 93.81 | 46.84 | 4.28 | 40.12 | 0.21 | 2.36 | 6.5 |
| 遵义市 | Zunyi | 342.63 | 206.87 | 17.27 | 107.13 | 7.13 | 4.22 | 6.6 |
| 安顺市 | Anshun | 93.86 | 46.43 | 2.38 | 42.37 | 2.08 | 0.59 | 8.0 |
| 毕节市 | Bijie | 284.35 | 181.66 | 3.70 | 92.90 | 1.16 | 4.94 | 6.8 |
| 铜仁市 | Tongren | 220.88 | 119.66 | 5.50 | 83.15 | 6.22 | 6.35 | 7.8 |
| 黔西南州 | Qianxinan | 140.88 | 78.16 | 6.77 | 47.91 | 6.38 | 1.66 | 7.8 |
| 黔东南州 | Qiandongnan | 181.15 | 91.27 | 30.16 | 47.72 | 7.93 | 4.07 | 7.1 |
| 黔南州 | Qiannan | 181.54 | 96.46 | 7.54 | 70.02 | 4.27 | 3.25 | 6.8 |

# 27−17 各市(州)农用化肥施用量(2013)

## Consumption of Chemical Fertilizers for Agricultural Use by Region

单位：吨 (ton)

| 市(州)名称 | City (State, Profecture) | 合计 Total | 氮肥 Nitrogenous Fertilizer | 磷肥 Phosphate Fertilizer | 钾肥 Potash Fertilizer | 复合肥 Compound Fertilizer | 2013年比2012年增长(%) Increase Rate in 2013 over 2012(%) |
|---|---|---|---|---|---|---|---|
| 贵阳市 | Guiyang | 64228 | 29309 | 5928 | 9033 | 19958 | -3.4 |
| 六盘水市 | Liupanshui | 69062 | 43600 | 6867 | 6037 | 12558 | 0.3 |
| 遵义市 | Zunyi | 220221 | 117794 | 24900 | 22952 | 54575 | 0.5 |
| 安顺市 | Anshun | 61163 | 28372 | 10874 | 3978 | 17939 | 0.1 |
| 毕节市 | Bijie | 214888 | 110875 | 21200 | 19100 | 63713 | 0.8 |
| 铜仁市 | Tongren | 100346 | 49373 | 11970 | 8680 | 30323 | 5.8 |
| 黔西南州 | Qianxinan | 81404 | 51414 | 10808 | 8446 | 10736 | 3.2 |
| 黔东南州 | Qiandongnan | 79255 | 29765 | 10728 | 5156 | 33606 | 2.6 |
| 黔南州 | Qiannan | 104787 | 61266 | 10585 | 9086 | 23850 | 2.7 |

注：本表按折纯法计算。

Note:Consumption of chemical fertilizers is required in calculation to convert the gross weight into weight containing 100% effective component.

# 27−18 各市(州)主要农作物播种面积(2013)

## Sown Areas of Major Farm Crops by Region

单位：千公顷 (1000 hectares)

| 市(州)名称 | City (State, Profecture) | 总计 Total | 粮食作物 Sown Areas of Grain Arops | #夏粮 Summer Grain Crops | #稻谷 Rice | #小麦 Wheat | #玉米 Corn | #大豆 Soja | 油菜籽 Rapeseeds | 烤烟 Flue-cured Tobacco |
|---|---|---|---|---|---|---|---|---|---|---|
| | | | | | 按品种分 | | | | | |
| 贵阳市 | Guiyang | 282.24 | 113.45 | 28.28 | 34.31 | 5.45 | 38.40 | 7.42 | 39.24 | 11.71 |
| 六盘水市 | Liupanshui | 252.91 | 183.50 | 77.43 | 15.82 | 26.40 | 72.19 | 6.52 | 7.48 | 7.37 |
| 遵义市 | Zunyi | 1273.85 | 768.99 | 242.19 | 157.36 | 30.10 | 148.53 | 37.45 | 130.45 | 68.03 |
| 安顺市 | Anshun | 273.08 | 143.24 | 31.90 | 50.92 | 10.41 | 44.46 | 5.08 | 54.55 | 11.41 |
| 毕节市 | Bijie | 1148.81 | 674.71 | 283.92 | 41.03 | 67.21 | 172.21 | 34.04 | 58.88 | 65.69 |
| 铜仁市 | Tongren | 606.10 | 363.54 | 102.99 | 94.51 | 22.18 | 70.10 | 16.00 | 66.82 | 23.91 |
| 黔西南州 | Qianxinan | 416.91 | 245.05 | 68.82 | 50.32 | 50.33 | 89.20 | 5.65 | 26.03 | 29.56 |
| 黔东南州 | Qiandongnan | 574.99 | 305.26 | 80.11 | 127.26 | 4.39 | 46.45 | 10.00 | 53.81 | 16.51 |
| 黔南州 | Qiannan | 561.20 | 320.67 | 89.02 | 109.25 | 35.62 | 87.41 | 11.70 | 69.45 | 20.67 |

# 27–19 各市(州)主要农产品产量(2013)

## Output of Major Farm Crops by Region

单位：万吨 (10000 tons)

| 市(州)名称 | City (State, Profecture) | 粮食 Grain | #夏粮 Summer Grain Crops | 2013年比2012年增长(%) Increase Rate in 2013 over 2012 | 油菜籽 Rapeseeds | 烤烟 Fluecured Tobacco | 茶叶 Tea | 水果 Fruits |
|---|---|---|---|---|---|---|---|---|
| 贵阳市 | Guiyang | 43.26 | 8.64 | -2.8 | 6.33 | 1.85 | 0.33 | 16.31 |
| 六盘水市 | Liupanshui | 80.90 | 19.44 | 7.5 | 0.94 | 1.69 | 0.05 | 3.85 |
| 遵义市 | Zunyi | 259.80 | 67.77 | -5.9 | 24.61 | 11.63 | 4.06 | 29.59 |
| 安顺市 | Anshun | 63.13 | 7.56 | -3.1 | 7.84 | 1.90 | 0.22 | 10.25 |
| 毕节市 | Bijie | 228.01 | 60.06 | -0.6 | 12.03 | 10.09 | 0.12 | 13.60 |
| 铜仁市 | Tongren | 117.30 | 29.14 | -3.4 | 10.73 | 3.63 | 1.82 | 18.87 |
| 黔西南州 | Qianxinan | 91.80 | 14.36 | 4.5 | 3.21 | 5.18 | 0.50 | 9.50 |
| 黔东南州 | Qiandongnan | 110.03 | 17.85 | -2.3 | 6.71 | 2.61 | 0.83 | 32.15 |
| 黔南州 | Qiannan | 118.16 | 19.47 | -2.4 | 9.37 | 3.23 | 1.02 | 33.61 |

# 27–20 各市(州)牲畜出、存栏量(2013)

## Amount of Livestocks in Hand and Slaughtered by Region

单位：头、只 ( head)

| 市(州)名称 | City (State, Profecture) | 出栏 Amount of Slaughtered Livestocks | | | 存栏 Amount of Livestock in Hand | | |
|---|---|---|---|---|---|---|---|
| | | 猪 Hogs | 牛 Cattle and Buffalo | 羊 Sheep and Goats | 猪 Hogs | 牛 Cattle and Buffalo | 羊 Sheep and Goats |
| 贵阳市 | Guiyang | 1290061 | 56233 | 21998 | 955601 | 230465 | 37616 |
| 六盘水市 | Liupanshui | 1073863 | 75064 | 118714 | 1147289 | 312767 | 204327 |
| 遵义市 | Zunyi | 4696347 | 204083 | 537252 | 3493856 | 850348 | 716336 |
| 安顺市 | Anshun | 1200860 | 118517 | 54266 | 1224118 | 455831 | 73941 |
| 毕节市 | Bijie | 3021884 | 206736 | 320349 | 3144520 | 795138 | 582452 |
| 铜仁市 | Tongren | 2279348 | 137953 | 610629 | 2234654 | 530590 | 686100 |
| 黔西南州 | Qianxinan | 1454182 | 131184 | 234664 | 1371869 | 532866 | 471276 |
| 黔东南州 | Qiandongnan | 1807564 | 139493 | 169373 | 1394726 | 634058 | 277661 |
| 黔南州 | Qiannan | 2067085 | 144839 | 161882 | 1714001 | 603496 | 231260 |

# 27-21 各市(州)主要畜产品、水产品产量(2013)

## Output of Major Livestock Products and Aquatic Products by Region

| 市(州)名称 | City (State, Profecture) | 肉类总产量(万吨) Total Output of Meat (10000 tons) | 2013年比2012年增长(%) Increase Rate in 2013 over 2012 | 禽蛋(万吨) Poulty and Eggs (10000 tons) | 水产品(吨) Aquatic Products(ton) |
|---|---|---|---|---|---|
| 贵阳市 | Guiyang | 15.16 | 4.8 | 2.34 | 9367 |
| 六盘水市 | Liupanshui | 11.90 | 5.0 | 0.59 | 1337 |
| 遵义市 | Zunyi | 48.11 | 5.0 | 3.93 | 39941 |
| 安顺市 | Anshun | 14.48 | 4.7 | 1.50 | 6877 |
| 毕节市 | Bijie | 35.24 | 5.4 | 2.69 | 6793 |
| 铜仁市 | Tongren | 24.51 | 5.7 | 2.10 | 24806 |
| 黔西南州 | Qianxinan | 16.50 | 5.5 | 1.97 | 38064 |
| 黔东南州 | Qiandongnan | 18.82 | 6.0 | 1.08 | 22131 |
| 黔南州 | Qiannan | 20.55 | 5.5 | 1.00 | 17681 |

注：表中"水产品产量"数据由省农委提供。

Note: "Output of aquatic products" in this table are obtained from the Agricultural Commission of Guizhou province.

# 27-22 各市(州)主要林产品产量(2013)

## Output of Major Forestry Products by Region

单位：吨 (ton)

| 市(州)名称 | City (State, Profecture) | 生漆 Lacquer | 油桐籽 Tung-Oil Seed | 油茶籽 Tea-Oil Seed | 乌桕籽 Tallow-seeds | 五倍籽 Nutgall | 棕片 Palm-flake | 核桃 Walnuts | 板栗 Chestnut |
|---|---|---|---|---|---|---|---|---|---|
| 贵阳市 | Guiyang | 12 | 25 | 112 | 2 | 11 | 55 | 275 | 222 |
| 六盘水市 | Liupanshui | 164 | 49 | 109 | | | 182 | 3748 | 576 |
| 遵义市 | Zunyi | 695 | 4632 | 8877 | 1108 | 962 | 1385 | 1805 | 2154 |
| 安顺市 | Anshun | 17 | 4637 | 432 | 106 | 13 | 106 | 338 | 353 |
| 毕节市 | Bijie | 467 | 88 | 87 | 16 | 52 | 57 | 22674 | 1503 |
| 铜仁市 | Tongren | 162 | 5299 | 2478 | 723 | 466 | 502 | 1599 | 2373 |
| 黔西南州 | Qianxinan | 133 | 36419 | 5560 | 73 | 701 | 1290 | 1400 | 13820 |
| 黔东南州 | Qiandongnan | 82 | 8538 | 13009 | 237 | 262 | 379 | 1287 | 2502 |
| 黔南州 | Qiannan | 95 | 11176 | 556 | 40 | 166 | 365 | 1189 | 8118 |

# 27−23 各市(州)规模以上工业增加值(2013)

## Total Gross Industrial Value-added above Designated Size by Region

单位：亿元 (100 million yuan)

| 市(州)名称 | City (State, Profecture) | 工业增加值 Industrial Value-added | 轻工业 Light Industry | 重工业 Heavy Industry |
|---|---|---|---|---|
| 贵阳市 | Guiyang | 550.98 | 263.21 | 287.77 |
| 六盘水市 | Liupanshui | 351.75 | 2.29 | 349.46 |
| 遵义市 | Zunyi | 677.73 | 508.50 | 169.23 |
| 安顺市 | Anshun | 108.56 | 17.95 | 90.61 |
| 毕节市 | Bijie | 256.29 | 57.45 | 198.84 |
| 铜仁市 | Tongren | 96.40 | 27.06 | 69.34 |
| 黔西南州 | Qianxinan | 188.81 | 10.86 | 177.95 |
| 黔东南州 | Qiandongnan | 111.80 | 19.71 | 92.08 |
| 黔南州 | Qiannan | 191.18 | 57.17 | 134.00 |

注：统计口径为全部年主营业务收入2000万元及以上的工业企业(下表同)。

Note: Data in the table refer to the revenue from principal business of 20 million yuan and above of industry enterprises(The same applies to the next table).

# 27−24 各市(州)规模以上工业企业主要工业产品产量(2013)

## Ouput of Major Industrial Products above Designated Size by Region

| 市(州)名称 | City (State, Profecture) | 发电量(亿千瓦小时) Electricity (100 million kwh) | 化肥(万吨) Chemical Fertilizer( 10000 tons) | 水泥(万吨) Cement (10000 tons) |
|---|---|---|---|---|
| 贵阳市 | Guiyang | 92.30 | 308.73 | 1281.70 |
| 六盘水市 | Liupanshui | 404.58 | | 814.53 |
| 遵义市 | Zunyi | 215.98 | 48.22 | 1270.98 |
| 安顺市 | Anshun | 78.73 | 18.34 | 735.80 |
| 毕节市 | Bijie | 428.77 | 28.23 | 842.60 |
| 铜仁市 | Tongren | 81.82 | | 541.29 |
| 黔西南州 | Qianxinan | 192.80 | 32.75 | 569.67 |
| 黔东南州 | Qiandongnan | 82.79 | | 530.86 |
| 黔南州 | Qiannan | 42.31 | 87.98 | 1765.53 |

# 27−25　各市(州)公路里程(2013)

## Length of Highways by Region

单位：公里　　(km)

| 市(州)名称 | City (State, Profecture) | 公路里程 Total Length of Highways | #等级公路 Standard Highway | #高速公路 Expressway | #有铺装路面(高级) Paved Road (advanced) | #沥青混凝土 Asphalt concrete |
|---|---|---|---|---|---|---|
| 贵阳市 | Guiyang | 9551.93 | 8669.94 | 303.84 | 5496.41 | 621.73 |
| 六盘水市 | Liupanshui | 12221.65 | 9507.89 | 180.34 | 2660.66 | 926.47 |
| 遵义市 | Zunyi | 26383.19 | 13322.15 | 620.71 | 4848.88 | 1320.66 |
| 安顺市 | Anshun | 12928.02 | 4532.39 | 286.00 | 2043.70 | 568.60 |
| 毕节市 | Bijie | 28320.28 | 16234.88 | 274.87 | 2735.59 | 727.42 |
| 铜仁市 | Tongren | 22816.26 | 10588.41 | 371.74 | 4586.66 | 696.45 |
| 黔西南州 | Qianxinan | 16464.12 | 11057.34 | 335.15 | 2579.31 | 525.64 |
| 黔东南州 | Qiandongnan | 27658.88 | 11444.34 | 424.55 | 4394.35 | 874.43 |
| 黔南州 | Qiannan | 16219.36 | 10061.63 | 487.01 | 2453.78 | 600.56 |

注：资料来源于省交通运输厅。

Note:Data in the table are obtained from Guizhou Provincial Department of Transportation.

# 27−26　各市(州)电信、邮政主要指标(2013)

## Major Indicators of Telecommunications and Post by Region

| 市(州)名称 | City (State, Profecture) | 年末固定电话用户数(万户) Number of Telephone Subscribers at Year-end (10000 subscribers) | 移动电话用户(万户) Number of Mobile Telephone Subscribers (10000 subscribers) | 互联网宽带接入用户(万户) Number of Subscribers of Internet Service (10000 subscribers) | 交换机总容量(万门) Capacity of Telephone Exchanges (10000 line) | 报刊、杂志累计订销数(万份) Issue of Newspapers and Magazines (10000 copies) | 邮政储蓄期末余额(亿元) Post Deposits at the Year-end(100 million yuan) |
|---|---|---|---|---|---|---|---|
| 贵阳市 | Guiyang | 101.89 | 753.25 | 93.63 | 863.43 | 11784.35 | 83.24 |
| 六盘水市 | Liupanshui | 26.19 | 235.84 | 17.97 | 322.64 | 2870.52 | 37.47 |
| 遵义市 | Zunyi | 72.55 | 515.01 | 53.52 | 1142.29 | 7264.37 | 169.18 |
| 安顺市 | Anshun | 20.22 | 165.86 | 13.42 | 322.69 | 2238.70 | 25.91 |
| 毕节市 | Bijie | 32.96 | 329.83 | 24.44 | 640.19 | 2917.99 | 66.42 |
| 铜仁市 | Tongren | 22.00 | 195.94 | 18.30 | 448.18 | 3183.24 | 81.45 |
| 黔西南州 | Qianxinan | 17.84 | 198.54 | 16.58 | 387.12 | 2590.09 | 40.89 |
| 黔东南州 | Qiandongnan | 38.38 | 252.65 | 30.71 | 484.38 | 4296.70 | 82.20 |
| 黔南州 | Qiannan | 29.14 | 224.86 | 23.14 | 356.45 | 3323.04 | 82.64 |

注：资料来源于省通信管理局、省邮政管理局、省邮政储蓄银行。

Note:Data in the table are obtained from the Provincial Communications Authority Bureau,the Provincial Postal Service and Postal Savings bank of China Guizhou Branch.

# 27-27 各市(州)教育事业主要指标(2013)

# Major Indicators of Education by Region

| 市(州)名称 | City (State, Prefecture) | 高等教育 Higher Education 学校数(所) Number of schools (unit) | 高等教育 在校学生(人) Students Enrollment (person) | 普通中学 Secondary Schools 学校数(所) Number of schools (unit) | 普通中学 在校学生(人) Students Enrollment (person) | 小学 Primary Schools 学校数(所) Number of schools (unit) | 小学 在校学生(人) Students Enrollment ( person) |
|---|---|---|---|---|---|---|---|
| 贵阳市 | Guiyang | 31 | 346658 | 318 | 260514 | 636 | 312099 |
| 六盘水市 | Liupanshui | 2 | 9750 | 224 | 256451 | 716 | 264567 |
| 遵义市 | Zunyi | 6 | 58463 | 459 | 534911 | 1633 | 543003 |
| 安顺市 | Anshun | 4 | 16147 | 153 | 163434 | 842 | 231130 |
| 毕节市 | Bijie | 2 | 18025 | 492 | 652879 | 2424 | 878997 |
| 铜仁市 | Tongren | 3 | 19775 | 259 | 310668 | 1282 | 363390 |
| 黔西南州 | Qianxinan | 2 | 11147 | 263 | 240881 | 1054 | 332025 |
| 黔东南州 | Qiandongnan | 3 | 29967 | 263 | 289702 | 1032 | 346421 |
| 黔南州 | Qiannan | 4 | 24863 | 233 | 250670 | 1013 | 283701 |

注：1.资料来源于省教育厅。2.高等教育学校数包括：中科院地化所、普通高等学校、成人高等学校，高等教育在校学生包括：研究生、普通高等教育、成人高等教育。

Note:1.Data in the table are obtained from Guizhou Provincial Department of Education.2.Institutions of higher education include Localization of Chinese Academy of Sciences,regular schools of higher education,and adult institutions of higher education.Students enrollment include those students enrolling in postgradu-ates education,ragular institutions of higher education and adult institution of higher education.

# 27-28 各市(州)卫生人员数(2013)

# Number of Employed Persons in Health Care Institutions by Region

单位：人 (person)

| 市(州)名称 | City (State, Prefecture) | 总计 Total | 卫生技术人员 Medical Technical Personnel | #执业(助理)医师 Licensed (Assistant) Doctors | 执业医师 Licensed Doctor | #注册护士 Registered Nurse | #药师(士) Pharmacist | #技师(士) Laboratory Technician | 乡村医生和卫生员 Village Doctors and Assistants | 其他技术人员 Other Technical Personnel | 管理人员 Admini-strative Personnel | 工勤技能人员 Logistics Technical Workers |
|---|---|---|---|---|---|---|---|---|---|---|---|---|
| 贵阳市 | Guiyang | 41872 | 33395 | 12719 | 11744 | 14594 | 1473 | 1763 | 1811 | 1997 | 2054 | 2615 |
| 六盘水市 | Liupanshui | 16498 | 11203 | 4058 | 3195 | 4238 | 439 | 573 | 2869 | 481 | 860 | 1085 |
| 遵义市 | Zunyi | 39752 | 28159 | 10088 | 7925 | 10951 | 1197 | 1532 | 6069 | 1799 | 1524 | 2201 |
| 安顺市 | Anshun | 11943 | 8050 | 2672 | 2151 | 3174 | 316 | 434 | 2394 | 289 | 723 | 487 |
| 毕节市 | Bijie | 35023 | 22407 | 7028 | 4850 | 8153 | 783 | 1132 | 8027 | 1753 | 1364 | 1472 |
| 铜仁市 | Tongren | 19917 | 13042 | 4363 | 3292 | 4400 | 503 | 871 | 4624 | 578 | 914 | 759 |
| 黔西南州 | Qianxinan | 14600 | 9976 | 3433 | 2687 | 3590 | 395 | 541 | 2746 | 501 | 612 | 765 |
| 黔东南州 | Qiandongnan | 23994 | 16638 | 5929 | 4123 | 5767 | 614 | 1016 | 4838 | 791 | 1017 | 710 |
| 黔南州 | Qiannan | 18703 | 13687 | 5587 | 4049 | 4501 | 589 | 809 | 2950 | 398 | 979 | 689 |

注：资料来源于省卫生计生委。(以下相关表同)

Note:Data in the table are obtained from Guizhou Provincial Department of Health and Fanily Planning(the same applies to relative tables below).

# 27-29 各市(州)每千人口拥有卫生技术人员数(2013)

## Medical Technical Personnel in Health Care Institutions Per 1000 Persons by Region

单位：人 (person)

| 市(州)名称 | City (State, Prefecture) | 卫生技术人员 Medical Technical Personnel | | 执业(助理)医师 Lecensed(Assistant) Doctors | | 注册护士 Registered Nurses | |
|---|---|---|---|---|---|---|---|
| | | 合计 Total | 每千人口拥有 Per 1000 Person | 合计 Total | 每千人口拥有 Per 1000 Person | 合计 Total | 每千人口拥有 Per 1000 Person |
| 贵阳市 | Guiyang | 33395 | 8.81 | 12719 | 3.36 | 14594 | 3.85 |
| 六盘水市 | Liupanshui | 11203 | 3.44 | 4058 | 1.25 | 4238 | 1.30 |
| 遵义市 | Zunyi | 28159 | 3.62 | 10088 | 1.30 | 10951 | 1.41 |
| 安顺市 | Anshun | 8050 | 2.82 | 2672 | 0.94 | 3174 | 1.11 |
| 毕节市 | Bijie | 22407 | 2.57 | 7028 | 0.81 | 8153 | 0.94 |
| 铜仁市 | Tongren | 13042 | 3.04 | 4363 | 1.02 | 4400 | 1.03 |
| 黔西南州 | Qianxinan | 9976 | 2.86 | 3433 | 0.98 | 3590 | 1.03 |
| 黔东南州 | Qiandongnan | 16638 | 3.59 | 5929 | 1.28 | 5767 | 1.24 |
| 黔南州 | Qiannan | 13687 | 3.38 | 5587 | 1.38 | 4501 | 1.11 |

注：每千人口数根据2013年各市（州）户籍人口数计算。
Note:Number per thousand population are based on household population of 2013.

# 27-30 各市(州) 社区卫生服务中心(站)医疗服务情况(2013)

## Medical Services of Community Health Service Centers(Stations) by Region

| 市(州)名称 | City (State, Prefecture) | 社区卫生服务中心 Community Health Service Centers | | | | | | 社区卫生服务站 nmunity Health Service Stati | |
|---|---|---|---|---|---|---|---|---|---|
| | | 诊疗人次(万人次) Visits (10 000 person-times) | 入院人数(人) Inpatients (person) | 病床使用率(%) Utilization Rate (%) | 出院者平均住院日(日) Average Stay Days in Hospital (day) | 医师日均担负诊疗人次(人次) Daily Visits Each Doctor (person-time) | 医师日均担负住院床日(日) Daily Inpatients Each Doctor (day) | 诊疗人次(万人次) Visits (10 000 person-times) | 医师日均担负诊疗人次(人次) Daily Visits Each Doctor (person-time) |
| 贵阳市 | Guiyang | 67.38 | 7424 | 48.31 | 9.44 | 8.72 | 0.88 | 50.02 | 9.14 |
| 六盘水市 | Liupanshui | 4.93 | 1915 | 42.77 | 2.22 | 9.86 | 1.56 | 40.92 | 9.14 |
| 遵义市 | Zunyi | 30.74 | 30825 | 74.84 | 3.58 | 9.92 | 2.52 | 82.07 | 10.20 |
| 安顺市 | Anshun | 7.93 | 11836 | 77.64 | 5.42 | 8.13 | 4.50 | 21.40 | 6.39 |
| 毕节市 | Bijie | 17.52 | 27223 | 79.76 | 4.64 | 5.23 | 2.75 | 8.57 | 14.28 |
| 铜仁市 | Tongren | 14.24 | 4478 | 53.04 | 4.90 | 14.99 | 1.59 | 17.12 | 10.07 |
| 黔西南州 | Qianxinan | 16.96 | 24499 | 95.47 | 4.34 | 10.94 | 4.68 | 36.55 | 13.66 |
| 黔东南州 | Qiandongnan | 6.20 | 6083 | 70.51 | 2.13 | 3.65 | 0.51 | 0.10 | 4.10 |
| 黔南州 | Qiannan | 17.06 | 7163 | 57.93 | 4.14 | 6.62 | 0.90 | 12.14 | 11.29 |

# 27－31 各市(州)医疗卫生机构服务情况(2013)
## Services in Hospitals by Region

| 市(州)名称 | City (State, Prefecture) | 诊疗人次(万人次) Visits (10 000 person-times) | #医院 Hospital | #农村乡镇卫生院 Rural Township Hospitals | 入院人数(万人) Inpatients (10 000 persons) | #医院 Hospital | #农村乡镇卫生院 Rural Township Hospitals | 出院人数(万人) Patients Discharged from Hosptials (10 000 persons) | #医院 Hospital | #农村乡镇卫生院 Rural Township Hospitals |
|---|---|---|---|---|---|---|---|---|---|---|
| 贵阳市 | Guiyang | 2413.87 | 1069.28 | 206.34 | 69.66 | 60.32 | 3.53 | 68.13 | 59.51 | 3.47 |
| 六盘水市 | Liupanshui | 735.27 | 218.79 | 177.83 | 44.73 | 26.42 | 16.29 | 43.91 | 25.70 | 16.20 |
| 遵义市 | Zunyi | 2625.67 | 765.46 | 429.79 | 136.21 | 76.98 | 51.28 | 135.31 | 76.36 | 51.07 |
| 安顺市 | Anshun | 654.07 | 212.73 | 88.53 | 44.25 | 24.07 | 15.61 | 44.08 | 23.90 | 15.58 |
| 毕节市 | Bijie | 1797.87 | 476.42 | 311.89 | 119.88 | 71.37 | 41.88 | 117.74 | 69.82 | 41.34 |
| 铜仁市 | Tongren | 1022.54 | 313.06 | 249.53 | 61.72 | 40.98 | 18.34 | 61.32 | 40.57 | 18.37 |
| 黔西南州 | Qianxinan | 1086.29 | 294.30 | 212.67 | 54.70 | 27.90 | 18.77 | 54.21 | 27.55 | 18.64 |
| 黔东南州 | Qiandongnan | 1195.40 | 358.67 | 267.96 | 71.29 | 44.58 | 24.02 | 70.61 | 44.15 | 23.87 |
| 黔南州 | Qiannan | 1132.95 | 354.47 | 327.57 | 51.52 | 34.07 | 14.47 | 51.13 | 33.91 | 14.25 |

27－31 续表 continued

| 市(州)名称 | City (State, Prefecture) | 每百门诊急诊入院人数(人) Inpatientsper 100 Outpatient and Emergency Visits (person) | #医院 Hospital | #农村乡镇卫生院 Rural Township Hospitals | 病床使用率(%) Utilization Rate of Beds (%) | #医院 Hospital | #农村乡镇卫生院 Rural Township Hospitals | 出院者平均住院日(天) Average Stay Days in Hospital (day) | #医院 Hospital | #农村乡镇卫生院 Rural Township Hospitals |
|---|---|---|---|---|---|---|---|---|---|---|
| 贵阳市 | Guiyang | 4.72 | 5.70 | 1.73 | 87.96 | 91.73 | 51.72 | 11.20 | 11.74 | 5.93 |
| 六盘水市 | Liupanshui | 10.12 | 12.76 | 9.70 | 78.82 | 80.58 | 74.02 | 7.49 | 9.48 | 4.62 |
| 遵义市 | Zunyi | 10.74 | 10.40 | 12.75 | 86.85 | 90.56 | 80.40 | 6.63 | 8.55 | 4.28 |
| 安顺市 | Anshun | 13.69 | 11.94 | 20.40 | 82.41 | 87.26 | 69.63 | 5.89 | 8.48 | 2.52 |
| 毕节市 | Bijie | 15.39 | 16.11 | 14.59 | 69.85 | 70.24 | 67.83 | 5.92 | 6.75 | 4.72 |
| 铜仁市 | Tongren | 10.70 | 14.23 | 7.82 | 79.04 | 84.91 | 65.26 | 6.51 | 7.48 | 4.58 |
| 黔西南州 | Qianxinan | 10.24 | 10.01 | 9.56 | 82.83 | 88.26 | 69.76 | 5.15 | 7.03 | 3.06 |
| 黔东南州 | Qiandongnan | 11.34 | 13.03 | 9.35 | 86.12 | 95.34 | 67.80 | 6.59 | 8.10 | 4.07 |
| 黔南州 | Qiannan | 7.22 | 10.03 | 4.51 | 78.97 | 86.25 | 58.73 | 6.91 | 8.52 | 3.75 |

# 27-32 各市(州)火灾(2013)
## Fires by Region

| 市(州)名称 | City (State, Prefecture) | 火灾(起) Fire Accidents (case) | 死亡(人) Deaths (person) | 受伤(人) Injuries (person) | 直接财产损失(万元) Direct Property Losses(10000 yuan) |
|---|---|---|---|---|---|
| 贵 阳 市 | Guiyang | 1401 | 14 | 11 | 1571 |
| 六盘水市 | Liupanshui | 83 | 1 | 4 | 216 |
| 遵 义 市 | Zunyi | 157 | 7 | 5 | 1590 |
| 安 顺 市 | Qiandongnan | 115 | 5 | 2 | 256 |
| 毕 节 市 | Bijie | 246 | 7 | 4 | 407 |
| 铜 仁 市 | Tongren | 176 | 5 | 3 | 3381 |
| 黔西南州 | Qianxinan | 216 | 6 | 2 | 700 |
| 黔东南州 | Qiannan | 410 | 17 | 9 | 2539 |
| 黔 南 州 | Anshun | 109 | 4 | 1 | 517 |

注：资料来源于省公安厅。
Note:Data in the table are obtained from Guizhou Provincial Department of Public Security.

# 27-33 各县(市、区、特区)地区生产总值(2013)

# Gross Domestic Product by County(City,District,Special region)

单位：亿元 (100 million)

| 县(市、区、特区)名称 | County (City，District，Special region) | 地区生产总值 Gross Domestic Product | 第一产业 Primary Industry | 第二产业 Secondary Industry | #工业 Industry | 第三产业 Tertiary Industry | 2013年比2012年增长(%) Increase Rate in 2013 over 2012(%) |
|---|---|---|---|---|---|---|---|
| 南明区 | Nanming | 440.07 | 2.29 | 109.50 | 52.36 | 328.28 | 17.8 |
| 云岩区 | Yunyan | 515.53 | 0.45 | 183.32 | 149.45 | 331.76 | 16.6 |
| 花溪区 | Huaxi | 275.16 | 11.32 | 142.80 | 110.43 | 121.04 | 17.1 |
| 乌当区 | Wudang | 99.08 | 8.70 | 50.13 | 40.08 | 40.25 | 17.0 |
| 白云区 | Baiyun | 122.05 | 3.68 | 66.16 | 58.34 | 52.21 | 18.2 |
| 观山湖区 | Xiaohe | 107.07 | 2.02 | 39.24 | 13.83 | 65.81 | 15.9 |
| 开阳县 | Kaiyang | 126.03 | 17.51 | 73.92 | 55.81 | 34.60 | 17.6 |
| 息烽县 | Xifeng | 104.30 | 9.60 | 59.88 | 54.67 | 34.82 | 18.0 |
| 修文县 | Xiuwen | 88.73 | 11.65 | 39.42 | 29.31 | 37.66 | 18.0 |
| 清镇市 | Qingzhen | 175.01 | 14.30 | 83.95 | 42.31 | 76.76 | 17.3 |
| | | | | | | | |
| 钟山区 | Zhongshan | 296.78 | 3.01 | 162.92 | 147.87 | 130.85 | 15.8 |
| 六枝特区 | Liuzhi | 100.96 | 11.95 | 46.17 | 39.82 | 42.84 | 17.8 |
| 水城县 | Shuicheng | 137.34 | 16.85 | 81.82 | 69.93 | 38.67 | 18.1 |
| 盘　县 | Panxian | 364.30 | 26.25 | 255.09 | 225.36 | 82.96 | 17.9 |
| | | | | | | | |
| 红花岗区 | Honghuagang | 256.01 | 10.71 | 80.86 | 63.62 | 164.44 | 17.0 |
| 汇川区 | Huicuan | 187.40 | 6.93 | 97.01 | 87.96 | 83.46 | 14.1 |
| 遵义县 | Zunyi | 229.08 | 38.55 | 113.45 | 91.40 | 77.08 | 16.9 |
| 桐梓县 | Tongzi | 90.41 | 17.10 | 37.63 | 26.14 | 35.68 | 17.2 |
| 绥阳县 | Suiyang | 59.50 | 19.13 | 16.84 | 11.19 | 23.53 | 17.7 |
| 正安县 | Zhengan | 43.43 | 15.01 | 8.93 | 4.71 | 19.49 | 16.7 |
| ※道真县 | Daozhen | 32.06 | 10.79 | 5.91 | 3.39 | 15.36 | 17.6 |
| ※务川县 | Wuchuan | 34.49 | 11.38 | 6.49 | 3.22 | 16.62 | 16.6 |
| 凤冈县 | Fenggang | 39.67 | 12.93 | 8.79 | 4.99 | 17.95 | 16.9 |
| 湄潭县 | Meitan | 54.04 | 14.18 | 14.74 | 10.88 | 25.12 | 16.4 |
| 余庆县 | Yuqing | 44.54 | 11.14 | 13.66 | 7.99 | 19.74 | 17.7 |
| 习水县 | Xishui | 91.01 | 15.27 | 41.07 | 29.91 | 34.67 | 18.0 |
| 赤水市 | Chishui | 59.66 | 9.33 | 27.83 | 22.52 | 22.50 | 17.4 |
| 仁怀市 | Renhuai | 384.46 | 15.42 | 264.15 | 256.62 | 104.89 | 12.0 |
| | | | | | | | |
| 西秀区 | Xixiu | 167.14 | 16.81 | 65.79 | 58.68 | 84.54 | 16.9 |
| 平坝县 | Pingba | 73.64 | 8.42 | 42.28 | 34.88 | 22.94 | 16.2 |
| 普定县 | Puding | 59.22 | 8.78 | 28.02 | 24.28 | 22.42 | 16.8 |
| ※镇宁县 | Zhenning | 51.83 | 6.94 | 16.61 | 9.28 | 28.28 | 17.0 |
| ※关岭县 | Guanling | 50.20 | 9.42 | 12.89 | 5.19 | 27.89 | 16.7 |
| ※紫云县 | Ziyun | 35.26 | 10.62 | 6.18 | 3.68 | 18.46 | 15.3 |
| | | | | | | | |
| 七星关区 | Qixingguan | 219.38 | 35.47 | 85.47 | 71.78 | 98.44 | 17.2 |
| 大方县 | Dafang | 129.74 | 22.60 | 59.60 | 49.00 | 47.54 | 16.4 |
| 黔西县 | Qianxi | 130.63 | 21.97 | 59.52 | 47.22 | 49.14 | 15.0 |
| 金沙县 | Jinsha | 154.84 | 17.44 | 91.79 | 79.62 | 45.61 | 17.3 |
| 织金县 | Zhijin | 107.56 | 19.47 | 44.74 | 33.66 | 43.35 | 16.6 |
| 纳雍县 | Nayong | 123.47 | 17.36 | 69.95 | 63.53 | 36.16 | 16.6 |
| ※威宁县 | Weining | 123.66 | 42.83 | 32.34 | 26.87 | 48.49 | 16.7 |
| 赫章县 | Hezhang | 66.16 | 19.46 | 17.73 | 13.53 | 28.97 | 16.4 |
| | | | | | | | |
| 碧江区 | Bijiang | 93.98 | 8.28 | 34.52 | 25.11 | 51.18 | 17.7 |
| 万山区 | Wanshan | 25.12 | 5.95 | 11.31 | 8.84 | 7.86 | 17.3 |

## 27-33 续表 continued

单位：亿元 (100 million)

| 县(市、区、特区)名 称 | County (City, District, Special region) | 地区生产总值 Gross Domestic Product | 第一产业 Primary Industry | 第二产业 Secondary Industry | #工业 Industry | 第三产业 Tertiary Industry | 2013年比2012年增长(%) Increase Rate in 2013 over 2012(%) |
|---|---|---|---|---|---|---|---|
| 江口县 | Jiangkou | 27.69 | 7.61 | 8.19 | 4.08 | 11.89 | 17.0 |
| ※玉屏县 | Yuping | 45.41 | 5.34 | 25.59 | 22.93 | 14.48 | 15.3 |
| 石阡县 | Shiqian | 38.26 | 13.16 | 6.01 | 3.41 | 19.09 | 16.6 |
| 思南县 | Sinan | 73.66 | 21.40 | 17.49 | 11.28 | 34.77 | 17.0 |
| ※印江县 | Yinjiang | 48.24 | 17.11 | 10.23 | 7.49 | 20.90 | 17.5 |
| 德江县 | Dejiang | 60.06 | 19.08 | 11.93 | 7.66 | 29.05 | 17.0 |
| ※沿河县 | Yanhe | 58.96 | 18.03 | 11.23 | 6.18 | 29.70 | 16.9 |
| ※松桃县 | Songtao | 72.81 | 20.16 | 24.16 | 20.15 | 28.49 | 16.7 |
| 兴义市 | Xingyi | 237.80 | 23.91 | 97.06 | 85.63 | 116.83 | 17.0 |
| 兴仁县 | Xingren | 77.21 | 11.94 | 32.15 | 25.28 | 33.12 | 17.4 |
| 普安县 | Puan | 42.79 | 7.11 | 21.28 | 17.74 | 14.40 | 15.4 |
| 晴隆县 | Qinglong | 37.03 | 6.79 | 14.95 | 11.57 | 15.29 | 17.3 |
| 贞丰县 | Zhenfeng | 62.57 | 10.28 | 35.12 | 30.56 | 17.17 | 16.9 |
| 望谟县 | Wangmo | 27.62 | 7.91 | 4.30 | 2.50 | 15.41 | 17.5 |
| 册亨县 | Ceheng | 23.14 | 7.12 | 3.31 | 2.46 | 12.71 | 17.6 |
| 安龙县 | Anlong | 63.71 | 13.41 | 23.57 | 20.43 | 26.73 | 16.8 |
| 凯里市 | Kaili | 148.09 | 9.22 | 51.00 | 34.69 | 87.87 | 17.8 |
| 黄平县 | Huangping | 31.02 | 9.01 | 3.86 | 2.10 | 18.15 | 17.2 |
| 施秉县 | Shibing | 23.19 | 5.48 | 6.14 | 4.88 | 11.57 | 16.0 |
| 三穗县 | Sansui | 24.99 | 4.57 | 7.61 | 4.64 | 12.81 | 18.0 |
| 镇远县 | Zhenyuan | 45.73 | 9.24 | 21.17 | 17.83 | 15.32 | 17.4 |
| 岑巩县 | Cengong | 26.78 | 5.59 | 9.09 | 8.18 | 12.10 | 17.0 |
| 天柱县 | Tianzhu | 49.14 | 9.80 | 19.48 | 15.89 | 19.86 | 17.4 |
| 锦屏县 | Jinping | 25.24 | 4.15 | 8.99 | 8.07 | 12.10 | 17.5 |
| 剑河县 | Jianhe | 26.24 | 6.58 | 4.86 | 3.18 | 14.80 | 17.1 |
| 台江县 | Taijiang | 18.56 | 4.06 | 4.30 | 2.90 | 10.20 | 17.3 |
| 黎平县 | Liping | 47.18 | 9.66 | 13.84 | 6.96 | 23.68 | 17.1 |
| 榕江县 | Rongjiang | 35.43 | 10.96 | 9.64 | 4.84 | 14.83 | 16.5 |
| 从江县 | Congjiang | 34.49 | 9.63 | 10.39 | 3.74 | 14.47 | 17.0 |
| 雷山县 | Leishan | 17.47 | 4.04 | 3.99 | 2.59 | 9.44 | 17.2 |
| 麻江县 | Majiang | 25.68 | 5.71 | 9.03 | 7.81 | 10.94 | 16.1 |
| 丹寨县 | Danzhai | 18.03 | 4.26 | 5.28 | 3.25 | 8.49 | 18.1 |
| 都匀市 | Duyun | 126.83 | 9.07 | 49.65 | 30.03 | 68.11 | 15.9 |
| 福泉市 | Fuquan | 92.24 | 8.66 | 44.52 | 35.60 | 39.06 | 18.0 |
| 荔波县 | Libo | 32.74 | 5.03 | 10.45 | 8.88 | 17.26 | 16.7 |
| 贵定县 | Guiding | 50.90 | 6.95 | 24.54 | 18.90 | 19.41 | 16.3 |
| 瓮安县 | Wengan | 70.37 | 12.82 | 28.53 | 27.12 | 29.02 | 17.0 |
| 独山县 | Dushan | 42.86 | 9.62 | 15.30 | 14.43 | 17.94 | 18.1 |
| 平塘县 | Pingtang | 31.83 | 8.67 | 6.76 | 4.59 | 16.40 | 17.7 |
| 罗甸县 | Luodian | 40.38 | 8.82 | 15.25 | 12.73 | 16.31 | 17.7 |
| 长顺县 | Changshun | 31.99 | 6.70 | 9.09 | 8.04 | 16.20 | 17.7 |
| 龙里县 | Longli | 53.91 | 5.95 | 35.47 | 30.84 | 12.49 | 18.2 |
| 惠水县 | Huishui | 50.98 | 12.06 | 18.58 | 15.97 | 20.34 | 17.8 |
| ※三都县 | Sandu | 33.32 | 7.68 | 5.57 | 2.53 | 20.07 | 17.8 |

注：1.※为少数民族自治县(以下相关表同)。2.表中绝对数按当年价格计算，增长速度按可比价格计算。

Note:1.Counties with ※ are autonomous counties(The relative tables in this chapter are the same).2.Absolute Figures in the table are calculated at prices,and increase rates are calculated at comparable prices.

# 27-34 各县(市、区、特区)人均地区生产总值(2013)

## Per Capita Gross Domestic Product by County(City，District，Special region)

单位：元 (yuan)

| 县(市、区、特区)名称 | County (City，District，Special region) | 人均地区生产总值 Per Capita Gross Domestic Product(yuan) | 位次 Order | 县(市、区、特区)名称 | County (City，District，Special region) | 人均地区生产总值 Per Capita Gross Domestic Product(yuan) | 位次 Order |
|---|---|---|---|---|---|---|---|
| 南明区 | Nanming | 51362 | 3 | 万山区 | Wanshan | 22074 | 29 |
| 云岩区 | Yunyan | 52211 | 2 | 江口县 | Jiangkou | 16017 | 58 |
| 花溪区 | Huaxi | 43969 | 8 | ※玉屏县 | Yuping | 38220 | 11 |
| 乌当区 | Wudang | 43078 | 9 | 石阡县 | Shiqian | 12592 | 77 |
| 白云区 | Baiyun | 45270 | 7 | 思南县 | Sinan | 14778 | 66 |
| 观山湖区 | Xiaohe | 48471 | 5 | ※印江县 | Yinjiang | 17001 | 48 |
| 开阳县 | Kaiyang | 34911 | 15 | 德江县 | Dejiang | 16341 | 55 |
| 息烽县 | Xifeng | 48040 | 6 | ※沿河县 | Yanhe | 13106 | 74 |
| 修文县 | Xiuwen | 34539 | 16 | ※松桃县 | Songtao | 14971 | 63 |
| 清镇市 | Qingzhen | 37947 | 13 | | | | |
| | | | | 兴义市 | Xingyi | 30212 | 21 |
| 钟山区 | Zhongshan | 49950 | 4 | 兴仁县 | Xingren | 18413 | 39 |
| 六枝特区 | Liuzhi | 20371 | 33 | 普安县 | Puan | 16741 | 49 |
| 水城县 | Shuicheng | 18619 | 38 | 晴隆县 | Qinglong | 14956 | 64 |
| 盘　县 | Panxian | 35049 | 14 | 贞丰县 | Zhenfeng | 20521 | 32 |
| | | | | 望谟县 | Wangmo | 10232 | 86 |
| 红花岗区 | Honghuagang | 38026 | 12 | 册亨县 | Ceheng | 12101 | 80 |
| 汇川区 | Huichuan | 41532 | 10 | 安龙县 | Anlong | 17737 | 44 |
| 遵义县 | Zunyi | 24517 | 26 | | | | |
| 桐梓县 | Tongzi | 17363 | 46 | 凯里市 | Kaili | 30396 | 20 |
| 绥阳县 | Suiyang | 15614 | 61 | 黄平县 | Huangping | 11815 | 83 |
| 正安县 | Zhengan | 11360 | 84 | 施秉县 | Shibing | 17763 | 43 |
| ※道真县 | Daozhen | 13184 | 73 | 三穗县 | Sansui | 16071 | 57 |
| ※务川县 | Wuchuan | 10852 | 85 | 镇远县 | Zhenyuan | 22461 | 28 |
| 凤冈县 | Fenggang | 12837 | 76 | 岑巩县 | Cengong | 16613 | 53 |
| 湄潭县 | Meitan | 14391 | 70 | 天柱县 | Tianzhu | 18871 | 37 |
| 余庆县 | Yuqing | 18945 | 36 | 锦屏县 | Jinping | 16432 | 54 |
| 习水县 | Xishui | 17580 | 45 | 剑河县 | Jianhe | 14525 | 68 |
| 赤水市 | Chishui | 24880 | 24 | 台江县 | Taijiang | 16713 | 50 |
| 仁怀市 | Renhuai | 70067 | 1 | 黎平县 | Liping | 12132 | 79 |
| | | | | 榕江县 | Rongjiang | 12366 | 78 |
| 西秀区 | Xixiu | 21890 | 30 | 从江县 | Congjiang | 11850 | 82 |
| 平坝县 | Pingba | 24774 | 25 | 雷山县 | Leishan | 14951 | 65 |
| 普定县 | Puding | 15692 | 60 | 麻江县 | Majiang | 15451 | 62 |
| ※镇宁县 | Zhenning | 18314 | 41 | 丹寨县 | Danzhai | 14748 | 67 |
| ※关岭县 | Guanling | 16678 | 51 | | | | |
| ※紫云县 | Ziyun | 13071 | 75 | 都匀市 | Duyun | 28241 | 22 |
| | | | | 福泉市 | Fuquan | 32272 | 17 |
| 七星关区 | Qixingguan | 19357 | 34 | 荔波县 | Libo | 24050 | 27 |
| 大方县 | Dafang | 16673 | 52 | 贵定县 | Guiding | 21653 | 31 |
| 黔西县 | Qianxi | 18955 | 35 | 瓮安县 | Wengan | 18209 | 42 |
| 金沙县 | Jinsha | 27884 | 23 | 独山县 | Dushan | 16214 | 56 |
| 织金县 | Zhijin | 13712 | 71 | 平塘县 | Pingtang | 13571 | 72 |
| 纳雍县 | Nayong | 18370 | 40 | 罗甸县 | Luodian | 15948 | 59 |
| ※威宁县 | Weining | 9767 | 88 | 长顺县 | Changshun | 17166 | 47 |
| 赫章县 | Hezhang | 10138 | 87 | 龙里县 | Longli | 31719 | 18 |
| | | | | 惠水县 | Huishui | 14491 | 69 |
| 碧江区 | Bijiang | 30925 | 19 | ※三都县 | Sandu | 11991 | 81 |

# 27-35 各县(市、区、特区)年末常住人口

## Permanent Population at Year-end by County(City,District,Special region)

单位：万人 (10000 persons)

| 县(市、区、特区)名称 | County (City, District, Special region) | 2008 | 2009 | 2010 | 2011 | 2012 | 2013 |
|---|---|---|---|---|---|---|---|
| 南明区 | Nanming | 76.28 | 80.79 | 83.07 | 84.47 | 85.06 | 86.30 |
| 云岩区 | Yunyan | 88.38 | 92.04 | 95.83 | 97.60 | 98.39 | 99.09 |
| 花溪区 | Huaxi | 37.69 | 35.80 | 36.05 | 36.39 | 36.72 | 63.08 |
| 乌当区 | Wudang | 34.57 | 36.18 | 37.75 | 39.22 | 41.68 | 23.23 |
| 白云区 | Baiyun | 23.57 | 25.00 | 26.49 | 26.87 | 27.13 | 27.18 |
| 观山湖区 | Guanshanhu | 19.19 | 21.93 | 24.85 | 25.60 | 25.89 | 22.72 |
| 开阳县 | Kaiyang | 37.82 | 36.84 | 35.85 | 35.74 | 35.92 | 36.29 |
| 息烽县 | Xifeng | 22.10 | 21.71 | 21.31 | 21.33 | 21.53 | 21.90 |
| 修文县 | Xiuwen | 25.98 | 25.47 | 24.93 | 25.17 | 25.48 | 25.91 |
| 清镇市 | Qingzhen | 47.84 | 47.35 | 46.80 | 46.96 | 47.39 | 46.49 |
| 钟山区 | Zhongshan | 56.75 | 59.22 | 61.76 | 61.88 | 62.28 | 59.78 |
| 六枝特区 | Liuzhi | 54.03 | 51.78 | 49.56 | 49.36 | 49.46 | 49.66 |
| 水城县 | Shuicheng | 71.69 | 71.14 | 70.52 | 70.29 | 70.43 | 73.86 |
| 盘　县 | Panxian | 107.98 | 105.82 | 103.59 | 103.47 | 103.73 | 104.15 |
| 红花岗区 | Honghuagang | 63.79 | 64.78 | 65.74 | 66.83 | 67.17 | 67.48 |
| 汇川区 | Huichuan | 41.56 | 42.73 | 43.90 | 44.78 | 45.01 | 45.23 |
| 遵义县 | Zunyi | 99.53 | 97.04 | 94.52 | 93.24 | 93.23 | 93.64 |
| 桐梓县 | Tongzi | 55.26 | 53.75 | 52.23 | 51.68 | 51.94 | 52.20 |
| 绥阳县 | Suiyang | 41.65 | 39.82 | 38.04 | 37.87 | 38.06 | 38.15 |
| 正安县 | Zhengan | 44.02 | 41.43 | 38.97 | 38.14 | 38.14 | 38.33 |
| ※道真县 | Daozhen | 26.52 | 25.46 | 24.42 | 24.13 | 24.26 | 24.38 |
| ※务川县 | Wuchuan | 35.34 | 33.74 | 32.19 | 31.70 | 31.70 | 31.87 |
| 凤冈县 | Fenggang | 34.17 | 32.73 | 31.32 | 30.67 | 30.83 | 30.98 |
| 湄潭县 | Meitan | 39.83 | 38.80 | 37.77 | 37.27 | 37.46 | 37.64 |
| 余庆县 | Yuqing | 24.62 | 24.06 | 23.49 | 23.34 | 23.45 | 23.57 |
| 习水县 | Xishui | 56.01 | 54.15 | 52.32 | 51.77 | 51.77 | 51.77 |
| 赤水市 | Chishui | 24.68 | 24.20 | 23.72 | 23.82 | 23.92 | 24.04 |
| 仁怀市 | Renhuai | 54.65 | 54.68 | 54.66 | 54.77 | 54.76 | 54.98 |
| 西秀区 | Xixiu | 78.97 | 77.81 | 76.63 | 75.95 | 76.07 | 76.64 |
| 平坝县 | Pingba | 31.68 | 30.76 | 29.85 | 29.58 | 29.62 | 29.83 |
| 普定县 | Puding | 38.55 | 38.22 | 37.88 | 37.54 | 37.59 | 37.89 |
| ※镇宁县 | Zhenning | 30.86 | 29.62 | 28.41 | 28.15 | 28.20 | 28.40 |
| ※关岭县 | Guanling | 31.12 | 30.66 | 30.20 | 29.95 | 29.99 | 30.21 |
| ※紫云县 | Ziyun | 29.10 | 28.07 | 27.07 | 26.82 | 26.87 | 27.08 |
| 七星关区 | Qixingguan | 118.76 | 116.33 | 113.86 | 113.00 | 113.20 | 113.47 |
| 大方县 | Dafang | 84.61 | 81.15 | 77.74 | 78.00 | 77.73 | 77.90 |
| 黔西县 | Qianxi | 74.39 | 72.02 | 69.68 | 69.00 | 68.84 | 68.99 |
| 金沙县 | Jinsha | 57.04 | 56.61 | 56.15 | 56.00 | 55.47 | 55.59 |
| 织金县 | Zhijin | 83.31 | 80.89 | 78.48 | 78.00 | 78.36 | 78.53 |
| 纳雍县 | Nayong | 70.59 | 68.84 | 67.09 | 67.00 | 67.14 | 67.28 |
| ※威宁县 | Weining | 120.68 | 123.61 | 126.56 | 126.00 | 126.48 | 126.73 |
| 赫章县 | Hezhang | 64.19 | 64.63 | 65.01 | 65.00 | 65.19 | 65.33 |
| 碧江区 | Bijiang | 34.95 | 35.59 | 36.23 | 29.52 | 30.24 | 30.54 |
| 万山区 | Wanshan | 4.97 | 4.88 | 4.79 | 11.25 | 11.33 | 11.43 |

27-35 续表 continued

单位：万人 (10000 persons)

| 县(市、区、特区)名 称 | County (City, District, Special region) | 2008 | 2009 | 2010 | 2011 | 2012 | 2013 |
|---|---|---|---|---|---|---|---|
| 江口县 | Jiangkou | 18.88 | 18.08 | 17.30 | 17.21 | 17.29 | 17.29 |
| ※玉屏县 | Yuping | 12.50 | 12.18 | 11.86 | 11.75 | 11.83 | 11.93 |
| 石阡县 | Shiqian | 32.31 | 31.38 | 30.45 | 30.27 | 30.35 | 30.42 |
| 思南县 | Sinan | 54.96 | 52.44 | 49.99 | 49.72 | 49.79 | 49.90 |
| ※印江县 | Yinjiang | 32.63 | 30.48 | 28.44 | 28.29 | 28.35 | 28.40 |
| 德江县 | Dejiang | 39.79 | 38.30 | 36.84 | 36.62 | 36.71 | 36.80 |
| ※沿河县 | Yanhe | 48.56 | 46.78 | 45.01 | 44.88 | 44.96 | 45.02 |
| ※松桃县 | Songtao | 54.24 | 51.45 | 48.72 | 48.49 | 48.59 | 48.67 |
| 兴义市 | Xingyi | 76.60 | 77.57 | 78.53 | 78.20 | 78.50 | 78.88 |
| 兴仁县 | Xingren | 43.49 | 42.67 | 41.85 | 41.70 | 41.90 | 41.98 |
| 普安县 | Puan | 26.66 | 26.07 | 25.47 | 25.40 | 25.50 | 25.61 |
| 晴隆县 | Qinglong | 26.36 | 25.53 | 24.70 | 24.60 | 24.70 | 24.81 |
| 贞丰县 | Zhenfeng | 32.15 | 31.29 | 30.42 | 30.30 | 30.40 | 30.55 |
| 望谟县 | Wangmo | 26.40 | 25.80 | 25.20 | 25.10 | 25.20 | 25.26 |
| 册亨县 | Ceheng | 20.19 | 19.63 | 19.07 | 19.00 | 19.10 | 19.15 |
| 安龙县 | Anlong | 38.52 | 37.14 | 35.79 | 35.70 | 35.90 | 35.98 |
| 凯里市 | Kaili | 47.03 | 47.49 | 47.92 | 48.22 | 48.57 | 48.87 |
| 黄平县 | Huangping | 28.93 | 27.61 | 26.34 | 26.14 | 26.21 | 26.30 |
| 施秉县 | Shibing | 13.13 | 13.10 | 13.06 | 13.02 | 13.03 | 13.08 |
| 三穗县 | Sansui | 16.10 | 15.85 | 15.60 | 15.50 | 15.53 | 15.57 |
| 镇远县 | Zhenyuan | 21.62 | 21.01 | 20.40 | 20.28 | 20.32 | 20.40 |
| 岑巩县 | Cengong | 17.98 | 17.09 | 16.22 | 16.04 | 16.10 | 16.14 |
| 天柱县 | Tianzhu | 30.18 | 28.25 | 26.42 | 25.80 | 26.00 | 26.08 |
| 锦屏县 | Jinping | 16.86 | 16.18 | 15.51 | 15.26 | 15.34 | 15.38 |
| 剑河县 | Jianhe | 19.40 | 18.73 | 18.08 | 18.02 | 18.04 | 18.09 |
| 台江县 | Taijiang | 11.88 | 11.56 | 11.24 | 11.02 | 11.09 | 11.12 |
| 黎平县 | Liping | 42.82 | 40.97 | 39.16 | 38.70 | 38.85 | 38.93 |
| 榕江县 | Rongjiang | 29.91 | 29.30 | 28.68 | 28.60 | 28.63 | 28.67 |
| 从江县 | Congjiang | 30.12 | 29.63 | 29.13 | 29.07 | 29.09 | 29.12 |
| 雷山县 | Leishan | 12.10 | 11.92 | 11.73 | 11.63 | 11.67 | 11.70 |
| 麻江县 | Majiang | 18.08 | 17.42 | 16.78 | 16.52 | 16.60 | 16.64 |
| 丹寨县 | Danzhai | 13.02 | 12.64 | 12.26 | 12.17 | 12.20 | 12.25 |
| 都匀市 | Duyun | 45.50 | 45.03 | 44.43 | 44.04 | 44.29 | 45.54 |
| 福泉市 | Fuquan | 29.12 | 28.81 | 28.44 | 28.17 | 27.93 | 29.24 |
| 荔波县 | Libo | 15.30 | 14.90 | 14.50 | 14.39 | 14.50 | 12.73 |
| 贵定县 | Guiding | 24.92 | 24.02 | 23.13 | 22.95 | 23.10 | 23.92 |
| 瓮安县 | Wengan | 40.80 | 39.49 | 38.10 | 37.74 | 38.43 | 38.86 |
| 独山县 | Dushan | 29.31 | 27.89 | 26.53 | 26.34 | 25.93 | 26.95 |
| 平塘县 | Pingtang | 25.02 | 23.93 | 22.86 | 22.71 | 23.02 | 23.88 |
| 罗甸县 | Luodian | 28.21 | 26.93 | 25.68 | 25.55 | 25.00 | 25.64 |
| 长顺县 | Changshun | 20.53 | 19.81 | 19.12 | 18.98 | 18.64 | 18.64 |
| 龙里县 | Longli | 18.67 | 18.39 | 18.09 | 17.95 | 17.96 | 16.03 |
| 惠水县 | Huishui | 36.77 | 35.35 | 34.27 | 34.04 | 34.99 | 35.37 |
| ※三都县 | Sandu | 29.14 | 28.77 | 28.36 | 28.14 | 28.85 | 26.73 |

# 27-36 各县(市、区、特区)户籍人口(2013)

# Household Registered Population by County (City，District，Special region)

单位：万人 (10000 persons)

| 县(市、区、特区)名称 | County (City, District, Special region) | 年末总人口 Permanent Population at the year-end | 县(市、区、特区)名称 | County (City, District, Special region) | 年末总人口 Permanent Population at the year-end |
|---|---|---|---|---|---|
| 南明区 | Nanming | 56.02 | 万山区 | Wanshan | 15.50 |
| 云岩区 | Yunyan | 62.90 | 江口县 | Jiangkou | 23.92 |
| 花溪区 | Huaxi | 49.03 | ※玉屏县 | Yuping | 15.35 |
| 乌当区 | Wudang | 19.75 | 石阡县 | Shiqian | 41.57 |
| 白云区 | Baiyun | 19.51 | 思南县 | Sinan | 67.33 |
| 观山湖区 | Guanshanhu | 20.65 | ※印江县 | Yinjiang | 44.10 |
| 开阳县 | Kaiyang | 44.19 | 德江县 | Dejiang | 53.15 |
| 息烽县 | Xifeng | 26.11 | ※沿河县 | Yanhe | 66.86 |
| 修文县 | Xiuwen | 30.55 | ※松桃县 | Songtao | 70.83 |
| 清镇市 | Qingzhen | 50.38 | | | |
| | | | 兴义市 | Xingyi | 83.35 |
| 钟山区 | Zhongshan | 50.21 | 兴仁县 | Xingren | 54.16 |
| 六枝特区 | Liuzhi | 70.85 | 普安县 | Puan | 34.16 |
| 水城县 | Shuicheng | 84.83 | 晴隆县 | Qinglong | 33.59 |
| 盘　县 | Panxian | 119.53 | 贞丰县 | Zhenfeng | 41.85 |
| | | | 望谟县 | Wangmo | 31.69 |
| 红花岗区 | Honghuagang | 52.23 | 册亨县 | Ceheng | 23.75 |
| 汇川区 | Huichuan | 36.10 | 安龙县 | Anlong | 46.67 |
| 遵义县 | Zunyi | 122.78 | | | |
| 桐梓县 | Tongzi | 73.45 | 凯里市 | Kaili | 50.31 |
| 绥阳县 | Suiyang | 55.02 | 黄平县 | Huangping | 38.17 |
| 正安县 | Zhengan | 63.95 | 施秉县 | Shibing | 17.07 |
| ※道真县 | Daozhen | 34.30 | 三穗县 | Sansui | 22.29 |
| ※务川县 | Wuchuan | 45.20 | 镇远县 | Zhenyuan | 27.09 |
| 凤冈县 | Fenggang | 43.34 | 岑巩县 | Cengong | 22.87 |
| 湄潭县 | Meitan | 49.36 | 天柱县 | Tianzhu | 40.69 |
| 余庆县 | Yuqing | 30.15 | 锦屏县 | Jinping | 22.83 |
| 习水县 | Xishui | 72.26 | 剑河县 | Jianhe | 26.04 |
| 赤水市 | Chishui | 31.03 | 台江县 | Taijiang | 16.27 |
| 仁怀市 | Renhuai | 69.30 | 黎平县 | Liping | 53.52 |
| | | | 榕江县 | Rongjiang | 35.89 |
| 西秀区 | Xixiu | 88.34 | 从江县 | Congjiang | 35.16 |
| 平坝县 | Pingba | 35.88 | 雷山县 | Leishan | 15.44 |
| 普定县 | Puding | 47.53 | 麻江县 | Majiang | 22.62 |
| ※镇宁县 | Zhenning | 38.63 | 丹寨县 | Danzhai | 17.16 |
| ※关岭县 | Guanling | 37.94 | | | |
| ※紫云县 | Ziyun | 37.31 | 都匀市 | Duyun | 48.10 |
| | | | 福泉市 | Fuquan | 32.69 |
| 七星关区 | Qixingguan | 154.95 | 荔波县 | Libo | 17.55 |
| 大方县 | Dafang | 112.03 | 贵定县 | Guiding | 29.13 |
| 黔西县 | Qianxi | 96.15 | 瓮安县 | Wengan | 46.69 |
| 金沙县 | Jinsha | 66.71 | 独山县 | Dushan | 34.91 |
| 织金县 | Zhijin | 115.26 | 平塘县 | Pingtang | 32.29 |
| 纳雍县 | Nayong | 100.15 | 罗甸县 | Luodian | 34.40 |
| ※威宁县 | Weining | 145.44 | 长顺县 | Changshun | 25.65 |
| 赫章县 | Hezhang | 79.87 | 龙里县 | Longli | 22.64 |
| | | | 惠水县 | Huishui | 45.11 |
| 碧江区 | Bijiang | 30.60 | ※三都县 | Sandu | 35.97 |

注：资料来源于省公安厅。

Note:Data in the table above are obtained from the Public Security Department of Guizhou Province.

# 27–37 各县(市、区、特区)固定资产投资

# Investment in Fixed Assets by County(City,District,Special region)

单位：万元 (10000 yuan)

| 县(市、区、特区)名 称 | County (City,District, Special region) | 2012 | 2013 | 2013年比2012年增长(%) Increase Ratein 2013 over 2012(%) |
|---|---|---|---|---|
| 南明区 | Nanming | 3014515 | 3761574 | 24.8 |
| 云岩区 | Yunyan | 2326675 | 2869976 | 23.4 |
| 花溪区 | Huaxi | 1770789 | 3173122 | |
| 乌当区 | Wudang | 1361507 | 1314721 | |
| 白云区 | Baiyun | 2241154 | 2984541 | 33.2 |
| 观山湖区 | Guanshanhu | | 3074241 | |
| 开阳县 | Kaiyang | 1754877 | 2203196 | 25.5 |
| 息烽县 | Xifeng | 1328762 | 1731600 | 30.3 |
| 修文县 | Xiuwen | 1274460 | 1719768 | 34.9 |
| 清镇市 | Qingzhen | 1800597 | 2145873 | |
| | | | | |
| 钟山区 | Zhongshan | 1869330 | 2562435 | 38.1 |
| 六枝特区 | Liuzhi | 1109581 | 1525674 | 37.5 |
| 水城县 | Shuicheng | 1719371 | 2383072 | 37.5 |
| 盘 县 | Panxian | 2962593 | 4077028 | 37.6 |
| | | | | |
| 红花岗区 | Honghuagang | 1933119 | 2589403 | 33.9 |
| 汇川区 | Huicuan | 985792 | 1191782 | 20.9 |
| 遵义县 | Zunyi | 2044554 | 2669970 | 30.6 |
| 桐梓县 | Tongzi | 1149843 | 1286573 | 11.9 |
| 绥阳县 | Suiyang | 490432 | 754939 | 53.9 |
| 正安县 | Zhengan | 388369 | 556803 | 43.4 |
| ※道真县 | Daozhen | 260845 | 402228 | 54.2 |
| ※务川县 | Wuchuan | 340369 | 443489 | 30.3 |
| 凤冈县 | Fenggang | 260182 | 383370 | 47.3 |
| 湄潭县 | Meitan | 599832 | 803332 | 33.9 |
| 余庆县 | Yuqing | 414016 | 539482 | 30.3 |
| 习水县 | Xishui | 1076736 | 1403007 | 30.3 |
| 赤水市 | Chishui | 697023 | 910186 | 30.6 |
| 仁怀市 | Renhuai | 1123689 | 1726010 | 53.6 |
| | | | | |
| 西秀区 | Xixiu | 1419108 | 1853094 | 30.6 |
| 平坝县 | Pingba | 455736 | 658957 | 44.6 |
| 普定县 | Puding | 397170 | 573228 | 44.3 |
| ※镇宁县 | Zhenning | 306007 | 438352 | 43.2 |
| ※关岭县 | Guanling | 214963 | 305519 | 42.1 |
| ※紫云县 | Ziyun | 188566 | 271973 | 44.2 |
| | | | | |
| 七星关区 | Qixingguan | 1774795 | 2415326 | 36.1 |
| 大方县 | Dafang | 1057756 | 1395386 | 31.9 |
| 黔西县 | Qianxi | 1268254 | 1698953 | 34.0 |
| 金沙县 | Jinsha | 1736741 | 2373936 | 36.7 |
| 织金县 | Zhijin | 1383600 | 1883512 | 36.1 |
| 纳雍县 | Nayong | 1258228 | 1692315 | 34.5 |
| ※威宁县 | Weining | 1165626 | 1562973 | 34.1 |
| 赫章县 | Hezhang | 655212 | 881396 | 34.5 |
| | | | | |
| 碧江区 | Bijiang | 1003757 | 1322411 | 31.7 |
| 万山区 | Wanshan | 303555 | 400624 | 32.0 |

27−37 续表 continued

单位：万元 (10000 yuan)

| 县(市、区、特区)名称 | County (City,District, Special region) | 2012 | 2013 | 2013年比2012年增长(%) Increase Ratein 2013 over 2012(%) |
|---|---|---|---|---|
| 江口县 | Jiangkou | 386349 | 511733 | 32.5 |
| ※玉屏县 | Yuping | 353225 | 464836 | 31.6 |
| 石阡县 | Shiqian | 267311 | 353791 | 32.4 |
| 思南县 | Sinan | 805093 | 1068861 | 32.8 |
| ※印江县 | Yinjiang | 469179 | 622016 | 32.6 |
| 德江县 | Dejiang | 436443 | 579909 | 32.9 |
| ※沿河县 | Yanhe | 695786 | 921574 | 32.5 |
| ※松桃县 | Songtao | 679953 | 902006 | 32.7 |
| 兴义市 | Xingyi | 1810002 | 2433114 | 34.4 |
| 兴仁县 | Xingren | 699956 | 939701 | 34.3 |
| 普安县 | Puan | 337001 | 451381 | 33.9 |
| 晴隆县 | Qinglong | 364317 | 489099 | 34.3 |
| 贞丰县 | Zhenfeng | 459048 | 617501 | 34.5 |
| 望谟县 | Wangmo | 209607 | 293906 | 40.2 |
| 册亨县 | Ceheng | 160927 | 225459 | 40.1 |
| 安龙县 | Anlong | 410588 | 549948 | 33.9 |
| 凯里市 | Kaili | 2101049 | 2796497 | 33.1 |
| 黄平县 | Huangping | 255653 | 332861 | 30.2 |
| 施秉县 | Shibing | 200329 | 260428 | 30.0 |
| 三穗县 | Sansui | 241356 | 325830 | 35.0 |
| 镇远县 | Zhenyuan | 287247 | 386347 | 34.5 |
| 岑巩县 | Cengong | 235075 | 316647 | 34.7 |
| 天柱县 | Tianzhu | 450743 | 599939 | 33.1 |
| 锦屏县 | Jinping | 158310 | 220007 | 39.0 |
| 剑河县 | Jianhe | 205313 | 277378 | 35.1 |
| 台江县 | Taijiang | 210800 | 284791 | 35.1 |
| 黎平县 | Liping | 412386 | 555483 | 34.7 |
| 榕江县 | Rongjiang | 310514 | 403978 | 30.1 |
| 从江县 | Congjiang | 348081 | 463581 | 33.2 |
| 雷山县 | Leishan | 131283 | 178677 | 36.1 |
| 麻江县 | Majiang | 259124 | 317823 | 22.7 |
| 丹寨县 | Danzhai | 288637 | 398319 | 38.0 |
| 都匀市 | Duyun | 1184385 | 1500000 | 26.6 |
| 福泉市 | Fuquan | 689977 | 863000 | 25.1 |
| 荔波县 | Libo | 308138 | 419375 | 36.1 |
| 贵定县 | Guiding | 384706 | 540000 | 40.4 |
| 瓮安县 | Wengan | 698210 | 881581 | 26.3 |
| 独山县 | Dushan | 286258 | 401000 | 40.1 |
| 平塘县 | Pingtang | 281874 | 392519 | 39.3 |
| 罗甸县 | Luodian | 373080 | 501046 | 34.3 |
| 长顺县 | Changshun | 309802 | 418408 | 35.1 |
| 龙里县 | Longli | 539090 | 840000 | 55.8 |
| 惠水县 | Huishui | 541042 | 770000 | 42.3 |
| ※三都县 | Sandu | 276188 | 375892 | 36.1 |

注：1.本表统计口径为50万元及以上的固定资产项目投资，房地产开发项目投资。2.本表不包括跨县(市、区)域项目投资，也不包括220KV及以上输电线路投资。

Note:1.Data in the table refer to those projects that planned to invest 500,000 yuan at least in investment in fixed assets and real estate development.
2.Data in the table do not include investment in cross-regional projects,nor investment in power transmission and distribution projects as the voltage reach 220KV and above.

# 27-38 各县(市、区、特区)公共财政收入(2013)

## Public Financial Revenue by County ( City,District,Special region)

| 县（市、区、特区）名 称 | County (City,District, Special region) | 公共财政收入(万元) Public Financial Revenue (10000 yuan) | #增值税 Value Added Tax | 位 次 Order |
|---|---|---|---|---|
| 南明区 | Nanming | 335398 | 18587 | 2 |
| 云岩区 | Yunyan | 301239 | 20185 | 4 |
| 花溪区 | Huaxi | 231656 | 14633 | 8 |
| 乌当区 | Wudang | 126156 | 7588 | 20 |
| 白云区 | Baiyun | 177659 | 15274 | 11 |
| 观山湖区 | Guanshanhu | 300915 | 5385 | 5 |
| 开阳县 | Kaiyang | 86063 | 9033 | 30 |
| 息烽县 | Xifeng | 58166 | 3777 | 37 |
| 修文县 | Xiuwen | 55888 | 5287 | 38 |
| 清镇市 | Qingzhen | 98681 | 6983 | 26 |
| | | | | |
| 钟山区 | Zhongshan | 158701 | 5225 | 15 |
| 六枝特区 | Liuzhi | 110562 | 2735 | 24 |
| 水城县 | Shuicheng | 200081 | 9955 | 10 |
| 盘　县 | Panxian | 449078 | 31567 | 1 |
| | | | | |
| 红花岗区 | Honghuagang | 174845 | 13345 | 12 |
| 汇川区 | Huichuan | 104488 | 10839 | 25 |
| 遵义县 | Zunyi | 139449 | 11923 | 17 |
| 桐梓县 | Tongzi | 64324 | 4449 | 34 |
| 绥阳县 | Suiyang | 41028 | 1534 | 46 |
| 正安县 | Zhengan | 32891 | 1049 | 58 |
| ※道真县 | Daozhen | 25237 | 1214 | 71 |
| ※务川县 | Wuchuan | 29117 | 1331 | 63 |
| 凤冈县 | Fenggang | 24380 | 872 | 74 |
| 湄潭县 | Meitan | 39137 | 1370 | 50 |
| 余庆县 | Yuqing | 29743 | 2812 | 61 |
| 习水县 | Xishui | 70215 | 7556 | 33 |
| 赤水市 | Chishui | 40718 | 1969 | 48 |
| 仁怀市 | Renhuai | 237810 | 77955 | 7 |
| | | | | |
| 西秀区 | Xixiu | 162738 | 10175 | 14 |
| 平坝县 | Pingba | 58412 | 4190 | 36 |
| 普定县 | Puding | 48269 | 4135 | 41 |
| ※镇宁县 | Zhenning | 46675 | 1465 | 43 |
| ※关岭县 | Guanling | 29507 | 1548 | 62 |
| ※紫云县 | Ziyun | 27919 | 831 | 66 |
| | | | | |
| 七星关区 | Qixingguan | 163747 | 14750 | 13 |
| 大方县 | Dafang | 127836 | 6827 | 19 |
| 黔西县 | Qianxi | 115829 | 6177 | 23 |
| 金沙县 | Jinsha | 217404 | 15093 | 9 |
| 织金县 | Zhijin | 141055 | 8206 | 16 |
| 纳雍县 | Nayong | 122196 | 7220 | 21 |
| ※威宁县 | Weining | 75636 | 3735 | 32 |
| 赫章县 | Hezhang | 38069 | 2448 | 51 |
| | | | | |
| 碧江区 | Bijiang | 92825 | 6650 | 27 |
| 万山区 | Wanshan | 14553 | 1156 | 86 |

27-38 续表 continued

| 县（市、区、特区）名 称 | County (City,District, Special region) | 公共财政收入(万元) Public Financial Revenue (10000 yuan) | #增值税 Value Added Tax | 位 次 Order |
|---|---|---|---|---|
| 江口县 | Jiangkou | 12114 | 526 | 88 |
| ※玉屏县 | Yuping | 28057 | 3075 | 65 |
| 石阡县 | Shiqian | 24018 | 712 | 75 |
| 思南县 | Sinan | 33577 | 2995 | 57 |
| ※印江县 | Yinjiang | 22972 | 1136 | 77 |
| 德江县 | Dejiang | 35128 | 1214 | 56 |
| ※沿河县 | Yanhe | 40798 | 2592 | 47 |
| ※松桃县 | Songtao | 52424 | 2857 | 40 |
| 兴义市 | Xingyi | 273192 | 10483 | 6 |
| 兴仁县 | Xingren | 120453 | 5692 | 22 |
| 普安县 | Puan | 59612 | 4551 | 35 |
| 晴隆县 | Qinglong | 36336 | 1506 | 53 |
| 贞丰县 | Zhenfeng | 81201 | 5507 | 31 |
| 望谟县 | Wangmo | 20025 | 1200 | 81 |
| 册亨县 | Ceheng | 18569 | 813 | 83 |
| 安龙县 | Anlong | 46932 | 4129 | 42 |
| 凯里市 | Kaili | 328890 | 7060 | 3 |
| 黄平县 | Huangping | 27485 | 999 | 67 |
| 施秉县 | Shibing | 24886 | 933 | 72 |
| 三穗县 | Sansui | 25430 | 763 | 69 |
| 镇远县 | Zhenyuan | 37541 | 4760 | 52 |
| 岑巩县 | Cengong | 25327 | 1280 | 70 |
| 天柱县 | Tianzhu | 45371 | 1225 | 44 |
| 锦屏县 | Jinping | 19514 | 1452 | 82 |
| 剑河县 | Jianhe | 30322 | 1166 | 60 |
| 台江县 | Taijiang | 17198 | 1456 | 85 |
| 黎平县 | Liping | 35376 | 1212 | 55 |
| 榕江县 | Rongjiang | 36092 | 1029 | 54 |
| 从江县 | Congjiang | 31114 | 988 | 59 |
| 雷山县 | Leishan | 18363 | 623 | 84 |
| 麻江县 | Majiang | 13650 | 1080 | 87 |
| 丹寨县 | Danzhai | 22422 | 1047 | 78 |
| 都匀市 | Duyun | 136395 | 3965 | 18 |
| 福泉市 | Fuquan | 92265 | 3903 | 28 |
| 荔波县 | Libo | 20904 | 1623 | 80 |
| 贵定县 | Guiding | 39512 | 3259 | 49 |
| 瓮安县 | Wengan | 89851 | 4359 | 29 |
| 独山县 | Dushan | 29087 | 1654 | 64 |
| 平塘县 | Pingtang | 24615 | 428 | 73 |
| 罗甸县 | Luodian | 23229 | 2534 | 76 |
| 长顺县 | Changshun | 26490 | 1264 | 68 |
| 龙里县 | Longli | 53711 | 3645 | 39 |
| 惠水县 | Huishui | 44883 | 2639 | 45 |
| ※三都县 | Sandu | 21860 | 523 | 79 |

注：资料来源于省财政厅(下表同)。
Note:Data in the table are obtained from Guizhou Provincial Financial Department(the same applies to the next table).

# 27-39 各县(市、区、特区)公共财政支出(2013)

# Public Financial Expenditure by County( City,District,Special region)

| 县（市、区、特区）名 称 | County (City,District, Special region) | 公共财政支出(万元) Public Financial Expenditures (10000 yuan) | #教育支出 Operating Expenses for Education | 位 次 Order |
|---|---|---|---|---|
| 南明区 | Nanming | 375735 | 104098 | 12 |
| 云岩区 | Yunyan | 353345 | 82042 | 15 |
| 花溪区 | Huaxi | 445995 | 81944 | 5 |
| 乌当区 | Wudang | 213592 | 27486 | 38 |
| 白云区 | Baiyun | 246860 | 47494 | 31 |
| 观山湖区 | Guanshanhu | 338001 | 24827 | 17 |
| 开阳县 | Kaiyang | 220008 | 51140 | 37 |
| 息烽县 | Xifeng | 176662 | 33104 | 55 |
| 修文县 | Xiuwen | 168320 | 32112 | 63 |
| 清镇市 | Qingzhen | 235939 | 66115 | 32 |
| | | | | |
| 钟山区 | Zhongshan | 285872 | 56903 | 23 |
| 六枝特区 | Liuzhi | 328099 | 76561 | 18 |
| 水城县 | Shuicheng | 431250 | 84489 | 6 |
| 盘　县 | Panxian | 722713 | 137962 | 1 |
| | | | | |
| 红花岗区 | Honghuagang | 316719 | 55079 | 20 |
| 汇川区 | Huichuan | 188802 | 34908 | 47 |
| 遵义县 | Zunyi | 407062 | 103525 | 9 |
| 桐梓县 | Tongzi | 234715 | 53580 | 33 |
| 绥阳县 | Suiyang | 191870 | 37737 | 46 |
| 正安县 | Zhengan | 230651 | 54464 | 34 |
| ※道真县 | Daozhen | 149383 | 36993 | 70 |
| ※务川县 | Wuchuan | 187666 | 44764 | 49 |
| 凤冈县 | Fenggang | 166526 | 39256 | 64 |
| 湄潭县 | Meitan | 193283 | 48079 | 45 |
| 余庆县 | Yuqing | 129779 | 30599 | 77 |
| 习水县 | Xishui | 265315 | 66310 | 27 |
| 赤水市 | Chishui | 170005 | 31652 | 59 |
| 仁怀市 | Renhuai | 377289 | 87711 | 11 |
| | | | | |
| 西秀区 | Xixiu | 366355 | 78752 | 13 |
| 平坝县 | Pingba | 208670 | 39599 | 39 |
| 普定县 | Puding | 184518 | 36265 | 50 |
| ※镇宁县 | Zhenning | 187720 | 35382 | 48 |
| ※关岭县 | Guanling | 179759 | 33166 | 53 |
| ※紫云县 | Ziyun | 168378 | 32823 | 62 |
| | | | | |
| 七星关区 | Qixingguan | 431102 | 141950 | 7 |
| 大方县 | Dafang | 357037 | 78547 | 14 |
| 黔西县 | Qianxi | 318089 | 71057 | 19 |
| 金沙县 | Jinsha | 381723 | 81017 | 10 |
| 织金县 | Zhijin | 416864 | 81498 | 8 |
| 纳雍县 | Nayong | 338816 | 85876 | 16 |
| ※威宁县 | Weining | 479520 | 145646 | 3 |
| 赫章县 | Hezhang | 311947 | 75792 | 21 |
| | | | | |
| 碧江区 | Bijiang | 207224 | 39746 | 40 |
| 万山区 | Wanshan | 136560 | 25402 | 73 |

27-39 续表 continued

| 县（市、区、特区）名 称 | County (City,District, Special region) | 公共财政支出(万元) Public Financial Expenditures (10000 yuan) | #教育支出 Operating Expenses for Education | 位 次 Order |
|---|---|---|---|---|
| 江口县 | Jiangkou | 117738 | 24548 | 83 |
| ※玉屏县 | Yuping | 108927 | 17577 | 85 |
| 石阡县 | Shiqian | 197893 | 44444 | 42 |
| 思南县 | Sinan | 278343 | 73512 | 24 |
| ※印江县 | Yinjiang | 196110 | 51517 | 44 |
| 德江县 | Dejiang | 263278 | 62295 | 28 |
| ※沿河县 | Yanhe | 262109 | 66596 | 29 |
| ※松桃县 | Songtao | 298062 | 70236 | 22 |
| 兴义市 | Xingyi | 501284 | 106960 | 2 |
| 兴仁县 | Xingren | 276240 | 58992 | 25 |
| 普安县 | Puan | 172838 | 43304 | 57 |
| 晴隆县 | Qinglong | 169590 | 35554 | 60 |
| 贞丰县 | Zhenfeng | 229635 | 58516 | 35 |
| 望谟县 | Wangmo | 200299 | 46075 | 41 |
| 册亨县 | Ceheng | 139239 | 30036 | 72 |
| 安龙县 | Anlong | 178506 | 44834 | 54 |
| 凯里市 | Kaili | 451696 | 69464 | 4 |
| 黄平县 | Huangping | 148112 | 29537 | 71 |
| 施秉县 | Shibing | 101306 | 22027 | 87 |
| 三穗县 | Sansui | 121368 | 23792 | 82 |
| 镇远县 | Zhenyuan | 136054 | 28083 | 75 |
| 岑巩县 | Cengong | 128116 | 24479 | 78 |
| 天柱县 | Tianzhu | 179931 | 40490 | 52 |
| 锦屏县 | Jinping | 122348 | 22463 | 81 |
| 剑河县 | Jianhe | 136377 | 24239 | 74 |
| 台江县 | Taijiang | 101157 | 18824 | 88 |
| 黎平县 | Liping | 224145 | 49521 | 36 |
| 榕江县 | Rongjiang | 176542 | 41729 | 56 |
| 从江县 | Congjiang | 172449 | 32097 | 58 |
| 雷山县 | Leishan | 114898 | 23556 | 84 |
| 麻江县 | Majiang | 103337 | 18455 | 86 |
| 丹寨县 | Danzhai | 127621 | 26825 | 79 |
| 都匀市 | Duyun | 270663 | 40484 | 26 |
| 福泉市 | Fuquan | 184168 | 38940 | 51 |
| 荔波县 | Libo | 122772 | 24699 | 80 |
| 贵定县 | Guiding | 156980 | 31860 | 68 |
| 瓮安县 | Wengan | 248990 | 43180 | 30 |
| 独山县 | Dushan | 153218 | 35572 | 69 |
| 平塘县 | Pingtang | 160443 | 32377 | 67 |
| 罗甸县 | Luodian | 164717 | 38500 | 65 |
| 长顺县 | Changshun | 131239 | 27541 | 76 |
| 龙里县 | Longli | 163128 | 26662 | 66 |
| 惠水县 | Huishui | 196369 | 42821 | 43 |
| ※三都县 | Sandu | 168836 | 41005 | 61 |

# 27−40 各县(市、区、特区)城镇居民人均可支配收入(2013)

# Per Capita Disposable income of Urban Households by County ( City,District,Special region)

单位：元 (yuan)

| 县(市、区、特区)名 称 | County (City,District, Special region) | 城镇居民人均可支配收入 Per Capita Disposable in come of Urban Hausehclds | 位 次 Order |
|---|---|---|---|
| 南明区 | Nanming | 23904 | 2 |
| 云岩区 | Yunyan | 23908 | 1 |
| 花溪区 | Huaxi | 22608 | 5 |
| 乌当区 | Wudang | 22607 | 6 |
| 白云区 | Baiyun | 22617 | 3 |
| 观山湖区 | Guanshanhu | 22609 | 4 |
| 开阳县 | Kaiyang | 22600 | 7 |
| 息烽县 | Xifeng | 21289 | 15 |
| 修文县 | Xiuwen | 22558 | 8 |
| 清镇市 | Qingzhen | 22086 | 11 |
| 钟山区 | Zhongshan | 20772 | 20 |
| 六枝特区 | Liuzhi | 17680 | 80 |
| 水城县 | Shuicheng | 18001 | 73 |
| 盘 县 | Panxian | 18255 | 66 |
| 红花岗区 | Honghuagang | 22315 | 9 |
| 汇川区 | Huichuan | 22315 | 10 |
| 遵义县 | Zunyi | 21441 | 14 |
| 桐梓县 | Tongzi | 18160 | 68 |
| 绥阳县 | Suiyang | 18446 | 61 |
| 正安县 | Zhengan | 17529 | 85 |
| ※道真县 | ※Daozhen | 17456 | 87 |
| ※务川县 | ※Wuchuan | 17396 | 88 |
| 凤冈县 | Fenggang | 18010 | 72 |
| 湄潭县 | Meitan | 20450 | 22 |
| 余庆县 | Yuqing | 18033 | 71 |
| 习水县 | Xishui | 18324 | 65 |
| 赤水市 | Chishui | 19213 | 32 |
| 仁怀市 | Renhuai | 21676 | 12 |
| 西秀区 | Xixiu | 20516 | 21 |
| 平坝县 | Pingba | 18590 | 57 |
| 普定县 | Puding | 18106 | 69 |
| ※镇宁县 | ※Zhenning | 17902 | 75 |
| ※关岭县 | ※Guanling | 17780 | 78 |
| ※紫云县 | ※Ziyun | 17489 | 86 |
| 七星关区 | Qixingguan | 20905 | 18 |
| 大方县 | Dafang | 18859 | 49 |
| 黔西县 | Qianxi | 19260 | 29 |
| 金沙县 | Jinsha | 21076 | 17 |
| 织金县 | Zhijin | 18756 | 52 |
| 纳雍县 | Nayong | 18602 | 56 |
| ※威宁县 | ※Weining | 18555 | 58 |
| 赫章县 | Hezhang | 18538 | 59 |
| 碧江区 | Bijiang | 19623 | 26 |
| 万山区 | Wanshan | 18614 | 54 |
| 江口县 | Jiangkou | 18218 | 67 |
| ※玉屏县 | ※Yuping | 18989 | 39 |
| 石阡县 | Shiqian | 17613 | 83 |
| 思南县 | Sinan | 17719 | 79 |
| ※印江县 | ※Yinjiang | 17632 | 82 |
| 德江县 | Dejiang | 17670 | 81 |
| ※沿河县 | ※Yanhe | 17895 | 76 |
| ※松桃县 | ※Songtao | 17606 | 84 |
| 兴义市 | Xingyi | 21252 | 16 |
| 兴仁县 | Xingren | 19222 | 30 |
| 普安县 | Puan | 18370 | 64 |
| 晴隆县 | Qinglong | 18100 | 70 |
| 贞丰县 | Zhenfeng | 18609 | 55 |
| 望谟县 | Wangmo | 17807 | 77 |
| 册亨县 | Ceheng | 17919 | 74 |
| 安龙县 | Anlong | 18390 | 63 |
| 凯里市 | Kaili | 20790 | 19 |
| 黄平县 | Huangping | 18971 | 41 |
| 施秉县 | Shibing | 19014 | 36 |
| 三穗县 | Sansui | 19081 | 34 |
| 镇远县 | Zhenyuan | 19438 | 28 |
| 岑巩县 | Cengong | 19001 | 37 |
| 天柱县 | Tianzhu | 19035 | 35 |
| 锦屏县 | Jinping | 18921 | 45 |
| 剑河县 | Jianhe | 18939 | 44 |
| 台江县 | Taijiang | 18892 | 47 |
| 黎平县 | Liping | 18990 | 38 |
| 榕江县 | Rongjiang | 18960 | 42 |
| 从江县 | Congjiang | 18951 | 43 |
| 雷山县 | Leishan | 18884 | 48 |
| 麻江县 | Majiang | 18983 | 40 |
| 丹寨县 | Danzhai | 18906 | 46 |
| 都匀市 | Duyun | 21465 | 13 |
| 福泉市 | Fuquan | 20073 | 23 |
| 荔波县 | Libo | 19215 | 31 |
| 贵定县 | Guiding | 18784 | 51 |
| 瓮安县 | Wengan | 20017 | 24 |
| 独山县 | Dushan | 19173 | 33 |
| 平塘县 | Pingtang | 18672 | 53 |
| 罗甸县 | Luodian | 18815 | 50 |
| 长顺县 | Changshun | 18525 | 60 |
| 龙里县 | Longli | 20008 | 25 |
| 惠水县 | Huishui | 19502 | 27 |
| ※三都县 | ※Sandu | 18424 | 62 |

# 27-41 各县(市、区、特区)农民人均纯收入(2013)

## Per Capita Net Income of Rural Households by County(City,District,Special region)

单位：元 (yuan)

| 县(市、区、特区)名称 | County (City,District, Special region) | 农民人均纯收入 Per Capita Annual Net Income of Rural Households | 位次 Order |
|---|---|---|---|
| 南明区 | Nanming | 11415 | 3 |
| 云岩区 | Yunyan | 11522 | 1 |
| 花溪区 | Huaxi | 10034 | 6 |
| 乌当区 | Wudang | 10824 | 5 |
| 白云区 | Baiyun | 11429 | 2 |
| 观山湖区 | Guanshanhu | 10914 | 4 |
| 开阳县 | Kaiyang | 8919 | 10 |
| 息烽县 | Xifeng | 8491 | 13 |
| 修文县 | Xiuwen | 8492 | 12 |
| 清镇市 | Qingzhen | 9022 | 9 |
| | | | |
| 钟山区 | Zhongshan | 7752 | 14 |
| 六枝特区 | Liuzhi | 5404 | 54 |
| 水城县 | Shuicheng | 5421 | 53 |
| 盘　县 | Panxian | 5794 | 40 |
| | | | |
| 红花岗区 | Honghuagang | 9134 | 8 |
| 汇川区 | Huichuan | 9290 | 7 |
| 遵义县 | Zunyi | 8611 | 11 |
| 桐梓县 | Tongzi | 6720 | 26 |
| 绥阳县 | Suiyang | 7631 | 16 |
| 正安县 | Zhengan | 5070 | 72 |
| ※道真县 | ※Daozhen | 4833 | 83 |
| ※务川县 | ※Wuchuan | 4733 | 86 |
| 凤冈县 | Fenggang | 5873 | 37 |
| 湄潭县 | Meitan | 7654 | 15 |
| 余庆县 | Yuqing | 6931 | 25 |
| 习水县 | Xishui | 5162 | 68 |
| 赤水市 | Chishui | 7381 | 18 |
| 仁怀市 | Renhuai | 7536 | 17 |
| | | | |
| 西秀区 | Xixiu | 7313 | 21 |
| 平坝县 | Pingba | 6173 | 33 |
| 普定县 | Puding | 5448 | 50 |
| ※镇宁县 | ※Zhenning | 5310 | 61 |
| ※关岭县 | ※Guanling | 5323 | 60 |
| ※紫云县 | ※Ziyun | 5286 | 65 |
| | | | |
| 七星关区 | Qixingguan | 5803 | 39 |
| 大方县 | Dafang | 5684 | 46 |
| 黔西县 | Qianxi | 5684 | 45 |
| 金沙县 | Jinsha | 6475 | 28 |
| 织金县 | Zhijin | 5421 | 52 |
| 纳雍县 | Nayong | 5295 | 64 |
| ※威宁县 | ※Weining | 5596 | 48 |
| 赫章县 | Hezhang | 5295 | 63 |
| | | | |
| 碧江区 | Bijiang | 7301 | 22 |
| 万山区 | Wanshan | 4881 | 81 |
| 江口县 | Jiangkou | 5385 | 56 |
| ※玉屏县 | ※Yuping | 6982 | 23 |
| 石阡县 | Shiqian | 5253 | 66 |
| 思南县 | Sinan | 5012 | 77 |
| ※印江县 | ※Yinjiang | 5113 | 69 |
| 德江县 | Dejiang | 4783 | 84 |
| ※沿河县 | ※Yanhe | 5048 | 75 |
| ※松桃县 | ※Songtao | 4995 | 79 |
| | | | |
| 兴义市 | Xingyi | 7367 | 19 |
| 兴仁县 | Xingren | 5733 | 43 |
| 普安县 | Puan | 5003 | 78 |
| 晴隆县 | Qinglong | 4763 | 85 |
| 贞丰县 | Zhenfeng | 5447 | 51 |
| 望谟县 | Wangmo | 4397 | 88 |
| 册亨县 | Ceheng | 4637 | 87 |
| 安龙县 | Anlong | 5347 | 59 |
| | | | |
| 凯里市 | Kaili | 6945 | 24 |
| 黄平县 | Huangping | 5049 | 74 |
| 施秉县 | Shibing | 5737 | 42 |
| 三穗县 | Sansui | 5389 | 55 |
| 镇远县 | Zhenyuan | 5573 | 49 |
| 岑巩县 | Cengong | 5365 | 57 |
| 天柱县 | Tianzhu | 5601 | 47 |
| 锦屏县 | Jinping | 4944 | 80 |
| 剑河县 | Jianhe | 5071 | 71 |
| 台江县 | Taijiang | 4839 | 82 |
| 黎平县 | Liping | 5201 | 67 |
| 榕江县 | Rongjiang | 5035 | 76 |
| 从江县 | Congjiang | 5364 | 58 |
| 雷山县 | Leishan | 5299 | 62 |
| 麻江县 | Majiang | 5112 | 70 |
| 丹寨县 | Danzhai | 5070 | 73 |
| | | | |
| 都匀市 | Duyun | 7341 | 20 |
| 福泉市 | Fuquan | 6399 | 30 |
| 荔波县 | Libo | 5934 | 36 |
| 贵定县 | Guiding | 6190 | 32 |
| 瓮安县 | Wengan | 6492 | 27 |
| 独山县 | Dushan | 5989 | 35 |
| 平塘县 | Pingtang | 5728 | 44 |
| 罗甸县 | Luodian | 6166 | 34 |
| 长顺县 | Changshun | 5826 | 38 |
| 龙里县 | Longli | 6408 | 29 |
| 惠水县 | Huishui | 6256 | 31 |
| ※三都县 | ※Sandu | 5751 | 41 |

# 27−42 各县（市、区、特区）乡村从业人员(2013)

# Number of Rural Employment by County (City,District,Special region)

单位：人 (person)

| 县(市、区、特区)名 称 | County (City,District, Special region) | 合 计 Total | 第一产业 Primary Industry | 第二产业 Secondary Industry | 第三产业 Tertiary Industry | 2013年比2012年增长(%) Increase Rate in 2013 over 2012(%) |
|---|---|---|---|---|---|---|
| 南明区 | Nanming | 41479 | 14277 | 7534 | 19668 | 9.4 |
| 云岩区 | Yunyan | 58600 | 4963 | 21376 | 32261 | -1.9 |
| 花溪区 | Huaxi | 142980 | 63889 | 18889 | 60202 | |
| 乌当区 | Wudang | 79856 | 31856 | 16277 | 31723 | |
| 白云区 | Baiyun | 49830 | 24901 | 10434 | 14495 | 3.4 |
| 观山湖区 | Guanshanhu | 69225 | 20025 | 26098 | 23102 | |
| 开阳县 | Kaiyang | 187091 | 88382 | 28069 | 70640 | -2.5 |
| 息烽县 | Xifeng | 122523 | 56233 | 16795 | 49495 | -4.7 |
| 修文县 | Xiuwen | 165373 | 84628 | 23949 | 56796 | 1.5 |
| 清镇市 | Qingzhen | 248153 | 117136 | 53046 | 77971 | -3.6 |
| 钟山区 | Zhongshan | 92691 | 49521 | 21576 | 21594 | 0.3 |
| 六枝特区 | Liuzhi | 338195 | 143556 | 45659 | 148980 | 2.3 |
| 水城县 | Shuicheng | 398744 | 222868 | 43225 | 132651 | 0.8 |
| 盘 县 | Panxian | 609257 | 356709 | 71779 | 180769 | 0.5 |
| 红花岗区 | Honghuagang | 136460 | 53730 | 23311 | 59419 | 9.7 |
| 汇川区 | Huicuan | 119781 | 49207 | 34723 | 35851 | 0.1 |
| 遵义县 | Zunyi | 737700 | 240046 | 133823 | 363831 | … |
| 桐梓县 | Tongzi | 407203 | 165714 | 69139 | 172350 | 5.3 |
| 绥阳县 | Suiyang | 324842 | 164122 | 27900 | 132820 | 2.6 |
| 正安县 | Zhengan | 392615 | 125042 | 101575 | 165998 | 1.4 |
| ※道真县 | Daozhen | 190812 | 86332 | 14374 | 90106 | 2.2 |
| ※务川县 | Wuchuan | 265459 | 143647 | 11328 | 110484 | 0.3 |
| 凤冈县 | Fenggang | 252689 | 137099 | 22613 | 92977 | -1.9 |
| 湄潭县 | Meitan | 262047 | 151355 | 21569 | 89123 | -0.5 |
| 余庆县 | Yuqing | 173697 | 79651 | 16765 | 77281 | -1.0 |
| 习水县 | Xishui | 381880 | 151111 | 61636 | 169133 | 4.1 |
| 赤水市 | Chishui | 147378 | 75974 | 13949 | 57455 | 1.3 |
| 仁怀市 | Renhuai | 320933 | 157967 | 71655 | 91311 | -4.9 |
| 西秀区 | Xixiu | 383275 | 172081 | 67660 | 143534 | -2.9 |
| 平坝县 | Pingba | 204410 | 135067 | 19258 | 50085 | 1.7 |
| 普定县 | Puding | 262584 | 123752 | 41752 | 97080 | 4.3 |
| ※镇宁县 | Zhenning | 209857 | 129355 | 23319 | 57183 | 3.7 |
| ※关岭县 | Guanling | 198253 | 122527 | 14399 | 61327 | 1.7 |
| ※紫云县 | Ziyun | 235224 | 139274 | 19198 | 76752 | 3.2 |
| 七星关区 | Qixingguan | 882761 | 370265 | 122534 | 389962 | 6.1 |
| 大方县 | Dafang | 677810 | 356790 | 72027 | 248993 | … |
| 黔西县 | Qianxi | 556941 | 228070 | 77256 | 251615 | 6.6 |
| 金沙县 | Jinsha | 286661 | 122179 | 34464 | 130018 | -3.0 |
| 织金县 | Zhijin | 551172 | 280967 | 75332 | 194873 | 2.7 |
| 纳雍县 | Nayong | 549247 | 223158 | 83764 | 242325 | 8.9 |
| ※威宁县 | Weining | 790664 | 495541 | 58898 | 236225 | 持平 |
| 赫章县 | Hezhang | 392308 | 180226 | 31612 | 180470 | 1.9 |
| 碧江区 | Bijiang | 112351 | 56841 | 12655 | 42855 | 0.1 |
| 万山区 | Wanshan | 71364 | 32914 | 9027 | 29423 | 2.6 |

## 27-42 续表 continued

单位：人 (person)

| 县(市、区、特区)名称 | County (City,District, Special region) | 合计 Total | 第一产业 Primary Industry | 第二产业 Secondary Industry | 第三产业 Tertiary Industry | 2013年比2012年增长(%) Increase Rate in 2013 over 2012(%) |
|---|---|---|---|---|---|---|
| 江口县 | Jiangkou | 125463 | 70125 | 9161 | 46177 | -1.6 |
| ※玉屏县 | Yuping | 86428 | 36234 | 18192 | 32002 | 1.8 |
| 石阡县 | Shiqian | 267100 | 138412 | 18302 | 110386 | 2.4 |
| 思南县 | Sinan | 398839 | 181468 | 78459 | 138912 | 0.4 |
| ※印江县 | Yinjiang | 245212 | 97697 | 38921 | 108594 | 0.1 |
| 德江县 | Dejiang | 232849 | 120126 | 25936 | 86787 | -7.2 |
| ※沿河县 | Yanhe | 328781 | 185891 | 20739 | 122151 | 1.0 |
| ※松桃县 | Songtao | 422068 | 222661 | 31040 | 168367 | 0.6 |
| 兴义市 | Xingyi | 403215 | 251337 | 50255 | 101623 | -2.3 |
| 兴仁县 | Xingren | 251200 | 160454 | 19705 | 71041 | 1.4 |
| 普安县 | Puan | 180150 | 107537 | 15530 | 57083 | 4.7 |
| 晴隆县 | Qinglong | 189842 | 110302 | 11612 | 67928 | 8.0 |
| 贞丰县 | Zhenfeng | 230895 | 130111 | 22948 | 77836 | 1.2 |
| 望谟县 | Wangmo | 163197 | 87106 | 9204 | 66887 | -1.8 |
| 册亨县 | Ceheng | 135417 | 73435 | 10522 | 51460 | 0.2 |
| 安龙县 | Anlong | 322273 | 167121 | 44826 | 110326 | 4.4 |
| 凯里市 | Kaili | 176248 | 82557 | 26464 | 67227 | -1.2 |
| 黄平县 | Huangping | 226473 | 151528 | 26206 | 48739 | 1.1 |
| 施秉县 | Shibing | 62005 | 45211 | 4185 | 12609 | 0.6 |
| 三穗县 | Sansui | 125452 | 45478 | 11250 | 68724 | 0.2 |
| 镇远县 | Zhenyuan | 121756 | 67875 | 16856 | 37025 | 0.1 |
| 岑巩县 | Cengong | 127487 | 71487 | 7746 | 48254 | 0.8 |
| 天柱县 | Tianzhu | 223327 | 99856 | 7474 | 115997 | -0.1 |
| 锦屏县 | Jinping | 123023 | 58502 | 14180 | 50341 | -1.2 |
| 剑河县 | Jianhe | 146114 | 79445 | 17302 | 49367 | 0.9 |
| 台江县 | Taijiang | 95858 | 45142 | 13015 | 37701 | 1.1 |
| 黎平县 | Liping | 284544 | 148652 | 21386 | 114506 | -2.3 |
| 榕江县 | Rongjiang | 205879 | 116151 | 16867 | 72861 | -1.6 |
| 从江县 | Congjiang | 185696 | 122911 | 13974 | 48811 | 0.3 |
| 雷山县 | Leishan | 102447 | 51214 | 7193 | 44040 | 8.1 |
| 麻江县 | Majiang | 126873 | 77577 | 10396 | 38900 | 0.8 |
| 丹寨县 | Danzhai | 97207 | 41448 | 7883 | 47876 | 1.2 |
| 都匀市 | Duyun | 202759 | 104004 | 21830 | 76925 | 2.8 |
| 福泉市 | Fuquan | 145732 | 89151 | 23803 | 32778 | -1.3 |
| 荔波县 | Libo | 100847 | 53932 | 7836 | 39079 | 0.4 |
| 贵定县 | Guiding | 165681 | 79389 | 10444 | 75848 | -1.4 |
| 瓮安县 | Wengan | 290124 | 128309 | 32420 | 129395 | 0.6 |
| 独山县 | Dushan | 212345 | 111006 | 20521 | 80818 | 3.6 |
| 平塘县 | Pingtang | 197681 | 136469 | 9144 | 52068 | 0.9 |
| 罗甸县 | Luodian | 175575 | 98420 | 12300 | 64855 | 0.2 |
| 长顺县 | Changshun | 136456 | 86401 | 9006 | 41049 | 0.1 |
| 龙里县 | Longli | 115782 | 71507 | 7379 | 36896 | 0.2 |
| 惠水县 | Huishui | 272740 | 139874 | 34843 | 98023 | 1.8 |
| ※三都县 | Sandu | 205629 | 111358 | 12073 | 82198 | 4.9 |

# 27-43 各县(市、区、特区)农林牧渔业总产值(2013)

# Gross Output Value of Farming,Forestry,Animal Husbandry and Fishery and Its Order by County(City,District,Special region)

单位：万元 (10000 yuan)

| 县(市、区、特区)名称 | County (City,District, Special region) | 合计 Total | 农业 Farming | 林业 Forestry | 牧业 Animal Husbandry | 渔业 Fishery | 农林牧渔服务业 Services | 位次 Order | 2013年比2012年增长(%) Increase Rate in 2013 over 2012(%) |
|---|---|---|---|---|---|---|---|---|---|
| 南明区 | Nanming | 36240 | 27777 | | 8323 | | 140 | 86 | 5.3 |
| 云岩区 | Yunyan | 6588 | 5194 | | 1374 | | 20 | 88 | 2.5 |
| 花溪区 | Huaxi | 174953 | 122670 | 529 | 48939 | 166 | 2649 | 38 | 6.9 |
| 乌当区 | Wudang | 136003 | 98985 | 1522 | 32929 | 817 | 1750 | 59 | 7.5 |
| 白云区 | Baiyun | 58424 | 42270 | 601 | 14996 | 66 | 491 | 85 | 8.3 |
| 观山湖区 | Guanshanhu | 29696 | 24066 | 350 | 4763 | 315 | 202 | 87 | 4.0 |
| 开阳县 | Kaiyang | 269384 | 153025 | 2119 | 110974 | 1384 | 1882 | 16 | 7.4 |
| 息烽县 | Xifeng | 144801 | 85845 | 971 | 48471 | 8517 | 997 | 52 | 7.8 |
| 修文县 | Xiuwen | 191511 | 137201 | 1284 | 51872 | 719 | 435 | 32 | 7.9 |
| 清镇市 | Qingzhen | 211207 | 128877 | 2232 | 74932 | 4381 | 785 | 30 | 7.3 |
| 钟山区 | Zhongshan | 59900 | 22102 | 383 | 35538 | 63 | 1814 | 84 | 6.4 |
| 六枝特区 | Liuzhi | 188000 | 102095 | 7030 | 70612 | 1058 | 7205 | 35 | 6.3 |
| 水城县 | Shuicheng | 260200 | 150905 | 6731 | 99324 | 111 | 3129 | 19 | 6.5 |
| 盘　县 | Panxian | 430000 | 193316 | 28661 | 195736 | 835 | 11452 | 4 | 6.6 |
| 红花岗区 | Honghuagang | 168220 | 82001 | 736 | 78179 | 2058 | 5246 | 40 | 6.8 |
| 汇川区 | Huicuan | 119554 | 59148 | 676 | 52475 | 551 | 6704 | 67 | 6.7 |
| 遵义县 | Zunyi | 639143 | 437905 | 5137 | 156260 | 32858 | 6983 | 1 | 7.2 |
| 桐梓县 | Tongzi | 282221 | 181197 | 16807 | 79646 | 3785 | 786 | 15 | 6.6 |
| 绥阳县 | Suiyang | 314196 | 230614 | 4336 | 70898 | 5808 | 2540 | 10 | 7.8 |
| 正安县 | Zhengan | 262281 | 158558 | 32127 | 67695 | 1881 | 2020 | 18 | 8.3 |
| ※道真县 | Daozhen | 180301 | 107567 | 9944 | 61040 | 1030 | 720 | 37 | 8.5 |
| ※务川县 | Wuchuan | 189046 | 117704 | 5835 | 61347 | 2150 | 2010 | 34 | 8.0 |
| 凤冈县 | Fenggang | 211371 | 126281 | 21492 | 60210 | 1177 | 2210 | 29 | 7.7 |
| 湄潭县 | Meitan | 226398 | 153482 | 7052 | 57356 | 4399 | 4109 | 25 | 7.6 |
| 余庆县 | Yuqing | 180869 | 107202 | 7871 | 57747 | 6617 | 1433 | 36 | 7.6 |
| 习水县 | Xishui | 246196 | 122773 | 6017 | 112792 | 2218 | 2396 | 22 | 7.5 |
| 赤水市 | Chishui | 157808 | 64699 | 47347 | 39623 | 3973 | 2167 | 47 | 7.1 |
| 仁怀市 | Renhuai | 248696 | 119579 | 7348 | 116004 | 2841 | 2923 | 21 | 6.3 |
| 西秀区 | Xixiu | 266713 | 138761 | 2320 | 119829 | 4721 | 1082 | 17 | 7.9 |
| 平坝县 | Pingba | 132052 | 74809 | 2055 | 50661 | 3758 | 769 | 61 | 7.9 |
| 普定县 | Puding | 139648 | 64654 | 1475 | 68312 | 4173 | 1034 | 56 | 7.7 |
| ※镇宁县 | Zhenning | 103549 | 56719 | 3390 | 38608 | 4404 | 428 | 71 | 8.5 |
| ※关岭县 | Guanling | 138064 | 77405 | 5328 | 53352 | 1744 | 235 | 58 | 7.7 |
| ※紫云县 | Ziyun | 158563 | 51979 | 9269 | 92959 | 2037 | 2319 | 45 | 8.2 |
| 七星关区 | Qixingguan | 505464 | 324905 | 8929 | 159406 | 818 | 11406 | 3 | 6.5 |
| 大方县 | Dafang | 338716 | 217932 | 4645 | 109019 | 1667 | 5453 | 7 | 6.4 |
| 黔西县 | Qianxi | 302508 | 197628 | 2152 | 95960 | 1619 | 5149 | 11 | 5.8 |
| 金沙县 | Jinsha | 221123 | 126127 | 5965 | 79067 | 4204 | 5760 | 28 | 5.8 |
| 织金县 | Zhijin | 284625 | 172283 | 2329 | 102889 | 988 | 6136 | 14 | 7.2 |
| 纳雍县 | Nayong | 240872 | 144514 | 4731 | 87951 | 1278 | 2398 | 24 | 7.2 |
| ※威宁县 | Weining | 632227 | 414428 | 3834 | 203976 | 556 | 9433 | 2 | 8.1 |
| 赫章县 | Hezhang | 317992 | 218749 | 4436 | 90742 | 440 | 3625 | 9 | 11.2 |
| 碧江区 | Bijiang | 134804 | 76959 | 3622 | 43491 | 6488 | 4244 | 60 | 7.9 |
| 万山区 | Wanshan | 96695 | 53316 | 2410 | 35039 | 3270 | 2660 | 74 | 7.2 |

## 27–43 续表 continued

单位：万元 (10000 yuan)

| 县(市、区、特区)名称 | County (City,District, Special region) | 合计 Total | 农业 Farming | 林业 Forestry | 牧业 Animal Husbandry | 渔业 Fishery | 农林牧渔服务业 Services | 位次 Order | 2013年比2012年增长(%) Increase Rate in 2013 over 2012(%) |
|---|---|---|---|---|---|---|---|---|---|
| 江口县 | Jiangkou | 125241 | 65367 | 6171 | 44116 | 5252 | 4335 | 64 | 8.1 |
| ※玉屏县 | Yuping | 91140 | 44346 | 4511 | 35237 | 3422 | 3624 | 75 | 7.5 |
| 石阡县 | Shiqian | 222585 | 115716 | 7079 | 89886 | 4230 | 5674 | 27 | 7.9 |
| 思南县 | Sinan | 360297 | 193918 | 4232 | 142209 | 9703 | 10235 | 6 | 7.8 |
| ※印江县 | Yinjiang | 258514 | 128994 | 8915 | 106460 | 8155 | 5990 | 20 | 8.1 |
| 德江县 | Dejiang | 298203 | 175435 | 4542 | 105329 | 4782 | 8115 | 13 | 7.7 |
| ※沿河县 | Yanhe | 299610 | 173302 | 4995 | 103696 | 8473 | 9144 | 12 | 7.6 |
| ※松桃县 | Songtao | 321664 | 169246 | 8553 | 125987 | 8408 | 9470 | 8 | 7.6 |
| 兴义市 | Xingyi | 371923 | 208483 | 5334 | 127652 | 24805 | 5650 | 5 | 8.4 |
| 兴仁县 | Xingren | 189183 | 114911 | 6969 | 66351 | 232 | 720 | 33 | 8.5 |
| 普安县 | Puan | 110340 | 69826 | 2423 | 36776 | 485 | 830 | 69 | 10.0 |
| 晴隆县 | Qinglong | 109910 | 55954 | 3961 | 43047 | 5485 | 1463 | 70 | 7.6 |
| 贞丰县 | Zhenfeng | 159096 | 83494 | 3587 | 70145 | 521 | 1350 | 44 | 7.5 |
| 望谟县 | Wangmo | 143354 | 78817 | 14529 | 41173 | 7035 | 1800 | 54 | 8.1 |
| 册亨县 | Ceheng | 114709 | 57577 | 19298 | 31019 | 4790 | 2025 | 68 | 9.1 |
| 安龙县 | Anlong | 210271 | 112549 | 11619 | 62943 | 20446 | 2715 | 31 | 8.7 |
| 凯里市 | Kaili | 159760 | 92512 | 7589 | 53275 | 4714 | 1670 | 43 | 7.3 |
| 黄平县 | Huangping | 152454 | 98659 | 14108 | 31860 | 4156 | 3671 | 49 | 8.1 |
| 施秉县 | Shibing | 88848 | 64426 | 6973 | 14987 | 1244 | 1218 | 76 | 8.2 |
| 三穗县 | Sansui | 79783 | 34825 | 9515 | 31406 | 2359 | 1678 | 79 | 8.6 |
| 镇远县 | Zhenyuan | 139557 | 80404 | 25942 | 29084 | 3342 | 785 | 57 | 7.7 |
| 岑巩县 | Cengong | 88435 | 45656 | 6948 | 26260 | 1245 | 8326 | 77 | 8.8 |
| 天柱县 | Tianzhu | 148230 | 79123 | 20412 | 45006 | 2921 | 768 | 50 | 7.9 |
| 锦屏县 | Jinping | 65479 | 22311 | 16300 | 17892 | 6985 | 1991 | 81 | 7.6 |
| 剑河县 | Jianhe | 103155 | 36870 | 20794 | 33940 | 10630 | 921 | 72 | 8.3 |
| 台江县 | Taijiang | 66081 | 28656 | 15465 | 16497 | 4232 | 1231 | 80 | 8.7 |
| 黎平县 | Liping | 170001 | 58427 | 50179 | 44857 | 13983 | 2555 | 39 | 7.9 |
| 榕江县 | Rongjiang | 163696 | 77088 | 52358 | 27009 | 6370 | 871 | 42 | 7.8 |
| 从江县 | Congjiang | 157972 | 73017 | 35290 | 35753 | 11896 | 2016 | 46 | 8.5 |
| 雷山县 | Leishan | 64675 | 37683 | 5447 | 17655 | 1624 | 2266 | 83 | 8.4 |
| 麻江县 | Majiang | 97987 | 52403 | 4647 | 30327 | 1704 | 8906 | 73 | 7.5 |
| 丹寨县 | Danzhai | 65387 | 30591 | 9650 | 21384 | 1913 | 1849 | 82 | 7.4 |
| 都匀市 | Duyun | 164670 | 74112 | 5338 | 80450 | 2826 | 1944 | 41 | 7.2 |
| 福泉市 | Fuquan | 144682 | 78061 | 3780 | 61019 | 1390 | 431 | 53 | 7.1 |
| 荔波县 | Libo | 87927 | 41789 | 8260 | 32392 | 3352 | 2134 | 78 | 7.4 |
| 贵定县 | Guiding | 124892 | 77047 | 3743 | 35869 | 4623 | 3610 | 65 | 7.1 |
| 瓮安县 | Wengan | 225957 | 97629 | 4302 | 114278 | 6868 | 2880 | 26 | 7.0 |
| 独山县 | Dushan | 153766 | 94721 | 4569 | 51810 | 1624 | 1042 | 48 | 7.2 |
| 平塘县 | Pingtang | 143348 | 94484 | 5996 | 39721 | 1629 | 1518 | 55 | 7.2 |
| 罗甸县 | Luodian | 147493 | 84783 | 8003 | 40105 | 12426 | 2176 | 51 | 7.3 |
| 长顺县 | Changshun | 129028 | 63507 | 4129 | 56052 | 790 | 4550 | 62 | 7.2 |
| 龙里县 | Longli | 129028 | 71657 | 1541 | 53126 | 1084 | 1620 | 63 | 7.1 |
| 惠水县 | Huishui | 242628 | 121564 | 14632 | 96543 | 1966 | 7924 | 23 | 7.0 |
| ※三都县 | Sandu | 121946 | 65248 | 11078 | 38808 | 4156 | 2656 | 66 | 7.1 |

# 27-44 各县(市、区、特区)粮食、肉类产量(2013)

## Output of Grain, Meat and Its Order by County(City,Section,Special region)

| 县(市、区、特区)名称 | County (City,Section, Special region) | 粮食产量(吨) Output of Grain (ton) | 位次 Order | 2013年比2012年增长(%) Increase Rate in 2013 over 2012(%) | 人均粮食产量(公斤) Per Capita Output of Grain (kg) | 位次 Order | 肉类产量(吨) Output of Meat (ton) | 位次 Order | 2013年比2012年增长(%) Increase Rate in 2013 over 2012(%) |
|---|---|---|---|---|---|---|---|---|---|
| 南明区 | Nanming | 2632 | 87 | -41.1 | 44 | 87 | 2822 | 86 | -13.7 |
| 云岩区 | Yunyan | 102 | 88 | 218.8 | 1 | 88 | 545 | 88 | 11.7 |
| 花溪区 | Huaxi | 49777 | 74 | -7.7 | 202 | 82 | 17590 | 47 | 10.6 |
| 乌当区 | Wudang | 31776 | 83 | -21.1 | 245 | 73 | 10772 | 72 | -0.1 |
| 白云区 | Baiyun | 10872 | 85 | -2.5 | 144 | 84 | 5349 | 84 | 5.5 |
| 观山湖区 | Guanshanhu | 10541 | 86 | | 81 | 86 | 1160 | 87 | 24.2 |
| 开阳县 | Kaiyang | 97932 | 46 | -1.7 | 296 | 51 | 44513 | 8 | 5.3 |
| 息烽县 | Xifeng | 67415 | 65 | 0.6 | 355 | 23 | 16307 | 52 | 3.7 |
| 修文县 | Xiuwen | 80620 | 56 | 2.5 | 299 | 46 | 19515 | 44 | 5.0 |
| 清镇市 | Qingzhen | 80969 | 55 | -8.2 | 201 | 83 | 33047 | 19 | 4.7 |
| 钟山区 | Zhongshan | 24222 | 84 | 7.3 | 138 | 85 | 10910 | 71 | -32.3 |
| 六枝特区 | Liuzhi | 215400 | 14 | 6.9 | 360 | 20 | 24112 | 34 | 18.4 |
| 水城县 | Shuicheng | 232500 | 9 | 7.6 | 302 | 42 | 31695 | 23 | 9.6 |
| 盘　县 | Panxian | 336900 | 4 | 7.7 | 322 | 34 | 52245 | 5 | 9.1 |
| 红花岗区 | Honghuagang | 65258 | 67 | -7.4 | 297 | 48 | 18175 | 46 | 8.4 |
| 汇川区 | Huicuan | 63821 | 68 | -8.2 | 305 | 41 | 21552 | 40 | 6.1 |
| 遵义县 | Zunyi | 528784 | 1 | -6.2 | 448 | 4 | 85751 | 1 | -5.1 |
| 桐梓县 | Tongzi | 200419 | 17 | -13.5 | 299 | 45 | 42345 | 10 | 9.3 |
| 绥阳县 | Suiyang | 220593 | 12 | -5.9 | 431 | 5 | 27810 | 28 | 6.6 |
| 正安县 | Zhengan | 201324 | 16 | -5.1 | 350 | 25 | 24777 | 33 | 9.9 |
| ※道真县 | Daozhen | 128984 | 32 | -3.1 | 403 | 11 | 21781 | 39 | 12.9 |
| ※务川县 | Wuchuan | 155982 | 26 | -4.7 | 373 | 15 | 25076 | 32 | 8.5 |
| 凤冈县 | Fenggang | 152440 | 27 | -3.5 | 376 | 14 | 29467 | 26 | 9.1 |
| 湄潭县 | Meitan | 187201 | 21 | -3.6 | 420 | 7 | 30259 | 25 | 9.7 |
| 余庆县 | Yuqing | 143088 | 29 | -4.5 | 546 | 1 | 30607 | 24 | 9.5 |
| 习水县 | Xishui | 233600 | 8 | -5.2 | 356 | 22 | 60514 | 4 | 1.3 |
| 赤水市 | Chishui | 117406 | 36 | -2.8 | 497 | 3 | 16415 | 51 | 17.6 |
| 仁怀市 | Renhuai | 199100 | 18 | -7.1 | 335 | 30 | 46573 | 7 | 4.3 |
| 西秀区 | Xixiu | 152432 | 28 | -1.7 | 233 | 77 | 41867 | 11 | 3.3 |
| 平坝县 | Pingba | 103097 | 41 | 1.2 | 336 | 27 | 17047 | 49 | 4.9 |
| 普定县 | Puding | 98460 | 45 | -5.7 | 226 | 79 | 21828 | 38 | 2.4 |
| ※镇宁县 | Zhenning | 91406 | 51 | -3.5 | 254 | 66 | 12531 | 63 | 5.9 |
| ※关岭县 | Guanling | 95733 | 47 | -2.8 | 272 | 58 | 18335 | 45 | 6.6 |
| ※紫云县 | Ziyun | 90172 | 52 | -7.1 | 246 | 72 | 33178 | 18 | 6.3 |
| 七星关区 | Qixingguan | 388865 | 3 | -6.1 | 338 | 26 | 61932 | 3 | 4.9 |
| 大方县 | Dafang | 240626 | 7 | -6.4 | 278 | 56 | 38342 | 13 | 4.5 |
| 黔西县 | Qianxi | 247838 | 6 | -9.3 | 313 | 37 | 35940 | 16 | 5.0 |
| 金沙县 | Jinsha | 195548 | 19 | -14.9 | 420 | 8 | 32790 | 20 | 4.5 |
| 织金县 | Zhijin | 307830 | 5 | 1.8 | 354 | 24 | 37956 | 14 | 5.2 |
| 纳雍县 | Nayong | 224468 | 11 | -1.9 | 269 | 59 | 32013 | 22 | 5.0 |
| ※威宁县 | Weining | 464200 | 2 | 17.1 | 364 | 17 | 78419 | 2 | 6.4 |
| 赫章县 | Hezhang | 210725 | 15 | 9.9 | 292 | 52 | 34993 | 17 | 6.5 |
| 碧江区 | Bijiang | 71660 | 62 | -2.3 | 422 | 6 | 13212 | 60 | 6.0 |
| 万山区 | Wanshan | 48540 | 77 | -10.0 | 363 | 19 | 11815 | 68 | 5.7 |

# 27-44 续表 continued

| 县(市、区、特区)名称 | County (City,District, Special region) | 粮食产量(吨) Output of Grain (ton) | 位次 Order | 2013年比2012年增长(%) Increase Rate in 2013 over 2012(%) | 人均粮食产量(公斤) Per Capita Output of Grain (kg) | 位次 Order | 肉类产量(吨) Output of Meat (ton) | 位次 Order | 2013年比2012年增长(%) Increase Rate in 2013 over 2012(%) |
|---|---|---|---|---|---|---|---|---|---|
| 江口县 | Jiangkou | 66927 | 66 | -5.8 | 319 | 35 | 14966 | 55 | 5.1 |
| ※玉屏县 | Yuping | 35444 | 82 | -1.6 | 274 | 57 | 9977 | 76 | 5.8 |
| 石阡县 | Shiqian | 118497 | 35 | 2.7 | 301 | 43 | 23954 | 35 | 6.1 |
| 思南县 | Sinan | 192514 | 20 | -4.0 | 305 | 40 | 44131 | 9 | 5.4 |
| ※印江县 | Yinjiang | 122969 | 33 | -3.6 | 299 | 47 | 29397 | 27 | 5.7 |
| 德江县 | Dejiang | 133274 | 30 | -4.5 | 328 | 32 | 27808 | 29 | 5.2 |
| ※沿河县 | Yanhe | 163461 | 23 | -4.2 | 266 | 61 | 32606 | 21 | 5.7 |
| ※松桃县 | Songtao | 219753 | 13 | -2.9 | 325 | 33 | 37198 | 15 | 6.2 |
| 兴义市 | Xingyi | 227457 | 10 | 9.5 | 335 | 28 | 49420 | 6 | 10.2 |
| 兴仁县 | Xingren | 158190 | 25 | 3.4 | 365 | 16 | 22219 | 37 | 3.1 |
| 普安县 | Puan | 71110 | 63 | 9.9 | 211 | 81 | 12305 | 65 | 2.9 |
| 晴隆县 | Qinglong | 79630 | 57 | 8.8 | 262 | 63 | 12304 | 66 | 5.3 |
| 贞丰县 | Zhenfeng | 92957 | 49 | -10.5 | 236 | 75 | 14736 | 56 | 2.2 |
| 望谟县 | Wangmo | 72875 | 61 | -1.6 | 240 | 74 | 16832 | 50 | 1.9 |
| 册亨县 | Ceheng | 49090 | 75 | 0.6 | 213 | 80 | 10363 | 73 | 3.4 |
| 安龙县 | Anlong | 166697 | 22 | 8.8 | 384 | 12 | 26863 | 30 | 6.0 |
| 凯里市 | Kaili | 82439 | 54 | -3.7 | 261 | 64 | 22237 | 36 | 4.0 |
| 黄平县 | Huangping | 87578 | 53 | -2.5 | 233 | 76 | 12054 | 67 | 5.7 |
| 施秉县 | Shibing | 53269 | 72 | -2.5 | 509 | 2 | 7047 | 82 | 6.7 |
| 三穗县 | Sansui | 48846 | 76 | -1.9 | 246 | 71 | 12529 | 64 | 5.7 |
| 镇远县 | Zhenyuan | 74377 | 60 | -2.5 | 414 | 10 | 10253 | 74 | 5.5 |
| 岑巩县 | Cengong | 57795 | 71 | -1.9 | 253 | 67 | 9475 | 77 | 4.9 |
| 天柱县 | Tianzhu | 106380 | 38 | -2.2 | 297 | 49 | 20973 | 41 | 5.7 |
| 锦屏县 | Jinping | 52575 | 73 | -1.9 | 247 | 70 | 8820 | 79 | 5.4 |
| 剑河县 | Jianhe | 59259 | 70 | -2.2 | 247 | 69 | 13030 | 61 | 5.0 |
| 台江县 | Taijiang | 39656 | 81 | -2.2 | 256 | 65 | 4783 | 85 | 5.8 |
| 黎平县 | Liping | 119933 | 34 | -2.1 | 251 | 68 | 16184 | 53 | 5.2 |
| 榕江县 | Rongjiang | 75007 | 59 | -2.0 | 229 | 78 | 11233 | 70 | 4.7 |
| 从江县 | Congjiang | 98945 | 44 | -2.0 | 300 | 44 | 14446 | 57 | 13.8 |
| 雷山县 | Leishan | 43544 | 79 | -2.0 | 292 | 53 | 5865 | 83 | 5.8 |
| 麻江县 | Majiang | 59812 | 69 | -2.5 | 297 | 50 | 11282 | 69 | 5.8 |
| 丹寨县 | Danzhai | 40927 | 80 | -2.0 | 267 | 60 | 7940 | 81 | 6.2 |
| 都匀市 | Duyun | 100461 | 42 | 0.8 | 306 | 39 | 25116 | 31 | 6.8 |
| 福泉市 | Fuquan | 103913 | 40 | -3.3 | 418 | 9 | 13676 | 59 | 5.1 |
| 荔波县 | Libo | 45690 | 78 | 0.6 | 283 | 55 | 9237 | 78 | 5.9 |
| 贵定县 | Guiding | 75364 | 58 | -3.5 | 290 | 54 | 10043 | 75 | 7.7 |
| 瓮安县 | Wengan | 159730 | 24 | -4.8 | 359 | 21 | 39224 | 12 | 4.9 |
| 独山县 | Dushan | 106686 | 37 | -1.4 | 330 | 31 | 17402 | 48 | 5.9 |
| 平塘县 | Pingtang | 104263 | 39 | -1.6 | 335 | 29 | 13694 | 58 | 5.2 |
| 罗甸县 | Luodian | 99421 | 43 | -2.2 | 315 | 36 | 20590 | 42 | 4.9 |
| 长顺县 | Changshun | 93700 | 48 | -3.9 | 382 | 13 | 12701 | 62 | 5.8 |
| 龙里县 | Longli | 69684 | 64 | -3.2 | 364 | 18 | 8098 | 80 | 3.6 |
| 惠水县 | Huishui | 131048 | 31 | -4.7 | 312 | 38 | 19799 | 43 | 5.7 |
| ※三都县 | Sandu | 91626 | 50 | 2.1 | 264 | 62 | 15963 | 54 | 5.0 |

# 27-45 各县(市、区、特区)油菜籽、烤烟产量(2013)
# Output of Rapeseed and Fluecured Tobacco and Its Order by County(City,District,Special region)

| 县(市、区、特区)名称 | County (City,District, Special region) | 油菜籽产量(吨) Output of Rapeseed (ton) | 位次 Order | 2013年比2012年增长(%) Increase Rate in 2013 over 2012(%) | 烤烟产量(吨) Output of Fluecured Tobacco (ton) | 位次 Order | 2013年比2012年增长(%) Increase Rate in 2013 over 2012(%) |
|---|---|---|---|---|---|---|---|
| 南明区 | Nanming | | | | | | |
| 云岩区 | Yunyan | | | | | | |
| 花溪区 | Huaxi | 4789 | 55 | 6.5 | 675 | 60 | 1173.6 |
| 乌当区 | Wudang | 4623 | 57 | -12.5 | | | |
| 白云区 | Baiyun | 806 | 78 | -3.2 | | | |
| 观山湖区 | Guanshanhu | 1135 | 77 | 453.7 | | | |
| 开阳县 | Kaiyang | 19588 | 9 | 1.1 | 8387 | 18 | -7.0 |
| 息烽县 | Xifeng | 11377 | 21 | 0.1 | 1632 | 56 | -9.8 |
| 修文县 | Xiuwen | 10663 | 24 | -24.3 | 2757 | 44 | 14.7 |
| 清镇市 | Qingzhen | 10288 | 26 | 3.4 | 5030 | 33 | 0.3 |
| 钟山区 | Zhongshan | | | | | | |
| 六枝特区 | Liuzhi | 7319 | 39 | 11.8 | 357 | 64 | 10.5 |
| 水城县 | Shuicheng | 219 | 83 | 7.9 | 6456 | 25 | 22.2 |
| 盘　县 | Panxian | 1908 | 74 | 10.1 | 10043 | 11 | 5.2 |
| 红花岗区 | Honghuagang | 6715 | 41 | 1.6 | 51 | 70 | 4.1 |
| 汇川区 | Huicuan | 6091 | 44 | -7.9 | 2494 | 48 | -0.7 |
| 遵义县 | Zunyi | 71015 | 1 | -3.5 | 20920 | 2 | 2.9 |
| 桐梓县 | Tongzi | 17370 | 12 | 1.9 | 8154 | 19 | -9.3 |
| 绥阳县 | Suiyang | 30496 | 4 | 5.5 | 9938 | 12 | 4.6 |
| 正安县 | Zhengan | 20229 | 8 | 5.4 | 10914 | 10 | 6.1 |
| ※道真县 | Daozhen | 8238 | 33 | 14.8 | 14100 | 6 | 3.2 |
| ※务川县 | Wuchuan | 8825 | 30 | 3.4 | 15518 | 4 | 1.3 |
| 凤冈县 | Fenggang | 16406 | 14 | 5.7 | 8500 | 16 | 13.3 |
| 湄潭县 | Meitan | 21246 | 7 | 2.5 | 9825 | 13 | 4.1 |
| 余庆县 | Yuqing | 17567 | 10 | 6.7 | 11390 | 9 | 6.5 |
| 习水县 | Xishui | 7998 | 34 | 1.8 | 1995 | 54 | 10.9 |
| 赤水市 | Chishui | 306 | 81 | 7.4 | | | |
| 仁怀市 | Renhuai | 13601 | 17 | 1.9 | 2464 | 49 | -12.2 |
| 西秀区 | Xixiu | 33634 | 3 | 1.6 | 8570 | 15 | 79.1 |
| 平坝县 | Pingba | 11706 | 20 | 7.7 | 4920 | 34 | 16.1 |
| 普定县 | Puding | 11120 | 22 | 13.9 | 1782 | 55 | 104.6 |
| ※镇宁县 | Zhenning | 9661 | 28 | 6.9 | 234 | 67 | 296.6 |
| ※关岭县 | Guanling | 4481 | 59 | 7.1 | 364 | 63 | 279.2 |
| ※紫云县 | Ziyun | 7779 | 36 | 18.8 | 3096 | 39 | 37.5 |
| 七星关区 | Qixingguan | 5890 | 46 | 20.7 | 12894 | 8 | 25.2 |
| 大方县 | Dafang | 7412 | 38 | 0.2 | 18060 | 3 | 30.8 |
| 黔西县 | Qianxi | 68735 | 2 | 9.6 | 7717 | 21 | 16.1 |
| 金沙县 | Jinsha | 24607 | 5 | -4.3 | 3055 | 40 | -26.9 |
| 织金县 | Zhijin | 13164 | 19 | 1.8 | 4115 | 37 | 7.3 |
| 纳雍县 | Nayong | 220 | 82 | 10.6 | 4687 | 36 | 10.6 |
| ※威宁县 | Weining | 79 | 85 | -15.1 | 43586 | 1 | 28.9 |
| 赫章县 | Hezhang | 180 | 84 | -9.1 | 6758 | 23 | 32.5 |
| 碧江区 | Bijiang | 4450 | 60 | 1.4 | 95 | 68 | -22.8 |
| 万山区 | Wanshan | 3364 | 66 | 44.4 | | | |

27-45 续表 continued

| 县(市、区、特区)名 称 | County (City,District, Special region) | 油菜籽产 量(吨) Output of Rapeseed (ton) | 位 次 Order | 2013年比2012年增长(%) Increase Rate in 2013 over 2012(%) | 烤 烟产 量(吨) Output of Fluecured Tobacco (ton) | 位 次 Order | 2013年比2012年增长(%) Increase Rate in 2013 over 2012(%) |
|---|---|---|---|---|---|---|---|
| 江口县 | Jiangkou | 4615 | 58 | 13.4 | 2600 | 47 | 19.9 |
| ※玉屏县 | Yuping | 3750 | 65 | 6.0 | 312 | 65 | |
| 石阡县 | Shiqian | 16705 | 13 | 8.5 | 6014 | 27 | 3.1 |
| 思南县 | Sinan | 23191 | 6 | 21.3 | 4736 | 35 | 0.9 |
| ※印江县 | Yinjiang | 14050 | 16 | 5.1 | 5578 | 31 | -6.0 |
| 德江县 | Dejiang | 14344 | 15 | 10.7 | 8010 | 20 | 14.4 |
| ※沿河县 | Yanhe | 9334 | 29 | 9.2 | 5975 | 29 | -4.3 |
| ※松桃县 | Songtao | 13522 | 18 | 7.2 | 3001 | 41 | 3.6 |
| 兴义市 | Xingyi | 9990 | 27 | 6.4 | 13739 | 7 | -5.5 |
| 兴仁县 | Xingren | 5903 | 45 | 6.6 | 8706 | 14 | -0.1 |
| 普安县 | Puan | 1408 | 76 | 18.7 | 14890 | 5 | 55.8 |
| 晴隆县 | Qinglong | 1493 | 75 | 7.3 | 2852 | 43 | 23.1 |
| 贞丰县 | Zhenfeng | 4641 | 56 | 7.5 | 3100 | 38 | -17.9 |
| 望谟县 | Wangmo | 2304 | 71 | 22.0 | | | |
| 册亨县 | Ceheng | 2251 | 73 | -2.3 | | | |
| 安龙县 | Anlong | 4098 | 64 | 1.5 | 8483 | 17 | 14.4 |
| 凯里市 | Kaili | 2907 | 67 | 1.9 | 811 | 59 | -15.6 |
| 黄平县 | Huangping | 5242 | 50 | 9.2 | 2326 | 50 | -7.3 |
| 施秉县 | Shibing | 4245 | 62 | -6.9 | 5050 | 32 | -14.2 |
| 三穗县 | Sansui | 2576 | 69 | 12.2 | 250 | 66 | 2.5 |
| 镇远县 | Zhenyuan | 7263 | 40 | 2.7 | 6075 | 26 | 21.4 |
| 岑巩县 | Cengong | 5206 | 51 | 1.3 | 6600 | 24 | 55.3 |
| 天柱县 | Tianzhu | 5631 | 48 | 18.1 | 1349 | 57 | 58.5 |
| 锦屏县 | Jinping | 4191 | 63 | -0.6 | 490 | 61 | 74.4 |
| 剑河县 | Jianhe | 2414 | 70 | 25.7 | | | |
| 台江县 | Taijiang | 2270 | 72 | 8.6 | | | |
| 黎平县 | Liping | 7644 | 37 | 4.4 | 16 | 72 | 60.0 |
| 榕江县 | Rongjiang | 6302 | 43 | 8.8 | | | |
| 从江县 | Congjiang | 5140 | 52 | 7.1 | | | |
| 雷山县 | Leishan | 508 | 80 | 14.2 | | | |
| 麻江县 | Majiang | 4823 | 54 | 4.4 | 2753 | 45 | 0.6 |
| 丹寨县 | Danzhai | 780 | 79 | -2.4 | 381 | 62 | -22.4 |
| 都匀市 | Duyun | 8308 | 32 | 4.0 | 1010 | 58 | 35.9 |
| 福泉市 | Fuquan | 10519 | 25 | 5.9 | 5650 | 30 | 25.0 |
| 荔波县 | Libo | 4343 | 61 | 7.2 | 17 | 71 | 6.3 |
| 贵定县 | Guiding | 6699 | 42 | -2.4 | 2055 | 53 | 4.6 |
| 瓮安县 | Wengan | 17518 | 11 | -4.8 | 7475 | 22 | 8.4 |
| 独山县 | Dushan | 7800 | 35 | 11.2 | 2291 | 51 | 16.8 |
| 平塘县 | Pingtang | 8800 | 31 | 6.6 | 2718 | 46 | -14.5 |
| 罗甸县 | Luodian | 2717 | 68 | 3.7 | 55 | 69 | |
| 长顺县 | Changshun | 5737 | 47 | 9.1 | 5982 | 28 | 12.7 |
| 龙里县 | Longli | 5500 | 49 | 15.1 | 2100 | 52 | 14.1 |
| 惠水县 | Huishui | 4863 | 53 | 持平 | 2928 | 42 | 82.1 |
| ※三都县 | Sandu | 10922 | 23 | 32.7 | | | |

# 27−46 各县(市、区、特区)规模以上工业增加值(2013)

# Value-added of Industry above Designated Size and Its Order by County(City,District,Special region)

单位：万元 (10000 yuan)

| 县(市、区、特区)名称 | County (City,District, Special region) | 工业增加值 Value-added of Industry | 轻工业 Light Industry | 重工业 Heavy Industry | 位次 Order |
|---|---|---|---|---|---|
| 南明区 | Nanming | 284044 | 183921 | 100123 | 24 |
| 云岩区 | Yunyan | 1271096 | 969131 | 301965 | 4 |
| 花溪区 | Huaxi | 1341442 | 797793 | 543649 | 3 |
| 乌当区 | Wudang | 390358 | 230052 | 160306 | 16 |
| 白云区 | Baiyun | 600689 | 142921 | 457768 | 11 |
| 观山湖区 | Guanshanhu | 104912 | 14317 | 90595 | 52 |
| 开阳县 | Kaiyang | 378269 | 16716 | 361553 | 17 |
| 息烽县 | Xifeng | 506395 | 47190 | 459205 | 14 |
| 修文县 | Xiuwen | 356488 | 203567 | 152921 | 19 |
| 清镇市 | Qingzhen | 276150 | 28065 | 248085 | 26 |
| 钟山区 | Zhongshan | 771463 | 12448 | 759015 | 9 |
| 六枝特区 | Liuzhi | 175559 | 883 | 174676 | 42 |
| 水城县 | Shuicheng | 844998 | 8772 | 836226 | 6 |
| 盘　县 | Panxian | 1725481 | 825 | 1724656 | 2 |
| 红花岗区 | Honghuagang | 321537 | 97235 | 224302 | 23 |
| 汇川区 | Huicuan | 864401 | 647371 | 217030 | 5 |
| 遵义县 | Zunyi | 835032 | 221657 | 613375 | 7 |
| 桐梓县 | Tongzi | 214667 | 864 | 213803 | 32 |
| 绥阳县 | Suiyang | 102840 | 31550 | 71290 | 53 |
| 正安县 | Zhengan | 37819 | 20313 | 17506 | 73 |
| ※道真县 | Daozhen | 21559 | 2268 | 19291 | 79 |
| ※务川县 | Wuchuan | 22688 | 6876 | 15812 | 78 |
| 凤冈县 | Fenggang | 55931 | 40197 | 15733 | 67 |
| 湄潭县 | Meitan | 94380 | 83739 | 10641 | 54 |
| 余庆县 | Yuqing | 107905 | 21679 | 86226 | 49 |
| 习水县 | Xishui | 469475 | 345464 | 124011 | 15 |
| 赤水市 | Chishui | 202916 | 151502 | 51414 | 36 |
| 仁怀市 | Renhuai | 3426158 | 3414294 | 11864 | 1 |
| 西秀区 | Xixiu | 579770 | 125778 | 453992 | 12 |
| 平坝县 | Pingba | 207501 | 18795 | 188706 | 34 |
| 普定县 | Puding | 204139 | 9563 | 194576 | 35 |
| ※镇宁县 | Zhenning | 42408 | 22744 | 19664 | 71 |
| ※关岭县 | Guanling | 31597 | | 31597 | 76 |
| ※紫云县 | Ziyun | 20177 | 2607 | 17570 | 82 |
| 七星关区 | Qixingguan | 664656 | 450426 | 214230 | 10 |
| 大方县 | Dafang | 270803 | | 270803 | 27 |
| 黔西县 | Qianxi | 255293 | 16638 | 238655 | 28 |
| 金沙县 | Jinsha | 566050 | 103969 | 462081 | 13 |
| 织金县 | Zhijin | 188144 | 92 | 188052 | 39 |
| 纳雍县 | Nayong | 369775 | | 369775 | 18 |
| ※威宁县 | Weining | 167626 | 1115 | 166511 | 45 |
| 赫章县 | Hezhang | 80505 | 2246 | 78259 | 59 |
| 碧江区 | Bijiang | 211115 | 97079 | 114036 | 33 |
| 万山区 | Wanshan | 58520 | 5476 | 53044 | 65 |

## 27-46 续表 continued

单位：万元 (10000 yuan)

| 县(市、区、特区)名 称 | County (City,District, Special region) | 工 业 增加值 Value-added of Industry | 轻工业 Light Industry | 重工业 Heavy Industry | 位 次 Order |
|---|---|---|---|---|---|
| 江口县 | Jiangkou | 34140 | 19425 | 14715 | 75 |
| ※玉屏县 | Yuping | 179140 | 7432 | 171708 | 40 |
| 石阡县 | Shiqian | 34999 | 18372 | 16627 | 74 |
| 思南县 | Sinan | 110099 | 18676 | 91423 | 48 |
| ※印江县 | Yinjiang | 62011 | 31863 | 30148 | 62 |
| 德江县 | Dejiang | 61494 | 39549 | 21945 | 63 |
| ※沿河县 | Yanhe | 62203 | 21350 | 40853 | 61 |
| ※松桃县 | Songtao | 150271 | 9906 | 140365 | 46 |
| 兴义市 | Xingyi | 804302 | 84147 | 720155 | 8 |
| 兴仁县 | Xingren | 238076 | 8027 | 230049 | 30 |
| 普安县 | Puan | 188975 | 3599 | 185376 | 38 |
| 晴隆县 | Qinglong | 106627 | 2621 | 104006 | 50 |
| 贞丰县 | Zhenfeng | 340831 | 1165 | 339666 | 22 |
| 望谟县 | Wangmo | 15049 | 3249 | 11800 | 86 |
| 册亨县 | Ceheng | 18837 | 5454 | 13383 | 83 |
| 安龙县 | Anlong | 175416 | 291 | 175125 | 43 |
| 凯里市 | Kaili | 239746 | 17315 | 222431 | 29 |
| 黄平县 | Huangping | 16037 | | 16037 | 84 |
| 施秉县 | Shibing | 15265 | 1798 | 13467 | 85 |
| 三穗县 | Sansui | 45079 | 25072 | 20007 | 69 |
| 镇远县 | Zhenyuan | 197093 | 90829 | 106264 | 37 |
| 岑巩县 | Cengong | 88964 | 21915 | 67049 | 57 |
| 天柱县 | Tianzhu | 106364 | 1269 | 105095 | 51 |
| 锦屏县 | Jinping | 89203 | 5227 | 83976 | 56 |
| 剑河县 | Jianhe | 20911 | 4499 | 16412 | 81 |
| 台江县 | Taijiang | 38069 | 2778 | 35291 | 72 |
| 黎平县 | Liping | 63624 | 6414 | 57210 | 60 |
| 榕江县 | Rongjiang | 58120 | | 58120 | 66 |
| 从江县 | Congjiang | 26635 | | 26635 | 77 |
| 雷山县 | Leishan | 21167 | 12565 | 8602 | 80 |
| 麻江县 | Majiang | 43491 | | 43491 | 70 |
| 丹寨县 | Danzhai | 48185 | 7444 | 40741 | 68 |
| 都匀市 | Duyun | 234392 | 75737 | 160494 | 31 |
| 福泉市 | Fuquan | 342531 | 1600 | 341936 | 21 |
| 荔波县 | Libo | 89740 | | 89066 | 55 |
| 贵定县 | Guiding | 278673 | 243634 | 36545 | 25 |
| 瓮安县 | Wengan | 342736 | 2193 | 341548 | 20 |
| 独山县 | Dushan | 112558 | 11507 | 100206 | 47 |
| 平塘县 | Pingtang | 10384 | 3836 | 6470 | 87 |
| 罗甸县 | Luodian | 60307 | 38778 | 21076 | 64 |
| 长顺县 | Changshun | 82035 | 31906 | 49513 | 58 |
| 龙里县 | Longli | 176496 | 96784 | 78388 | 41 |
| 惠水县 | Huishui | 172349 | 64785 | 106270 | 44 |
| ※三都县 | Sandu | 9557 | 957 | 8528 | 88 |

注：统计口径为年主营业务收入2000万元及以上工业企业。

Note: The statistics for the main business income of 20 Million yuan of industrial enterprises.

# 27-47 各县(市、区、特区)社会消费品零售总额(2013)

# Total Retail Sales of Social Consumer Goods by County (City,District,Special Region)

单位：万元 (10000 yuan)

| 县(市、区、特区)名称 | County (City,District, Special Region) | 社会消费品零售总额 Total retail sales of social consumer goods | 城镇 Urban | 乡村 Rural |
|---|---|---|---|---|
| 南明区 | Nanming | 2632565 | 2632565 | |
| 云岩区 | Yunyan | 2933448 | 2933448 | |
| 花溪区 | Huaxi | 1029398 | 780078 | 249320 |
| 乌当区 | Wudang | 247000 | 246164 | 836 |
| 白云区 | Baiyun | 312203 | 310601 | 1602 |
| 观山湖区 | Guanshanhu | 620800 | 620800 | |
| 开阳县 | Kaiyang | 269126 | 107112 | 162014 |
| 息烽县 | Xifeng | 140735 | 79447 | 61288 |
| 修文县 | Xiuwen | 163964 | 68373 | 95591 |
| 清镇市 | Qingzhen | 294344 | 219014 | 75330 |
| | | | | |
| 钟山区 | Zhongshan | 1160969 | 1079701 | 81268 |
| 六枝特区 | Liuzhi | 259111 | 201107 | 58005 |
| 水城县 | Shuicheng | 121603 | 82906 | 38697 |
| 盘　县 | Panxian | 551050 | 439689 | 111361 |
| | | | | |
| 红花岗区 | Honghuagang | 1459778 | 1274624 | 185154 |
| 汇川区 | Huicuan | 775649 | 715286 | 60364 |
| 遵义县 | Zunyi | 494738 | 437313 | 57424 |
| 桐梓县 | Tongzi | 188083 | 144739 | 43344 |
| 绥阳县 | Suiyang | 144951 | 96886 | 48065 |
| 正安县 | Zhengan | 144354 | 88905 | 55449 |
| ※道真县 | Daozhen | 91932 | 41662 | 50269 |
| ※务川县 | Wuchuan | 92494 | 54754 | 37741 |
| 凤冈县 | Fenggang | 125237 | 77783 | 47454 |
| 湄潭县 | Meitan | 190730 | 113521 | 77209 |
| 余庆县 | Yuqing | 118958 | 78937 | 40021 |
| 习水县 | Xishui | 180592 | 139336 | 41256 |
| 赤水市 | Chishui | 175310 | 112894 | 62415 |
| 仁怀市 | Renhuai | 520895 | 477643 | 43252 |
| | | | | |
| 西秀区 | Xixiu | 443655 | 325129 | 118526 |
| 平坝县 | Pingba | 166603 | 127825 | 38778 |
| 普定县 | Puding | 126837 | 91481 | 35356 |
| ※镇宁县 | Zhenning | 134367 | 97813 | 36554 |
| ※关岭县 | Guanling | 149071 | 108021 | 41050 |
| ※紫云县 | Ziyun | 104338 | 74858 | 29479 |
| | | | | |
| 七星关区 | Qixingguan | 737786 | 573025 | 164761 |
| 大方县 | Dafang | 175591 | 14073 | 161518 |
| 黔西县 | Qianxi | 204002 | 162202 | 41800 |
| 金沙县 | Jinsha | 208997 | 166598 | 42399 |
| 织金县 | Zhijin | 194025 | 154620 | 39405 |
| 纳雍县 | Nayong | 156186 | 124349 | 31837 |
| ※威宁县 | Weining | 193462 | 154070 | 39392 |
| 赫章县 | Hezhang | 114895 | 91316 | 23579 |
| | | | | |
| 碧江区 | Bijiang | 322308 | 267115 | 55193 |
| 万山区 | Wanshan | 38628 | 30974 | 7654 |

## 27-47 续表 continued

单位：万元 (10000 yuan)

| 县(市、区、特区)名 称 | County (City,District, Special Region) | 社会消费品零售总额 Total retail sales of social consumer goods | 城镇 Urban | 乡村 Rural |
|---|---|---|---|---|
| 江口县 | Jiangkou | 59307 | 46176 | 13131 |
| ※玉屏县 | Yuping | 64685 | 50389 | 14296 |
| 石阡县 | Shiqian | 68513 | 53996 | 14517 |
| 思南县 | Sinan | 160085 | 118356 | 41729 |
| ※印江县 | Yinjiang | 86235 | 66138 | 20097 |
| 德江县 | Dejiang | 111859 | 82892 | 28967 |
| ※沿河县 | Yanhe | 121331 | 87709 | 33622 |
| ※松桃县 | Songtao | 155202 | 114249 | 40953 |
| 兴义市 | Xingyi | 964928 | 803071 | 161857 |
| 兴仁县 | Xingren | 126153 | 111497 | 14656 |
| 普安县 | Puan | 56155 | 44214 | 11941 |
| 晴隆县 | Qinglong | 46355 | 34337 | 12017 |
| 贞丰县 | Zhenfeng | 64693 | 55192 | 9501 |
| 望谟县 | Wangmo | 31184 | 22942 | 8243 |
| 册亨县 | Ceheng | 17990 | 13642 | 4348 |
| 安龙县 | Anlong | 83363 | 75053 | 8311 |
| 凯里市 | Kaili | 775786 | 594064 | 181723 |
| 黄平县 | Huangping | 74946 | 57390 | 17556 |
| 施秉县 | Shibing | 56267 | 43087 | 13180 |
| 三穗县 | Sansui | 98691 | 75573 | 23118 |
| 镇远县 | Zhenyuan | 92458 | 70801 | 21658 |
| 岑巩县 | Cengong | 76355 | 58469 | 17886 |
| 天柱县 | Tianzhu | 137625 | 105387 | 32238 |
| 锦屏县 | Jinping | 73677 | 56419 | 17258 |
| 剑河县 | Jianhe | 59871 | 45847 | 14024 |
| 台江县 | Taijiang | 41969 | 32138 | 9831 |
| 黎平县 | Liping | 140941 | 107926 | 33014 |
| 榕江县 | Rongjiang | 90238 | 69101 | 21138 |
| 从江县 | Congjiang | 81848 | 62676 | 19172 |
| 雷山县 | Leishan | 45934 | 35175 | 10760 |
| 麻江县 | Majiang | 51446 | 39395 | 12051 |
| 丹寨县 | Danzhai | 40473 | 30992 | 9480 |
| 都匀市 | Duyun | 495707 | 477576 | 18131 |
| 福泉市 | Fuquan | 164174 | 137724 | 26450 |
| 荔波县 | Libo | 77717 | 63411 | 14306 |
| 贵定县 | Guiding | 97147 | 79438 | 17709 |
| 瓮安县 | Wengan | 119063 | 98305 | 20757 |
| 独山县 | Dushan | 113283 | 92358 | 20924 |
| 平塘县 | Pingtang | 60726 | 49932 | 10794 |
| 罗甸县 | Luodian | 77499 | 64565 | 12934 |
| 长顺县 | Changshun | 74887 | 61209 | 13679 |
| 龙里县 | Longli | 73335 | 59925 | 13411 |
| 惠水县 | Huishui | 109607 | 90487 | 19120 |
| ※三都县 | Sandu | 89437 | 73349 | 16088 |

# 27–48 各县(市、区、特区)金融机构人民币存贷款余额(2013)
# Urban and Rural Resident Savings Deposit Balance and Loan by County(City,District,Special region)

单位：亿元 (100 million yuan)

| 县(市、区、特区)名 称 | County (City,District, Special region) | 金融机构人民币存款余额 Total Deposits | #储蓄存款 Saving Deposit | 金融机构人民币贷款余额 Total Loans |
|---|---|---|---|---|
| 开阳县 | Kaiyang | 84.35 | 50.07 | 72.11 |
| 息烽县 | Xifeng | 58.30 | 32.73 | 55.02 |
| 修文县 | Xiuwen | 50.71 | 30.38 | 33.15 |
| 清镇市 | Qingzhen | 112.06 | 70.28 | 73.38 |
| 六枝特区 | Liuzhi | 89.22 | 54.26 | 68.48 |
| 盘　县 | Panxian | 209.90 | 125.59 | 148.75 |
| 遵义县 | Zunyi | 202.03 | 136.34 | 148.84 |
| 桐梓县 | Tongzi | 96.08 | 68.51 | 50.99 |
| 绥阳县 | Suiyang | 71.68 | 53.19 | 34.41 |
| 正安县 | Zhengan | 71.19 | 50.64 | 28.81 |
| ※道真县 | Daozhen | 56.00 | 43.13 | 23.19 |
| ※务川县 | Wuchuan | 61.53 | 40.29 | 27.21 |
| 凤冈县 | Fenggang | 56.58 | 40.93 | 26.10 |
| 湄潭县 | Meitan | 84.81 | 64.22 | 44.79 |
| 余庆县 | Yuqing | 51.34 | 39.97 | 34.20 |
| 习水县 | Xishui | 98.12 | 60.54 | 47.25 |
| 赤水市 | Chishui | 79.39 | 56.24 | 51.60 |
| 仁怀市 | Renhuai | 425.46 | 108.97 | 136.91 |
| 平坝县 | Pingba | 93.19 | 51.98 | 67.72 |
| 普定县 | Puding | 45.66 | 25.66 | 46.59 |
| ※镇宁县 | Zhenning | 56.79 | 25.85 | 54.85 |
| ※关岭县 | Guanling | 52.06 | 28.02 | 28.05 |
| ※紫云县 | Ziyun | 40.07 | 21.04 | 23.49 |
| 七星关区 | Qixingguan | 289.41 | 143.89 | 187.88 |
| 大方县 | Dafang | 89.27 | 64.25 | 51.45 |
| 黔西县 | Qianxi | 71.91 | 50.02 | 72.35 |
| 金沙县 | Jinsha | 86.04 | 59.03 | 59.06 |
| 织金县 | Zhijin | 100.81 | 60.11 | 64.50 |
| 纳雍县 | Nayong | 72.19 | 44.68 | 44.28 |
| ※威宁县 | Weining | 68.89 | 46.63 | 43.82 |
| 赫章县 | Hezhang | 60.26 | 40.78 | 24.45 |
| 碧江区 | Bijiang | 188.02 | 97.74 | 133.95 |
| 万山区 | Wanshan | 21.14 | 9.22 | 7.88 |

27-48 续表 continued

单位：亿元 (100 million yuan)

| 县(市、区、特区)名称 | County (City,District, Special region) | 金融机构人民币存款余额 Total Deposits | #储蓄存款 Saving Deposit | 金融机构人民币贷款余额 Total Loans |
|---|---|---|---|---|
| 江口县 | Jiangkou | 43.12 | 25.16 | 28.90 |
| ※玉屏县 | Yuping | 33.93 | 22.65 | 36.20 |
| 石阡县 | Shiqian | 46.80 | 35.45 | 31.51 |
| 思南县 | Sinan | 80.65 | 59.41 | 68.80 |
| ※印江县 | Yinjiang | 58.70 | 39.40 | 42.34 |
| 德江县 | Dejiang | 48.76 | 34.88 | 37.63 |
| ※沿河县 | Yanhe | 62.95 | 43.37 | 34.11 |
| ※松桃县 | Songtao | 76.23 | 54.44 | 51.65 |
| 兴义市 | Xingyi | 318.20 | 145.02 | 230.96 |
| 兴仁县 | Xingren | 58.98 | 34.46 | 54.25 |
| 普安县 | Puan | 38.66 | 24.22 | 28.47 |
| 晴隆县 | Qinglong | 33.62 | 20.60 | 18.32 |
| 贞丰县 | Zhenfeng | 61.30 | 32.86 | 27.57 |
| 望谟县 | Wangmo | 41.26 | 16.17 | 19.35 |
| 册亨县 | Ceheng | 34.67 | 14.47 | 20.69 |
| 安龙县 | Anlong | 63.49 | 38.23 | 25.68 |
| 凯里市 | Kaili | 300.76 | 146.59 | 205.63 |
| 黄平县 | Huangping | 43.68 | 32.53 | 17.93 |
| 施秉县 | Shibing | 22.53 | 16.75 | 15.11 |
| 三穗县 | Sansui | 28.51 | 21.82 | 15.74 |
| 镇远县 | Zhenyuan | 38.16 | 27.46 | 24.90 |
| 岑巩县 | Cengong | 30.97 | 22.44 | 20.22 |
| 天柱县 | Tianzhu | 61.00 | 44.47 | 24.26 |
| 锦屏县 | Jinping | 37.21 | 26.89 | 14.49 |
| 剑河县 | Jianhe | 30.63 | 23.04 | 15.93 |
| 台江县 | Taijiang | 22.07 | 15.67 | 26.46 |
| 黎平县 | Liping | 63.97 | 47.93 | 38.27 |
| 榕江县 | Rongjiang | 42.09 | 32.03 | 34.39 |
| 从江县 | Congjiang | 29.08 | 20.28 | 19.55 |
| 雷山县 | Leishan | 21.30 | 15.19 | 14.29 |
| 麻江县 | Majiang | 29.86 | 21.46 | 19.78 |
| 丹寨县 | Danzhai | 30.16 | 16.84 | 12.65 |
| 都匀市 | Duyun | 254.85 | 125.45 | 145.92 |
| 福泉市 | Fuquan | 67.19 | 43.75 | 65.58 |
| 荔波县 | Libo | 38.34 | 22.95 | 23.09 |
| 贵定县 | Guiding | 43.58 | 31.59 | 23.92 |
| 瓮安县 | Wengan | 80.61 | 58.86 | 45.15 |
| 独山县 | Dushan | 53.54 | 39.58 | 31.27 |
| 平塘县 | Pingtang | 32.58 | 19.77 | 19.71 |
| 罗甸县 | Luodian | 42.09 | 22.71 | 25.47 |
| 长顺县 | Changshun | 30.22 | 16.91 | 16.51 |
| 龙里县 | Longli | 58.44 | 33.12 | 36.64 |
| 惠水县 | Huishui | 44.29 | 29.47 | 26.73 |
| ※三都县 | Sandu | 37.40 | 23.99 | 25.28 |

注：资料来源于中国人民银行贵阳中心支行。
Notes:Data in the table are obtained from Guiyang Central Branch of PBC.

# 27-49 各县(市、区、特区)普通中学(2013)

| 县(市、区、特区)名称 | County (City,Distric, Special Region) | 学校数(所) Total Schools (unit) | #初中 Junior Secondary Shools | 毕业生数(人) Graduates(person) 初中 Junior Secondary Shools | 高中 Senior Secondary Shools |
|---|---|---|---|---|---|
| 南明区 | Nanming | 68 | 57 | 7908 | 2502 |
| 云岩区 | Yunyan | 62 | 48 | 10424 | 4986 |
| 花溪区 | Huaxi | 58 | 45 | 7949 | 3695 |
| 乌当区 | Wudang | 35 | 26 | 5236 | 2537 |
| 白云区 | Baiyun | 12 | 8 | 4222 | 2090 |
| 观山湖区 | Guanshanhu | | | | |
| 开阳县 | Kaiyang | 23 | 15 | 6391 | 2716 |
| 息烽县 | Xifeng | 14 | 11 | 3691 | 1218 |
| 修文县 | Xiuwen | 17 | 12 | 4198 | 1474 |
| 清镇市 | Qingzhen | 29 | 22 | 8784 | 2896 |
| 钟山区 | Zhongshan | 49 | 38 | 11129 | 7231 |
| 六枝特区 | Liuzhi | 42 | 36 | 12336 | 2430 |
| 水城县 | Shuicheng | 58 | 55 | 17853 | 2243 |
| 盘　县 | Panxian | 75 | 63 | 27052 | 6310 |
| 红花岗区 | Honghuagang | 40 | 28 | 9446 | 4938 |
| 汇川区 | Huicuan | 33 | 25 | 6778 | 2889 |
| 遵义县 | Zunyi | 61 | 52 | 20509 | 8346 |
| 桐梓县 | Tongzi | 44 | 37 | 9603 | 2944 |
| 绥阳县 | Suiyang | 31 | 25 | 8201 | 1762 |
| 正安县 | Zhengan | 39 | 35 | 8645 | 2281 |
| ※道真县 | Daozhen | 22 | 20 | 4637 | 1684 |
| ※务川县 | Wuchuan | 29 | 26 | 8367 | 2117 |
| 凤冈县 | Fenggang | 20 | 16 | 7997 | 2574 |
| 湄潭县 | Meitan | 25 | 22 | 8111 | 2205 |
| 余庆县 | Yuqing | 16 | 12 | 4762 | 2187 |
| 习水县 | Xishui | 43 | 35 | 8269 | 3192 |
| 赤水市 | Chishui | 17 | 14 | 3404 | 1215 |
| 仁怀市 | Renhuai | 39 | 32 | 12073 | 3046 |
| 西秀区 | Xixiu | 51 | 41 | 12845 | 4898 |
| 平坝县 | Pingba | 23 | 18 | 5463 | 1281 |
| 普定县 | Puding | 15 | 13 | 5057 | 1147 |
| ※镇宁县 | Zhenning | 20 | 19 | 3234 | 540 |
| ※关岭县 | Guanling | 23 | 22 | 4671 | 909 |
| ※紫云县 | Ziyun | 21 | 20 | 7818 | 884 |
| 七星关区 | Qixingguan | 129 | 112 | 25761 | 8078 |
| 大方县 | Dafang | 56 | 41 | 14970 | 4936 |
| 黔西县 | Qianxi | 60 | 49 | 12501 | 4465 |
| 金沙县 | Jinsha | 40 | 37 | 8479 | 3229 |
| 织金县 | Zhijin | 47 | 40 | 14555 | 4218 |
| 纳雍县 | Nayong | 37 | 31 | 11852 | 3014 |
| ※威宁县 | Weining | 67 | 58 | 25361 | 5147 |
| 赫章县 | Hezhang | 56 | 46 | 14387 | 3235 |
| 碧江区 | Bijiang | 24 | 17 | 5263 | 4890 |
| 万山区 | Wanshan | 10 | 8 | 2131 | 223 |

# Statistics on Regular Secondary Schools by County(City,District,Special region)

| 招生数(人) New Enrollment(person) | | 在校学生数(人) Students Enrollment(person) | | 专任教师(人) Full-time Teachers(person) | |
|---|---|---|---|---|---|
| 初中 Junior Secondary Shools | 高中 Senior Secondary Shools | 初中 Junior Secondary Shools | 高中 Senior Secondary Shools | 初中 Junior Secondary Shools | 高中 Senior Secondary Shools |
| 8681 | 2727 | 24630 | 8523 | 1623 | 572 |
| 10987 | 5437 | 32038 | 15424 | 2069 | 1231 |
| 8462 | 4381 | 24855 | 12045 | 1508 | 742 |
| 6877 | 3354 | 19555 | 9240 | 1391 | 674 |
| 4652 | 2328 | 13966 | 7490 | 777 | 576 |
| 5092 | 3290 | 17643 | 10321 | 1048 | 494 |
| 3008 | 1920 | 9704 | 5042 | 592 | 294 |
| 3283 | 2038 | 10473 | 5391 | 703 | 320 |
| 7472 | 3976 | 23530 | 10644 | 1359 | 699 |
| 14258 | 10411 | 39087 | 26489 | 1628 | 1315 |
| 10825 | 4277 | 31618 | 10911 | 1660 | 590 |
| 13618 | 5497 | 39610 | 12445 | 2222 | 376 |
| 19283 | 13863 | 64721 | 31570 | 3579 | 1498 |
| 9648 | 7208 | 29194 | 18323 | 1876 | 978 |
| 6902 | 3817 | 21636 | 10859 | 1290 | 660 |
| 16655 | 12332 | 54996 | 33463 | 3328 | 1326 |
| 9881 | 4912 | 29860 | 12359 | 1714 | 579 |
| 7931 | 3502 | 24011 | 7847 | 1492 | 504 |
| 8070 | 3925 | 26094 | 9475 | 1689 | 602 |
| 5509 | 2843 | 16437 | 7574 | 893 | 378 |
| 8099 | 4231 | 25823 | 11008 | 1222 | 545 |
| 6898 | 3689 | 22989 | 10588 | 1334 | 554 |
| 7799 | 3956 | 25662 | 10272 | 1283 | 478 |
| 4698 | 2467 | 14646 | 7262 | 797 | 369 |
| 9959 | 4238 | 28585 | 11142 | 1576 | 712 |
| 3280 | 1672 | 10004 | 4906 | 652 | 278 |
| 11775 | 5401 | 35696 | 14200 | 2158 | 810 |
| 14150 | 7815 | 42031 | 20774 | 2186 | 1070 |
| 5378 | 2223 | 15099 | 5835 | 791 | 368 |
| 6875 | 2368 | 19031 | 5275 | 1085 | 286 |
| 4975 | 1207 | 13134 | 3123 | 841 | 156 |
| 5064 | 1802 | 13629 | 4513 | 843 | 274 |
| 6172 | 1987 | 16676 | 4314 | 763 | 200 |
| 31838 | 12670 | 93469 | 30957 | 4422 | 1528 |
| 18937 | 6820 | 57247 | 19331 | 3187 | 1012 |
| 14990 | 6204 | 43651 | 15644 | 2494 | 783 |
| 10660 | 4005 | 31350 | 10141 | 1764 | 599 |
| 20635 | 6729 | 58147 | 17845 | 2492 | 915 |
| 18944 | 5284 | 49463 | 14178 | 2293 | 627 |
| 46993 | 12290 | 117613 | 26864 | 3799 | 1145 |
| 18886 | 6074 | 52550 | 14429 | 2766 | 963 |
| 6407 | 6234 | 18460 | 17922 | 1142 | 913 |
| 2071 | 594 | 6591 | 1199 | 372 | 126 |

27-49 续表

| 县（市、区、特区）名 称 | County (City,Distric, Special Region) | 学校数(所) Total Schools (unit) | #初中 Junior Secondary Shools | 毕业生数(人) Graduates(person) 初中 Junior Secondary Shools | 高中 Senior Secondary Shools |
|---|---|---|---|---|---|
| 江口县 | Jiangkou | 17 | 14 | 3232 | 1362 |
| ※玉屏县 | Yuping | 11 | 8 | 1783 | 909 |
| 石阡县 | Shiqian | 27 | 23 | 5992 | 2421 |
| 思南县 | Sinan | 39 | 33 | 12951 | 4947 |
| ※印江县 | Yinjiang | 24 | 18 | 6211 | 2267 |
| 德江县 | Dejiang | 29 | 25 | 8544 | 2321 |
| ※沿河县 | Yanhe | 37 | 33 | 10934 | 1989 |
| ※松桃县 | Songtao | 41 | 35 | 9970 | 3028 |
| 兴义市 | Xingyi | 86 | 63 | 14711 | 8055 |
| 兴仁县 | Xingren | 36 | 32 | 7008 | 1458 |
| 普安县 | Puan | 29 | 27 | 4698 | 1106 |
| 晴隆县 | Qinglong | 23 | 21 | 4501 | 1439 |
| 贞丰县 | Zhenfeng | 23 | 20 | 6514 | 931 |
| 望谟县 | Wangmo | 19 | 17 | 4313 | 1053 |
| 册亨县 | Ceheng | 18 | 16 | 4387 | 608 |
| 安龙县 | Anlong | 29 | 25 | 7666 | 1532 |
| 凯里市 | Kaili | 37 | 25 | 7829 | 4285 |
| 黄平县 | Huangping | 14 | 12 | 5123 | 1646 |
| 施秉县 | Shibing | 10 | 9 | 2489 | 648 |
| 三穗县 | Sansui | 13 | 10 | 2382 | 785 |
| 镇远县 | Zhenyuan | 19 | 17 | 3084 | 1041 |
| 岑巩县 | Cengong | 14 | 12 | 3586 | 840 |
| 天柱县 | Tianzhu | 21 | 18 | 4534 | 2295 |
| 锦屏县 | Jinping | 18 | 16 | 3531 | 1621 |
| 剑河县 | Jianhe | 15 | 12 | 2948 | 878 |
| 台江县 | Taijiang | 9 | 8 | 2095 | 683 |
| 黎平县 | Liping | 25 | 21 | 7014 | 2253 |
| 榕江县 | Rongjiang | 23 | 20 | 5165 | 1029 |
| 从江县 | Congjiang | 22 | 20 | 5468 | 764 |
| 雷山县 | Leishan | 8 | 7 | 2420 | 700 |
| 麻江县 | Majiang | 10 | 7 | 3209 | 1055 |
| 丹寨县 | Danzhai | 5 | 4 | 2065 | 654 |
| 都匀市 | Duyun | 31 | 21 | 6215 | 3441 |
| 福泉市 | Fuquan | 19 | 16 | 5183 | 1588 |
| 荔波县 | Libo | 9 | 8 | 2997 | 1077 |
| 贵定县 | Guiding | 15 | 13 | 3567 | 901 |
| 瓮安县 | Wengan | 29 | 24 | 7091 | 3158 |
| 独山县 | Dushan | 6 | 4 | 5992 | 1415 |
| 平塘县 | Pingtang | 19 | 18 | 4469 | 1155 |
| 罗甸县 | Luodian | 22 | 20 | 5321 | 1291 |
| 长顺县 | Changshun | 19 | 18 | 4151 | 1062 |
| 龙里县 | Longli | 15 | 14 | 2752 | 758 |
| 惠水县 | Huishui | 27 | 25 | 7298 | 1772 |
| ※三都县 | Sandu | 22 | 20 | 4769 | 1386 |

continued

| 招生数(人) New Enrollment(person) | | 在校学生数(人) Students Enrollment(person) | | 专任教师(人) Full-time Teachers(person) | |
|---|---|---|---|---|---|
| 初中 Junior Secondary Shools | 高中 Senior Secondary Shools | 初中 Junior Secondary Shools | 高中 Senior Secondary Shools | 初中 Junior Secondary Shools | 高中 Senior Secondary Shools |
| 3303 | 1773 | 10023 | 4998 | 736 | 311 |
| 2081 | 1142 | 6189 | 3229 | 447 | 237 |
| 6989 | 3318 | 20984 | 8520 | 1217 | 510 |
| 12618 | 6900 | 39176 | 19202 | 1472 | 1007 |
| 6549 | 3128 | 19743 | 9034 | 1021 | 573 |
| 9090 | 3826 | 28932 | 10303 | 1875 | 643 |
| 11337 | 2940 | 34653 | 8332 | 1930 | 419 |
| 10697 | 4595 | 31731 | 11447 | 2189 | 691 |
| 15887 | 10063 | 46755 | 27508 | 2908 | 1788 |
| 9997 | 2953 | 27336 | 6949 | 1688 | 454 |
| 5700 | 2252 | 16232 | 4768 | 866 | 224 |
| 6018 | 2158 | 15598 | 5161 | 698 | 304 |
| 7106 | 1779 | 18267 | 4615 | 885 | 263 |
| 6003 | 2027 | 16413 | 4784 | 662 | 210 |
| 4662 | 1405 | 12418 | 3225 | 727 | 161 |
| 7306 | 3687 | 22212 | 8640 | 1317 | 423 |
| 9606 | 6292 | 27571 | 18107 | 1552 | 1111 |
| 6280 | 2534 | 17223 | 6649 | 903 | 335 |
| 2468 | 1113 | 7498 | 2692 | 435 | 161 |
| 2758 | 1552 | 8130 | 3951 | 519 | 247 |
| 4107 | 1518 | 11434 | 4382 | 666 | 251 |
| 3860 | 1517 | 11302 | 4365 | 596 | 229 |
| 3764 | 2494 | 13402 | 7878 | 1056 | 417 |
| 2563 | 2019 | 8872 | 5516 | 642 | 321 |
| 4013 | 1430 | 11297 | 3896 | 653 | 233 |
| 2252 | 1012 | 6782 | 2839 | 357 | 168 |
| 7567 | 3602 | 23068 | 9189 | 1276 | 454 |
| 5254 | 2302 | 14590 | 6045 | 921 | 350 |
| 5034 | 2708 | 14474 | 4687 | 787 | 283 |
| 2388 | 1228 | 7094 | 3184 | 423 | 186 |
| 3035 | 1299 | 9522 | 3671 | 680 | 248 |
| 2674 | 1048 | 7506 | 2886 | 463 | 163 |
| 5814 | 4506 | 18027 | 12441 | 1076 | 721 |
| 3782 | 2652 | 12524 | 6477 | 855 | 390 |
| 2653 | 1670 | 8210 | 4796 | 486 | 252 |
| 4079 | 1606 | 11979 | 3728 | 722 | 259 |
| 5938 | 4187 | 18435 | 11508 | 1103 | 529 |
| 3972 | 2672 | 13941 | 7225 | 841 | 403 |
| 4509 | 2103 | 13733 | 4781 | 806 | 287 |
| 5271 | 2547 | 13772 | 6311 | 907 | 378 |
| 3821 | 1761 | 11608 | 4662 | 633 | 285 |
| 3058 | 964 | 9266 | 3322 | 563 | 185 |
| 7726 | 2884 | 22540 | 7395 | 1221 | 396 |
| 6067 | 3048 | 17367 | 6622 | 862 | 385 |

# 27−50 各县(市、区、特区)小学(2013)

## Statistics on Primary Schools by County(City,District,Special region)

| 县(市、区、特区)名 称 | County (City,Distric, Special Region) | 学校数(个) Schools (unit) | 毕业生数(人) Gruaduates (person) | 招生数(人) New Enrollment (person) | 在校学生数(人) Students Enrollment (person) | 专任教师(人) Full-time Teachers (person) | 学龄儿童入学率(%) Enrollment Ratio of Primary Schools(%) | 学龄女童入学率(%) Enrollment Ratio of School Girls(%) |
|---|---|---|---|---|---|---|---|---|
| 南明区 | Nanming | 81 | 10358 | 9177 | 55797 | 2649 | 176.7 | 176.5 |
| 云岩区 | Yunyan | 77 | 11407 | 11132 | 63116 | 2932 | 201.4 | 189.5 |
| 花溪区 | Huaxi | 102 | 8754 | 7768 | 45741 | 2491 | 139.5 | 135.8 |
| 乌当区 | Wudang | 74 | 5741 | 7053 | 37854 | 2044 | 147.6 | 146.6 |
| 白云区 | Baiyun | 49 | 4334 | 4073 | 24623 | 1273 | 195.0 | 193.8 |
| 观山湖区 | Guanshanhu | | | | | | | |
| 开阳县 | Kaiyang | 66 | 5053 | 3142 | 20940 | 1459 | 98.7 | 98.8 |
| 息烽县 | Xifeng | 44 | 3017 | 2541 | 15578 | 1091 | 99.3 | 99.8 |
| 修文县 | Xiuwen | 43 | 3057 | 2865 | 15999 | 1071 | 101.0 | 103.7 |
| 清镇市 | Qingzhen | 100 | 7311 | 5128 | 32451 | 1871 | 114.4 | 117.1 |
| 钟山区 | Zhongshan | 84 | 13349 | 9831 | 67851 | 2761 | 131.5 | 131.1 |
| 六枝特区 | Liuzhi | 158 | 10688 | 9086 | 57868 | 2873 | 99.3 | 98.7 |
| 水城县 | Shuicheng | 206 | 14274 | 8251 | 70843 | 3853 | 83.3 | 86.3 |
| 盘 县 | Panxian | 268 | 19132 | 8495 | 68005 | 4582 | 99.1 | 97.7 |
| 红花岗区 | Honghuagang | 74 | 9537 | 8265 | 51117 | 2336 | 136.4 | 134.1 |
| 汇川区 | Huicuan | 73 | 6495 | 5554 | 34758 | 1680 | 133.1 | 136.5 |
| 遵义县 | Zunyi | 240 | 15881 | 10089 | 68310 | 5192 | 85.5 | 87.8 |
| 桐梓县 | Tongzi | 188 | 9528 | 7218 | 49201 | 2493 | 79.6 | 73.5 |
| 绥阳县 | Suiyang | 130 | 8128 | 5094 | 34112 | 2054 | 85.2 | 87.9 |
| 正安县 | Zhengan | 122 | 7527 | 5146 | 36368 | 2452 | 80.6 | 78.8 |
| ※道真县 | Daozhen | 77 | 5351 | 4066 | 25310 | 1533 | 84.4 | 84.1 |
| ※务川县 | Wuchuan | 117 | 7773 | 4038 | 34686 | 1908 | 75.1 | 77.0 |
| 凤冈县 | Fenggang | 87 | 6642 | 4281 | 29645 | 1726 | 89.9 | 91.4 |
| 湄潭县 | Meitan | 93 | 7441 | 4891 | 32610 | 1963 | 90.5 | 89.9 |
| 余庆县 | Yuqing | 92 | 4572 | 3706 | 23205 | 1186 | 83.4 | 85.0 |
| 习水县 | Xishui | 203 | 9815 | 8437 | 52324 | 2507 | 84.9 | 86.1 |
| 赤水市 | Chishui | 58 | 3230 | 3607 | 19047 | 1330 | 77.5 | 78.3 |
| 仁怀市 | Renhuai | 79 | 11892 | 7044 | 52310 | 3027 | 88.4 | 88.4 |
| 西秀区 | Xixiu | 212 | 13044 | 10874 | 74188 | 3997 | 117.6 | 118.6 |
| 平坝县 | Pingba | 143 | 6898 | 3867 | 28753 | 1690 | 92.3 | 94.3 |
| 普定县 | Puding | 138 | 7047 | 5424 | 38409 | 2162 | 99.0 | 98.8 |
| ※镇宁县 | Zhenning | 103 | 5378 | 4409 | 30108 | 1718 | 92.6 | 95.9 |
| ※关岭县 | Guanling | 115 | 5558 | 4783 | 29486 | 1600 | 93.8 | 94.4 |
| ※紫云县 | Ziyun | 131 | 6413 | 4808 | 30186 | 1722 | 94.0 | 93.7 |
| 七星关区 | Qixingguan | 367 | 31130 | 21385 | 159686 | 7571 | 96.8 | 96.5 |
| 大方县 | Dafang | 334 | 19584 | 8325 | 90895 | 5225 | 93.4 | 93.1 |
| 黔西县 | Qianxi | 255 | 14991 | 9170 | 68767 | 4205 | 100.7 | 100.5 |
| 金沙县 | Jinsha | 188 | 10763 | 10374 | 61684 | 3032 | 99.0 | 97.1 |
| 织金县 | Zhijin | 318 | 21584 | 12751 | 101325 | 4413 | 88.4 | 89.2 |
| 纳雍县 | Nayong | 243 | 19243 | 14316 | 105184 | 4700 | 91.5 | 93.0 |
| ※威宁县 | Weining | 426 | 47619 | 23901 | 196248 | 9124 | 103.0 | 104.1 |
| 赫章县 | Hezhang | 293 | 19872 | 14390 | 95208 | 4598 | 99.0 | 100.0 |
| 碧江区 | Bijiang | 85 | 5456 | 5050 | 29314 | 1848 | 129.3 | 129.5 |
| 万山区 | Wanshan | 61 | 2279 | 1568 | 9965 | 699 | 72.0 | 73.2 |

27−50 续表　continued

| 县(市、区、特区)名　称 | County (City,Distric, Special Region) | 学校数(个) Schools (unit) | 毕业生数(人) Gruaduates (person) | 招生数(人) New Enrollment (person) | 在校学生数(人) Students Enrollment (person) | 专任教师(人) Full-time Teachers (person) | 学龄儿童入学率(%) Enrollment Ratio of Primary Schools(%) | 学龄女童入学率(%) Enrollment Ratio of School Girls(%) |
|---|---|---|---|---|---|---|---|---|
| 江口县 | Jiangkou | 85 | 3234 | 2249 | 16425 | 1017 | 94.1 | 92.6 |
| ※玉屏县 | Yuping | 44 | 2079 | 1673 | 10932 | 782 | 84.7 | 86.0 |
| 石阡县 | Shiqian | 86 | 7023 | 3248 | 32116 | 2223 | 84.9 | 82.5 |
| 思南县 | Sinan | 192 | 12304 | 6301 | 54982 | 2827 | 97.9 | 98.5 |
| ※印江县 | Yinjiang | 121 | 7053 | 4585 | 36298 | 1977 | 100.0 | 100.0 |
| 德江县 | Dejiang | 199 | 9799 | 6429 | 52564 | 2848 | 99.1 | 113.4 |
| ※沿河县 | Yanhe | 203 | 13703 | 9488 | 67193 | 3739 | 98.2 | 101.1 |
| ※松桃县 | Songtao | 206 | 11304 | 5627 | 53601 | 3750 | 99.8 | 98.8 |
| 兴义市 | Xingyi | 228 | 13833 | 10831 | 74413 | 4025 | 101.8 | 100.9 |
| 兴仁县 | Xingren | 156 | 10428 | 8471 | 55765 | 2915 | 99.8 | 99.8 |
| 普安县 | Puan | 105 | 6000 | 4335 | 32901 | 1520 | 90.3 | 93.4 |
| 晴隆县 | Qinglong | 95 | 6133 | 4831 | 33192 | 1342 | 99.2 | 99.3 |
| 贞丰县 | Zhenfeng | 141 | 8983 | 6337 | 45389 | 2216 | 87.0 | 88.0 |
| 望谟县 | Wangmo | 116 | 6566 | 5803 | 36211 | 1636 | 96.4 | 96.6 |
| 册亨县 | Ceheng | 66 | 4735 | 3134 | 20257 | 1019 | 89.1 | 89.7 |
| 安龙县 | Anlong | 147 | 7620 | 4831 | 33897 | 2119 | 100.3 | 102.1 |
| 凯里市 | Kaili | 58 | 8929 | 7546 | 48789 | 2255 | 103.4 | 103.8 |
| 黄平县 | Huangping | 75 | 6280 | 3818 | 29393 | 1376 | 99.5 | 99.5 |
| 施秉县 | Shibing | 47 | 2624 | 1962 | 13640 | 871 | 99.0 | 99.0 |
| 三穗县 | Sansui | 38 | 2778 | 2727 | 15924 | 859 | 99.3 | 97.1 |
| 镇远县 | Zhenyuan | 46 | 4099 | 2803 | 19674 | 984 | 99.0 | 93.5 |
| 岑巩县 | Cengong | 73 | 3837 | 2339 | 17795 | 947 | 89.0 | 89.0 |
| 天柱县 | Tianzhu | 64 | 3685 | 3708 | 22196 | 1518 | 96.9 | 98.4 |
| 锦屏县 | Jinping | 53 | 2574 | 2175 | 13703 | 829 | 91.8 | 93.5 |
| 剑河县 | Jianhe | 67 | 3993 | 2810 | 19637 | 1156 | 99.4 | 99.3 |
| 台江县 | Taijiang | 35 | 2277 | 2023 | 13849 | 815 | 99.0 | 99.8 |
| 黎平县 | Liping | 138 | 7535 | 6058 | 33236 | 2158 | 99.8 | 99.6 |
| 榕江县 | Rongjiang | 91 | 5474 | 4236 | 28984 | 1591 | 98.5 | 103.3 |
| 从江县 | Congjiang | 115 | 5302 | 4722 | 28845 | 1478 | 95.3 | 95.3 |
| 雷山县 | Leishan | 56 | 2406 | 1703 | 11426 | 804 | 99.1 | 98.7 |
| 麻江县 | Majiang | 47 | 3102 | 2241 | 15080 | 1042 | 98.9 | 99.0 |
| 丹寨县 | Danzhai | 29 | 2758 | 2289 | 14250 | 844 | 94.4 | 96.7 |
| 都匀市 | Duyun | 85 | 5699 | 4418 | 28338 | 1857 | 99.7 | 100.9 |
| 福泉市 | Fuquan | 93 | 3852 | 3348 | 18786 | 1309 | 99.2 | 98.2 |
| 荔波县 | Libo | 48 | 2649 | 1886 | 12511 | 762 | 93.4 | 96.5 |
| 贵定县 | Guiding | 87 | 4250 | 3052 | 19535 | 1313 | 99.7 | 99.1 |
| 瓮安县 | Wengan | 89 | 5765 | 4772 | 29619 | 1710 | 99.1 | 98.1 |
| 独山县 | Dushan | 66 | 3881 | 4083 | 18810 | 1318 | 99.4 | 104.3 |
| 平塘县 | Pingtang | 100 | 4490 | 3824 | 25419 | 1228 | 99.4 | 101.0 |
| 罗甸县 | Luodian | 85 | 5482 | 4003 | 29217 | 1468 | 94.5 | 95.6 |
| 长顺县 | Changshun | 80 | 3907 | 2442 | 18309 | 1104 | 91.5 | 92.9 |
| 龙里县 | Longli | 58 | 3124 | 2522 | 15617 | 1062 | 99.2 | 99.2 |
| 惠水县 | Huishui | 111 | 8589 | 4709 | 33857 | 1993 | 99.7 | 97.8 |
| ※三都县 | Sandu | 111 | 6194 | 4789 | 33683 | 1706 | 99.4 | 98.0 |

28

Twenty-eight

# 全国各省（区、市）资料

# Main Statistics of Provinces (autonomous regions, municipalities) in the Whole Country

# 28-1 全国及各省(区、市)人口、地区生产总值(2013)

单位：亿元

| 地 区 | Region | 年末总人口(万人) Total Population year-end (10000 persons) | 位次 Order | 地区生产总值 Gross Domestic Product | 位次 Order | 第一产业增加值 Primary Industry | 位次 Order |
|---|---|---|---|---|---|---|---|
| **全 国** | **National Total** | **136072** | | **568845.21** | | **56957.00** | |
| 北 京 | Beijing | 2115 | 26 | 19500.56 | 13 | 161.83 | 29 |
| 天 津 | Tianjin | 1472 | 27 | 14370.16 | 19 | 188.45 | 28 |
| 河 北 | Hebei | 7333 | 6 | 28301.41 | 6 | 3500.42 | 4 |
| 山 西 | Shanxi | 3630 | 18 | 12602.24 | 23 | 773.81 | 24 |
| 内蒙古 | Inner Mongolia | 2498 | 23 | 16832.38 | 15 | 1599.41 | 17 |
| 辽 宁 | Liaoning | 4390 | 14 | 27077.65 | 7 | 2321.63 | 12 |
| 吉 林 | Jilin | 2751 | 21 | 12981.46 | 21 | 1509.34 | 19 |
| 黑龙江 | Heilongjiang | 3835 | 15 | 14382.93 | 17 | 2516.79 | 9 |
| 上 海 | Shanghai | 2415 | 24 | 21602.12 | 12 | 129.28 | 30 |
| 江 苏 | Jiangsu | 7939 | 5 | 59161.75 | 2 | 3646.08 | 3 |
| 浙 江 | Zhejiang | 5498 | 10 | 37568.49 | 4 | 1784.62 | 15 |
| 安 徽 | Anhui | 6030 | 8 | 19038.87 | 14 | 2348.09 | 10 |
| 福 建 | Fujian | 3774 | 16 | 21759.64 | 11 | 1936.31 | 13 |
| 江 西 | Jiangxi | 4522 | 13 | 14338.50 | 20 | 1636.49 | 16 |
| 山 东 | Shandong | 9733 | 2 | 54684.33 | 3 | 4742.63 | 1 |
| 河 南 | Henan | 9413 | 3 | 32155.86 | 5 | 4058.98 | 2 |
| 湖 北 | Hubei | 5799 | 9 | 24668.49 | 9 | 3098.16 | 7 |
| 湖 南 | Hunan | 6691 | 7 | 24501.67 | 10 | 3099.23 | 6 |
| 广 东 | Guangdong | 10644 | 1 | 62163.97 | 1 | 3047.51 | 8 |
| 广 西 | Guangxi | 4719 | 11 | 14378.00 | 18 | 2343.57 | 11 |
| 海 南 | Hainan | 895 | 28 | 3146.46 | 28 | 756.47 | 25 |
| 重 庆 | Chongqing | 2970 | 20 | 12656.69 | 22 | 1016.74 | 22 |
| 四 川 | Sichuan | 8107 | 4 | 26260.77 | 8 | 3425.61 | 5 |
| **贵 州** | **Guizhou** | **3502** | **19** | **8006.79** | **26** | **1029.05** | **21** |
| 云 南 | Yunnan | 4687 | 12 | 11720.91 | 24 | 1895.34 | 14 |
| 西 藏 | Tibet | 312 | 31 | 807.67 | 31 | 86.82 | 31 |
| 陕 西 | Shanxi | 3764 | 17 | 16045.21 | 16 | 1526.05 | 18 |
| 甘 肃 | Gansu | 2582 | 22 | 6268.01 | 27 | 879.37 | 23 |
| 青 海 | Qinghai | 578 | 30 | 2101.05 | 30 | 207.59 | 27 |
| 宁 夏 | Ningxia | 654 | 29 | 2565.06 | 29 | 222.98 | 26 |
| 新 疆 | Xinjiang | 2264 | 25 | 8360.24 | 25 | 1468.29 | 20 |

注：本表地区生产总值及三次产业增加值数据为初步核算数。

# The Population and GDP of the Whole Country and All Provinces

(100 million yuan)

| 第二产业增加值 Secondary Industry | 位次 Order | 第三产业增加值 Tertiary Industry | 位次 Order | 地区生产总值比上年增长(%) Increase Rate of GDP in 2013 over 2012(%) | 位次 Order | 人均地区生产总值(元) Per Capita Gross Domestic Product(yuan) | 位次 Order |
|---|---|---|---|---|---|---|---|
| **249684.42** | | **262203.79** | | **7.7** | | **41908** | |
| 4352.30 | 24 | 14986.43 | 5 | 7.7 | 30 | 93213 | 2 |
| 7276.68 | 17 | 6905.03 | 14 | 12.5 | 1 | 99607 | 1 |
| 14762.10 | 6 | 10038.89 | 9 | 8.2 | 27 | 38716 | 16 |
| 6792.68 | 20 | 5035.75 | 21 | 8.9 | 23 | 34813 | 22 |
| 9084.19 | 13 | 6148.78 | 16 | 9.0 | 21 | 67498 | 6 |
| 14269.46 | 7 | 10486.56 | 7 | 8.7 | 24 | 61686 | 7 |
| 6858.23 | 19 | 4613.89 | 24 | 8.3 | 26 | 47191 | 11 |
| 5918.22 | 22 | 5947.92 | 17 | 8.0 | 29 | 37509 | 17 |
| 8027.77 | 15 | 13445.07 | 6 | 7.7 | 30 | 90092 | 3 |
| 29094.03 | 2 | 26421.64 | 2 | 9.6 | 19 | 74607 | 4 |
| 18446.65 | 4 | 17337.22 | 4 | 8.2 | 27 | 68462 | 5 |
| 10403.96 | 12 | 6286.82 | 15 | 10.4 | 11 | 31684 | 26 |
| 11315.30 | 11 | 8508.03 | 13 | 11.0 | 6 | 57856 | 9 |
| 7671.38 | 16 | 5030.63 | 22 | 10.1 | 13 | 31771 | 25 |
| 27422.47 | 3 | 22519.23 | 3 | 9.6 | 19 | 56323 | 10 |
| 17806.39 | 5 | 10290.49 | 8 | 9.0 | 21 | 34174 | 23 |
| 12171.56 | 9 | 9398.77 | 11 | 10.1 | 13 | 42613 | 14 |
| 11517.35 | 10 | 9885.09 | 10 | 10.1 | 13 | 36763 | 19 |
| 29427.49 | 1 | 29688.97 | 1 | 8.5 | 25 | 58540 | 8 |
| 6863.04 | 18 | 5171.39 | 20 | 10.2 | 12 | 30588 | 27 |
| 871.29 | 30 | 1518.70 | 28 | 9.9 | 17 | 35317 | 21 |
| 6397.92 | 21 | 5242.03 | 19 | 12.3 | 3 | 42795 | 12 |
| 13579.03 | 8 | 9256.13 | 12 | 10.0 | 16 | 32454 | 24 |
| **3243.70** | **26** | **3734.04** | **25** | **12.5** | **1** | **22922** | **31** |
| 4927.82 | 23 | 4897.75 | 23 | 12.1 | 4 | 25083 | 29 |
| 292.92 | 31 | 427.93 | 31 | 12.1 | 4 | 26068 | 28 |
| 8911.64 | 14 | 5607.52 | 18 | 11.0 | 6 | 42692 | 13 |
| 2821.04 | 27 | 2567.60 | 27 | 10.8 | 9 | 24296 | 30 |
| 1204.31 | 29 | 689.15 | 30 | 10.8 | 9 | 36510 | 20 |
| 1264.96 | 28 | 1077.12 | 29 | 9.8 | 18 | 39420 | 15 |
| 3765.97 | 25 | 3125.98 | 26 | 11.0 | 6 | 37181 | 18 |

Note:GDP and three times of industrial value in this table data are preliminary accounting numbers

# 28-2 全国及各省(区、市)固定资产投资(不含农户)、房地产开发情况(2013)

| 地 区 | Region | 固定资产投资(亿元) Investment in Fixed Assets(100 million yuan) | 位 次 Order | 房地产开发投资(亿元) Real Estate Investment (100 million yuan) | 位 次 Order |
|---|---|---|---|---|---|
| **全 国** | **National Total** | **436527.70** | | **86013.38** | |
| 北 京 | Beijing | 6797.54 | 25 | 3483.40 | 28 |
| 天 津 | Tianjin | 9103.01 | 22 | 1480.82 | 23 |
| 河 北 | Hebei | 22629.77 | 5 | 3445.42 | 27 |
| 山 西 | Shanxi | 10745.35 | 18 | 1308.63 | 9 |
| 内蒙古 | Inner Mongolia | 14070.50 | 14 | 1479.01 | 26 |
| 辽 宁 | Liaoning | 24791.40 | 4 | 6450.75 | 21 |
| 吉 林 | Jilin | 9880.00 | 20 | 1252.43 | 31 |
| 黑龙江 | Heilongjiang | 11794.17 | 16 | 1604.83 | 29 |
| 上 海 | Shanghai | 5644.13 | 27 | 2819.59 | 20 |
| 江 苏 | Jiangsu | 35983.00 | 1 | 7241.45 | 24 |
| 浙 江 | Zhejiang | 20189.07 | 7 | 6216.25 | 18 |
| 安 徽 | Anhui | 18090.89 | 10 | 3946.23 | 13 |
| 福 建 | Fujian | 15045.81 | 12 | 3702.97 | 6 |
| 江 西 | Jiangxi | 12450.84 | 15 | 1174.58 | 16 |
| 山 东 | Shandong | 35875.86 | 2 | 5444.53 | 25 |
| 河 南 | Henan | 25321.52 | 3 | 3843.76 | 12 |
| 湖 北 | Hubei | 18796.85 | 9 | 3286.02 | 10 |
| 湖 南 | Hunan | 17230.14 | 11 | 2628.32 | 18 |
| 广 东 | Guangdong | 21794.98 | 6 | 6489.59 | 15 |
| 广 西 | Guangxi | 11383.93 | 17 | 1614.63 | 30 |
| 海 南 | Hainan | 2625.02 | 28 | 1196.76 | 4 |
| 重 庆 | Chongqing | 10285.29 | 19 | 3012.78 | 17 |
| 四 川 | Sichuan | 19754.36 | 8 | 3853.00 | 22 |
| **贵 州** | **Guizhou** | **7102.78** | **24** | **1942.54** | **5** |
| 云 南 | Yunnan | 9621.83 | 21 | 2488.33 | 2 |
| 西 藏 | Tibet | 876.00 | 31 | 9.68 | 1 |
| 陕 西 | Shanxi | 14516.71 | 13 | 2240.17 | 14 |
| 甘 肃 | Gansu | 6407.20 | 26 | 724.65 | 11 |
| 青 海 | Qinghai | 2285.30 | 30 | 247.61 | 7 |
| 宁 夏 | Ningxia | 2577.79 | 29 | 558.97 | 8 |
| 新 疆 | Xinjiang | 7363.39 | 23 | 825.69 | 3 |

注：1.本表统计口径为计划总投资500万元及以上固定资产项目投资和房地产开发项目投资，分省数据不含跨省项目。2.房地产开发相关数据为初步统计数。

# The Investment in Fixed Assets(Excluding Farmer) and Real Estate Development of the Whole Country and All Province

| 房屋施工面积（万平方米）Floor Space under Construction(10000 aq.m) | 位 次 Order | 房屋竣工面积（万平方米）Floor Space Completed (10000 aq.m) | 位 次 Order | 商品房销售面积（万平方米）Floor Space of Commercial Houses(10000 aq.m) | 位 次 Order |
|---|---|---|---|---|---|
| **665571.89** | | **101434.99** | | **130550.59** | |
| 13886.87 | 20 | 2666.35 | 16 | 1903.11 | 24 |
| 10892.17 | 25 | 2805.37 | 15 | 1847.11 | 25 |
| 29949.12 | 9 | 4437.02 | 10 | 5675.95 | 9 |
| 14040.05 | 19 | 2284.82 | 18 | 1642.82 | 26 |
| 18624.32 | 14 | 2638.24 | 17 | 2737.70 | 20 |
| 41625.60 | 4 | 6151.97 | 4 | 9292.33 | 4 |
| 12181.28 | 23 | 2253.65 | 20 | 2214.96 | 22 |
| 13567.37 | 21 | 2932.70 | 14 | 3339.95 | 14 |
| 13516.58 | 22 | 2254.44 | 19 | 2382.20 | 21 |
| 52574.17 | 1 | 9711.60 | 1 | 11454.77 | 1 |
| 37647.24 | 5 | 4692.34 | 8 | 4886.99 | 11 |
| 30235.20 | 8 | 5180.35 | 6 | 6265.35 | 7 |
| 26287.28 | 10 | 3369.76 | 12 | 4676.16 | 13 |
| 11995.67 | 24 | 1790.26 | 22 | 3167.06 | 16 |
| 50549.17 | 2 | 7508.52 | 2 | 10329.80 | 2 |
| 35979.33 | 6 | 5965.87 | 5 | 7310.21 | 6 |
| 21865.81 | 13 | 3040.84 | 13 | 5298.54 | 10 |
| 25400.09 | 12 | 4593.76 | 9 | 5952.38 | 8 |
| 46480.47 | 3 | 6273.30 | 3 | 9836.39 | 3 |
| 16040.17 | 18 | 1712.68 | 25 | 2995.58 | 18 |
| 6173.00 | 28 | 609.40 | 29 | 1191.23 | 28 |
| 26251.89 | 11 | 3804.36 | 11 | 4817.56 | 12 |
| 32164.98 | 7 | 5108.86 | 7 | 7312.78 | 5 |
| **17356.96** | **16** | **1764.78** | **23** | **2972.32** | **19** |
| 18260.72 | 15 | 2019.20 | 21 | 3309.30 | 15 |
| 57.70 | 31 | 18.09 | 31 | 25.40 | 31 |
| 17240.86 | 17 | 1511.67 | 26 | 3045.70 | 17 |
| 6848.40 | 27 | 915.56 | 28 | 1220.02 | 27 |
| 2376.64 | 30 | 592.62 | 30 | 381.56 | 30 |
| 6043.23 | 29 | 1104.45 | 27 | 1048.31 | 29 |
| 9459.55 | 26 | 1722.16 | 24 | 2017.03 | 23 |

Note: 1. Data in the table refer to those projects planned to invest 5 million yuan at least in investment in fixed assets and real estate development, but provincial data don't include inter-provincial project. 2.Real estate development related data are preliminary statistics.

# 28−3 全国及各省(区、市)内外贸易(2013)

## Imports and Exports of the Whole Country and All Provinces

单位：亿美元 (USD 100 million)

| 地 区 | Region | 社会消费品零售总额(亿元) Total Retail Sales of Consumer Goods (100 million yuan) | 位 次 Order | 进出口总额 Total Exports and Imports | 位 次 Order | #出口额 Exports | 位 次 Order | #进口额 Imports | 位 次 Order |
|---|---|---|---|---|---|---|---|---|---|
| **全 国** | **National Total** | **237809.9** | | **41596.93** | | **22097.72** | | **19503.21** | |
| 北 京 | Beijing | 8375.1 | 11 | 4291.27 | 4 | 632.46 | 8 | 3658.57 | 2 |
| 天 津 | Tianjin | 4470.4 | 23 | 1285.28 | 8 | 490.25 | 9 | 795.03 | 7 |
| 河 北 | Hebei | 10516.7 | 9 | 548.83 | 13 | 309.63 | 13 | 239.20 | 11 |
| 山 西 | Shanxi | 5139.3 | 17 | 157.98 | 24 | 79.96 | 23 | 78.02 | 25 |
| 内蒙古 | Inner Mongolia | 5114.2 | 19 | 119.93 | 26 | 40.95 | 27 | 78.98 | 24 |
| 辽 宁 | Liaoning | 10581.4 | 7 | 1142.85 | 9 | 645.41 | 7 | 497.44 | 9 |
| 吉 林 | Jilin | 5426.4 | 16 | 258.53 | 20 | 67.57 | 25 | 190.96 | 15 |
| 黑龙江 | Heilongjiang | 6251.2 | 15 | 388.78 | 15 | 162.32 | 19 | 226.46 | 12 |
| 上 海 | Shanghai | 8052.0 | 13 | 4412.26 | 3 | 2041.97 | 4 | 2370.29 | 3 |
| 江 苏 | Jiangsu | 20796.5 | 3 | 5508.44 | 2 | 3288.57 | 2 | 2219.87 | 4 |
| 浙 江 | Zhejiang | 15225.5 | 4 | 3358.46 | 5 | 2488.04 | 3 | 870.42 | 6 |
| 安 徽 | Anhui | 6542.4 | 14 | 456.34 | 14 | 282.56 | 14 | 173.78 | 16 |
| 福 建 | Fujian | 8275.3 | 12 | 1693.52 | 7 | 1065.04 | 6 | 628.48 | 8 |
| 江 西 | Jiangxi | 4576.1 | 22 | 367.38 | 16 | 281.70 | 15 | 85.68 | 23 |
| 山 东 | Shandong | 22294.8 | 2 | 2671.59 | 6 | 1345.10 | 5 | 1326.49 | 5 |
| 河 南 | Henan | 12426.6 | 5 | 599.51 | 12 | 359.92 | 12 | 239.59 | 10 |
| 湖 北 | Hubei | 10885.9 | 6 | 363.89 | 17 | 228.38 | 16 | 135.51 | 18 |
| 湖 南 | Hunan | 9018.6 | 10 | 251.64 | 22 | 148.21 | 21 | 103.43 | 19 |
| 广 东 | Guangdong | 25453.9 | 1 | 10915.69 | 1 | 6364.04 | 1 | 4551.65 | 1 |
| 广 西 | Guangxi | 5133.1 | 18 | 328.37 | 18 | 186.95 | 18 | 141.42 | 17 |
| 海 南 | Hainan | 992.9 | 28 | 149.78 | 25 | 37.06 | 28 | 112.72 | 19 |
| 重 庆 | Chongqing | 4599.8 | 21 | 687.04 | 10 | 467.97 | 10 | 219.07 | 14 |
| 四 川 | Sichuan | 10561.4 | 8 | 645.93 | 11 | 419.52 | 11 | 226.41 | 13 |
| **贵 州** | **Guizhou** | **2366.2** | **25** | **82.90** | **28** | **68.86** | **24** | **14.04** | **28** |
| 云 南 | Yunnan | 4004.6 | 24 | 258.29 | 21 | 159.59 | 20 | 98.70 | 22 |
| 西 藏 | Tibet | 293.2 | 31 | 33.19 | 29 | 32.69 | 29 | 0.50 | 31 |
| 陕 西 | Shanxi | 4999.5 | 20 | 201.27 | 23 | 102.24 | 22 | 99.03 | 21 |
| 甘 肃 | Gansu | 2173.8 | 26 | 102.78 | 27 | 46.78 | 26 | 56.00 | 26 |
| 青 海 | Qinghai | 544.1 | 30 | 14.03 | 31 | 8.47 | 31 | 5.56 | 30 |
| 宁 夏 | Ningxia | 610.5 | 29 | 32.18 | 30 | 25.52 | 30 | 6.66 | 29 |
| 新 疆 | Xinjiang | 2108.2 | 27 | 275.62 | 19 | 222.70 | 17 | 52.92 | 27 |

注：表中进出口数据按经营单位所在地分。
Note:Data in the table are estimated according to the enterprise's location of business activitity.

# 28-4 全国及各省(区、市)主要农产品产量(2013)

## The Output of Main Agricultural Products of the Whole Country and All Provinces

单位：万吨 (10000 tons)

| 地 区 | Region | 粮食产量 Output of Grain | 位 次 Order | 油料产量 Oil-bearing Crops | 位 次 Order | 肉类产量 Output of Pork, Beef and Mutton | 位 次 Order | 蔬菜产量 Vegetables Products | 位 次 Order |
|---|---|---|---|---|---|---|---|---|---|
| **全 国** | **National** | **60193.84** | | **3516.99** | | **8535.02** | | **73511.99** | |
| 北 京 | Beijing | 96.13 | 31 | 0.98 | 30 | 41.80 | 27 | 266.86 | 29 |
| 天 津 | Tianjin | 174.71 | 27 | 0.58 | 31 | 46.48 | 26 | 455.06 | 27 |
| 河 北 | Hebei | 3364.99 | 7 | 151.13 | 8 | 448.78 | 5 | 7902.12 | 2 |
| 山 西 | Shanxi | 1312.80 | 18 | 19.47 | 24 | 83.21 | 24 | 1198.49 | 22 |
| 内蒙古 | Inner Mongolia | 2773.00 | 10 | 158.14 | 7 | 244.90 | 15 | 1421.07 | 20 |
| 辽 宁 | Liaoning | 2195.60 | 12 | 113.64 | 11 | 420.12 | 8 | 3270.86 | 8 |
| 吉 林 | Jilin | 3551.02 | 4 | 84.02 | 14 | 262.66 | 14 | 938.07 | 24 |
| 黑龙江 | Heilongjiang | 6004.07 | 1 | 19.02 | 25 | 221.28 | 16 | 946.15 | 23 |
| 上 海 | Shanghai | 114.15 | 28 | 1.50 | 29 | 23.75 | 31 | 398.42 | 28 |
| 江 苏 | Jiangsu | 3422.99 | 5 | 150.37 | 9 | 383.23 | 11 | 5237.78 | 4 |
| 浙 江 | Zhejiang | 733.95 | 23 | 37.78 | 21 | 174.27 | 20 | 1764.29 | 12 |
| 安 徽 | Anhui | 3279.60 | 8 | 225.43 | 5 | 403.83 | 10 | 2417.95 | 11 |
| 福 建 | Fujian | 664.36 | 24 | 28.83 | 23 | 211.21 | 17 | 1729.71 | 13 |
| 江 西 | Jiangxi | 2116.10 | 13 | 119.29 | 10 | 321.93 | 13 | 1257.57 | 21 |
| 山 东 | Shandong | 4528.20 | 3 | 349.61 | 2 | 774.77 | 1 | 9658.20 | 1 |
| 河 南 | Henan | 5713.69 | 2 | 589.08 | 1 | 699.05 | 2 | 7112.51 | 3 |
| 湖 北 | Hubei | 2501.30 | 11 | 333.17 | 3 | 430.08 | 7 | 3578.31 | 7 |
| 湖 南 | Hunan | 2925.74 | 9 | 224.44 | 6 | 519.23 | 4 | 3603.55 | 6 |
| 广 东 | Guangdong | 1315.90 | 17 | 101.01 | 12 | 435.23 | 6 | 3144.47 | 9 |
| 广 西 | Guangxi | 1521.80 | 15 | 57.21 | 19 | 420.02 | 9 | 2435.62 | 10 |
| 海 南 | Hainan | 190.90 | 26 | 10.92 | 27 | 82.85 | 25 | 524.78 | 25 |
| 重 庆 | Chongqing | 1148.13 | 20 | 53.14 | 20 | 207.85 | 18 | 1600.64 | 17 |
| 四 川 | Sichuan | 3387.10 | 6 | 290.44 | 4 | 690.39 | 3 | 3910.68 | 5 |
| **贵 州** | **Guizhou** | **1029.99** | **22** | **91.53** | **13** | **199.74** | **19** | **1500.45** | **19** |
| 云 南 | Yunnan | 1824.00 | 14 | 60.68 | 16 | 359.40 | 12 | 1625.45 | 16 |
| 西 藏 | Tibet | 96.15 | 30 | 6.38 | 28 | 26.82 | 30 | 66.99 | 31 |
| 陕 西 | Shanxi | 1215.80 | 19 | 59.52 | 18 | 112.56 | 22 | 1629.36 | 15 |
| 甘 肃 | Gansu | 1138.90 | 21 | 69.72 | 15 | 91.01 | 23 | 1578.72 | 18 |
| 青 海 | Qinghai | 102.37 | 29 | 32.57 | 22 | 31.81 | 28 | 158.94 | 30 |
| 宁 夏 | Ningxia | 373.40 | 25 | 16.81 | 26 | 27.37 | 29 | 509.01 | 26 |
| 新 疆 | Xinjiang | 1377.00 | 16 | 60.63 | 17 | 139.40 | 21 | 1669.92 | 14 |

# 28-5 全国及各省(区、市)主要工业产品产量(2013)

# The Output of Main Industrial Products of the Whole Country and All Provinces

| 地 区 | Region | 成品钢材(万吨) Products Steel (10000 tons) | 水 泥(万吨) Cement (10000 tons) | 农用化肥(万吨) Chemical Fertilizers (10000 tons) | 家用电冰箱(万台) Refrigerator (10000 sets) | 十种有色金属(万吨) Ten Kinds of Nonferrous Metals (10000 tons) | 电解铝(万吨) Electrolyzed Aluminum (10000 tons) | 铁合金(吨) Ferroalloy (ton) |
|---|---|---|---|---|---|---|---|---|
| **全 国** | **National Total** | **106762.2** | **241439.6** | **7153.6** | **9340.6** | **4028.8** | **2204.7** | **3776.2** |
| 北 京 | Beijing | 219.0 | 900.5 | | 83.7 | | | 0.8 |
| 天 津 | Tianjin | 6640.9 | 951.9 | 13.5 | 49.3 | 0.6 | | 0.6 |
| 河 北 | Hebei | 22861.6 | 12676.2 | 228.8 | | 19.4 | 2.1 | 29.4 |
| 山 西 | Shanxi | 4486.2 | 4984.8 | 446.1 | | 137.1 | 104.2 | 183.4 |
| 内蒙古 | Inner Mongolia | 1797.7 | 6395.7 | 112.4 | | 287.0 | 208.8 | 430.1 |
| 辽 宁 | Liaoning | 6863.0 | 6005.2 | 77.1 | 84.8 | 73.3 | 32.4 | 95.3 |
| 吉 林 | Jilin | 1510.1 | 4502.9 | 52.2 | | 0.8 | | 36.8 |
| 黑龙江 | Heilongjiang | 631.0 | 4028.5 | 60.4 | | 0.1 | | 0.2 |
| 上 海 | Shanghai | 2322.8 | 750.3 | 2.1 | 153.9 | 8.8 | | |
| 江 苏 | Jiangsu | 12398.0 | 17991.9 | 246.9 | 1063.1 | 52.9 | 5.7 | 107.2 |
| 浙 江 | Zhejiang | 3823.4 | 12462.9 | 30.2 | 939.6 | 38.5 | 7.7 | 20.7 |
| 安 徽 | Anhui | 3138.6 | 12131.4 | 325.8 | 2973.9 | 128.8 | | 7.6 |
| 福 建 | Fujian | 2782.8 | 7890.4 | 46.7 | | 40.5 | 14.9 | 34.9 |
| 江 西 | Jiangxi | 2463.8 | 9204.2 | 106.3 | 101.5 | 156.2 | | 1.2 |
| 山 东 | Shandong | 8109.1 | 16217.8 | 826.3 | 524.4 | 291.9 | 209.2 | 148.2 |
| 河 南 | Henan | 4255.2 | 16764.4 | 535.9 | 517.8 | 536.3 | 332.5 | 190.6 |
| 湖 北 | Hubei | 3344.9 | 11056.5 | 1186.7 | 226.1 | 107.8 | 23.1 | 39.3 |
| 湖 南 | Hunan | 1977.9 | 11264.7 | 134.6 | 21.0 | 301.4 | 33.0 | 340.2 |
| 广 东 | Guangdong | 3384.5 | 13394.9 | 54.6 | 2014.7 | 44.8 | | 0.1 |
| 广 西 | Guangxi | 2790.7 | 10707.5 | 105.2 | | 123.7 | 65.9 | 664.4 |
| 海 南 | Hainan | 27.0 | 1988.4 | 65.9 | | | | |
| 重 庆 | Chongqing | 1269.6 | 6127.0 | 212.5 | 320.0 | 34.0 | 31.5 | 52.8 |
| 四 川 | Sichuan | 2785.2 | 13897.1 | 440.0 | 89.7 | 81.3 | 63.1 | 245.6 |
| **贵 州** | **Guizhou** | **573.3** | **8353.0** | **524.3** | **155.3** | **118.6** | **112.3** | **327.3** |
| 云 南 | Yunnan | 2053.9 | 9009.2 | 337.9 | | 300.4 | 93.7 | 124.3 |
| 西 藏 | Tibet | | 295.8 | | | | | |
| 陕 西 | Shanxi | 1565.2 | 8545.5 | 103.0 | 21.8 | 159.6 | 44.4 | 57.3 |
| 甘 肃 | Gansu | 1021.6 | 4412.7 | 58.8 | | 323.7 | 200.5 | 141.1 |
| 青 海 | Qinghai | 130.8 | 1786.3 | 413.4 | | 237.4 | 223.6 | 222.5 |
| 宁 夏 | Ningxia | 149.8 | 1914.3 | 70.3 | | 164.0 | 149.8 | 254.6 |
| 新 疆 | Xinjiang | 1395.3 | 5040.2 | 348.3 | | 258.6 | 246.3 | 22.0 |

28-5 续表　continued

| 地　区 | Region | 轮胎外胎（万条）Tires (10000 tires) | 磷肥（万吨）Phosphate Fertilizers (10000 tons) | 磷矿石（万吨）Phosphorite Mineral (10000 tons) | 卷　烟（亿支）Cigarettes (100 million pieces) | 白　酒（万千升）Liquor (10000 kiloliter) | 中成药（万吨）Traditional Chinese Medicine (10000 tons) |
|---|---|---|---|---|---|---|---|
| **全　国** | **National Total** | **96503.6** | **1632.9** | **10851.0** | **25604.0** | **1226.7** | **310.6** |
| 北　京 | Beijing | 503.9 | | | 201.1 | 28.0 | 3.9 |
| 天　津 | Tianjin | 4012.2 | | | 234.0 | 2.8 | 0.4 |
| 河　北 | Hebei | 76.8 | 9.8 | 59.5 | 847.5 | 27.7 | 5.2 |
| 山　西 | Shanxi | 166.6 | 6.3 | | 158.5 | 11.2 | 1.1 |
| 内蒙古 | Inner Mongolia | | 16.8 | | 332.5 | 64.6 | 1.0 |
| 辽　宁 | Liaoning | 1956.5 | | 12.2 | 278.9 | 54.8 | 1.5 |
| 吉　林 | Jilin | 349.4 | 3.4 | | 485.0 | 56.2 | 57.3 |
| 黑龙江 | Heilongjiang | 484.2 | | 1.6 | 439.5 | 50.1 | 5.2 |
| 上　海 | Shanghai | 1079.6 | 0.5 | | 934.2 | 0.6 | 0.7 |
| 江　苏 | Jiangsu | 10705.0 | 8.9 | 10.2 | 1021.3 | 94.1 | 1.9 |
| 浙　江 | Zhejiang | 10979.1 | 0.9 | | 923.5 | 2.1 | 2.1 |
| 安　徽 | Anhui | 2944.7 | 68.8 | 56.9 | 1313.4 | 40.2 | 4.4 |
| 福　建 | Fujian | 4317.8 | 1.4 | 7.3 | 948.6 | 3.9 | 1.8 |
| 江　西 | Jiangxi | 354.4 | 19.0 | | 639.0 | 14.2 | 10.6 |
| 山　东 | Shandong | 42519.5 | 100.3 | | 1420.1 | 131.7 | 16.3 |
| 河　南 | Henan | 2357.7 | 24.8 | 54.0 | 1713.0 | 106.8 | 24.4 |
| 湖　北 | Hubei | 809.2 | 572.3 | 4132.1 | 1398.0 | 72.2 | 40.2 |
| 湖　南 | Hunan | 236.5 | 16.9 | 7.6 | 1862.1 | 25.7 | 14.9 |
| 广　东 | Guangdong | 6050.0 | 45.4 | | 1391.9 | 11.9 | 21.8 |
| 广　西 | Guangxi | 120.9 | 40.8 | | 768.5 | 9.3 | 29.4 |
| 海　南 | Hainan | | | | 115.0 | 0.1 | 0.1 |
| 重　庆 | Chongqing | 3348.7 | 53.1 | 28.7 | 571.0 | 17.2 | 8.2 |
| 四　川 | Sichuan | 2107.6 | 103.5 | 960.5 | 998.7 | 336.4 | 42.1 |
| **贵　州** | **Guizhou** | **602.1** | **274.9** | **2905.4** | **1271.4** | **30.5** | **7.9** |
| 云　南 | Yunnan | | 218.6 | 2737.1 | 3787.8 | 7.6 | 3.8 |
| 西　藏 | Tibet | | | | | | 0.2 |
| 陕　西 | Shanxi | 97.7 | 22.4 | 1.3 | 899.5 | 10.5 | 4.0 |
| 甘　肃 | Gansu | | 9.0 | | 470.0 | 4.5 | 1.1 |
| 青　海 | Qinghai | | | | | 2.1 | 0.2 |
| 宁　夏 | Ningxia | 165.9 | 12.3 | | | 1.3 | 0.1 |
| 新　疆 | Xinjiang | 157.6 | 2.8 | | 180.0 | 6.5 | 0.4 |

注：本表统计口径为年主营业务收入2000万元及以上工业企业。
Note:Data in the table refer to the revenue from principal business of 20 million yuan and above of industry enterprises.

29

Twenty-nine

# 历年资料

Historical Statistics

# 29-1 全省地区生产总值
## Gross Domestic Product

单位：亿元 (100 million yuan)

| 年 份 Year | 地 区 生产总值 Gross Domestic Product | 第一产业 Primary Industry | 第二产业 Secondary Industry | 工 业 Industry | 建筑业 Construction | 第三产业 Tertiary Industry | #交通运输、仓储、邮政业 Transportation, Storage, Post and Telecommunications | 人均地区生产总值(元) Per Capita Gross Domestic Product(yuan) |
|---|---|---|---|---|---|---|---|---|
| 1978 | 46.62 | 19.42 | 18.73 | 15.24 | 3.49 | 8.47 | 1.68 | 175 |
| 1979 | 55.28 | 23.29 | 22.41 | 18.33 | 4.08 | 9.58 | 1.86 | 204 |
| 1980 | 60.26 | 24.86 | 24.00 | 19.37 | 4.63 | 11.40 | 2.01 | 219 |
| 1981 | 67.89 | 29.90 | 24.95 | 20.36 | 4.59 | 13.04 | 2.56 | 242 |
| 1982 | 79.39 | 37.37 | 27.44 | 22.58 | 4.86 | 14.58 | 2.74 | 278 |
| 1983 | 87.38 | 37.76 | 33.14 | 28.16 | 4.98 | 16.48 | 3.76 | 302 |
| 1984 | 108.27 | 45.73 | 43.51 | 36.85 | 6.66 | 19.03 | 4.66 | 371 |
| 1985 | 123.92 | 50.45 | 49.88 | 41.96 | 7.92 | 23.59 | 5.86 | 420 |
| 1986 | 139.57 | 56.46 | 50.96 | 43.57 | 7.39 | 32.15 | 7.34 | 467 |
| 1987 | 165.50 | 66.46 | 60.11 | 49.93 | 10.18 | 38.93 | 7.74 | 546 |
| 1988 | 211.79 | 85.20 | 78.63 | 68.32 | 10.31 | 47.96 | 9.78 | 683 |
| 1989 | 235.84 | 92.88 | 86.74 | 77.26 | 9.48 | 56.22 | 12.36 | 750 |
| 1990 | 260.14 | 100.10 | 92.83 | 82.15 | 10.68 | 67.21 | 11.69 | 810 |
| 1991 | 295.90 | 115.71 | 101.54 | 88.96 | 12.58 | 78.65 | 13.98 | 896 |
| 1992 | 339.91 | 121.18 | 122.08 | 106.41 | 15.67 | 96.65 | 19.00 | 1034 |
| 1993 | 417.69 | 133.41 | 155.03 | 135.40 | 19.63 | 129.25 | 25.45 | 1234 |
| 1994 | 524.46 | 183.56 | 194.80 | 173.03 | 21.77 | 146.10 | 18.02 | 1527 |
| 1995 | 636.21 | 227.13 | 232.52 | 208.75 | 23.77 | 176.56 | 22.77 | 1826 |
| 1996 | 723.18 | 254.53 | 255.09 | 225.36 | 29.73 | 213.56 | 26.79 | 2048 |
| 1997 | 805.79 | 271.96 | 288.99 | 251.10 | 37.89 | 244.84 | 23.51 | 2250 |
| 1998 | 858.39 | 265.04 | 319.40 | 273.82 | 45.58 | 273.95 | 29.14 | 2364 |
| 1999 | 937.50 | 267.75 | 350.41 | 294.42 | 55.99 | 319.34 | 59.17 | 2545 |
| 2000 | 1029.92 | 271.20 | 391.20 | 328.73 | 62.47 | 367.52 | 75.86 | 2759 |
| 2001 | 1133.27 | 274.41 | 433.52 | 360.73 | 72.79 | 425.34 | 88.47 | 3000 |
| 2002 | 1243.43 | 281.10 | 481.96 | 395.45 | 86.51 | 480.37 | 102.48 | 3257 |
| 2003 | 1426.34 | 298.69 | 569.37 | 473.38 | 95.99 | 558.28 | 119.26 | 3701 |
| 2004 | 1677.80 | 334.50 | 681.50 | 577.40 | 104.10 | 661.80 | 134.90 | 4317 |
| 2005 | 2005.42 | 368.94 | 821.16 | 707.35 | 113.81 | 815.32 | 138.65 | 5394 |
| 2006 | 2338.98 | 382.06 | 967.54 | 839.13 | 128.41 | 989.38 | 192.95 | 6305 |
| 2007 | 2884.11 | 446.38 | 1124.79 | 978.86 | 145.93 | 1312.94 | 282.04 | 7878 |
| 2008 | 3561.56 | 539.19 | 1370.03 | 1195.30 | 174.73 | 1652.34 | 370.65 | 9855 |
| 2009 | 3912.68 | 550.27 | 1476.62 | 1252.67 | 223.95 | 1885.79 | 399.77 | 10971 |
| 2010 | 4602.16 | 625.03 | 1800.06 | 1516.87 | 283.19 | 2177.07 | 480.32 | 13119 |
| 2011 | 5701.84 | 726.22 | 2194.33 | 1829.20 | 365.13 | 2781.29 | 590.91 | 16413 |
| 2012 | 6852.20 | 891.91 | 2677.54 | 2217.06 | 460.48 | 3282.75 | 687.45 | 19710 |
| 2013 | 8006.79 | 1029.05 | 3243.70 | 2686.52 | 557.18 | 3734.04 | 775.09 | 22922 |

注：1.表中2013年数据为初步核算数。2.1978—2004年按老行业分类标准计算，2005—2009年按新行业分类标准计算，第三产业中“交通运输、仓储、邮电通信业”从2005年起按新标准分类为“交通运输、仓储和邮政业”。3.2005—2011年人均生产地区总值按人口普查修订数修订。4.2005年起人均地区生产总值按常住半年人口计算，以往年份按常住一年人口计算(以下相关表同)。

Note: 1. Data in the table are preliminary accounting numbers in 2013. 2.From 1978 to 2004,data in the table were calculated by the Old Industry Classification Standard;from 2005 to 2009, data in the table were calculated by the New Industry Classification Standard;from 2005,acording to the New the Industry Classification Standard, the data of Transportation, Storage,Post and telecommunications refers to data of Transportation, Storage and Post. 3.From 2005 to 2011,the data of per capital GDP have been adjusted according to the result of national population census. 4.Data from 2005 were calculated by permanent ermanent population in half a year population in half a year scope,while they were calculated by permanent population in a year scope in the past(the relative tables in the chapte are the same).

# 29-2 全省地区生产总值指数
# Indices of Gross Domestic Product

(上年=100) (Preceding year=100)

| 年份 Year | 地区生产总值 Gross Domestic Product | 第一产业 Primary Industry | 第二产业 Secondary Industry | 工业 Industry | 建筑业 Construction | 第三产业 Tertiary Industry | #交通运输、仓储、邮电通信业 Transportation, Storage, Post and Telecommunications | 人均地区生产总值 Per Capita Gross Domestic Product |
|---|---|---|---|---|---|---|---|---|
| 1978 | 123.7 | 106.6 | 137.3 | 139.7 | 123.7 | 132.7 | 133.6 | 121.4 |
| 1979 | 111.0 | 102.8 | 117.3 | 119.1 | 105.2 | 111.4 | 107.2 | 109.1 |
| 1980 | 104.4 | 100.4 | 104.3 | 106.9 | 85.6 | 111.7 | 106.5 | 102.7 |
| 1981 | 106.5 | 109.9 | 101.7 | 99.1 | 112.7 | 109.5 | 109.8 | 104.7 |
| 1982 | 115.8 | 123.0 | 109.3 | 111.4 | 101.3 | 112.6 | 103.6 | 113.8 |
| 1983 | 112.6 | 104.6 | 122.9 | 126.4 | 108.8 | 112.3 | 134.6 | 111.2 |
| 1984 | 119.8 | 118.2 | 123.8 | 123.8 | 123.5 | 114.9 | 137.6 | 118.6 |
| 1985 | 107.9 | 98.8 | 112.8 | 112.0 | 116.6 | 117.8 | 124.3 | 106.7 |
| 1986 | 105.6 | 106.1 | 98.0 | 99.7 | 90.5 | 120.9 | 108.7 | 104.3 |
| 1987 | 110.8 | 102.9 | 116.2 | 113.8 | 128.6 | 114.8 | 113.9 | 109.3 |
| 1988 | 108.6 | 99.0 | 113.2 | 115.5 | 103.1 | 115.0 | 108.3 | 106.2 |
| 1989 | 104.5 | 106.3 | 103.9 | 106.8 | 89.4 | 103.3 | 113.0 | 103.1 |
| 1990 | 104.3 | 101.7 | 106.1 | 105.6 | 108.8 | 104.6 | 84.9 | 102.1 |
| 1991 | 109.2 | 113.2 | 103.5 | 103.5 | 103.8 | 111.2 | 106.8 | 106.2 |
| 1992 | 108.1 | 99.3 | 115.0 | 116.0 | 108.0 | 112.6 | 121.2 | 108.6 |
| 1993 | 110.4 | 103.9 | 113.5 | 115.8 | 95.2 | 114.8 | 115.1 | 108.8 |
| 1994 | 108.4 | 103.7 | 111.8 | 112.4 | 105.8 | 109.8 | 111.9 | 106.9 |
| 1995 | 107.5 | 102.4 | 110.5 | 111.1 | 104.0 | 109.3 | 107.8 | 105.9 |
| 1996 | 108.9 | 103.8 | 112.6 | 112.1 | 117.8 | 109.2 | 111.1 | 107.4 |
| 1997 | 109.0 | 104.2 | 112.3 | 111.8 | 118.0 | 109.3 | 112.5 | 107.5 |
| 1998 | 108.5 | 101.5 | 111.8 | 110.4 | 126.4 | 110.5 | 117.5 | 106.9 |
| 1999 | 108.8 | 103.4 | 113.2 | 111.8 | 125.1 | 107.3 | 114.5 | 107.3 |
| 2000 | 108.4 | 103.6 | 107.6 | 107.5 | 108.3 | 113.7 | 117.5 | 107.0 |
| 2001 | 108.8 | 101.1 | 109.4 | 109.2 | 110.7 | 113.6 | 112.0 | 107.5 |
| 2002 | 109.1 | 102.2 | 113.2 | 111.0 | 124.5 | 109.4 | 105.4 | 107.9 |
| 2003 | 110.1 | 104.6 | 113.3 | 113.3 | 113.5 | 110.1 | 110.9 | 109.1 |
| 2004 | 111.4 | 105.3 | 114.2 | 115.9 | 106.5 | 112.0 | 116.0 | 110.4 |
| 2005 | 112.7 | 105.2 | 112.0 | 113.0 | 107.4 | 117.6 | 126.5 | 117.9 |
| 2006 | 112.8 | 104.6 | 113.4 | 113.8 | 111.2 | 116.0 | 129.6 | 113.1 |
| 2007 | 114.8 | 103.3 | 113.2 | 114.0 | 107.8 | 121.1 | 129.4 | 116.4 |
| 2008 | 111.3 | 106.8 | 108.1 | 108.6 | 104.7 | 115.8 | 119.4 | 112.8 |
| 2009 | 111.4 | 104.3 | 112.1 | 110.2 | 125.6 | 113.1 | 105.3 | 112.9 |
| 2010 | 112.8 | 104.7 | 116.6 | 115.7 | 122.1 | 112.1 | 115.2 | 114.7 |
| 2011 | 115.0 | 101.2 | 117.9 | 117.8 | 118.3 | 116.5 | 115.3 | 116.1 |
| 2012 | 113.6 | 108.6 | 116.8 | 115.6 | 123.3 | 112.1 | 113.8 | 113.5 |
| 2013 | 112.5 | 105.8 | 114.1 | 113.1 | 119.2 | 112.6 | 112.4 | 111.9 |

# 29-3 全省地区生产总值指数

## Indices of Gross Domestic Product

(1978=100) (year of 1978=100)

| 年份 Year | 地区生产总值 Gross Domestic Product | 第一产业 Primary Industry | 第二产业 Secondary Industry | 工业 Industry | 建筑业 Construction | 第三产业 Tertiary Industry | 人均地区生产总值 Per Capita Gross Domestic Product |
|---|---|---|---|---|---|---|---|
| 1978 | 100.0 | 100.0 | 100.0 | 100.0 | 100.0 | 100.0 | 100.0 |
| 1979 | 111.0 | 102.8 | 117.3 | 119.1 | 105.2 | 111.4 | 109.1 |
| 1980 | 115.9 | 103.2 | 122.3 | 127.3 | 90.1 | 124.4 | 112.0 |
| 1981 | 123.4 | 113.4 | 124.4 | 126.2 | 101.5 | 136.3 | 117.3 |
| 1982 | 142.9 | 139.5 | 135.9 | 140.5 | 102.9 | 153.4 | 133.5 |
| 1983 | 160.9 | 145.9 | 167.1 | 177.6 | 111.9 | 172.3 | 148.4 |
| 1984 | 192.8 | 172.5 | 206.8 | 219.9 | 138.2 | 198.0 | 176.0 |
| 1985 | 208.0 | 170.4 | 233.4 | 246.3 | 161.1 | 233.2 | 187.9 |
| 1986 | 219.6 | 180.8 | 228.7 | 245.6 | 145.8 | 281.9 | 195.9 |
| 1987 | 243.4 | 186.0 | 265.8 | 279.4 | 187.5 | 323.7 | 214.1 |
| 1988 | 264.3 | 184.2 | 300.9 | 322.8 | 193.3 | 372.2 | 227.5 |
| 1989 | 276.2 | 195.8 | 312.6 | 344.7 | 172.8 | 384.5 | 234.4 |
| 1990 | 288.1 | 199.1 | 331.7 | 364.1 | 188.0 | 402.2 | 239.4 |
| 1991 | 314.6 | 225.4 | 343.3 | 376.8 | 195.1 | 447.2 | 254.2 |
| 1992 | 340.1 | 223.8 | 394.8 | 437.1 | 210.8 | 503.6 | 276.1 |
| 1993 | 375.3 | 232.5 | 448.3 | 506.1 | 200.6 | 578.3 | 300.5 |
| 1994 | 407.0 | 241.2 | 501.1 | 568.7 | 212.2 | 635.2 | 321.2 |
| 1995 | 437.4 | 246.8 | 553.7 | 632.0 | 220.6 | 693.9 | 340.3 |
| 1996 | 476.1 | 256.3 | 623.4 | 708.7 | 259.8 | 757.9 | 365.3 |
| 1997 | 519.0 | 267.1 | 700.3 | 792.3 | 306.6 | 828.6 | 392.8 |
| 1998 | 562.9 | 271.0 | 783.1 | 874.8 | 387.6 | 915.3 | 420.0 |
| 1999 | 612.4 | 280.0 | 886.4 | 978.4 | 485.0 | 982.5 | 450.5 |
| 2000 | 663.7 | 290.2 | 953.4 | 1051.5 | 525.1 | 1117.4 | 481.8 |
| 2001 | 721.8 | 293.4 | 1043.5 | 1148.3 | 581.5 | 1269.5 | 517.9 |
| 2002 | 787.2 | 300.0 | 1181.3 | 1274.5 | 724.2 | 1388.3 | 558.7 |
| 2003 | 866.6 | 313.8 | 1338.4 | 1443.5 | 821.8 | 1528.6 | 609.4 |
| 2004 | 965.4 | 330.4 | 1528.4 | 1673.0 | 874.9 | 1711.4 | 673.1 |
| 2005 | 1088.0 | 347.6 | 1711.8 | 1890.5 | 939.6 | 2012.6 | 793.6 |
| 2006 | 1227.3 | 363.6 | 1941.2 | 2151.4 | 1044.8 | 2334.6 | 897.6 |
| 2007 | 1408.9 | 375.6 | 2197.4 | 2452.6 | 1126.3 | 2827.2 | 1044.8 |
| 2008 | 1568.1 | 401.1 | 2375.4 | 2663.5 | 1179.2 | 3273.9 | 1178.5 |
| 2009 | 1746.9 | 418.3 | 2662.8 | 2935.2 | 1481.1 | 3702.8 | 1330.5 |
| 2010 | 1970.5 | 438.0 | 3104.8 | 3396.0 | 1808.4 | 4150.8 | 1526.1 |
| 2011 | 2266.1 | 443.3 | 3660.6 | 4000.5 | 2139.3 | 4835.7 | 1771.8 |
| 2012 | 2574.3 | 481.4 | 4275.6 | 4624.6 | 2637.8 | 5420.8 | 2011.0 |
| 2013 | 2896.1 | 509.3 | 4878.4 | 5230.4 | 3144.2 | 6103.8 | 2250.3 |

# 29-4 年末常住人口

## Permanent Population at the year-end

单位：万人 (10000 persons)

| 年 份<br>Year | 合 计<br>Total | 按城镇、乡村分 Grouped by Urban and Rural | | 按性别分 Grouped by Sex | | 性别比 Sex Ratio (女=100) (female=100) | 年平均人口 Annual Average Population |
|---|---|---|---|---|---|---|---|
| | | 城 镇 Urban | 乡 村 Rural | 男 Male | 女 Female | | |
| 1978 | 2686.40 | 323.97 | 2362.43 | 1364.82 | 1321.58 | 103.27 | 2663.27 |
| 1979 | 2730.99 | 520.82 | 2210.17 | 1386.93 | 1344.06 | 103.19 | 2708.70 |
| 1980 | 2776.67 | 543.18 | 2233.49 | 1409.61 | 1367.06 | 103.11 | 2753.83 |
| 1981 | 2826.78 | 528.41 | 2298.37 | 1439.89 | 1386.89 | 103.82 | 2801.73 |
| 1982 | 2875.21 | 542.13 | 2333.08 | 1470.43 | 1404.78 | 104.67 | 2851.00 |
| 1983 | 2901.46 | 550.96 | 2350.50 | 1484.73 | 1416.73 | 104.80 | 2888.33 |
| 1984 | 2931.85 | 854.14 | 2077.71 | 1501.55 | 1430.30 | 104.98 | 2916.65 |
| 1985 | 2972.18 | 883.18 | 2089.00 | 1522.93 | 1449.25 | 105.08 | 2952.02 |
| 1986 | 3025.86 | 909.55 | 2116.31 | 1550.90 | 1474.96 | 105.15 | 2999.02 |
| 1987 | 3072.58 | 1002.93 | 2069.65 | 1576.23 | 1496.35 | 105.34 | 3049.22 |
| 1988 | 3127.27 | 951.23 | 2176.04 | 1599.01 | 1528.26 | 104.63 | 3099.93 |
| 1989 | 3171.00 | 1000.26 | 2170.74 | 1628.85 | 1542.15 | 105.62 | 3149.14 |
| 1990 | 3267.53 | 1083.67 | 2183.86 | 1684.53 | 1583.00 | 106.41 | 3219.27 |
| 1991 | 3314.63 | 1238.48 | 2076.15 | 1709.31 | 1605.32 | 106.48 | 3291.08 |
| 1992 | 3360.96 | 2256.05 | 1104.91 | 1735.46 | 1625.50 | 106.76 | 3337.8 |
| 1993 | 3408.69 | 2324.92 | 1083.77 | 1761.65 | 1647.04 | 106.96 | 3384.83 |
| 1994 | 3458.41 | 2371.06 | 1087.35 | 1789.32 | 1669.09 | 107.20 | 3433.55 |
| 1995 | 3508.08 | 2408.78 | 1099.30 | 1815.63 | 1692.45 | 107.28 | 3483.25 |
| 1996 | 3555.41 | 2457.33 | 1098.08 | 1840.38 | 1715.03 | 107.31 | 3531.75 |
| 1997 | 3605.81 | 2503.75 | 1102.06 | 1866.48 | 1739.33 | 107.31 | 3580.61 |
| 1998 | 3657.60 | 2539.76 | 1117.84 | 1893.29 | 1764.31 | 107.31 | 3631.70 |
| 1999 | 3710.06 | 2539.80 | 1170.26 | 1920.40 | 1789.66 | 107.30 | 3683.83 |
| 2000 | 3755.72 | 896.49 | 2859.23 | 1968.00 | 1787.72 | 110.08 | 3732.89 |
| 2001 | 3798.51 | 910.12 | 2888.39 | 1973.41 | 1825.10 | 108.13 | 3777.12 |
| 2002 | 3837.28 | 932.11 | 2905.17 | 1993.15 | 1844.13 | 108.08 | 3817.90 |
| 2003 | 3869.66 | 958.52 | 2911.14 | 2010.22 | 1859.44 | 108.11 | 3853.47 |
| 2004 | 3903.70 | 1025.89 | 2877.81 | 2022.22 | 1881.48 | 107.48 | 3886.68 |
| 2005 | 3730 | 1002.25 | 2727.75 | 1920.55 | 1809.45 | 106.14 | 3717.61 |
| 2006 | 3690 | 1013.27 | 2676.73 | 1908.85 | 1781.15 | 107.17 | 3710 |
| 2007 | 3632 | 1025.68 | 2606.32 | 1879.70 | 1752.30 | 107.27 | 3661 |
| 2008 | 3596 | 1046.79 | 2549.21 | 1868.73 | 1727.27 | 108.19 | 3614 |
| 2009 | 3537 | 1057.21 | 2479.79 | 1827.56 | 1709.44 | 106.91 | 3567 |
| 2010 | 3479 | 1176.25 | 2302.75 | 1797.43 | 1681.57 | 106.89 | 3508 |
| 2011 | 3469 | 1212.76 | 2256.24 | 1801.21 | 1667.79 | 108.00 | 3474 |
| 2012 | 3484 | 1268.52 | 2215.48 | 1818.61 | 1665.39 | 109.20 | 3476.50 |
| 2013 | 3502.22 | 1324.89 | 2177.33 | 1822.50 | 1679.72 | 108.50 | 3493.15 |

注：1. 2000年以后的城镇、乡村人口的划分标准按国家统计局1999年发布的《关于统计上划分城乡的规定》计算，与以前年份数据不可比。2.2005年及以后为常住半年口径。 3.2006年—2009年常住总人口数据已根据第六次人口普查数据进行修订（下表同）。

Note:1.Data on grouped by residence from 2000 was calculated on the basis of Statistical Partition Ordain about Urban or Rural that had been issued by National Bureau of Statistial of China, So the date are not comparable with the preceding years. 2.Population since 2005 have refer to permanent population in half a year scope(the same applies to the next table). 3.Data from 2006 to 2009 had been verified according to the Six National Population Census (the same applies to the next table).

# 29-5 人口自然变动

# Natural Change of Population

单位：万人 (10000 persons)

| 年 份 Year | 出生 Birth | | 死亡 Death | | 自然增长 Natural Increase | |
|---|---|---|---|---|---|---|
| | 人数 Number of Persons | 率(‰) Rate(‰) | 人数 Number of Persons | 率(‰) Rate(‰) | 人数 Number of Persons | 率(‰) Rate(‰) |
| 1978 | 76.22 | 28.62 | 19.65 | 7.38 | 56.57 | 21.24 |
| 1979 | 72.84 | 26.89 | 19.23 | 7.10 | 53.61 | 19.79 |
| 1980 | 68.02 | 24.70 | 19.39 | 7.04 | 48.63 | 17.66 |
| 1981 | 66.46 | 23.72 | 21.07 | 7.52 | 45.39 | 16.20 |
| 1982 | 70.73 | 24.81 | 21.67 | 7.60 | 49.06 | 17.21 |
| 1983 | 60.11 | 20.81 | 26.46 | 9.16 | 33.65 | 11.65 |
| 1984 | 54.98 | 18.85 | 21.29 | 7.30 | 33.69 | 11.55 |
| 1985 | 59.97 | 20.33 | 17.43 | 5.91 | 42.54 | 14.42 |
| 1986 | 72.04 | 24.11 | 18.08 | 6.05 | 53.96 | 18.06 |
| 1987 | 71.77 | 23.69 | 25.87 | 8.54 | 45.90 | 15.15 |
| 1988 | 73.76 | 23.81 | 18.62 | 6.01 | 55.14 | 17.80 |
| 1989 | 67.08 | 21.23 | 21.58 | 6.83 | 45.50 | 14.40 |
| 1990 | 74.13 | 23.09 | 25.36 | 7.90 | 48.77 | 15.19 |
| 1991 | 72.96 | 22.42 | 26.39 | 8.11 | 46.57 | 14.31 |
| 1992 | 73.61 | 22.40 | 28.00 | 8.52 | 45.61 | 13.88 |
| 1993 | 74.96 | 22.60 | 28.19 | 8.50 | 46.77 | 14.10 |
| 1994 | 76.93 | 22.92 | 27.32 | 8.14 | 49.61 | 14.78 |
| 1995 | 76.14 | 21.86 | 26.47 | 7.60 | 49.67 | 14.26 |
| 1996 | 77.88 | 22.05 | 27.16 | 7.69 | 50.72 | 14.36 |
| 1997 | 79.31 | 22.15 | 27.46 | 7.67 | 51.85 | 14.48 |
| 1998 | 79.97 | 22.02 | 28.18 | 7.76 | 51.79 | 14.26 |
| 1999 | 80.75 | 21.92 | 28.29 | 7.68 | 52.46 | 14.24 |
| 2000 | 76.86 | 20.59 | 28.11 | 7.53 | 48.75 | 13.06 |
| 2001 | 70.10 | 18.56 | 27.31 | 7.23 | 42.79 | 11.33 |
| 2002 | 68.57 | 17.96 | 27.53 | 7.21 | 41.04 | 10.75 |
| 2003 | 61.31 | 15.91 | 26.47 | 6.87 | 34.84 | 9.04 |
| 2004 | 58.61 | 15.08 | 24.68 | 6.35 | 33.93 | 8.73 |
| 2005 | 54.00 | 14.59 | 25.00 | 7.21 | 29.00 | 7.38 |
| 2006 | 51.83 | 13.97 | 24.89 | 6.71 | 26.94 | 7.26 |
| 2007 | 48.62 | 13.28 | 24.16 | 6.60 | 24.46 | 6.68 |
| 2008 | 48.75 | 13.49 | 24.47 | 6.77 | 24.28 | 6.72 |
| 2009 | 48.68 | 13.65 | 23.86 | 6.69 | 24.82 | 6.96 |
| 2010 | 48.52 | 13.96 | 22.76 | 6.55 | 25.76 | 7.41 |
| 2011 | 46.24 | 13.31 | 24.07 | 6.93 | 22.17 | 6.38 |
| 2012 | 46.13 | 13.27 | 24.20 | 6.96 | 21.93 | 6.31 |
| 2013 | 45.58 | 13.05 | 24.97 | 7.15 | 20.61 | 5.90 |

# 29-6 户籍人口

# Household Registered Population

单位：万人 (10000 persons)

| 年 份 Year | 年末总人口 Total Population at the Year-end | 按农业非农业分 Grouped by Agriculture and Non-agriculture | | 占总人口比重(%) Proportion(%) | |
|---|---|---|---|---|---|
| | | 农 业 Agriculture | 非农业 Non-agriculture | 农 业 Agriculture | 非农业 Non-agriculture |
| 1978 | 2686.40 | 2380.52 | 305.88 | 88.6 | 11.4 |
| 1979 | 2730.99 | 2416.67 | 314.32 | 88.5 | 11.5 |
| 1980 | 2776.67 | 2456.37 | 320.30 | 88.5 | 11.5 |
| 1981 | 2826.78 | 2500.74 | 326.04 | 88.5 | 11.5 |
| 1982 | 2875.21 | 2544.10 | 331.11 | 88.5 | 11.5 |
| 1983 | 2901.46 | 2564.92 | 336.54 | 88.4 | 11.6 |
| 1984 | 2931.85 | 2588.11 | 343.74 | 88.3 | 11.7 |
| 1985 | 2967.91 | 2609.04 | 358.87 | 87.9 | 12.1 |
| 1986 | 3007.99 | 2643.57 | 364.42 | 87.9 | 12.1 |
| 1987 | 3051.39 | 2678.60 | 372.79 | 87.8 | 12.2 |
| 1988 | 3143.94 | 2760.47 | 383.47 | 87.8 | 12.2 |
| 1989 | 3184.05 | 2793.35 | 390.70 | 87.7 | 12.3 |
| 1990 | 3236.97 | 2840.21 | 396.76 | 87.7 | 12.3 |
| 1991 | 3271.40 | 2868.27 | 403.13 | 87.7 | 12.3 |
| 1992 | 3300.97 | 2887.95 | 413.02 | 87.5 | 12.5 |
| 1993 | 3332.30 | 2910.71 | 421.59 | 87.3 | 12.7 |
| 1994 | 3380.58 | 2927.54 | 453.04 | 86.6 | 13.4 |
| 1995 | 3419.54 | 2957.32 | 462.22 | 86.5 | 13.5 |
| 1996 | 3459.54 | 2979.85 | 479.69 | 86.1 | 13.9 |
| 1997 | 3495.50 | 3004.76 | 490.74 | 86.0 | 14.0 |
| 1998 | 3536.54 | 3032.50 | 504.04 | 85.7 | 14.3 |
| 1999 | 3582.05 | 3063.23 | 518.82 | 85.5 | 14.5 |
| 2000 | 3676.63 | 3144.98 | 531.65 | 85.5 | 14.5 |
| 2001 | 3710.20 | 3156.33 | 553.87 | 85.1 | 14.9 |
| 2002 | 3747.68 | 3175.17 | 572.51 | 84.7 | 15.3 |
| 2003 | 3786.84 | 3196.70 | 590.14 | 84.4 | 15.6 |
| 2004 | 3831.19 | 3224.62 | 606.57 | 84.2 | 15.8 |
| 2005 | 3867.73 | 3258.05 | 609.68 | 84.2 | 15.8 |
| 2006 | 3921.91 | 3295.08 | 626.83 | 84.0 | 16.0 |
| 2007 | 3985.04 | 3346.09 | 638.95 | 84.0 | 16.0 |
| 2008 | 4036.75 | 3385.66 | 651.09 | 83.9 | 16.1 |
| 2009 | 4090.78 | 3429.36 | 661.43 | 83.8 | 16.2 |
| 2010 | 4189.00 | 3512.92 | 676.07 | 83.9 | 16.1 |
| 2011 | 4238.44 | 3551.18 | 687.26 | 83.8 | 16.2 |
| 2012 | 4249.48 | 3557.14 | 692.34 | 83.7 | 16.3 |
| 2013 | 4286.15 | 3584.17 | 701.98 | 83.6 | 16.4 |

注：资料来源于省公安厅。1984年及以前为公安、统计共同使用的数据，1985年起为公安户籍人口统计口径。

Note: Data in the table are provided by Provincial Public Security Department. Data after 1984 in the table are obtained from the Public Security Department of Guizhou Province,while data before 1984 are used by Statistics Beaura and Public Security Department of Guizhou Province.

# 29-7 就业人员

# Employed Persons

单位：万人 (10000 persons)

| 年份 Year | 就业人员 Employed Persons | 第一产业 Primary Industry | 第二产业 Secondary Industry | 第三产业 Tertiary Industry |
|---|---|---|---|---|
| 1978 | 1053.67 | 872.89 | 108.26 | 72.52 |
| 1979 | 1060.62 | 873.88 | 105.63 | 81.11 |
| 1980 | 1109.63 | 919.69 | 102.01 | 87.93 |
| 1981 | 1152.95 | 954.55 | 102.64 | 95.76 |
| 1982 | 1207.06 | 989.78 | 109.53 | 107.75 |
| 1983 | 1234.18 | 1014.15 | 109.99 | 110.04 |
| 1984 | 1285.32 | 1037.71 | 122.12 | 125.49 |
| 1985 | 1335.17 | 1018.38 | 185.98 | 130.81 |
| 1986 | 1383.17 | 1053.26 | 197.09 | 132.82 |
| 1987 | 1435.85 | 1115.35 | 180.53 | 139.97 |
| 1988 | 1501.32 | 1172.51 | 185.80 | 143.01 |
| 1989 | 1570.84 | 1228.64 | 163.19 | 179.01 |
| 1990 | 1651.75 | 1292.30 | 169.10 | 190.35 |
| 1991 | 1701.47 | 1329.56 | 177.72 | 194.19 |
| 1992 | 1739.03 | 1359.00 | 173.35 | 206.68 |
| 1993 | 1779.01 | 1374.00 | 171.00 | 234.01 |
| 1994 | 1828.30 | 1365.00 | 181.90 | 281.40 |
| 1995 | 1812.20 | 1312.80 | 268.80 | 230.60 |
| 1996 | 1783.20 | 1235.60 | 278.50 | 269.10 |
| 1997 | 1796.70 | 1251.10 | 256.60 | 289.00 |
| 1998 | 1844.43 | 1284.72 | 251.57 | 308.14 |
| 1999 | 1832.50 | 1299.90 | 201.40 | 331.20 |
| 2000 | 1866.28 | 1305.28 | 221.80 | 339.20 |
| 2001 | 2068.01 | 1692.33 | 133.88 | 241.80 |
| 2002 | 2106.14 | 1698.39 | 108.89 | 298.86 |
| 2003 | 2145.00 | 1671.20 | 120.49 | 353.31 |
| 2004 | 2186.00 | 1672.29 | 124.60 | 389.11 |
| 2005 | 1944.29 | 1497.26 | 164.00 | 283.04 |
| 2006 | 1953.24 | 1487.40 | 174.17 | 291.67 |
| 2007 | 1872.64 | 1388.02 | 172.31 | 312.31 |
| 2008 | 1867.20 | 1350.32 | 180.73 | 336.15 |
| 2009 | 1841.92 | 1299.29 | 197.60 | 345.03 |
| 2010 | 1770.90 | 1209.55 | 203.52 | 357.82 |
| 2011 | 1792.80 | 1194.39 | 215.86 | 382.55 |
| 2012 | 1825.82 | 1189.04 | 238.10 | 398.68 |
| 2013 | 1864.21 | 1179.76 | 264.32 | 420.13 |

注：就业人员数2010年根据第六次人口普查长表数据推算，2005—2009年根据第六次人口普查结果，采用趋势离差法修订，2011年及以后按同口径进行推算。

Note:Date of employed persons were estimated according to the 6th National Population Census in 2010,From 2005 to 2009,according to the result of National Population Census,the total number of employed persons were revised by the trend deviation method,and the same to 2011.

# 29-8 非私营单位在岗职工人数
# Number of Staff and Workers in Non-private Units

单位：万人 (10000 persons)

| 年份 Year | 合计 Total | 国有单位 State-owned Unit | 集体单位 Collective-owned Unit | 其他单位 Other Ownership Unit |
|---|---|---|---|---|
| 1978 | 171.19 | 137.66 | 33.53 | |
| 1979 | 175.56 | 142.32 | 33.24 | |
| 1980 | 178.18 | 146.14 | 32.04 | |
| 1981 | 185.73 | 153.50 | 32.23 | |
| 1982 | 191.03 | 158.08 | 32.95 | |
| 1983 | 193.33 | 160.54 | 32.79 | |
| 1984 | 197.13 | 159.53 | 37.60 | |
| 1985 | 202.33 | 162.11 | 40.03 | 0.19 |
| 1986 | 206.69 | 167.81 | 38.78 | 0.10 |
| 1987 | 211.92 | 172.58 | 38.88 | 0.46 |
| 1988 | 214.43 | 176.32 | 37.56 | 0.55 |
| 1989 | 216.70 | 180.10 | 35.90 | 0.70 |
| 1990 | 225.48 | 185.35 | 39.19 | 0.94 |
| 1991 | 231.88 | 190.45 | 40.49 | 0.94 |
| 1992 | 235.80 | 193.61 | 40.94 | 1.25 |
| 1993 | 233.11 | 192.83 | 38.35 | 1.93 |
| 1994 | 230.88 | 194.47 | 34.87 | 1.54 |
| 1995 | 226.55 | 193.36 | 29.63 | 3.56 |
| 1996 | 231.64 | 196.60 | 30.45 | 4.59 |
| 1997 | 232.80 | 196.08 | 31.33 | 5.39 |
| 1998 | 207.01 | 167.14 | 23.98 | 15.89 |
| 1999 | 197.80 | 156.86 | 21.03 | 19.91 |
| 2000 | 193.96 | 153.55 | 19.00 | 21.41 |
| 2001 | 189.18 | 148.87 | 15.73 | 24.58 |
| 2002 | 188.47 | 146.96 | 14.39 | 27.12 |
| 2003 | 188.70 | 141.75 | 13.71 | 33.24 |
| 2004 | 192.67 | 139.57 | 12.77 | 40.33 |
| 2005 | 202.02 | 140.50 | 9.81 | 51.71 |
| 2006 | 201.87 | 137.86 | 8.86 | 55.15 |
| 2007 | 207.53 | 141.48 | 8.10 | 57.95 |
| 2008 | 199.76 | 140.97 | 7.42 | 51.37 |
| 2009 | 206.44 | 141.79 | 6.69 | 57.96 |
| 2010 | 210.67 | 146.81 | 6.41 | 57.45 |
| 2011 | 225.91 | 158.26 | 7.17 | 60.47 |
| 2012 | 249.67 | 161.19 | 6.16 | 82.32 |
| 2013 | 273.27 | 152.41 | 5.49 | 115.37 |

# 29-9 非私营单位在岗职工平均工资

# Average Wages of Staff and Workers in Non-private Units

单位：元 (yuan)

| 年 份 Year | 在岗职工平均工资 Average Wages of Staff and Workers | 国有单位 State-owned Unit | 集体单位 Collective-owned Unit | 其他单位 Other Ownership Unit |
|---|---|---|---|---|
| 1978 | 616 | 642 | 450 | |
| 1979 | 654 | 692 | 448 | |
| 1980 | 755 | 797 | 502 | |
| 1981 | 774 | 804 | 535 | |
| 1982 | 783 | 815 | 562 | |
| 1983 | 801 | 830 | 608 | |
| 1984 | 913 | 949 | 708 | |
| 1985 | 1066 | 1132 | 787 | |
| 1986 | 1216 | 1297 | 859 | 1236 |
| 1987 | 1319 | 1395 | 961 | 1204 |
| 1988 | 1531 | 1627 | 1072 | 1389 |
| 1989 | 1676 | 1777 | 1158 | 1647 |
| 1990 | 1947 | 2070 | 1347 | 2281 |
| 1991 | 2090 | 2214 | 1489 | 2527 |
| 1992 | 2406 | 2543 | 1717 | 3286 |
| 1993 | 2823 | 2958 | 2104 | 3375 |
| 1994 | 3870 | 4085 | 2618 | 4475 |
| 1995 | 4475 | 4672 | 3061 | 5369 |
| 1996 | 4917 | 5125 | 3456 | 5613 |
| 1997 | 5206 | 5434 | 3556 | 6461 |
| 1998 | 5775 | 5819 | 4426 | 7289 |
| 1999 | 6595 | 6695 | 5008 | 7456 |
| 2000 | 7453 | 7594 | 5444 | 8325 |
| 2001 | 8991 | 9308 | 6218 | 8831 |
| 2002 | 9810 | 10150 | 6566 | 9680 |
| 2003 | 11037 | 11390 | 7504 | 10975 |
| 2004 | 12431 | 12870 | 8630 | 12103 |
| 2005 | 14344 | 14681 | 10506 | 14161 |
| 2006 | 16815 | 17638 | 12873 | 15365 |
| 2007 | 20668 | 22106 | 16893 | 17668 |
| 2008 | 24602 | 25874 | 20914 | 21659 |
| 2009 | 28245 | 29956 | 22167 | 24772 |
| 2010 | 31458 | 32718 | 24703 | 29006 |
| 2011 | 37331 | 38914 | 31601 | 33851 |
| 2012 | 42733 | 45825 | 40420 | 36816 |
| 2013 | 49087 | 52327 | 50545 | 44819 |

# 29–10 全社会固定资产投资

# Total Investment in Fixed Assets in the Whole Province

单位：亿元 (100 million yuan)

| 年 份<br>Year | 全社会固定资产投资<br>Total Investment in Fixed Assets in the Whole Province | 增长速度(%)<br>Growth Rate(%) | 按经济类型分 Grouped by Ownership<br>国有经济<br>State-owned Units | <br>集体经济<br>Collective-Owned Units | <br>其 他<br>Others |
|---|---|---|---|---|---|
| 1978 | 10.93 | | 9.73 | 0.56 | 0.64 |
| 1979 | 11.94 | 9.2 | 10.20 | 0.61 | 1.13 |
| 1980 | 13.97 | 17.0 | 11.59 | 0.83 | 1.55 |
| 1981 | 15.16 | 8.5 | 12.06 | 0.99 | 2.11 |
| 1982 | 15.52 | 2.4 | 11.56 | 1.08 | 2.88 |
| 1983 | 17.07 | 10.0 | 11.88 | 1.23 | 3.96 |
| 1984 | 23.02 | 34.9 | 15.02 | 0.98 | 7.02 |
| 1985 | 33.14 | 44.0 | 21.24 | 1.76 | 10.14 |
| 1986 | 35.99 | 8.6 | 24.09 | 1.71 | 10.19 |
| 1987 | 42.97 | 19.4 | 27.10 | 3.61 | 12.26 |
| 1988 | 45.42 | 5.7 | 33.05 | 2.74 | 9.63 |
| 1989 | 44.08 | -3.0 | 32.29 | 2.73 | 9.06 |
| 1990 | 51.51 | 16.9 | 36.95 | 2.14 | 12.42 |
| 1991 | 58.44 | 13.5 | 42.97 | 3.67 | 11.80 |
| 1992 | 78.82 | 34.9 | | 3.59 | 16.41 |
| 1993 | 106.30 | 34.9 | 77.84 | 6.81 | 21.65 |
| 1994 | 140.95 | 32.6 | 93.74 | 9.77 | 37.44 |
| 1995 | 173.66 | 23.2 | 108.85 | 12.94 | 51.87 |
| 1996 | 207.10 | 19.3 | 133.19 | 14.75 | 59.16 |
| 1997 | 247.23 | 19.4 | 149.75 | 15.09 | 82.39 |
| 1998 | 304.91 | 23.3 | 188.93 | 19.34 | 96.64 |
| 1999 | 333.90 | 9.5 | 210.80 | 22.19 | 100.91 |
| 2000 | 402.50 | 20.5 | 259.95 | 28.45 | 114.10 |
| 2001 | 533.74 | 32.6 | 357.69 | 22.45 | 153.60 |
| 2002 | 632.44 | 18.5 | 423.88 | 18.86 | 189.70 |
| 2003 | 754.13 | 19.2 | 457.10 | 39.26 | 257.77 |
| 2004 | 869.25 | 15.3 | 507.74 | 38.41 | 323.10 |
| 2005 | 1018.25 | 17.1 | 545.37 | 12.61 | 460.27 |
| 2006 | 1197.68 | 17.6 | 602.50 | 12.93 | 582.25 |
| 2007 | 1488.80 | 24.3 | 697.68 | 17.27 | 773.85 |
| 2008 | 1864.45 | 25.2 | 910.69 | 25.23 | 928.53 |
| 2009 | 2450.99 | 31.5 | 1250.42 | 29.70 | 1170.87 |
| 2010 | 3186.28 | 30.0 | 1605.82 | 29.01 | 1551.45 |
| 2011 | 5101.55 | 60.1 | 2412.97 | 57.23 | 2631.36 |
| 2012 | 5717.80 | 35.0 | 2530.97 | 42.55 | 3144.28 |
| 2013 | 7373.60 | 29.0 | 3284.11 | 27.33 | 4062.17 |

注：表中2011年及以前数据为计划总投资50万元及以上固定资产项目投资、房地产开发投资及农户投资；2012年起数据为计划总投资500万元及以上的固定资产项目投资、房地产开发投资及农村农户投资，增长速度为可比口径速度。

Note:Date in the table refer to those projedts planned to invest 500000 yuan at least in investment in fixed assets,real estate development and rural household investment be from 2011.And date to 2012 in the table refer to those projects that planned to invest 5million yuan at least in investment in fixed assets, real estate development and rural household investment and the growth rate is the speed of comparable caliber.

# 29-11 财政收支

# Financial Revenue and Expenditure

单位：亿元

(100 million yuan)

| 年份 Year | 财政总收入 Total Government Financial Revenue | | 公共财政收入 Public Financial Revenue | | 公共财政支出 Public Financial Expenditure | |
|---|---|---|---|---|---|---|
| | 绝对数 Absolute Numbers | 增长速度(%) Growth Rates(%) | 绝对数 Absolute Numbers | 增长速度(%) Growth Rates(%) | 绝对数 Absolute Numbers | 增长速度(%) Growth Rates(%) |
| 1978 | 14.20 | 48.2 | 6.26 | 157.6 | 12.30 | 39.9 |
| 1979 | 14.26 | 0.4 | 6.54 | 4.5 | 13.30 | 8.1 |
| 1980 | 13.23 | -7.2 | 6.69 | 2.3 | 12.66 | -4.8 |
| 1981 | 13.74 | 3.9 | 6.32 | -5.5 | 13.28 | 4.9 |
| 1982 | 16.00 | 16.4 | 7.70 | 21.8 | 15.11 | 13.8 |
| 1983 | 18.26 | 14.1 | 9.56 | 24.2 | 16.38 | 8.4 |
| 1984 | 21.81 | 19.4 | 11.81 | 23.5 | 22.28 | 36.0 |
| 1985 | 26.71 | 22.5 | 15.17 | 28.5 | 24.55 | 10.2 |
| 1986 | 31.38 | 17.5 | 17.01 | 12.1 | 30.43 | 24.0 |
| 1987 | 36.80 | 17.3 | 21.37 | 25.6 | 31.43 | 3.3 |
| 1988 | 39.55 | 7.5 | 25.96 | 21.5 | 36.14 | 15.0 |
| 1989 | 45.37 | 14.7 | 32.14 | 23.8 | 45.89 | 27.0 |
| 1990 | 49.36 | 8.8 | 35.37 | 10.0 | 47.87 | 4.3 |
| 1991 | 55.71 | 12.9 | 42.80 | 21.0 | 53.42 | 11.6 |
| 1992 | 60.98 | 9.5 | 47.28 | 10.5 | 60.63 | 13.5 |
| 1993 | 68.43 | 12.2 | 56.50 | 19.5 | 67.39 | 11.1 |
| 1994 | 77.30 | 13.0 | 31.24 | -44.7 | 74.23 | 10.1 |
| 1995 | 87.40 | 13.1 | 38.80 | 24.2 | 85.33 | 15.0 |
| 1996 | 103.92 | 18.9 | 49.46 | 27.5 | 99.58 | 16.7 |
| 1997 | 116.19 | 11.8 | 57.90 | 17.1 | 113.79 | 14.3 |
| 1998 | 136.31 | 17.3 | 65.34 | 12.8 | 133.09 | 17.0 |
| 1999 | 133.75 | -1.9 | 74.26 | 13.7 | 170.72 | 28.3 |
| 2000 | 153.04 | 14.4 | 85.23 | 14.8 | 201.57 | 18.1 |
| 2001 | 177.04 | 15.7 | 99.75 | 17.0 | 275.20 | 36.5 |
| 2002 | 203.03 | 14.7 | 108.28 | 8.6 | 316.67 | 15.1 |
| 2003 | 236.64 | 16.6 | 124.56 | 15.0 | 332.35 | 5.0 |
| 2004 | 296.48 | 25.3 | 149.29 | 19.9 | 418.42 | 25.9 |
| 2005 | 366.16 | 23.5 | 182.50 | 22.2 | 520.73 | 24.5 |
| 2006 | 448.88 | 22.6 | 226.82 | 24.3 | 610.64 | 17.3 |
| 2007 | 556.98 | 24.1 | 285.14 | 25.7 | 795.40 | 30.3 |
| 2008 | 674.58 | 21.1 | 349.55 | 22.6 | 1055.39 | 32.7 |
| 2009 | 779.59 | 15.6 | 416.48 | 19.1 | 1372.27 | 30.0 |
| 2010 | 969.57 | 24.4 | 533.73 | 28.2 | 1631.48 | 18.9 |
| 2011 | 1329.99 | 37.2 | 773.08 | 44.8 | 2249.40 | 37.9 |
| 2012 | 1644.48 | 23.6 | 1014.05 | 31.2 | 2755.68 | 22.5 |
| 2013 | 1918 | 16.7 | 1206.41 | 19.0 | 3082.66 | 11.9 |

注：资料来源于省财政厅。

Note:Data in the table are obtained from provincial financial department.

# 29-12 人民生活

单位：元

| 年 份<br>Year | 城镇居民人均可支配收入<br>Urban Households Per Capita Disposable Income | 指 数<br>(上年=100)<br>Index (preceding year=100) | 指 数<br>(1978=100)<br>Index (year of 1978=100) | 城镇居民人均消费性支出<br>Urban Households Per Capita Living Expenditures | #食 品<br>#Food |
|---|---|---|---|---|---|
| 1978 | 261.26 | 101.2 | 100.0 | 246.53 | 150.15 |
| 1979 | 279.66 | 105.2 | 105.2 | 273.60 | 176.64 |
| 1980 | 343.83 | 111.9 | 117.7 | 334.32 | 202.32 |
| 1981 | 434.10 | 122.5 | 144.1 | 393.24 | 237.60 |
| 1982 | 459.73 | 103.8 | 149.6 | 403.92 | 243.96 |
| 1983 | 483.33 | 103.5 | 154.8 | 426.36 | 258.72 |
| 1984 | 558.00 | 112.3 | 173.8 | 480.36 | 279.48 |
| 1985 | 682.27 | 110.9 | 192.7 | 617.52 | 324.24 |
| 1986 | 824.40 | 113.6 | 218.8 | 722.28 | 381.84 |
| 1987 | 912.26 | 100.9 | 220.7 | 788.76 | 431.40 |
| 1988 | 1101.84 | 99.4 | 219.4 | 1050.24 | 554.52 |
| 1989 | 1275.45 | 98.2 | 215.4 | 1102.56 | 640.20 |
| 1990 | 1399.36 | 108.5 | 233.8 | 1163.25 | 658.19 |
| 1991 | 1593.54 | 109.6 | 256.2 | 1338.86 | 750.79 |
| 1992 | 1887.51 | 109.7 | 281.0 | 1564.34 | 886.89 |
| 1993 | 2300.38 | 105.1 | 295.4 | 1876.24 | 1021.42 |
| 1994 | 3196.06 | 114.1 | 337.2 | 2531.78 | 1353.13 |
| 1995 | 3916.25 | 102.2 | 344.5 | 3250.55 | 1752.41 |
| 1996 | 4210.74 | 97.1 | 334.4 | 3572.78 | 1923.49 |
| 1997 | 4438.05 | 101.8 | 340.4 | 3555.69 | 1819.90 |
| 1998 | 4566.17 | 102.3 | 348.3 | 3799.38 | 1839.64 |
| 1999 | 4935.47 | 109.0 | 379.6 | 3964.35 | 1683.38 |
| 2000 | 5121.22 | 105.1 | 399.0 | 4278.28 | 1847.63 |
| 2001 | 5451.91 | 103.9 | 414.5 | 4492.25 | 1832.26 |
| 2002 | 5944.02 | 109.8 | 455.1 | 4598.30 | 1788.61 |
| 2003 | 6568.91 | 109.5 | 498.4 | 4947.62 | 1967.67 |
| 2004 | 7322.04 | 107.7 | 536.8 | 5494.43 | 2260.46 |
| 2005 | 8147.13 | 110.6 | 593.7 | 6156.27 | 2457.09 |
| 2006 | 9116.61 | 110.1 | 653.7 | 6848.39 | 2649.02 |
| 2007 | 10678.40 | 110.6 | 723.0 | 7758.69 | 3122.46 |
| 2008 | 11758.76 | 102.9 | 744.0 | 8349.21 | 3597.94 |
| 2009 | 12862.53 | 110.9 | 825.1 | 9048.29 | 3755.61 |
| 2010 | 14142.74 | 107.0 | 882.9 | 10058.29 | 4013.67 |
| 2011 | 16495.01 | 110.8 | 978.3 | 11352.88 | 4565.85 |
| 2012 | 18700.51 | 110.4 | 1080.0 | 12585.70 | 4992.85 |
| 2013 | 20667.07 | 107.4 | 1159.9 | 13702.87 | 4915.02 |

注：表中指数已扣除价格因素。

# People's Living Conditions

(yuan)

| 农村居民人均纯收入 Rural Households Per Capita Net Income | 指 数 (上年=100) Index (preceding year=100) | 指 数 (1978=100) Index (year of 1978=100) | 农村居民人均生活消费支出 Rural Households Per Capita Living Expenditures | #食 品 #Food |
|---|---|---|---|---|
| 109.30 | 103.5 | 100.0 | 104.52 | 72.20 |
| 131.09 | 115.4 | 115.4 | 116.23 | 82.44 |
| 161.50 | 116.6 | 134.5 | 139.24 | 96.45 |
| 208.87 | 127.3 | 171.2 | 162.51 | 105.16 |
| 223.13 | 105.3 | 180.3 | 187.02 | 121.67 |
| 224.87 | 100.5 | 181.1 | 185.20 | 126.01 |
| 262.81 | 115.5 | 209.1 | 208.87 | 144.00 |
| 302.14 | 108.8 | 227.5 | 254.58 | 177.83 |
| 303.57 | 96.1 | 218.6 | 271.60 | 190.60 |
| 341.84 | 106.4 | 232.5 | 304.22 | 212.90 |
| 397.74 | 99.2 | 230.7 | 359.73 | 254.32 |
| 430.34 | 92.7 | 213.9 | 407.28 | 282.92 |
| 435.14 | 98.7 | 211.0 | 403.28 | 281.92 |
| 465.53 | 103.5 | 218.4 | 420.44 | 286.60 |
| 506.13 | 102.0 | 222.9 | 454.47 | 309.77 |
| 579.67 | 98.6 | 219.8 | 550.11 | 390.45 |
| 786.84 | 106.6 | 234.2 | 684.27 | 484.41 |
| 1086.62 | 106.6 | 249.6 | 930.59 | 661.85 |
| 1276.67 | 105.5 | 263.3 | 1068.09 | 774.62 |
| 1298.54 | 104.2 | 274.4 | 1065.70 | 742.16 |
| 1334.46 | 104.4 | 286.5 | 1094.39 | 757.55 |
| 1363.07 | 104.7 | 299.9 | 1069.81 | 722.16 |
| 1374.16 | 103.6 | 310.7 | 1096.59 | 687.32 |
| 1411.73 | 103.7 | 322.2 | 1098.39 | 659.37 |
| 1489.91 | 104.3 | 336.1 | 1137.56 | 661.35 |
| 1564.66 | 104.7 | 353.2 | 1185.17 | 674.71 |
| 1721.55 | 105.6 | 373.0 | 1296.34 | 754.39 |
| 1876.96 | 105.2 | 392.4 | 1552.39 | 819.87 |
| 1984.62 | 104.7 | 410.8 | 1627.07 | 838.42 |
| 2373.99 | 111.6 | 458.5 | 1913.50 | 998.39 |
| 2796.93 | 108.9 | 499.3 | 2165.70 | 1119.64 |
| 3005.41 | 109.2 | 545.2 | 2421.95 | 1093.94 |
| 3471.93 | 112.6 | 613.9 | 2852.48 | 1319.43 |
| 4145.35 | 114.0 | 699.8 | 3455.76 | 1646.51 |
| 4753.00 | 111.5 | 780.3 | 3901.71 | 1740.58 |
| 5434.00 | 112.4 | 877.2 | 4740.18 | 2036.22 |

Note:The Indices in the table have been deducting price factors.

# 29－13　农林牧渔业总产值

# Gross Output Value of Farming, Forestry, Animal Husbandry and Fishery

单位：亿元　　(100 million yuan)

| 年 份 Year | 合 计 Total | 农 业 Farming | 林 业 Forestry | 畜牧业 Animal Husbandry | 渔 业 Fishery | 农林牧渔服务业 Services of Farming, Forestry,Animal Husbandry and Fishery |
|---|---|---|---|---|---|---|
| 1978 | 27.46 | 21.72 | 1.07 | 4.64 | 0.03 | |
| 1979 | 31.74 | 24.54 | 1.27 | 5.90 | 0.03 | |
| 1980 | 36.44 | 28.05 | 1.46 | 6.89 | 0.04 | |
| 1981 | 41.93 | 32.07 | 2.08 | 7.69 | 0.09 | |
| 1982 | 51.49 | 38.93 | 2.49 | 9.95 | 0.12 | |
| 1983 | 52.66 | 38.17 | 3.48 | 10.84 | 0.17 | |
| 1984 | 63.09 | 45.43 | 4.44 | 12.94 | 0.28 | |
| 1985 | 70.24 | 47.42 | 5.37 | 17.05 | 0.40 | |
| 1986 | 79.34 | 53.54 | 5.27 | 20.05 | 0.48 | |
| 1987 | 92.25 | 61.95 | 5.50 | 24.23 | 0.57 | |
| 1988 | 123.39 | 78.90 | 6.13 | 37.55 | 0.81 | |
| 1989 | 133.69 | 85.64 | 5.90 | 41.30 | 0.85 | |
| 1990 | 145.53 | 95.23 | 7.95 | 41.38 | 0.97 | |
| 1991 | 165.34 | 112.08 | 9.44 | 42.68 | 1.14 | |
| 1992 | 176.73 | 116.03 | 12.22 | 47.18 | 1.30 | |
| 1993 | 201.40 | 126.20 | 11.85 | 62.33 | 1.02 | |
| 1994 | 277.13 | 180.26 | 13.61 | 81.18 | 2.08 | |
| 1995 | 344.85 | 224.16 | 15.29 | 102.54 | 2.86 | |
| 1996 | 388.29 | 265.57 | 14.99 | 104.57 | 3.16 | |
| 1997 | 417.54 | 289.20 | 15.39 | 109.37 | 3.58 | |
| 1998 | 402.32 | 274.55 | 15.48 | 108.12 | 4.17 | |
| 1999 | 407.12 | 278.67 | 16.02 | 108.07 | 4.36 | |
| 2000 | 412.97 | 279.61 | 18.04 | 110.67 | 4.65 | |
| 2001 | 418.61 | 279.95 | 15.08 | 118.46 | 5.13 | |
| 2002 | 431.39 | 278.88 | 18.17 | 128.80 | 5.54 | |
| 2003 | 466.72 | 275.46 | 25.87 | 139.48 | 6.08 | 19.83 |
| 2004 | 524.64 | 317.69 | 23.25 | 168.79 | 7.02 | 7.89 |
| 2005 | 571.84 | 335.53 | 23.91 | 194.20 | 9.41 | 8.79 |
| 2006 | 601.54 | 347.97 | 25.85 | 189.79 | 7.44 | 30.49 |
| 2007 | 697.01 | 392.20 | 27.77 | 231.60 | 9.04 | 36.40 |
| 2008 | 843.80 | 464.80 | 35.63 | 291.65 | 10.49 | 41.23 |
| 2009 | 875.20 | 501.52 | 36.92 | 281.53 | 11.06 | 44.17 |
| 2010 | 997.82 | 587.31 | 41.01 | 304.16 | 13.82 | 51.52 |
| 2011 | 1165.46 | 655.30 | 46.66 | 381.95 | 19.90 | 61.65 |
| 2012 | 1436.61 | 864.86 | 54.19 | 421.55 | 28.21 | 67.80 |
| 2013 | 1663.02 | 997.13 | 69.87 | 482.68 | 38.30 | 75.04 |

注：1.2006年数据为第二次农业普查修订数(以下相关表同)。2.农林牧渔服务业2004、2005年计算口径有变化(以下相关表同)。

Note:1.Data were adjusted according to the Second National Agricultural Census in 2006.2.Calculate the caliber of Farming,Forestry,Animal Husbandry and Fishery have changed in the year of 2004 and 2005(The same applies to the relative tables below ).

# 29-14 农林牧渔业总产值指数

## Indices of Gross Output Value of Farming, Forestry, Animal Husbandry and Fishery

上年=100 (preceding year=100)

| 年 份<br>Year | 合 计<br>Total | 农 业<br>Farming | 林 业<br>Forestry | 畜牧业<br>Animal Husbandry | 渔 业<br>Fishery | 农林牧渔服务业<br>Services of Farming, Forestry,Animal Husbandry and Fishery |
|---|---|---|---|---|---|---|
| 1978 | 102.9 | 100.7 | 107.7 | 113.2 | 99.5 | |
| 1979 | 101.0 | 98.9 | 102.4 | 111.0 | 101.4 | |
| 1980 | 104.3 | 103.7 | 106.2 | 106.1 | 159.3 | |
| 1981 | 106.9 | 107.3 | 86.6 | 109.9 | 96.3 | |
| 1982 | 119.8 | 120.9 | 113.8 | 116.9 | 104.4 | |
| 1983 | 102.6 | 98.6 | 139.8 | 108.2 | 136.9 | |
| 1984 | 111.4 | 109.0 | 123.1 | 115.6 | 148.9 | |
| 1985 | 100.4 | 96.9 | 100.9 | 112.6 | 112.5 | |
| 1986 | 108.4 | 109.4 | 88.4 | 112.3 | 102.6 | |
| 1987 | 104.0 | 103.3 | 101.1 | 107.0 | 102.6 | |
| 1988 | 102.3 | 101.2 | 94.4 | 107.4 | 105.2 | |
| 1989 | 104.8 | 105.9 | 97.6 | 103.5 | 97.1 | |
| 1990 | 102.4 | 102.9 | 106.4 | 100.2 | 106.6 | |
| 1991 | 113.1 | 116.5 | 109.2 | 106.3 | 109.9 | |
| 1992 | 100.8 | 98.4 | 114.0 | 103.6 | 102.4 | |
| 1993 | 104.2 | 105.9 | 90.1 | 103.9 | 120.2 | |
| 1994 | 103.7 | 104.0 | 100.7 | 103.6 | 109.7 | |
| 1995 | 103.0 | 100.8 | 100.3 | 108.9 | 116.6 | |
| 1996 | 104.5 | 105.6 | 94.5 | 103.9 | 107.2 | |
| 1997 | 104.9 | 105.0 | 101.4 | 104.8 | 120.2 | |
| 1998 | 100.3 | 97.3 | 102.2 | 107.1 | 119.2 | |
| 1999 | 103.6 | 103.6 | 99.5 | 104.0 | 109.6 | |
| 2000 | 103.8 | 103.1 | 111.0 | 103.7 | 113.4 | |
| 2001 | 101.2 | 99.9 | 84.1 | 106.9 | 110.2 | |
| 2002 | 102.5 | 98.6 | 116.7 | 108.5 | 108.1 | |
| 2003 | 105.4 | 104.9 | 101.0 | 108.8 | 106.4 | |
| 2004 | 105.5 | 105.4 | 85.6 | 109.2 | 108.7 | 105.2 |
| 2005 | 105.9 | 104.3 | 99.9 | 109.8 | 106.7 | 107.3 |
| 2006 | 104.8 | 102.4 | 104.4 | 108.2 | 119.8 | 109.2 |
| 2007 | 103.3 | 103.4 | 102.3 | 102.1 | 106.5 | 106.4 |
| 2008 | 106.8 | 106.1 | 115.5 | 107.1 | 101.5 | 106.9 |
| 2009 | 104.6 | 102.8 | 100.7 | 108.5 | 102.6 | 104.7 |
| 2010 | 105.2 | 102.7 | 109.7 | 108.2 | 111.6 | 109.2 |
| 2011 | 101.4 | 99.8 | 107.4 | 101.2 | 125.1 | 110.3 |
| 2012 | 109.3 | 112.0 | 107.1 | 105.3 | 123.2 | 103.5 |
| 2013 | 106.0 | 105.9 | 107.1 | 105.1 | 121.2 | 104.8 |

# 29-15 农林牧渔业总产值指数

# Indices of Gross Output Value of Farming, Forestry, Animal Husbandry and Fishery

(1978=100) (year of 1978=100)

| 年 份 Year | 合 计 Total | 农 业 Farming | 林 业 Forestry | 畜牧业 Animal Husbandry | 渔 业 Fishery | 农林牧渔服务业 Services of Farming, Forestry,Animal Husbandry and Fishery |
|---|---|---|---|---|---|---|
| 1978 | 100.0 | 100.0 | 100.0 | 100.0 | 100.0 | |
| 1979 | 101.0 | 98.9 | 102.4 | 111.0 | 101.4 | |
| 1980 | 105.3 | 102.6 | 108.7 | 117.8 | 161.5 | |
| 1981 | 112.6 | 110.0 | 94.2 | 129.4 | 155.6 | |
| 1982 | 134.9 | 133.0 | 107.2 | 151.3 | 162.4 | |
| 1983 | 138.4 | 131.2 | 149.8 | 163.7 | 222.3 | |
| 1984 | 154.2 | 143.0 | 184.4 | 189.2 | 331.0 | |
| 1985 | 154.8 | 138.6 | 186.1 | 213.1 | 372.4 | |
| 1986 | 167.8 | 151.6 | 164.5 | 239.3 | 382.1 | |
| 1987 | 174.5 | 156.6 | 166.3 | 256.1 | 392.0 | |
| 1988 | 178.5 | 158.5 | 157.0 | 275.0 | 412.4 | |
| 1989 | 187.1 | 167.8 | 153.2 | 284.6 | 400.5 | |
| 1990 | 191.6 | 172.7 | 163.0 | 285.2 | 426.9 | |
| 1991 | 216.7 | 201.2 | 178.0 | 303.2 | 469.2 | |
| 1992 | 218.4 | 198.0 | 203.0 | 314.1 | 480.4 | |
| 1993 | 227.6 | 209.6 | 182.9 | 326.3 | 577.5 | |
| 1994 | 236.0 | 218.0 | 184.2 | 338.1 | 633.5 | |
| 1995 | 243.1 | 219.8 | 184.7 | 368.2 | 738.6 | |
| 1996 | 254.1 | 232.1 | 174.6 | 382.5 | 791.8 | |
| 1997 | 266.5 | 243.7 | 177.0 | 400.9 | 951.8 | |
| 1998 | 267.3 | 237.1 | 180.9 | 429.4 | 1134.5 | |
| 1999 | 276.9 | 245.6 | 180.0 | 446.5 | 1243.4 | |
| 2000 | 287.5 | 253.2 | 199.8 | 463.0 | 1410.0 | |
| 2001 | 290.9 | 253.0 | 168.0 | 495.0 | 1553.8 | |
| 2002 | 298.2 | 249.4 | 196.1 | 537.1 | 1679.7 | |
| 2003 | 314.3 | 261.6 | 198.1 | 584.4 | 1787.2 | 100.0 |
| 2004 | 331.6 | 275.7 | 169.5 | 638.1 | 1942.7 | 105.2 |
| 2005 | 351.1 | 287.6 | 169.4 | 700.7 | 2072.8 | 112.9 |
| 2006 | 368.0 | 294.5 | 176.8 | 758.1 | 2483.3 | 123.3 |
| 2007 | 380.1 | 305.1 | 180.9 | 774.8 | 2647.2 | 131.2 |
| 2008 | 406.0 | 323.7 | 207.0 | 829.8 | 2686.9 | 140.3 |
| 2009 | 424.6 | 332.8 | 208.4 | 900.3 | 2756.8 | 146.9 |
| 2010 | 446.7 | 341.8 | 228.6 | 974.1 | 3076.6 | 160.4 |
| 2011 | 453.0 | 341.1 | 245.5 | 985.8 | 3848.8 | 176.9 |
| 2012 | 495.1 | 382.0 | 262.9 | 1038.0 | 4741.7 | 183.1 |
| 2013 | 524.8 | 404.6 | 281.6 | 1091.0 | 5747.0 | 191.9 |

# 29-16 主要农产品产量
# Output of Major Farm Crops

单位：万吨 (10000 tons)

| 年份 Year | 粮食 Grain | 油料 Oil-Bearing Crops | 烤烟 Flue-cured Tobacco | 水果 Fruits | 肉类总产量 Total Yield of Meat | 水产品 Aquatic Products |
|---|---|---|---|---|---|---|
| 1978 | 643.36 | 9.89 | 8.11 | 4.82 | 12.80 | 0.37 |
| 1979 | 623.05 | 10.90 | 9.54 | 4.68 | 22.84 | 0.38 |
| 1980 | 648.35 | 15.59 | 5.56 | 4.97 | 26.67 | 0.55 |
| 1981 | 567.36 | 34.04 | 11.93 | 6.23 | 31.61 | 0.58 |
| 1982 | 654.00 | 48.10 | 16.41 | 6.58 | 35.26 | 0.60 |
| 1983 | 703.00 | 28.50 | 13.62 | 7.19 | 38.58 | 0.81 |
| 1984 | 757.80 | 30.59 | 21.48 | 9.23 | 44.76 | 1.22 |
| 1985 | 594.96 | 31.97 | 26.55 | 10.14 | 50.46 | 1.35 |
| 1986 | 672.34 | 41.90 | 19.24 | 13.88 | 57.09 | 1.40 |
| 1987 | 673.17 | 46.34 | 21.19 | 15.19 | 62.26 | 1.80 |
| 1988 | 635.68 | 39.87 | 29.15 | 15.63 | 68.73 | 1.86 |
| 1989 | 708.25 | 32.93 | 31.58 | 16.80 | 71.82 | 2.01 |
| 1990 | 721.00 | 43.87 | 28.66 | 16.68 | 74.47 | 2.24 |
| 1991 | 885.50 | 61.79 | 38.53 | 17.17 | 81.65 | 2.29 |
| 1992 | 788.90 | 53.38 | 44.90 | 14.18 | 85.59 | 2.36 |
| 1993 | 869.50 | 43.28 | 49.66 | 16.53 | 88.91 | 2.55 |
| 1994 | 938.70 | 47.32 | 33.04 | 16.47 | 95.02 | 2.80 |
| 1995 | 948.85 | 58.83 | 33.53 | 20.97 | 105.69 | 3.27 |
| 1996 | 1002.60 | 55.62 | 52.27 | 19.46 | 103.65 | 3.50 |
| 1997 | 1025.90 | 58.97 | 68.66 | 25.14 | 106.77 | 4.21 |
| 1998 | 1100.00 | 62.24 | 29.19 | 27.50 | 113.33 | 5.02 |
| 1999 | 1125.21 | 67.31 | 32.32 | 32.57 | 117.09 | 5.50 |
| 2000 | 1161.30 | 74.34 | 31.09 | 58.33 | 124.06 | 6.24 |
| 2001 | 1100.30 | 71.32 | 26.38 | 62.93 | 131.70 | 6.89 |
| 2002 | 1034.20 | 72.48 | 30.65 | 71.57 | 145.02 | 7.46 |
| 2003 | 1104.30 | 72.31 | 28.72 | 78.75 | 156.99 | 7.96 |
| 2004 | 1149.58 | 82.71 | 29.98 | 87.17 | 171.06 | 8.85 |
| 2005 | 1152.06 | 84.89 | 34.45 | 95.96 | 187.01 | 9.46 |
| 2006 | 1038.00 | 68.24 | 30.71 | 109.19 | 163.70 | 6.71 |
| 2007 | 1100.86 | 69.66 | 31.22 | 112.86 | 150.60 | 7.68 |
| 2008 | 1158.00 | 68.39 | 37.71 | 114.28 | 161.46 | 7.80 |
| 2009 | 1168.27 | 78.68 | 36.92 | 119.74 | 169.60 | 8.03 |
| 2010 | 1112.30 | 60.34 | 37.02 | 123.47 | 179.09 | 8.79 |
| 2011 | 876.90 | 78.85 | 32.50 | 128.03 | 179.97 | 10.88 |
| 2012 | 1079.50 | 87.38 | 37.31 | 147.72 | 190.27 | 13.47 |
| 2013 | 1029.99 | 91.53 | 41.79 | 167.75 | 199.74 | 16.70 |

注：1.肉类总产量1978—1984年为猪牛羊肉产量，1985—1988年为猪牛羊禽肉产量，1989年以后为猪牛羊禽肉产量和其他肉(如：马肉、狗肉、兔肉等)产量。2.2000年以后的水果包含果用瓜。

Note:1.The Data of Total Yield of Meat included output of pock,beef and mutton from 1978 to 1984;it included Output of Pock,Beef,Mutton and Meat of Poultry from 1985 to 1988;after 1989,it includes output of pock,beef,mutton,meat of poultry and other meat(e.g.horse,dog,rabbit meat and so on). 2.After 2000,the data of yield of fruits included output of melon used as fruits.

# 29–17 工业总产值

# Gross Output Value of Industry

单位：亿元 (100 million yuan)

| 年 份 Year | 规模以上工业总产值 Gross Output Value of Industry above Designated Size | 轻工业 Light Industry | 重工业 Heavy Industry |
|---|---|---|---|
| 1996 | 514.10 | 191.40 | 322.70 |
| 1997 | 575.49 | 211.58 | 363.91 |
| 1998 | 507.91 | 185.66 | 322.25 |
| 1999 | 551.93 | 187.05 | 364.88 |
| 2000 | 631.60 | 206.30 | 425.30 |
| 2001 | 696.63 | 220.11 | 476.52 |
| 2002 | 797.90 | 253.00 | 544.90 |
| 2003 | 977.64 | 279.50 | 698.14 |
| 2004 | 1394.91 | 307.81 | 1087.10 |
| 2005 | 1690.40 | 380.85 | 1309.55 |
| 2006 | 2066.77 | 449.67 | 1617.10 |
| 2007 | 2520.36 | 527.16 | 1993.20 |
| 2008 | 3111.13 | 641.78 | 2469.34 |
| 2009 | 3426.69 | 758.14 | 2668.55 |
| 2010 | 4206.37 | 914.19 | 3292.18 |
| 2011 | 5520.68 | 1192.92 | 4327.76 |
| 2012 | 6544.02 | 1389.71 | 5154.31 |
| 2013 | 8074.60 | 1864.15 | 6210.45 |

注：本表统计口径1998年以前为乡及乡以上，1998—2010年为年主营业务收入500万元及以上工业企业，2011年及以后为年主营业务收入2000万元及以上工业企业(以下各相关表同)。

Notes: Before 1998,Industrial Statistics were based on type of industrial enterprises above county level.In 1998 to 2010,industrial statistics referred to the revenue from principal business of 5 million yuan and above of industry enterprises. From 2011 and beyond,industrial statistics referred t the revenue from principal business of 20 million yuan and above of industry enterprises(The relative tables in the chapter are the same).

# 29-18　工业增加值

## Value-added of Industry

单位：亿元　(100 million yuan)

| 年　份<br>Year | 全部工业<br>增加值<br>Value-added<br>of Industry | #规模以上<br>工业增加值<br>Value-added of Industry<br>above Designated Size | 轻工业<br>Light<br>Industry | 重工业<br>Heavy<br>Industry |
|---|---|---|---|---|
| 1996 | 225.36 | 188.43 | 74.71 | 113.72 |
| 1997 | 251.10 | 204.72 | 75.27 | 129.45 |
| 1998 | 273.82 | 181.80 | 76.48 | 105.32 |
| 1999 | 294.42 | 196.04 | 77.46 | 118.58 |
| 2000 | 328.73 | 216.99 | 82.16 | 134.83 |
| 2001 | 360.73 | 236.57 | 87.66 | 148.91 |
| 2002 | 395.45 | 271.09 | 88.20 | 182.89 |
| 2003 | 473.38 | 346.49 | 116.72 | 229.77 |
| 2004 | 577.40 | 476.75 | 147.79 | 328.96 |
| 2005 | 707.35 | 585.85 | 177.19 | 408.66 |
| 2006 | 839.13 | 747.38 | 218.52 | 528.86 |
| 2007 | 978.86 | 890.48 | 267.87 | 622.61 |
| 2008 | 1195.30 | 1051.26 | 302.25 | 749.01 |
| 2009 | 1252.67 | 1170.29 | 352.38 | 817.91 |
| 2010 | 1516.87 | 1227.17 | 413.99 | 813.18 |
| 2011 | 1829.20 | 1723.58 | 563.48 | 1160.10 |
| 2012 | 2217.06 | 2055.46 | 773.04 | 1282.42 |
| 2013 | 2686.52 | 2531.92 | 969.29 | 1562.63 |

# 29-19 工业增加值指数

# Indices of Value-added of Industry

(上年=100) (preceding year=100)

| 年份 Year | 全部工业增加值 Value-added of Industry | #规模以上工业增加值 Value-added of Industry above Designated Size | 轻工业 Light Industry | 重工业 Heavy Industry |
|---|---|---|---|---|
| 1996 | 112.1 | 110.3 | 111.0 | 109.8 |
| 1997 | 111.8 | 109.0 | 106.0 | 111.1 |
| 1998 | 110.4 | 110.2 | 108.1 | 111.5 |
| 1999 | 111.8 | 106.2 | 100.8 | 109.3 |
| 2000 | 107.5 | 113.8 | 112.2 | 114.7 |
| 2001 | 109.2 | 112.6 | 106.4 | 113.6 |
| 2002 | 111.0 | 116.2 | 113.4 | 117.6 |
| 2003 | 113.3 | 116.9 | 109.8 | 120.3 |
| 2004 | 115.9 | 120.1 | 122.1 | 119.2 |
| 2005 | 113.0 | 117.0 | 125.3 | 113.3 |
| 2006 | 113.8 | 117.5 | 113.1 | 119.7 |
| 2007 | 114.0 | 116.8 | 113.9 | 118.1 |
| 2008 | 108.6 | 110.1 | 114.0 | 108.4 |
| 2009 | 110.2 | 110.6 | 111.6 | 110.2 |
| 2010 | 115.7 | 115.8 | 115.9 | 115.7 |
| 2011 | 117.8 | 121.0 | 122.7 | 120.1 |
| 2012 | 115.6 | 116.2 | 117.6 | 115.5 |
| 2013 | 113.1 | 113.6 | 112.7 | 114.1 |

# 29-20 规模以上工业主要经济指标

# Major Economic Indicators of Industrial Enterprises above Designated Size

单位：亿元 (100 million yuan)

| 年 份<br>Year | 主营业务收入<br>Revenue from Principal Business | 轻工业<br>Light Industry | 重工业<br>Heavy Industry | 利税总额<br>Total Profits and Taxes | 轻工业<br>Light Industry | 重工业<br>Heavy Industry |
|---|---|---|---|---|---|---|
| 1996 | 434.00 | 129.12 | 304.88 | 50.61 | 29.73 | 20.88 |
| 1997 | 419.82 | 128.07 | 291.75 | 60.82 | 38.42 | 22.40 |
| 1998 | 463.24 | 149.81 | 313.43 | 62.25 | 37.38 | 24.87 |
| 1999 | 507.55 | 162.34 | 345.21 | 65.81 | 40.47 | 25.34 |
| 2000 | 593.80 | 178.54 | 415.26 | 87.44 | 45.66 | 41.78 |
| 2001 | 646.01 | 193.35 | 452.66 | 94.30 | 51.27 | 43.03 |
| 2002 | 752.97 | 213.50 | 539.47 | 104.43 | 57.76 | 46.67 |
| 2003 | 974.30 | 248.48 | 725.82 | 135.87 | 72.15 | 63.72 |
| 2004 | 1325.95 | 274.04 | 1051.91 | 201.21 | 85.43 | 115.78 |
| 2005 | 1577.16 | 338.02 | 1239.14 | 232.49 | 113.50 | 118.99 |
| 2006 | 1948.57 | 389.38 | 1559.19 | 299.09 | 137.05 | 162.04 |
| 2007 | 2430.62 | 486.28 | 1944.34 | 403.49 | 187.27 | 216.22 |
| 2008 | 2922.35 | 567.80 | 2354.55 | 453.53 | 233.66 | 219.87 |
| 2009 | 3234.59 | 674.36 | 2560.23 | 470.60 | 252.25 | 218.35 |
| 2010 | 3926.01 | 807.13 | 3118.88 | 671.39 | 326.72 | 344.67 |
| 2011 | 5022.11 | 1091.79 | 3930.32 | 901.36 | 463.03 | 438.33 |
| 2012 | 5966.52 | 1299.99 | 4666.53 | 1172.15 | 608.19 | 563.96 |
| 2013 | 7357.43 | 1697.41 | 5660.02 | 1268.68 | 722.35 | 546.33 |

29-20 续表 continued

| 年 份 Year | 利润总额 Total Profits | 轻工业 Light Industry | 重工业 Heavy Industry | 资产合计 Total Assets | 轻工业 Light Industry | 重工业 Heavy Industry |
|---|---|---|---|---|---|---|
| 1996 | -3.57 | -2.47 | -1.10 | 960.79 | 257.78 | 703.01 |
| 1997 | 0.76 | 0.65 | 0.11 | 1076.72 | 294.65 | 782.07 |
| 1998 | 1.64 | -0.65 | 2.29 | 1166.76 | 312.79 | 853.97 |
| 1999 | 0.65 | 1.14 | -0.49 | 1328.55 | 357.12 | 971.43 |
| 2000 | 12.56 | 4.48 | 8.08 | 1517.13 | 371.83 | 1145.30 |
| 2001 | 18.59 | 6.98 | 11.61 | 1698.58 | 412.57 | 1286.01 |
| 2002 | 21.41 | 10.82 | 10.59 | 1797.46 | 404.54 | 1392.92 |
| 2003 | 37.52 | 19.00 | 18.52 | 1958.57 | 409.35 | 1549.22 |
| 2004 | 61.99 | 18.03 | 43.96 | 2441.52 | 430.64 | 2010.88 |
| 2005 | 70.79 | 34.31 | 36.48 | 2734.05 | 458.41 | 2275.64 |
| 2006 | 110.91 | 48.52 | 62.39 | 3214.39 | 514.26 | 2700.13 |
| 2007 | 174.41 | 81.29 | 93.12 | 3521.19 | 541.49 | 2979.70 |
| 2008 | 181.83 | 108.56 | 73.27 | 4566.10 | 700.92 | 3865.18 |
| 2009 | 191.73 | 109.42 | 82.31 | 5066.17 | 819.69 | 4246.48 |
| 2010 | 317.63 | 149.62 | 168.01 | 5960.13 | 1007.10 | 4953.03 |
| 2011 | 456.20 | 220.40 | 235.80 | 6990.58 | 1200.82 | 5789.76 |
| 2012 | 627.02 | 307.74 | 319.28 | 8302.29 | 1458.24 | 6844.05 |
| 2013 | 636.59 | 370.74 | 265.85 | 10339.87 | 1989.29 | 8350.58 |

# 29-21 主要工业产品产量
## Output of Major Industrial Products

| 年 份 Year | 卷 烟 (万箱) Cigarettes (10000 cases) | 茅台酒 (吨) Mao-Tai Chiew (ton) | 发电量 (亿千瓦小时) Electricity (100 million kwh) | 粗钢 (万吨) Crude Steel (10000 tons) | 成品钢材 (万吨) Steel Products (10000 tons) | 水泥 (万吨) Cement (10000 tons) | 农用化肥 (万吨) Chemical Fertilizer (10000 tons) | 磷矿石 (万吨) Phosphorite Material (10000 tons) |
|---|---|---|---|---|---|---|---|---|
| 1978 | 31.60 | 1067 | 41.43 | 8.73 | 4.95 | 130.93 | 11.57 | 169.02 |
| 1979 | 34.30 | 1143 | 44.90 | 9.11 | 6.48 | 148.38 | 21.8 | 124.61 |
| 1980 | 44.00 | 1200 | 45.17 | 8.66 | 7.75 | 144.47 | 30.34 | 188.02 |
| 1981 | 48.70 | 1055 | 43.55 | 8.60 | 5.17 | 145.82 | 30.22 | 170.03 |
| 1982 | 56.10 | 1181 | 57.86 | 10.62 | 9.43 | 161.07 | 30.98 | 207.98 |
| 1983 | 64.40 | 1189 | 69.51 | 11.63 | 13.73 | 182.26 | 32.37 | 216.72 |
| 1984 | 85.70 | 1320 | 76.46 | 13.87 | 18.93 | 206.94 | 36.85 | 214.34 |
| 1985 | 106.10 | 1266 | 78.07 | 19.28 | 20.47 | 231.26 | 30.31 | 92.77 |
| 1986 | 102.10 | 1267 | 82.52 | 26.34 | 21.45 | 247.31 | 34.99 | 162.58 |
| 1987 | 146.40 | 1331 | 84.90 | 32.67 | 25.30 | 258.10 | 39.32 | 248.39 |
| 1988 | 188.40 | 1300 | 90.12 | 33.17 | 23.13 | 293.38 | 39.23 | 281.82 |
| 1989 | 205.10 | 1727 | 96.53 | 37.78 | 22.96 | 295.51 | 43.49 | 285.46 |
| 1990 | 208.00 | 1879 | 103.87 | 47.11 | 25.36 | 278.29 | 46.73 | 323.86 |
| 1991 | 194.00 | 1959 | 116.03 | 52.71 | 31.87 | 308.13 | 51.65 | 342.96 |
| 1992 | 202.90 | 2089 | 129.35 | 64.19 | 48.83 | 370.44 | 51.54 | 348.42 |
| 1993 | 193.60 | 2281 | 146.56 | 70.67 | 53.03 | 406.68 | 60.06 | 307.00 |
| 1994 | 204.90 | 3390 | 197.21 | 69.89 | 56.14 | 463.10 | 53.60 | 341.43 |
| 1995 | 202.90 | 3978 | 231.55 | 65.94 | 51.69 | 468.34 | 61.02 | 390.81 |
| 1996 | 197.70 | 4365 | 248.80 | 59.47 | 51.60 | 522.00 | 57.50 | 446.40 |
| 1997 | 205.30 | 4468 | 255.75 | 78.77 | 57.65 | 632.00 | 69.17 | 509.91 |
| 1998 | 195.80 | 5072 | 291.77 | 100.28 | 77.28 | 559.42 | 72.82 | 436.51 |
| 1999 | 187.60 | 5074 | 334.46 | 140.09 | 118.77 | 710.29 | 73.12 | 493.92 |
| 2000 | 187.40 | 5397 | 404.70 | 166.90 | 150.93 | 783.88 | 84.05 | 588.70 |
| 2001 | 180.80 | 7317 | 480.25 | 146.99 | 138.61 | 920.01 | 86.75 | 669.91 |
| 2002 | 177.80 | 9625 | 547.12 | 194.65 | 177.79 | 1121.11 | 158.49 | 729.20 |
| 2003 | 183.19 | 10869 | 636.60 | 206.10 | 192.97 | 1324.66 | 186.89 | 783.68 |
| 2004 | 194.74 | 12836 | 713.04 | 208.07 | 203.22 | 1428.80 | 213.78 | 801.98 |
| 2005 | 208.21 | 8885 | 786.78 | 237.83 | 214.85 | 1557.97 | 268.28 | 878.79 |
| 2006 | 211.73 | 9719 | 974.66 | 332.51 | 256.57 | 1799.40 | 338.76 | 1034.60 |
| 2007 | 220.71 | 10789 | 1166.32 | 349.36 | 328.14 | 1943.10 | 321.84 | 1198.83 |
| 2008 | 226.74 | 11308 | 1192.08 | 345.64 | 337.52 | 2048.94 | 262.21 | 1317.18 |
| 2009 | 232.24 | 12161 | 1363.09 | 343.10 | 337.62 | 2664.78 | 347.28 | 1360.66 |
| 2010 | 239.24 | 12911 | 1358.69 | 360.48 | 391.04 | 3694.84 | 384.92 | 1579.21 |
| 2011 | 245.23 | 13815 | 1344.14 | 434.01 | 462.36 | 5000.19 | 360.37 | 2052.82 |
| 2012 | 249.35 | 14272 | 1548.44 | 531.27 | 560.22 | 6100.45 | 503.82 | 2281.95 |
| 2013 | 254.29 | 15729 | 1620.08 | 531.44 | 573.28 | 8352.95 | 524.26 | 2905.44 |

注：1.表中工业产品产量1998年前为全社会口径，1998年及以后为规模以上工业企业数据。2.茅台酒产量从2001年起计量单位为千升，2005年起按包装量统计。

Note: 1.Before 1998, output of industrial products refer to the caliber of total society,but from 1998,it refer to the output of industrial enterprises above designated size. 2.Measurement units of Mao-Tai chiew since 2001 has been changed into kiloliter, Output of Mao-Tai was counted by packing quantity from the year 2005 and later.

# 29-22 建筑业总产值和房屋建筑面积

# Gross Output Value of Construction and Floor Space of Building

| 年份 Year | 建筑业总产值(亿元) Gross Output Value of Construction Enterprises (100 million yuan) | #国有及国有控股 State-owned and State-controlled | 施工面积(万平方米) Floor Space of Building Under Construction (10000 sq.m ) | 竣工面积(万平方米) Floor Space of Building Completed (10000 sq.m ) |
|---|---|---|---|---|
| 1978 | 4.40 | 3.55 | 313 | 164 |
| 1979 | 4.44 | 3.40 | 371 | 185 |
| 1980 | 4.55 | 3.37 | 380 | 198 |
| 1981 | 4.76 | 3.27 | 392 | 213 |
| 1982 | 5.34 | 3.46 | 450 | 236 |
| 1983 | 6.22 | 3.85 | 501 | 258 |
| 1984 | 7.54 | 4.79 | 551 | 293 |
| 1985 | 9.81 | 6.34 | 662 | 342 |
| 1986 | 11.27 | 7.21 | 720 | 368 |
| 1987 | 12.93 | 8.62 | 725 | 378 |
| 1988 | 15.30 | 10.43 | 823 | 326 |
| 1989 | 15.57 | 11.07 | 765 | 305 |
| 1990 | 16.98 | 11.85 | 699 | 328 |
| 1991 | 20.32 | 14.09 | 739 | 335 |
| 1992 | 26.20 | 18.13 | 906 | 393 |
| 1993 | 37.65 | 26.63 | 1250 | 597 |
| 1994 | 48.69 | 36.65 | 1119 | 467 |
| 1995 | 55.40 | 44.58 | 1191 | 477 |
| 1996 | 66.49 | 52.45 | 1216 | 510 |
| 1997 | 76.70 | 59.78 | 1278 | 585 |
| 1998 | 83.20 | 62.42 | 1457 | 592 |
| 1999 | 96.65 | 70.91 | 1671 | 694 |
| 2000 | 109.06 | 77.04 | 1792 | 824 |
| 2001 | 150.20 | 110.40 | 1946 | 892 |
| 2002 | 181.12 | 133.62 | 2309 | 1054 |
| 2003 | 212.29 | 164.02 | 2520 | 980 |
| 2004 | 255.45 | 191.63 | 2820 | 1251 |
| 2005 | 271.23 | 207.88 | 3153 | 1150 |
| 2006 | 312.34 | 247.90 | 3369 | 1108 |
| 2007 | 348.79 | 271.69 | 3813 | 1204 |
| 2008 | 393.88 | 303.28 | 4230 | 1216 |
| 2009 | 523.91 | 408.00 | 4953 | 1244 |
| 2010 | 622.96 | 496.00 | 5756 | 1350 |
| 2011 | 824.72 | 659.29 | 6779 | 1530 |
| 2012 | 1039.95 | 859.68 | 8254 | 1863 |
| 2013 | 1365.00 | 1103.42 | 12174 | 2450 |

# 29−23 交通运输

# Transportation

| 年份 Year | 铁路营业里程(公里) Length of Railways(km) | 公路线路里程(公里) Length of Highways(km) | 客运量(万人) Passenger Traffic (10000 persons) | 铁路 Railway | 公路 Highway | 水运 Waterway | 货运量(万吨) Freight Traffic (10000 tons) | 铁路 Railway | 公路 Highway | 水运 Waterway |
|---|---|---|---|---|---|---|---|---|---|---|
| 1978 | 1365 | 25954 | 3294 | 977 | 2260 | 57 | 3467 | 1320 | 2083 | 64 |
| 1979 | 1373 | 26166 | 4608 | 1083 | 3462 | 63 | 3599 | 1314 | 2209 | 76 |
| 1980 | 1374 | 27367 | 5950 | 1164 | 4700 | 86 | 3424 | 1395 | 1953 | 76 |
| 1981 | 1373 | 27422 | 7175 | 1224 | 5873 | 78 | 3541 | 1481 | 1991 | 69 |
| 1982 | 1396 | 27499 | 8026 | 1288 | 6648 | 90 | 3825 | 1581 | 2164 | 80 |
| 1983 | 1396 | 27675 | 8259 | 1456 | 6707 | 96 | 4233 | 1665 | 2488 | 80 |
| 1984 | 1411 | 27872 | 9915 | 1620 | 8184 | 111 | 4600 | 1777 | 2735 | 88 |
| 1985 | 1419 | 27999 | 10874 | 1638 | 9102 | 134 | 5717 | 1874 | 3758 | 85 |
| 1986 | 1419 | 28383 | 11033 | 1458 | 9387 | 188 | 6551 | 1949 | 4510 | 92 |
| 1987 | 1420 | 29823 | 13512 | 1461 | 11854 | 197 | 7613 | 2043 | 5479 | 91 |
| 1988 | 1420 | 30445 | 14361 | 1633 | 12564 | 164 | 8570 | 2074 | 6413 | 83 |
| 1989 | 1420 | 30716 | 14923 | 1530 | 13125 | 268 | 9459 | 2178 | 7170 | 111 |
| 1990 | 1420 | 31157 | 17048 | 1256 | 15682 | 110 | 9840 | 2315 | 7414 | 111 |
| 1991 | 1419 | 31588 | 19081 | 1255 | 17718 | 108 | 10008 | 2365 | 7551 | 92 |
| 1992 | 1423 | 31889 | 21641 | 1251 | 20262 | 128 | 11349 | 2498 | 8752 | 99 |
| 1993 | 1423 | 32092 | 23494 | 1366 | 22010 | 118 | 11495 | 2537 | 8851 | 107 |
| 1994 | 1423 | 32398 | 27076 | 1515 | 25313 | 248 | 12189 | 2599 | 9453 | 137 |
| 1995 | 1423 | 32487 | 36151 | 1572 | 34304 | 275 | 12586 | 2657 | 9806 | 123 |
| 1996 | 1423 | 32700 | 42429 | 1843 | 40245 | 341 | 12182 | 2770 | 9192 | 220 |
| 1997 | 1640 | 33211 | 46644 | 1957 | 44416 | 271 | 13077 | 2739 | 10117 | 221 |
| 1998 | 1648 | 33604 | 48468 | 2048 | 45987 | 433 | 13577 | 3044 | 10219 | 314 |
| 1999 | 1654 | 33973 | 49457 | 2194 | 46807 | 456 | 14065 | 3272 | 10449 | 344 |
| 2000 | 1641 | 34643 | 53032 | 2251 | 50313 | 468 | 15615 | 3577 | 11684 | 354 |
| 2001 | 1644 | 34618 | 54665 | 2017 | 52154 | 494 | 16344 | 3875 | 12114 | 355 |
| 2002 | 1893 | 44220 | 55980 | 1947 | 53478 | 555 | 17399 | 4356 | 12685 | 358 |
| 2003 | 1900 | 45304 | 55074 | 1796 | 52695 | 583 | 18224 | 4971 | 12886 | 367 |
| 2004 | 1891 | 46128 | 58707 | 1855 | 56077 | 775 | 19439 | 5504 | 13541 | 394 |
| 2005 | 1986 | 46893 | 64450 | 2191 | 61414 | 845 | 21771 | 6169 | 15082 | 520 |
| 2006 | 2014 | 113278 | 69270 | 2536 | 65786 | 948 | 24709 | 6826 | 17284 | 599 |
| 2007 | 2012 | 123247 | 74440 | 2979 | 70377 | 1084 | 26788 | 7289 | 18834 | 665 |
| 2008 | 1962 | 125365 | 80056 | 3199 | 75350 | 1507 | 33576 | 6683 | 26156 | 737 |
| 2009 | 1983 | 142561 | 84981 | 3204 | 80044 | 1733 | 34844 | 6997 | 27031 | 816 |
| 2010 | 2002 | 151644 | 97793 | 3437 | 92426 | 1930 | 40310 | 7991 | 31409 | 910 |
| 2011 | 2070 | 157820 | 120554 | 3939 | 114429 | 2186 | 44890 | 7219 | 36684 | 987 |
| 2012 | 2058 | 164542 | 142809 | 3902 | 136454 | 2453 | 52765 | 6665 | 45000 | 1100 |
| 2013 | 2093 | 172564 | 83435 | 4322 | 77358 | 1755 | 72700 | 6458 | 65100 | 1142 |

注：1.资料来源于省交通运输厅、成都铁路分局。2.2006年起，公路线路里程包括村道里程；2008年公路、水路运输量采用全国公路水路运输量专项调查数据(下表同)。3.由于交通运输部对公路、水运运输量统计方案进行调整，2013年相关数据统计口径发生变化，相同指标数据与以往年份不可比(下表同)。

Notes: 1. Data in the table are obtained from provincial transports department and Chengdu Railway Branch. 2.Since 2006,the data of total length of the length of village road;the data of highways and waterways freight traffic highways have been included refers to data of highways and waterways freight traffic special investigation in 2008 (the same applies to the next table). 3.Because the statistics schemes of highway, waterway transport volume are adjusted by the Ministry of Transport of the People's Republic of China ,the correlation data statistics caliber changes for 2013 , the same indicators can not compare with previous years (the same applies to the next table)

# 29-24 旅客周转量和货物周转量
## Passenger-kilometers and Freight Ton-kilometers

| 年 份 Year | 旅客周转量 (亿人公里) Passenger-kilometers (100 million passenger-km) | 铁 路 Railway | 公 路 Highway | 水 运 Waterway | 货物周转量 (亿吨公里) Freight Ton-kilometers (100 million ton.km) | 铁 路 Railway | 公 路 Highway | 水 运 Waterway |
|---|---|---|---|---|---|---|---|---|
| 1978 | 25.50 | 16.04 | 9.26 | 0.20 | 79.60 | 72.30 | 6.57 | 0.73 |
| 1979 | 31.54 | 19.66 | 11.68 | 0.20 | 93.99 | 86.49 | 6.59 | 0.91 |
| 1980 | 37.69 | 22.77 | 14.67 | 0.25 | 96.03 | 88.99 | 5.91 | 1.13 |
| 1981 | 43.28 | 25.32 | 17.73 | 0.23 | 100.43 | 93.19 | 6.23 | 1.01 |
| 1982 | 46.93 | 26.70 | 19.99 | 0.24 | 109.69 | 98.99 | 9.50 | 1.20 |
| 1983 | 52.35 | 30.69 | 21.40 | 0.26 | 117.22 | 104.86 | 10.97 | 1.39 |
| 1984 | 61.04 | 36.21 | 24.55 | 0.28 | 132.72 | 119.19 | 11.61 | 1.92 |
| 1985 | 74.07 | 45.11 | 28.64 | 0.32 | 151.42 | 133.22 | 16.32 | 1.88 |
| 1986 | 76.45 | 47.39 | 28.70 | 0.36 | 171.03 | 148.13 | 20.44 | 2.46 |
| 1987 | 93.19 | 53.22 | 39.60 | 0.37 | 186.09 | 156.33 | 26.87 | 2.89 |
| 1988 | 105.67 | 61.20 | 44.14 | 0.33 | 196.04 | 159.75 | 33.50 | 2.79 |
| 1989 | 105.73 | 58.08 | 47.16 | 0.49 | 216.45 | 174.59 | 38.96 | 2.90 |
| 1990 | 102.90 | 49.20 | 53.34 | 0.36 | 224.31 | 179.72 | 41.84 | 2.75 |
| 1991 | 117.61 | 54.84 | 62.52 | 0.25 | 232.91 | 186.96 | 42.51 | 3.44 |
| 1992 | 136.77 | 66.62 | 69.84 | 0.31 | 268.80 | 214.88 | 49.84 | 4.08 |
| 1993 | 156.26 | 80.86 | 75.12 | 0.28 | 292.96 | 239.40 | 49.12 | 4.44 |
| 1994 | 173.71 | 88.72 | 84.53 | 0.46 | 298.44 | 243.87 | 50.06 | 4.51 |
| 1995 | 180.09 | 91.23 | 88.32 | 0.54 | 301.28 | 245.76 | 51.34 | 4.18 |
| 1996 | 185.94 | 88.32 | 96.84 | 0.78 | 317.70 | 261.99 | 51.07 | 4.64 |
| 1997 | 191.02 | 97.97 | 92.52 | 0.53 | 336.08 | 277.95 | 54.06 | 4.07 |
| 1998 | 201.77 | 101.13 | 99.97 | 0.67 | 330.30 | 270.40 | 54.84 | 5.06 |
| 1999 | 229.20 | 118.37 | 109.95 | 0.88 | 370.03 | 305.68 | 60.28 | 4.07 |
| 2000 | 238.36 | 120.79 | 116.54 | 1.03 | 404.07 | 334.11 | 65.86 | 4.10 |
| 2001 | 251.06 | 124.22 | 125.76 | 1.08 | 439.30 | 364.71 | 70.36 | 4.23 |
| 2002 | 250.79 | 116.10 | 133.60 | 1.09 | 486.03 | 407.26 | 74.25 | 4.52 |
| 2003 | 248.55 | 112.08 | 135.31 | 1.16 | 547.01 | 465.92 | 76.63 | 4.46 |
| 2004 | 278.21 | 125.87 | 150.79 | 1.55 | 610.88 | 520.70 | 84.27 | 5.91 |
| 2005 | 312.40 | 145.71 | 164.91 | 1.78 | 646.55 | 544.31 | 94.15 | 8.09 |
| 2006 | 349.82 | 160.98 | 186.91 | 1.93 | 680.96 | 557.70 | 114.48 | 8.78 |
| 2007 | 369.20 | 160.51 | 206.40 | 2.29 | 721.26 | 583.85 | 127.99 | 9.42 |
| 2008 | 407.59 | 163.00 | 241.15 | 3.44 | 809.93 | 564.31 | 234.96 | 10.66 |
| 2009 | 430.56 | 162.41 | 264.06 | 4.09 | 897.38 | 644.41 | 241.60 | 11.37 |
| 2010 | 514.41 | 189.38 | 320.46 | 4.57 | 1012.20 | 706.45 | 293.00 | 12.75 |
| 2011 | 631.74 | 204.58 | 422.01 | 5.15 | 1060.69 | 696.36 | 350.10 | 14.23 |
| 2012 | 718.22 | 199.20 | 513.07 | 5.95 | 1177.78 | 693.68 | 467.60 | 16.50 |
| 2013 | 593.62 | 211.21 | 377.87 | 4.54 | 1292.11 | 655.85 | 610.64 | 25.62 |

# 29–25 内外贸易

## Domestic Trade,Foreign Trade and Economic Cooperation

| 年 份 Year | 社会消费品零售总额(亿元) Total Retail Sales of Consumer Goods (100 million yuan) | 进出口总额(万美元) Total Imports and Exports (USD 10000 ) | #出口额 Exports | 实际利用外资额(万美元) Foreign Capital Actually Utilized (USD 10000) | #国外贷款 Foreign Loans | #外商直接投资 Direct Foreign Investments |
|---|---|---|---|---|---|---|
| 1978 | 21.23 | 1645 | 285 | | | |
| 1979 | 23.57 | 2111 | 703 | | | |
| 1980 | 26.73 | 2797 | 1641 | | | |
| 1981 | 30.48 | 4782 | 3617 | | | |
| 1982 | 34.55 | 5455 | 4522 | | | |
| 1983 | 38.43 | 5238 | 4186 | | | |
| 1984 | 43.64 | 6997 | 4548 | 61 | 61 | |
| 1985 | 52.25 | 8720 | 4010 | 286 | 12 | 148 |
| 1986 | 57.25 | 8605 | 6361 | 1276 | 38 | 74 |
| 1987 | 66.39 | 12488 | 9296 | 376 | 127 | 101 |
| 1988 | 83.40 | 15527 | 11586 | 1408 | 425 | 440 |
| 1989 | 83.84 | 18681 | 13322 | 2102 | 826 | 747 |
| 1990 | 85.90 | 21802 | 15358 | 2983 | 1925 | 463 |
| 1991 | 92.92 | 24614 | 18958 | 2845 | 1436 | 1034 |
| 1992 | 106.75 | 33907 | 22424 | 3574 | 1595 | 1979 |
| 1993 | 143.09 | 36470 | 24491 | 4922 | 628 | 4294 |
| 1994 | 165.01 | 53595 | 37346 | 8363 | 2000 | 6363 |
| 1995 | 204.45 | 68144 | 43023 | 9637 | 3934 | 5703 |
| 1996 | 241.57 | 64240 | 43554 | 10628 | 7490 | 3138 |
| 1997 | 274.68 | 67660 | 48239 | 13834 | 8857 | 4977 |
| 1998 | 299.97 | 62243 | 38794 | 18100 | 13565 | 4535 |
| 1999 | 324.67 | 54763 | 35780 | 19532 | 15442 | 4090 |
| 2000 | 355.58 | 66002 | 42060 | 19545 | 17044 | 2501 |
| 2001 | 391.14 | 64978 | 42170 | 14010 | 11181 | 2829 |
| 2002 | 430.64 | 69141 | 44181 | 9383 | 5684 | 3700 |
| 2003 | 474.57 | 98477 | 58834 | 13191 | 7565 | 5626 |
| 2004 | 535.31 | 151442 | 86709 | 13932 | 7399 | 6533 |
| 2005 | 615.75 | 140425 | 85925 | 19568 | 8800 | 10768 |
| 2006 | 710.00 | 161745 | 103874 | 18413 | 9029 | 9384 |
| 2007 | 858.15 | 227285 | 146513 | 15333 | 2682 | 12651 |
| 2008 | 1075.24 | 337037 | 190084 | 17379 | 2475 | 14904 |
| 2009 | 1247.25 | 230732 | 135856 | 18027 | 4663 | 13364 |
| 2010 | 1482.68 | 314680 | 192018 | 34026 | 4480 | 29546 |
| 2011 | 1751.62 | 488758 | 298509 | 71674 | 4353 | 51541 |
| 2012 | 2075.85 | 663156 | 495223 | 109805 | 5223 | 49116 |
| 2013 | 2366.24 | 829009 | 688598 | 157415 | 4853 | 57673 |

注：1.进出口总额1997年及以前数据来源于原省对外贸易经济合作厅，1998年及以后数据来源于贵阳海关。2.实际利用外资额数据来源于省发展改革委、省商务厅。

Note:1.The yrar 1997and before,total imports and exports were obtained from the former provincial department of foreign trade and economic cooperation.After 1998 they obtained from Guiyang Customs.2.Data of foreign capital actually utilized are obtained from Provincial Development and Reform Commission and Department of Commerce.

# 29-26 旅 游

# Tourism

| 年　份<br>Year | 国内旅游人数<br>(万人次)<br>Total Number of Domestic Tourists<br>(10000 person-times) | 国内旅游收入<br>(亿元)<br>Earnings from Domestic Tourism<br>(100 million yuan) | 入境旅游人数<br>(万人次)<br>Total Number of International Tourists Inbound<br>(10000 person-times) | #外国人<br>Foreigners | 国际旅游外汇收入(万美元)<br>Foreign Exchange Income from Tourism(USD 10000) |
|---|---|---|---|---|---|
| 1980 | | | 0.17 | 0.07 | 0.70 |
| 1981 | | | 0.23 | 0.06 | 2.49 |
| 1982 | | | 0.51 | 0.18 | 5.73 |
| 1983 | | | 0.71 | 0.19 | 8.03 |
| 1984 | 204 | 0.07 | 1.02 | 0.27 | 15.86 |
| 1985 | 244 | 0.07 | 1.13 | 0.29 | 61.95 |
| 1986 | 248 | 0.05 | 1.40 | 0.46 | 100.19 |
| 1987 | 261 | 0.07 | 1.88 | 0.77 | 137.22 |
| 1988 | 296 | 0.18 | 2.36 | 0.75 | 162.54 |
| 1989 | 397 | 0.18 | 1.37 | 0.47 | 136.75 |
| 1990 | 399 | 0.19 | 2.41 | 0.74 | 180.90 |
| 1991 | 630 | 0.66 | 3.75 | 1.04 | 307.35 |
| 1992 | 1426 | 2.21 | 7.63 | 1.87 | 686.13 |
| 1993 | 1647 | 4.29 | 10.25 | 4.26 | 1049.45 |
| 1994 | 1700 | 4.28 | 12.08 | 7.61 | 2109.63 |
| 1995 | 1750 | 7.18 | 13.65 | 7.78 | 2897.73 |
| 1996 | 1800 | 8.53 | 12.53 | 6.67 | 3811.95 |
| 1997 | 1850 | 30.81 | 15.02 | 7.81 | 4429.10 |
| 1998 | 1880 | 35.14 | 15.13 | 6.77 | 4831.18 |
| 1999 | 1910 | 43.75 | 16.70 | 6.57 | 5501.54 |
| 2000 | 1980 | 57.95 | 18.39 | 7.12 | 6092.23 |
| 2001 | 2100 | 75.81 | 20.55 | 7.85 | 6873.23 |
| 2002 | 2200 | 99.86 | 22.81 | 8.45 | 7950.63 |
| 2003 | 1835 | 114.36 | 7.70 | 2.40 | 2893.91 |
| 2004 | 2480 | 161.02 | 23.10 | 7.63 | 8020.27 |
| 2005 | 3099 | 242.83 | 27.62 | 9.26 | 10141.36 |
| 2006 | 4716 | 377.79 | 32.14 | 10.70 | 11515.66 |
| 2007 | 6220 | 504.04 | 43.00 | 15.48 | 12917.55 |
| 2008 | 8151 | 643.82 | 39.54 | 18.22 | 11697.37 |
| 2009 | 10400 | 797.69 | 39.95 | 16.28 | 11044.40 |
| 2010 | 12863 | 1052.64 | 50.01 | 18.61 | 12957.88 |
| 2011 | 16961 | 1420.70 | 58.51 | 23.62 | 13507.18 |
| 2012 | 21331 | 1849.49 | 70.50 | 30.42 | 16893.60 |
| 2013 | 26684 | 2358.18 | 77.70 | 31.97 | 20143.41 |

注：资料来源于省旅游局。

Note:Data in the table are obtained from Provincial Tourism Bureau.

# 29-27 金融机构人民币存贷款余额

## Saving Deposits and Loans Balance of Financial Institutions

单位：亿元

(100 million yuan)

| 年 份 Year | 各项存款合 计 Total Deposits | #储蓄存款 Saving Deposit | 人均储蓄余额(元) Per Captia Savings Deposit (yuan) | 各项贷款合 计 Total Loans |
|---|---|---|---|---|
| 1978 | 18.05 | 1.84 | 6.91 | 21.62 |
| 1979 | 19.82 | 2.42 | 8.93 | 23.31 |
| 1980 | 24.43 | 3.73 | 13.54 | 24.94 |
| 1981 | 25.75 | 5.28 | 18.85 | 30.10 |
| 1982 | 30.75 | 7.26 | 25.46 | 33.99 |
| 1983 | 35.25 | 8.86 | 30.68 | 36.07 |
| 1984 | 45.33 | 12.33 | 42.27 | 46.22 |
| 1985 | 52.27 | 16.61 | 56.27 | 63.41 |
| 1986 | 69.76 | 22.21 | 74.06 | 89.67 |
| 1987 | 83.79 | 30.37 | 99.60 | 107.76 |
| 1988 | 91.92 | 34.99 | 112.87 | 125.17 |
| 1989 | 107.35 | 44.54 | 141.44 | 142.73 |
| 1990 | 144.39 | 61.27 | 190.32 | 183.91 |
| 1991 | 187.06 | 80.30 | 243.99 | 234.56 |
| 1992 | 232.80 | 102.07 | 305.80 | 290.01 |
| 1993 | 291.22 | 141.88 | 419.16 | 357.00 |
| 1994 | 364.84 | 181.05 | 527.30 | 421.07 |
| 1995 | 478.21 | 247.62 | 710.89 | 513.41 |
| 1996 | 586.26 | 311.19 | 881.12 | 610.51 |
| 1997 | 712.80 | 362.87 | 1013.43 | 761.88 |
| 1998 | 815.43 | 423.08 | 1164.96 | 840.63 |
| 1999 | 945.80 | 484.51 | 1315.23 | 899.83 |
| 2000 | 1106.64 | 539.49 | 1445.23 | 1064.82 |
| 2001 | 1341.11 | 641.67 | 1698.83 | 1212.23 |
| 2002 | 1553.00 | 759.05 | 1988.13 | 1403.92 |
| 2003 | 1898.62 | 912.84 | 2368.88 | 1714.04 |
| 2004 | 2322.27 | 1094.55 | 2816.16 | 2020.04 |
| 2005 | 2777.54 | 1350.90 | 3633.79 | 2303.93 |
| 2006 | 3300.08 | 1596.86 | 4304.20 | 2696.11 |
| 2007 | 3826.37 | 1790.14 | 4889.76 | 3128.63 |
| 2008 | 4736.93 | 2237.05 | 6189.96 | 3569.27 |
| 2009 | 5898.26 | 2676.09 | 7503.41 | 4656.50 |
| 2010 | 7363.92 | 3244.99 | 9250.26 | 5747.53 |
| 2011 | 8742.79 | 3934.48 | 11325.50 | 6841.92 |
| 2012 | 10540.06 | 4806.09 | 13824.51 | 8274.78 |
| 2013 | 13265.01 | 5919.05 | 16944.93 | 10104.30 |

注：1.资料来源于中国人民银行贵阳中心支行。2.2005年及以后各年人均储蓄余额采用按人口普查修订后常住半年的年平均人口计算，以前年份按常住一年口径计算。3.表中储蓄存款及人均储蓄2010年及以前为城乡居民储蓄存款和城乡居民人均储蓄。

Note:1.Data in the table are obtained from Guiyang Central Branch of PBC. 2.Per captia savings deposit are calculated by permanent population in half a year scope since 2005,and by permanent population in one year scope before 2005.3.The year 2010 and before,savings deposit refer to resident savings deposit of urban and rural.

# 29-28 教 育

| 年份<br>Year | 在校学生数(万人) Students Enrollment(1 0000 persons) | | | 小学毕业生升学率(%) Percentage of Graduates of Primary Schools Entering into Junior Secondary Schools(%) |
|---|---|---|---|---|
| | 普通高等学校<br>Regular Institutions of Higher Education | 普通中学<br>Regular Secondary Schools | 小学<br>Primary Schools | |
| 1978 | 1.33 | 137.17 | 423.60 | 76.1 |
| 1979 | 1.78 | 126.07 | 413.71 | 70.0 |
| 1980 | 1.71 | 110.24 | 404.22 | 62.6 |
| 1981 | 1.81 | 96.58 | 403.49 | 56.7 |
| 1982 | 1.67 | 89.53 | 412.30 | 53.8 |
| 1983 | 1.68 | 82.39 | 415.79 | 51.5 |
| 1984 | 2.03 | 85.13 | 436.56 | 53.1 |
| 1985 | 2.30 | 91.59 | 447.68 | 54.2 |
| 1986 | 2.52 | 99.00 | 461.99 | 53.8 |
| 1987 | 2.60 | 102.35 | 458.27 | 47.7 |
| 1988 | 2.73 | 98.63 | 449.70 | 56.6 |
| 1989 | 2.76 | 93.31 | 440.36 | 67.1 |
| 1990 | 2.70 | 96.54 | 435.05 | 60.8 |
| 1991 | 2.57 | 100.23 | 433.85 | 59.6 |
| 1992 | 2.67 | 103.99 | 435.94 | 59.9 |
| 1993 | 2.93 | 100.55 | 439.81 | 63.9 |
| 1994 | 3.23 | 103.08 | 455.30 | 70.5 |
| 1995 | 3.47 | 108.43 | 475.34 | 72.7 |
| 1996 | 3.57 | 113.47 | 489.32 | 71.5 |
| 1997 | 3.85 | 121.54 | 503.82 | 75.8 |
| 1998 | 4.26 | 127.10 | 505.36 | 75.1 |
| 1999 | 5.65 | 138.63 | 500.96 | 77.8 |
| 2000 | 7.55 | 157.20 | 500.21 | 78.7 |
| 2001 | 10.82 | 184.60 | 490.17 | 84.4 |
| 2002 | 12.27 | 212.81 | 484.28 | 88.2 |
| 2003 | 14.94 | 235.30 | 476.87 | 92.4 |
| 2004 | 17.99 | 249.34 | 479.41 | 96.0 |
| 2005 | 20.68 | 254.96 | 473.76 | 97.4 |
| 2006 | 22.15 | 256.31 | 474.38 | 97.8 |
| 2007 | 24.17 | 256.00 | 466.31 | 95.6 |
| 2008 | 26.75 | 261.78 | 469.79 | 98.7 |
| 2009 | 29.91 | 269.45 | 456.87 | 97.7 |
| 2010 | 32.33 | 275.68 | 433.50 | 96.3 |
| 2011 | 34.41 | 282.71 | 408.74 | 96.5 |
| 2012 | 38.38 | 287.38 | 380.08 | 96.3 |
| 2013 | 41.90 | 296.01 | 355.53 | 99.0 |

注：资料来源于省教育厅。

# Education

| 学龄儿童入学率(%) Percentage of School-Aged Children Enrolled(%) | 专任教师数(人) Number of Full-time Teachers(person) | | |
|---|---|---|---|
| | 普通高等学校 Regular Institutions of Higher Education | 普通中学 Regular Secondary Schools | 小学 Primary Schools |
| 89.5 | 2753 | 54227 | 155930 |
| 86.1 | 3357 | 55532 | 151860 |
| 80.8 | 3638 | 51950 | 155708 |
| 78.5 | 3606 | 46892 | 159494 |
| 78.3 | 3986 | 44646 | 152176 |
| 81.2 | 4183 | 43821 | 152338 |
| 83.6 | 4555 | 41879 | 155715 |
| 84.9 | 4830 | 45159 | 157622 |
| 86.9 | 5177 | 47119 | 162105 |
| 89.2 | 5559 | 50216 | 161689 |
| 89.9 | 5588 | 51618 | 163514 |
| 88.8 | 5530 | 53279 | 164298 |
| 91.3 | 5469 | 55528 | 166662 |
| 90.3 | 5371 | 57074 | 168364 |
| 92.4 | 5542 | 59006 | 166769 |
| 93.8 | 5550 | 60453 | 165276 |
| 95.1 | 5540 | 63059 | 168842 |
| 96.0 | 5599 | 64292 | 168358 |
| 96.7 | 5600 | 66842 | 166526 |
| 97.4 | 5699 | 69355 | 168493 |
| 97.7 | 5929 | 72865 | 167823 |
| 98.2 | 6050 | 76654 | 170680 |
| 98.5 | 7240 | 81156 | 174822 |
| 98.2 | 9007 | 88079 | 173238 |
| 98.2 | 11079 | 97641 | 177920 |
| 98.2 | 11775 | 107312 | 179367 |
| 97.8 | 13792 | 115616 | 180793 |
| 98.3 | 14353 | 122721 | 183679 |
| 98.6 | 15398 | 128274 | 188762 |
| 98.6 | 16964 | 131087 | 191991 |
| 97.2 | 18037 | 135360 | 200024 |
| 98.4 | 19634 | 139302 | 199189 |
| 97.9 | 20351 | 142508 | 197913 |
| 98.6 | 21855 | 147396 | 197094 |
| 99.3 | 22803 | 156325 | 197983 |
| 99.3 | 25351 | 162309 | 192953 |

Note:Data in the table are obtained from Provincial Education Department.

# 29–29 卫生
# Health Care

| 年份 Year | 卫生机构数(个) Number of Health Institutions (unit) | #医院、卫生院 Hospitals | 卫生机构床位数(张) Number of Beds in Health Institution (bed) | #医院、卫生院 Hospitals | 卫生技术人员数(人) Medical Technical Personnels (person) | #执业(助理)医师 Doctors | 每万人口拥有 Per 10000 person：床位数(张) Number of Beds(bed) | 每万人口拥有 Per 10000 person：执业(助理)医师数(人) Number of Doctors (person) |
|---|---|---|---|---|---|---|---|---|
| 1978 | 6274 | 4510 | 40274 | 37533 | 58190 | 21228 | 14.0 | 7.9 |
| 1979 | 6267 | 4516 | 42812 | 40001 | 60635 | 21868 | 14.6 | 8.0 |
| 1980 | 6246 | 4529 | 43627 | 40835 | 63766 | 26491 | 14.7 | 9.5 |
| 1981 | 6634 | 4588 | 44752 | 41314 | 68918 | 26798 | 14.6 | 9.5 |
| 1982 | 6595 | 4605 | 46226 | 42301 | 70671 | 27097 | 14.7 | 9.4 |
| 1983 | 6605 | 4602 | 47555 | 43292 | 72988 | 28433 | 14.9 | 9.8 |
| 1984 | 6673 | 4643 | 49271 | 44123 | 75808 | 29309 | 15.0 | 10.0 |
| 1985 | 6480 | 3295 | 49805 | 45226 | 76722 | 29153 | 15.2 | 9.8 |
| 1986 | 6760 | 3358 | 50893 | 46259 | 79776 | 30475 | 15.3 | 10.1 |
| 1987 | 6716 | 3349 | 52595 | 48059 | 81599 | 31305 | 15.6 | 10.2 |
| 1988 | 7021 | 3896 | 54193 | 49543 | 84904 | 35249 | 15.8 | 11.3 |
| 1989 | 6926 | 3620 | 57428 | 52063 | 84891 | 35646 | 16.4 | 11.2 |
| 1990 | 6949 | 3721 | 59013 | 53074 | 86120 | 37185 | 16.2 | 11.4 |
| 1991 | 6908 | 3630 | 59168 | 53978 | 87774 | 37978 | 16.3 | 11.5 |
| 1992 | 4734 | 1624 | 57767 | 52405 | 87927 | 38537 | 15.6 | 11.5 |
| 1993 | 3908 | 1623 | 57720 | 51888 | 84409 | 38060 | 15.2 | 11.2 |
| 1994 | 3930 | 1660 | 59648 | 53766 | 88053 | 40358 | 15.5 | 11.7 |
| 1995 | 3934 | 1692 | 60295 | 54475 | 87005 | 40260 | 15.5 | 11.5 |
| 1996 | 10932 | 1870 | 58205 | 54051 | 84273 | 43548 | 15.2 | 12.2 |
| 1997 | 8955 | 1870 | 57560 | 53627 | 84348 | 43236 | 14.9 | 12.0 |
| 1998 | 9113 | 1877 | 57844 | 54492 | 84400 | 44138 | 14.9 | 12.1 |
| 1999 | 9703 | 1874 | 58624 | 55138 | 85613 | 45473 | 14.9 | 12.3 |
| 2000 | 8992 | 1878 | 58380 | 55148 | 85397 | 45673 | 14.8 | 12.2 |
| 2001 | 8791 | 1872 | 59120 | 55876 | 86103 | 46412 | 14.8 | 12.3 |
| 2002 | 7027 | 1857 | 59850 | 57742 | 79727 | 36964 | 15.1 | 11.3 |
| 2003 | 6499 | 1866 | 59281 | 56273 | 77557 | 36911 | 14.9 | 11.2 |
| 2004 | 6664 | 1850 | 61313 | 58113 | 76699 | 36911 | 14.9 | 12.2 |
| 2005 | 6571 | 1843 | 61784 | 58398 | 77805 | 35521 | 16.6 | 9.5 |
| 2006 | 6147 | 1855 | 66452 | 62586 | 82324 | 41147 | 17.9 | 11.1 |
| 2007 | 5907 | 1939 | 75806 | 71400 | 85298 | 42100 | 20.7 | 11.5 |
| 2008 | 5848 | 1934 | 83132 | 78129 | 89313 | 38830 | 23.0 | 10.7 |
| 2009 | 5736 | 1982 | 97527 | 91164 | 95270 | 40171 | 27.3 | 11.3 |
| 2010 | 5637 | 2005 | 105277 | 97490 | 102527 | 42158 | 30.0 | 12.0 |
| 2011 | 5683 | 2071 | 117534 | 108029 | 112210 | 44037 | 27.7 | 10.4 |
| 2012 | 27379 | 2210 | 136542 | 129670 | 152608 | 47745 | 32.1 | 11.2 |
| 2013 | 29182 | 2429 | 163332 | 155848 | 156557 | 55877 | 38.1 | 13.0 |

注：1.资料来源于省卫生计生委。2.表中数据2011年及以前的数据不含村卫生室，2012年起含村卫生室。3.每万人口指标2011年以前以常住人口数为基数计算，2011年起以户籍人口数为基数计算。

Note:1.Data in the table are provided from the Department of Health and Family Planning. 2.In the year of 2011 and before data in this table exclude health clinics of vill-age, but including health clinics of village in 2012. 3.Before 2011, per ten thousand population indicators were calculated on the number of resident population , but since 2011 they have calculated on the number of household population.